Ich, Welt und Gott

Selbstzeugnisse der Neuzeit

Herausgegeben von
Alf Lüdtke, Hans Medick,
Jan Peters, Claudia Ulbrich
und Winfried Schulze

Band 13

Selbstzeugnisse sind Aufzeichnungen, die individuelle und auf das »Selbst« bezogene Beobachtungen und Erfahrungen zusammenhängend zum Ausdruck bringen. In größerer Zahl gibt es sie seit dem 16. Jahrhundert.
Besonderes Interesse in der internationalen Forschung wie beim interessierten Publikum findet die populare Autobiographik, also die Selbstzeugnisse aus Unter- und Mittelschichten. Gerade sie erweisen sich als unverzichtbar für alle Versuche, soziale Praxis, Erfahrungszusammenhänge und Lebenswelten zu rekonstruieren. Selbstzeugnisse eröffnen neue Zugänge, um die historischen Akteure als empfindende und wahrnehmende, leidende und handelnde Personen zu zeigen.
Selbstzeugnisse der Neuzeit wollen bisher noch nicht publizierte Individualquellen zugänglich machen, die historische Zeitgenossenschaft einprägsam reflektieren. Weiterhin wird die Reihe zu Unrecht vergessene oder vergriffene Selbstzeugnisse als kommentierte Nachdrucke verfügbar machen. Veröffentlicht werden auch exemplarische Analysen sowie beschreibende Verzeichnisse und Übersichten. Die Herausgeber hoffen zudem, daß mit diesem Vorhaben Schätze gehoben werden können, die bisher unbekannt sind.

Eva Kormann

Ich, Welt und Gott

Autobiographik im 17. Jahrhundert

2004

BÖHLAU VERLAG KÖLN WEIMAR WIEN

Gedruckt mit Unterstützung
der Aleksandrastiftung, Neuhnkirchen-Wellesweiler,
der Diözese Eichstätt,
der Karlsruher Universitätsgesellschaft,
der Stiftung Weltkulturerbe, Stadt Bamberg,
des Vereins Frauen in der Literaturwissenschaft FrideL, Bremen.

Bibliografische Information der Deutschen Bibliothek:
Die Deutsche Bibliothek verzeichnet diese Publikation in der
Deutschen Nationalbibliografie; detaillierte bibliografische Daten
sind im Internet über http://dnb.ddb.de abrufbar.

Umschlagabbildung:

Artemisia Gentileschi, La Pittura (1630). London, St. James' Palace,
Collection of Her Majesty the Queen

© 2004 by Böhlau Verlag GmbH & Cie, Köln
Ursulaplatz 1, D-50668 Köln
Tel. (0221) 913 90-0, Fax (0221) 913 90-11
info@boehlau.de
Druck und Bindung: Druckerei Runge GmbH, Cloppenburg
Gedruckt auf chlor- und säurefreiem Papier.
Printed in Germany

ISBN 3-412-16903-X

Inhalt

Vorwort IX

I. Teil: Theoretische Grundlegung 1

A. Ich, Welt und Gott. Geschlecht, Subjektivität und Autobiographik
   im 17. Jahrhundert.. 1
   1. Das Textkorpus.. 12
   2. Gang der Untersuchung 17

B. Geschlecht und Geschichte – genderorientierte Literaturgeschichte.... 19
   1. Genderrelevante Aspekte der Frühneuzeitforschung....................... 22
   2. Genus und Literaturwissenschaft – zur Methode............................ 35

C. Aporien der Autobiographietheorie. 43
   1. Die Anfänge: Die Geschichte des menschlichen Selbstbewußtseins 44
   2. Die fünfziger und sechziger Jahre. Eingrenzungen und
      Ausgrenzungen... 47
   3. Der Kontext: Die Entdeckung der Lesenden und der Gesellschaft....... 51
   4. Der Blick auf die Differenz und die Kritik am Autonomiekonzept.... 59
      4.1. Autobiographie und autonomes Subjekt................................... 61
      4.2. Die Historisierung der Gattung.. 66
      4.2.1. Autobiographik vor Rousseaus *Confessions* 70
      4.3. Gattung und Geschlecht... 78
   5. Resümee 94
   6. Autobiographik – eine heuristische Gattungsumschreibung................ 96

II. Teil: Textanalysen 102

A. Protestantische und pietistische Autobiographik................................ 102
   1. „[D]aß ich meine Stimme erheben müste, wie eine Nachtigal".
      Die *kurtze Erzehlung* Johanna Eleonora Petersens...................... 110
      1.1. Biographie.. 112
      1.2. Autobiographie... 113
      1.2.1. Inhalt und äußere Struktur... 113
      1.2.2. Autobiographischer Pakt und Relevanzproduktion.............. 116
      1.2.3. Zeitstruktur und Perspektive.. 120
      1.2.4. Bildung und Rhetorik. Zur Sprache der *kurtzen Erzehlung*.... 125
      1.2.5. Religion und Gesellschaftskritik 130

  1.2.6. Selbstkonstruktion und Menschenbild 134
  1.2.7. Geschlechterkonzeption 143
 2. Zum Vergleich: Die umfangreiche und streitbare
  Lebens=Beschreibung Johannis Wilhelmi Petersen 147
  2.1. Inhalt und äußere Struktur 148
  2.2. Autobiographischer Pakt und Erzählstruktur 150
  2.3. Selbstkonstruktion und Menschenbild 152
  2.4. Geschlechterkonzeption 155
 3. Andere exemplarische Lebensläufe: Anna Vetters, Barbara Cordula
  von Lauters und Martha Elisabeth Zitters Schriften 158
  3.1. „Es möchte jemand fragen [...]." Die Ansbacher Näherin
    Anna Vetter 158
  3.1.1. Biographie und Kontext 160
  3.1.2. Inhalt und äußere Struktur 161
  3.1.3. Autobiographischer Pakt, Schreibperspektive und Zeitstruktur ... 163
  3.1.4. Selbstkonstruktion nach biblischen Mustern 167
  3.1.5. Keusche Jungfrau, Eheweib und Witwe 170
  3.2. Lebenslauf und Leichenpredigt. Barbara Cordula von Lauter
    (1670-1711) 173
  3.3. Autobiographik als Exempel im Streit der Konfessionen.
    Das Beispiel der Martha Elisabeth Zitter 178
 4. Subjektivität und Exemplarität. Zur Divergenz protestantischer
  Autobiographik 184

B. Klosterchroniken „[z]wischen Alltag und Katastrophe" 186
 1. „dan mir nicht möglich gewesen alles zu schreiben". Das
  kurze verzeignuß der Maria Anna Junius 190
  1.1. Biographie 190
  1.2.1. Inhalt und äußere Struktur 191
  1.3. Autobiographisch-chronikalischer Pakt und Berichtsperspektive .. 193
  1.4. Sprache 199
  1.5. Krieg und Heilsgeschichte 204
  1.6. Hexenverfolgung und persönliches Urteil 206
  1.7. Selbstkonzeption 210
  1.8. Geschlechterkonstruktion 211
 2. „Wenn ich S Clara staigerin geborn. in das closter komen Und was
  sich die jar fürnems begeben". Clara Staigers *Verzaichnus* 214
  2.1. Inhalt und äußere Struktur 214
  2.2. Der autobiographisch-chronikalische Pakt und das Schreiben
    in einem Beziehungsfeld 215
  2.3. Sprache und Struktur 220
  2.4. Selbstkonzeption und Genderkonstruktion 224
 3. „wir vnd vnser lübes Conuent". Das *Geschicht Büch* der Maria
  Magdalena Haidenbucher 226

Inhalt   VII

    4. Zum Vergleich: Die *Collectanea* des Salemer Mönchs Sebastian
       Bürster 231
       4.1. Inhalt und äußere Struktur 232
       4.2. Autobiographischer Pakt und Perspektivität 236
       4.3. Sprache und Geschlechterkonzeption. Ein Vergleich 240
    5. Zusammenfassung 245

C. Autobiographische Familienchronistik 248
    1. Mütter und Töchter – Maria Elisabeth Stampfers „Pichl meinen
       Khindtern zu einer Gedechtnus" 256
       1.1. Biographie 257
       1.2. Inhalt und Zeitstruktur 258
       1.3. Autobiographischer Pakt und Relevanzproduktion 259
       1.4. Das ‚Ich im Text' – zur Selbstkonzeption einer Hausbuch-
           schreiberin 262
       1.5. Geschlechterkonzeption 267
    2. Familiäre Memoria – Anna Höfel und andere 269
       2.1. Anna Höfel und das Hausbuch ihres Mannes 269
       2.2. Das Gerasche Gedächtnisbuch 275
       2.3. Das Gedächtnisbuch der Maria Cordula von Pranck 277
       2.4. Die Chronistik eines Ehepaares 279
    3. Krieg und Subjektivität – zwei fragmentarisch überlieferte
       Dokumente 282
       3.1. Anna Wolffs Bericht vom Überleben 282
       3.2. Das Kalendertagebuch der Susanna Mayer 285
    4. Die Architektur des Ich – Elias Holls Hauschronik 289
    5. Das Ich und die anderen – zur Heterologie frühneuzeitlicher
       Frauen und Männer 295

III. TEIL: ZUSAMMENFASSUNG UND AUSBLICK 298

A. Ich, Gott und Welt. Zur Heterologie frühneuzeitlicher Subjektivität
    und Autobiographik 298

B. Geschichte, Gattung und Geschlecht. Konsequenzen für
    Autobiographietheorie, Genderforschung und Literaturwissenschaft 303

C. Ausblick 309

VERZEICHNIS DER ANALYSIERTEN AUTOBIOGRAPHIK 311
LITERATURVERZEICHNIS 314

Vorwort

Vorreden in wissenschaftlichen Werken changieren zwischen Bekenntnis und Bericht, buhlen durch Bescheidenheit um den guten Willen eines geneigten Publikums und erstreben nicht uneitel Aufmerksamkeit in der Gemeinschaft der Forschenden. Vor allem aber wollen sie Schuld abtragen bei all denen, die mit ihren Kenntnissen, Ideen und materiellen Ressourcen, ihrem tröstenden Langmut und ihrer anregenden Ungeduld, ihrer Ermunterung und ihrer Kritik ein langjähriges Forschungsprojekt überhaupt ermöglicht haben, Schuld abtragen auch an den Menschen, denen das Schreiben Aufmerksamkeit entzogen hat.

Dieser Band beruht auf einer Habilitationsschrift, die die Fakultät für Geistes- und Sozialwissenschaften der Universität Karlsruhe im Jahr 2002 angenommen hat. Für den Druck wurde sie redigiert und vor allem aktualisiert. Mein herzlicher Dank gilt dem Erstgutachter Jan Knopf für seine Betreuung mit fördernder Fachkompetenz, kritischer Genauigkeit und neugieriger Offenheit. Barbara Mahlmann-Bauer ermöglichte die Entstehung dieses Buches mit kenntnisreicher Unterstützung und mit kritischen Impulsen. Andreas Böhn stand während der Abschlußarbeiten an der Habilitationsschrift für klärende Debatten zur Gattungstheorie bereit. Bei ihnen möchte ich mich – nicht nur für ihre Gutachten – bedanken.

Teile dieser Untersuchung lasen Birte Giesler, Benigna von Krusenstjern, Gudrun Loster-Schneider, Gaby Pailer und Inge Wild. Ihnen sind wichtige Verbesserungen zu verdanken. Für eine Lektüre mit kritischer Sympathie im Vorfeld der Veröffentlichung und entscheidende Veränderungsvorschläge danke ich Hans Medick. Bernd Roeck bin ich verbunden für das Überlassen der Transkription der Hauschronik des Elias Holl, Kaspar von Greyerz für die Einsicht in die Datenbank deutschschweizerischer Selbstzeugnisse während deren Pilotphase und Ruth Albrecht für viele Auskünfte über ihre noch unveröffentlichte Habilitationsschrift und jeden nur denkbaren Rat zu Johanna Eleonora Petersen. Benigna von Krusenstjern bereicherte diese Arbeit mit ihren Veröffentlichungen und mit persönlichen Anregungen. Elke Lösel machte mich auf die Leichenpredigt für Barbara Cordula von Lauter aufmerksam, von Rupert Kalkofen und Karl Schmuki stammt der Hinweis auf einen entlaufenen St. Galler Mönch. Gudrun Loster-Schneider führte mich in die gendersensible Literaturwissenschaft ein, und auf den fachlichen und pragmatischen Rat Gaby Pailers konnte ich immer zählen. Den Herausgebenden der Reihe „Selbstzeugnisse der Neuzeit" danke ich für die Aufnahme in diese Reihe, besonders herzlich Hans Medick und Claudia Ulbrich, die sich für eine schnelle Entscheidung einsetzten.

Hilfreiche Gespräche während der Entstehungszeit dieser Studie führte ich mit allen bisher mit Namen Genannten. Die vorliegenden Analysen förderten außerdem Diskussionen mit Silke Arnold-de Simine, Barbara Becker-Cantarino, Daniela Hacke, Magdalene Heuser, Michaela Holdenried, Gabriele Jancke, Hartmut Laufhütte, Markus Matthias, Helga Meise, Elke Ramm und Gudrun Wedel – und die Redebeiträge und Pausendebatten vieler anderer Forschender aus Literatur- und Geschichtswissenschaft und aus der Theologie bei zahlreichen Tagungen. Ermunterung für meine Art des Arbeitens mit Texten erfuhr ich zudem aus den Debatten mit Studierenden.

Für eilige Fernleihen entlegener Texte in allerletzter Minute, Mikroverfilmungen und termingerechte Scans, aber auch für kompetente Auskünfte zum historischen Buch- und Dokumentenbestand oder zu Fragen über den frühneuzeitlichen Bergbau oder volksliedhaften Formeln bin ich den Mitarbeiterinnen und Mitarbeitern der Badischen Landesbibliothek, zahlreicher anderer Bibliotheken und einiger Archive und Ämter dankbar. Verpflichtet bin ich den auf der Umschlagsinnenseite genannten Institutionen für einen Druckkostenzuschuss, dem Land Baden-Württemberg für Kontakt- und Wiedereinstiegsstipendien und der Deutschen Forschungsgemeinschaft für ein Habilitandenstipendium.

Das Buch widme ich Gerd, Katharina und Helena, die in den letzten Jahren viel zu oft mein „Ich habe jetzt keine Zeit!" gehört haben. In der Gemeinschaft mit ihnen konnte die Idee einer heterologen Subjektivität entstehen.

Karlsruhe, im April 2004   Eva Kormann

Identität

Was ich weiß über mich und was andere über mich wissen /
Was ich nicht weiß über mich und was andere wissen /
Was ich weiß über mich und was andere nicht wissen /
Was ich nicht weiß über mich und was andere nicht wissen.

Asher Reich

I. Teil: Theoretische Grundlegung

A. Ich, Welt und Gott. Geschlecht, Subjektivität und Autobiographik im 17. Jahrhundert

Am Anfang war Augustinus. Oder: am Anfang war Rousseau. Und Goethe war Anfang und Ende zugleich. Pointiert verkürzt lassen sich so die Positionen der klassischen Autobiographietheorien in Frankreich, Großbritannien, Nordamerika und Deutschland zusammenfassen. Jüngere methodische Ansätze halten es eher mit den Sätzen: Am Anfang war das Gedächtnis. Oder: am Anfang war die Schrift. Vielleicht aber ist am Anfang des Autobiographischen ganz schlicht ein Ding: Am Anfang der Autobiographie steht der Spiegel. So jedenfalls lautet die Prämisse dieser Untersuchung der deutschsprachigen Autobiographik des 17. Jahrhunderts.

Ein Mensch erforscht sein Spiegelbild, zeichnet sein Selbstbildnis oder spürt der Geschichte seines eigenen Lebens nach: Daß ein Mensch auf sich selbst blickt, auf sein Äußeres, sein Inneres, sein Handeln, sein Genießen und sein Erleiden, ist zu allen Zeiten präsent.[1] Der antike Mythos erzählt vom verliebten Blick des Narziß ins Wasser, Archäologen haben in ägyptischen Gräbern runde Bronzescheiben mit verzierten Griffen gefunden und sie als Spiegel gedeutet, und bevor kleine Kinder ihr erstes Wort sprechen, vertiefen sie sich in ihr Spiegelbild. Der Blick in den Spiegel oder gar der Versuch, das zu beschreiben, was

---

[1] Vgl. aber zur historischen Veränderlichkeit der Metaphorik Äußeres-Inneres in menschlichen Selbstkonzeptionen Taylor, Charles: Quellen des Selbst. Die Entstehung der neuzeitlichen Identität. Frankfurt a. M. 1994, S. 207-213.

sich hinter dem gespiegelten Abbild befindet, muß immer fasziniert haben. Sonst gäbe es keine frühen Spiegelfunde, nicht die Vielzahl von Selbstbildnissen Rembrandts, und für Georg Misch hätte die Geschichte der Autobiographie nicht zu einem Lebenswerk in vielen Bänden werden können.

Der Blick in den Spiegel oder dahinter kann auch erschrecken, er ist tabuisiert, führt zu Verwirrungen, Verwechslungen, Verwundungen. Georges Gusdorf schreibt in seinem Aufsatz über die Voraussetzungen und Grenzen der Autobiographie:

> Narcisse, contemplant son visage au creux de la fontaine, est fasciné par cette apparition, jusqu'à mourir de s'être ainsi penché sur soi. L'apparition du double, dans la plupart des folklores et des mythologies, est un signe fatal.[2]

Unvermeidlich bindet der Blick in den Spiegel eine Person an ein Gegenüber: Für Lacan entsteht das ‚Ich' bei Kleinkindern durch Identifizierung mit dem Spiegelbild, das doch eben ein anderes, ein Gegenüber ist.[3]

Aber Spiegel spielen in verschiedenen Zeiten durchaus verschiedene Rollen. Selbstdarstellungen sind nicht aus allen Zeiten in gleicher Häufigkeit überliefert. Das eigene Bild kann im Kontrast zu Bildern der anderen gesucht werden oder gerahmt durch eine Gruppe, manche Zeiten suchen nach dem Originellen und Einzigartigen und andere nach dem Repräsentativen und Allgemeinen, nach allegorischen Zügen.[4] Gruppenzugehörigkeiten fallen auf – und sie fallen stärker auf bei Angehörigen von gesellschaftlich marginalisierten Gruppen.[5] Spiegel können kristallklar sein, und manchmal sind sie blind, viele verzerren, was sie abbilden sollen, und immer zeigen sie ein seitenverkehrtes Bild. Der Blick in den Spiegel in einer ganz privaten Situation ist anders als der Spiegelblick in der Öffentlichkeit.[6] Manche Spiegel hängt ein Mensch auf, weil er sich selbst ganz ungestört betrachten will, und manche Spiegel, in Kaufhäusern etwa oder in psychologischen Laborräumen, dienen der Beobachtung und Ausspähung der sich Spiegelnden.

---

[2] Gusdorf, Georges: Conditions et limites de l'autobiographie. In: Formen der Selbstdarstellung. Analekten zu einer Geschichte des literarischen Selbstportraits. Berlin 1956, S. 105-123, hier S. 108.

[3] Lacan, Jaques-Marie: Das Spiegelstadium als Bildner der Ichfunktion, wie sie uns in der psychoanalytischen Erfahrung erscheint. In: Ders.: Das Werk, hg. v. Jacques-Alain Miller. In dt. Sprache hg. v. Norbert Haas und Hans-Joachim Metzger. Weinheim/Berlin, Schriften 1, ausgew. und hg. v. Norbert Haas, übers. v. Rodolphe Gasché u. a., 3. korr. Aufl. 1991, S. 61-70.

[4] So malt sich Artemisia Gentileschi als Allegorie der Pictura, vgl. Stolzenwald, Susanna: Artemisia Gentileschi. Bindung und Befreiung in Leben und Werk einer Malerin. Stuttgart/Zürich 1991. Auch Rembrandts Selbstbildnisse werden in jüngster Zeit nicht mehr ausschließlich mit einer besessenen Suche nach sich selbst erklärt, sondern zum Teil mit marktstrategischen Überlegungen und als Vorstudien für religiöse und allegorische Kompositionen, vgl. van de Wetering, Ernst: Die mehrfache Funktion von Rembrandts Selbstporträts. In: Rembrandts Selbstbildnisse. Stuttgart 1999, S. 8-37.

[5] Friedman, Susan Stanford: Women's Autobiographical Selves. Theory and Practice. In: The Private Self. Hg. v. Shari Benstock. Chapel Hill 1988, S. 34-62, hier S. 38f.

[6] Culley, Margaret: What a Piece of Work is ‚Women'! An Introduction. In: American Women's Autobiography. Hg. v. Margaret Culley. Madison 1992, S. 3-31, hier S. 9.

Ich, Welt und Gott

Und immer tauchen beim Blick in den Spiegel die Vergleichsanker auf, die Vorbilder, die Vorschriften, wie ein Mann und vor allem wie eine Frau aussehen muß.[7] Die Spiegelmetapher in spätmittelalterlichen Schwesternbüchern[8], im Sachsenspiegel, in Fürstenspiegeln und im *Christal Glasse for Christian Women*[9] nimmt den Spiegel als ‚Vorbild‘, als Vorschrift: Solche ‚Spiegel‘ schreiben richtiges Verhalten vor.

Der Spiegel in seiner deskriptiven und präskriptiven Doppelfunktion wird zu einem erhellenden Sinnbild in der Analyse von Autobiographien.[10] Wenn in dieser Arbeit über die deutschsprachige Autobiographik von Frauen des 17. Jahrhunderts die Spiegelmetapher am Ausgangspunkt steht, dann nicht, um eine methodische Nähe zu modisch-metaphorischem Raunen zu signalisieren. Der spielerische Umgang mit dem ‚Spiegel‘-Bild will vielmehr anschaulich machen, in welchem Kontext menschliche Selbstdarstellungen analysiert werden müssen, soll hinführen zur Konzeptualisierung des Autobiographischen, die die folgenden Seiten und Kapitel prägen wird. Einerseits, so werden hier Archäologenfunde und Kleinkinderspiele gedeutet, gehört ein Interesse an der eigenen Person, ein Selbstbewußtsein, eine – wie auch immer geartete – Subjektivität zum Menschen. Aber andererseits sind Selbstwahrnehmung und Selbstdarstellung immer geprägt von gesellschaftlichen, von kulturellen Vorgaben, von Diskursen und Dispositiven: Wie ein Mensch sich selbst darstellt, ob er sich und anderen die eigene Geschichte erzählen zu können glaubt und sie zu erzählen für wichtig hält, ist unterschiedlich, je nach Kultur, Epoche, Schicht, gesellschaftlicher Gruppierung und Geschlecht. Autobiographik wird bestimmt von gesellschaftlichen Lizenzen für Selbstbespiegelungen, von den technischen Möglichkeiten des Aufschreibens, von den jeweiligen Konzeptionen des Menschseins, von Vorstellungen über ‚race‘, ‚class‘ und ‚gender‘ und anderen, in der jeweiligen historischen Situation für wichtig gehaltenen Gruppenzugehörigkeiten. Konfession ist eine solche Gruppenzugehörigkeit: Die Religionsgemeinschaft hat den Menschen der Frühen

---

[7] Vgl. u. a. Gilbert, Sandra und Susan Gubar: The Madwoman in the Attic. The Woman Writer and the Nineteenth-Century Literary Imagination. New Haven/London 1984, S. 15ff; Lenk, Elisabeth: Die sich selbst verdoppelnde Frau. In: Ästhetik und Kommunikation 7 (1976), Heft 25, S. 84-87, hier S. 87; Irigaray, Luce: Das Geschlecht, das nicht eins ist. Berlin 1979, S. 7-21; Hahn, Alois: Identität und Selbstthematisierung. In: Selbstthematisierung und Selbstzeugnis. Hg. v. Alois Hahn und Volker Kapp. Frankfurt a. M. 1987, S. 9-24, hier S. 9f.

[8] Hubrath, Margarete: Monastische Memoria als Denkform in der Viten- und Offenbarungsliteratur aus süddeutschen Frauenklöstern des Spätmittelalters. In: Lili 27 (1997), S. 22-38, hier S. 35f.

[9] Philip Stubbe: A Christal Glasse for Christian Women, zuerst 1591, vgl. Mascuch, Michael: The Mirror of the Other. Self-Reflexivity and Self-Identity in Early Modern Religious Biography. In: Von der dargestellten Person zum erinnerten Ich. Hg. v. Kaspar von Greyerz et al. Köln 2001, S. 55-75 und Mascuch, Michael: The Origins of the Individual Self. Autobiography and Self-Identity in England 1591-1791. Cambridge 1997.

[10] 1991 sind im deutschen Sprachraum mit den Arbeiten von Michaela Holdenried, Wolfgang Paulsen und Oliver Sill drei Abhandlungen über die Autobiographik erschienen, die das Wort ‚Spiegel‘ im Titel führen.

Neuzeit sehr viel bedeutet und muß deshalb auch in der Analyse der frühneuzeitlichen Autobiographik – in ihrem Zusammenspiel mit anderen Faktoren, Geschlecht etwa – beachtet werden. Denn je nach religiöser Sozialisation oder Selbstdefinition ergeben sich andere Chancen, andere Provokationen, andere Zwänge für Darstellungen des eigenen Lebens.

Autobiographische Texte sind auch abhängig von den jeweiligen Situationen des Schreibens. Die können sehr verschieden sein: Es gibt den ganz privaten Lebensrückblick und Texte, die für eine große Öffentlichkeit geschrieben werden, und es gibt die Bücher nur für die Angehörigen der eigenen Familie oder Glaubensgemeinschaft, auch Gott als Leser oder zumindest als Mitleser berücksichtigen die Schreibenden vieler Epochen. Manche Autor(inn)en schreiben aus eigenem Mitteilungsdrang, andere verfassen ihren Lebensbericht aufgefordert von ihrer Umgebung. Daß aber auch beim ganz intimen Blick in den Spiegel die Vorschriften nicht fern sind, zeigen Analysen privater Tagebücher: So kann Gudrun Piller eindrucksvoll vorführen, wie ein junger Mann im 18. Jahrhundert, beeinflußt vom Onaniediskurs seiner Zeit, das Tagebuch zur Selbsterziehung nutzt.[11] Ausspähungsspiegel haben beim autobiographischen Schreiben durchaus ihr Pendant: Arianne Baggerman und Rudolf Dekker stellen das Tagebuch des zwölfjährigen Otto van Eck der Öffentlichkeit vor, ein Tagebuch, das dieser Junge auf Anweisung seiner Eltern schreiben mußte, die durch kontrollierende Lektüre die Gedanken ihres Sohnes überprüfen wollten, eine Lektüre, die der Sohn beim Schreiben wiederum strategisch berücksichtigte.[12] Dem öffentlichen Abspiegeln des öffentlich Erwünschten entsprechen die zahlreich überlieferten Lebensläufe von Puritaner(inne)n und Pietist(inn)en, die zum Teil vor der Gruppenöffentlichkeit vorgetragen wurden.[13]

Autobiographische Selbstdarstellungen sind also stets historisch und situativ kontextualisiert. Wer in den Spiegel des autobiographischen Schreibens schaut, sieht nicht sich selbst, sondern ein Bild, beeinflußt von Konzeptionen des Menschseins und von Geschlechtervorstellungen, erschreibt sich gruppen-, geschlechts-, epochen- und schreibsituationsspezifische Subjektivitätsformen. Nach solchen Subjektivitätsformen fahndet diese Studie in den schriftlichen Selbstdar-

---

[11] Piller, Gudrun: Der jugendliche Männerkörper. Das Jugendtagebuch Johann Rudolf Hubers 1783/84 als Medium der Selbstkontrolle. In: Von der dargestellten Person zum erinnerten Ich. Hg. v. Kaspar von Greyerz et al. Köln 2001, S. 213-230.

[12] Baggerman, Arianne und Rudolf Dekker: Ottos Uhr. Zeitvorstellung und Zukunftserwartung im 18. Jahrhundert. In: Von der dargestellten Person zum erinnerten Ich. Hg. v. Kaspar von Greyerz et al. Köln 2001, S. 113-134. Stärker noch als der im Tagungsband abgedruckte Aufsatz von Baggerman und Dekker hat Dekkers in Ascona gehaltener Vortrag diese Überwachungsfunktion des Tagebuchs betont.

[13] Dazu u. a. Schneider, Manfred: Die erkaltete Herzensschrift. Der autobiographische Text im zwanzigsten Jahrhundert. München/Wien 1986, S. 16ff; Schrader, Hans-Jürgen: Nachwort des Herausgebers. In: Johann Henrich Reitz: Historie der Wiedergebohrnen. Hg. v. Hans-Jürgen Schrader. 4. Bd. Tübingen 1982, S. 125*-203*.

stellungen von Frauen des 17. Jahrhunderts. Die Texte, die dazu unter die Lupe genommen werden, sind autobiographische Schriften von Johanna Eleonora Petersen, Anna Vetter, Barbara Cordula von Lauter, Martha Elisabeth Zitter, Maria Anna Junius, Clara Staiger, Maria Magdalena Haidenbucher, Sophia Albertz, Maria Elisabeth Stampfer, Anna Höfel, Esther von Gera, Maria Cordula von Pranck, Eva Maria Peisser, Anna Wolff und Susanna Mayer: Es sind publizierte Schriften, erschlossen wurden sie mit Hilfe der einschlägigen Bibliographien und Verzeichnisse.[14] Diese Texte von Frauen werden mit einigen Beispieltexten aus der Feder von Männern verglichen.[15] Das Korpus an Schriften, das hier untersucht werden soll, ist mehrfach marginalisiert: Die bisherige Autobiographietheorie hat Schriften von Frauen generell vernachlässigt, und das 17. Jahrhundert gilt für den deutschen Sprachraum als Zeit der autobiographischen Dürre. Selbst die in der Autobiographieforschung stereotyp wiederholte Reverenz vor der Autobiographik des Pietismus hat bisher nicht zu detaillierten, textanalytischen Studien über autobiographische Schriften des Frühpietismus geführt. Auch die Geschlechterforschung hat ihr Hauptaugenmerk auf das 18. und 19. Jahrhundert geworfen und die Befunde generalisiert. Und so manche These der Autobiographie- und der Geschlechterforschung, die sich als Aussage über Gattungs- oder Geschlechterverhältnisse im allgemeinen versteht, könnte sich doch nur als Ergebnis des zeitlich so beschränkten Blickwinkels erweisen.

Den Begriff Subjektivität auf das Schreiben von Frauen des 17. Jahrhunderts anzuwenden, klingt provokant, riskiert mißverstanden zu werden und erfordert daher Erläuterungen. Die folgenden Analysen wollen keineswegs in die Texte schon eine Subjektivitätsvariante hineindeuten, die sich erst in späteren Zeiten entwickelt hat. Subjektivität gilt hier mit Manfred Frank als Eigenschaft, die allen selbstbewußten Wesen gemeinsam ist[16], die sich in ihrer spezifischen Form historisch wandelt und nach Kultur, Epoche, Geschlecht, Konfession und Gruppenzugehörigkeit der Schreibenden und nach Art der Selbstdarstellungssituation sich je anders entfaltet. Subjektivität besitzt nach diesem Verständnis nicht nur ein Mensch, der sich als autonomes Subjekt entwerfen kann. Eine solche autonome Subjektivität aus Frauentexten des 17. Jahrhunderts herauslesen zu wollen, wäre in der Tat ein Anachronismus und würde zudem einem längst obsolet gewordenen Begriff hinterhereilen. Denn in gegenwärtigen Theorien des Subjekts geraten eher die Aporien der Vorstellungen von autonomer Subjektivität in den Blick.[17]

---

[14] Siehe die Beschreibung des Textkorpus (und der Bibliographien) unten, das Verzeichnis der analysierten Autobiographik und die im Literaturverzeichnis aufgeführten Bibliographien.
[15] Siehe zur Autobiographik von Männern die Beschreibung des Textkorpus in diesem Kapitel unten und das Verzeichnis der analysierten Autobiographik.
[16] Frank, Manfred: Subjekt, Person, Individuum. In: Individualität. Hg. v. Manfred Frank und Anselm Haverkamp. München 1988, S. 3-20, hier S. 4.
[17] Vgl. u. a. Zima, Peter V.: Theorie des Subjekts. Subjektivität und Identität zwischen Moderne und Postmoderne. Tübingen/Basel 2000.

Ein autonomes Selbstverständnis, eines also, das sich selbst als nur von seinen eigenen Gesetzen gesteuert begreift und sich gerade dadurch zu behaupten glaubt, daß es sich von jeder Umgebung in scharfem Kontrast scheidet, läßt sich nur noch als Inszenierung begreifen, als – in Rousseaus *Confessions* etwa – zugegebenermaßen fulminante Inszenierung[18]:

> Je forme une entreprise qui n'eut jamais d'exemple, et dont l'exécution n'aura point d'imitateur. Je veux montrer à mes semblables un homme dans toute la vérité de la nature; et cet homme, ce sera moi. Moi seul. Je sens mon coeur et je connais les hommes. Je ne suis fait comme aucun de ceux que j'ai vus; j'ose croire n'être fait comme aucun de ceux qui existent. Si je ne vaux pas mieux, au moins je suis autre.[19]

Hier wird dagegen einer anderen Leitthese gefolgt: Subjektivität hat nicht nur der, der sich anderem und anderen dezidiert entgegensetzt. Verena Olejniczak hat in einer Studie über „Konturen frühneuzeitlichen Selbstseins jenseits von Autonomie und Heteronomie" den Begriff der Heterologie des frühneuzeitlichen Selbstverständnisses geprägt.[20] Das menschliche Selbstverständnis steht nach Olejniczak also nicht vor der Alternative zwischen Heteronomie und Autonomie, es kann auch anders sein, etwa: heterolog. Es kann sich also bilden und darstellen, indem ‚anderes' gesagt wird.[21] Ich möchte in meiner Untersuchung Olejniczaks kaum rezipierten Begriffsvorschlag konkretisieren, präzisieren und verschärfen und in die Theorie und Geschichtsschreibung der Gattung Autobiographie einführen. Meine These ist, daß die autobiographische Selbstkonzeption von Menschen des 17. Jahrhunderts heterolog ist. Ein Ich sagt, spricht, schreibt sich über das andere, über Gott und Welt. Auch Aussagen über anderes und über andere, über die Familie, die Umgebung die Glaubensgemeinschaft oder Gott können, dies muß stets genau analysiert werden, – heterologe – Selbstdarstellungen sein. Dies gilt im übrigen nicht nur für schriftliche Selbstdarstellungen: Die Künstlerin Artemisia Gentileschi präsentiert ihr Selbstporträt als *Allegorie der Malerei*.[22] Sie läßt somit die eigene Person Kontur gewinnen, indem sie sich selbst als etwas anderes, als Allegorie der Malerei, darstellt. Und doch ist dieses andere genau auf die eigene Person bezogen. Denn sie zeigt sich mit diesem Bild der Öffentlichkeit

---

[18] Als Inszenierung wird hier und im folgenden das In-Szene-Setzen, das Gestalten einer Situation und eben auch einer Selbstdarstellung verstanden. Der Begriff Inszenierung in dieser Verwendung setzt nicht voraus, daß es Gestaltende und Zuschauende eines ‚Bühnenspiels' gibt, über dessen Spielcharakter des ‚So-Tuns-als-ob' sich alle Beteiligten im klaren sind.

[19] Rousseau, Jean-Jacques: Les Confessions. In: Ders.: Œuvres complètes, Bd. I. Hg. v. Bernard Gagnebin und Marcel Raymond unter Mitarbeit v. Robert Osmont. Paris 1959, S. 1-656, hier S. 5.

[20] Olejniczak, Verena: Heterologie. Konturen frühneuzeitlichen Selbstseins jenseits von Autonomie und Heteronomie. In: LiLi 26 (1996), S. 6-36.

[21] Heterologie enthält als Bestandteile die griechischen Wörter ἕτερος/ἑτέρα = der oder die andere und λόγος = das Sprechen.

[22] Vgl. Stolzenwald, Artemisia Gentileschi, S. 49.

als Künstlerin, als ein Mensch, der selbstbewußt die eigene Person zur Repräsentanz der Malerei nutzt.

Die bisherige Debatte über die Geschichte von Subjektivität und Individualität ist in einer Fixierung auf das Spannungsverhältnis Heteronomie und Autonomie festgefahren. Dies bedeutet, sie arbeitet sich ab an der Diskussion einer linearen Entwicklung des menschlichen Selbstbewußtseins von Heteronomie, also einem Gebundensein in fremder, überindividueller Gesetzlichkeit, zu Autonomie, das heißt einer Individualität, die ihr Gesetz in sich selbst vermutet. Solch teleologisches Geschichtsverständnis steht schon hinter Mischs großem autobiographiehistorischem Projekt, feiert sich in Weintraubs *The Value of the Individual* und manifestiert sich noch in Buchtiteln wie *Die Entdeckung des Individuums*.[23] Die Fortschrittsmodelle einer geradlinigen Entwicklung der Subjektivität von fremdbestimmter Heteronomie zu mündiger Autonomie sind in den letzten Jahren allerdings in Bedrängnis geraten. Einsträngige Entwicklungsmodelle blenden gerade das Selbstverständnis von Menschen sehr vieler Kulturen und Epochen und eben auch verschiedener Geschlechterkonzeptionen aus. Teleologische Konzeptionen verführen dazu, an Erscheinungen früherer Epochen nur das wahrzunehmen, was auf das spätere Ziel vorausdeutet. Hier aber sollen die Texte von Frauen des 17. Jahrhunderts in ihrer Besonderheit, in ihrer Eigenheit gelesen werden. Sie nur im Spannungsverhältnis zwischen Autonomie und Heteronomie anzusiedeln, böte diese Chance kaum. Die folgenden Textanalysen werden daher prüfen, ob die Konzeption eines heterologen frühneuzeitlichen ‚Ich' für autobiographische Schriften von Frauen des 17. Jahrhunderts tragfähig ist.

Eine gendersensible Untersuchung muß darüber hinaus fragen, ob diese Heterologie in Schriften von Männern und Frauen in gleicher Weise auftritt.[24] Denn eine relationale Ausrichtung der Autobiographik auf ein Umfeld, eine Bezugsgruppe gilt in zahlreichen genderorientierten Autobiographietheorien als Eigenheit der Autobiographik von Frauen. Mary G. Mason hat in einem Aufsatz, der die geschlechtersensible Autobiographietheorie initiiert hat, von *The Other Voice* der Autobiographik von Frauen gesprochen.[25] Frauen, so Mason, schreiben ihre

---

[23] Dülmen, Richard van: Die Entdeckung des Individuums (1500-1800). Frankfurt a. M. 1997. Ähnlich noch Ders. (Hg.): Entdeckung des Ich. Die Geschichte der Individualisierung vom Mittelalter bis zur Gegenwart. Köln u. a. 2001.

[24] Wenn hier und im folgenden die Begriffe ‚Frau' und ‚Mann' verwendet werden, werden diese Begriffe nicht biologistisch verstanden, sondern im Sinne einer soziokulturellen Gliederung der Menschen in Frauen und Männer, vgl. dazu Kap. I. B.

[25] Mason, Mary G.: The Other Voice. Autobiographies of Women Writers. In: Autobiography. Hg. v. James Olney. Princeton 1980, S. 207-235, bezieht sich bezeichnenderweise überwiegend auf Texte frühneuzeitlicher Frauen aus dem englischen Sprachraum, verallgemeinert ihre Aussagen aber auf Texte von Frauen im allgemeinen. Vgl. zu Masons These hier Kapitel I C 4.3 und Kormann, Eva: Gattung, Geschlecht und gesellschaftliche Konstruktion. Das Beispiel der Autobiographik des 17. Jahrhunderts. In: Zeitenwende – Die Germanistik auf dem Weg vom 20. ins 21. Jahrhundert. Akten

Autobiographie mit anderer Stimme und über andere. Diese Vermutung einer überzeitlichen Differenz zwischen dem autobiographischen Schreiben von Frauen und Männern soll hier nicht erneut schlicht bestätigt werden, sondern sie wird kritisch überprüft: Untersucht werden daher nicht nur die autobiographischen Texte von Frauen der Frühen Neuzeit, sondern auch einzelne Vergleichstexte aus der Feder frühneuzeitlicher Männer. Schließlich ist die untersuchungsleitende Hypothese dieser Arbeit, daß das Heterologe, das Beziehungsorientierte des Selbstverständnisses für das 17. Jahrhundert generell charakteristisch ist und daß in frühneuzeitlichen autobiographischen Schriften nicht nur Frauen ein heterologes Selbstbild formulieren. Dennoch wird gefragt werden, ob es genderspezifische Nuancen der Heterologie gibt.

Schriftliche Selbstdarstellungen der Frühen Neuzeit gelten inzwischen als wichtige Quelle für eine Mentalitätsgeschichte.[26] Und Mentalitäten sind auch geprägt von historischen Geschlechterdispositiven.[27] Autobiographien zeigen, wie Mentalitäten, Diskurse, Ordnungen in die Betrachtungs- und Schreibweise des einzelnen Menschen eingehen. Gerade in Zeiten, in denen – provoziert von der These vom Verschwinden des Subjekts – die Geschichte der Selbstkonzeptionen neu gedacht und umformuliert wird, darf diese Geschichte nicht mehr, wie noch die alte, die Misch, Weintraub oder Olney erzählen[28], festgeschrieben werden, ohne Formulierungen von Frauen in ihrer sozialen, kulturellen und konfessionellen Vielfalt zu berücksichtigen. Der Blick auf bisher Ausgegrenztes kann nämlich in besonderer Weise zeigen, was die Kurzschlüsse, die Fehlfestlegungen der alten Konzepte waren. Um es mit Germaine Brée, der Doyenne der amerikanischen Romanistik, zu sagen:

---

des X. Internationalen Germanistenkongresses. Hg. v. Peter Wiesinger. Wien 2000. Bd. 10, Bern u. a. 2003, S. 87-93.

[26] Vgl. die verschiedenen Untersuchungen von Winfried Schulze, Hans Medick, Kaspar von Greyerz und anderen. Roeck, Bernd: Diskurse über den Dreißigjährigen Krieg. Zum Stand der Forschung und zu einigen offenen Problemen. In: Krieg und Frieden im Übergang vom Mittelalter zur Neuzeit. Theorie – Praxis – Bilder. Guerre et Paix du Moyen Âge aux Temps Modernes. Théorie – Pratiques – Représentations. Hg. v. Heinz Duchhardt und Patrice Veit. Mainz 2000, S. 181-193, hier S. 184ff, plädiert dafür, zur Beantwortung der Frage, wie Menschen auf die Kriegserfahrung reagierten, Ego-Dokumente aus der Zeit des Dreißigjährigen Krieges in der historischen Forschung auszuwerten.

[27] Wenn es um die Frage geht, wie Geschlecht in einer bestimmten Zeit konzipiert wird und wie solche Konzeptionen perpetuiert werden, wird meist von den gesellschaftlichen Geschlechterdiskursen gesprochen. Hier wird Foucaults Begriff des ‚Dispositivs' (von fr. dispositif=Vorrichtung, Kontrollapparat) vorgezogen, da das Wort ‚Dispositiv' nicht nur Texte meint, sondern auch soziale Institutionen, materiellen Zwang, körperliche Übungen und den Einfluß von Gegenständen (von der Kleidung über Sportgeräte bis zu Gebäuden) miteinbezieht, vgl. Foucault, Michel: Dispositive der Macht. Über Sexualität, Wissen und Wahrheit. Berlin 1978, S. 119ff.

[28] Misch, Georg: Geschichte der Autobiographie. 5 Bde., Frankfurt a. M. u. a. 1907ff; Olney, James: Metaphors of Self – the Meaning of Autobiography. Princeton 1972; Weintraub, Karl Joachim: The Value of the Individual. Self and Circumstance in Autobiography. Chicago/London 1978.

Why not then return to the multiplicity of the lived? If I may make my own leap into speculation, it might well be that at this time of spectacular change in our sense of the macrocosm we inhabit – women, because until now they have had little occasion, therefore little inclination, to ‚construct meaning' on a grand scale, are in a better position to see beyond the constraints of our conceptual representations, beyond our dichotomies and abstractions (not the least of which is the male-female dichotomy) and to look to ‚the multiplicity of the real'.[29]

Wenn die folgenden Analysen autobiographischer Schriften nach heterologen Selbstkonzeptionen suchen, können sie immer nur ein ‚Ich im Text' finden: Erhalten hat sich von der Person der Schreibenden ausschließlich ein Text, ein bei einer Autobiographie auf das ‚Ich' der Autorin oder des Autors bezogenes Schreiben, ein Schreiben, das im Zweifelsfall auch aus Gründen der Selbstvergewisserung, des Erschreibens, des Festschreibens eines ‚Ich' des Autors oder der Autorin verfaßt wurde. Doch Textanalysen können nicht hinter den Text sehen, sie können nur die Oberfläche lesen und ihre Strukturen gründlich untersuchen. Und dennoch bleibt ihnen kein ‚eigentliches Ich' der Schreibenden verborgen. Denn auch das ‚Ich hinter dem Text' ist zwar ein ‚Ich', das gelebt, gehandelt, genossen und gelitten hat, aber es ist auch ein ‚textuelles Ich', ein ‚Ich', das sich selbst nur in sprachlichen Mustern, in gedanklichen Modellen entwickeln und auffassen kann. Und dennoch reibt sich das ‚Ich', auch das ‚Ich im Text', an diesen Mustern und sprengt gelegentlich die Vorgaben.

Die Autobiographik von Frauen des 17. Jahrhunderts auf die Art der Selbstkonzeption hin zu untersuchen bedeutet, die Analysekategorien Geschlecht, Geschichte und Gattung anzuwenden. Von Geschlecht und Geschichte war in dieser Einleitung schon die Rede, es bleibt noch, von Gattung zu sprechen. Gerade die Geschlechterforschung und die gendersensible Literaturgeschichte der Frühen Neuzeit haben bisher „Textfunktionen"[30] kaum beachtet. Sie haben vielmehr, sozialgeschichtlich interessiert, aus verschiedenen Quellengattungen geschöpft.[31] Diese Pionierarbeiten möchte meine Untersuchung ergänzen durch die Konzentration auf eine Gattung, durch Reflexion von Gattungsgesetzlichkeiten. Gattungen werden hier mit Hempfer verstanden als „Konstrukte, die aufgrund

---

[29] Brée, Germaine: Autogynography. In: Studies in Autobiography. Hg. v. James Olney. New York/Oxford 1988, S. 171-179, hier S. 175.

[30] Schnell, Rüdiger: Geschlechterbeziehungen und Textfunktionen. Probleme und Perspektiven eines Forschungsansatzes. In: Geschlechterbeziehungen und Textfunktionen. Studien zu Eheschriften der Frühen Neuzeit. Hg. v. Rüdiger Schnell. Tübingen 1998, S. 1-58.

[31] Siehe vor allem die beiden überblicksartigen Grundlagenwerke von Becker-Cantarino, Barbara: Der lange Weg zur Mündigkeit. Frauen und Literatur in Deutschland von 1500 bis 1800. Taschenbuchausgabe München 1989 und Wunder, Heide: „er ist die Sonn', sie ist der Mond". Frauen in der Frühen Neuzeit. München 1992. Mit wichtigen Hinweisen vor allem für den englischen Raum Hufton, Olwen: Frauenleben. Eine europäische Geschichte 1500-1800. Frankfurt a. M. 1998. Hufton geht – im Unterschied zu den zuerst genannten Darstellungen – mit den verschiedenen Textsorten ihrer Quellen reichlich unkritisch um, wenn sie Grimmelshausens *Courasche* als Quellentext zur Prostitution in Deutschland eingruppiert.

von beobachtbaren Gemeinsamkeiten zwischen Texten im Rahmen einer Theorie erstellt werden".[32] Was hier für die Autobiographik entwickelt werden soll, ist eine nicht-normative Beschreibung von Kommunikationsstrukturen, die sich im historischen Verlauf wandeln. Eine solche Anforderung ist gleichzeitig die Leitlinie, anhand derer die bestehenden Autobiographietheorien geprüft werden. Gattungsbildende Gemeinsamkeiten – oder besser: Ähnlichkeiten[33] – zwischen Texten können in den Modi, den Mitteln und den Gegenständen der Darstellung bestehen. Unter Modus wird hier die spezifische Kommunikationsbeziehung verstanden, die durch textuelle und paratextuelle Signale zwischen Autor(in), Text und Lesenden aufgebaut wird. Solche spezifischen, durch Texteigenschaften stimulierten Kommunikationsbeziehungen sind, dies ist eine weitere Prämisse dieser Arbeit, für eine Gattungsbildung entscheidender als die Mittel und vor allem als die Gegenstände der Darstellung. Diese Argumentation setzt sich zwar von den meisten der bisherigen genderorientierten Autobiographieanalysen ab, die einen eigenen Strang der Autobiographik von Frauen zumeist in inhaltlichen und formalen Besonderheiten gesucht und gefunden haben.[34] Sie bewegt sich aber bis zu diesem Punkt in den Bahnen der etablierten metatheoretischen Reflexion über Gattungen.[35] Geschlecht spielt in diesen metatheoretischen Überlegungen – und in den allermeisten Theorien über bestimmte Gattungen – keine Rolle, die Theorien verstehen sich als geschlechtsneutral. Doch betrachtet man, welche Texte analysiert und mit welchen Merkmalen Gattungen definiert werden, liegt die Vermutung nahe, daß diese Theorien nicht geschlechtsneutral, sondern geschlechterblind sind. Die Gattung Autobiographie zumindest, das wird sich im folgenden zeigen, wird anhand eines Kanons von Werken entwickelt, die nahezu ausschließlich aus der Feder von Männern stammen, und die relevanten Kriterien zielen – meist implizit, manchmal sogar explizit – auf Texte von Männern, genauer: auf um 1800 geschriebene Texte von bürgerlichen Männern europäischer Abstammung.

---

[32] Hempfer, Klaus W.: Gattung. In: RLL, Bd. 1, S. 651-655, hier S. 653.
[33] Gattungen können entweder durch Ja-Nein-Entscheidungen anhand fester Kriterienkataloge gebildet werden oder nach ‚Familienähnlichkeiten' i. S. Wittgensteins, vgl. Hempfer, Gattung, S. 653. Meine Gattungskonzeption geht von einer Gattungsbildung anhand von ‚Familienähnlichkeiten' aus, das heißt es gibt Gattungsprototypen und solche Texte, die im Randbereich der Gattung liegen, da sie nicht in allen Gesichtspunkten den Prototypen der Gattung ähneln. Vgl. zur Prototyptheorie Rosch, Eleanor: Principles of Categorization. In: Cognition and Categorization. Hg. v. Eleanor Rosch und Barbara B. Loyd. Hillsdale 1978, S. 28-48.
[34] Noch Niethammer, Ortrun: Autobiographien von Frauen im 18. Jahrhundert. Tübingen/Basel 2000, diskutiert die von ihr analysierten Texte hauptsächlich im Hinblick auf inhaltliche Aspekte.
[35] Hempfer, Gattung; ders., Gattungstheorie. Information und Synthese. München 1973; Lamping, Dieter: Gattungstheorie. In: RLL, Bd. 1, S. 658-661; Voßkamp, Wilhelm: Gattungen. In: Literaturwissenschaft. Hg. v. Helmut Brackert und Jörn Stuckrath. Reinbek 1995, S. 253-269; ders.: Gattungen als literarisch-soziale Institutionen. In: Textsortenlehre – Gattungsgeschichte. Hg. v. Walter Hinck. Heidelberg 1977, S. 27-44.

Welche konkrete Konsequenz hat es nun, wenn eine Reflexion über die Gattung Autobiographie nicht geschlechterblind, sondern geschlechterorientiert sein will? Die entscheidende Ebene auch für eine genderorientierte Gattungstheorie muß in den Modi, in den Kommunikationsstrukturen der Texte, gesucht werden. Es ist dagegen keineswegs sinnvoll, eine männliche und eine weibliche Tradition autobiographischen Schreibens anhand von Inhalten der Darstellung und von formalen Kriterien abzugrenzen. Frauen und Männer müssen nicht – konstant über die Zeiten – in ihrer Autobiographik gänzlich Verschiedenes völlig verschieden beschreiben. Eine genderorientierte Autobiographietheorie muß dagegen vor allem fragen, inwieweit Geschlechtervorstellungen (mit)bestimmen, welche Kommunikationsbeziehungen eingegangen werden können, welche textuellen und paratextuellen Signale für deren Steuerung somit erfolgreich verwendbar sind, welche Chancen ein Text hat, in den Gattungskanon aufgenommen zu werden, und welcher Gattung Lesende einen bestimmten Text überhaupt zuordnen. Aber auch diese die Modi von Texten betreffenden Einflüsse der Kategorie Geschlecht dürfen nicht überzeitlich als Dichotomien zwischen Autobiographien von Männern und Frauen festgeschrieben werden. Geschlecht ist nach heutigem Verständnis ein soziokulturelles Konstrukt, und Konstrukte wandeln sich im Lauf der Geschichte.[36] Deshalb gilt für diese Untersuchung des deutschsprachigen autobiographischen Schreibens von Frauen des 17. Jahrhunderts, was Broughton für die Analyse der englischsprachigen Autobiographik des 19. Jahrhunderts programmatisch gefordert hat: „gender, genre and history must dance together".[37] Die Analysekategorien Geschlecht, Gattung und Geschichte müssen gemeinsam die Interpretation der einzelnen Texte leiten.

Wer sich heute mit der Autobiographik von Frauen des 17. Jahrhunderts beschäftigt, muß im Sinn haben, ein ganze Reihe von festbetonierten Vorstellungen auszuhöhlen. So gilt die Autobiographie in seltener Koalition sowohl den Vertretern der klassischen Autobiographietheorie als auch den Anhängern der linguistischen Wende als die Gattung für ein Subjekt, das sich als autonom versteht. Jetzt ist diese Gattung tot, gestorben mit dem autonomen Subjekt, und vor dessen Geburt aus den Diskursen des 18. Jahrhunderts war sie nicht existent. Die Autobiographietheorie ist fixiert auf einen Kanon von Texten, der nach den Kriterien des 19. Jahrhunderts und seiner Suche nach großen Einzelnen aufgestellt wurde.[38] Wenn als Autobiographie nur das Werk eines berühmten Men-

---

[36] Vgl. Kap. I. B.
[37] Broughton, Trev Lynn: Women's Autobiography. The Self at Stake? In: Autobiography and Questions of Gender. Hg. v. Shirley Neuman. London/Portland 1991, S. 76-94, hier S. 93.
[38] Zur Kritik eines an einem ahistorischen Kanon orientierten Fehlurteils über die Literatur des 17. Jahrhunderts im allgemeinen Laufhütte, Hartmut: Der Editor als philologischer Detektiv. Die Geschichte eines kürzlich abgeschlossenen Projekts und was daraus zu lernen ist. In: Editionsdesiderate zur Frühen Neuzeit. Hg. v. Hans-Gert Roloff. Amsterdam/Atlanta 1997, Bd 2, S. 934-958, hier

schen gilt, der sich als autonom darstellt, dann sind vor einem solchen Gattungsverständnis alle Schriften, die in dieser Arbeit untersucht werden, keine Autobiographien. Denn vor dem Diktat des Autonomen werden alle deutschsprachigen Selbstdarstellungen des 17. Jahrhunderts versagen. Kein Wunder also, daß aus dieser Perspektive das 17. Jahrhundert generell als ein Jahrhundert der autobiographischen Dürre gegolten hat. Es ist aber an der Zeit, die Geschichte des autobiographischen Schreibens in ihrer ganzen Breite wahrzunehmen. Die Geschichte der menschlichen Selbstkonstruktion beginnt nicht erst um 1800, und sie ist, das zeigen die großen Projekte einer historisch orientierten Autobiographik- und Selbstzeugnisforschung in der Schweiz, in Österreich und in Deutschland, kein Privileg der Berühmten und Begabten.[39] Autobiographisches Schreiben, Selbstreflexion, Chronikalisieren des eigenen Lebenslaufs ist ein Massenphänomen, nicht eine elitäre, literarische, künstlerische Ausnahmeerscheinung. Und die Geschichte der menschlichen Selbstkonzeption läßt sich nicht anhand weniger, ausschließlich von europäischen und angloamerikanischen männlichen Bürgern verfaßter Texte schreiben. Denn den Blick in den Spiegel hat nicht nur Johann Wolfgang von Goethe geworfen, sondern auch die Müllerin Anna Wolff.

1. Das Textkorpus

Bibliographische Angaben zu ‚Selbstzeugnissen', ‚Egodokumenten' oder ‚autobiographischen Schriften' von Frauen des 17. Jahrhunderts finden sich in von Krusenstjerns beschreibendem Verzeichnis, im Lexikon von Woods und Fürstenwald, im bibliographischen Teil von Bernheidens Dissertation, in den Bibliographien Jessens und Melchiors und in der älteren Arbeit Westphals.[40] Für den

---

S. 936ff. Zur Frage der Kanonbildung vgl. Heydebrand, Renate von und Simone Winko: Einführung in die Wertung von Literatur. Systematik – Geschichte – Legitimation. Paderborn u. a. 1996.

[39] Vgl. vor allem Jancke, Gabriele: Autobiographie als soziale Praxis. Beziehungskonzepte in Selbstzeugnissen des 15. und 16. Jahrhunderts. Köln 2002; Krusenstjern, Benigna von: Selbstzeugnisse der Zeit des Dreißigjährigen Krieges. Berlin 1997; Tersch, Harald: Österreichische Selbstzeugnisse des Spätmittelalters und der Frühen Neuzeit (1400 – 1650). Eine Darstellung in Einzelbeiträgen. Wien u. a. 1998; Wedel, Gudrun: Lehren zwischen Arbeit und Beruf, Wien 2000. Greyerz, Kaspar von: Deutschschweizerische Selbstzeugnisse (1500-1800) als Quellen der Mentalitätsgeschichte, www.histsem.unibas.ch/vongreyerz/projekte.html. Für die Überlassung der Ergebnisse der Pilotphase danke ich Kaspar von Greyerz. Vgl. auch Peters, Jan: Mit Pflug und Gänsekiel. Selbstzeugnisse schreibender Bauern. Eine Anthologie. Köln u. a. 2003.

[40] Bernheiden, Inge: Individualität im 17. Jahrhundert. Studien zum autobiographischen Schrifttum. Frankfurt a. M. u. a. 1988; Jessen, Jens: Bibliographie der Autobiographie. München u. a. 1987, 1989; von Krusenstjern, Selbstzeugnisse; Melchior, Anke: Mädchen- und Frauentagebücher seit dem Mittelalter. Eine Bibliographie von veröffentlichten Tagebüchern in deutscher Sprache. In: BIOS 5 (1992), S. 271-314; Westphal, Margarete: Die besten deutschen Memoiren. Lebenserinnerungen und Selbstbiographien aus sieben Jahrhunderten. Leipzig 1923; Woods, Jean M. und Maria Fürstenwald: Schriftstellerinnen, Künstlerinnen und gelehrte Frauen des deutschen Barock. Ein Lexikon. Stuttgart 1984. Zu den Begriffen ‚Selbstzeugnis', ‚Ego-Dokument' und ‚Autobiographik' siehe Kap. I. C.

österreichischen Raum hat Tersch die Autobiographik der ersten Jahrhunderthälfte ausführlich beschrieben und in Ansätzen analysiert, in der Schweiz gibt es ein großangelegtes Bibliographierungsprojekt der in staatlichen Archiven und Bibliotheken aufbewahrten, gedruckten und ungedruckten deutschsprachigen Selbstzeugnisse.[41] Ein ähnliches Erfassungsprojekt gibt es in Deutschland nicht, hier ist völlig unklar, in welcher Zahl autobiographische Manuskripte des 17. Jahrhunderts in Bibliotheken, staatlichen, kirchlichen oder privaten Archiven und in häuslichen Regalen oder Truhen vorhanden sind. Man kann davon ausgehen, daß die bisher in Bibliographien erfaßten Texte nur ‚die Spitze eines Eisbergs' darstellen, daß in Archiven noch weitere barocke Selbstzeugnisse lagern – und vor allem, daß vieles im Laufe der Jahrhunderte verloren gegangen ist.[42] Welch gewaltigen Rechercheaufwand es bedeuten würde, Archive und Bibliotheken zu durchforsten, zeigen die Erfahrungen der langjährigen, aufwendigen Projekte von Krusenstjerns, Terschs und von Greyerz': Solche Texte können unter den verschiedensten Stichworten erfaßt sein, und gerade Niederschriften in Schreibkalendern sind höchst selten unter den Lemmata ‚Selbstzeugnis', ‚Tagebuch', ‚Erinnerungen', ‚Aufzeichnungen' u. ä. abgelegt, das gesammelte Material dient eher als Beleg für die jeweilige Kalenderausgabe denn als Exemplar einer Selbstdarstellung.

Aus Gründen einer Zeitökonomie ist im Rahmen einer Habilitationsschrift ein solches Erfassen des in Archiven und Bibliotheken Erhaltenen nicht leistbar. Ich stütze mich daher auf die Angaben der oben genannten Verzeichnisse.[43] In ihnen sind Werke von Frauen des 17. Jahrhunderts weit seltener zu finden als solche von Männern des gleichen Zeitraums. Dies kann als Indiz dafür gelten, daß autobiographische Texte – im heuristischen Sinne von Beschreibungen des eigenen Lebens und der eigenen Person – von Männern der Frühen Neuzeit häufiger verfaßt wurden als von Frauen. Doch der zahlenmäßige Unterschied zwischen den Schriften von Männern und Frauen, den bibliographische Untersuchungen heute finden, dürfte entschieden größer sein als der Unterschied in der Häufigkeit, mit der sie entstanden. Das starke Übergewicht an überlieferten Texten von Männern gegenüber solchen von Frauen ist ein Artefakt der Aufbewahrungspraxis. Denn je weniger prominent ein Autor oder eine Autorin sind, je weniger Relevanz den Schriftstücken einer Personengruppe zugesprochen wird, desto seltener wird ein einzelner Text in staatlichen, kirchlichen oder auch in Familienarchiven aufbewahrt, und desto seltener auch wird er in die Regalreihen

---

[41] Tersch, Selbstzeugnisse; von Greyerz, Deutschschweizerische Selbstzeugnisse.
[42] Zum Schwund von Selbstzeugnissen vgl. Krusenstjern, Benigna von: Schreibende Frauen in der Stadt der Frühen Neuzeit. In: Selbstzeugnisse frühneuzeitlicher Städterinnen. Hg. von Daniela Hacke. i. E. Ich danke Benigna von Krusenstjern für die Vorabüberlassung des Manuskripts.
[43] Von Greyerz, Deutschschweizerische Selbstzeugnisse, wurde erst nach Abschluß der Hauptarbeiten an dieser Schrift veröffentlicht und ist daher noch nicht berücksichtigt.

und Kataloge einer Bibliothek aufgenommen.⁴⁴ Gerade Dokumente von Frauen dürften des öfteren der Mühe des Archivierens nicht für wert befunden worden sein. Ein „archiviertes Ich"⁴⁵ steht nur einer privilegierten Entscheidungselite zu: Archiviert werden im allgemeinen nur autobiographische Aufzeichnungen, die als ‚Machtbasis' von späteren Generationen nutzbar sind. Daß dazu die Tagebücher der Landgräfinnen und Landgrafen von Hessen-Darmstadt gedient haben, zeigt Meise in zahlreichen Veröffentlichungen. Meine Untersuchung wird ähnliche Funktionen im chronikalisch-autobiographischen Schreiben von Klostervorsteherinnen und zum Teil auch in der Familienchronistik nachweisen können.⁴⁶

Ganz wenige Autobiographinnen des 17. Jahrhunderts schreiben für eine breitere Öffentlichkeit und wollen ihre Selbstdarstellung zu Lebzeiten gedruckt sehen. Die meisten der im folgenden analysierten Schriften richten sich dennoch an Lesende. Sie suchen eine begrenzte Öffentlichkeit, der sie als Manuskript zur Verfügung stehen können: Nonnen schreiben für ihre Mitschwestern und Mütter für ihre Nachkommen. Dies bedeutet, auch nicht gedruckte Texte können als Autobiographien gelten, die sich an eine – begrenzte – Öffentlichkeit richten. Als zeitgenössische Drucke liegen nur die wenigsten Texte vor. Eine größere Zahl ist erst im 19. und 20. Jahrhundert publiziert worden. Sind Selbstzeugnisse von Frauen des 17. Jahrhunderts gedruckt worden, dann bis in die jüngste Zeit hinein aus Gründen, die mit einer Literaturgeschichte der Frauen nichts zu tun haben: Die Selbstzeugnisse der Pietistinnen haben als Exempelbiographien und Glikls Denkwürdigkeiten als Quelle für jüdische Kultur im 17. Jahrhundert gedient. Aus Klosterchroniken und der Autobiographik bürgerlicher Frauen sind oft nur regionalgeschichtlich als relevant erachtete Auszüge veröffentlicht. Da hier aus arbeitsökonomischen Gründen nur publizierte Texte analysiert werden, müssen bei posthumen Veröffentlichungen die Editionskriterien und -motivationen, mögliche sprachliche, inhaltliche und bewertende Bearbeitungen, Veränderungen, Kürzungen etc. beachtet werden.⁴⁷ Soweit wie möglich werden Stichproben in erhaltenen Manuskripten zur Kontrolle herangezogen. Doch nicht bei allen im Druck überlieferten Texten ist das Manuskript auffindbar.

Die textkritischen Minimalkriterien dürfen aus all diesen Gründen nicht zu hoch angesetzt werden. Dies gilt für in früheren Jahrhunderten publizierte auto-

---

44 Von Krusenstjern, Selbstzeugnisse, S. 11.
45 Meise, Helga: Das archivierte Ich. Schreibkalender und höfische Repräsentation in Hessen-Darmstadt 1624-1790. Darmstadt 2002 (=Arbeiten der Hessischen Historischen Kommission Neue Folge Band 21).
46 Vgl. Kap. II. B. und C.
47 Vgl. zu den Schwierigkeiten Kormann, Eva: „Es möchte jemand fragen, wie ich so hoch von Gott geliebt bin worden, und was mein junger Lebens=lauff gewesen". Anna Vetter oder Religion als Argumentations- und Legitimationsmuster. In: Autobiographien von Frauen. Hg. v. Magdalene Heuser. Tübingen 1996, S. 71-92, hier S. 75f.

biographische Schriften im allgemeinen[48], für solche von Frauen aber ganz besonders. Denn Texte von Frauen des 17. Jahrhunderts und früherer Jahrhunderte gelangen fast immer nur vielfach gefiltert von (meist männlichem) Einfluß an die Öffentlichkeit: Das kann beginnen bei einem Schreiber, dem die Autobiographin diktiert[49], geht weiter mit dem Beichtvater, Prediger oder Ehemann, der das Schreiben duldet oder befiehlt[50], und dem Herausgeber, der bearbeitet und auswählt[51], oder den Erben, die peinliche Stellen aus Hausbüchern entfernen wollen.[52] Wenn man aus diesen Gründen solche Dokumente als zu sehr verfälscht aus der Untersuchung ausscheiden wollte, würde man die bedrohten Stimmen von Frauen fast gänzlich zum Schweigen bringen. Das heißt: diese Analyse kommt in Einzelfällen nicht umhin, auch auf lückenhaft und möglicherweise entstellt veröffentlichte Texte zurückzugreifen, muß die Möglichkeit von Eingriffen aber deutlich formulieren und in Rechnung stellen und, soweit dies möglich ist, in Zweifelsfällen die Manuskripte zu Rate ziehen.

Texte von Frauen des 17. Jahrhunderts, die als autobiographisch gelten können, lassen sich ziemlich eindeutig gruppieren: Sie finden sich im Kontext protestantischer Erweckungsbewegungen und der Chronistik katholischer Klöster und der Memoribildung bürgerlicher oder adliger Familien. Die Autobiographik von Frauen des 17. Jahrhunderts ist also stets auf Gemeinschaften, auf Gruppierungen bezogen, wird somit, dies läßt sich schon vor einer Detailanalyse vermuten, nicht allein die eigene Person darstellen, sondern das eigene Leben kontextuieren durch den Bezug auf andere: auf Gott oder die religiöse Bezugsgruppe, auf die Klostergemeinschaft oder die Vorfahren und Nachkommen der eigenen Familie. Dies gilt für die hier herangezogenen deutschsprachigen Texte genauso wie für die überlieferten, nicht-deutschen Texte aus dem deutschen Sprachraum:

---

[48] Greyerz, Kaspar von: Vorsehungsglaube und Kosmologie. Studien zu englischen Selbstzeugnissen des 17. Jahrhunderts. Göttingen 1990, S. 31.
[49] So beim Buch der Margery Kempe, dazu Smith, Sidonie: A Poetics of Women's Autobiography. Marginality and the Fictions of Self-Representation. Bloomington und Indianapolis 1987, S. 60.
[50] Bilinkoff, Jodi: Confessors, Penitents, and the Construction of Identities in Early Modern Avila. In: Culture and Identity in Early Modern Europe (1500-1800). Essays in Honor of Natalie Zemon Davis. Hg. von Barbara B. Diefendorf und Carla Hess. Ann Arbor 1993, S. 83-100, hier S. 93; Koorn, Florence: A Life of Pain and Struggle. The Autobiography of Elisabeth Strouven (1600-1661). In: Autobiographien von Frauen. Hg. v. Magdalene Heuser. Tübingen 1996, S. 13-23, hier S. 17; Poutrin, Isabelle: Le Voile et la Plume. Autobiographie et sainteté féminine dans l'espagne moderne. Madrid 1995, u. a. S. 18.
[51] Vgl. dazu beispielsweise Feilchenfelds Übersetzung der Memoiren der Glikl, siehe Jancke, Gabriele: Die [...] (Sichronot, Memoiren) der jüdischen Kauffrau Glückel von Hameln zwischen Autobiographie, Geschichtsschreibung und religiösem Lehrtext. Geschlecht, Religion und Ich in der Frühen Neuzeit. In: Autobiographien von Frauen. Hg. v. Magdalene Heuser. Tübingen 1996, S. 93-134, hier S. 94, Anm. 2.
[52] Vgl. Schlientz, Gisela: Bevormundet, enteignet, verfälscht, vernichtet. Selbstzeugnisse württembergischer Pietistinnen. In: Geschriebenes Leben. Hg. v. Michaela Holdenried. Berlin 1995, S. 61-79.

Glikls und Sophie von Hannovers Lebenserinnerungen werden hier zwar nicht analysiert, da sie in ihren komplexen Argumentations- und Legitimationsmustern und Erzählstrukturen nur im Zusammenhang mit der frühneuzeitlichen jüdischen Kultur in West- und Mitteleuropa oder mit der Entwicklung der französischsprachigen europäischen Adelsmemoiren erfaßbar wären und somit eine germanistische Untersuchung überfordert wäre. Aber schon die schlichte Lektüre der Memoiren der Sophie von Hannover und der Glikl-Erinnerungen macht deutlich, wie sehr beide Texte auf den Rahmen der familiären Gemeinschaft bezogen sind und darüber hinaus die Schreibende situieren im Kontext der europäischen Adelsgesellschaft bzw. der jüdischen Gemeinde.[53] Vergleichstexte aus der Feder von Männern werden daraufhin analysiert, inwieweit sie ebenfalls relationale, heterologe Selbstdarstellungen sind und wie sie sich gegebenenfalls von den Schriften der Frauen unterscheiden.

Die Textanalysen gliedern sich entsprechend: Analysiert werden zunächst Schriften, die entstanden sind als religiöse Zeugnisse und meist in engem Zusammenhang mit der Bewegung des Pietismus stehen. Es ist dies die Autobiographik von Johanna Eleonora Petersen, Anna Vetter, Barbara Cordula von Lauter und Martha Elisabeth Zitter. Daran anschließend folgt die Untersuchung autobiographischer Klosterchroniken von Maria Anna Junius, Clara Staiger, Maria Magdalena Haidenbucher und Sophia Albertz. Den Abschluß bildet das familienzentrierte Schreiben frühneuzeitlicher Frauen, jetzt werden die Texte Maria Elisabeth Stampfers, Anna Höfels, Esther von Geras, Maria Cordula von Prancks, Eva Maria Peissers, Anna Wolffs und Susanna Mayers analysiert. Daß die religiöse protestantische, meist pietistische Autobiographik hier den Auftakt bildet, obwohl sie zeitlich eher spät im 17. Jahrhundert in Erscheinung tritt, ist der prominenten Rolle geschuldet, die die frühe pietistische Autobiographik im Kontext autobiographiegeschichtlicher Arbeiten übernimmt – verglichen mit anderen autobiographischen Texten des 17. Jahrhunderts. Zudem finden sich autobiographische Veröffentlichungen zu Lebzeiten von Autorinnen im 17. Jahrhundert ausschließlich im protestantischen Bereich. Johanna Eleonora Petersens *Eine kurtze Erzehlung / Wie mich die leitende hand Gottes bißher geführet* ist

---

[53] Hanovre, Sophie de: Mémoires et Lettres de voyage. Hg. und kommentiert von Dirk Van der Cruysse. Paris 1990. Glikl: Die Memoiren der Glückel von Hameln. Aus dem Jüdisch-Deutschen von Bertha Pappenheim. Mit einem Vorwort von Viola Roggenkamp. Weinheim 1994. Vgl. zu Glikl Davis, Natalie Zemon: Drei Frauenleben, Berlin 1995, S. 11-79; Jancke, Glückel; Richarz, Monika (Hg.): Die Hamburger Kauffrau Glikl. Jüdische Existenz in der Frühen Neuzeit. Hamburg 2001 (= Hamburger Beiträge zur Geschichte der deutschen Juden, Bd. 24); zu Sophie von Hannover Heuvel, Christine van den: Sophie von der Pfalz (1630-1714) und ihre Tochter Sophie Charlotte (1668-1705). In: Deutsche Frauen der Frühen Neuzeit. Hg. v. Kerstin Merkel und Heide Wunder. Darmstadt 2000, S. 77-92; Kormann, Eva: Haus, Kirche, Stadt und Himmel. Geschlechter-Räume und ihre strategischen Deutungen. In: Geschlechter-Räume. Konstruktionen von „gender" in Geschichte, Literatur und Alltag. Hg. v. Margarete Hubrath, Köln u. a. 2001, S. 69-85; und die Anmerkungen des Herausgebers Van der Cruysse in Sophie de Hanovre, Mémoires.

von den hier analysierten Texten die in bisherigen Untersuchungen am meisten beachtete Schrift. Auch ihr Ehemann hat eine eigenhändige Lebensbeschreibung verfaßt. Diese beiden Publikationen fordern zum Vergleich heraus, an ihnen läßt sich besonders anschaulich zeigen, was methodisches Grundanliegen dieser Arbeit ist: Eine gendersensible Gattungstheorie kommt nicht umhin, sowohl Texte von Frauen als auch solche von Männern zu untersuchen. Deshalb werden bei der religiösen protestantischen Autobiographik, der Klosterchronistik und beim familiären Schreiben jeweils die Analyse eines wichtigen Textes einer Autorin ergänzt durch die Untersuchungen ähnlicher Schriften von Frauen und durch die Betrachtung eines vergleichbaren Textes aus der Feder von Männern. Ausgewählt wurden die Selbstdarstellungen Johann Wilhelm Petersens, Sebastian Bürsters, Elias Holls und – kursorischer – Johann Höfels und Hans Peissers.

Aus dem Bereich der in der Geschichtsschreibung der Gattung immer wieder als frühe Form des Autobiographischen genannten Gelehrtenautobiographie gibt es meines Wissens im 17. Jahrhundert aus dem deutschen Sprachraum kein von einer Frau verfaßtes Beispiel.[54] Dennoch bleibt dieser Typus des Autobiographischen hier nicht ausgeblendet: Johann Wilhelm Petersens *Lebens=Beschreibung* steht deutlich in der Tradition der Gelehrtenvita. Auch das Hausbuch des Johann Höfel schreibt die Zugehörigkeit des Familienvorstands Johann Höfel zur res publica litteraria fest. Beide Schriften machen darüber hinaus aber deutlich, daß auch die eigenhändige Lebensbeschreibung eines Gelehrten im Kontext von Gemeinschaften entsteht und für diese Gemeinschaften geschrieben ist: Johann Höfels Gelehrtenvita ist Bestandteil seines familienzentrierten Hausbuchs, und Johann Wilhelm Petersens Text dient vor allem der Apologie innerhalb der protestantischen Bewegung. Die Gelehrtenautobiographien bilden deshalb keine grundsätzliche Ausnahme aus der kontextorientierten Autobiographik der Frühen Neuzeit.[55]

2. Gang der Untersuchung

Die leitende Untersuchungsfrage nach den gruppen-, geschlechts- und epochenspezifischen Subjektivitätsformen in der Autobiographik des 17. Jahrhunderts

---

[54] Vgl. zum Fall der niederländischen Universalgelehrten Anna Maria van Schurman de Baar, Mirjam (Hg.): Choosing the better part. Anna Margarethe van Schurman (1607-1678). Dordrecht 1996; Becker-Cantarino, Barbara: „Erwählung des bessern Teils". Zur Problematik von Selbstbild und Fremdbild in Anna Maria van Schurmans „Eukleria" (1673). In: Autobiographien von Frauen. Hg. v. Magdalene Heuser. Tübingen 1996, S. 24-48; dies.: Die „gelehrte Frau" und die Institutionen und Organisationsformen der Gelehrsamkeit am Beispiel der Anna Maria van Schurman (1607-1678). In: Res Publica Litteraria. Hg. v. Sebastian Neumeister und Conrad Wiedemann. Bd. 2, Wiesbaden 1987, S. 559-576; und Irwin, Joyce: Anna Maria van Schurmann – eine Gelehrte zwischen Humanismus und Pietismus. In: Geschichte der Mädchen- und Frauenbildung. Hg. v. Elke Kleinau und Claudia Opitz. Bd. 1. Frankfurt a. M./NewYork 1996, S. 309-324.

[55] Ähnlich Jancke, Autobiographie als soziale Praxis, S. 211f.

und die erläuterten methodischen Prämissen erfordern, den Textanalysen zwei Theoriekapitel voranzustellen: Das eine ist der Geschlechterforschung gewidmet und situiert die Perspektive dieser Arbeit im Kontext der Gendertheorien. Das andere ist ein Forschungsbericht über die Entwicklung der Autobiographietheorie und -geschichte. In beiden Kapiteln stehen im Fokus der Aufmerksamkeit Untersuchungen über die Frühe Neuzeit. Da das 17. Jahrhundert jedoch in der Geschlechterforschung und noch mehr in der Autobiographietheorie ein vernachlässigter Zeitraum ist, muß sich diese Arbeit aber auch von Theorien, die sich anderen Epochen widmen, anregen lassen und sich mit ihnen auseinandersetzen.

Einen größeren Raum wird gerade die autobiographietheoretische Debatte einnehmen. Denn Spiegelbilder, Selbstbildnisse und Lebensgeschichten in all ihrer Komplexität und Verschiedenartigkeit üben eine magische Anziehungskraft nicht nur auf ihre ‚auctores', ihre Verursacher(innen) und Schöpfer(innen), aus, sie begeistern auch andere: beobachtende Eltern, betrachtende Museumsbesucher(innen), Lesende, die eintauchen wollen in die Geschichte eines anderen Lebens. Und sie lösen immer wieder literaturwissenschaftliche, philosophische, psychologische, mentalitätsgeschichtliche und ästhetische Debatten aus: Nicht nur Autobiographien haben ihre Geschichte, auch die Autobiographietheorie hat sie. Das Augenmerk auf diese Gattung steht am Beginn der Konstituierung der Geisteswissenschaften, es ist immer vorhanden gewesen, und in den letzten zwanzig Jahren ist das Interesse von Literaturwissenschaftler(inne)n, Sozialhistoriker(inne)n und Anthropolog(inne)n an Selbstdarstellungen sprunghaft angestiegen und hat zu einer kaum noch überschaubaren Zahl von Aufsätzen, Monographien und Sammelbänden geführt. Das bis in die siebziger Jahre dominante Bild der Gattung Autobiographie als geschlossener Selbstdarstellung eines autonomen Subjekts mit einer Prototypen-Reihe Augustinus – Rousseau – Goethe wird seit den achtziger Jahren aufgelöst, die Verschiedenartigkeit fällt in den Blick, der Einfluß von Schicht, Kultur und Geschlecht wird herausgearbeitet. Als Konsequenz ergibt sich für diese Arbeit ein heuristischer Begriff des Autobiographischen, der auf die Bestandteile des Wortes ‚Autobiographik' rekurriert: Autobiographische Texte sind Selbstdarstellungen – im Sinne des autobiographischen Pakts Lejeunes (αυτός) –, die sich auf Leben beziehen – im Sinne des referentiellen Pakts Lejeunes (βίος). Und diese Selbstdarstellungen sind geschrieben (γραφή), sind also eine gestaltete, konstruierte Darstellung des eigenen Lebens und der eigenen Person.

In diesem theoretischen Kontext werden die Textanalysen stehen. Sie gehen nicht von einem fertigen Modell weiblichen oder frühneuzeitlichen autobiographischen Schreibens aus, sondern wollen anhand eines feinmaschigen Untersuchungsrasters die Besonderheiten jedes einzelnen dieser Texte beschreiben und die Beziehungen, die dieser Text zu den zeitgenössischen Argumentationsmustern eingeht, prüfen. Das heißt, es soll hier ein Kompromiß gepflegt werden zwischen Textimmanenz und Kontextualisierung: Die einzelne Schrift wird sorgfältig betrachtet und nicht nur als Bestätigung für weibliches oder frühneuzeitliches Schreiben rezipiert. Und dennoch dürfen Machtverhältnisse und die zeitgenössischen Diskurse über den Menschen und über Geschlecht – und im 17. Jahrhundert eben auch über Religion und Konfession – und ihre Reflexe im Text nicht mißachtet werden.

Die Ergebnisse der Analysen führen im letzten Teil der Arbeit wiederum zu einer kritischen Debatte der bisherigen Autobiographietheorien und der Autobiographiegeschichtsschreibung, aber auch zu einer differenzierten Diskussion der Genderproblematik. Es geht hier also mit der Betrachtung mehrfach marginalisierter Texte vor allem um eine Historisierung der Autobiographiedebatte und der Gendertheorie und um eine Horizonterweiterung der Diskussion über die Geschichte der menschlichen Subjektivität. Am Ende wird der Appell stehen, Geschichte, Gattung und Geschlecht gemeinsam zu betrachten, denn Literaturwissenschaft kann auf die Analysekategorie Geschlecht und auf die im Rahmen der Gender studies entwickelte Begrifflichkeit und Methodensensibilität nicht mehr verzichten, will sie nicht zu hochgradig einseitigen – geschlechterblinden – Ergebnissen kommen.

B. Geschlecht und Geschichte – genderorientierte Literaturgeschichte

Grammatikalisch ist das Wort ‚Literaturgeschichte' weiblich. Doch die Werke, die in die bisherigen Literaturgeschichten eingegangen sind, haben überwiegend Männer verfaßt. Epochenbegriffe und Gattungstheorien werden anhand prototypischer Texte weniger, meist männlicher Autoren entwickelt. Dennoch versteht sich die gängige Literaturtheorie und Literaturgeschichtsschreibung, auch die herrschende Autobiographietheorie und -geschichtsschreibung als geschlechtsneutral. Daß sie ihre Aussagen nur aufgrund der Untersuchung von Texten der ‚Hälfte der Menschheit' wagt, wird kaum bemerkt. So versucht etwa Georg Misch anhand der Geschichte der Autobiographie die Entwicklung des menschlichen Selbstbewußtseins nachzuzeichnen. Doch in seinem vielbändigen Werk tauchen Schriften von Frauen nur ganz am Rande auf. Was er somit allenfalls erfassen kann, ist die Geschichte des männlichen, nicht die des menschlichen Selbstbewußtseins. Auch stärker literarisch-textorientierte Untersuchungen, die Geschlecht nicht behandeln wollen und sich als geschlechtsneutral verstehen, aber dennoch nach dem Geschlecht differenzieren und zumindest Werke von Frauen nahezu vollständig aus dem Fokus ihrer Untersuchung ausschließen, setzen sich der Gefahr aus, geschlechterblind zu sein, die Wirkungsweise der Kategorie Geschlecht also nicht zu bemerken, da sie sie nicht variieren.

Die Einäugigkeit der scheinbar geschlechtsneutralen, aber ausschließlich auf Produktionen von Männern fixierten Literaturwissenschaft ist seit der Mitte der siebziger Jahre ins Kreuzfeuer der feministischen Wissenschaftskritik geraten. Forscherinnen und Forscher wenden sich Fragen der Geschlechterdifferenz, der Genderkonzeption und der sozialen Konstruktion von Geschlecht zu. Geschlecht wird zur literaturwissenschaftlichen Kategorie, deren Auswirkungen auf die Produktion und Rezeption von literarischen Texten und auf Form und Inhalt der Werke untersucht werden, und literarische Werke werden als Teile des jeweiligen zeitspezifischen Geschlechterdiskurses untersucht. Dazu gehört „die Relektüre kanonisierter, allgemein bekannter Texte" genauso wie die „Wiederentdeckung vergessener Autorinnen".[56] Das Forschungsfeld beinhaltet aber auch die wissenschaftskritische Befragung der tradierten literaturwissenschaftlichen Methoden, der literaturkritischen Praxis, der Kanonbildung, der Literaturgeschichtsschreibung und der Gattungstheorie. Die Frauen- und Geschlechterforschung, die genderorientierte oder gendersensible Literaturwissenschaft ist inzwischen an Universitäten mehr oder minder institutionalisiert[57], es gibt zahlreiche Forschungsberichte, Gesamtdarstellungen und Handbücher, und keine neuere Einführung in die Germanistik verzichtet mehr auf ein Kapitel zu den Gender studies.[58] Die Bezeichnung ‚gendersensibel' führt Schabert in die literaturwissenschaftliche Debatte ein.[59] Ich werde im folgenden die Begriffe ‚gendersensibel' und ‚genderorientiert' synonym verwenden – im Bewußtsein der Problematik beider Begriffe: Der Charme des Wortes ‚gendersensibel' liegt darin, daß damit – stärker als mit dem Etikett ‚genderorientiert' – ein Offensein für andere Kategorien und für andere Differenzmerkmale signalisiert wird. Mit dem Wortbestand-

---

[56] Osinski, Jutta: Einführung in die feministische Literaturwissenschaft. Berlin 1998, S. 18.
[57] Vgl. Breger, Claudia, Dorothea Dornhof und Dagmar von Hoff: Gender Studies/Gender Trouble. Tendenzen und Perspektiven der deutschsprachigen Forschung. ZfG NF 9 (1999), S. 72-113; Braun, Christina von und Inge Stephan (Hg.): Gender-Studien. Eine Einführung. Stuttgart 2000.
[58] Von Braun und Stephan (Hg.), Gender-Studien; Breger, Dornhof und von Hoff, Gender Studies/Gender Trouble; Bußmann, Hadumod und Renate Hof (Hg.): Genus. Zur Geschlechterdifferenz in den Kulturwissenschaften. Stuttgart 1995; Lindhoff, Lena: Einführung in die feministische Literaturtheorie. Stuttgart 1995; Osinski, Einführung; Erhart, Walter und Britta Herrmann: Feministische Zugänge – Gender Studies. In: Grundzüge der Literaturwissenschaft. Hg. v. Heinz Ludwig Arnold und Heinrich Detering. München 1996, S. 498-515; Hahn, Barbara: Feministische Literaturwissenschaft. Vom Mittelweg der Frauen in der Theorie. In: Neue Literaturtheorien. Eine Einführung. Hg. v. Klaus-Michael Bogdal. Opladen 1990, S. 218-234; Liebrand, Claudia: Als Frau lesen? In: Literaturwissenschaft. Einführung in ein Sprachspiel. Hg. v. Heinrich Bosse und Ursula Renner. Freiburg 1999, S. 385-400; Rippl, Gabriele: Feministische Literaturwissenschaft. In: Einführung in die Literaturwissenschaft. Hg. v. Miltos Pechlivanos u. a. Stuttgart 1995; Weigel, Sigrid: Geschlechterdifferenz und Literaturwissenschaft. In: Literaturwissenschaft. Hg. v. Helmut Brackert und Jörn Stückrath. Reinbek 1995, S. 686-698; Zens, Maria: Feministische Literaturwissenschaft. In: Methoden und Modelle der Literaturwissenschaft. Eine Einführung von Rainer Baasner unter Mitarbeit von Maria Zens. Berlin 1996, S. 151-170.
[59] Schabert, Ina: *Gender* als Kategorie einer neuen Literaturgeschichtsschreibung. In: Genus. Hg. v. Hadumod Bußmann und Renate Hof. Stuttgart 1995, S. 162-204.

teil ‚sensibel' kann allerdings eine – in klassischen Geschlechterdichotomien ‚typisch weibliche' – Einfühlsamkeit konnotiert sein. Wenn hier aber ‚Gendersensibilität' geschrieben wird, soll dies nicht eine Kategorie des Gefühls, sondern eine methodisch-analytische Forschungsperspektive bezeichnen.

Die genderorientierte Literaturwissenschaft konzentriert ihr Augenmerk dabei im wesentlichen auf das 18., 19. und 20. Jahrhundert.[60] Wenn Becker-Cantarino auf dem Wolfenbütteler Barockkongreß 1980 die „Geschichts- und Gesichtslosigkeit" der Frauen in der Barockepoche beklagen mußte[61], so sind inzwischen zwar gerade durch Becker-Cantarinos eigene Forschungen Frauen der Frühen Neuzeit und ihre literarische Produktion mit ihren Gesichtern und Geschichten in unser Blickfeld getreten.[62] Dennoch aber ist das 17. Jahrhundert im Rahmen der Gender studies weiterhin ein vernachlässigter Zeitraum.[63] Die Ergebnisse der Frauen- und Geschlechterforschung über die Zeit nach der Aufklärung lassen sich zudem nicht einfach übertragen auf das 17. Jahrhundert, schließlich sind sich die Untersuchungen darüber einig, daß im 18. Jahrhundert ein Paradigmenwechsel der Geschlechterdiskurse stattgefunden hat.[64] In der Frühen Neuzeit werden

---

[60] Dies zeigt unter anderem auch die Themenauswahl und die Auswahl der behandelten Bücher im Genderband der Zeitschrift für Germanistik NF 9 (1999), Heft 1.

[61] Becker-Cantarino, Barbara: Einleitung. In: Europäische Hofkultur im 16. und 17. Jahrhundert. Hg. von August Buck et al. Hamburg 1981, Bd. 3, S. 441-446.

[62] Vgl. unter vielen weiteren Becker-Cantarino, Barbara (Hg.): Die Frau von der Reformation zur Romantik. Die Situation der Frau vor dem Hintergrund der Literatur- und Sozialgeschichte. Bonn 1980; Becker-Cantarino, Barbara: Die Böse Frau und das Züchtigungsrecht des Hausvaters in der frühen Neuzeit. In: Der Widerspenstigen Zähmung. Studien zur bezwungenen Weiblichkeit in der Literatur vom Mittelalter bis zur Gegenwart. Hg. v. Sylvia Wallinger und Monika Jonas, Innsbruck 1986, S. 117-132; dies.: Dr. Faustus and Runagate Courage: Theorizing Gender in Early Modern German Literature. In: The Graph of Sex and the German Text. Hg. v. Lynne Tatlock und Christiane Bohnert. Amsterdam 1994, S. 27-44; dies., Erwählung; dies.: Frauenzimmer Gesprächspiele. Geselligkeit, Frauen und Literatur im Barockzeitalter. In: Geselligkeit und Gesellschaft im Barockzeitalter. Hg. v. Wolfgang Adam. Bd. 1, Wiesbaden 1997, S. 17-41; dies., gelehrte Frau; dies.: Pietismus und Autobiographie. Das ‚Leben' der Johanna Eleonora Petersen (1644-1724). In: „Der Buchstab tödt – der Geist macht lebendig". Hg. von James Hardin und Jörg Jungmayr. Bd. 2. Bern u. a. 1992, , S. 917-936; dies., Mündigkeit; dies.: Vom „Ganzen Haus" zur Familienidylle. Haushalt als Mikrokosmos in der Literatur der Frühen Neuzeit und seine spätere Sentimentalisierung. In: Daphnis 15 (1986), S. 509-533.

[63] So auch Osinski, Einführung, S. 97.

[64] Bennent, Heidemarie: Galanterie und Verachtung. Eine philosophiegeschichtliche Untersuchung zur Stellung der Frau in Gesellschaft und Kultur. Frankfurt a. M./New York 1985; Braun, Christina von: Gender, Geschlecht und Geschichte. In: Gender-Studien. Hg. v. Christina von Braun und Inge Stephan. Stuttgart 2000, S. 16-57; Hausen, Karin: Die Polarisierung der ‚Geschlechtscharaktere' – eine Spiegelung der Dissoziation von Erwerbs- und Familienleben. In: Sozialgeschichte der Familie in der Neuzeit Europas. Hg. v. Werner Conze. Stuttgart 1976, S. 363-393; Honegger, Claudia: Die Ordnung der Geschlechter. Die Wissenschaften vom Menschen und das Weib 1750 – 1850. Frankfurt a. M./New York 1991; Hoffmann, Volker: Elisa und Robert oder das Weib und der Mann, wie sie sein sollten. Anmerkungen zur Geschlechtercharakteristik der Goethezeit. In: Klassik und Moderne. Festschrift für Walter Müller-Seidel. Hg. v. Karl Richter und Jörg Schönert. München 1983, S. 80-97; Laqueur, Thomas: Auf den Leib geschrieben. Die Inszenierung der Geschlechter von der

die Vorstellungen über Männer und Frauen noch weitgehend von Philosophie und Theologie geprägt, die „Polarisierung der Geschlechtscharaktere", von der Hausen in ihrer grundlegenden und schulebildenden Abhandlung spricht, hat noch nicht stattgefunden[65]: Erst im 18. Jahrhundert werden Frauen als aufgrund ihrer Natur kategorial verschieden von Männern definiert, und Frauen und Männern werden verschiedene gesellschaftliche Räume zugeteilt. Es gilt daher in diesem Kapitel, zunächst die spezifischen Ergebnisse der Frühneuzeitforschung im Bereich der Frauen- und Geschlechterforschung zu bündeln und anschließend die Analyse der Autobiographietheorie und der frühneuzeitlichen Autobiographik von Frauen im Forschungsfeld Gender studies zu situieren.

1. Genderrelevante Aspekte der Frühneuzeitforschung

Für eine genderorientierte Literaturwissenschaft sind eine ganze Reihe von Aspekten der Frühneuzeitforschung relevant: Die Themenpalette reicht von grundsätzlichen Fragen der Geschlechterkonzeption bis hin zu Untersuchungen über konkrete Werke einer Autorin oder Einzelfragen des täglichen Lebens. Mehrere Untersuchungen machen deutlich, daß epochenspezifische Geschlechterdiskurse und –differenzierungen beachtet werden müssen.[66] Wenn die Geschlechterkonzeptionen im 17. Jahrhundert noch nicht dichotomisch festgelegt waren,

---

Antike bis Freud. Frankfurt a. M./New York 1992; Steinbrügge, Lieselotte: Das moralische Geschlecht. Theorien und literarische Entwürfe über die Natur der Frau in der französischen Aufklärung. Stuttgart 1992.

[65] Hausen, Polarisierung; Schabert, Gender, S. 168 und S. 172f; Laqueur, Leib. Vgl. aber zur Vorbereitung der Polarisierung durch die Revision der Geschlechterordnung im Rahmen der Reformation Roper, Lyndal: Das fromme Haus. Frauen und Moral in der Reformation. Frankfurt a. M./New York 1995.

[66] Becker-Cantarino, Mündigkeit; Davis, Natalie Zemon: Frauen und Gesellschaft am Beginn der Neuzeit. Studien über Familie, Religion und die Wandlungsfähigkeit des sozialen Körpers. Berlin 1986; Duby, Georges und Michelle Perrot (Hg.): Geschichte der Frauen. 5 Bde. Frankfurt am Main/Paris 1993ff. Frühe Neuzeit, Bd. 3 (1994), hg. v. Arlette Farge und Natalie Zemon Davis, ed. Betreuung der dt. Ausgabe Heide Wunder und Rebekka Habermas; Dürr, Renate: Die Ehre der Mägde zwischen Selbstdefinition und Fremdbestimmung. In: Ehrkonzepte in der Frühen Neuzeit. Hg. von Sibylle Backmann u. a. Berlin 1998, S. 170-184; Tlusty, B. Ann: Crossing Gender Boundaries. Women as Drunkards in Early Modern Augsburg. Ebd., S. 185-198; Gaebel, Ulrike und Erika Kartschoke (Hg.): Böse Frauen – gute Frauen. Darstellungskonventionen in Texten und Bildern des Mittelalters und der Frühen Neuzeit. Trier 2001; Hufton, Frauenleben; Laqueur, Leib; Rublack, Ulinka: Magd, Metz' oder Mörderin. Frauen vor frühneuzeitlichen Gerichten. Frankfurt a. M. 1998; Wunder, „er ist die Sonn', sie ist der Mond"; dies.: Von der *frumkeit* zur *Frömmigkeit*. Ein Beitrag zur Genese bürgerlicher Weiblichkeit: In: Weiblichkeit in geschichtlicher Perspektive. Hg. von Ursula A. J. Becher und Jörn Rüsen. Frankfurt a. M. 1988, S. 174-188; Wunder, Heide und Christina Vanja (Hg.): Wandel der Geschlechterbeziehungen zu Beginn der Neuzeit. Frankfurt a. M. 1991; vgl. zu den zeitgenössischen Geschlechterdiskursen auch Tatlock, Lynne und Bohnert, Christiane (Hg.): The Graph of Sex and the German Text. Gendered Culture in Early Modern Germany 1500-1700. Amsterdam 1994; und Wiltenburg, Joy: Family Murders. Gender, Reproduction, and the Discourse of Crime in Early Modern Germany. In: Colloquia Germanica 28 (1995), S. 357-374.

läßt sich daraus aber keineswegs der Schluß ziehen, eine Unterdrückung von Frauen habe erst mit der Polarisierung der Geschlechtscharaktere begonnen. Die frühneuzeitliche Hexenverfolgung und der Hexereidiskurs zeigen dies drastisch und sind zentrale Themen einer historisch ausgerichteten Frauen- und Geschlechterforschung.[67] Während das von Hausen beschriebene Polaritätsmodell der Geschlechtscharaktere Frauen und Männer als komplementär, als einander gegensätzlich und sich ergänzend auffaßt, entsprechen die frühneuzeitlichen Geschlechterkonzeptionen einem Inferioritätsmodell: Frauen wird keine den Männern grundverschiedene Natur zugeschrieben, sie gelten aber als im all-

---

[67] Vgl. Ahrendt-Schulte, Ingrid: Weise Frauen – böse Weiber. Die Geschichte der Hexen in der Frühen Neuzeit. Freiburg u. a. 1994; Battafarano, Italo Michele: Barocke Typologie femininer Negativität und ihre Kritik bei Spee, Grimmelshausen und Harsdörffer. In: Chloe 22 (1995), S. 245-266; ders.: Hexenwahn und Dämonopathie in der frühen Neuzeit am Beispiel von Spees *Cautio Criminalis*. In: Selbstthematisierung und Selbstzeugnis. Hg. v. Alois Hahn und Volker Kapp. Frankfurt a. M. 1987, S. 110-123; Honegger, Claudia: Hexenprozesse und ‚Heimlichkeiten' der Frauenzimmer. Geschlechtsspezifische Aspekte von Fremd- und Selbstthematisierung. Ebd., S. 95-109; Becker, Gabriele et al.: Aus der Zeit der Verzweiflung. Zur Genese und Aktualität des Hexenbildes. Frankfurt a. M. 1977; Behringer, Wolfgang: Geschichte der Hexenforschung. In: Hexen und Hexenverfolgung im deutschen Südwesten. Aufsatzband. Hg. v. Sönke Lorenz. Karlsruhe 1994, S. 93-146; ders.: Hexenverfolgung in Bayern. Volksmagie, Glaubenseifer und Staatsräson in der Frühen Neuzeit. 3. Aufl. München 1997; Behringer, Wolfgang (Hg.): Hexen und Hexenprozesse in Deutschland. München 1988; Brauner, Sigrid: Fearless Wives and Frightened Shrews. The Construction of the Witch in Early Modern Germany. Amherst 1995; Burghartz, Susanna: Hexenverfolgung als Frauenverfolgung? Zur Gleichsetzung von Hexen und Frauen am Beispiel Luzerner und Lausanner Hexenprozesse des 15. und 16. Jahrhunderts. In: Dritte Schweizer Historikerinnentagung. Beiträge. Hg. v. Lisa Berrisch et al. Zürich 1986, S. 86-105; Dienst, Heide: Magische Vorstellungen und Hexenverfolgungen in den österreichischen Ländern. In: Wellen der Verfolgung in der österreichischen Geschichte. Hg. v. Erich Zöllner. Wien 1986, S. 70-94; Dinzelbacher, Peter: Heilige oder Hexen? Schicksale auffälliger Frauen in Mittelalter und Frühneuzeit. München u. a. 1995; Dülmen, Richard van (Hg.): Hexenwelten. Magie und Imagination vom 16.-20. Jhd. Frankfurt 1987; Gehm, Britta: Die Hexenverfolgung im Hochstift Bamberg und das Eingreifen des Reichshofrates zu ihrer Beendigung. Hildesheim u. a. 2000; Greyerz, Kaspar von: Religion und Kultur. Europa 1500-1800. Darmstadt 2000; Labouvie, Eva: Zauberei und Hexenwerk. Ländlicher Aberglaube in der frühen Neuzeit. Frankfurt a. M. 1991; Lehmann, Hartmut: Hexenglaube und Hexenprozesse in Europa um 1600. In: Hexenprozesse. Deutsche und skandinavische Beiträge. Hg. v. Christian Degn et al. Neumünster 1983, S. 14-27; Lehmann, Hartmut und Otto Ulbricht (Hg.): Vom Unfug des Hexen-Processes. Gegner der Hexenverfolgung von Johann Weyer bis Friedrich Spee. Wiesbaden 1992; Levack, Brian P.: Hexenjagd. Die Geschichte der Hexenverfolgungen in Europa. München 1995; Lorenz, Sönke und Dieter R. Bauer: Das Ende der Hexenverfolgung. Stuttgart 1995; Opitz, Claudia (Hg.): Der Hexenstreit. Frauen in der frühneuzeitlichen Hexenverfolgung. Freiburg u. a. 1995, S. 246-270; Roper, Lyndal: Hexenzauber und Hexenfantasien im Deutschland der frühen Neuzeit. In: Problems in the Historical Anthropology of Early Modern Europe. Hg. von R. Po-Chia Hsia und R. W. Scribner. Wiesbaden 1997, S. 139-174; dies.: Oedipus and the Devil. London 1994; dies.: Witchcraft and Phantasy in Early Modern Germany. In: History Workshop 32 (1991), S. 19-43; Scholz Williams, Gerhild: Defining Dominion. The Discourses of Magic and Witchcraft in Early Modern France and Germany. Ann Arbor 1995; Schwaiger, Georg (Hg.): Teufelsglaube und Hexenprozesse. München 1999; Wiesner, Merry E.: Women and Gender in Early Modern Europe. Cambridge 1993; Wunder, „er ist die Sonn', sie ist der Mond" u. a. Die genannten Arbeiten berücksichtigen, daß nicht nur Frauen der Hexenverfolgung zum Opfer gefallen sind.

gemeinen den Männern unterlegen, gelten als die schlechtere Variante der menschlichen Natur. Das 17. Jahrhundert ist, so Laqueur in seiner einflußreichen Geschichte der medizinischen Geschlechterkonzeptionen, gerade noch vom Ein-Geschlecht-Modell geprägt, während sich in philosophischen und medizintheoretischen Abhandlungen doch schon ein Paradigmenwechsel hin zum Zwei-Geschlecht-Modell anbahnt.[68] Nach dem Ein-Geschlecht-Modell, einer Theorie, die sich aus der hippokratischen Säftelehre und der aristotelischen Vorstellung von der geringeren Wärme der Frau herleitet, gibt es den Menschen in einer perfekten Gestalt, Mann genannt, und einer defizitären, Frau genannt. Was spätere Zeiten als ‚typisch weiblich' klassifizieren, ist noch im 17. Jahrhundert ein Mangel an ‚männlicher' Vollkommenheit:

> Weibliche Sanftmut ist Mangel an männlichem Mut, weibliche Anpassungsfähigkeit und Friedfertigkeit sind Mangel an männlicher Durchsetzungskraft [...].[69]

Die Folgen dieses Ein-Geschlecht-Modells für als Frauen Klassifizierte waren abwertend, allerdings nicht in der Zwangsläufigkeit, in der die Diskriminierung der Geschlechter in den Zeiten des späteren Zwei-Geschlecht-Modells durchgeführt wurde. Das Ein-Geschlecht-Modell kannte die Konzeptionen der ‚femmes fortes', der heroischen Frauen, der Amazonen, der keuschen Jungfrauen und der starken Herrscherinnen.[70]

Inwieweit Frauen verschiedener gesellschaftlicher Schichten an Kulturproduktionen teilhaben konnten, ist eine Frage der Geschichte der Frauen- und Mädchenbildung und der Möglichkeit von Frauen, der frühneuzeitlichen ‚res

---

[68] Laqueur, Leib; Schabert, Gender, S. 169f.
[69] Schabert, Gender, S. 170.
[70] Baumgärtel, Bettina und Silvia Neysters: Die Galerie der starken Frauen. La galerie des femmes fortes. Die Heldin in der französischen und italienischen Kunst des 17. Jahrhunderts. München 1995; Schabert, Gender, S. 170; Schülting, Sabine: Wilde Frauen, fremde Welten. Kolonisierungsgeschichten aus Amerika. Reinbek 1997; Szarota, Elida Maria: Stärke, dein Name sei Weib! Bühnenfiguren des 17. Jahrhunderts. Berlin/New York 1987. An Laqueurs Arbeit mit ihrer generalisierenden Thesenbildung entzündet sich allerdings die Kritik von Medizin- und Diskurshistoriker(inne)n, die konkrete Forschungen zur Frühen Neuzeit durchführen, vgl. die Diskussionen über Laqueur auf dem Barockkongress 2000 in der Sektion V („Wissenschaften und Künste, die den Körper und ‚Körperlichkeit' (discourse of the body, gender difference) betreffen"). Vgl. u. a differenzierend Wiesner-Hanks, Merry und Gerhild Scholz Williams: Paracelsus über Geschlecht, Weisheit und die menschliche Natur. In: Geschlechterperspektiven. Hg. v. Heide Wunder und Gisela Engel. Königstein 1998, S. 301-312; und Stolberg, Michael: Inferiorität und Komplementarität im medizinischen Geschlechterdiskurs der frühen Neuzeit. Eine Kritik an Thomas Laqueur. Unveröffentlicher Vortrag, gehalten im Rahmen der Fachtagung „Körper – Schrift – Ressourcen. Geschlechtergeschichte der Frühen Neuzeit", Stuttgart-Hohenheim, 16.-18. November 2000. Es stellt sich auch die Frage, inwieweit das von Laqueur „Ein-Geschlecht-Modell" genannte Inferioritätsmodell im 17. Jahrhundert schon durch das sogenannte „Zwei-Geschlecht-Modell", also ein Komplementaritätsmodell, abgelöst worden ist, vgl Strobel, Katja: Die Courage der Courasche. Weiblichkeit als Maskerade und groteske Körperlichkeit in Grimmelshausens Pikara-Roman. In: Maskeraden. Geschlechterdifferenz in der literarischen Inszenierung. Hg. von Elfi Bettinger und Julika Funk. Berlin 1995, S. 82-97.

publica litteraria' mit ihren Sprachgesellschaften, Akademien, Universitäten und Salons anzugehören.[71] Wer nach der „Geschichte der Mädchen- und Frauenbil-

---

[71] Baader, Renate: Dames de Lettres. Autorinnen des preziösen, hocharistokratischen Salons (1649-1698). Mlle de Scudéry – Mlle de Montpensier – Mme d'Aulnoy. Stuttgart 1996; dies.: Die verlorene weibliche Aufklärung – die französische Salonkultur des 17. Jahrhunderts und ihre Autorinnen. In: Frauen – Literatur – Geschichte. Hg. v. Hiltrud Gnüg und Renate Möhrmann. Stuttgart 1999, S. 52-71; Becker-Cantarino, Frauenzimmer Gesprächspiele; dies, Mündigkeit; Brandes, Ute: Studierstube, Dichterclub, Hofgesellschaft. Kreativität und kultureller Rahmen weiblicher Erzählkunst im Barock. In: Deutsche Literatur von Frauen. Hg. v. Gisela Brinker-Gabler. München 1988, Bd. 1, S. 222-247; Gössmann, Elisabeth: Für und wider die Frauengelehrsamkeit. Eine europäische Diskussion im 17. Jahrhundert. Ebd., S. 185-197; Guentherodt, Ingrid: „Dreyfache Verenderung" und „Wunderbare Verwandelung." Zu Forschung und Sprache der Naturwissenschaftlerinnen Maria Cunitz (1610-1664) und Maria Sibylla Merian (1647-1717). Ebd., S. 197-221; Breymayer, Reinhard: Städtisches und literarisches Leben in Stuttgart im 17. Jahrhundert. Ein bibliographischer Versuch mit besonderer Berücksichtigung der Prinzessin Antonia von Württemberg und ihrer Bibliothek. In: Stadt und Literatur im deutschen Sprachraum der Frühen Neuzeit. Hg. von Klaus Garber unter Mitwirkung von Stefan Anders und Thomas Elsmann. Tübingen 1998, S. 308-383; Conrad, Anne: u. a. „Katechismusjungfrauen" und „Scholastikerinnen". Katholische Mädchenbildung in der Frühen Neuzeit. In: Wandel der Geschlechterbeziehungen zu Beginn der Neuzeit. Hg. v. Heide Wunder und Christina Vanja. Frankfurt a. M. 1991, S. 154-179; Gössmann, Elisabeth: Rezeptionszusammenhänge und Rezeptionsweisen deutscher Schriften zur Frauengelehrsamkeit. In: Res Publica Litteraria. Hg. v. Sebastian Neumeister und Conrad Wiedemann. Wiesbaden 1987, Bd. 2, S. 589-601; Kleinschmidt, Erich: Gelehrte Frauenbildung und frühneuzeitliche Mentalität. Ebd., S. 549-557; Utermöhlen, Gerda: Die gelehrte Frau im Spiegel der Leibniz-Korrespondenz. Ebd., S. 603-618; Woods, Jean M.: Das „Gelahrte Frauenzimmer" und die deutschen Frauenlexika 1631-1743. Ebd., S. 577-587; Guentherodt, Ingrid: Urania Propitia (1650) – in zweyerley Sprachen. Ein lateinisch- und deutschsprachiges Compendium der Mathematikerin und Astronomin Maria Cunitz. Ebd., S. 619-640; dies.: Autobiographische Auslassungen. Sprachliche Umwege und nichtsprachliche Verschlüsselungen zu autobiographischen Texten von Maria Cunitz, Maria Sibylla Merian und Dorothea Christiane Erxleben, geb. Leporin. In: Autobiographien von Frauen. Hg. v. Magdalene Heuser. Tübingen 1996, S. 135-151; dies.: Maria Cunitia. Urania Propitia. Intendiertes, erwartetes und tatsächliches Lesepublikum einer Astronomin des 17. Jahrhunderts. In: Daphnis 20 (1990), S. 311-353; dies.: Kirchlich umstrittene Gelehrte im Wissenschaftsdiskurs der Astronomin Maria Cunitia (1604-1664). Copernicus, Galilei, Kepler. In: Religion und Religiosität im Zeitalter des Barock. Hg. von Dieter Breuer. Wiesbaden 1995, Bd. 2, S. 857-872; Kleinau, Elke und Claudia Opitz (Hg.): Geschichte der Mädchen- und Frauenbildung. Bd. 1: Vom Mittelalter bis zur Aufklärung. Frankfurt am Main/NewYork 1996; Moore, Cornelia Niekus: The Quest for Consolation and Amusement. Reading Habits of German Women in the Seventeenth Century. In: The Graph of Sex and the German Text. Hg. v. Lynne Tatlock und Christiane Bohnert. Amsterdam 1994, S 247-268; dies. Erbauungsliteratur als Gebrauchsliteratur für Frauen im 17. Jahrhundert. Leichenpredigten als Quelle weiblicher Lesegewohnheiten. In: Le livre religieux et ses pratiques. Der Umgang mit dem religiösen Buch. Hg. v. Hans Erich Bödeker u. a. Göttingen 1991, S. 291-315; dies.: The Maiden's Mirror. Reading Material for German Girls in the Sixteenth and Seventeenth Centuries. Wiesbaden 1987; Otto, Karl F.: Die Frauen der Sprachgesellschaften. In: Europäische Hofkultur im 16. und 17. Jahrhundert. Hg. von August Buck et al., Hamburg 1981, Bd. 3, S. 497-503; Zeller, Rosmarie: Die Bewegung der Preziösen und die Frauenbildung im 17. Jahrhundert. Ebd., S. 457-465; Schiebinger, Londa: Schöne Geister. Frauen in den Anfängen der modernen Wissenschaft. Stuttgart 1993; dies.:Verlorenes Wissen. Systeme der Ignoranz und die Beschränktheit der Taxonomie dargestellt am Beispiel der ‚Flos pavonis', einem Abortivum. In: Frauen Kunst Wissenschaft, Heft 23, 1997, S. 7–28; Schmidt-Linsenhoff, Viktoria: Dibutadis. Die weibliche Kindheit der Zeichenkunst. In: Kritische Berichte 4 (1996), S. 7-20; dies: Metamorphosen des Blicks. „Merian" als Diskursfigur des

dung" gerade des 17. Jahrhunderts fragt, muß allerdings nur zu oft auf vorhandene Forschungslücken verweisen: Auch die einzelnen Autorinnen des einschlägigen Sammelbandes von Elke Kleinau und Claudia Opitz streichen immer wieder die offenen Fragen heraus, und es ist kaum möglich, aus den einzelnen Untersuchungen zu einem generalisierenden Ergebnis zu kommen.[72] Dies dürfte in hohem Maße der Heterogenität der Lebensbedingungen von Frauen des 17. Jahrhunderts geschuldet sein: Je nach Schichtzugehörigkeit, Konfession und Region standen den Frauen sehr verschiedene Bildungschancen offen. Und in einer Zeit, in der das Bildungswesen noch nicht allgemein institutionalisiert, sondern in vielen Bereichen der Initiative der einzelnen Elternhäuser überlassen war, muß von einem großen Spielraum ausgegangen werden, von sehr verschiedenen Zugangsmöglichkeiten zu einzelnen Bereichen der Bildung: Das nachweisbare Spektrum reicht von der Universalgelehrsamkeit einer Anna Maria van Schurman über die im adligen Umfeld erworbene, gelehrte Bildung Catharina Regina von Greiffenbergs und den kunsthandwerklich-kaufmännischen und empirisch-autodidaktischen Wissenserwerb der Forschungsreisenden und Künstlerin Maria Sibylla Merian, den Unterricht in konfessionellen Elementarschulen und Einrichtungen der höheren Mädchenbildung und das verstohlene Lesenlernen mit Bibel oder religiösen Gesangbüchern, das zum Beispiel die Näherin Anna Vetter beschreibt, bis hin zu einem Analphabetismus, der seine schriftlichen Spuren in dem Fehlen einer Unterschrift in einschlägigen Urkunden hinterläßt.[73] Das

---

Feminismus. In: Maria Sibylla Merian. Hg. v. Kurt Wettengl. Frankfurt a. M. 1998, S. 202-219; Wettengl, Kurt: Maria Sibylla Merian. Künstlerin und Naturforscherin zwischen Frankfurt und Surinam. Ebd., S. 12-36; Szász, Ildikó: Chemie für die Dame. Fachbücher für das ‚Schöne Geschlecht' vom 16. bis zum 19. Jahrhundert. Königstein 1997; Wensky, Margret: Mädchen- und Frauenbildung in der spätmittelalterlich-frühneuzeitlichen Stadt. In: Mitteleuropäisches Städtewesen in Mittelalter und Frühneuzeit. Hg. von Wilhelm Janssen und Margret Wensky. Köln u. a. 1999, S. 21-40; Witt, Ulrike: Bekehrung, Bildung und Biographie. Frauen im Umkreis des Halleschen Pietismus. Tübingen 1996; dies.: „Wahres Christentum" und weibliche Erfahrung. Bildung und Frömmigkeit im Pietismus des 17. und beginnenden 18. Jahrhunderts. In: Geschichte der Mädchen- und Frauenbildung. Hg. v. Elke Kleinau und Claudia Opitz. Frankfurt am Main/NewYork 1996, Bd. 1, S. 263-274; Wolff, Kerstin: Öffentliche Erziehung für adlige Töchter? Stiftsideen in Sachsen-Gotha nach dem Dreißigjährigen Krieg. In: Geschichte des sächsischen Adels. Hg. von Katrin Keller und Josef Matzerath. Köln u. a. 1997, S. 275-289; Zeller, Rosmarie: Die Rolle der Frau im Gesprächsspiel und in der Konversation. In: Geselligkeit und Gesellschaft im Barockzeitalter. Hg. v. Wolfgang Adam. Bd. 1. Wiesbaden 1997, S. 531-541.

[72] Vgl. die Artikel von Conrad, Dürr, Fietze, Irwin, Küppers-Braun, Labouvie und Witt in Kleinau, Opitz (Hg.), Mädchen- und Frauenbildung, Bd. 1.

[73] Zu van Schurman u. a. de Baar (Hg.), Choosing the better part; Becker-Cantarino, Mündigkeit, S.110ff und 185ff; dies., Erwählung; dies., gelehrte Frau; Gössmann, Frauengelehrsamkeit; Irwin, Anna Maria van Schurmann. Zu Greiffenberg u. a. Dohm, Burkhard: Poetische Alchimie. Öffnung zur Sinnlichkeit in der Hohelied- und Bibeldichtung von der protestantischen Barockmystik bis zum Pietismus. Tübingen 2000, S. 20-22. Zu Merian u. a.: Guentherodt, Auslassungen; dies.; „Dreyfache Verenderung"; Kaiser, Helmut: Maria Sibylla Merian. Eine Biographie. Düsseldorf/Zürich 1997; Medick, Hans: Wunderbare Aufsicht. Maria Sibylla Merian. Raupenforschung als Gottesdienst. In: Das 17. Jahrhundert. Krieg und Frieden. Hg. v. Michael Jeismann. München 2000, S. 26-

vorläufige Fazit zur Bildungssituation von Frauen des 17. Jahrhunderts in Deutschland kann unter diesen Bedingungen daher folgendermaßen lauten: Die Bildungschancen von Frauen sind weit geringer als die von Männern, als Leserinnen sehen sie sich weitgehend auf religiöse Erbauungsschriften verwiesen[74], an Universitäten waren sie nur höchst selten geduldetes Exotikum, Lateinkenntnisse von Frauen sind sehr viel seltener als solche von Männern – dies führt dazu, daß bei Frauen nahezu vollständig die lateinischsprachige Autobiographik ausfällt[75] –, andere Fremdsprachen, das Französische und auch das Italienische, waren allerdings vielen Frauen der Frühen Neuzeit geläufig, und die Schreibfähigkeit von Frauen, selbst der unteren Schichten, darf keineswegs unterschätzt werden: So geht, darauf hat von Krusenstjern hingewiesen, kein Selbstzeugnis einer Frau des 17. Jahrhunderts davon aus, daß es eine Seltenheit, eine Monstrosität wäre, als Frau Lebenserinnerungen aufzuzeichnen.[76]

Die Werke Greiffenbergs sind kanonisiert und gelten auch der Mainstream-Barockforschung als einer literaturwissenschaftlichen Analyse würdig.[77] Die

---

31; Schiebinger, Schöne Geister; dies., Verlorenes Wissen, Schmidt-Linsenhoff, Dibutadis; dies., Metamorphosen des Blicks; Wettengl (Hg.), Maria Sibylla Merian. Zu den Schulen: Conrad, Anne: „Jungfraw Schule" und Christenlehre. Lutherische und katholische Elementarbildung für Mädchen. In: Geschichte der Mädchen- und Frauenbildung. Hg. v. Elke Kleinau und Claudia Opitz. Bd. 1. Frankfurt am Main/NewYork 1996, S. 175-188; dies., „Katechismusjungfrauen" und „Scholastikerinnen"; Witt, Bekehrung, Bildung und Biographie; dies., „Wahres Christentum". Zu Vetter: Kormann, Es möchte jemand fragen, und in dieser Arbeit Kap. II. A. 3.1.

74 Moore, The Maiden's Mirror, S. 57ff, S. 189ff.
75 Die große Ausnahme ist auch hier wieder van Schurman, siehe Becker-Cantarino, Erwählung.
76 Von Krusenstjern, Selbstzeugnisse, S. 25f; dies., Schreibende Frauen.
77 U. a. Althaus, Thomas: Einklang und Liebe. Die spracherotische Perspektive des Glaubens im Geistlichen Sonett bei Catharina Regina von Greiffenberg und Quirinius Kuhlmann. In: Religion und Religiosität im Zeitalter des Barock. Hg. von Dieter Breuer. Wiesbaden 1995, Bd. 2, S. 779-788; Laufhütte, Hartmut: Die religiöse Dimension der Freundschaft zwischen Sigmund von Birken und Catharina Regina von Greiffenberg. Ebd., S. 455-466; Bartsch Siekhaus, Elisabeth: Die lyrischen Sonette der Catharina Regina von Greiffenberg. Bern 1983; Black, Ingrid und Peter M. Daly: Gelegenheit und Geständnis. Unveröffentlichte Gelegenheitsgedichte als verschleierter Spiegel des Lebens und Wirkens der Catharina Regina von Greiffenberg. Bern 1971; Cersowsky, Peter: Magie und Dichtung. Zur deutschen und englischen Literatur des 17. Jahrhunderts. München 1990; Daly, Peter M.: Dichtung und Emblematik bei Catharina Regina von Greiffenberg. Bonn 1976; Dohm, Poetische Alchimie; Falkner, Silke R.: Rhetorical Tropes and Realities – a Double Strategy Confronts a Double Standard. Catharina Regina von Greiffenberg Negotiates a Solution in the Seventeenth Century. In: Women in German Yearbook 17 (2001), S. 31-56; Foley-Beining, Kathleen: The Body and Eucharistic Devotion in Catharina Regina von Greiffenberg's *Meditations*. Columbia 1997; Gnädinger, Louise: Catharina Regina von Greiffenberg. In: Deutsche Literatur von Frauen. Hg. v. Gisela Brinker-Gabler. München 1988, Bd. 1, S. 248-264; Ingen, Ferdinand van: Poetik und „Deo glori". Auf die unverhinderliche Art der Edlen Dicht-Kunst von Catharina Regina von Greiffenberg. In: Gedichte und Interpretationen. Bd 1: Renaissance und Barock. Hg von Volker Meid. Stuttgart 1982, S. 319-330; Laufhütte, Hartmut, „Trost im eüssersten Unglükk!" Einige bislang unentdeckte handschriftlich überlieferte Gedichte der Catharina Regina von Greiffenberg. In: Brückenschläge. Hg. von Martin Bircher und Guillaume van Gemert. Amsterdam/Atlanta 1995; Pumplun, Cristina M.: Die gottliebende Seele und ihr Wegbereiter. Catharina Regina von Greiffen-

Greiffenbergphilologie ist dabei in der letzten Zeit deutlich intensiver geworden, nicht nur die Gedichte, sondern auch die Andachtswerke der Autorin werden beachtet, und die Kriterien der Textbetrachtung haben sich verschoben: Während in den Anfängen Greiffenbergs Dichtung – wie Dichtung von Frauen nur zu oft – primär biographistisch gedeutet wurde, analysieren neuere Arbeiten die Metaphorik, die Intertextualität und die formale Virtuosität des Greiffenbergschen Werks.[78] Gerade die jüngst erschienenen Analysen Dohms der „sinnliche[n] Mystik" Greiffenbergs könnten im übrigen eine gendersensible Lektüre des Greiffenbergschen Werks stimulieren: Denn geht man von Dohms postulierter „Öffnung zur Sinnlichkeit" aus, muß gefragt werden, was etwa die Braut-Bräutigam-Bildlichkeit für die Geschlechterkonzeption des schreibenden Ich, der schreiben-

---

bergs *Geburtsbetrachtungen* (1678) und der Einfluß der Embleme der *Pia Desideria* Herman Hugos S. J. (1624). Ebd., S. 211-231; dies.: Andachtsbuch und Roman. Zur Struktur der *Geburtsbetrachtungen* Catharina Regina von Greiffenbergs (1633-1694). In: Fördern und Bewahren. Studien zur europäischen Kulturgeschichte der frühen Neuzeit. Hg. von Helwig Schmidt-Glintzer. Wiesbaden 1996, S. 215-229; dies.: „Begriff des Unbegreiflichen". Funktion und Bedeutung der Metaphorik in den *Geburtsbetrachtungen* der Catharina Regina von Greiffenberg (1633-1694). Amsterdam/Atlanta 1995; dies.: „Die freyheit des Geistes / gehet in die Unendlichkeit". Catharina Regina von Greiffenbergs Kompositmetaphern und die ars combinatoria. In: Künste und Natur in Diskursen der Frühen Neuzeit. Hg. v. Hartmut Laufhütte. Wiesbaden 2000, Bd. 2, S. 1063-1071; dies.: Die Sieges-Seule der Catharina Regina von Greiffenberg. Ein poetisch-politisches Denkmal für Gott und Vaterland. In: Literatur und politische Aktualität. Hg. v. Elrud Ibsch und Ferdinand van Ingen. Amsterdam u. a. 1993, S. 347-360; Scheitler, Irmgard: Das Geistliche Lied im deutschen Barock. Berlin 1982; Schleusener-Eichholz, Gudrun: Poetik und Naturwissenschaft. Augenanatomie in Dichtungen des 17. Jahrhunderts und moderner Dichtung. In: Daphnis 26 (1997), S. 437-515; Tatlock, Lynne: Catharina Regina von Greiffenberg (1633-1694). In: Deutsche Frauen der Frühen Neuzeit. Hg. v. Kerstin Merkel und Heide Wunder. Darmstadt 2000, S. 93-106; dies.: Scientia divinorum. Anatomy, Transmutation, and Incorporation in Catharina Regina von Greiffenberg's Meditations on Incarnation and the Gestation of Christ. In: German History 17 (1999), S. 9-24; Tatlock, Lynne, Mary Lindemann, Robert Scribner: Sinnliche Erfahrung und spirituelle Autorität. Aspekte von Geschlecht in Catharina Regina von Greiffenbergs Meditationen über die Empfängnis Christi und Marias Schwangerschaft. In: Geschlechterperspektiven. Forschungen zur Frühen Neuzeit. Königstein/Taunus 1998, S. 177-190; Wiethölter, Waltraud: „Schwartz und Weiß auß einer Feder" oder Allegorische Lektüren im 17. Jahrhundert. Gryphius, Grimmelshausen, Greiffenberg. In: Dt. Vierteljahrsschrift für Literaturwissenschaft und Geistesgeschichte 72 (1998), S. 537-591. Siehe auch zahlreiche Artikel im Jahrbuch des Wiener Goethe-Vereins 100/101 (1996/1997).

[78] Als Beispiel des älteren Ansatzes u. a. Black, Daly, Gelegenheit und Geständnis; Daly, Catharina Regina von Greiffenberg; ders., Dichtung und Emblematik; stellvertretend für die neueren Entwicklungen der Greiffenberg-Philologie seien hier nur Dohm, Poetische Alchimie, die verschiedenen Arbeiten von Pumplun, Soboth, Christian: „HErr / mein Gedächtniß ist vom Wachs zu deinen lenken" – Formen und Funktionen der memoria in den *Geistlichen Sonetten, Liedern und Gedichten* von Catharina Regina von Greiffenberg. In: Meditation und Erinnerung in der Frühen Neuzeit. Hg. v. Gerhard Kurz. Göttingen 2000, S. 273-290, Thums, Barbara: Zur Topographie der memoria in frühneuzeitlicher Mystik. Catharina Regina von Greiffenbergs „Geistliche Gedächtnisorte". Ebd., S. 251-272; Tatlock, Scientia divinorum; und Tatlock et al., Sinnliche Erfahrung; genannt. Für 2004 ist die langerwartete Edition des Briefwechsels zwischen Catharina Regina von Greiffenberg und Sigmund von Birken durch Hartmut Laufhütte angekündigt.

den Frau bedeutet.[79] Die Texte anderer Barockdichterinnen werden aus dem Dunkel der Archive ans Licht neuer Ausgaben geholt und interpretiert[80], die Schriften von Pietistinnen beachtet[81], und die Mitautorinnen an den Romanen

---

[79] Dohm, Poetische Alchimie, Zitate von S. V und aus dem Untertitel.

[80] Vgl. u. a. Czarnecka, Miroslawa (Hg.): Dichtungen schlesischer Autorinnen des 17. Jahrhunderts. Eine Anthologie. Wroclaw 1997; dies., Die „verse=schwangere" Elysie. Zum Anteil der Frauen an der literarischen Kultur Schlesiens im 17. Jahrhundert. Wroclaw 1997; dies.: Marianne von Bressler (1690-1728) – eine unbekannte Dichterin aus Breslau. In: Stadt und Literatur im deutschen Sprachraum der Frühen Neuzeit. Bd. 1, 2. Hg. von Klaus Garber. Tübingen 1998, S. 961-972; Hedstrom, Elke O.: Margarethe Susanne von Kuntsch (1651-1717). Eine unbekannte deutsche Dichterin aus der Barockzeit. In: Daphnis 19 (1990), S. 223-246; Hoyers, Anna Ovena: Geistliche und Weltliche Poemata. Hg. v. Barbara Becker-Cantarino. Tübingen 1986; verschiedene Artikel in Merkel, Kerstin und Wunder, Heide (Hg.): Deutsche Frauen der Frühen Neuzeit. Darmstadt 2000; Metzger, Erika A. und Michael M. Metzger: Mündigkeit, Innovation, subversiver Realismus. Frauen veröffentlichen in der Neukirch-Anthologie. In: „Der Buchstab tödt – der Geist macht lebendig". Hg. von James Hardin und Jörg Jungmayr. Bern u. a. 1992, Bd. 2; Neugebauer, Birgit: Agnes Heinold (1642-1711) – Ein Beitrag zur Literatur von Frauen im 17. Jahrhundert. In: Daphnis 20 (1991), S 601-702; Niefanger, Dirk: „Fretowische Fröhligkeit" – Die *laus ruris*-Dichtung von Sibylle Schwarz. In: Geselligkeit und Gesellschaft im Barockzeitalter. Hg. von Wolfgang Adam. Wiesbaden 1997, Bd. 1, S. 411-425; Seelbach, Ulrich: Maria Aurora von Königsmarck's Stanzen über ihren Bruder Philipp Christoph. In: Daphnis 20 (1991), S. 403-422; Wade, Mara R.: Invisible Bibliographies. Three Seventeenth-Century German Women Writers. In: Women in German. Yearbook 14 (1999), S. 41-69; Watanabe-O'Kelly, Helen: „Sei mir dreimal mehr mit Licht bekleidet." German Poems by Women to their Mentors in the Seventeenth Century. In: Colloquia Germanica 28 (1995/96), S. 255-264; Zeidler, Susanna Elisabeth: Jungferlicher Zeitvertreiber. Das ist allerhand Deudsche Gedichte Bey Häußlicher Arbeit und stiller Einsamkeit verfertiget und zusammen getragen Von Susannen Elisabeth Zeidlerin. Hg. v. Cornelia Niekus Moore. Bern 2000; Zeller, Rosmarie: Konversation und Freundschaft. Die „Conversations Gespräche" der Hortensia von Salis. In: Ars et amicitia. Beiträge zum Thema Freundschaft in Geschichte, Kunst und Literatur. Hg. von Ferdinand van Ingen und Christian Juranek. Amsterdam/Atlanta 1998, S. 331-342. Zahlreiche Artikel aus Daphnis 17 (1988).

[81] U. a. Albrecht, Ruth: Die theologische Schriftstellerin Johanna Eleonora Petersen (1644-1724). Unveröffentlichte Habilitationsschrift Hamburg 2000; Becker-Cantarino, Johanna Eleonora Petersen; Blackwell, Jeannine: Bekenntnisse deutscher Pietistinnen im 17. und 18. Jahrhundert. In: Deutsche Literatur von Frauen. Hg. v. Gisela Brinker-Gabler. 1. Bd., München 1988, S. 265-289; dies.: Gedoppelter Lebenslauf der Pietistinnen. Autobiographische Schriften der Wiedergeburt. In: Geschriebenes Leben. Autobiographik von Frauen. Berlin 1995, S. 49-60; Hoffmann, Barbara: Radikalpietismus um 1700. Der Streit um das Recht auf eine neue Gesellschaft. Frankfurt am Main/New York 1996; Luft, Stefan: Leben und Schreiben für den Pietismus. Der Kampf des pietistischen Ehepaares Johanna Eleonora und Johann Wilhelm Petersen gegen die lutherische Orthodoxie. Herzberg 1994; Matthias, Markus: Mutua Consolatio Sororum. Die Briefe Johanna Eleonora von Merlaus an die Herzogin Sophie Elisabeth von Sachsen-Zeitz. In: Pietismus und Neuzeit 22 (1996), S. 69-102; ders.: Johann Wilhelm und Johanna Eleonora Petersen. Göttingen 1993; Modrow, Irina: Religiöse Erweckung und Selbstreflexion. Überlegungen zu den Lebensläufen Herrnhuter Schwestern als einem Beispiel pietistischer Selbstdarstellungen. In: Ego-Dokumente. Hg. v. Winfried Schulze. Berlin 1996, S. 122-129; Schlientz, Bevormundet; Schöllkopf, Wolfgang: Im Schatten des Gatten? Christina Barbara Hedinger (1674-1743), die Ehefrau des württembergischen Pietisten Johann Reinhard Hedinger (1664-1704). In: Pietismus und Neuzeit 24 (1998), S. 186-196; Temme, Willi: Krise der Leiblichkeit. Die Sozietät der Mutter Eva (Buttlarsche Rotte) und der radikale Pietismus um 1700. Göttingen 1998; Witt, Bekehrung, Bildung und Biographie.

Anton Ulrichs von Braunschweig-Wolfenbüttel enthüllt[82]. An der Figur der Courasche hat sich eine Debatte über Grimmelshausens Frauenbild entzündet. Wenn jetzt in der Grimmelshausenforschung darüber gestritten wird, ob die weibliche Hauptfigur dieses Pikararomans als Hexe präsentiert wird oder ob der Roman den Hexenglauben gerade ad absurdum führt, bedeutet dies in jedem Fall, daß die alte These, Courasche sei als Allegorie der ‚Frau Welt' zu lesen, als obsolet erkannt worden ist.[83] Die misogyne Satire bei Beer und Weise wird analysiert, und auch Frauenfiguren in anderen Texten des 17. Jahrhunderts finden interpretatorische Aufmerksamkeit.[84]

---

[82] Kraft, Stephan: Galante Passagen im höfischen Barockroman. Aurora von Königsmarck als Beiträgerin zur „Römischen Octavia" Herzog Anton Ulrichs. In: Daphnis 28 (1999), S. 323-345; Spahr, Blake Lee: Anton Ulrich and Aramena. The Genesis and Development of a Baroque Novel. Berkeley/Los Angeles 1966.

[83] Battafarano, Erzählte Dämonopathie; ders., Typologie femininer Negativität; Becker-Cantarino, Dr. Faustus; Berns, Jörg Jochen: Libuschka und Courasche. Studien zu Grimmelshausens Frauenbild, Teil II. Simpliciana 12 (1990), S. 417-441; Feldman, Linda Ellen: The Rape of Frau Welt. Transgression, Allegory and the Grotesque Body in Grimmelshausen's Courasche. In: Daphnis 20 (1991), S. 61-80; Hillenbrand, Rainer: Courasche als emanzipierte Frau. Einige erstaunliche Modernitäten bei Grimmelshausen. Daphnis 27 (1998), S. 185-199; Kemper, Tobias A.: „Luftfahrt" und „Hexentantz". Zauberei und Hexenprozeß in Grimmelshausens *Simplicissimus*. In: Simpliciana 19 (1997), S. 107-123; Solbach, Andreas: Gesellschaftsethik und Romantheorie. Studien zu Grimmelshausen, Weise und Beer. New York u. a. 1994; Strobel, Courage der Courasche; Zitzlsperger, Ulrike: Narren, Schelme und Frauen. Zum Verhältnis von Narrentum und Weiblichkeit in der Literatur des Spätmittelalter und der frühen Neuzeit. In: GLL 50 (1997), S. 403-416. Die allegorische Lesart hat vor allem Feldges, Mathias: Grimmelshausens *Landstörtzerin Courasche*. Eine Interpretation nach der Methode des vierfachen Schriftsinnes. Bern 1969, vertreten.

[84] Battafarano, Typologie femininer Negativität; Colvin, Sarah: Eine Warnung vor dem Weiblichen? Die Venus-Allegorese in den Frauendramen D. C. von Lohensteins. In: In: Die Allegorese des antiken Mythos. Hg. von Hans-Jürgen Horn und Hermann Walter. Wiesbaden 1997, S. 267-285; dies.: Ideas of the Feminine and of the Oriental. Rhetoric and Alterity on the German Stage. 1647-1742. Oxford 1995; verschiedene Beiträge in Geier, Andrea und Ursula Kocher (Hg.): Wi(e)der die Frau. Zu Geschichte und Funktion misogyner Rede. i. E; Hardin, James: Johann Beers *Der Politische Feuermäurer-Kehr*er and the Anonymous Novel *Der Ausgekehrte Politische Feuer-Mäuer Kehrer*. Contrasting Views of Women in the German Novel of the Late Seventeenth Century. In: MLN 96 (1981), S. 488-502; Hoffmeister, Gerhart: On Misogyny in 17th-Century German Prose and its Roots in Reality. In: Studies in German and Scandinavian Literature after 1500. Hg. v. James A. Parente and Richard E. Schade. Columbia 1993, S. 67-80; Kremer, Manfred: Bauern-, Bürger- und Frauensatire in den Zittauer Komödien Christian Weises. In: Daphnis 17 (1988), S. 99-118; Newman, Jane O.: „FrauenZimmersGeberden" und „Mannesthaten". Authentizität, Intertextualität und „la querelle des femmes" in Sigmund von Birkens *Ehren-Preis des Liebblöblichen Weiblichen Geschlechts* (1669/73). In: Der Franken Rom. Nürnbergs Blütezeit in der zweiten Hälfte des 17. Jahrhunderts. Hg. von John Roger Paas. Wiesbaden 1995, S. 314-330; dies.: Sons and Mothers. Agrippina, Semiramis, and the Philological Construction of Gender Roles in Early Modern Germany. (Lohenstein's *Agrippina*, 1665.) In: Renaissance Quarterly 49 (1996), S. 77-113; Ogden-Wolgemuth, Linda: Visions of Women in the Life and Works of Sigmund von Birken. Ann Arbor 1998; Plume, Cornelia: Heroinen in der Geschlechterordnung. Weiblichkeitsprojektionen bei Daniel Casper von Lohenstein und die Querelles des Femmes. Stuttgart, Weimar 1996; Szarota, Stärke, dein Name sei Weib; Wurst, Karin A.: Die Frau als Mitspielerin und Leserin in Georg Philipp Harsdörffers Frauenzimmer Gesprächspielen. In: Daphnis 21 (1992), S. 615-639.

Das 17. Jahrhundert ist das Jahrhundert der Allegorien; allegorische Personifikationen sind oft weiblich. Erst die Genderforschung setzt sich mit dieser Erscheinung auseinander, „die in der institutionalisierten Forschung [...] bislang so gut wie keine Rolle gespielt hat".[85] Am dezidiertesten, nicht zu einer konkreten Allegorie, sondern zum Prinzip der weiblichen Allegorisierung, bezieht Sigrid Weigel Stellung.[86] Weigel erklärt die Vielzahl weiblicher Allegorien nicht mit dem grammatikalischen Geschlecht der personifizierten Abstrakta, sondern damit, daß ein Frauenkörper zum Zeichenkörper für einen Begriff werden kann, weil der Körper einer Frau nicht auf ein Subjekt und eine Geschichte verweist, sondern bedeutungsleer ist und daher gefüllt werden kann mit der Bedeutung, die er bezeichnen soll.[87] Die Struktur dieser Erklärung, die Weigel gerade für eine mittelalterliche und frühneuzeitliche Verwendung allegorischer Frauengestalten entwickelt, setzt eine Geschlechterdefinition voraus, die den ‚Mann' als das ‚eine' beschreibt, mit Inhalt versieht und ihm eine Geschichte und einen Subjektstatus gewährleistet, die ‚Frau' aber als das ‚andere', als den ‚Nicht-Mann' davon absetzt. Weigels Allegorietheorie setzt damit eine Polarität der Vorstellungen von Männlichkeit und Weiblichkeit voraus, denkt damit vom 19. Jahrhundert zurück auf die Frühe Neuzeit und berücksichtigt nicht den Paradigmenwechsel der Geschlechterkonzeptionen um 1700.

Heide Wunder beschreibt mit dem „Arbeitspaar" die besondere Form der frühneuzeitlichen Geschlechterverhältnisse, die noch nicht geprägt sind von der Trennung in Öffentlichkeit und Privatheit und dem Ausschluß der Frauen aus der Berufswelt, sondern durch das gemeinsame Arbeiten und Wirtschaften eines Ehepaares.[88] Untersucht werden Gerichtsverfahren gegen Frauen und

---

[85] Schade, Sigrid, Monika Wagner und Sigrid Weigel (Hg.): Allegorien und Geschlechterdifferenz. Köln 1994, S. 2. In dem von Schade et al. herausgebenen Band finden sich eine Reihe von geschlechtersensiblen Untersuchungen einzelner frühneuzeitlicher Allegorien. Vgl. Rublack, Ulinka: Metze und Magd. Krieg und die Bildfunktion des Weiblichen in deutschen Städten der Frühen Neuzeit. In: Ehrkonzepte in der Frühen Neuzeit. Hg. von Sibylle Backmann u. a. Berlin 1998, S. 199-222.

[86] Immer noch grundlegend: Weigel, Sigrid: Topographien der Geschlechter. Kulturgeschichtliche Studien zur Literatur. Reinbek 1990, S. 167-173.

[87] Weigel, Topographien der Geschlechter, S. 167f, vor allem zur „scholastischen Verwendung allegorischer Frauengestalten".

[88] U. a. in Wunder, „er ist die Sonn', sie ist der Mond"; siehe auch Richarz, Monika: Perlen, Messen und Kredite – Die europäische Unternehmerin Glückel Hameln. In: Macht und Ohnmacht von Geschäftsfrauen. Hg. v. Marlene Kück. Berlin 1998, S. 23-36; und die einschlägigen Artikel in Hausen, Karin, Heide Wunder (Hg.): Frauengeschichte – Geschlechtergeschichte. Frankfurt am Main/New York 1992. Vgl. zur Versorgungs- und Beutegemeinschaft von Soldaten und Soldatenfrauen im Dreißigjährigen Krieg Kroener, Bernhard R.: „‚...und ist der jammer nit zu beschreiben". Geschlechterbeziehungen und Überlebensstrategien in der Lagergesellschaft des Dreißigjährigen Krieges. In: Landsknechte, Soldatenfrauen und Nationalkrieger. Militär, Krieg und Geschlechterordnung im historischen Wandel. Hg. v. Karen Hagemann und Ralf Pröve. Frankfurt a. M./New York 1998.

frühneuzeitliche Ehrhändel und ihr Bezug zu den Geschlechtsrollen.[89] Diskutiert werden die Ehelehren und die Freiräume, die Klöster und religiöse Vereinigungen für Frauen bereithielten, und die Rolle der Reformation für die Situation von Frauen der Frühen Neuzeit.[90] Frühneuzeitliche Kultur ist unter anderem eine

---

[89] Gleixner, Ulrike: ‚Das Mensch' und ‚der Kerl': die Konstruktion von Geschlecht in Unzuchtsverfahren der frühen Neuzeit (1700-1760). Frankfurt a. M./New York 1994; Rublack, Magd, Metz' oder Mörderin; Ulbrich, Claudia: u. a. Zeuginnen und Bittstellerinnen. Überlegungen zur Bedeutung von Ego-Dokumenten für die Erforschung weiblicher Selbstwahrnehmung in der ländlichen Gesellschaft des 18. Jahrhunderts. In: Ego-Dokumente. Hg. v. Winfried Schulze. Berlin 1996, S. 149-174. Backmann, Sibylle et. al. (Hg.): Ehrkonzepte in der Frühen Neuzeit. Identitäten und Abgrenzungen. Berlin 1998.

[90] U. a. Bastl, Beatrix: Eheliche Sexualität in der Frühen Neuzeit zwischen Lust und Last. Die Instruktion des Fürsten Karl Eusebius von Liechtenstein. In: Archiv für Kulturgeschichte, 78, 1996, S. 277-301.; dies.: Hochzeitsrituale. Zur Sozialanthropologie von Verhaltensweisen innerhalb des österreichischen Adels der Frühen Neuzeit. In: Geselligkeit und Gesellschaft im Barockzeitalter. Hg. von Wolfgang Adam. 2. Bd., Wiesbaden 1997, S. 751-764.; Biethenhard et al. (Hg.): Zwischen Macht und Dienst. Beiträge zur Geschichte und Gegenwart von Frauen im kirchlichen Leben der Schweiz. Bern 1991; Bischoff, Cordula: Maria Magdalena oder die Lust der Reue. Zu Weiblichkeitsvorstellungen der Barockzeit. In: Helga Sciurie, Hans-Jürgen Bachorski (Hg.): Eros - Macht - Askese. Geschlechterspannungen als Dialogstruktur. Trier 1996, S. 423-443; Blackwell, Bekenntnisse; dies., Gedoppelter Lebenslauf; Borgstedt, Thomas: Naturrecht der Geselligkeit und protestantische Emanzipation der Ehe in Hoffmannswaldaus „Heldenbriefen". In: Geselligkeit und Gesellschaft im Barockzeitalter. Hg. von Wolfgang Adam. Wiesbaden 1997, Bd. 2, S. 765-780; Burghartz, Susanna: Zeiten der Reinheit – Orte der Unzucht. Ehe und Sexualität in Basel während der Frühen Neuzeit. Paderborn u. a. 1999; Conrad, Anne (Hg.): „In Christo ist weder man noch weyb". Frauen in der Zeit der Reformation und der katholischen Reform. Münster 1999; Critchfield, Richard: Prophetin, Führerin, Organisatorin. Zur Rolle der Frau im Pietismus. In: Die Frau von der Reformation zur Romantik. Hg. v. Barbara Becker-Cantarino. Bonn 1980, S. 112-137; Lorenz, Dagmar: Vom Kloster zur Küche. Die Frau vor und nach der Reformation Dr. Martin Luthers. Ebd., S. 7-35; von Greyerz, Religion und Kultur, S. 182ff; Mack, Rüdiger: Pädagogik bei Philipp Jakob Spener. In: Pietismus-Forschungen. Hg. v. Dietrich Blaufuß. Frankfurt a. M. u. a. 1986, S. 53-115; Müller, Maria E.: Naturwesen Mann. Zur Dialektik von Herrschaft und Knechtschaft in Ehelehren der Frühen Neuzeit. In: Wandel der Geschlechterbeziehungen. Hg. v. Heide Wunder und Christina Vanja. Frankfurt 1991, S. 43-68; Scharffenorth, Gerta: „Im Geiste Freunde werden". Mann und Frau im Glauben Martin Luthers. Ebd., S. 97-108; Schorn-Schütte, Luise: „Gefährtin" und „Mitregentin". Zur Sozialgeschichte der evangelischen Pfarrfrau in der Frühen Neuzeit. Ebd., S. 109-153; Müller, Ulrich: Dorothea von Montau und Sor Juana Ines de la Cruz. Zwei religiöse Frauen aus dem späten Mittelalter und aus der Barock-Zeit. In: Europäische Mystik vom Hochmittelalter zum Barock. Eine Schlüsselepoche in der europäischen Mentalitäts-, Spiritualitäts- und Individuationsentwicklung. Hg. von Wolfgang Beutin und Thomas Bütow. Frankfurt a. M. 1998, S. 237-249; Roper, Das fromme Haus; Rublack, Ulinka: Geordnete Verhältnisse? Ehealltag und Ehepolitik im frühneuzeitlichen Konstanz. Konstanz 1997; Schnell (Hg.), Geschlechterbeziehungen; Stoll, Brigitta: Frauenspezifische Verwendung von mystischem Traditionsgut im *Geistlichen Frauenzimmer-Spiegel* des Hieronymus Oertl. In: Religion und Religiosität im Zeitalter des Barock. Hg. von Dieter Breuer. Wiesbaden, Bd. 2, 1995, S. 477-485; Wahl, Johannes: Geschlechtsspezifische Lebensplanung und innereheliche Dynamik in württembergischen Pfarrfamilienzyklen des 17. Jahrhunderts. In: Blätter für württembergische Kirchengeschichte 97 (1997), S. 59-82; Wunder, frumkeit; dies.: Normen und Institutionen der Geschlechterordnung am Beginn der Frühen Neuzeit. In: Geschlechterperspektiven. Forschungen zur Frühen Neuzeit. Hg. v. Heide Wunder und Gisela Engel. Königstein 1998, S. 57-78. Zusammenfassend zu genderorientierten Analysen der Reformation siehe vor allem Ulbrich,

Kultur des Adels, und dessen Repräsentation ist entschieden auch eine Aufgabe der Frauen am Hofe.[91] Daß Geschlechterforschung nicht nur danach fragt, wie ‚Weiblichkeit' in der Frühen Neuzeit konstruiert wird, sondern daß sie auch das Konstruierte von ‚Männlichkeit' erkennt, zeigen unter anderem Untersuchungen

---

Claudia: Frauen in der Reformation. In: Frauen Gestalten Geschichte. Hg. v. Leonore Siegele-Wenschkewitz et al. Hannover 1998, S. 71-86.

[91] Mit vielen weiterführenden Literaturhinweisen vor allem Bastl, Beatrix: Tugend, Liebe, Ehre. Die adelige Frau der Frühen Neuzeit. Wien 2000; siehe auch Aichholzer, Doris: Briefe adliger Frauen. Beziehungen und Bezugssysteme. Ein Projektbericht. In Mitteilungen des Instituts für Österreichische Geschichtsforschung 105 (1997), S. 477-483; Albert, Mechthild: „Une ermite au milieu de la cour". La mélancolie de Madame Palatine. In: Diversité, c'est ma devise". Studien zur französischen Literatur des 17. Jahrhunderts. Hg. von Frank-Rutger Hausmann. Paris 1994, S. 17-41; Arndt, Johannes: Möglichkeiten und Grenzen weiblicher Selbstbehauptung gegenüber männlicher Dominanz im Reichsgrafenstand des 17. und 18. Jahrhunderts. In: Vierteljahrschrift für Sozial- und Wirtschaftsgeschichte 77 (1990), H. 2, S. 153-174; Baader, weibliche Aufklärung; Brandes, Studierstube; Breymayer, Städtisches und literarisches Leben; Classen, Albrecht: Elisabeth Charlotte von der Pfalz, Herzogin von Orléans. Epistolarische Selbstbekenntnisse und literarisches Riesenunternehmen. In: Archiv für Kulturgeschichte 77 (1995), S. 33-54; Czarnecka, Miroslawa: Dekorative Anwendung der Emblematik am Beispiel von Sophienthalschen Sinnbildern der Herzogin Anna Sophia von Liegnitz (1628-1666). In: Daphnis 23 (1994), S. 1-35; Heißler, Sabine: Christine Charlotte von Ostfriesland (1645-1699) und ihre Bücher oder lesen Frauen anderes? In: Daphnis 27 (1998), Heft 2-3, S. 335-411; van den Heuvel, Sophie von der Pfalz; Hirschmann, Wolfgang: Italienische Opernpflege am Bayreuther Hof, der Sänger Giacomo Zaghini und die Oper *Argenore* der Markgräfin Wilhelmine. In: Italienische Musiker und Musikpflege an deutschen Höfen der Barockzeit. Hg. von Friedhelm Brusniak. Köln 1995, S. 117-153; Koloch, Sabine: Zeremoniellbücher als Forschungsaufgabe kulturhistorischer Frauenforschung. In: Kritische Berichte 4 (1996), S. 43-60; Küppers-Braun, Ute: Die Frauen des hohen Adels im kaiserlich-freiweltlichen Damenstift Essen (1605-1803). Eine verfassungs- und sozialgeschichtliche Studie. Zugleich ein Beitrag zur Geschichte der Stifte Thorn, Elten, Vreden und St. Ursula in Köln. Münster 1997; Lange, Barbara: Artemisia als Leitbild. Zum herrschaftlichen Witwensitz beim Übergang zum Absolutismus. In: Kritische Berichte 4 (1996), S. 61-72; Lefevre, Michel: Die Sprache der Liselotte von der Pfalz. Eine sprachliche Untersuchung der deutschen Briefe (1676-1714) der Herzogin von Orleans an ihre Tante, die Kurfürstin Sophie von Hannover. Stuttgart 1996; Meise, u. a. Das archivierte Ich; Spahr, Blake Lee: Sybilla Ursula and her Books. In: Ders.: Problems and Perspectives. A Collection of Essays on German Baroque Literature. Frankfurt a. M./Bern 1981, S. 85-94; Treskow, Isabella von: Der deutsche Briefstil Elisabeths Charlottes von der Pfalz und die „art épistolaire" Madame de Sévignés. In: ZfG NF 6 (1996), S. 584-595; Cruysse, Dirk Van der: „Madame sein ist ein ellendes Handwerck" Liselotte von der Pfalz – eine deutsche Prinzessin am Hof des Sonnenkönigs. München/Zürich 2000; Wade, Mara R.: Emblems and German protestant court culture. Duchess Marie Elisabeth's Ballet in Gottorf (1650). In: Emblematica 9 (1995), S. 45-109; Watanabe-O'Kelly, Helen: Women's Writing in the Early Modern Period. In: A History of Women's Writing in Germany, Austria and Switzerland. Hg. v. Jo Catling. Cambridge 2000, S. 27-44; Woods, Jean M.: Aurora von Königsmarck. Epitome of a „Galante Poetin". In: Daphnis 17 (1988), S. 457-465; dies.: Nordischer Weyrauch. The Religious Lyrics of Aurora von Königsmarck and Her circle. Ebd., S. 267-326; dies.: „Die Pflicht befihlet mir/ zu schreiben und zu tichten". Drei literarisch tätige Frauen aus dem Hause Baden-Durlach. In: Die Frau von der Reformation zur Romantik. Hg. v. Barbara Becker-Cantarino. Bonn 1980, S. 36-57; dies.: Dorothea von Rosenthal, Maria von Hohendorff and Martin Opitz. In: Daphnis 11 (1982), S. 613-627; Wurst, Karin A.: Gender and the Aesthetics of Display. Baroque Poetics and Sartorial Law. In: Daphnis 29 (2000), H. 1/2, S. 159-175; Sophie Charlotte und ihr Schloß. Ein Musenhof des Barock in Brandenburg-Preußen. München 1999.

über *Hausväter, Priester, Kastraten* und darüber, wie man ein Mann wird.[92] Neuere Ansätze in den Gender studies betonen außerdem die jeweils zeit- und kulturspezifischen Wechselwirkungen von Geschlecht und anderen Parametern einer soziokulturellen Stratifizierung, etwa gesellschaftlichem Rang und Religionszugehörigkeit, in allerjüngster Zeit trägt auch die Frühneuzeitforschung dieser Entwicklung der Gendertheorie Rechnung.[93]

Nachholbedarf besteht für die genderorientierte Erforschung des 17. Jahrhunderts trotz dieser Fülle von Detailergebnissen immer noch – vor allem im Hinblick auf Analysen zur Auswirkung der Kategorie ‚Geschlecht' auf bestimmte Gattungen. Denn die ersten und so wichtigen genderorientierten Untersuchungen zur (Literatur-)Geschichte der Frauen der Frühen Neuzeit, die Pionierleistungen von Becker-Cantarino und Wunder, sind sozialgeschichtlich ausgerichtet und haben aus einer Fülle von Quellengattungen schöpfen müssen.[94] Jüngere Forschungen haben aber gezeigt, wie wichtig Textfunktionen und Gattungskonventionen sind und daß manche Ergebnisse der Auswertung verschiedenster Textsorten nicht von einem historischen Mentalitätswandel zeugen können, sondern schlicht von einem Wechsel der ausgewerteten Gattung bedingt sind.[95] Auch die Ergebnisse der Gender studies für spätere Zeiten erweisen die Zentralität der Interaktion zwischen Gattung und Geschlecht.[96]

---

[92] Dinges, Martin (Hg.): Hausväter, Priester, Kastraten. Zur Konstruktion von Männlichkeit in Spätmittelalter und Früher Neuzeit. Göttingen 1998; Wunder, Heide: Wie wird man ein Mann? Befunde am Beginn der Neuzeit (15.-17. Jahrhundert). In: Was sind Frauen? Was sind Männer? Geschlechterkonstruktionen im historischen Wandel. Hg. v. Christiane Eifert et al. Frankfurt a. M. 1996, S. 122-155.

[93] Vgl. zu Entwicklungstendenzen der Genderforschung Kormann, Eva: Kein eng umgrenztes Gärtchen ‚Frauenliteratur'. Zur Zentralität der Kategorie Geschlecht in den Literatur- und Kulturwissenschaften. In: Theorie und Praxis der Kulturstudien. Hg. v. Christa Grimm et al. Leipzig 2003, S. 51-63. Zum Verhältnis von Geschlecht und gesellschaftlichem Rang in der Mode des 17. Jahrhunderts und im metaphorischen Gebrauch von Mode in den barocken Regelpoetiken Wurst, Gender and the Aesthetics of Display. Zum Verhältnis zwischen Geschlecht und Religion Roper, Das fromme Haus. Die Genderspezifik von Religion und Andachtsformen reflektieren die einzelnen Beiträge in Ingen, Ferdinand van und Cornelia Niekus Moore (Hg.): Gebetsliteratur der Frühen Neuzeit als Hausfrömmigkeit. Funktionen und Formen in Deutschland und den Niederlanden. Wiesbaden 2001, nur am Rande; vgl. aber dort van Ingen: Form- und Stilfragen der Gebetsliteratur in der Frühen Neuzeit. Am Beispiel von Philipp von Zesens *Frauenzimmers Gebeht-Buch* (1657), S. 131-146: Hier wird deutlich, welche Auswirkungen im Rahmen eines multipel stratifizierten Menschenbildes die Parameter Geschlecht, Konfession, Alter und Schicht haben. Leider erfährt man aber gerade über die Rolle der Geschlechtervorstellungen und über ihre Wechselwirkung mit den anderen Parametern in van Ingens Aufsatz wenig.

[94] Becker-Cantarino, Mündigkeit, explizit zu ihrer sozialgeschichtlichen Methode und zu ihrer Verwendung von Literatur als sozialgeschichtlicher Quelle S. 12ff; Wunder, vor allem in „er ist die Sonn', sie ist der Mond".

[95] Schnell, Geschlechterbeziehungen.

[96] Pailer, Gaby: Gattungskanon, Gegenkanon und ‚weiblicher' Subkanon. Zum bürgerlichen Trauerspiel des 18. Jahrhunderts. In: KANON MACHT KULTUR. DFG-Symposion 1996. Hg. von Renate von Heydebrand. Stuttgart 1998, S. 365-382; Loster-Schneider, Gudrun: „[...] einen sehr ge-

2. Genus und Literaturwissenschaft – zur Methode

Wenn diese Arbeit sich auf Autobiographien von Frauen des 17. Jahrhunderts konzentriert, dringt sie also in noch weitgehend unerforschtes Gelände vor und besitzt dennoch in der Frauen- und Geschlechterforschung und deren immer differenzierterer Theoriebildung reichlich Kartenmaterial, das auch in diesem Neuland weiterhelfen kann. Geschlechterverhältnisse gelten in der neueren Forschung als soziokulturell konstruiert, sie differieren interkulturell und unterliegen historischen Wandlungsprozessen.

Den Unterschieden auch zwischen Frauen – und zwischen Männern – und der Möglichkeit der kulturellen Varianz der Bedeutung des Geschlechts für einen Menschen trägt die genderorientierte Literaturwissenschaft bis an die Grenzen ihrer Selbstauflösung Rechnung. So fordert Osinski in ihren „Vorschlägen für eine feministische Literaturwissenschaft" von genderorientierten Literaturwissenschaftler(inne)n:

> Sie sollten projektive Interpretationen vermeiden und davon ausgehen, daß Differenzen unter Frauen oder Männern ebenso groß sind wie Differenzen zwischen den Geschlechtern. Wenn die Geschlechterdifferenz anderen Differenzen übergeordnet wird und eine Einheit unter Frauen oder Männern suggeriert, ist das eine Projektion.[97]

Und:

> Sie sollten als Literaturwissenschaftler(innen) davon ausgehen, daß Geschlechterverhältnisse nicht das einzige an Texten zu analysierende Moment sind; es gibt häufig wichtigere andere Aspekte, die man für ein angemessenes Textverständnis beachten muß. Gender als Kategorie ist zuweilen unwesentlich.[98]

Während im folgenden der ersten der beiden zitierten Forderungen gerne Rechnung getragen wird, scheint mir der letzte Satz der zweiten Forderung fragwürdig. Denn Gender als Analysekategorie wird nicht überflüssig, wenn ein Text Geschlecht als unwesentlich behandelt. Schließlich setzt auch eine solche Verfahrensweise eine bestimmte Genderkonzeption voraus, auch die Abwesenheit von Geschlechterfestlegungen signalisiert folglich eine bestimmte Genuskonzeption, die zu erschließen erhellend sein kann. Es gibt verschiedene Gründe, warum in einem Text Geschlecht keine manifeste Rolle spielt. Eine Möglichkeit ist immer die, daß er – wie die traditionelle Literaturwissenschaft – nur scheinbar geschlechtsneutral ist und männlich besetzte Positionen zum Maßstab nimmt. Und

---

nauen Grundriß von meinem Kopf und meinen Neigungen geben." Autobiographische Selbstdarstellung und poetologische Selbstreflexion in Sophie von La Roches *Mein Schreibetisch*. In: Autobiographien von Frauen. Hg. v. Magdalene Heuser. Tübingen 1996, S. 214- 232; Scheitler, Irmgard: Gattung und Geschlecht. Reisebeschreibungen deutscher Frauen 1780-1850. Tübingen 1999.
[97] Osinski, Einführung, S.183
[98] Osinski, Einführung, S. 184.

eine andere, und das kann in religiös motivierten Schriften des 17. Jahrhunderts oder in politisch motivierter Literatur des 20. Jahrhunderts der Fall sein, daß die Geschlechterverhältnisse im Kontext anderer gesellschaftlicher Probleme abgewertet und marginalisiert werden.

Denken in Differenzen und eine konstruktivistische Wissenschaftsperspektive sind nicht nur Zeichen der Gender studies. Sie sind Kennzeichen der neueren kulturwissenschaftlichen Debatte überhaupt. Eine genderorientierte Literaturwissenschaft pflegt damit auch nicht mehr nur ein eng umhegtes Gärtchen ‚Frauenliteratur', wie man es der Frauenforschung in den Anfängen oft vorgeworfen und sie damit marginalisiert hat. Aus der Marginalie ist eine zentrale Forschungsposition geworden: Wie die anderen differenzierenden Kategorien ‚race', ‚class', ‚sexual orientation' etc. ist Gender aus einer Literaturwissenschaft, die sich auf der Höhe der Zeit befindet, nicht mehr wegzudenken, ob es um die Interpretation der Werke von Hildegard von Bingen oder von Johann Wolfgang von Goethe geht, ob um Texte Joseph Victor von Scheffels oder Hedwig Courts-Mahlers. Schließlich haben nicht nur Frauen ein soziales Geschlecht, sondern auch Männlichkeit ist ein soziales Konstrukt.[99] Und so führt gerade die Erkenntnis, daß Geschlecht nicht immer und zwangsläufig eine zentrale Rolle spielt, die Gender studies zu einer zentralen Position in den Kulturwissenschaften.[100]

Für ein kulturalistisches Forschungsparadigma stellt sich darüber hinaus die Frage, ob die Zweigeschlechtlichkeit überhaupt, die in der traditionellen wie in der genderorientierten (Literatur)geschichtsschreibung bis zum Ende der achtziger Jahre stets vorausgesetzt wurde, nicht ebenfalls ein kulturelles Konstrukt ist. *Gender Trouble* ist der Titel eines Buches von Judith Butler, das 1990 in den USA erscheint und schon ein Jahr später in deutscher Übersetzung vorliegt. Butlers provokante Thesen wider die Naturgegebenheit der Zweigeschlechtlichkeit werden so heftig diskutiert, daß der Titel ihres Buches paradigmatisch zur Etikettierung dieser konsequent konstruktivistischen Position der Genusforschung dienen kann, auch wenn Butlers *Gender trouble* bei weitem nicht die einzige Studie ist, die um 1990 die zwangsläufige Faktizität von Zweigeschlechtlichkeit in Zweifel zieht.[101] ‚Frauenforschung' im eigentlichen Sinne ist damit unmöglich geworden, da die in der gegenwärtigen Alltagswelt noch nicht hinterfragte Zweiteilung der Menschheit nicht mehr selbstverständlich zur Prämisse wissenschaftlicher Forschung werden kann. In der deutschsprachigen Debatte fordern – aus ethnomethodologischer Perspektive – Gildemeister und Wetterer die Ab-

---

[99] Vgl. dazu u. a. Schabert, Gender, S. 169, Breger, Dornhof, von Hoff, Gender Studies/Gender Trouble, S. 98f.
[100] Ähnlich argumentiert auch Schabert, Gender, S. 191.
[101] Butler, Judith: Das Unbehagen der Geschlechter. Frankfurt a. M. 1991. Vorbereitet hat Butlers Thesen u. a. de Lauretis, Teresa: Technologies of Gender. London 1987. Vgl. die Arbeiten, die Breger, Dornhof und von Hoff, Gender Studies/Gender Trouble, in ihrem Bericht über Tendenzen und Perspektiven der Gender studies in den Abschnitten 2, 3, 4 und 5 vorstellen.

kehr von der kritiklosen Voraussetzung der Zweigeschlechtlichkeit.[102] Daß die Vorstellung einer Geschlechterdichotomie zudem auch nicht in allen historischen Epochen das Alltagswissen bestimmt hat, zeigen diskurshistorische Arbeiten in dieser konstruktivistischen Phase, vor allem die schon erwähnte und in ihren Grundzügen erläuterte Laqueur-Studie.[103]

Butler kritisiert nicht nur die Prämisse der Zweigeschlechtlichkeit, sie argumentiert auch gegen das Sex-Gender-Schema, gegen die Trennung von körperlichem und kulturellem Geschlecht. Denn auch der Körper werde kulturell ‚gelesen', Körpermerkmale würden in ihrer Bedeutung und Art kulturell präcodiert wahrgenommen. Die Unterscheidung zwischen einem kulturell geprägten Genus und einem körperlich definierten Sex ist hinfällig geworden aus einer Perspektive, die von der Nichthintergehbarkeit von Konstruktion in der menschlichen Wahrnehmung ausgeht. Auch das Körpergeschlecht gilt Butler als instabiles Resultat sprachlich festgelegter Bedeutungen und Normen.[104]

In der Phase des Gender trouble zieht die Geschlechterforschung die letzte Konsequenz aus dem ‚linguistic' oder ‚performative turn' der Kulturwissenschaften: Die Textualität und Performativität auch der Geschlechterdifferenz wird behauptet. Geschlechterdifferenzen scheinen jetzt keine Realität mehr zu besitzen, sie sind textuell, werden performativ aufrechterhalten und können durch parodierendes Spiel aufgeweicht und unterlaufen werden. Kein Wunder, daß Butlers Thesen bei Feministinnen umstritten sind.[105] Die fehlende sozialkritische Dimension wird beklagt.[106] Kahlert plädiert – mit einem Rekurs auf die

---

[102] Gildemeister, Regine und Angelika Wetterer: Wie Geschlechter gemacht werden. In: Traditionen Brüche. Entwicklungen feministischer Theorie. Hg. v. Gudrun-Axeli Knapp und Angelika Wetterer. Freiburg 1992, S. 201-254. Zur deutschen Debatte der Differenzen und der Problematik der Zweigeschlechtlichkeit vgl. u. a. Paul, Heike und Kati Röttger (Hg.): Differenzen in der Geschlechterdifferenz. Differences within Gender studies. Aktuelle Perspektiven der Geschlechterforschung. Berlin 1999.

[103] Laqueur, Leib.

[104] Butler, Unbehagen der Geschlechter, formuliert die These eines diskursiv produzierten Körpers und provoziert die Debatte darüber, „wie radikal [...] die Aussage über das gesellschaftlich-historische Konstituiertsein, die Konstruktion des Seins und des Selbst zu verstehen" ist (Lorey, Isabel: Der Körper als Text und das aktuelle Selbst. Butler und Foucault. In: Feministische Studien 11 (1993), Heft 2, S. 10-23, hier S. 11). In diesen Deutungsstreit greift Butler, Judith: Körper von Gewicht. Die diskursiven Grenzen des Geschlechts. Frankfurt a. M. 1997, präzisierend – und entradikalisierend – ein.

[105] Siehe etwa das der Auseinandersetzung um die Thesen Butlers gewidmete Heft 2 der Feministischen Studien 11 (1993) und einzelne Artikel in Neue Rundschau, Heft 4, 104 (1993). Vgl. zusammenfassend zur „deutschen Butler-Diskussion" Osinski, Einführung, S. 114ff. Neuere von Butler inspirierte Ansätze in Funk, Julika und Cornelia Brück: Fremd-Körper. Körper-Konzepte. Tübingen 1999.

[106] U. a Benhabib, Seyla: Feminismus und Postmoderne. Ein prekäres Bündnis. In: Der Streit um die Differenz. Hg. v. Seyla Benhabib et al. Frankfurt a. M. 1993, S. 9-30; dies.: Subjektivität, Geschichtsschreibung und Politik. Eine Replik., ebenda, S. 105-121.

französischen Differenztheoretikerinnen Cixious und Irigaray[107] – für die „Gleichursprünglichkeit" von Körper und Text. Die Historikerin Barbara Duden argumentiert vehement gegen die „Entkörperung", die Butlers performative Geschlechtertheorie den Frauen zumutet:

> Gerade weil ich mir der tiefen Historizität von Richtung, Fluß, Stimme und Rhythmus historischer Frauen bewußt bin, erschreckt mich die unter dem Deckmantel der gepflegten Ironie betriebene zynische Entkörperung durch die wetteifernde Anpassung feministischer Koryphäen an die Epigonen der großen Brüder: Foucault, Derrida, Lacan, Lyotard und Deleuze.[108]

In der festgefahrenen ideologischen Debatte zwischen Textualist(inn)en und Vertreter(inne)n von Referenztheorien finden sich in jüngerer Zeit synthetisierende Stimmen.[109] Schon am Beginn der deutschen Debatte über Butlers Provokation haben Hilge Landweer und Mechthild Rumpf darauf aufmerksam gemacht, daß aus der Erkenntnis, „daß jeder *Begriff* von ‚Körper' und ‚Natur' symbolisch, also Deutung ist," nicht zwangsläufig geschlossen werden kann, „daß diese Deutung damit auf nicht anderes verweist als auf sich selbst und andere diskursiv konstruierte Interpretationen."[110] Umberto Eco läßt eine seiner Romanfiguren darüber nachdenken:

> Gewiß ist es nicht so, hatte ihm der Kanonikus von Digne gesagt, daß dir die Dinge von weitem, wie Epikur es wollte, vollkommene Abbilder ihrer selbst schickten, die sowohl ihre äußere Form als auch ihre verborgene Natur enthüllten. Du empfängst nur Zeichen, Indizien, um aus ihnen jene Vermutung zu ziehen, die wir Sehen nennen. [...] Und unter den vielen Gewißheiten, deren Abwesenheit wir beklagen, ist eine einzige anwesend, nämlich die Tatsache, daß alle Dinge uns so erscheinen, wie sie uns erscheinen, und daß es ganz unmöglich nicht wahr sein kann, daß sie uns eben so erscheinen.[111]

---

[107] Cixous, deren Texte sich nicht eindeutig in theoretische und literarische klassifizieren lassen, wird zum Teil und mit guten Gründen, vgl. u. a. Cixous, Hélène: Die unendliche Zirkulation des Begehrens. Weiblichkeit in der Schrift. Aus dem Französischen von Eva Meyer und Jutta Kranz. Berlin 1977, S. 37, für einen metaphorischen Weiblichkeitsbegriff reklamiert, kann aber auch, ihrer Analogisierungen von Schreiben, Körper und Begehren wegen, für eine Position essentialistischer Geschlechterdifferenz zur Kronzeugin werden. Dies ist wohl der Preis für eine Schreibweise, die Cixous für sich in Anspruch nimmt, sie anderen empfiehlt und folgendermaßen charakterisiert: „Nun, ein Text der Weiblichkeit hat wirklich etwas von einer in Bewegung geratenen Sprache an sich, er wird mit geschlossenen Augen geschrieben und sollte mit geschlossenen Augen gelesen werden." (dies.: Weiblichkeit in der Schrift. Aus dem Französischen von Eva Duffner. Berlin 1980, S. 82).

[108] Duden, Barbara: Die Frau ohne Unterleib. Zu Judith Butlers Entkörperung. Ein Zeitdokument. In: Feministische Studien, 11 (1993), Heft 2, S. 24-33, S. 26.

[109] U. a. Waniek, Eva und Silvia Stoller (Hg.): Verhandlungen des Geschlechts. Zur Konstruktivismusdebatte in der Gender-Theorie. Wien 2001.

[110] Landweer, Hilge und Mechthild Rumpf: Kritik der Kategorie ‚Geschlecht'. Streit um Begriffe, Streit um Orientierungen, Streit der Generationen. Einleitung. In: Feministische Studien 11 (1993), Heft 2, S. 3-9, hier S. 4.

[111] Eco, Umberto: Die Insel des vorigen Tages. München/Wien 1995, S. 71.

Textualität und Referentialität sind, so Finck, keine sich ausschließenden Konzepte.[112] Menschen nehmen nicht nur alles, was sie von einer äußeren Wirklichkeit wahrnehmen, zwangsläufig konstruierend wahr, sondern die Konstruktionen prägen auch wiederum, was sie als gesellschaftliche Realität vorfinden. Die Diskurse haben reale gesellschaftliche Auswirkungen, sind aber ihrerseits nicht unabhängig von sozialen Realitäten. Denn in Diskursen handelt nicht das freie Spiel der Kräfte, sondern einige Stimmen sind kräftiger als andere, einige Positionen können sich mit gesellschaftlicher – wirtschaftlicher, institutioneller und medialer – Macht durchsetzen, andere werden mit eben dieser Macht zum Schweigen gebracht.[113]

Der Disput, in dem sich die Gegner(innen) wechselseitig Naivität und ungenaue Lektüre vorwerfen[114], ließe sich wohl auch entschärfen, wenn das Sex-Gender-Modell klar als analytische Differenzierung betrachtet wird, die deutlich machen soll, daß bei der Geschlechterdifferenz und ihrer soziokulturellen Konzeption natürliche und konzeptionelle Faktoren untrennbar miteinander verwoben sind. Getrennt konzipiert wird, was in der Lebenspraxis eine Einheit bildet. Körper und Geschlecht lassen sich nicht aufspalten in natur- und kulturbedingte Anteile und Aspekte, dualistische Gegenspieler-Modelle mit den Akteuren Kultur und Natur auf dem Spielplan von Körper oder Geschlecht sind zum Scheitern verurteilt.[115] Körper jedenfalls sind nicht per se schon natürlich, dies zeigen Geschlechterdispositive mit körperlichen Auswirkungen wie Ernährung, Arbeitstechniken, Sportgeräte, Tätowierungen und Beschneidungen schon lange, und jüngere Tendenzen der plastischen Chirurgie und der Biotechnologie verschärfen die kulturellen Eingriffsmöglichkeiten in einen Körper, den Natur allein nicht erklären kann.

Wenn ich in dieser Arbeit danach frage, welche zeit- und geschlechtsspezifischen Subjektivitätsformen sich Frauen des 17. Jahrhunderts in Autobiographien erschrieben haben, steht diese Untersuchung in der Phase des Unbehagens der Geschlechter, beziehungsweise in einer Reihe mit den – von radikalkonstruktivistischen Formulierungen provozierten – synthetisierenden Stimmen zwischen Textualität und Referenz. Denn es geht hier dezidiert um die im Text niedergelegten Selbstkonzeptionen und Genderdefinitionen im Verhältnis zu epochenspezifischen Geschlechterdispositiven. Beachtet werden muß darüber hinaus,

---

[112] Finck, Almut: Autobiographisches Schreiben nach dem Ende der Autobiographie. Berlin 1999, vgl. unten Kap. I. C.
[113] Vgl. zum Einfluß von gesellschaftlichen Machtverhältnissen auf das Funktionieren von Sprechakten Bourdieu, Pierre: Was heißt sprechen? Die Ökonomie des sprachlichen Tausches. Wien 1990. Vgl. zur Kritik an Bourdieus These Butler, Judith: Haß spricht. Zur Politik des Performativen. Berlin 1998, S. 191 ff.
[114] Vgl. Benhabib et al., Streit um die Differenz.
[115] Vgl. Fleig, Anne: Körper-Inszenierungen. Begriff, Geschichte, kulturelle Praxis. In: Erika Fischer-Lichte/Anne Fleig (Hg.): Körper-Inszenierungen. Tübingen 2000, S. 7-17.

welchen Stellenwert die Genusdefinitionen im Unterschied zu anderen Stratifizierungsformen, zu anderen Identitätsmodellen und Rechtfertigungsmustern haben. Das heißt: der Stellenwert und die Art der Geschlechterdifferenz stehen in ihrem Verhältnis zu unterschiedlichen gesellschaftlichen Differenzierungsformen zur Diskussion. Geschlecht spielt, so eine der methodischen Prämissen dieser Arbeit, für die Lebenschancen von Menschen in verschiedenen Zeiten verschiedene Rollen. Und auch die Lebensmöglichkeiten von Frauen werden nicht ausschließlich vom Geschlecht bestimmt.

Eine kontrastierende Untersuchung von Frauen- und Männerautobiographien ist mit der neuen, die Geschlechterdifferenzen auflösenden Entwicklungsstufe der Gender studies nicht überflüssig geworden. Denn die Zuschreibungen zu einem bestimmten Geschlecht haben Auswirkungen. Auch wenn Erfahrungen und Wahrnehmungen immer konstruiert sind, bestimmen sie das Leben derer, die sich bestimmte Erfahrungen und Wahrnehmungen zuschreiben und denen sie ‚auf den Leib geschrieben' werden. Sie können schmerzen und glücklich machen, graben sich in das Gedächtnis ein und hinterlassen Narben und andere Körperzeichen.[116] So muß Osinskis Mißtrauen gegenüber geschlechtsgebundenen Literaturgeschichten hier relativiert werden. Denn Auswahlkriterium in solchen geschlechterdifferenzierenden Darstellungen ist keineswegs das biologische Geschlecht, sondern das Genus, das zugeschriebene und soziokulturell überformte Geschlecht.[117]

Auch wenn sich diese Arbeit im Rahmen des Gender trouble situiert, ist ihre Methode nicht radikalkonstruktivistisch. Aus der Nichthintergehbarkeit von Konstruktion folgt keineswegs, daß die Konstrukte keinen realen Grund und keine realen Folgen haben. Wenn hier als Forschungsprämisse von der gesellschaftlichen Konstruktion von Geschlecht ausgegangen wird, bedeutet dies nicht, daß hinter den Geschlechterkonstruktionen keine sozialen Realitäten, keine differenten Körper stehen. Was als menschlich, männlich oder weiblich gilt, wird zwar in gesellschaftlichen Diskursen ausgehandelt – und in gesellschaftlichen Institutionen und mit Hilfe konkreter Gegenstände eintrainiert[118] –, hat aber eminente Auswirkungen auf die reale Lebenssituation der einzelnen Menschen. Und diese realen Lebenssituationen und Fragen gesellschaftlicher Macht wiederum

---

[116] Vgl. dazu u. a. Lorey, Körper als Text; Maihofer, Andrea: Geschlecht als Existenzweise. Frankfurt a. M. 1995; Öhlschläger, Claudia und Birgit Wiens (Hg.): Körper – Gedächtnis – Schrift. Der Körper als Medium kultureller Erinnerung. Berlin 1997 und auch Butler, Körper von Gewicht, wo sie von ‚Körpern von Gewicht' ausgeht und damit gegenüber Butler, Unbehagen der Geschlechter, deutlich macht, daß Körper nicht bloße, jederzeit umformulierbare Textur sind.
[117] Vgl. dagegen Osinski, Einführung, S. 99.
[118] Solche Gegenstände, die Geschlechterkonstruktionen mitentscheiden, sind etwa Werk- und Spielzeuge, Produktions- und Sportgeräte, körperformende Kleidungsstücke und Kosmetika.

sind mit Diskursen verwoben.[119] Denn wer die kulturellen Geschlechtervorstellungen definieren kann, wer festlegen darf, was einen Menschen zu einem Mann und was einen Menschen zu einer Frau macht, ist von gesellschaftlichen Machtfragen abhängig.

Auch die Art der Differenzierungen, die in den Kultur- und Sozialwissenschaften zu verschiedenen Zeiten für erheblich gehalten werden, wird in historischen Diskursen festgelegt. Die vor allem in den angloamerikanischen Kulturwissenschaften inzwischen gängige Kategorisierung nach ‚class', ‚gender', ‚race' und ‚sexual orientation' ist nur eine derzeit als wichtig geltende Variablenmenge. Gerade die Kategorie ‚race', deren wörtliche Übersetzung ins Deutsche zu Mißverständnissen führen muß und sich verbietet, zeigt die Problematik dieses Kategorienschemas: All diese Variablen werden historisch erst wirkungsvoll als kulturelle Konstrukte. Denn nicht ‚körperliche Rasse' oder ‚körperliches Geschlecht' führen zu verschiedenen Mentalitäten, Subjektivitätsformen und Schreibweisen, sondern die bestimmten Merkmalen kulturell zugeschriebenen Bedeutungen und die in gesellschaftlichen Auseinandersetzungen entwickelten Klassifizierungen. Historisch variiert der Stellenwert dieser Variablen, einige können durch andere ersetzt werden. So kommt in der Frühen Neuzeit eine besondere Diskriminierungsvariante hinzu: Die Religion spielt eine große Rolle im Alltagsleben des 17. Jahrhunderts, das Konfessionelle führt zu Konflikten und zu strikten Grenzziehungen zwischen den Menschen. Und die Judenfeindlichkeit, die in der Frühen Neuzeit immer wieder in Worten und Taten grobianisch und bestialisch zu Tage getreten ist, hat sich damals noch keiner rassischen Argumentation bedient, Diskriminierungskriterium ist immer die verschiedene Religionszugehörigkeit.[120] Untersuchungen zur Wechselwirkung zwischen Gender und Konfession gehen meist der Frage nach den Auswirkungen der Reformation auf die Geschlechterverhältnisse nach, Detailfragen zu genderrelevanten Aspekten der je nach Konfession verschiedenen alltagsweltlichen Orientierungen sind dagegen bisher kaum untersucht worden.[121]

Welche Wissenschaft Definitionsmacht hat und welche Modelle für Fragen der Geschlechtervorstellungen vorhanden sind, all dies unterliegt einem historischen Wandel. Im Mittelalter waren es die Theologie und Philosophie, nach der

---

[119] Vgl. die Theorie der Macht als sich in steter Wandlung befindlicher sozialer Beziehung bei Foucault, Michel: Der Wille zum Wissen. Frankfurt 1977, u. a. S. 113f, und seinen Begriff des Dispositivs, der ein Netz sprachlicher und außersprachlicher, miteinander verknüpfter und sich wechselseitig bedingender Elemente meint, vgl. Foucault, Dispositive der Macht, S. 119ff, zur Beziehung zwischen Macht, Wahrheit und Recht ebenda S. 75ff.
[120] Vgl. u. a. Frey, Winfried: Vom Antijudaismus zum Antisemitismus. Ein antijüdisches Pasquill von 1606 und seine Quellen. In: Daphnis 18 (1989), S. 251–279; von Greyerz, Religion und Kultur, S. 204ff; Jaitner, Klaus: Die Juden in der frühen Neuzeit. In: Morgen-Glantz 7 (1997), S. 241–263.
[121] Immer noch zentral zu Fragen nach Geschlecht und Konfession in der Frühen Neuzeit Roper, Das fromme Haus.

Aufklärung die Medizin und die Biologie, die die Geschlechterdebatte bestimmt haben.[122] Die Frühe Neuzeit steht an der Schnittlinie dieser Definitionsmonopole, sie ist die Epoche des Paradigmenwechsels zwischen einem theologisch und philosophisch geprägten Ein-Geschlecht-Modell und einem medizinisch-naturwissenschaftlichen Zwei-Geschlecht-Modell. Derzeit befinden wir uns wieder in einer Ära des konflikthaften Paradigmenwechsels. Während in den Kulturwissenschaften der Konstruktivismus und das Hinterfragen der Zweigeschlechtlichkeit dominieren, tummelt sich auf dem Marktplatz der Diskurse gleichzeitig die These einer strengen Geschlechterdichotomie in den populärwissenschaftlichen Varianten der Genetik und in der Soziobiologie und evolutionären Psychologie.[123] Allerdings radikalisiert gerade die Genetik als Technologie die Machbarkeitspostulate, die hinter einer radikalen Lesart von Butlers „doing gender" stehen[124]: Natur wird verfügbar – aus radikalkonstruktivistischer Perspektive und noch mehr aus der von Gentechnologen. Und somit sind sowohl Butlers Theorie des Aushandelns als auch die technologische Genetik diejenigen Wissenschaftsbereiche, die in einer globalen Marktwirtschaft Definitionsmacht übernehmen können.[125] Das heißt: Butlers *Gender trouble*, Laqueurs *Auf den Leib geschrieben*, Honeggers *Die Ordnung der Geschlechter* und andere Arbeiten, auch meine Untersuchung zur Autobiographik von Frauen des 17. Jahrhunderts, sind somit nicht nur wissenschaftliche Konzeptualisierungen von Geschlecht und Untersuchungen über historische Geschlechterverhältnisse, sondern sie sind selbst geprägt von derzeitigen Geschlechterdiskursen und -dispositiven und weben an ihnen mit.

---

[122] Vgl. dazu vor allem Honegger, Ordnung der Geschlechter.

[123] Vgl. Schabert, Gender, S. 174. Siehe zur Darstellung der Soziobiologie Wilson, Edward O.: Sociobiology. The New Synthesis. Cambridge 1975; Voland, Eckart: Grundriss der Soziobiologie. Heidelberg 2000; Wuketits, Franz M.: Soziobiologie. Die Macht der Gene und die Evolution sozialen Verhaltens. Heidelberg u. a. 1997; zur Kritik an Soziobiologie und evolutionärer Psychologie Weber, Thomas: Zurück in die Steinzeit. Ein Skandalbuch: Ist Vergewaltigung ein Erbe der Naturgeschichte? In: FAZ Nr. 162 v. 15.07.2000, S. 47.

[124] Siehe dazu u. a. Beck-Gernsheim, Elisabeth: Körperindustrie und Gentechnologie. In: Die Erfindung des Menschen. Hg. v. Richard van Dülmen. Wien u. a. 1998, S. 579-594; Rötzer, Florian: Posthumanistische Begehrlichkeiten. Selbstbestimmung oder Selbstzerstörung, ebd., S. 609-632; von Braun, Gender; List, Elisabeth: Vom Enigma des Leibes zum Simulakrum der Maschine. Das Verschwinden des Lebendigen aus der telematischen Kultur. In: Leib Maschine Bild. Körperdiskurse der Moderne und Postmoderne. Wien 1997, S. 121-137; Stephan, Inge: ‚Gender'. Eine nützliche Kategorie für die Literaturwissenschaft. In: ZfG NF 9 (1999), S. 23-35, hier S. 34. Einen frühen Appell, solche Machbarkeit ‚sozialistisch-feministisch' zu nutzen, formuliert Haraway, Donna: Lieber Kyborg als Göttin! Für eine sozialistisch-feministische Unterwanderung der Gentechnologie. In: „1984". Hg. von Bernd-Peter Lange und Anna Maria Stuby. Berlin, S. 66-84. Zur Problematik von Haraways Position siehe Maihofer, Geschlecht.

[125] Vgl. zur Beziehung zwischen postmodernen, flexiblen und multiplen Selbstkonzeptionen und einer dynamischen globalen Marktwirtschaft Sennett, Richard: Der flexible Mensch. Die Kultur des neuen Kapitalismus. Berlin 1998; Sonntag, Michael: „Das Verborgene des Herzens". Zur Geschichte der Individualität. Reinbek bei Hamburg 1999, S. 217ff.

C. Aporien der Autobiographietheorie

Die Historizität des Autobiographischen ist die Ausgangsthese dieser Arbeit. Aber nicht nur Autobiographien haben ihre Geschichte, auch die Autobiographietheorie hat sie. Das Interesse an dieser Gattung ist eng verbunden mit der Konstituierung der Geisteswissenschaften, es hat den methodischen Wandel der literatur- und kulturwissenschaftlichen Disziplinen in den fünfziger, sechziger und siebziger Jahren mitvollzogen. Und in den letzten zwanzig Jahren hat sich die autobiographische Debatte springflutartig intensiviert. Das lange Zeit dominante Verständnis von Autobiographie als geschlossener Selbstdarstellung eines autonomen Subjekts mit einer Prototypen-Reihe Augustinus-Rousseau-Goethe wird aufgelöst, die Verschiedenartigkeit fällt in den Blick, Differenzen, je nach sozialer Schicht, Kultur und Geschlecht werden registriert. Unter dem Zeichen der ‚linguistischen Wende' wird die Autobiographie und ihre Möglich- oder Unmöglichkeit neu diskutiert, und im Rahmen einer Reformulierung der Geschichte der menschlichen Subjektivität, die von der These vom ‚Verschwinden des Subjekts' provoziert ist, wird die Geschichte der Autobiographik ebenfalls umgeschrieben.

Die germanistische Forschung läßt sich dabei nicht isoliert betrachten, da Autobiographietheoretiker immer allgemeine Aussagen angestrebt und die Höhenkämme von Nordafrika über den Genfer See nach Frankfurt und Weimar kartiert haben. Das heißt: jede nationale Literaturwissenschaft untersucht – neben den tradierten Urgesteinen der *Confessiones* des Augustinus, der *Confessions* Rousseaus und im deutschen Sprachraum besonders von Goethes *Dichtung und Wahrheit* – vor allem ihre eigenen Texte und generalisiert dann ungeniert. Würde man unter den skizzierten Voraussetzungen alle autobiographietheoretischen und -geschichtlichen Publikationen in einem Forschungsüberblick berücksichtigen, würde diese Arbeit den Umfang der Autobiographiegeschichte von Georg Misch erreichen. Hier können daher nur die Hauptströme und Entwicklungslinien des Gattungsdiskurses zur Autobiographik verhandelt werden. Die ältere Forschung wird im wesentlichen in chronologischer Reihe dargestellt. Nach 1980 erfordert die Ausdifferenzierung der Theorien die zusammenhängende Abhandlung der verschiedenen Argumentationsstränge. Gerade die Forschung vor 1980 findet hier nur mit den Werken Erwähnung, die die Debatte besonders geprägt haben, für die übrigen Arbeiten verweise ich auf die ausführlichen Forschungsberichte und Bibliographien bei Niggl, Holdenried und anderen.[126]

---

[126] Niggl, Günter (Hg.): Die Autobiographie. Zu Form und Geschichte einer literarischen Gattung. Darmstadt 2. Aufl. 1998; Holdenried, Michaela: Im Spiegel ein anderer. Erfahrungskrise und Subjektdiskurs im modernen autobiographischen Roman. Heidelberg 1991; siehe auch die Überblicks-

Ungeduldige Leser und Leserinnen mag beruhigen, daß die Analysen konkreter Texte in Teil II auch ohne diesen autobiographietheoretischen ‚Grundkurs' verständlich sind. Die Gesamtargumentation dieser Studie zu geschlechts-, gruppen- und epochenspezifischen Formen von Autobiographik und Subjektivität erfordert aber die dezidierte Debatte der verschiedenen Perspektiven der Autobiographietheorie. Durch die kritische Auseinandersetzung mit den vorhandenen autobiographietheoretischen Positionen werden die Verkürzungen und Aporien eines historisch und formal engen Autobiographiebegriffs deutlich, und es zeigt sich die Notwendigkeit, eine Theorie der Autobiographik zu entwickeln, die dem Massenphänomen des auf die eigene Person bezogenen Schreibens gerecht wird.

1. Die Anfänge: Die Geschichte des menschlichen Selbstbewußtseins

Wilhelm Dilthey hat sich seit 1906 mit der Selbstbiographie beschäftigt.[127] Er will in diesen Studien weniger gattungstheoretische als methodologische Fragen klären: Es geht ihm schließlich um die Begründung der Geisteswissenschaften, um die Abgrenzung ihrer verstehenden Methode von der erklärenden der Naturwissenschaften. Eine Selbstbiographie ist für Dilthey die instruktivste und expliziteste Form der Selbstbesinnung des Menschen, des Sich-selbst-Verstehens, des Verstehens des eigenen Lebensverlaufs. Das Verstehen des eigenen Lebens verläuft zirkulär: Zum Zeitpunkt der Selbstbesinnung will ein Mensch rekonstruieren, wie er geworden ist, was er ist. Doch wie er versteht, wodurch er geworden ist, dies ist beeinflußt von dem, was er ist.

Dilthey geht von der Historizität der Formen der Selbstbesinnung aus, von historisch spezifischen Arten des Selbstbewußtseins. Den Wandel der Formen des Selbstbewußtseins hat er zielgerichtet konzipiert und den für die Autobiographiedebatte so bestimmenden Höhenkamm Augustinus-Rousseau-Goethe formiert. Damit hat er vorgegeben, was bis heute prägend geblieben ist: Die Topographie der Höhenkämme gilt als Beschreibung der Eigenschaften der gesamten Gattung.

Dem Wandel der Selbstbesinnung, der Historizität von Selbstbewußtseinsformen ist auch und vor allem Georg Misch auf der Spur - von autobiographischen Grabschriften des alten Ägypten bis zu den Autobiographien des 19. Jahrhunderts in der Goethenachfolge.[128] Mischs Interesse an der Gattung, ihrer Eigenart und ihrer Geschichte ist inhaltsbezogen, er läßt eine gewaltige Formenvielfalt gelten. Eine Autobiographie zeigt für ihn das Selbstbewußtsein dessen, der sie schreibt, und dieses Selbstbewußtsein ist von seiner Zeit geprägt. Die Ge-

---

darstellungen bei Holdenried: Autobiographie. Stuttgart 2000; und Wagner-Egelhaaf, Martina: Autobiographie. Stuttgart/Weimar 2000.
[127] Dilthey, Wilhelm: Das Erleben und die Selbstbiographie (1906-1911/1927). In: Die Autobiographie. Hg. v. Günter Niggl. Darmstadt 1998, S. 21-32.
[128] Misch, Geschichte.

schichte der Autobiographie ist somit die Geschichte des menschlichen Selbstbewußtseins oder doch zumindest die „Entwicklung des Persönlichkeitsbewußtseins der abendländischen Menschheit" (1,1, 4. Aufl. 1976, S. 5). Misch warnt ausdrücklich – und das müssen in seinem im buchstäblichen Sinn so vielseitigen Werk spätere Gattungstheoretiker schlicht überlesen haben[129] – vor einer Gattungstheorie und -geschichte, die auf Gipfel und Ziellinien fixiert ist. Die Entwicklungsgeschichte der Autobiographie muß, so Misch,

> von der Vielheit ausgehen und nicht von einer Urform, die sich differenzierte; sie verstümmelt die Wirklichkeit und wird zur Konstruktion, wenn sie sich von der Anschauung der höchsten Formen leiten läßt, welche eine Gattung erreicht hat, und nun von da aus alle Bildungen als Keime und Strebungen zu einem bestimmten Ziel hin begreifen möchte[130].

Doch hat er selbst durchaus eine Fortschrittsgeschichte, eine Geschichte der zunehmenden Entfaltung von Selbstbewußtsein, von Individualität konzipiert. Nicht zufällig ist letztlich auch schon bei Georg Misch Goethes *Dichtung und Wahrheit* der Fluchtpunkt der langen Geschichte autobiographischer Selbstbesinnungen. Die Autobiographik des 17. Jahrhunderts spielt in Mischs monumentaler *Geschichte der Autobiographie* jedenfalls nur eine kleine Nebenrolle im Band 4, 2: *Von der Renaissance bis zu den autobiographischen Hauptwerken des 18. und 19. Jahrhunderts.* Wenn er in seinem gewaltigen Werk nur ganz wenige Autobiographien von Frauen erkundet[131], zeigt sich zudem, daß er nicht an der Geschichte des menschlichen, sondern allenfalls des männlichen Selbstbewußtseins interessiert ist.[132]

Weit stärker teleologisch ausgerichtet ist Werner Mahrholz' Studie zur Entwicklung der Selbstzeugnisse „von der Mystik bis zum Pietismus".[133] Die Autobiographie interessiert ihn im Zusammenhang mit der „Gesamt-Entwick-

---

[129] Gerade im englischsprachigen Raum wird Misch meist nur am Rande rezipiert, was zu Pauschalurteilen führt wie: „Misch's book is dull Germanic scholarship" (Sayre, Robert E.: The Proper Study. Autobiographies in American Studies. In: The American Autobiography. A Collection of Critical Essays. Hg. v. Albert E. Stone. Englewood Cliffs, N.J. 1981, S.11-30, hier S. 13).

[130] Misch, Geschichte, Bd. 1, 1, 4. Aufl. 1976, S. 21. Daß Misch durchaus ähnliche Positionen auch heute noch vertreten werden, zeigt John Sturrock in seiner Analyse von mehr als 20 kanonisierten Autobiographien von Augustinus über Rousseau und Goethe zu Leiris. Die Gemeinsamkeit dieser formal und inhaltlich so verschiedenen Texte sei der Wille ihrer Autoren, sich als Individuen, als Einzelne im Gegensatz zur Masse aufzufassen (Sturrock,: The Language of Autobiography. Studies in the First Person Singular. Cambridge 1993, S. 289ff).

[131] Misch behandelt die Mystikerinnen „um Seuse", die Autobiographie der Madame Guyon und im Rahmen der „Autobiographie der französischen Aristokratie im 17. Jahrhundert" die Erinnerungen der Margaretha von Valois.

[132] Kormann, Gattung.

[133] Mahrholz, Werner: Deutsche Selbstbekenntnisse. Ein Beitrag zur Geschichte der Selbstbiographie von der Mystik bis zum Pietismus. Berlin 1919.

lung des Bürgertums"¹³⁴, die Geschichte der Gattung ist für ihn teleologisch verbunden mit der Herausbildung eines bürgerlichen ‚Geistes'. Für das 17. Jahrhundert behauptet er einen Tiefpunkt der deutschen Autobiographik, da das Großbürgertum, das die Lebensgeschichten der Renaissance hervorgebracht habe, aufgrund der Kriege und Krisen wirtschaftlich, sozial und moralisch zerrüttet gewesen sei. Einzig der kleinbürgerliche Pietismus sei mit seiner Seelenzergliederung für die Autobiographie einigermaßen fruchtbar geworden. Obwohl die Kirchengeschichte den frühen Pietismus inzwischen eher als Bewegung innerhalb von Adel und Großbürgertum klassifiziert¹³⁵, spukt die Mahrholzsche These vom Verfall und der Kleinbürgerlichkeit der Autobiographik des 17. Jahrhunderts weiterhin hartnäckig durch wissenschaftliche Darstellungen zur Autobiographie.¹³⁶ Unter Berufung auf Neumanns Studie zur Autobiographie, die doch selbst wiederum in dieser Frage sich nicht auf eigene Recherchen stützt, sondern nur die Mahrholz-These repliziert, übernimmt noch im Jahr 2000 Wagner-Egelhaafs Einführungsband zur Autobiographie unkritisch und unbeeindruckt von der neueren historischen Selbstzeugnis- und Egodokumentforschung die Mahrholzsche Verfallsbehauptung.¹³⁷ Die Analysen, Beschreibungen und Bibliographien, die in den letzten Jahren zur Autobiographik der Frühen Neuzeit erschienen bzw. in Arbeit sind, widerlegen jedoch Mahrholz zumindest quantitativ.¹³⁸ Die quantitative Entwicklung der Autobiographik läßt sich abschätzen anhand einer statistischen Auswertung der deutschschweizerischen Selbstzeugnisse, die die Arbeitsgruppe um von Greyerz in der Pilotphase des Bibliographierungsprojekts inventarisiert hat: Die Zahl der in Archiven und Bibliotheken vorhandenen Selbstzeugnisse steigt im von der von Greyerz-Arbeitsgruppe untersuchten Zeitraum 1500-1800 an: Für das 16. Jahrhundert ordnen sie 20 Texte eindeutig zu, für das 17. Jahrhundert 61 und für das 18. 132, sprich: zumindest im schweizerischen Raum ist, was die Häufigkeit von Selbstzeugnissen angeht, das 17. Jahrhundert keine ‚Verfallszeit'.¹³⁹

---

[134] Mahrholz, Selbstbekenntnisse, S. 1.
[135] Schering, Ernst A.: Johann Wilhelm und Johanna Eleonore [!] Petersen. In: Orthodoxie und Pietismus. Hg. von Martin Greschat. Stuttgart 1982), S. 225-239, hier S. 237.
[136] Bertolini, Ingo: Studien zur Autobiographie des deutschen Pietismus. 2 Bde. Diss. (masch.) Wien 1968; Neumann, Bernd: Identität und Rollenzwang. Zur Theorie der Autobiographie. Frankfurt a. M. 1970; Wuthenow, Ralph-Rainer: Das erinnerte Ich. München 1974; Sloterdijk, Peter: Literatur und Organisation von Lebenserfahrung. Autobiographien der zwanziger Jahre. München/Wien 1978. Ähnlich durch Nicht-Erwähnen des 17. Jahrhunderts: Kuczynski, Jürgen: Probleme der Autobiographie. Berlin und Weimar 1983, S. 36.
[137] Wagner-Egelhaaf, Autobiographie, S. 139f.
[138] Bernheiden, Individualität; von Krusenstjern, Selbstzeugnisse; Tersch, Selbstzeugnisse; Leutert, Sebastian und Gudrun Piller: Deutschschweizerische Selbstzeugnisse (1500-1800) als Quellen der Mentalitätsgeschichte. Ein Forschungsbericht. In: Schweizerische Zeitschrift für Geschichte 49 (1999), S. 197-221; von Greyerz, Deutschschweizerische Selbstzeugnisse.
[139] Leutert, Piller, Selbstzeugnisse, S. 220.

2. Die fünfziger und sechziger Jahre. Eingrenzungen und Ausgrenzungen

Auf den Schultern von Dilthey und Misch steht Georges Gusdorfs Aufsatz über die *Conditions et limites de l'autobiographie*.[140] Eine Autobiographie ist für ihn der Versuch eines Menschen, den eigenen Lebensverlauf zu verstehen. Gusdorf ist allerdings nicht nur an Dilthey und Misch, sondern darüber hinaus auch an Freud und Bergson geschult. Den Verstehensoptimismus der geistesgeschichtlichen Literaturwissenschaft kann er nicht mehr teilen. Er denkt deshalb die Autobiographietheorie in diesem entscheidenden Punkt weiter: Geschriebenes, erinnertes Leben ist konstruiertes Leben, nicht nur rekonstruiertes. Gusdorf betreibt aber vor allem eine Eingrenzung des Autobiographiebegriffs, der auf eine ganz bestimmte historische Form des Selbstbewußtseins festgeschrieben wird, einer Art der Subjektivität, die als Subjektivität schlechthin verstanden wird. Es ist das Selbstverständnis des autonomen Subjekts, das es für Gusdorf nur in der abendländischen Kultur und nur unter bestimmten Voraussetzungen gibt. Wenn Georges Gusdorf über den möglichen Kreis von Autobiograph(inn)en schreibt, macht die deutsche Übersetzung, die die Nigglsche Textsammlung zur Autobiographietheorie abdruckt, durch Auslassung deutlich, daß die Autobiographie in Gusdorfs Sinne auch keine Gattung für jeden abendländischen Menschen ist:

> Viele bedeutende Männer – und selbst weniger bedeutende – , Staatsmänner oder Heerführer, Minister, Naturforscher und Männer der Wirtschaft haben die Muße ihres Alters der Abfassung von ‚Erinnerungen' gewidmet [...].[141]

Die ‚kleinen' Männer und alle Frauen haben in der Gattung Autobiographie und der Geschichte des Selbstbewußtseins ganz offenkundig keinen Platz.

Wayne Shumakers 1954 erschienene Untersuchung zur englischen Autobiographie konzentriert sich auf Fragen nach der Gestalt, der Struktur, der Form von Autobiographien. Shumakers Pionierleistung ist das literaturwissenschaftliche und formorientierte Interesse an einer, so Shumaker, nicht-fiktionalen Gattung. Die Formfragen der Gattung ergeben sich aus den erzähltechnischen Schwierigkeiten, die beim Verfassen einer Autobiographie gelöst werden müssen: Vierdimensionale geschichtliche Erfahrungen, also: erinnerter Raum und erinnerte Zeit, müssen in linearer Prosa ausgedrückt werden.[142] Aus dem Chaos bruchstückhafter und widersprüchlicher Erinnerungen entsteht ein konstruierter, komponierter, interpretierender, gerichteter und sinnvoller Zusammenhang. Einheit und Ordnung sind für Shumaker – dem Dichtungsverständnis der fünfziger

---

[140] Gusdorf, Conditions et limites de l'autobiographie.
[141] Gusdorf, Georges: Voraussetzungen und Grenzen der Autobiographie (1956). In: Die Autobiographie. Hg. v. Günter Niggl. Darmstadt 1998, S. 121-147, hier S. 121.
[142] Shumaker, Wayne: Die englische Autobiographie. Gestalt und Aufbau (1954). In: Die Autobiographie. Hg. v. Günter Niggl. Darmstadt 1998, S. 75-120, hier S. 82.

Jahre entsprechend – Grundbedingungen einer künstlerisch geformten Autobiographie. Nicht zufällig setzt er die Kompositionsprinzipien der Gattung in Analogie zur Dramentheorie des Aristoteles.[143]

Auch Roy Pascals Autobiographietheorie fordert Einheit, Stil und Harmonie des ganzen Werkes. Die „eigentliche Autobiographie"[144], die Pascal ausschließlich als Kunstform interessiert und die er anhand des Prinzips der einheitlichen Formung der Vergangenheit und der Konzentration auf die eigene Person absetzt von Tagebuch, Brief, Memoiren und Selbstporträt, ist die „Geschichte der Gestaltung einer Persönlichkeit". Der geforderte Zusammenhang wird gewährleistet von einem Autor-Ich mit festem Standpunkt: Das Ich weiß, was es selbst ist.[145] Daß dieser feste Standpunkt hoch prekär und auch bei Autobiograph(inn)en höchst selten vorhanden ist, dessen ist sich Pascal bewußt:

> Die Schwierigkeit zu wissen, was man selbst ist, ist derart groß, daß sie vielleicht der Grund dafür ist, warum alle großen Autobiographien von Männern anerkannter Größe und Würde stammen; sie haben ihre Persönlichkeit bereits behauptet und können mit ziemlicher Sicherheit ihr Leben als das Erlangen ihrer gegenwärtigen, deutlich umrissenen Persönlichkeit betrachten, einer Persönlichkeit, die sowohl im Sozialgefüge [...] als auch psychologisch fest etabliert ist. (Sollte man glauben dürfen, daß aus diesem Grunde große Autobiographien selten von Frauen geschrieben worden sind?).[146]

Pascal hat damit die von den Gender studies späterer Jahre immer wieder festgestellte Schwierigkeit der Identitätsbildung von Frauen in einer patriarchal organisierten Gesellschaft registriert, sie aber nicht kritisch-produktiv weitergedacht. Die Frage ist für eine genderorientierte Autobiographietheorie allerdings, ob man Pascals Verständnis von einer ‚großen Autobiographie' überhaupt folgen will, einer Autobiographie, die keine Brüche kennt und die geschrieben ist von einem Autor-Ich, das genau weiß, was es ist, das über eine feste Identität verfügt und diese sich nicht erst erschreiben will. Ein solcher Text über ein erstarrtes Ich kann schließlich ausgesprochen langweilig sein – zum Lesen wie zum Schreiben. Denn wenn man sich die Vielzahl autobiographischer Schriften bis in die Gegenwart hinein vor Augen führt, dürften Werke überwiegen, die eine Person geschrieben hat, um sich über sich selbst erst klar zu werden, um sich ihrer selbst

---

[143] Shumaker, Autobiographie, S. 105 u. a.
[144] Pascal, Roy: Die Autobiographie. Gehalt und Gestalt. Stuttgart 1965, S. 21.
[145] Eine ähnliche Position vertritt noch 1995 de Bruyn, Günter: Das erzählte Ich. Über Wahrheit und Dichtung in der Autobiographie. Frankfurt a. M. 1995, S. 35-38.
[146] Pascal, Roy: Die Autobiographie als Kunstform (1959). In: Die Autobiographie. Hg. v. Günter Niggl. Darmstadt 1998, S. 148-157, S. 150.

zu versichern, um – „am Ende des Schreibens" – vielleicht zu einem festen Standpunkt gefunden zu haben.[147]

Ingrid Aichingers Thesen zur Gattung Autobiographie sind deutlich mit Blick auf Goethes *Dichtung und Wahrheit* formuliert und gelten im allgemeinen als extremes Beispiel einer am autonomen Selbst orientierten Autobiographietheorie.[148] Dennoch bemerkt gerade Aichinger, vielleicht zum ersten Mal, daß eine sinnstiftende Retrospektive keineswegs ein überzeitliches Merkmal des Autobiographischen sein kann: „Vielleicht liegt das Wesen der Selbstdarstellung weniger in einer Sinnfindung, sondern in der Suche danach".[149] So ist für sie die Pascalsche klare Unterscheidung zwischen Autobiographie und Tagebuch gerade in der Moderne nicht mehr gegeben. Sie findet strikt komponierte, streng reflektierte und distanzierte Tagebücher genauso wie retrospektive Autobiographien, die ausufernde Tagebuchexzerpte enthalten.[150] Daraus zieht sie die Konsequenz, nur die klassische, im Idealtyp *Dichtung und Wahrheit* repräsentierte Form als Autobiographie zu bezeichnen, und führt als übergeordneten, historisch wandelbare Formen umfassenden Begriff „Selbstdarstellung" ein.[151]

Die deutschsprachige Autobiographietheorie der sechziger Jahre war so stark an Goethe als Telos der Autobiographie ausgerichtet, daß selbst eine Untersuchung, die sich der pietistischen Autobiographie annimmt, von dieser zielgerichteten Perspektive beherrscht ist: Ingo Bertolinis *Studien zur Autobiographie des deutschen Pietismus* betrachten ihren Gegenstand als

> Vorfeld der in hohem Maß autobiographischen Literatur einer vom Christentum sich lösenden, seelischen Hochkultur, die eine der wenigen ganz großen Autobiographien, Goethes *Dichtung und Wahrheit*, hervorbringen sollte.[152]

Für Bertolini ist die Geschichte einer Gattung, die durch Identität zwischen Autor, Erzähler und Hauptfigur, Retrospektivität und das Abhandeln einer längeren Lebensphase geprägt ist[153], zugleich die Entwicklungsgeschichte des Individualismus. Seine Analysen der Autobiographien unter anderem von Philipp Jakob Spener, August Hermann Francke und Johann Wilhelm Petersen müssen inzwi-

---

[147] Vgl. u. a. Groppe, Sabine: Das Ich am Ende des Schreibens. Würzburg 1990. Auch Goethes *Dichtung und Wahrheit* enthält deutlich selbstvergewissernde Anteile, vgl. Witte, Bernd und Peter Schmidt (Hg.): Goethe-Handbuch. Bd. 3: Prosaschriften, Stuttgart/Weimar 1997, S. 278-330.
[148] Aichinger, Ingrid: Probleme der Autobiographie als Sprachkunstwerk. In: Österreich in Geschichte und Literatur, Jg. 14 (1970), S. 418-434, hier S. 177. Aichinger, Ingrid: Künstlerische Selbstdarstellung. Goethes *Dichtung und Wahrheit* und die Autobiographie der Folgezeit. Bonn 1977, S. 9f und 33-47. Zur Kritik vgl. etwa Finck, Autobiographisches Schreiben, S. 11.
[149] Aichinger, Probleme, S. 194.
[150] Aichinger, Probleme, S. 197f.
[151] Aichinger, Selbstdarstellung, S. 12.
[152] Bertolini, Studien, S. 26.
[153] Mit diesen Gattungsmerkmalen nimmt Bertolini Lejeunes spätere griffige Definition vorweg.

schen aber durch die neuere Pietismusforschung als überholt gelten.[154] Bertolini verzichtet auf die Analyse der Lebensbeschreibung Johanna Eleonora Petersens, obgleich er in seiner – am Individualismus als Leitfrage ausgerichteten – Interpretation des Textes ihres Ehemannes zum Ergebnis kommt,

> daß Petersen [gemeint ist Johann Wilhelm] eine emotionelle und sinnenhafte Durchdringung seines Gotteserlebnisses weitgehend vermissen läßt und daß dies nur schlecht zu der mystisch-radikalen Richtung seiner Gedanken paßt. Die kürzere, im wesentlichen jedoch mit der des Mannes übereinstimmende Autobiographie Johanna Eleonoras enthält, woran es der Lebensbeschreibung des Mannes mangelt. (S. 165).

Mit diesem Mißverhältnis zwischen der Wertung des Werks und dem Raum, der seiner Interpretation eingeräumt wird, steht Bertolinis Analyse im übrigen nicht allein, sondern ist paradigmatisch für die bisherige kirchengeschichtliche und literaturwissenschaftliche Rezeption der Autobiographik des Ehepaares Petersen.[155] Daß Bertolini gerade Johanna Eleonora Petersens Text nicht interpretiert, muß damit zusammenhängen, daß er die Autobiographie unausgesprochen für eine ‚männliche' Gattung hält, dazu passen auch seine Bemerkungen zu den Selbstzeugnissen der mittelalterlichen Mystik: „Neben einer Gruppe mehr oder weniger ‚formloser Aufzeichnungen'[156] frommer Frauen brachte die deutsche Mystik im 14. Jahrhundert Heinrich Seuses Autobiographie und damit die erste eigentliche Autobiographie der deutschen Sprache hervor" (S. 22).

Religiöse Autobiographik war im 17. Jahrhundert vor allem in England ein Massenphänomen[157] und wurde als solches schon frühzeitig untersucht. Paul Delanys *British Autobiography in the Seventeenth Century* betrachtet die Texte nicht ausschließlich unter dem Blickwinkel einer Gattungsteleologie hin zu

---

[154] Zur neueren Forschung zur Geschichte des Pietismus siehe hier die Hinweise in Kap. II. A. Vgl. zur Kritik an Bertolini, Studien, etwa Schrader, Hans-Jürgen: Literaturproduktion und Büchermarkt des radikalen Pietismus. Johann Henrich Reitz' „Historie der Wiedergebohrnen" und ihr geschichtlicher Kontext. Göttingen 1989, S. 30f.
[155] Darauf wird in Kap. II. A. im Rahmen der Analysen der Autobiographik der Petersens noch eingegangen.
[156] Misch, Geschichte, Bd. IV/1, S. 98ff.
[157] Die Vielzahl der Schriften wird vor allem mit dem Schub zur Selbstreflexion erklärt, den der calvinistische Prädestinationsglaube und die geforderte Gewissensforschung in protestantischen Sektenkreisen gebracht hat. Vgl. dazu Greyerz, Kaspar von: Vorsehungsglaube und Kosmologie. Studien zu englischen Selbstzeugnissen des 17. Jahrhunderts. Göttingen 1990, und die hier im Rahmen der genderorientierten Autobiographieforschung dargestellten Texte zu den Selbstzeugnissen von Puritanerinnen. Vgl. aus der älteren Forschung Bottrall, Margaret: Every Man a Phoenix. Studies in seventeenth Century Autobiography. London 1958; Delany, Paul: British Autobiography in the Seventeenth Century. London 1969; Ebner, Dean: Autobiography in Seventeenth-Century England. Theology and the Self. The Hague, Paris 1971; Osborn, James M.: The Beginnings of Autobiography in England. Los Angeles 1959; Shea, Daniel B.: Spiritual Autobiography in Early America. Princeton 1963; Starr, George A.: Defoe and Spiritual Autobiography. Princeton 1965; Watkins, Owen C.: The Puritan Experience. Studies in Spiritual Autobiography. London 1972; Weintraub, Value of the Individual.

Goethe oder John Stuart Mill, sondern erkennt die Zeitspezifik von Form und Inhalt der Autobiographien.[158] Eine Autobiographie ist in dieser historisch-literatursoziologischen Studie ein literarisches Werk, das einen längeren Zeitraum oder mehrere Ausschnitte aus dem Leben seines Autors darstellt, im Rückblick geschrieben als zusammenhängende Erzählung.[159] Das Leben kann in diesen Werken einerseits im ‚objektiven Modus' der res gestae dargestellt sein oder im ‚subjektiven Modus', für den sich unter den älteren Texten das Beispiel der *Confessiones* des Augustinus findet. Delany stellt fest, daß die Vielzahl der britischen autobiographischen Zeugnisse im 17. Jahrhundert keineswegs auf einen machtvollen Renaissanceindividualismus zurückgeht, sondern daß diese Texte aus Gründen der Didaxe, der Geschichtsschreibung, der Kontroverse verfaßt worden sind. Spuren von Subjektivität im engeren Sinne entdeckt Delany in der bekennenden Autobiographik von religiös Erregten, in den Abenteuergeschichten von Aufsteigern oder sozial Deklassierten und in Schriften von Frauen, deren Autobiographien sich, so Delany, durch eine größere Wahrnehmungs- und Beschreibungsfähigkeit fürs konkrete Detail der alltäglichen Realität und durch erhöhte Aufmerksamkeit auf Emotionales auszeichnen. Diese Besonderheiten sieht Delany im übrigen bereits in ihrer soziokulturellen Bedingtheit.

3. Der Kontext: Die Entdeckung der Lesenden und der Gesellschaft

Die normativen, textimmanenten Gattungstheorien haben in den siebziger Jahren des 20. Jahrhunderts ausgespielt. Jetzt dominiert der Kontext den Text: Kontextuelle Faktoren für Produktion, Darstellung und Rezeption von Literatur werden in den Blick genommen, Gattungen als soziale Institutionen betrachtet.[160]

Das Konzept des autonomen Subjekts wird von Bernd Neumann als Konstrukt entlarvt, indem er die Abhängigkeit auch des bürgerlichen Subjekts, das sich als autonom und geschichtsmächtig versteht, von gesellschaftlichen und psychischen Prozessen unterstreicht. Wenn Neumann „die Geschichte der Autobiographie als Geschichte der menschlichen Individuation"[161] auffaßt, tut er dies unter sozialhistorischer Perspektive. Die Gattungsgeschichte wird parallelisiert mit einer Entwicklung von Sozialcharakteren, wie sie der Soziologe David Riesman vorgeschlagen hat: Auf den traditionsgeleiteten Charaktertyp folgt am Beginn der Neuzeit ein innen-geleiteter, der wiederum im 20. Jahrhundert von einem außengeleiteten abgelöst wird. Die Gattung Autobiographie gedeiht in der Phase der

---

[158] Wesentlich schlichter, teleologischer und schematischer und von Pascals Standpunktthese ausgehend ist Ebner, Seventeenth-Century England: Nach Ebner fördern die Selbstzeugnisse der Mitglieder verschiedener Glaubensgemeinschaften in England alle den Individualismus.
[159] Delany, British Autobiography, S. 1.
[160] Lejeune, Philippe: Der autobiographische Pakt. Aus dem Franz. v. Wolfram Bayer und Dieter Hornig. Frankfurt a. M. 1994, S. 379; Voßkamp, Gattungen als literarisch-soziale Institutionen.
[161] Neumann, Identität und Rollenzwang, S. 6.

innengeleiteten Charaktere, davor entstehen res gestae, danach Verfallsprodukte des Autobiographischen. Unfreiwillig allerdings zeigen Neumanns Beispieltexte, daß die Geschichte der Autobiographik keineswegs so linear und teleologisch verläuft, wie er glauben machen möchte: So verhandelt er als Beispiel der res gestae des traditionsgeleiteten Menschen vor allem die Familienchronik des Landknechthauptmanns Sebastian Schertlin von Burtenbach von 1515, obwohl er das Stadium der Innenlenkung schon in der Renaissance erreicht sieht, und greift bei der Darstellung der Autobiographie des innengeleiteten Menschen unter anderem auf Ulrich von Lichtensteins *Frauendienst* zurück. Gerade die Frühe Neuzeit erweist sich folglich als Störfaktor. Der Riesmansche Dreiklang von geschichtlich bedingten Charakterformen könnte, so läßt sich also vermuten, nicht vollständig sein. Zur Autobiographik des 17. Jahrhunderts dupliziert Neumann ungeprüft, aber folgenreich, die Mahrholzsche Verfallsthese.[162]

Ralph-Rainer Wuthenows Arbeit *Das erinnerte Ich* öffnet sich wieder einer breiten Palette des autobiographischen Schreibens. Wuthenow registriert lange vor Kronsbein, Schneider und Sill die Zersplitterung, die Desintegration des Individuums an der Schwelle zum 20. Jahrhundert.[163] Dennoch bleibt auch für ihn autobiographisches Schreiben, über dessen Formfragen er wenig verlauten läßt, grundsätzlich verbunden mit der bürgerlichen Individualität und dem bürgerlichen Kausalitäts- und Entwicklungsdenken. Für die geschichtliche Entwicklung vor dem 18. Jahrhundert vertraut er auf Werner Mahrholz: Außerhalb des religiösen Bereichs kleinbürgerlicher Innigkeit sei das 17. Jahrhundert für die Autobiographik eine unfruchtbare Zeit.

Ein Grundlagentext der angloamerikanischen Autobiographietheorie – und für die angloamerikanische gendersensible Autobiographiedebatte eine Negativfolie – ist James Olneys *Metaphors of Self* geworden, obwohl diese Abhandlung, die die Bedeutung der Autobiographie, „the Meaning of Autobiography" sucht, keine Gattungstheorie sein will. Olney ist von der psychoanalytischen Schule C. G. Jungs und von Cassirers Philosophie der symbolischen Formen beeinflußt. Autobiographische Texte sind für ihn ‚Metaphern des Selbst', das heißt gleichnishafte Äußerungen des Selbst, das man schließlich nicht direkt sehen und be-

---

[162] Ein wichtiger Teil der Neumannschen Theorie setzt sich mit der Differenzierung von Autobiographie und Memoiren auseinander. Da aber diese Differenzierung bei Texten des 17. Jahrhunderts nicht durchführbar ist (vgl. Bruss, Elizabeth W.: Die Autobiographie als literarischer Akt (1974). In: Die Autobiographie. Hg. v. Günter Niggl. Darmstadt 1998, S. 258-279, hier S. 259; Wenzel, Horst: Die Autobiographie des späten Mittelalters und der frühen Neuzeit. 2 Bde. München 1980; Tersch, Selbstzeugnisse, S. 11), werden in diesem Forschungsbericht die Abgrenzungsfragen Autobiographie/Memoiren ausgeklammert.

[163] Wuthenow, Das erinnerte Ich, S. 214f; Kronsbein, Joachim: Autobiographisches Erzählen. Die narrativen Strukturen der Autobiographie. München 1984; Schneider, Herzensschrift; Sill, Oliver: Zerbrochene Spiegel. Studien zur Theorie und Praxis modernen autobiographischen Erzählens. Berlin 1991.

greifen, sondern nur aus seinen Gleichnissen, aus seinen Metaphern erschließen kann. Ein Blick auf dieses Selbst läßt sich, so Olney, werfen durch die Lektüre der bedeutenden Autobiographien bedeutender Menschen. Olney betrachtet eine Reihe solcher Texte: Es sind glorreiche sieben, fünf davon geschrieben von Angehörigen des angloamerikanischen Kulturkreises – und alle von Männern.[164]

Philippe Lejeunes Gattungstheorie entdeckt die Lesenden.[165] Die besondere Beziehung zwischen Autor(in), Text und Lesenden wird für ihn zum entscheidenden Gattungskriterium. Lejeune formuliert 1975 das einflußreiche Konzept des ‚autobiographischen Pakts', den ein Autor oder eine Autorin und Lesende aufgrund bestimmter Textmerkmale schließen können. Voraussetzung für diesen Vertragsabschluß zwischen Autor und Lesenden ist die Identität zwischen Autor, Erzähler und Hauptfigur.[166] Lejeune sieht 1975 als Kennzeichen einer solchen Identität die Namensgleichheit an und behauptet damit die kategoriale Unterscheidbarkeit zwischen Autobiographie und autobiographischem Roman.[167] Lejeune mystifiziert damit den Eigennamen, den er als irreduzibles Erkennungszeichen einer Person einschätzt.[168] Daß manche Namen häufig sind, daß manche Menschen, gezwungen oder freiwillig, ihren Vor- und ihren Nachnamen wechseln, daß Kinder stets einen Vater und eine Mutter haben, aber üblicherweise nur von einem Elternteil den Nachnamen erhalten, daß Frauen bei der Heirat meistens ihren Vaternachnamen aufgeben und den Vaternachnamen des Mannes annehmen, daß die sozialen Normen der Namensgebung historisch inter- und intrakulturell variieren, all dies spricht kaum für die Irreduzibilität des Eigenna-

---

[164] Olney, Metaphors, verwendet einen weiten Autobiographiebegriff und analysiert Montaignes *Essais*, C.G. Jungs *Erinnerungen, Träume, Gedanken*, das Journal von George Fox, John Henry Newmans autobiographische Schriften und Darwins und Mills Autobiographien.

[165] Leujeune, Der autobiographische Pakt. Der Leser ist auch schon wichtig in der von der Sprechakttheorie ausgehenden Gattungstheorie von Bruss, Die Autobiographie, die von einem „autobiographischen Akt" spricht.

[166] Hier fußt Lejeune vor allem auf Starobinskis Arbeiten (vgl. Starobinski, Jean: Der Stil der Autobiographie (1970). In: Die Autobiographie. Hg. v. Günter Niggl. Darmstadt 1998, S. 200-213; ähnlich auch Bruss, Die Autobiographie, und Müller, Ulrich: Thesen zu einer Geschichte der Autobiographie im deutschen Mittelalter (1977/1979). In: Die Autobiographie. Hg. v. Günter Niggl. Darmstadt 1998, S. 297-320. Die Identitätsbehauptung zwichen Autor(in) und Erzähler(in) kann im Lichte aktueller Theorien der Narrativik nicht aufrechterhalten werden und sollte ersetzt werden: Nicht die Identität schafft den autobiographischen Pakt, sondern der autobiographische Pakt inszeniert eine Identität, vgl. dazu hier unten.

[167] Daß die strikte Trennung zwischen Autobiographie und autobiographischem Roman seit der Mitte des 19. Jahrhunderts problematisch und kaum haltbar ist, zeigen die Abhandlungen von Holdenried, Spiegel; und Bauer, Barbara: Kindheit zwischen Opfern und Tätern. Über Autobiographien der Jahrgänge 1927/28 und Martin Walsers Roman *Ein springender Brunnen* als Antwort auf jüdische Überlebensberichte. In: www.literaturkritik.de 6 (1999).

[168] Lejeune, Der autobiographische Pakt, S. 23.

mens. Welcher Eigennamen steht bei Anna Rüffer, verw. Wilhelm, verh. Hoevelin, als irreduzibles Erkennungszeichen ihrer Person?[169]

Lejeunes Autobiographiekonzeption geht aber von Anfang an über das Schlagwort des ‚autobiographischen Pakts' hinaus. Für ihn ist eine Autobiographie eine

> [r]ückblickende Prosaerzählung einer tatsächlichen Person über ihre eigene Existenz, wenn sie den Nachdruck auf ihr persönliches Leben und insbesondere auf die Geschichte ihrer Persönlichkeit legt.[170]

Diese Definition beansprucht Gültigkeit für die europäische Literatur zwischen 1770 und 1970. Lejeune sieht also als Gattungsmerkmale neben der Identität von Autor(in), Erzähler(in) und Hauptfigur narrative Retrospektivität als entscheidend an. Und er formuliert das Konzept des ‚referentiellen Pakts': Eine Autobiographie unterscheidet sich vom Roman nicht nur durch die Namensgleichheit von Autor(in), Erzähler(in) und Hauptfigur, sondern auch dadurch, daß ein referentieller Pakt geschlossen wird, daß also die Lesenden überzeugt sein können, daß sie einen nicht-fiktionalen, einen referentiellen Text vor sich haben. Notwendig sind also vertrauensbildende Signale, sie können von verschiedenen Textelementen und von verschiedenen Textformen ausgehen. Vertrauen wird zum Beispiel geschaffen durch Vorreden, durch den ersten Satz und durch Leseransprachen, beglaubigend wirken aber auch Aufzählungen von nachprüfbaren oder den Lesenden bekannten Ereignissen.

Annähernd zeitgleich mit Lejeune haben Elizabeth W. Bruss und Ulrich Müller Autobiographiebegriffe formuliert, die dem autobiographischen und referentiellen Pakt Lejeunes nahekommen, aber die Historizität der Gattung stärker berücksichtigen. Beide verzichten deshalb auf das Kriterium narrativer Retrospektivität, da sie dieses Merkmal nur in Texten bestimmter Epochen finden können. Der „Kern des autobiographischen Akts"[171], so Bruss, liegt in der Erfüllung einiger Minimalbedingungen, und die sind bei Bruss und Ulrich Müller dann gegeben, wenn der Autor oder die Autorin Hauptfigur in seinem, in ihrem Text ist

---

[169] Vgl. zum besonderen Problem des Namens bei Frauen Gilbert, Sandra und Susan Gubar: Ceremonies of the Alphabet. Female Grandmatologies and the Female Authorgraph. In: The Female Autograph. Hg. v. Domna C. Stanton. Chicago/London 1987, S. 21-48; Hahn, Barbara: Unter falschem Namen. Von der schwierigen Autorschaft der Frauen. Frankfurt a. M. 1991; und Ramm, Elke: Autobiographische Schriften deutschsprachiger Autorinnen um 1800. Hildesheim u. a. 1998, S. 48ff. Von der Mystifizierung des Eigennamens und der strikten Abgrenzung der Autobiographie vom autobiographischen Roman ist Lejeune, Philippe: Le Pacte Autobiographique (bis). In: L'Auto-biographie en Espagne. Aix-En-Provence 1982, S. 7-25, abgerückt. Zum historischen Wandel der sozialen Praktiken der Namensgebung siehe Sonntag, Das Verborgene des Herzens, S. 214.

[170] Lejeune, Der autobiographische Pakt, S. 14.

[171] Bruss, Die Autobiographie, S. 278

und dieser Text eine Art referentiellen Pakt mit den Lesenden schließt.[172] Eine Autobiographie ist, so Ulrich Müllers weite Begriffsbestimmung,

> ein schriftlich oder sonstwie fixierter selbständiger Text oder eine größere Textgruppe, in denen ein Autor die ausdrücklich ausgesprochene oder aber deutlich feststellbare Absicht hat, sein eigenes Leben in dessen Verlauf oder in einem bzw. mehreren Ausschnitten darzustellen.[173]

Eine Historisierung der Gattungstheorie will auch der Band *Autobiographie und Roman. Studien zur literarischen Autobiographie der Goethezeit* von Klaus-Detlef Müller leisten.[174] Seine These ist, daß über einige grundlegende erzähltheoretische Voraussetzungen der Autobiographie als Zweckform hinaus die Form der Autobiographie jeweils nur für eine bestimmte historische Phase beschrieben werden kann. Die Formen des autobiographischen Schreibens wandeln sich, wenn neue Darstellungsprobleme auftauchen. Das neue Darstellungsproblem in der Autobiographik zwischen Jung-Stilling und Goethe ist ‚Individualität'. Die läßt sich nicht mit den Mitteln der Autobiographie als Zweckform allein glaubhaft darstellen, ihre Gestaltung erfordert die Techniken des zeitgenössischen Bildungs- und Entwicklungsromans, braucht etwa Vergegenwärtigung und Fiktionalisierung. Die Autobiographie wird damit literarisiert, die Übergänge zum autobiographischen Roman werden, so Müller, fließend. Müller zeigt, daß die Gattung nicht notwendig verknüpft ist mit dem Konzept der bürgerlichen Individualität, sondern dies nur in einer bestimmten Epoche, in der Zeit um 1800, gewesen ist. Doch seine explizite Forderung, die Gattungstheorie nicht anhand weniger Meisterwerke zu schreiben, wird konterkariert durch die Schwerpunktsetzung seiner eigenen Studie auf Goethe. Zudem bleiben seine zentralen Konzepte vage. So vermischt Müllers Begriff der ‚Literarisierung' drei Aspekte: Der erste Aspekt ist gekennzeichnet durch die Pole Nicht-Fiktionalität und Fiktionalität, der zweite ist die Frage der literarischen Wertung, und der dritte ist der Leserbezug. Das heißt eine Autobiographie hat für Müller eine höhere Literarizität durch Fiktionalisierungen, durch ästhetische Qualität und durch den Anspruch, mit Hilfe von Allgemeingültigkeit einen größeren Leserkreis zu erreichen.[175]

Das 18. Jahrhundert wird auch bei Günter Niggl zur Schlüsselphase der Autobiographie. Zwischen 1680 und 1815 vollzieht sich ein „Prozeß der Individuation zuerst im Selbstbewußtein der Autobiographen und seit der Jahrhundert-

---

[172] Bruss, Die Autobiographie, S. 273f.
[173] Müller, Thesen, S. 297f.
[174] Müller, Klaus-Detlef: Autobiographie und Roman. Studien zur literarischen Autobiographie der Goethezeit. Tübingen 1976. Hintergrund seiner Historisierung sind Habermas' Thesen vom Strukturwandel der Öffentlichkeit.
[175] Kurioserweise schreibt Müller auch von einer Zweckform des Romans, was aber diese ausmacht, bleibt unbenannt.

mitte auch in der Form ihrer Selbst- und Lebensbeschreibung".[176] Um 1700 stehen, so Niggl, die tradierten Formen des religiösen Bekenntnisses auf der einen Seite und auf der anderen, der pragmatischen Seite die starren Formen der Berufsautobiographie und der abenteuerlichen Lebensgeschichte, die beide ihre Wurzeln in der Haus- und Familienchronik besitzen. Am Ende des von Niggl beobachteten Zeitraums dagegen finde man „eine freie Mischung, Kreuzung und Säkularisation der Typen, bis Goethes *Dichtung und Wahrheit* alle bisherigen Ansätze und Versuche versammelt und zu einem ausgleichenden Höhepunkt der deutschen und europäischen Autobiographik führt."[177] Niggl betreibt eine exzessive Feier des Weimarer Dichterfürsten[178] und fällt mit seiner „Teleologie des Autobiographischen"[179] hinter Neumanns und Klaus-Detlef Müllers Thesen zurück, die schon die Schicht- und Zeitspezifik autobiographischer Selbstkonstruktionen in den Blick genommen haben. In seiner Betrachtung der pietistischen Autobiographik zeigt Niggl allerdings deutlich, daß die pietistische Lebensbeschreibung die von Mahrholz und anderen behauptete Psychologisierung der Autobiographie nicht leistet. Bei der Darstellung des weltlichen Lebens werde sie aber zur „Einbruchstelle für eine thematische Erweiterung der religiösen Bekenntnisschrift" und somit für ein Interesse an der Beschreibung des eigenen Lebens in der Welt.[180]

Den *Metamorphoses of Spiritual Autobiography* ist Bell auf der Spur – anhand der Texte von vier in der Autobiographieforschung hochprominenter Texte: Augustinus, John Bunyan, Benjamin Franklin und Jean-Jacques Rousseau.[181] Die *Confessiones* des Augustinus kennzeichnet, so Bell, die scharfe Zweiteilung in die chronologische Darstellung des sündigen Alltagslebens vor

---

[176] Niggl, Günter: Geschichte der deutschen Autobiographie im 18. Jahrhundert. Theoretische Grundlegung und literarische Entfaltung. Stuttgart 1977, S. 170.
[177] Niggl, Geschichte, S. 170.
[178] U. a. Niggl, Geschichte, S. 170.
[179] Vollers-Sauer, Elisabeth: Prosa des Lebensweges. Literarische Konfigurationen selbstbiographischen Erzählens am Ende des 18. und 19. Jahrhunderts. Stuttgart 1993, S. 127.
[180] Zusammenfassend Niggl, Günter: Zur Säkularisation der pietistischen Autobiographie im 18. Jahrhundert (1974). In: Die Autobiographie. Hg. v. Günter Niggl. Darmstadt 1998, S. 367-391, Zitat S. 371. Vgl. aber kritisch zu Niggls Säkularisierungsthese Schrader, Literaturproduktion und Büchermarkt, S. 31, und Maier-Petersen, Magdalene: Der „Fingerzeig Gottes" und die „Zeichen der Zeit". Stuttgart 1984, S. 483. Von den Texten, die hier im folgenden untersucht werden, behandelt Niggl, Geschichte, ausschließlich die Autobiographien des Ehepaares Petersen. Der *kurtzen Erzehlung* Johanna Eleonora Petersens widmet er nur einen kurzen Absatz und gelegentliche vergleichende Hinweise, aber keine differenzierte Analyse. Wenn er der Autorin zugesteht, „psychologisch fein und aufmerksam" ihren religiösen Wandlungsprozeß nachzuzeichnen (S. 10), scheint mir dahinter eine Lektüre zu stehen, die von konventionellen Vorstellungen über eine besondere weibliche Feinfühligkeit in die Irre geleitet wird. Vgl. dagegen die Analyse der *kurtzen Erzehlung* hier in Kap. II. A.
[181] Bell, Robert: Metamorphoses of Spiritual Autobiography. In: Journal of English Literary History 44 (1977), S. 108-126.

dem Bekehrungserlebnis und die meditierende, Alltagshandeln ausblendende Darstellung nach der Schilderung der Bekehrung. Das schreibende Ich wirft einen äußerst kritisch-distanzierten Blick auf das noch nicht bekehrte beschriebene Ich. John Bunyan mag zwar Augustinus zum Vorbild gewählt haben, in seine Fußstapfen kann er jedoch nicht treten. Gnadenerlebnisse schaffen nicht mehr auf Dauer Sicherheit, es gibt Zweifel und Rückfälle. Und in den Details des täglichen Lebens wird zwar nach Zeichen für die Erlösungsgeschichte gesucht, aber sie können nicht mehr eindeutig aus einer übergreifenden, vorgedeuteten, unumstrittenen Weltordnung abgelesen werden. Bei Bunyans religiösen und weltlichen Nachfolgern, etwa bei Benjamin Franklin, wird die Distanz zwischen beschriebenem und schreibendem Ich zu einer rein zeitlichen, die Autobiographien werden episodisch, das übergeordnete Telos, der Weg zu Gott, verschwindet, es ist jetzt die Entwicklungsgeschichte des Einzelnen, die dargestellt wird mit vielen Details. Eine Einheit der Form, so Bell, kann – unter veränderten Vorzeichen – erst wieder die Autobiographik von Künstlern erreichen, die wie Rousseau ihre Berufung zum Telos ihrer Lebensgeschichte stilisieren.

Das Jahr 1978 ist für die Autobiographietheorie ein Scheidejahr. Auf der einen Seite feiert Karl Joachim Weintraub noch einmal in großem Bogen die Thesen der traditionellen Autobiographietheorie: Goethes *Dichtung und Wahrheit* gilt als Gipfel der Autobiographie, und Autobiographien werden gelesen als Quellen für die Entwicklungsgeschichte der Individualität.[182] *The Value of the Individual* ist ein Schnelldurchlauf durch die Geschichte der Autobiographik und der Selbstkonzeptionen von der klassischen Antike bis zu Goethe, ist ein „einbändiger Misch"[183], aber ohne Mischs Abtönungen und Differenzierungen.[184]

Auf der anderen Seite wird aber spätestens seit 1978 die Autobiographie radikal anders konzipiert: Denn 1978 erscheint ein Sonderheft der Modern Language Notes, das auch die germanistische Autobiographietheorie und -geschichtsschreibung revolutioniert. Und 1979 publiziert dieselbe Zeitschrift De Mans für die poststrukturalistische Autobiographiedebatte so entscheidenden Aufsatz *Autobiography as De-facement*. Die Autobiographietheorie wird in der Folgezeit zum Schauplatz der Auseinandersetzungen zwischen Poststrukturalismus und herkömmlicher Hermeneutik.

---

[182] Weintraub, Value of the Individual.
[183] Niggl (Hg.), Autobiographie, S. 8.
[184] Zu Weintraubs Gattungsverständnis siehe Weintraub, Karl Joachim: Autobiography and Historical Consciousness. In: Critical Inquiry, 1 (1975), S. 821-848: Eine Autobiographie im engeren Sinne ist die „particular form in which an author undertakes to formulate a retrospective vision over a significant portion of his life, perceiving his life as a process of interaction with a coexistent world." (S. 833f). Weintraubs Darstellung in diesem Aufsatz und in seiner Monographie macht deutlich, daß eine solche Autobiographie strenggenommen nur einmal geschrieben wurde – von Johann Wolfgang von Goethe.

De Man[185] argumentiert vehement gegen die bis dahin unumstrittene Prämisse der Autobiographietheorie, es handle sich bei ihrem Gegenstand um eine Gattung, die beschreibbar ist durch bestimmte produktions- und darstellungsrelevante Normen. Er und Vertreter ähnlicher methodischer Vorannahmen deuten sie dagegen als Lese- und Verstehensfigur, die sich auf alle Texte anwenden läßt, die mit einem Autor verbunden sind und so für sich in Anspruch nehmen, für ihre Entstehung und ihr Verständnis spiele es eine Rolle, daß sie von eben diesem Autor verfaßt sind.[186] In einer Zeit allerdings, die die These, daß Texte sich selbst schreiben, und den ‚Tod des Autors' proklamiert, da jeder in seinem Leben und Schreiben von vorgängigen Diskursen abhängig sei, steht auch das ‚Ende der Autobiographie' auf der Tagesordnung.[187] Denn die zwei zentralen Prämissen der bis dahin herrschenden klassischen Autobiographietheorie, die Existenz eines vorsprachlichen und mit Sprache abbildbaren Ich und die Referentialität der Gattung, werden von den Vertretern eines linguistic turn nicht mehr anerkannt: Das Subjekt ist verschwunden, und Textualität gilt als nicht hintergehbar.

Die Vertreter des klassischen, referentiellen und die Vertreter des textuellen Ansatzes sind sich allerdings lange Zeit in einem Punkt einig: Autobiographien im eigentlichen Sinne kann es ihrer Meinung nach nur um 1800 geben, da in dieser Zeit sich die bürgerlichen, europäischen Männer (und die amerikanischen europäischer Abstammung) als autonome Subjekte verstanden haben und die Au-

---

[185] De Man, Paul: Autobiographie als Maskenspiel. In: Ders.: Die Ideologie des Ästhetischen. Hg. von Christoph Menke. Frankfurt a. M. 1993. Urspr. Paul de Man: Autobiography as DeFacement. In: Modern Language Notes 94 (1979), S. 919-930.

[186] De Man, Autobiographie als Maskenspiel, S. 134, ähnlich später Kadars Begriffsbestimmung von „life writing" als „critical practice" (Kadar, Marlene: Coming to Terms: Life Writing – from Genre to Critical Practice. In: Essays on Life Writing. Hg. v. Marlene Kadar. Toronto 1992, S. 3-16, hier S. 10ff). Vgl. auch Derrida, Jacques: The Ear of the Other. Otobiography, Transference, Translation. Lincoln/London 1988; und die Artikel und die Herausgebervorbemerkung Gaschés in MLN 93/4 (1978); Meyer, Eva: Die Autobiographie der Schrift. Selbstthematisierung und Anti-Repräsentation. In: Bildersturm im Elfenbeinturm. Hg. v. Karin Fischer u. a. Tübingen 1992, S. 161-173; und Smith, Robert: Derrida and Autobiography. Cambridge 1995.

[187] Vgl. den programmatischen Titel von Sprinker, Michael: Fictions of the Self. The End of Autobiography. In: Autobiography. Hg. v. James Olney. Princeton 1980, S. 321-342. Die Frage von Textualität und Referentialität wird auch bei Couser, G. Thomas: Altered Egos. Authority in American Autobiography. New York/Oxford 1989; Couser, G. Thomas und Joseph Fichtelberg (Hg.): True Relations. Essays on Autobiography and the Postmodern. London 1998; Jay, Paul L.: Being in the Text. Autobiography and the Problems of the Subject. In: MLN 97 (1982), S. 1045-1063; ders.: Being in the Text. Self-Representation from Wordsworth to Roland Barthes. Ithaca und London 1984; ders.: What's The Use? Critical Theory and the Study of Autobiography. In: biography 10.1 (1987); Kennedy, J. Gerald: Roland Barthes, Autobiography, and the End of Writing. In: Georgia Review XXXV.2 (1981); Lang, Candace: Autobiography in the Aftermath of Romanticism. In: Diacritics, vol. 12 (Winter 1982), S. 2-16; Spengemann, William C.: The Forms of Autobiography. Episodes in the History of a Literary Genre. New Haven/London 1980; und Sturrock, John: The New Model Autobiographer. New Literary History 9 (1977), S. 51-63, diskutiert.

tobiographie konzipiert wird als Äußerungsform des europäischen Individualismus.

4. Der Blick auf die Differenz und die Kritik am Autonomiekonzept

Paradoxerweise ist die Gattung, die Referentialist(inn)en und Textualist(inn)en in seltener Einhelligkeit totsagen, aber zur gleichen Zeit auf dem Literaturmarkt quicklebendig[188] – und in der Literaturwissenschaft nach 1980 ausgesprochen en vogue. Dies hat zu einer Flut von Veröffentlichungen geführt, die hier nur in ihren Hauptwellen und stärksten Strömungen nachgezeichnet werden kann. Nach 1980 haben sich die Gewichte in der literaturwissenschaftlichen Autobiographieforschung – und nicht nur unter konstruktivistischer Perspektive – entscheidend verschoben. Die lange dominante Einengung des Autobiographiebegriffs auf die Bezeichnung für formal geschlossene Selbstdarstellungen des bürgerlichen, meist männlichen Subjekts findet viele Kritiker(innen), die sich – bei unterschiedlichen Akzentsetzungen – mit der Ausweitung des Autobiographiebegriffs hinsichtlich der Epoche, Schicht, Kultur und/oder des Geschlechts der Schreibenden befassen und Kritik üben an der engen Verbindung der Autobiographietheorie mit dem bürgerlichen Subjektbegriff. Im folgenden werden nach einem kurzen Exkurs zu terminologischen Fragen einzelne Argumentationsstränge in Unterkapiteln vorgestellt: Der erste Argumentationsstrang setzt sich mit der Verbindung von Autobiographie und autonomem Subjekt auseinander, der zweite handelt von der Historisierung des Autobiographiebegriffs, und der dritte stellt die Hauptströmungen der gendersensiblen Autobiographietheorie dar. Hier nicht verhandelt wird dagegen die Forschung zur populären Autobiographik und zur Differenzierung des autobiographischen Schreibens aus kulturtopographischer Perspektive.[189]

---

[188] Vgl. Alfred und Ernstpeter Ruhe (Hg.): Autobiographie und Avantgarde. Tübingen 1992, S. 9.
[189] Vgl. zur populären Autobiographik u. a. Amelang, James S.: The Flight of Icarus. Artisan Autobiography in Early Modern Europe. Stanford 1998; ders.: The Dilemmas of Popular Autobiography. In: Von der dargestellten Person zum erinnerten Ich. Hg. v. Kaspar von Greyerz et al. Köln 2001, S. 431-438; Bergmann, Klaus: Lebensgeschichte als Appell. Autobiographische Schriften der ‚kleinen Leute' und Außenseiter. Opladen 1991; Hämmerle, Christa: Nebenpfade? Populare Selbstzeugnisse des 19. und 20. Jahrhunderts in geschlechtervergleichender Perspektive. In: Vom Lebenslauf zur Biographie. Geschichte, Quellen und Probleme der historischen Biographik und Autobiographik. Hg. v. Thomas Winkelbauer. Waidhofen 2000, S. 135-167. Sloterdijk, Literatur und Organisation, wird seiner Pionierrolle wegen dargestellt. Zu den ethnisch-kulturell ausgerichteten Studien vgl. etwa Bergland, Betty Ann: Representing Ethnicity in Autobiography. Narratives of Opposition. In: The Yearbook of English Studies 24 (1994); Braxton, Joanne M.: Black Women Writing Autobio-graphy. A Tradition within a Tradition. Philadelphia 1989; Gilmore, Leigh: Autobiographics. A Feminist Theory of Women's Self-Representation. Ithaca und London 1994; Lionnet, Françoise: Autobiographical Voices. Race, Gender, Self-Portraiture. Ithaca/London 1989; Smith, Valerie: Self-Discovery and Authority in African American Narratives. Cambridge 1987; Smith, Sidonie und Julia Watson (Hg.): De/Colonizing the Subject. The Politics of Gender in Women's

Eine Konsequenz dieser Ausweitungen und Unterscheidungen ist eine terminologische Ausdifferenzierung: Verschiedene Neologismen werden in die Debatte geworfen, die je nach der Bedeutung des veränderten griechischen Wortbestandteils die Akzente verschieben: Olney schlägt 1998 – als Bezeichnung für das Schreiben über das Selbst und das Umschreiben des Selbst – das Wort ‚Periautographie' vor, Chisholm spricht von ‚Autoheterographie', von Derrida stammt ‚Autothanatographie', für die Autobiographik von Frauen schlägt Smith ‚Autebiographie' vor und Stanton – unter bewusstem Verzicht auf den Referentialität zum Leben beanspruchenden Wortteil βίος – ‚Autogynographie'.[190] Der weitere Begriff ‚Autobiographik' statt ‚Autobiographie' wird diskutiert.[191] Sill plädiert dafür, „von allen Gattungstheorien Abschied zu nehmen" und allgemein von autobiographischem Erzählen oder autobiographischer Literatur zu sprechen.[192] Andere fassen im Ausdruck ‚life writing' autobiographisches und biographisches

---

Autobiography. Minneapolis 1992; und Watson, Julie: Toward an Anti-Metaphysics of Autobiography. In: The Culture of Autobiography. Hg. v. Robert Folkenflik. Stanford 1993, S. 57-79. Zur Autobiographik einzelner Länder u. a. Amelang, James S.: Spanish Autobiography in the Early Modern Era. In: Ego-Dokumente. Hg. v. Winfried Schulze. Berlin 1996, S. 59-69; Arenal, Electa und Stacey Schlau: Stratagems of the Strong, Stratagems of the Weak. Autobiographical Prose of the Seventeenth-Cen-tury Hispanic Convent. In: Tulsa Studies in Women's Literature 9(1990), S. 25-42; dies.: Untold Sisters. Hispanic Nuns in Their Own Works. Albuquerque 1989; Briesemeister, Dietrich: Die Autobiographie in Spanien im 15. Jahrhundert. In: Biographie und Autobiographie in der Renaissance. Hg. v. August Buck. Wiesbaden 1983, S. 45-56; Molloy, Sylvia: At Face Value. Autobiographical Writing in Spanish America. Cambridge/New York 1991; Orbe, Juan (Hg.): Autobiografia y escritura. Buenos Aires 1994; Poutrin, Le Voile et La Plume; Schmid, Ulrich: Ichentwürfe. Die russische Autobiographie zwischen Avvakum und Gercen. Zürich/Freiburg 2000; Sheringham, Michael: French Autobiography. Devices and Desires. Rousseau to Perec. Oxford 1993; Wong, Hertha Dawn: Sending My Heart Back Across the Years. Tradition and Innovation in Native American Autobiography. New York 1992; Woods, Richard Donovon: Mexican Autobiography. An Annotated Bibliography. New York 1988. Vgl. auch u. a. Bataille, Gretchen M. und Kathleen Mullen Sands: American Indian Women. Telling Their Lives. Lincoln, London 1984, zur indianischen Autobiographik oder zur langen Geschichte der japanischen Autobiographik Nishitani, Yoriko: Entwicklung der autobiographischen Literatur von Frauen in Japan. In: Geschriebenes Leben. Hg. v. Michaela Holdenried. Berlin 1995, S. 379-389. Vgl. auch Babur, Zahiruddin Muhammad: Die Erinnerungen des ersten Großmoguls von Indien. Das Babur-nama. Zürich 1988. Das „Buch der Ereignisse des Babur" ist die autobiographische Schrift eines Herrschers aus dem islamischen Raum um 1500: Diese Werke können die These von der Autobiographie als ausschließlich europäisch-westlicher Gattung widerlegen.

[190] So auch Brée, Autogynography; Chisholm, Dianne: H. D.'s Autoheterography. In: Tulsa Studies in Women's Literature, 9 (1990), S. 79-106; Derrida, The Ear of the Other, S. 19ff; Smith, Poetics; Stanton, Domna C.: Autogynography. Is the Subject Different? In: The Female Autograph. Hg. v. Domna C. Stanton. Chicago/London 1987, S. 3-20.

[191] Etwa Holdenried (Hg.), Geschriebenes Leben; Gilmore, Autobiographics; Peitsch, Helmut: „Deutschlands Gedächtnis an seine dunkelste Zeit". Zur Funktion der Autobiographik in den Westzonen Deutschland und den Westsektoren von Berlin 1945 bis 1949. Berlin 1990. Für die Autobiographik vor 1800 ähnlich Bernheiden, Individualität; dies.: Die Religion im auto-biographischen Schrifttum des 17. Jahrhunderts. In: Religion und Religiosität im Zeitalter des Barock. Hg. von Dieter Breuer. Wiesbaden 1995, Bd. 2, S. 735-744; und Jancke, Glückel.

[192] Sill, Zerbrochene Spiegel, S. 512.

Schreiben zusammen.¹⁹³ Insbesondere Historiker(innen) plädieren für das aus der niederländischen Forschung stammende Kunstwort ‚Egodokument', das Autobiographien zusammen mit anderen Quellen, in denen sich ein Mensch auf seine eigene Person bezieht, zusammenfaßt.¹⁹⁴ Winfried Schulze versteht darunter

> „alle jene Quellen [...], die uns über die Art und Weise informieren, in der ein Mensch Auskunft über sich selbst gibt, unabhängig davon, ob dies freiwillig – also etwa in einem Brief oder in einem autobiographischen Text – oder durch andere Umstände bedingt geschieht."¹⁹⁵

Im Zusammenhang mit der Egodokument-Debatte und der Ausdifferenzierung des Blicks auf autobiographische Textformen taucht auch wieder vermehrt der alte Historikerbegriff des ‚Selbstzeugnisses' auf.¹⁹⁶

4.1. Autobiographie und autonomes Subjekt

Eine ganze Reihe von Gattungstheoretiker(inne)n hat um 1980 bemerkt, daß Autobiographien nicht nur von Menschen geschrieben werden, die sich als autonome, geschichtsmächtige Subjekte verstehen.¹⁹⁷ Veränderte Vorstellungen vom

---

¹⁹³ U. a. Groag, Susan und Marilyn Yalom (Hg.): Revealing Lives. Autobiography, Biography and Gender. Albany 1990; Magarey, Susan (Hg.): Writing Lives. Feminist Biography and Autobiography. Adelaide 1992; in etwas anderer Begriffsbestimmung Coleman, Linda S.: Public Self, Private Self. Women's Life-Writing in England 1570-1720. Milwaukee, 1986; Kadar, Life Writing; und Olney, Life-Writing. Sie knüpfen damit an die Anfänge der englischsprachigen Autobiographietheorie an, die die Autobiographie als Spielart der Biographie betrachtet hat. Olney, James: Memory & Narrative. The Weave of Life-Writing. Chicago 1998, S. XV, zur Periautographie.

¹⁹⁴ Baggerman, Dekker, Ottos Uhr; Rudolf Dekker: Ego-Dokumente in den Niederlanden vom 16. bis zum 17. Jahrhundert. In: Ego-Dokumente. Hg. v. Winfried Schulze. Berlin 1996, S. 33-57; ders.: Uit de schaduw in't grote licht. Kinderen in egodocumenten van de gouden eeuw tot de romantiek. Amsterdam 1995 u. a.; Schulze (Hg.), Ego-Dokumente. Vgl. dazu auch Arnold et al. (Hg.): Das dargestellte Ich. Studien zu Selbstzeugnissen des späteren Mittelalters und der frühen Neuzeit. Bochum 1999. Der führende niederländische Selbstzeugnisforscher Dekker benutzt das vom nie-derländischen Historiker Jakob Presser eingeführte Kunstwort Egodokument als Entsprechung zum deutschen Wort Selbstzeugnis, er verwendet den Begriff also wesentlich enger als Schulze, Vorüberlegungen. Vgl. Dekker: Introduction. In: Egodocuments and History. Autobiographical Writing in Its Social Context since the Middle Ages. Hg. v. R. D. Hilversum 2002, S. 7-20. Zum Begriff Egodokument und seiner Brauchbarkeit in den Literaturwissenschaften Heuser, Magdalene: Einleitung. In: Autobiographien von Frauen. Hg. v. Magdalene Heuser. Tübingen 1996, S. 1-12, hier S. 1, Anm. 1.

¹⁹⁵ Schulze, Vorbemerkung. In: Schulze (Hg.), Ego-Dokumente.

¹⁹⁶ Von Greyerz, Vorsehungsglaube; Greyerz, Kaspar von, Hans Medick und Patrice Veit (Hg.): Von der dargestellten Person zum erinnerten Ich. Europäische Selbstzeugnisse als historische Quellen (1500-1850). Köln u. a. 2001; von Krusenstjern, Was sind Selbstzeugnisse?; dies., Selbstzeugnisse; Leutert, Piller, Selbstzeugnisse; Tersch, Selbstzeugnisse.

¹⁹⁷ U. a. Lejeune, Philippe: Je est un autre. L'Autobiographie de la Littérature aux Médias. Paris 1980. Für die Vielzahl der Veröffentlichungen, die sich ausschließlich auf Autobiographien des 18., 19. und 20. Jahrhunderts beziehen, wird in diesem Forschungsbericht keine Vollständigkeit erstrebt. Solche Arbeiten sind u. a. Anderson, Linda: Women and Autobiography in the Twentieth Century. Remembered Futures. London u. a. 1997; Ashley, Kathleen et al. (Hg.): Autobiography and Postmodernism. Amherst 1994; Becher, Ursula A. J.: Weibliches Selbstverständnis in Selbstzeugnissen

des 18. Jahrhunderts. In: Weiblichkeit in geschichtlicher Perspektive. Hg. v. Ursula A. J. Becher und Jörn Rüsen, Frankfurt a. M. 1988, S. 217-233; Bell, Yalom (Hg.), Revealing Lives; Bloom, Lynn Z.: Heritages. Dimensions of Mother-Daughter Relationships in Women's Autobiographies. In: The Lost Tradition: Mothers and Daughters in Lite-rature. Hg. v. Cathy N. Davidson und E. M. Broner. New York 1980; Bomke, Heidrun: Vergangenheit im Spiegel autobiographischen Schreibens. Untersuchungen zu autobiographischen Texten von Naturwissenschaftlern und Technikern der DDR in den 70er und 80er Jahren. Weinheim 1993; Buss, Helen M.: Mapping Our Selves. Canadian Women's Autobiography in English. Montreal u. a. 1993; Craemer-Schroeder, Susanne: Deklination des Autobiographischen. Goethe, Stendhal, Kierkegaard. Berlin 1993; die meisten Aufsätze in Culley, Margaret (Hg.): American Women's Autobiography. Fea(s)ts of Memory. Madison 1992; Derrida, The Ear of the Other; Fleishman, Avrom: Figures of Autobiography. The Language of Self-Writing in Victorian and Modern England. Berkeley 1983; Fowler, Lois J. und David H. Fowler (Hg.): Revelations of Self. American Women in Autobiography. Albany 1990; Frieden, Sandra: Autobiography. Self Into Form. German-Language Autobiographical Writings of the 1970's. Frankfurt a. M. u. a. 1983; Götz, Bärbel et al. (Hg.): Verschwiegenes Ich. Vom Un-Ausdrücklichen in autobiographischen Texten. Pfaffenweiler 1993; Grubitzsch, Helga: Die Autobiographie der Théroigne de Méricourt. Überlegungen zum feministischen Umgang mit autobiographischen Texten. In: Bildersturm im Elfenbeinturm. Hg. v. Karin Fischer u. a. Tübingen 1992, S. 96-115; Heilbrun, Carolyn G.: Writing a Woman's Life. London 1989; Hornung und Ruhe (Hg.), Autobiographie; Jay, Self-Representation; Jaeger, Michael: Autobiographie und Geschichte. Stuttgart 1997; Kley, Antje: Fanny Lewalds *Meine Lebensgeschichte*. Eine Autobiographie zwischen bürgerlicher Anpassung und emanzipatorischem Aufbruch. In: Geschlecht – Literatur – Geschichte I. Hg. v. Gudrun Loster-Schneider. St. Ingbert 1999, S. 129-150; Kolkenbrock-Netz, Jutta und Marianne Schuller: Frau im Spiegel. Zum Verhältnis von autobiographischer Schreibweise und feministischer Praxis. In: Entwürfe von Frauen in der Literatur des 20. Jahrhunderts. Hg. von Irmela von der Lühe. Berlin 1982, S. 154-174; Kosta, Barbara: Recasting Autobiography. Women's Counterfictions in Contemporary German Literature and Film. Ithaca 1994; Lang, Autobiography; Lionnet, Autobiographical Voices; Loster-Schneider, Grundriß; Marcus, Laura: Auto/biographical Discourses. Theory, Criticism, Practice. Manchester 1994; Mattenklott, Gundel: Die höflichsten aller Menschen? Frauen schreiben ihre Autobiographie. In: Das Ich als Schrift. Über privates und öffentliches Schreiben heute. Hg. v. Jürgen Hein u. a. Baltmannsweiler 1984, S. 50-62; Meyer, Autobiographie der Schrift; Müller, Heidy Margrit (Hg.): Das erdichtete Ich – eine echte Erfindung. Studien zu autobiographischer Literatur von Schriftstellerinnen. Aarau u. a. 1998; Newey, Vincent und Philip Shaw: Mortal Pages, Literary Lives. Studies in Nineteenth-Century Autobiography. Aldershot 1996; Paulsen, Wolfgang: Das Ich im Spiegel der Sprache. Autobiographisches Schreiben in der deutschen Literatur des 20. Jahrhunderts. Tübingen 1991; Peitsch, Autobiographik; Peterson, Linda H.: Victorian Autobiography. The Tradition of Self-Interpretation. New Haven/London 1986; Pfotenhauer, Helmut: Literarische Anthropologie. Selbstbiographien und ihre Geschichte – am Leitfaden des Leibes. Stuttgart 1987; Pilling, John: Autobiography and Imagination. Studies in Self Scrutiny. London 1981; Pullin, Faith: Enclosure/Disclosure: A Tradition of American Autobiography by Women. In: First Person Singular. Studies in American Autobiography. Hg. v. A. Robert Lee. London/New York 1988, S. 125-150; Ramm, Autobiographische Schriften; Runge, Anita: Literarische Praxis von Frauen um 1800. Briefroman, Autobiographie, Märchen. Hildesheim 1997; Sagarra, Eda: Quellenbibliographie autobiographischer Schriften von Frauen im dt. Kulturraum 1730-1918. In: Internationales Archiv für Sozialgeschichte der dt. Lit. 11 (1986), S. 175-231; Siegel, Kristi-Ellen: Mother/Body/Text and Women's Autobiography. Diss. Univ. of Wisconsin 1991; Smith, Derrida; Smith, Watson (Hg.), De/Colonizing the Subject; Stanley, Liz: The Auto/biographical I. The Theory and Practice of Feminist Auto/biography. Manchester/New York 1992; Steussy, Fredric S.: Eighteenth Century German Autobiography. The Emergence of Individuality. Frankfurt a. M. 1996; Swindells, Julia (Hg.): The Uses of Autobiography. London/Bristol 1995; Tebben, Karin: Literarische Intimität. Subjektkonstitution und Erzählstruktur in autobiographischen Texten von Frauen. Tübingen 1997;

Menschen führen zu veränderten autobiographischen Formen, die wie in *Roland Barthes par Roland Barthes* nicht mehr narrativ und retrospektiv sein müssen.[198] Wenn Pascal in den sechziger Jahren den festen Standpunkt des Autobiographen betont hat, gerät jetzt, etwa bei Groppe, „Das Ich am Ende des Schreibens" in den Blick: Die Autobiographie wird zum Projekt, um sich ein neues Ich zu erschreiben.[199] Gerade Probleme der Selbstfindung und -vergewisserung gehören seit Augustinus zur Autobiographie.[200] Wenn jetzt die Geschichte der Gattung formuliert wird, dann nicht mehr fixiert auf eine Teleologie hin zur geschlossenen Selbstdarstellung des autonomen Subjekts, sondern offen für eine Vielfalt, Differenzierung und Widersprüchlichkeit: Nussbaum analysiert mit der Methode des ‚new historicism' autobiographische Texte eines – sehr langen – 18. Jahrhunderts. Es beginnt 1660 mit John Bunyans *Grace Abounding* und der explosionsartigen Vermehrung autobiographischer Schriften in England.[201] In diesen Schriften findet ein Prozeß der Selbstkonstruktion statt, der den zeitgenössischen Diskursen über das Subjekt verhaftet ist und ihnen widerspricht, sich an ihnen reibt, ihnen zuwiderläuft. Mit einer solchen Differenzen nicht glättenden Lektüre bemerkt Nussbaum die Bedeutung der Kategorie Geschlecht: Autobiographische Selbstkonstruktionen sind durch Geschlechterkonventionen geprägt, manchmal aber auch widerständig gegen deren Vorgaben.[202]

Wenn die ältere Autobiographieforschung das solipsistische ‚Wer bin ich?' als autobiographische Grundfrage betrachtet hat, wird jetzt eine andere Perspektive der Selbstfindung beachtet: Autobiographien dienen auch und vor allem der Orientierung in der Welt und der Verständigung zwischen dem schreibenden Subjekt und seiner Umgebung. Wer autobiographisch schreibt, stellt die Frage ‚Wohin gehöre ich?'[203] Mit dem solipsistischen Topos der Autobiographietheorie rechnet Eakin entschieden ab: Autonome, das Ich aus seiner mitmenschlichen Umgebung radikal herauslösende Selbstkonzeptionen bilden für Eakin nicht den Hauptentwicklungsstrang autobiographischen Schreibens. Autobiographische Selbstkonstruktionen sind nach seiner Auffassung immer tendenziell relational. Eine aktuelle Form relationalen, autobiographischen Schreibens ist „The Story of the Story", wie der Untertitel des Eakin-Aufsatzes lautet: Diese ‚Geschichte der

---

Wintermeyer, Rolf: Adam Bernd et les débuts de l'autobiographie en Allemagne au XVIIIe siècle. Bern 1993.

[198] U. a. Jay, Being in the Text.
[199] Groppe, Das Ich am Ende des Schreibens.
[200] Jay, Being in the Text.
[201] Nussbaum, Felicity A.: The Autobiographical Subject. Gender and Ideology in Eighteenth-Century England. Baltimore and London 1989, untersucht auch Tagebücher, da sich der Selbstfindungsprozess als diskursives Ereignis in Tagebüchern deutlicher zeigt.
[202] Vgl. zur Autobiographik von Frauen auch Nussbaum: Eighteenth-Century Women's Autobiographical Commonplaces. In: The Private Self. Hg. v. Shari Benstock. Chapel Hill 1988, S. 147-171.
[203] Gunn, Janet Varner: Autobiography. Toward a Poetics of Experience. Philadelphia 1982, S. 133.

Geschichte' ist eine autobiographische Schrift, die zugleich mit der Biographie eines anderen den eigenen Such- und Schreibprozeß dieser Biographie darstellt.[204] Eakin entwickelt sein Konzept anhand von Beispielen aus der amerikanischen Gegenwartsliteratur. Hier ließe sich aus dem deutschen Buchmarkt Monika Marons familiengeschichtliches Erinnerungs- und Auseinandersetzungsbuch *Pawels Briefe* anführen: Anhand von Briefen aus dem Nachlaß ihres Großvaters und durch Gespräche mit ihrer Mutter will Maron dessen Lebensgeschichte rekonstruieren. Der Rekonstruktionsprozeß nimmt einen breiten Raum in diesem Werk ein, das damit über Klärungsversuche der Beziehung zur Mutter und die Konstruktion von Bezügen zum Großvater zur Selbstvergewisserung der Autorin wird.[205]

Während Eakin vor allem die Überzeitlichkeit des Relationalen betont, untersucht James Olney, der Nestor der amerikanischen Autobiographietheorie, in seinem jüngsten Buch den geschichtlichen Wandel der Relationalität des autobiographischen Schreibens – in der Olney-spezifischen, reduktionistischen Art mit der Analyse des Werks dreier paradigmatischer Autoren des „Life-writing": Augustinus, Rousseau und Beckett. Rousseau wird mit seinem Versuch, ein ‚eigentliches' Selbst darzustellen, das sich distanziert von der korrumpierenden Umgebung, nicht zum Begründer der Autobiographie, sondern geradezu zum Sündenfall, der zur Abkehr von der Darstellung des eigenen Lebens als eingebettet in soziale, ordnende Beziehungsgefüge wird. Ein Ich, das sich aus der Verbindung mit den anderen, mit der Kultur, mit dem Leben, letztlich mit Raum und Zeit löst, kann sich aber nicht erinnern und nicht erzählen. Die großen Vertreter des autobiographischen Schreibens im 20. Jahrhundert ziehen, meint Olney, daraus die Konsequenz und machen das Scheitern, das Stottern, das Verstümmelte und Fragmentierte zum Zentrum ihres Schreibens. Erinnern und Erzählen sind für Beckett unmöglich geworden, aber dadurch, daß er das Scheitern immer wieder durchexerziert, entsteht, so Olney, seine eigene Art des Erzählens und Erinnerns, rückt sein Schreiben und Leben ins Bild.[206]

Wer jetzt wie Pfotenhauer die Autobiographien aus der „Zeit des emphatischen Ich" analysiert, tut dies im klaren Bewußtsein, nur einen Teil der Geschichte der Autobiographie zu beschreiben.[207] Trotz all dieser Entwicklungen gibt es aber immer noch Theorien, die von der engen Beziehung der Gattung Autobiographie zu einem sich autonom verstehenden Subjekt ausgehen, doch

---

[204] Eakin, Paul John: Relational Selves, Relational Lives. The Story of the Story. In: True Relations. Hg. v. G. Thomas Couser und Joseph Fichtelberg. London 1998, S. 63-81.
[205] Vgl. Kormann, Eva: Speichergeschichten. Selbstvergewisserung zwischen großväterlichen Briefen und mütterlichen Gedächtnislücken. Zu Monika Marons *Pawels Briefe*. In: Zwischen Trivialität und Postmoderne. Literatur von Frauen in den 90er Jahren. Hg. v. Ilse Nagelschmidt et al. Frankfurt a. M. u. a. 2002, S. 113-127.
[206] Olney, Life-Writing, S. 420f.
[207] Pfotenhauer, Literarische Anthropologie, Zitat S. 240.

Aporien der Autobiographietheorie

dieses autonome Subjekt wird in diesen Untersuchungen dann als Inszenierung durchschaut. Sefan Goldmanns Aufsatz *Topos und Erinnerung. Rahmenbedingungen der Autobiographie* gehört dazu.[208] Er führt eine wichtige Innovation in die deutschsprachige Gattungsdiskussion ein: Goldmann erschließt die Rhetorik für die Analyse der Autobiographie. Denn Topoi bestimmen die eigenhändigen Lebensbeschreibungen auch noch derjenigen, die sich als autonome Subjekte verstehen wollen. Die Topoi, auf die gerade diese Autoren zurückgreifen, dekonstruiert Goldmann als Mythen, als Heldenmythen. Topoi des Lebenslaufs, es sind „Geburt, Taufe, Heirat, Krankheit und Tod, Erziehungszeremonien und Berufspraktiken":

> bezeichnen Stationen des Wandlungs- und Reifungsprozesses eines Individuums. An diese Schwellensituationen knüpfen sich Übergangsriten, die den Einzelnen durch Initiationen der religiösen Gemeinschaft oder beruflichen Zunft an- und eingliedern. Topoi sind demnach diskursive Plätze sozialer Bedeutsamkeit, Prägestätten des zoon politikon. [209]

Goldmann spricht von allen Menschen – und schließt doch all diejenigen aus, denen gerade die „diskursiven Plätze sozialer Bedeutsamkeit" keine Wandlungs- und Reifungsprozesse und keine Teilnahme am öffentlichen Diskurs zugestanden haben. Andere, die jetzt unter der Prämisse des Zusammenhangs von Autobiographie und autonomer Subjektkonzeption Gattungstheorie betreiben, untersuchen die Schwierigkeiten, die eine so gefaßte Gattung Schreibenden mit nichtautonomem Selbstverständnis bereitet. Alle Frauen, die meisten Angehörigen nicht-europäischer Kulturen oder viele Autor(inn)en des 20. Jahrhunderts, die Autobiographien verfassen, müssen sich – nach dieser autobiographietheoretischen Position – einer Gattung bedienen, die ihnen fremd ist, die verfremdet, was sie ausdrücken wollen:

> As lang as women remain silent, they will be outside the historical process. But, if they begin to speak and write as men do, they will enter history subdued and alienated."[210]

---

[208] Goldmann, Stefan: Topos und Erinnerung. Rahmenbedingungen der Autobiographie. In: Der ganze Mensch. Anthropologie und Literatur im 18. Jhd. Hg. von Hans-Jürgen Schings. Stuttgart/Weimar 1994; vgl. auch Esselborn, Hans: Erschriebene Individualität und Karriere in der Autobiographie des 18. Jahrhunderts. In: Wirkendes Wort 2/96, S. 193-210.
[209] Goldmann, Topos und Erinnerung, S. 668.
[210] Smith, Poetics, S. 18. Ähnlich auch Smith, Watson (Hg.), De/Colonizing the Subject. Näheres dazu im Rahmen der Darstellung der gendersensiblen Autobiographietheorie. Ähnliche Ansätze vertreten Couser, Altered Egos; Rose, Mary Beth: Gender, Genre, and History. Seventeenth-Century English Women and the Art of Autobiography. In: Dies: Women in the Middle Ages and the Renaissance. Syracuse 1986, S. 245-278.

4.2. Die Historisierung der Gattung

Die Autobiographietheorie der letzten zwanzig Jahre hat Voßkamps 1977 formulierte Forderung nach einer historisch verfahrenden Gattungstheorie endlich ernst genommen und die Geschichte der Autobiographie nicht mehr auf die kurze Phase zwischen Rousseau und Goethe beschränkt. Es werden jetzt auch autobiographische Texte vor Rousseau und nach Goethe untersucht.

Eine ganze Reihe von Arbeiten widmet sich der Autobiographik des späten 19. und des 20. Jahrhunderts, verwirft die Thesen von Neumann und anderen vom Verfall der Gattung nach Goethe und analysiert die Veränderungen des autobiographischen Schreibens und der Selbstkonstruktionen.[211] Eine Pionierleistung in der Kritik am engen Autobiographiebegriff stellt Sloterdijks Dissertation über die Autobiographik der Weimarer Republik dar. Autobiographisches Reden gehört, so Sloterdijk, zu den „Grundformen menschlicher Kommunikation":[212] Erfahrungen wird Sinn zugeschrieben. Erlebnisse, die Erwartungen durchkreuzen und sich vertrauten Erklärungsmodellen und Alltagstheorien widersetzen, sind Stör-Erfahrungen.[213] Wer Stör-Erfahrungen macht, versucht die Brüche entweder mit Ideologie zu kitten, oder er stellt sich dem Verstörenden, reflektiert Alltagstheorien, verwirft vertraute Erklärungsmodelle und sucht nach einer neuen Organisation der Lebenserfahrung. Autobiographisches Erzählen, das Öffentlichkeit beansprucht, muß bestimmte Muster der „Relevanzproduktion" verwenden und an bestimmte Redeanlässe anknüpfen.[214] Ein solcher Autobiographiebegriff läßt sich nicht mehr nur einer sozialen Trägerschicht und einer Subjektivitätsform, der bürgerlichen Individualität, zuschreiben. Subjektivität zeige

> sich immer als historisch bestimmte Subjektivität, bestimmt hinsichtlich des stofflichen Lebensschicksals, der sozialen Position, der Sprachform, der Selbstdarstellungsgebärde, bestimmt aber auch in den Zwecksetzungen, den Denkmitteln, Begriffen und Grenzen der Selbstinterpretation.[215]

Während für Sloterdijk Autobiographien somit an der Schnittstelle von Erfahrung und Konstruktion stehen, behauptet Manfred Schneider radikal: „[J]enseits der Texte gibt es nichts".[216] Die Geschichte des autobiographischen Schreibens konstruiert Schneider anhand der Geschichte seiner Metaphern. Am Anfang stehe

---

[211] Vgl. außer den im folgenden dargestellten Ansätzen u. a. Bauer, Kindheit zwischen Opfern und Tätern; Bollacher, Martin und Bettina Gruber (Hg.): Das erinnerte Ich. Kindheit und Jugend in der deutschsprachigen Autobiographie der Gegenwart. Paderborn 2000; Hornung und Ruhe (Hg.), Autobiographie; Paulsen, Ich im Spiegel der Sprache; Peitsch, Autobiographik; Pilling, Auto-biography.
[212] Sloterdijk, Literatur und Organisation, S. 21.
[213] Sloterdijk, Literatur und Organisation, S. 11f.
[214] Sloterdijk, Literatur und Organisation, S. 6, S. 20f.
[215] Sloterdijk, Literatur und Organisation, S. 6.
[216] Schneider, Herzensschrift, S. 48.

die ‚Herzensschrift' des zweiten Korintherbriefs: Der Brief Christi ist in die Herzen der Gläubigen eingraviert. Mit der Erfindung des Buchdrucks seien die Gläubigen nicht mehr nur Adressaten der Briefe Christi, sie werden auch zu Absendern: Die Lebensläufe der Puritaner und die Tagebücher der Calvinisten betrachteten sich als „Duplikate der Geistesschrift in den Herzen".[217] Jean-Jacques Rousseaus autobiographische Texte seien in einem weiteren Sinn eine gedoppelte Herzensschrift: Rousseau wolle sich und seinen Lebensweg als exemplarisch für die menschliche Gattung und als einzigartiges Subjekt aufweisen. Im 20. Jahrhundert dagegen sei die Metapher der Herzensschrift erkaltet. Die Autobiographik des 20. Jahrhunderts, als deren Exempel Schneider Prousts *Auf der Suche nach der verlorenen Zeit,* Benjamins *Berliner Kindheit um Neunzehnhundert,* Sartres *Wörter* und Leiris' *Spielregel* nimmt, wählt ihre Metaphern nicht aus der Buchstabenschrift, sondern aus anderen Medien: Photographie, Telefon, Kino und Grammophon, ihre Autor(inn)en sehen sich nicht mehr unter dem Diktat, ihre Herzensschrift zu duplizieren, „die modernen Texte verweisen in ihrer Tiefe allein auf den Wunsch zu schreiben".[218] Dies ist für Schneider „das Ende eines Trugs", denn autobiographische Texte seien nie Duplikate einer göttlichen Herzensschrift gewesen, sondern Kopien von Diskursen, von Vorschriften.[219] Sie werden, so Schneider, regiert von einer Diskurspolizei. Die Geschichte der Autobiographie ist somit keine Geschichte der Individualisierung, sondern der Überwachung. Im 20. Jahrhundert wird diese Überwachung von der Psychologie übernommen, und die alte Monopolstellung der Schriftkultur zur Verbreitung und Sicherung gesellschaftlicher Ordnung ist ersetzt worden durch andere Medien. Die autobiographische Schrift ist damit entlastet, kann reines Schreibspiel, reine Literatur werden. Schneiders intelligentes Zusammendenken von Medialität, Gattungs- und Mentalitätsgeschichte funktioniert allerdings nur, weil ein wichtiger Teil der Autobiographik des 20. Jahrhunderts, der sich eben nicht als reines Sprachspiel versteht, völlig ausgeblendet wird: Es ist die Autobiographik von Überlebenden des nationalsozialistischen Völkermords.[220]

Den Traditionsbruch um 1900 konzeptualisieren Sill, Holdenried und andere als Erfahrungskrise und untersuchen deren Auswirkungen auf autobiographisches Schreiben.[221] Autobiographen im 20. Jahrhundert finden für Sill *Zerbro-*

---

[217] Schneider, Herzensschrift, S. 10.
[218] Schneider, Herzensschrift, S. 253.
[219] Schneider, Herzensschrift, S. 13.
[220] Vgl. zu diesen Texten u. a. Bauer, Kindheit zwischen Opfern und Tätern; Bauer, Barbara und Waltraud Strickhausen (Hg.): „Für ein Kind war das anders." Traumatische Erfahrungen jüdischer Kinder und Jugendlicher im nationalsozialistischen Deutschland. Berlin 1999.
[221] Sill, Zerbrochene Spiegel; Holdenried, Spiegel; Hilmes, Carola: Das inventarische und das inventorische Ich. Grenz-fälle des Autobiographischen. Heidelberg 2000; Kronsbein, Autobiographisches Erzählen. Kronsbein ist der narrativen Organisation von Lebenserfahrung und einem Autobiographiebegriff, der nicht normativ argumentiert und die narrativen Lösungen einer bestimmten Epo-

chene Spiegel vor, sie haben ein „entmächtigtes Ich" und stehen einer „verselbständigten Welt" gegenüber. Dies führt zu einer Abkehr von geschlossenen Welterklärungsmodellen und geschlossenen Formen des autobiographischen Erzählens. Sill plädiert zudem für einen Abschied von „einer wie auch immer begründeten Unterscheidung von Autobiographie und Roman, ‚Wirklichkeitsaussage' und Fiktion": Da

> jede Rekonstruktion historischen Materials in literarischen Formen abhängig ist von den jeweiligen Interessen des Autors, läßt sich kein objektiver Maßstab finden, der eine exakte Trennung von ‚Fiktionalem' und ‚historisch Wahrem' erlauben würde. Vor diesem Hintergrund bleibt als einzige Schlußfolgerung möglich, den fiktionalen Charakter auch der autobiographischen Literatur anzuerkennen.[222]

Sill unterscheidet zwischen der Vielschichtigkeit literarischer Sprache und der um Eindeutigkeit sich bemühenden Sprache des Interpreten.[223] Bei Texten aus früheren Jahrhunderten, etwa aus dem 17., läßt sich allerdings eine künstlerische, vieldeutige Sprache in Autobiographien kaum von einer nicht-künstlerischen, um Eindeutigkeit bemühten Sprache etwa in bibelauslegenden Texten abgrenzen, auch die Beschreibung der verschiedenen Sprachformen (literarisch vs. lebens-

---

che zum allgemeinen Gattungsmerkmal erhebt, auf der Spur: Die rückblickende, geschlossene Entwicklungsautobiographie wird, so Kronsbein, abgelöst von anderen, nicht chronologisch retrospektiven Formen des Autobiographischen.

[222] Sill, Zerbrochene Spiegel, S. 41. Die Frage, ob Autobiographien fiktionale oder nichtfiktionale Texte sind, spielt in diesem Forschungsbericht nur am Rande eine Rolle. Ihr gehen vor allem folgende Untersuchungen nach: Baltzer, Ralf Alexander: Autobiographie zwischen Belletristik und Sachbuch. Zur Wirklichkeitserfassung von Selbstdarstellungen. New York 1972; Baumann, Gerhart: Zwischen Rechenschaft und Roman. Wahrheit und Dichtung. In: Ders.: Sprache und Selbstbegegnung. München 1981, S. 9-41; Couser, Altered Egos; Eakin, Paul John: Fiction in Autobiography. Studies in the Art of Self-Invention. Princeton 1985; Ders.: Narrative and Chronology as Structures of Reference and the New Model Autobiographer. In: Studies in Autobiography. Hg. v. James Olney. New York/Oxford 1988, S. 32-41; ders.: Touching the World. Reference in Autobiography. Princeton 1992; Elbaz, Robert: Autobiography, Ideology and Genre Theory. In: Orbis litterarum 38 (1983), S. 187-204; Glagau, Hans: Das romanhafte Element der modernen Selbstbiographie im Urteil des Historikers (1903). In: Die Autobiographie. Hg. v. Günter Niggl. Darmstadt 1998, S. 55-71; Hinz, Evelyn J.: Mimesis. The Dramatic Lineage of Auto/Biography. In: Essays on Life Writing. Hg. v. Marlene Kadar. Toronto 1992, S. 195-212; Holdenried, Spiegel; Klüger, Ruth: Zum Wahrheitsbegriff in der Autobiographie. In: Autobiographien von Frauen. Hg. v. Magdalene Heuser. Tübingen 1996, S. 405-410; Lejeune, Der autobiographische Pakt; Lehmann, Jürgen: Bekennen – Erzählen – Berichten. Tübingen 1988; Mandel, Barrett J.: Full of Life Now. In: Autobiography. Hg. v. James Olney. Princeton 1980, S. 49-72; Renza, Louis A.: The Veto of the Imagination. A Theory of Autobiography. In: Autobiography. Hg. v. James Olney. Princeton 1980, S. 268-295; Salzmann, Madeleine: Die Kommunikationsstruktur der Autobiographie. Bern 1988; Spacks, Patricia Meyer: Imagining A Self. Autobiography and Novel in Eighteenth-Century England. Cambridge/London 1976; Sill, Zerbrochene Spiegel; Stanton, Autogynography, Preface; Tarot, Rolf: Die Autobiographie. In: Prosakunst ohne Erzählen. Die Gattungen der nicht-fiktionalen Kunstprosa. Hg. v. Klaus Weissenberger. Tübingen 1985, S. 27-43; Vollers-Sauer, Prosa des Lebensweges; Watson, Anti-Metaphysics.
[223] Sill, Zerbrochene Spiegel, S. 43.

Aporien der Autobiographietheorie 69

weltlich) wäre also zu historisieren. Im übrigen können die Beispiele der Debatten um ‚gefälschte Autobiographien' auch noch im 20. Jahrhundert zeigen, daß Lejeunes Konzept des referentiellen Paktes noch keineswegs überholt ist.[224]

Die Frage der Fiktionalisierung von Autobiographien ist für Holdenried eine Frage der geschichtlichen Entwicklung: Wenn im 20. Jahrhundert ein Autor oder eine Autorin in den Spiegel blicken, erscheint *Im Spiegel ein anderer*. Aus der Autobiographie wird der autobiographische Roman. Holdenried erkennt in ihrer Untersuchung der Autobiographik von Thomas Bernhard, Georges-Arthur Goldschmidt und Franz Innhofer auch die Historizität von Subjektivitätskonzepten.

Gegen die Thesen vom Verschwinden des Subjekts und vom Tod der Autobiographie postuliert Hilmes *Das inventarische und das inventorische Ich*. In einer komparatistischen Analyse autobiographischer „Grenzfälle" von Künstler(inne)n vorwiegend der ersten Hälfte des 20. Jahrhunderts erkennt sie neue Formen der Selbstbehauptung als künstlerische Kompensation der „moderne[n] Unübersichtlichkeit mit ihrer fundamentalen Erschütterung von Selbst- und Weltverständnis".[225] Hilmes verbleibt in einer Hinsicht ganz in der Tradition der bisherigen Autobiographietheorie und -geschichtsschreibung: Sie beschränkt sich, ohne über diese Fokussierung zu reflektieren, auf die Analyse der Autobiographik von Künstler(inne)n und stellt dennoch Thesen über *die* Autobiographik des 20. Jahrhunderts auf. Innovativ in Hilmes' Analysen autobiographischer Grenzfälle des 20. Jahrhunderts ist aber ihre Historisierung des autobiographischen Pakts: Im 20. Jahrhundert steigt die Bedeutung der Lesenden, gewinnen sie eine Entscheidungsfreiheit, die nicht mehr durch um Eindeutigkeit bemühte Signale des Textes begrenzt wird.[226]

In jüngerer Zeit sind ganz andere autobiographische Texte ins Blickfeld der Literaturwissenschaft geraten: Es sind die Erinnerungen von Überlebenden des nationalsozialistischen Terrors. Bei deren Analyse erweisen sich die bisherigen Blickverengungen der Autobiographiedebatte, sei es zum Verhältnis von künstlerischer Bewältigung zum existentiellen Selbst- und Weltvergewisserungsbedürfnis oder zur Frage von Referentialität und Textualität oder zum Wandel menschlichen Selbstbewußtseins und dessen Darstellung.[227] Diese Traumata bewältigen-

---

[224] Vgl. dazu unten in diesem Kapitel.
[225] Hilmes, Grenzfälle, Zitate aus Titel und Untertitel und S. 385.
[226] Vgl. auch Hilmes, Carola: Die Autobiographie ohne Ich. Alain-Robbe-Grillets *Romanesques*. In: Das Paradoxe. Literatur zwischen Logik und Rhetorik. Hg. v. Carolina Romahn und Gerold Schipper-Hönicke. Würzburg 1999, S. 306-318, hier S. 314f.
[227] Diese Debatte hier detailliert aufzuzeigen, würde den Rahmen einer gendersensiblen Untersuchung der Autobiographik des 17. Jahrhunderts sprengen, als Beispiele aus dem Bereich dieser Forschung sei hier aber verwiesen auf Bauer, Strickhausen (Hg.), „Für ein Kind war das anders."; Bauer, Kindheit zwischen Opfern und Tätern; Finnan, Carmel: Gendered Memory? Cordelia Edvardson's *Ge-*

den und Memoria schaffenden Autobiographien können durchaus, wie andere Selbstdarstellungen auch, strukturierende Techniken, rhetorische Verfahren, möglicherweise gar fiktive Elemente enthalten oder fiktionale Formvorbilder besitzen, ohne dadurch zu fiktionalen Texten zu werden.[228]

4.2.1. *Autobiographik vor Rousseaus „Confessions"*

Den engen Autobiographiebegriff, der nur auf Texte um 1800 passen will, erweitern auch Literaturwissenschaftler(innen) und Historiker(innen), die sich Texten aus Spätmittelalter und Früher Neuzeit zuwenden.[229] Horst Wenzels Vorbemerkungen zu seiner Quellensammlung von Selbstbiographien des späten Mittelalters und der Frühen Neuzeit wenden Sloterdijks Historisierung von Gattung und Art der Selbstkonstituierung auf die Zeit vor dem 18. Jahrhundert an. Der Autobiographiebegriff wird dazu erweitert, er faßt nicht mehr nur die retrospektiven, geschlossenen Lebensbeschreibungen eines sich als autonom verstehenden Subjekts. Die Art der textuellen Selbstkonstitution ist abhängig von den zeitspezifischen Möglichkeiten für solche Selbstbilder. Wenzel entwirft allerdings immer noch eine teleologische Entwicklung der Gattung und der Subjektivität vom Gebundenen hin zur Selbstbehauptung.[230] Die Autobiographien, die er betrachtet, sind Selbstvergewisserungen in einer Zeit, in der die Welt als göttlich geordnet gilt, in der sich allerdings das eigene Leben, die eigenen Erfahrungen mit dieser Ordnung nicht mehr reibungslos in Einklang bringen lassen. Diese Selbstvergewisserungen nutzen oft nicht primär der Selbstreflexion dienende Aufschreibemöglichkeiten wie Chroniken, Geschäftsbücher und Reiseberichte. Wenzel spricht dabei von einem „überschießenden Darstellungsbedürfnis", das zur Selbstaussage führe.[231]

Nicht an Gattungsanalysen, sondern an „Spuren gelebten Lebens, das heißt erfahrenen und angeeigneten Lebens, in den Autobiographien" ist Maier-Petersen interessiert, wenn sie die Selbstzeugnisse Speners, Franckes und Friedrich

---

branntes Kind sucht das Feuer and Ruth Klüger's *weiter leben*. In: Autobiography by Women in German. Hg. v. Mererid Puw Davies et al. Oxford u. a. 2000, S. 273-290; Klüger, Wahrheitsbegriff.

[228] Vgl. zum Unterschied zwischen Fiktionalität und Fiktivität Landwehr, Jürgen: Text und Fiktion. München 1975; ders.: Fiktion. In: Literaturwissenschaft. Hg. v. Helmut Brackert und Jörn Stuckrath. Reinbek 1995, S. 491-504.

[229] Zur Art des Selbstbildes in Autobiographien des 16. Jahrhunderts vgl. auch schon Lugowski, Clemens: Die Form der Individualität im Roman. Frankfurt a. M. 1976, S. 142-178. Bloom, Lorna Susan: German Secular Autobiography. A Study of Vernacular Texts from ca. 1450 to 1650. Diss. Univ of Toronto 1983, untersucht die frühneuzeitliche weltliche Autobiographik vor allem des 16. Jahrhunderts und kommt zum kaum überraschenden Ergebnis, daß Autobiographien multi-funktionale Texte seien, die Ziele für den Leser und den Autor erfüllen.

[230] Wenzel, Autobiographie, Bd. 1, u. a. S. 7.

[231] Wenzel, Autobiographie, Bd. 2, S. 7.

Christoph Oetingers analysiert.[232] Diese Arbeit erhebt also keinerlei gattungstheoretischen Anspruch, sie verbleibt zudem, wenn sie, so schon der Untertitel, die „[p]ietistische Religiosität auf dem Weg zu bürgerlicher Identitätsfindung" sieht, ganz in der Fixierung auf eine Heteronomie-Autonomie-Spannung und eine letztlich teleologische Entwicklung des menschlichen Selbstbewußtseins (vor allem S. 36ff). In den interpretierten Texten entdeckt Maier-Petersen dann Sperriges, begrifflich nicht leicht Faßbares: Sie deutet es als „Sprache des Unbewußten" oder als „sprachliche Tiefenstruktur", verwendet dafür Kristevas Begriff des Semiotischen und resümiert: „Wenn hier die Vorstellung einer semiotischen Ebene für die Interpretation der pietistischen Autobiographien übernommen worden ist, dann deshalb, weil es keinen genaueren Begriff für das gibt, was außer der symbolischen Selbst- und Wirklichkeitskonstituierung eben auch noch aufscheint und lesbar, wenn auch schwer beschreibbar, wird".[233] Was Maier-Petersen hier lesbar, aber schwer beschreibbar findet, scheint mir das eigenartige und Interpretatoren immer wieder frappierende Paradoxon der frühneuzeitlichen religiösen Selbstdarstellungen zu sein, daß in der unbedingten Nachfolge des „Fingerzeig[s] Gottes" große persönliche Stärke sichtbar wird, ein Paradoxon, das sich, so wird hier argumentiert werden, allerdings als scheinbar erweist, wenn man die Selbstkonzeptionen in dieser Autobiographik als heterolog liest.

Für Jürgen Lehmanns auf der Sprechakttheorie fußende Gattungsdefinition ist die Autobiographie „eine Textart, durch die ihr Autor in der Vergangenheit erfahrene innere und äußere Erlebnisse sowie selbst vollzogene Handlungen in einer das Ganze zusammenfassenden Schreibsituation sprachlich in narrativer Form so artikuliert, daß er sich handelnd in ein bestimmtes Verhältnis zur Umwelt setzt."[234] Texte, die diese Definition erfüllen, können, je nach Sprechhandlung, die sie intendieren, mit den Idealtypen „Bekennen – Erzählen – Berichten" näher beschrieben werden. Die älteste Form der Autobiographie ist das Bekenntnis, die mittlere die erzählende Autobiographie und die jüngste, so Lehmann, die berichtende. Obwohl diese Studie ausschließlich Autobiographien untersucht, die zwischen 1730 und 1870 geschrieben wurden und damit den Zeitrahmen der traditionellen Autobiographietheorie und –geschichtsschreibung kaum verläßt, kann diese Binnendifferenzierung der Gattung hilfreich sein, gerade wenn man ältere Formen der Autobiographik ins Auge fassen will. So wird sich das Bekennen als leitende Sprechhandlung in allen drei im folgenden analysierten Textgruppen finden lassen.

---

[232] Maier-Petersen, Fingerzeig Gottes, S. 463, vgl. zu den Vorzügen und Problemen dieser Dissertation Schrader, Literaturproduktion und Büchermarkt, S. 33f.
[233] Maier-Petersen, Fingerzeig Gottes, S. 489, unter Bezug auf Kristeva, Julia: Das Subjekt im Prozeß. Die poetische Sprache. In: Identität. Ein interdisziplinäres Seminar unter Leitung von Claude Levi-Strauss. Hg. v. Jean-Marie Benoist. Stuttgart 1980, S. 187-221.
[234] Lehmann, Bekennen – Erzählen – Berichten, S. 36.

Die nur allzu oft unkritisch weitergeschriebene Mahrholzsche These vom Verfall der deutschsprachigen Autobiographik im 17. Jahrhundert unterzieht Bernheiden in ihrer Dissertation *Individualität im 17. Jahrhundert* einer kritischen Prüfung. Diese Arbeit stellt vor allem eine wichtige bibliographische Grundlage für weitere Forschungen zur Verfügung. Bernheidens theoretisches Ziel allerdings, einen Individualitätsbegriff im Hegelschen Sinne[235] in Texten des 17. Jahrhunderts zu entdecken, muß scheitern. Zu anachronistisch ist das Gesuchte, zu wenig in die Tiefe können die einzelnen Textanalysen dringen, die unter der folgenden Prämisse stehen:

> Der Autor äußert in einem Selbstzeugnis Individualität, wenn er sich mit sich selbst und seiner Welt auseinandergesetzt hat, das heißt, über sich und seine konkrete Umwelt reflektiert hat, hierüber zu einer Selbstgewißheit gelangt ist und diese realisiert hat. Darüber hinaus wird diese Arbeit von ‚unterdrückter' Individualität sprechen, wenn der Einzelne von ‚außen' daran gehindert worden ist, seine Überzeugungen in Handlungen umzusetzen.[236]

Für Völker-Rasor sind Autobiographien Texte, in denen ein Autor sein eigenes Leben vollständig beschreiben will, „unabhängig davon, ob ihm dies gelingt oder nicht, ob er dies rückblickend oder sukzessive, ob mit oder ohne begleitende Reflexion unternimmt."[237] Diese Gattungsdefinition kann nicht nur Texte einer einzigen Epoche umfassen. Sie will nicht einen anachronistischen Individualitätsbegriff in frühen Autobiographien auffinden, sondern sie macht deutlich, daß diese Werke nicht einfach ‚Vorformen' sind, sondern etwas Eigenes, etwas anderes, mit eigenen Darstellungszwecken und –mitteln. So bemerkt Völker-Rasor auch, daß in diesen Texten die Autoren nicht mit dem eigenen Ich Zwiesprache halten, sondern mit ihren Nachkommen.

Wilhelm Kühlmann[238] analysiert detailliert die autobiographischen Schriften Johann Valentin Andreaes. Er verdeutlicht deren rhetorische Form und deren intertextuelle Bezüge, verbleibt aber den Autobiographietheorien Niggls und Müllers verhaftet und kennzeichnet konsequenterweise die Vita Andreaes zusammenfassend mit dem in der Autobiographiegeschichtsschreibung üblichen Gegensatzpaar Individualismus und Konformitätsdruck:

---

[235] Bernheiden, Individualität, S. 24f.
[236] Bernheiden, Individualität, S. 25.
[237] Völker-Rasor, Anette: Bilderpaare – Paarbilder. Die Ehe in Autobiographien des 16. Jahrhunderts. Freiburg 1993; Zitat dies.: „Arbeitsam, obgleich etwas verschlafen..." – Die Autobiographie des 16. Jahrhunderts als Ego-Dokument. In: Ego-Dokumente. Hg. v. Winfried Schulze. Berlin 1996, S. 107-120, hier S. 108.
[238] Kühlmann, Wilhelm: Die Symptomatik des Privaten. Zu den autobiographischen Schriften Johann Valentin Andreaes (1586-1654). In: Biographie zwischen Renaissance und Barock. Zwölf Studien. Hg. v. Walter Berschin. Heidelberg 1993, S. 191-219. Ebenfalls einem einzelnen auto-biographischen Text widmet sich Wurster, Herbert W.: Johann Heinrich Ursinus: Mein Lebens-Lauff. Die Autobiographie eines Regensburger Superintendenten aus dem 17. Jahrhundert. In: ZbKG 51 (1982), S. 73ff.

Gerade in dem, was Andreaes Memoria unterdrückt und von sich weist, gerade in der Fixierung der Lebensrückschau auf die polare Konstellation von Freunden und Feinden, Gönnern und Neidern, wird die Dynamik erkennbar, mit der sich die Wunschfreiheit des modernen Individuums ankündigt, zugleich aber auf einen Konformitätsdruck stößt, der nicht nur von außen kommt, sondern sich als Abwehrreflex des inneren, als Widerstand gegen die säkulare Offenheit einer nicht mehr in metaphysischen Ordnungsmustern geborgenen Lebenswahrheit und Lebenswirklichkeit kundtat.[239]

Wenn meine Textanalysen im folgenden das Heterologe der frühneuzeitlichen Subjektivität erweisen können, wird man fragen müssen, ob nicht gerade in Andreaes Konzentration auf das freundliche und feindliche Umfeld das spezifisch Frühneuzeitliche dieser Selbstdarstellung liegt, das spezifisch Frühneuzeitliche, das verdeckt bleibt, folgt man ausschließlich dem Gedanken einer teleologischen Entwicklung des menschlichen Selbstverständnisses von Heteronomie zu Autonomie.

Auch Hans Rudolf Velten sucht nach einer Gattungsdefinition, die die Autobiographie als historisch variabel beschreibt. Allerdings möchte er die Unterscheidung zwischen autobiographischen Varianten und einer spezifischen Autobiographie im eigentlichen Sinne auch für das 16. Jahrhundert aufrecht erhalten. Velten leistet auch eine Beschreibung der ansonsten in der neueren deutschen Forschung vernachlässigten Textsorte Haus- oder Familienbuch, verbleibt dabei aber ganz im Rahmen der ‚Vater-Sohn-Orientierung', die schon Misch vertreten hat – und die entgegen der empirischen Evidenz so oft wiederholt wird: Ein Hausbuch, so die einhellige Meinung, werde ausschließlich von Männern geführt.[240] Autobiographien sind für Velten in Anlehnung an Lejeune „rückblickende, zusammenhängende Lebenserzählungen, die durchweg eine beträchtliche Länge erreicht haben, in denen das Leben des Verfassers im Mittelpunkt steht und die entscheidende Parenthese der Darstellung ist."[241] Wichtig ist dabei die Lebensgeschichte: Der Wortbestandteil βίος steht in Veltens Definition nicht nur für den referentiellen Pakt, sondern er steht für Entwicklungsgeschichte, für Karrierebeschreibung. Unklar bleibt in dieser ansonsten sehr stringenten Untersuchung Veltens Konzeption von Subjektivität. Einerseits plädiert er gegen die Hypostasierung des Zusammenhangs von Autobiographie und autonomem Subjekt:

---

[239] Kühlmann, Symptomatik des Privaten, S. 218.
[240] So auch Jungbluth, Konstanze: Die Tradition der Familienbücher. Das Katalanische während der Decadència. Tübingen 1996, S. 7; Weiand, Christof: ‚Libri di famiglia' und Autobiographie in Italien zwischen Tre- und Cinquecento. Tübingen 1993, S. 151. Vgl. dagegen aber Kormann, Eva: Heterologe Subjektivität. Zur historischen Varianz von Autobiographie und Subjektivität. In: Auto-biography by Women in German. Hg. v. Mererid Puw Davies et al. Oxford u. a. 2000, S. 87-104, und hier Kap. II. C.
[241] Velten, Hans Rudolf: Das selbst geschriebene Leben. Eine Studie zur deutschen Autobiographie im 16. Jahrhundert. Heidelberg 1995, S. 70.

> Die Einordnung der Autobiographie unter ästhetische und philosophische Begriffs-
> inhalte wie Individualismus, Persönlichkeitsbewußtsein oder Subjektivität kann nur
> zu einer Verunklarung bei der Beschreibung der Gattungsentstehung führen und zu
> ungenauer Bezeichnung [...].²⁴²

Andererseits betont er den individuellen Ausdruckswillen seiner Autobiographen: Man könne von Autobiographie erst dann sprechen, wenn „subjektives und lebensgeschichtliches Schreiben kongruent werden".²⁴³ Für Velten beeinflussen die ‚autobiographischen Formen' Familienchronik, humanistische Viten und Reiseberichte die Entwicklung der eigentlichen Autobiographie des 16. Jahrhunderts, keinen Zusammenhang aber sieht er zwischen diesen Texten und der religiösen Bekenntnisliteratur eines Augustinus oder einer Teresa von Avila. Ob diese strikt säkulare Ausrichtung der Autobiographie des 16. Jahrhunderts tatsächlich behauptbar ist und religiöse Schriften kaum Einfluß ausüben auf die Autobiographien der Zeit, kann hier nicht zur Debatte stehen. Meine Arbeit aber wird diskutieren, wie die Verhältnisse im 17. Jahrhundert sich darstellen und wie sich die Gattungsgeschichtsschreibung verändert, wenn nicht ausschließlich Texte von Männern analysiert werden. Möglicherweise erweist sich dann Veltens Auslegung von βίος als tückisch, da βίος in diesem Verständnis nur ein exklusiver Kreis von Männern mit einer bürgerlichen Berufskarriere beschreiben kann.²⁴⁴ Velten ist sich bewußt, daß eine Autobiographie in seinem Sinne im deutschen Sprachraum des 16. Jahrhunderts eine Rarität ist, und er kann die Gruppe der Schreibenden solcher Texte mit wenigen soziologischen Variablen kennzeichnen: Alle Verfasser „leben in Städten, sind humanistisch gebildet und gehören einer der protestantischen Kirchen an." Eine weitere Gemeinsamkeit hält Velten nicht für erwähnenswert: Es sind alles Männer.²⁴⁵

Individualität und Autobiographie im England der Frühen Neuzeit untersucht Mascuch. Was nicht sehr originell klingt, geht doch in der von Redundanzen geprägten Autobiographiedebatte von neuen Voraussetzungen aus: Autobiographie ist für Mascuch kulturelle Praxis („cultural practice"), somit ein performatives soziales Handeln, das ein Selbstbild konstruiert und öffentlich wirksam werden läßt, ein soziales Handeln, das auch in der sich spiegelnden, reflektierenden und

---

[242] Velten, Das selbst geschriebene Leben, S. 42.
[243] Velten, Das selbst geschriebene Leben, S. 43.
[244] Vgl. dazu Watson, Anti-Metaphysics, siehe unten.
[245] Völker-Rasor, Bilderpaare, bemerkt das Fehlen von Texten aus der Feder von Frauen sehr wohl und sucht nach Ursachen für dieses Fehlen. Offen muß allerdings bisher die Frage bleiben, ob Autobiographien von Frauen des 16. Jahrhunderts generell fehlen oder ob sie nur – anders als die bei Velten und Völker-Rasor analysierten Texte – in späterer Zeit nicht gedruckt wurden. Beide beziehen sich im übrigen ausschließlich auf weltliche Autobiographik. Bezöge man Klosterchroniken und visionäre Selbstzeugnisse mit ein, sähe das Bild anders aus. Vgl. dazu Jancke, Gabriele: Glikls Autobiographie im Kontext frühneuzeitlicher autobiographischer Schriften. In: Die Hamburger Kauffrau Glikl. Hg. v. Monika Richarz. Hamburg 2001, S. 91-122; dies., Autobiographie als soziale Praxis.

nacheifernden Lektüre von Berichten über vorbildliche Menschen bestehen kann.[246] Autobiographie als soziale Praxis, als wiederkehrendes soziales Handeln aufzufassen, bedeutet vor allem, daß sich Autobiographietheorie nicht betreiben läßt anhand von herausragenden Texten, anhand eines literarischen Gattungskanons, der ja gerade Ausnahmeerscheinungen versammelt und nicht das Alltägliche.[247] Wenn Mascuch die frühneuzeitlichen religiösen Tagebücher und Bekenntnisschriften als Vorläufer der individualistischen Autobiographie in den Blick nimmt, so bleibt in seiner Analyse doch stets präsent, daß sich diese Texte nicht auf diese Vorläuferrolle beschränken, sie nicht zwangsläufig die Konzeption eines autonomen Subjekts vorbereiten, sondern daß in ihnen andere Selbstbilder angelegt sind, daß andere Entwicklungen möglich gewesen wären und die Vorstellung vom autonomen Subjekt auf Selbsttäuschungen beruht.[248] Für Mascuch ist das autonome Subjekt, das Individuum nicht mehr das immanent angelegte, unausweichliche Ziel der Selbstentfaltung der menschlichen Persönlichkeit, sondern eine historisch bedingte Form von Subjektivität unter verschiedenen anderen. Subjektivität, Selbstbewußtsein in irgendeiner Form allerdings ist, so Mascuch, Kennzeichen menschlicher Existenz in jeder Gesellschaftsform und jeder Epoche.[249] Der amerikanische Historiker bemerkt das Paradoxe der frühneuzeitlichen Selbstkonzeption, des starken Selbstbewußtseins, das aus einer extremen Haltung der Selbstverleugnung gezogen wird. Er geht – wie Schneider und Craemer-Schroeder[250] – davon aus, daß frühneuzeitliche autobiographische Texte das Ich des oder der Schreibenden nicht als Autor(in) im eigentlichen Sinne auffassen: Autor ist Christus, die Texte sind Schriften des Herzens („dispositions of the heart" und nicht „cogitations of the head").[251] Mascuchs Studie macht darüber hinaus deutlich, daß die Bekehrungsgeschichten der Frühen Neuzeit nicht die zweigeteilte Struktur aufweisen, die man nach dem augustinischen Vorbild aus ihnen so oft herauslesen will, sondern daß es offene, formlose, multifunktionale Texte sind.[252] Die persönlichen Notizbücher der englischen Protestanten waren seiner Analyse nach nicht ausschließlich Bücher der Selbstreflexion, sondern Aufschreibesysteme für der religiösen Andacht gewidmete Texte ganz verschiedener Art.

---

[246] Mascuch, Individual Self; ders., Mirror. Mascuch, Individual Self, argumentiert manchmal etwas forsch, und es erscheint angesichts der für die Alltagsautobiographik so problematischen Überlieferungslage höchst gewagt, wie Mascuch ganz bestimmte Texte als früheste individualistische englische Autobiographie oder als eines der wichtigsten Bücher für autobiographisches Lesen fixiert.
[247] Mascuch, Individual Self, S. 9. Ähnlich schon Lejeune, Je est un autre, S. 8.
[248] Mascuch, Individual Self, u. a. S. 22 und S. 52.
[249] Mascuch, Individual Self, S. 18, zur historischen Varianz von Subjektivität S. 210.
[250] Schneider, Herzensschrift; Craemer-Schroeder, Deklination des Autobiographischen.
[251] Mascuch, Individual Self, S. 70.
[252] Mascuch, Individual Self, S. 85 und 91f. So schon Bell, Metamorphoses, siehe hier oben.

Deutlicher noch als Mascuch macht Sisson das Paradoxon der religiösen Autobiographie: Selbstverleugnung führt zum Selbstbewußtsein. Während die Autobiographie im allgemeinen als Spiegel des Selbst betrachtet wird, versuchen, so Sisson, religiöse Autobiograph(inn)en ihr Selbst als Spiegel eines anderen zu gestalten, als Spiegel für die göttliche Ordnung und Vorsehung. Die eigene Geschichte wird zu einer Geschichte der Textbeziehungen vor allem zur Bibel, aber auch zu Erweckungsgeschichten anderer religiöser Autobiograph(inn)en. Indem aber sich das ‚Ich' so verleugnet, rückt es sich gleichzeitig ins Licht und zieht Interesse auf sich. So führt auch die religiöse Autobiographie zu einem Bewußtsein der eigenen Person. Indem sie – Sisson untersucht vor allem englischsprachige Werke des 17. Jahrhunderts – durch Intertextualität geprägt ist, macht sie deutlich „the degree to which individual lives (written and unwritten) are interwoven with theological dramas and cultural narratives".[253] Die Analyse der religiösen Autobiographik erweist somit, „[t]hat autobiography is inquiry and testament based on *relation* and *reference* to interpretative ‚touchstones'".[254]

Die „Abwendung von überkommenen dichtungs- und gattungsästhetischen Maßstäben" ist auch der Ansatzpunkt von Terschs Projekt der Kommentierung österreichischer Selbstzeugnisse des Spätmittelalters und der frühen Neuzeit. Seine „Darstellung in Einzelbeiträgen" wagt keine verallgemeinernde These zu den autobiographischen Texten dieser Zeit, erläutert und kommentiert die von ihm gefundenen Manuskripte und Publikationen aber mit großer Sorgfalt und aus einer Perspektive heraus, die den neueren Entwicklungen der historischen und literaturwissenschaftlichen Autobiographieforschung Rechnung trägt und dabei auch Genderaspekte nicht vernachlässigt.[255]

Die Darstellung des Kindes in pietistischen Autobiographien ist das Anliegen der pädagogikgeschichtlichen Arbeit Lochs. Er liest die Kindheitsdarstellungen in pietistischen Autobiographien als Quellen für Pädagogikkonzepte des Pietismus. In diesem Kontext unterscheidet er drei Phasen der pietistischen Autobiographik:

> In ihrer *ersten Phase* ist die pietistisch geprägte Autobiographie als Verbindung von Bekenntnis und Bericht ein mehr oder weniger *offizielles Dokument* der Glaubenserfahrung, ein kurzgefaßter, auf das Wesentliche konzentrierter, im Persönlichen das Allgemeinverbindliche hervorhebender und in sofern vorbildlicher ‚Lebenslauf' nach dem Muster Speners (1683) und vor allem Franckes (1690), der aber auch schon wie bei Johanna Eleonora Petersen (1689) durch ein ungewöhnliches Schicksal, von den

---

[253] Sisson, Larry: The Art and Illusion of Spiritual Autobiography. In: True Relations. Hg. v. G. Thomas Couser und Joseph Fichtelberg. London 1998, S. 97-108, S. 103.
[254] Sisson, Spiritual Autobiography, S. 106. Ganz im traditionellen Verständnis einer teleologischen Entwicklung von Subjektivität verbleibt dagegen Glaser, Brigitte: The Creation of the Self in Autobiographical Forms of Writing in Seventeenth-Century England. Subjectivity and Self-Fashioning in Memoirs, Diaries, and Letters. Heidelberg 2001.
[255] Tersch, Selbstzeugnisse.

geltenden Normen abweichendes Verhalten und unter dem Zwang zur Verteidigung gegen Verleumdungen erzählerische Breite und eine stark subjektive Note bekommen kann. Darin kündigt sich eine *zweite Phase* an, in der die pietistisch inspirierte Autobiographie als *individuelles Zeugnis* der Selbstreflexion in Erscheinung tritt [...] In einer *dritten Phase* gewinnt die pietistisch beeinflußte Autobiographie schließlich als ‚Bildungsroman' *literarische Form* und in Glauben und Zweifel an der Vorsehung und Führung Gottes bei der Selbstverwirklichung des Individuums entwicklungspsychologischen Zusammenhang wie bei Jung-Stilling (1772), Lavater (1779) und Moritz (1785).[256]

Lochs Autobiographiekonzeption berücksichtigt dabei in keiner Weise die neueren gattungstheoretischen Debatten, unvermeidlich kommt er daher auch bei der Lektüre von Petersens Kindheitsbeschreibung zu Fehlschlüssen: Was Petersen über ihr Erleben mit vier Jahren schreibt, spiegelt für Loch wieder, „[w]ie das Wirken des göttlichen Geistes im heilsamen Wort von dem Kind erlebt und in Glauben umgesetzt worden ist".[257]

In *Das archivierte Ich* und zahlreichen weiteren Veröffentlichungen[258] setzt sich Helga Meise mit 177 in Hessischen Archiven und Bibliotheken erhaltenen Schreibkalendern von Angehörigen des Hauses Hessen-Darmstadt aus dem 17. und 18. Jahrhundert auseinander. Für Meise bilden die Schreibkalender eine Schwellengattung auf dem Weg der historischen Individualisierungsprozesse und in der Entwicklung der Autobiographik, schweigt sich aber darüber aus, was sie unter Individualität und Autobiographik verstehen will. Die umfangreiche Arbeit verbleibt mit ihrer Argumentation damit im Bannkreis einer linearen Fortschrittsgeschichte der Gattung Autobiographie und der menschlichen Individualität[259].

---

[256] Loch, Werner: Die Darstellung des Kindes in pietistischen Autobiographien. In: Das Kind in Pietismus und Aufklärung. Hg. v. Josef N. Neumann und Udo Sträter. Tübingen 2000, S. 143-182, hier S. 147. Seine Beispieltexte für die zweite Phase sind die Selbstdarstellungen Zinzendorfs, Bernds und Hamanns. Daß Petersens *kurtze Erzehlung* erzählerische Breite und eine stark subjektive Note zeigt, wird meine Textanalyse im folgenden allerdings bestreiten.

[257] Loch, Darstellung des Kindes, S. 153. Daß diese Kindheitsdarstellung weniger mit einer Erinnerung an die Kindheit zu tun hat als mit der Funktionalisierung der Lebensdarstellung auf einen aktuellen, apologetischen Zweck, will meine Deutung der Autobiographie Petersens in Kap. II. A. zeigen.

[258] Meise, Das archivierte Ich. Vgl. auch u. a.: dies.: „Wahr ich den gantzen Nachmittag betrübt". Trauer und Melancholie in der Diaristik von Frauen in der Frühen Neuzeit. In: Autobiography by Women in German. Hg. v. Mererid Puw Davies et al. Oxford u. a. 2000, S. 69-85; dies.: Schreibkalender und Autobiographik in der Frühen Neuzeit. In: Künste und Natur in Diskursen der Frühen Neuzeit. Hg. von Hartmut Laufhütte. Bd. 1. Wiesbaden 2000, S. 707-717; dies.: Die Tagebücher der Landgräfinnen Sophia Eleonora und Elisabeth Dorothea von Hessen-Darmstadt. Höfische Ego-Dokumente des 17. Jahrhunderts zwischen Selbstvergewisserung und Selbstreflexion. In: Autobiographien von Frauen. Hg. v. Magdalene Heuser. Tübingen 1996, S. 49-70.

[259] Vgl. zu Meise, Das archivierte Ich, auch meine Rezension in ZFG N.F. 13 (2003), S. 689-691. Dem Konzept der Entwicklung von Individualität und der Vorstellung, daß es mehr oder weniger entwickelte Stufen der Ausbildung von Individualität gäbe, bleibt auch Ulbricht, Otto: Ich-Erfahrung. Individualität in Autobiographien. In: Entdeckung des Ich. Die Geschichte der Individualisierung

Dezidiert lehnt dagegen Gabriele Jancke teleologische und individualismuszentrierte, enge Autobiographiekonzepte ab, verzichtet aber in ihrer Darstellung auf eine vertiefte Gattungsdebatte.[260] Janckes fundierte Analysen verdeutlichen das beziehungs- und netzwerkorientierte autobiographische Schreiben von frühneuzeitlichen Gelehrten und Entscheidungsträger(inne)n.

4.3. Gattung und Geschlecht

Genderorientierte Untersuchungen zur Gattung Autobiographie entstehen seit dem Ende der siebziger Jahre.[261] Ihre Methoden und ihre Ergebnisse differieren: Einige Arbeiten suchen in den autobiographischen Texten nach Erfahrungen von Frauen[262], andere sehen die Autobiographie als nicht-referentielle Gattung, gehen nur von Textualität aus [263], einige suchen nach einer essentialistischen Differenz auch des Schreibens, nach der ‚Écriture féminine'[264], andere sehen die Differenz sozialhistorisch bedingt[265] oder strukturell[266], einige versuchen, die Differenz inhaltlich zu fixieren[267], und andere lassen sie offen.[268] Inhaltliche Aus-

---

vom Mittelalter bis zur Gegenwart. Hg. v. Richard van Dülmen. Köln u. a. 2001, S. 109-144, verpflichtet.

[260] Gabriele Jancke, Autobiographie als soziale Praxis.

[261] Mason, Other Voice; Jelinek, Estelle C. (Hg.): Women's Autobiography. Bloomington 1980. Siehe aber auch schon 1976 Spacks, Imagining A Self. Zu in der späteren feministischen Debatte weniger beachteten angloamerikanische Untersuchungen der siebziger Jahre zur Autobiographik von Frauen siehe den Forschungsbericht in Coleman, Women's Life-Writing, S. 37-45. Geschlecht als Kategorie beachten – nicht feministisch und noch nicht gendersensibel – auch Delany, British Autobiography, (siehe hier oben) und Jellinek, Felicitas: Die weibliche Selbstbiographie des 18. Jhds. Diss. (masch.) Wien 1926, eine Dissertation von 1926, die allerdings ganz auf Misch, Geschichte, und Mahrholz, Selbstbekenntnisse, aufbaut und Geschlechterstereotype schlicht reproduziert.

[262] Goodman, Kay: Dis/Closures. Women's Autobiography in Germany between 1790 and 1914. New York 1986; dies., Weibliche Autobiographien. In: Frauen Literatur Geschichte. Schreibende Frauen vom Mittelalter bis zur Gegenwart. Hg. von Hiltrud Gnüg und Renate Möhrmann. Stuttgart/Weimar 1999, S. 166-176; Grubitzsch, Théroigne de Méricourt; Broughton, Trev Lynn und Linda Anderson (Hg.): Women's Lives/Women's Times. New Essays on Auto/Biography. Albany 1997.

[263] Stanton, Autogynography; Watson, Julie: Shadowed Presence. Modern Women Writers' Autobiographies and the Other. In: Studies in Autobiography. Hg. v. James Olney. New York/Oxford 1988, S. 180-189; und vor allem dies., Anti-Metaphysics.

[264] Meyer, Autobiographie der Schrift.

[265] Vogt, Marianne: Autobiographik bürgerlicher Frauen. Zur Geschichte weiblicher Selbstbewußtwerdung. Würzburg 1981; Jelinek (Hg.), Women's Autobiography; Goodman, Dis/Closures; dies., Weibliche Autobiographien; Heilbrun, Writing a Woman's Life; Hooton, Joy: Autobiography and Gender. In: Writing Lives. Feminist Biography and Autobiography. Hg. v. Susan Magarey. Adelaide 1992, S. 25-40; Heuser, Einleitung.

[266] Stanton, Autogynography; Smith, Poetics.

[267] Mason, Other Voice; Jelinek (Hg.), Women's Autobiography; Watson, Shadowed Presence; Brodzki, Bella und Celeste Schenck (Hg.): Life/Lines. Theorizing Women's Autobiography. Ithaca/London 1988; Hooton, Autobiography and Gender; z. T. auch Heilbrun, Writing a Woman's Life.

[268] Stanton, Autogynography; Brée, Autogynography.

füllungen der Differenz werden immer seltener, schließlich haben gerade die Frauenbewegung und die Auseinandersetzungen in der Frauenbewegung die Augen geöffnet für die Verschiedenartigkeit von Frauen: „We women are so diverse and live in such varied cultural, racial, and economic circumstances that we cannot possibly pretend to speak in a single voice."[269] Daß auch die Geschichte, die Epochendiskurse, eine große Rolle spielen für die Art, wie Geschlecht, Gattung und die eigene Person konzipiert werden, gerät in den Blick.[270] Den früheren Arbeiten geht es um die Entwicklung eines weiblichen Subjekts[271], und auch die späteren Abhandlungen, die vom Dekonstruktivismus und seiner These vom Verschwinden des Subjekts beeinflußt sind, wollen zumeist nicht vollständig auf ein weibliche Subjekt verzichten.[272] Estelle C. Jelinek verkündet – auf Woolfs und Showalters Spuren – eine eigene weibliche Tradition der Autobiographie[273], andere analysieren die Texte von Frauen als notwendige Ergänzung zu einer Autobiographiegeschichtsschreibung, die bisher nur Texte von Männern beachtet hat und daher nur scheinbar nicht Geschlechtergeschichte war. Es gibt verschiedene Thesen über Phasenverschiebungen in der Entwicklung der Autobiographik von Frauen und der in ihr betriebenen Selbstkonstruktion: Für Goodman und Vogt etwa zeigt sich die Entwicklung des bürgerlichen innen-geleiteten Subjekts bei Frauen später als bei Männern, nach Smith, Loster-Schneider und anderen machen sich Veränderungsprozesse in den Selbstkonstruktionen von Frauen früher bemerkbar als in denen von Männern.[274] Eine andere, wohl zukunftsträchtigere

---

[269] Lionnet, Autobiographical Voices, S. XI. Vgl. auch Smith, Watson (Hg.), De/Colonizing the Subject. Vgl. Kormann, Kein eng umgrenztes Gärtchen ‚Frauenliteratur', S. 55..

[270] Vgl. Benstock (Hg.), The Private Self, S. 4f; Broughton, Women's Autobiography; und Neuman, Shirley (Hg.): Autobiography and Questions of Gender. London/Portland 1991.

[271] Ganz deutlich und geradezu anachronistisch noch bei Rose, Gender, Genre, and History. Rose hält an Gusdorfs Autobiographiekonzept fest und will Problemlösungsstrategien herauskristallisieren, mit Hilfe derer Autobiographinnen der Frühen Neuzeit sich als autonome Subjekte in einem kohärenten Text darzustellen versuchen.

[272] Bell, Yalom, Revealing Lives; Benstock (Hg.), The Private Self; Brinker-Gabler, Gisela: Metamorphosen des Subjekts. Autobiographie, Textualität und Erinnerung. In: Autobiographien von Frauen. Hg. v. Magdalene Heuser. Tübingen 1996, S. 393-404; Brodzki, Schenck (Hg.), Life/Lines; Buss, Mapping Our Selves; Culley (Hg.), American Women's Autobiography; Friedman, Women's Autobiographical Selves; Ramm, Autobiographische Schriften; Stanley, Feminist Auto/biography; Stanton, Autogynography. Anders Meyer, Autobiographie der Schrift; und Finck, Autobiographisches Schreiben.

[273] Ähnlich Mason, Other Voice; und später Smith, Poetics; Friedman, Women's Autobiographical Selves; Heilbrun, Writing a Woman's Life. Vgl. Woolf, Virginia: A Room of One's Own. London 1929; Showalter, Elaine: A Literature of Their Own. British Women Novelists from Brontë to Lessing. Princeton 1977. Dagegen Goodman, Dis/Closures. Heitmann, Annegret: Selbst Schreiben. Eine Untersuchung der dänischen Frauenautobiographik. Frankfurt a. M. 1994, sieht für die dänische Autobiographik von Frauen statt einer eigenen weiblichen Traditionslinie ein Netz intertextueller Bezüge gegeben.

[274] Smith, Poetics; Loster-Schneider, Grundriß. Ähnlich etwa auch Gerhardt, Marlis: Stimmen und Rhythmen. Weibliche Ästhetik und Avantgarde. Darmstadt 1986.

Perspektive entwickelt Holdenried: Eine Abkehr von einer telosorientierten Gattungsgeschichte, die wertend in Blütezeit, Früh- und Spätgeschichte einteilt und Abweichendes von zur Blüte Erklärtem nicht wahrnimmt, marginalisiert oder ausgrenzt, erübrigt Diskussionen darüber, wer das Ziel schneller erreicht hat. Holdenried schlägt für die Geschichte der Autobiographik von Frauen ein „Einschreibemodell" vor, das heißt: der bestehende Kanon der (vorwiegend von Männern verfaßten) Autobiographien wird kontrastiert, umgedeutet und erweitert. Ihr

> Plädoyer gilt daher einer kreativen Kontrastierung genderspezifischer Gestaltungslösungen des *autos-bios-graphein* im Sinne eines Slogans aus der jüngstvergangenen politischen Geschichte: ‚Überholen, ohne einzuholen'.[275]

In die Diskussion geraten ist auch die Debatte über Gattungsfragen überhaupt – mit ihrem Schematismus, ihrer nahezu unvermeidlichen Normativität, ihrer Klassifizierungsfreude und Ausgrenzungslust, vor allem aber mit ihrer vermeintlichen Objektivität, die nicht nach Geschlecht und nicht nach Schicht oder Kultur fragt und dennoch von diesen Kategorien bestimmt wird.[276]

Die meisten dieser Arbeiten untersuchen Texte des 18., 19. und 20. Jahrhunderts[277], Studien zur englischsprachigen Autobiographik sind weit häufiger als zur deutschsprachigen. Im folgenden werden die für meine Fragestellung wichtigsten Arbeiten behandelt. Da viele Bücher zur Autobiographik von Frauen Aufsatzsammlungen oder Tagungsbände sind, in denen sich die einzelnen Aufsätze den Texten einer bestimmten Epoche oder auch nur einer bestimmten Autorin widmen und der Schwerpunkt hier wiederum sehr oft auf dem 19. und 20. Jahrhundert liegt, werden aus vielen solcher Sammelbände oft nur die einleitenden Be-

---

[275] Holdenried, Michaela: Autobiographik von Frauen – eine eigene Geschichte? Anmerkungen zum Forschungsstand. In: Autobiography by Women in German. Hg. v. Mererid Puw Davies et al. Oxford u. a. 2000, S. 17-33, hier S. 28.
[276] Schenck, Celeste: All of a Piece. Women's Poetry and Autobiography. In: Life/Lines. Hg. v. Bella Brodzki und Celeste Schenck. Ithaca/London 1988, S. 281-305.
[277] U. a. Anderson, Women and Autobiography; Becher, Weibliches Selbstverständnis; Bell, Yalom (Hg.), Revealing Lives; Benstock (Hg.), The Private Self; Bloom, Mother-Daughter Relationships; Buss, Canadian Women's Autobiography; die meisten Aufsätze in Culley (Hg.), American Women's Autobiography; Fowler und Fowler (Hg.), American Women in Autobiography; Goodman, Autobiographien deutscher Frauen; dies., Dis/Closures; dies., Weibliche Autobiographien; Grubitzsch, Théroigne de Méricourt; Heilbrun, Writing a Woman's Life; Hooton, Autobiography and Gender; Kley, Fanny Lewalds *Meine Lebensgeschichte*; Kolkenbrock-Netz, Schuller, Frau im Spiegel; Kosta, Women's Counterfictions; Lang, Autobiography; Lionnet, Autobiographical Voices; Loster-Schneider, Grundriß; Marcus, Auto/biographical Discourses; Mattenklott, Frauen schreiben ihre Autobiographie; Meyer, Autobiographie der Schrift; Müller (Hg.), Das erdichtete Ich; Neuman (Hg.), Autobiography and Questions of Gender; Niethammer, Autobiographien; Peterson, Victorian Autobiography; Pullin, Enclosure/Disclosure; Ramm, Autobiographische Schriften; Runge, Literarische Praxis; Sagarra, Quellenbibliographie; Siegel, Women's Autobiography; Smith, Watson (Hg.), De/Colonizing the Subject; Stanley, Feminist Auto/biography; Tebben, Literarische Intimität.

merkungen der Herausgeberinnen in diesem Forschungsbericht dargestellt. Im Bereich der genderorientierten Autobiographieuntersuchungen sind Einzelfallstudien besonders häufig. Diese Analysen stellen selten einen Alleinvertretungsanspruch auf. Genderorientierte Literaturwissenschaftlerinnen reklamieren für sich nicht das Interpretationsmonopol, das die Vertreter der klassischen Gattungstheorie ganz selbstverständlich für sich in Anspruch genommen haben, auch wenn sie nur Goethes und Rousseaus Lebensbeschreibung untersucht haben.

Die Frage nach den Identitätskonstruktionen von Frauen taucht wohl zum ersten Mal 1976 bei Patricia Mayer Spacks auf: In ihrer Untersuchung *Imagining a Self. Autobiography and Novel in Eighteenth-Century England* untersucht sie auch und gesondert Autobiographien von Frauen. Diese Texte zeigen die Abhängigkeit von Subjektivitätsform und ihrer autobiographischen Darstellung von gesellschaftlichen Vorgaben in höherem Maße als Texte von Männern, da auf Frauen im von ihr untersuchten Zeitraum ein größerer sozialer Druck als auf Männern lastet. Frauen erschreiben sich im 18. Jahrhundert, in Übereinstimmung mit den Vorstellungen ihrer Zeit, eine passive Identität, eine Opferrolle. Aber aus dieser ihrer ‚weiblichen' Schwäche gewinnen sie ihre Identität, ihre Stärke: Wer sich eine solche Identität erschreibt „makes a mythology of her victimization, verbally converting it into the badge of her freedom".[278] Spacks ist damit wahrscheinlich die erste, die eine eigentümliche Paradoxie weiblicher Selbstkonstruktionen feststellt: Schwäche wird umgemünzt zur Stärke, aus der Abhängigkeit von anderen wird Unabhängigkeit gewonnen, und sich selbst sprechen Frauen gerade dadurch Macht zu, daß sie einem anderen Macht über sich selbst gewähren.[279]

1980 erscheint Mary G. Masons vieldiskutierter und richtungsweisender Aufsatz *The Other Voice: Autobiographies of Women Writers*.[280] Mason will in der Autobiographik von Frauen eine ‚andere Stimme' vernehmen, sie sucht – bei aller Offenheit für Eigenarten der verschiedenen Texte von Frauen – nach einer spezifischen Eigenschaft des autobiographischen Schreibens von Frauen, die Texte von Männern nicht besitzen. Diese ‚andere Stimme' äußert sich darin, daß die eigene Identität in der Beziehung zu anderen gesucht und gefunden wird, seien diese anderen nun Ehemänner, Kinder, Freundinnen oder Glaubensgemeinschaften. Mason erkennt dieses Phänomen bezeichnenderweise an frühen autobiographischen Texten, an den Autobiographien von Julian of Norwich

---

[278] Spacks, Imagining A Self (1976), S. 73.
[279] Daß diese Form der Selbstkonstruktion nicht ausschließlich von Frauen gewählt wird, sieht Spacks, sie erkennt diese Form auch in der spirituellen Autobiographik von Männern: „one feels the power of the willful self throughout the story of the self's powerlessness." (Spacks, Imagining A Self, S. 305).
[280] Mason, Other Voice.

(nach 1393), von Margery Kempe (vor 1438), Margaret Cavendish (1656) und Anne Bradstreet (vor 1672). Sie weist es auch an einigen späteren Autobiographien von Frauen nach, sucht aber niemals nach Vergleichsschriften aus der Feder von Männern bzw. verläßt sich für die Merkmale solcher Texte auf die vereinfachenden Urteile, die die neoklassische Autobiographietheorie über Augustinus und Rousseau gefällt hat.[281] Meine Analysen der Autobiographik von Frauen und Männern des 17. Jahrhunderts werden allerdings prüfen, ob diese ‚other voice' tatsächlich die andere Stimme eines ‚Weiblichen' ist, was immer das sei, oder ob Mason nicht ein Merkmal der frühneuzeitlichen Autobiographik, das ich als Heterologie bezeichne, zum essentialistischen Kennzeichen des weiblichen Schreibens stilisiert. An dessen soziokulturelle Bedingtheit und diskursive Konstruktion jedenfalls wendet sie keinen Gedanken.

Estelle Jelinek sucht nach einer eigenen Traditionslinie der Autobiographik von Frauen, die sich in Inhalt und Form von der Autobiographik von Männern unterscheidet.[282] Frauen schreiben, so Jelinek, eher von ihren privaten Angelegenheiten[283], führen damit das Emotionale in die Darstellungen des eigenen Lebens ein[284] und stilisieren sich seltener zum Spiegelbild ihrer Zeit und deren politischer und öffentlicher Strömungen. Sie erzählen lapidar, mit Understatement, ihre Geschichten sind nicht chronologisch-geschlossen, sondern fragmentarisch und sprunghaft.[285] Diese Differenzen sieht Jelinek in ihrer sozialhistorischen Bedingtheit, sie registriert auch die geschlechterübergreifende Tendenz der Gegenwartsautobiographik zur Brüchigkeit und zum Fragmentarischen, betrachtet dies allerdings als Annäherung der Texte von Männern an eine weibliche Traditionslinie.

In Jelineks Reader zur Autobiographik von Frauen zeichnet Pomerleau die Entstehung der weltlichen Autobiographik von Frauen in England nach – vom 17. bis zum 19. Jahrhundert und richtet ihre Aufmerksamkeit auf den inhaltlichen Aspekt von geäußertem Einverständnis oder explizierter Unzufriedenheit der Autorinnen mit ihrer Lage als Frau.[286] Edkins beschreibt die Autobiographien von amerikanischen Puritanerinnen und Quäkerinnen im 18. Jahrhundert und

---

[281] Ähnlich schon Mason, Mary G. und Carol H. Green (Hg.): Journeys. Autobiographical Writings by Women. Boston 1979. Vgl. zur Kritik auch Eakin, Relational Selves, Relational Lives.

[282] Jelinek (Hg.), Women's Autobiography; und dies.: The Tradition of Women's Autobiography. From Antiquity to the Present. Boston 1986.

[283] Jelinek (Hg.), Women's Autobiography. Für die englischsprachige Autobiographik des 17. Jahrhunderts bezweifeln dies Graham, Elspeth, et al.: Introduction. In: Her own live: Autobiographikcal writings by seventeenth-century Englishwomen. Hg. v. Elspeth Graham et al. London/New York 1989, S. 1-27, hier S. 15f.

[284] Jelinek, Tradition, S. 24.

[285] Jelinek (Hg.), Women's Autobiography. Ähnlich Benstock (Hg.) The Private Self.

[286] Pomerleau, Cynthia S.: The Emergence of Women's Autobiography in England. In: Women's Autobiography. Essays in Criticism. Hg. v. Estelle C. Jelinek, Bloomington 1980, S. 21-38. Ähnlich auch Jelinek, Tradition.

stößt dabei auf den scheinbar paradoxen Befund, daß sich – vor allem bei den Quäkerdokumenten – in konventioneller Form und als „Quest for Community" Abweichung von gesellschaftlichen Erwartungen und etwas ähnliches wie Individualität äußert.[287] Edkins versucht nicht, diesen Befund zu deuten. Für sie bleibt das Gegensatzpaar Heteronomie – Autonomie entscheidend für die Beschreibung verschiedener Selbstkonstitutionen.[288]

Die früheste Monographie zur deutschsprachigen Autobiographik von Frauen stammt von Vogt.[289] Die sozialgeschichtlich orientierte Studie beruht auf Neumanns Parallelisierung der Entwicklung von Autobiographie und Sozialcharakter und untersucht die Autobiographien bürgerlicher Frauen des 19. und 20. Jahrhunderts. Nach Vogt entwickeln Frauen den innen-geleiteten Sozialcharakter, der für sie und für Neumann die bürgerliche, das heißt individualistische und eigentliche Autobiographie überhaupt erst möglich macht, später als Männer und finden daher erst mit zeitlichem Verzug zu dieser Gattung. Vogt bleibt fixiert auf den bürgerlichen, autonomen Subjektivitätsbegriff. Die Selbstzeugnisse mittelalterlicher Mystikerinnen und frühneuzeitlicher Pietistinnen betrachtet sie nicht als vormoderne Autobiographien, sondern als Dokumente eines traditionsgeleiteten Menschentyps, verläßt sich für ihre Beschreibung auf Misch und Mahrholz und befragt sie – aus anachronistischer Perspektive – nach zunehmender Emanzipation und Eigenständigkeit.

Anders als Jelinek geht Kay Goodman in *Dis/Closures. Women's Autobiography in Germany Between 1790 and 1914* nicht von einer eigenständigen weiblichen Traditionslinie aus. Autobiographinnen wie Baldinger, Varnhagen, Lewald, Ebner-Eschenbach und andere arbeiten sich an von Männern vorgegebenen Gattungsmustern und Rollenkonventionen ab. Die Gattungsmuster sind die Selbstdarstellungen eines sich als autonom verstehenden Subjekts. So allerdings können und dürfen Autobiographinnen des 19. Jahrhunderts sich nicht verstehen, dagegen sprechen ihre eingeschränkten Erfahrungsmöglichkeiten und die zeitgenössischen Rollenerwartungen an Frauen, die autonome Selbstäußerun-

---

[287] Edkins, Carol: Quest for Community. Spiritual Autobiographies of Eighteenth-Century Quaker and Puritan Women in America. In: Women's Autobiography. Essays in Criticism. Hg. v. Estelle C. Jelinek, Bloomington 1980, S. 39-52. Ein ähnliches Paradoxon zwischen Individualismus und Theozentrismus konstatiert Aldrich, Elizabeth Kaspar: ‚The Children of these Fathers'. The Origins of an Autobiographical Tradition in America. In: First Person Singular. Studies in American Autobiography. Hg. v. A. Robert Lee. London/New York 1988, S. 15-36, hier S. 32, für die frühen amerikanischen autobiographischen Texte der Puritaner.

[288] In ähnlicher Weise kapitulieren Graham, Elspeth, et al.: „Pondering All These Things in Her Heart". Aspects of Secrecy in the Autobiographical Writings of Seventeenth-Century Englishwomen. In: Women's Lives/Women's Times. Hg. v. Trev Lynn Broughton und Linda Anderson. Albany 1997, S. 51-71, hier S. 57, vor dem Paradox der frühneuzeitlichen Selbstbehauptung durch Selbstverleugnung. Vgl. dazu die Diskussion in den Folgekapiteln zur heterologen Selbstkonstruktion.

[289] Vogt, Autobiographik.

gen in der Öffentlichkeit geradezu verbieten. Die Subjektivität, die Goodman in den Texten von Frauen findet, ist nicht autonom, ist fragmentiert, aufgelöst, gespalten, widersprüchlich, auf Gemeinschaften bezogen und von gesellschaftlichen Erwartungen geprägt. Goodmans Position bleibt – wie viele Texte der frühen Frauenforschung – erfahrungsorientiert, das heißt, sie untersucht die Autobiographien als Dokumente für die Lebenssituation von Frauen, als Dokumente aber, die Selbsttäuschungen und Verzerrungen enthalten, eine Konzeption von Autobiographie, die immer voraussetzt, daß es idealerweise eine ‚wahre', der Konstruktion vorgängige Autobiographie geben könnte. Selbst in ihrem für die zweite Auflage des Sammelbandes *Frauen Literatur Geschichte* überarbeiteten Beitrag bleibt Goodman solchem Erfahrungsoptimismus ungebrochen verhaftet.[290] Die Texte von Frauen untersucht sie mit dem Begriffsinstrumentarium der Autobiographietheorien der siebziger Jahre. Auch wenn sie feststellt, wie sehr sich Frauen an der von männlichen Vorbildern vorgegebenen Form abarbeiten und wie wenig sich aus sozialhistorischen Gründen die Subjektivität von Frauen mit dieser Form auszudrücken vermag, sieht sie keinen Anlaß zu einer Revision des engen Autobiographiebegriffs. Und unbeeinflußt von den Entwicklungen der genderorientierten Literaturtheorie, meint sie 1999 noch schreiben zu können: „Tatsächlich scheint die Briefautobiographie – zum Teil mit ausgeprägt romanhaften Zügen – eine den Frauen wesensverwandte Ausdrucksform zu sein."[291] Daß, wer in solcher Weise Geschlecht essentialistisch für Wesen nimmt, die neueren im deutschsprachigen Raum erschienenen Sammelbände zur Autobiographik von Frauen[292] nicht zur Kenntnis nimmt, kann schon kaum noch überraschen. Goodmans Analysen der deutschsprachigen Autobiographik von Frauen eines langen 19. Jahrhunderts können also für die vorliegende Untersuchung nur mit ihrem Plädoyer gegen eine weibliche Traditionslinie anregend werden.

Der historischen Entwicklung von Konzeptionen des Menschen, von „life scripts", von Subjektivitätsmodellen und deren Unterschiedlichkeit für Männer und Frauen geht Sidonie Smith nach.[293] Die Problematik schreibender Frauen im allgemeinen und von Autobiographinnen im besonderen liegt für Smith darin, daß sich die Subjektivitätskonstruktionen für Männer durchaus in Richtung Autonomie fortentwickelt haben, daß dieser Prozeß aber für die Persönlichkeitsmodelle von Frauen nicht stattgefunden hat. Im Gegenteil: Frauen bilden die Kon-

---

[290] Goodman, Weibliche Autobiographien. Vgl. ähnlich schon Dies.: Die große Kunst, nach innen zu weinen. Autobiographien deutscher Frauen im späten 19. und frühen 20. Jahrhundert. In: Die Frau als Heldin und Autorin. Neue kritische Ansätze zur deutschen Literatur. Hg. v. Wolfgang Paulsen. Bern/München 1979, S. 125-135.
[291] Goodman, Weibliche Autobiographien, S. 171.
[292] Holdenried (Hg.), Geschriebenes Leben; Heuser (Hg.), Autobiographien von Frauen; Müller (Hg.), Das erdichtete Ich. Davies et al. (Hg.), Autobiography by Women in German, ist erst nach der Neuauflage von Goodmans Aufsatz erschienen.
[293] Smith, Poetics.

trastfolie, vor deren Hintergrund die männliche Autonomie umso strahlender leuchten kann. Jede Autobiographin steht so in einem double bind, spricht mit zwei Stimmen, erzählt in ihrer Schrift zwei Geschichten: eine, die nach den Leitlinien der Entwicklung des Mannes und der Gattung Autobiographie stringent auf Unabhängigkeit ausgerichtet ist, und die andere, die ‚weibliche' Geschichte, die der ersten widerspricht, ihr fremd ist, deren Stringenz stört, mit Rollenvorschriften für das eigene Geschlecht kämpft und nicht Unabhängigkeit proklamiert, sondern Beziehungsmuster aufzeichnet. In dieser Zweistimmigkeit und Widersprüchlichkeit liegen, so Smith, Chancen für Innovationen, da formale und inhaltliche Entwicklungen oft gerade von Gärungsprozessen an den Rändern und nicht im Zentrum des herrschenden Diskurses vorbereitet werden. Smith formuliert ihre Zweistimmigkeitsthese recht überzeugend. Hochproblematisch ist allerdings, daß sie als Reichweite ihrer These Gültigkeit für *die* Autobiographik von Frauen erhebt und doch nur sehr wenige Texte untersucht, deren Repräsentativität ungeprüft voraussetzt und die wenigen Texte dazu noch ausschließlich aus dem englischsprachigen Raum stammen.[294] Darüber hinaus wird gerade diese Arbeit über die Autobiographik des 17. Jahrhunderts untersuchen müssen, ob die Brüchigkeit und Zweistimmigkeit, die Smith der Autobiographik von Frauen zuspricht, nicht erst Folge einer avancierten Autonomieforderung ist, somit nicht über die Zeiten hinweg generalisiert werden kann – und gerade für die deutschsprachige Autobiographik des 17. Jahrhunderts eben noch kein Charakteristikum ist.

Stanton[295] vollzieht die Abkehr vom Konzept der Referentialität: Der Neologismus ‚Autogynographie' macht deutlich, daß Stanton βίος, sprich: Referentialität, vermeiden will. Sie geht außerdem von Gilbert und Gubars Zuspitzung von Thesen der französischen Dekonstruktivisten über die Fremdheit der Frau in der symbolischen Ordnung aus und von der in ihr dominanten phallischen Konnotation des Schreibens.[296] Eine schreibende Frau steht nach dieser Theorie zwangsläufig im Widerspruch zur symbolischen Ordnung. Daraus ergibt sich die Differenz der Texte von Männern und Frauen[297], eine Differenz, die Stanton – anders als Mason oder Jelinek – nicht mit essentialistisch aufgefaßten inhaltlichen oder formalen Eigenheiten weiblichen Schreibens auffüllen will. Stantons Aufsatz trägt den Titel *Autogynography: Is the Subject Different?* Die Frageform trägt dem Dilemma Rechnung, das in ihrem Ansatz steckt: Einerseits stellt sie weit radikaler als ihre autobiographietheoretischen Vorgängerinnen die kulturelle

---

[294] Vgl. zur Kritik an der historisch zu großen Reichweite der Theorie vor allem Costello, Jeanne: Taking the ‚Woman' out of Women's Autobiography. The Perils and Potentials of Theorizing Female Subjectivities. In: diacritics 21, 2-3 (1991), und Hooton, Autobiography and Gender.
[295] Stanton, Autogynography.
[296] Gilbert, Gubar, Madwoman.
[297] Gilbert, Gubar, Alphabet.

Konstruiertheit von ‚Weiblichkeit' und von Subjektivität dar, andererseits aber wird die symbolische Ordnung stets und offenbar unveränderlich als männlich geprägt, phallisch konnotiert und Frauen ausschließend aufgefaßt. Das ausgeschlossene ‚Weibliche' in Lacans ‚symbolischer Ordnung' ist aber eine Metapher, die nicht konkrete Frauen bezeichnet.[298] Stantons Theoriebildung aber setzt schreibende Frauen mit dieser ursprünglich metaphorisch gemeinten ‚Weiblichkeit' gleich. Werden aber Begriffe wie der der symbolischen Ordnung vorausgesetzt, nicht mehr weiter hinterfragt und auf jede historische Phase angewendet, sind einstmals kritische Konzepte zur bloßen Ideologie geworden. Es wird also für jede Epoche neu zu prüfen sein, wie verschieden die Subjektivitätskonstruktionen von Männern und Frauen in autobiographischen Texten sind. Das Verfahren Stantons, die immer wieder Zeitsprünge vollführt und die *True Relations* der Duchess of Newcastle von 1656 ungezwungen mit Beatrice Webbs *Our Partnership* (1948) vergleicht, leistet solche Historisierung nicht, sondern verabsolutiert anachronistisch die Vorstellungen der eigenen Epoche.

Susan Stanford Friedman wendet in ihrer Untersuchung von *Women's Autobiographical Selves* Chodorows Theorie der weiblichen Sozialisation und Rowbothams Empfehlungen für ein gruppensolidarisches Selbstbewußtsein von Frauen[299] an. Sie kommt zu einer scharfen Ablehnung des individualistischen Autobiographiekonzepts, das Autobiographien von Frauen marginalisieren muß und nicht verstehen kann, da Frauen, Friedman beruft sich dezidiert auf Mason, ihre eigene Person nicht abgrenzend, sondern relational konzipieren. Friedmans Studie findet sich in Benstocks dem 18., 19. und 20. Jahrhundert gewidmeten Sammelband.[300] Er enthält auch eine Analyse der Autobiographik englischer Frauen des 18. Jahrhunderts durch Nussbaum, die eine genderorientierte Autobiographietheorie vor solchen Generalisierungen warnt.[301] Die autobiographischen Selbstkonstruktionen von Frauen müssen sich, so Nussbaum, auf die gesellschaftlichen Gemeinplätze beziehen, Frauen beschreiben sich mit Hilfe und auch gegen die soziokulturellen Genderdiskurse. Und Nussbaum warnt explizit davor, in heutigen Analysen diese Gemeinplätze als Spezifika weiblichen Schreibens zu lesen.

Bella Brodzki und Celeste Schenck haben mit der Aufsatzsammlung *Life/Lines* die Linien vorgezeichnet, an denen gendersensible Untersuchungen

---

[298] Vgl. Kormann, Kein eng umgrenztes Gärtchen ‚Frauenliteratur'; und Osinski, Einführung, S. 140-144.
[299] Chodorow, Nancy J.: Das Erbe der Mütter. Psychoanalyse und Soziologie der Geschlechter. München 1985; Rowbotham, Sheila: Woman's Consciousness, Man's World. London 1973.
[300] Benstock, Shari (Hg.): The Private Self. Theory and Practice of Women's Autobiographical Writings. Chapel Hill 1988.
[301] Nussbaum, Autobiographical Commonplaces.

zur Autobiographik in Amerika, Großbritannien und Deutschland für lange Zeit sich orientieren:

> Thus the critical and political stance of *Life/Lines* is to maintain female specificity and articulate female subjectivity without either falling back into the essentialism that has plagued both American feminist criticism and *écriture féminine* in France or retreating into a pure textuality that consigns woman – in a new mode to be sure – to an unrecoverable absence.[302]

Brodzki und Schenck verschärfen die Vereinfachungen der klassischen Autobiographietheorie und sehen Autobiographien von Männern – von Augustinus (397) bis Henry Adams (1907) – als die Selbstdarstellungen eines Ich, das sich selbst zu kennen glaubt, das sich als Ganzes versteht und als repräsentativ für seine Zeit.[303] Dagegen haben sich Frauen nicht als Ganzheit und nicht als repräsentativ konzipieren können. Weibliche Subjektivität faßt sich – bei Cavendish (1656) wie bei Stein (1933) – nicht als Spiegel ihrer Zeit auf, sondern die eigene Person, die eigene Subjektivität wird als ‚gerahmt' konzipiert: „this self-definition in relation to significant others, is the most pervasive characteristic of the female autobiography."[304] Diese relationalen Selbstdefinitionen sind dabei nicht bescheiden oder unterwürfig, sie sind eine Chance, sich zu definieren, ohne sich festzulegen: Das Bild von der eigenen Person, die sich über ihre Beziehung zum anderen beschreibt, kann offener, widersprüchlicher, wandlungsfähiger sein als eines, das sich im Nachzeichnen des eigenen Wesens festschreibt. Weit ist dann auch die Spannbreite der einzelnen Aufsätze, die Brodzki und Schenck versammeln: Analysiert werden autobiographische Texte von Frauen verschiedener Kulturen und verschiedener Zeiten, Texte des 17. Jahrhunderts behandelt aber nur der Aufsatz von Mary G. Mason – als Wiederabdruck des hier schon dargestellten von 1980.

Von Masons These der anderen Stimme geht Watson aus und erweitert sie: Autobiographien von Frauen – als den ‚anderen' der westlichen Kultur – nutzen dialogisch den anderen, die andere, das andere zur Selbstbehauptung, zur Selbstdarstellung, zur Befreiung von konventionellen Bindungen und Rollenvorgaben. Watson entdeckt also eine „shadowed presence" von Autorinnen in Texten, die kryptoautobiographisch sind und sich anderen Figuren, anderen Menschen widmen, etwa in Gertrude Steins *The Autobiography of Alice B. Toklas*.[305] Masons relationale Subjektivität von Autobiographinnen entdeckt – in Autobiographien australischer Frauen des 19. und 20. Jahrhunderts – auch Hooton.[306] Daß die Autorinnen ihr Selbst über das Bezogensein auf andere konstruieren, begründet

---

[302] Brodzki, Schenck, Introduction, S. 14.
[303] Vgl. zur Kritik Costello, Taking the ‚Woman' out of Women's Autobiography.
[304] Brodzki, Schenck, Introduction, S. 8.
[305] Watson, Shadowed Presence.
[306] Hooton, Autobiography and Gender. Vgl. aber gegen Mason, Other Voice, Watson, Shadowed Presence, und Hooton, Autobiography and Gender, Eakin, Relational Selves, Relational Lives: Auch Männer, so Eakin, schreiben relationale Autobiographien.

Hooton mit Chodorows sozialpsychologischer und psychoanalytischer Theorie der unterschiedlichen Sozialisation von Mädchen und Jungen.

Weg von solchen Thesen der Differenz hin zu einer These der Differenzen will Neuman[307]. Anders als die meisten gendersensiblen Theoretikerinnen ist Geschlecht bei ihr nicht nur eine Kategorie, die bei der Analyse des Schreibens von Frauen beachtet werden muß. Auch Männer haben ein Geschlecht, und ihre Kulturleistungen sind in gleicher Weise geschlechtsspezifisch geprägt wie die von Frauen, nur gilt, was männerspezifisch ist, als Norm und das, was frauenspezifisch ist, als das andere, das Abweichende. Neuman verfolgt konsequent den konstruktivistischen Weg: Mit de Lauretis gilt ihr Geschlecht, Gattung und Selbstbild als gesellschaftlich diskursiv konstruiert, das Subjekt ist nicht autonom, geschlossen und ganzheitlich, sondern ein Netzwerk verschiedener Rollen. Und mit Butler gibt es für sie keine dichotome Zweigeschlechtlichkeit mehr, sondern ein Spektrum von Gendermöglichkeiten und sexuellen Orientierungen. Eine gendersensible Autobiographietheorie muß also den bestehenden Kanon erweitern, die engen Ausschließungskriterien der klassischen Gattungstheorie überdenken und den alten Kanon erneut lesen – mit Analysekriterien, die der Konstruktivität von Gattung, Geschlecht und Subjektivität Rechnung tragen. Und Broughton macht in Neumans Sammelband[308] anhand der Interpretation einer Autobiographie des 19. Jahrhunderts deutlich, daß Geschichte, daß Epochenfragen entscheidend sind für die Differenzen, die beachtet werden wollen: „Hence, in a feminist reading of autobiography, gender, genre and history must dance together."[309] Dennoch – die Geschichte der Autobiographie reicht in Neumans Band nicht weiter zurück als bis zum 19. Jahrhundert!

Deutliche Kritik an den Vereinfachungen einer sich über alle Zeiten und Kulturen stülpenden feministischen Theoriebildung übt Costello. Ihre Besprechung von Benstocks *The Private Self*, Brodzkis und Schencks *Life/Lines* und Smiths *Poetics* wird zu einer Bestandsaufnahme der genderorientierten Autobiographietheorie vor 1990 und zur Formulierung eines umfangreichen Forschungsprogramms, das immer noch einzulösen ist: Die genderorientierte Autobiographieforschung, die Costello einfordert, versucht nicht mit einer allgemeinen, einheitlichen Theorie, die Genderdifferenz verabsolutiert, Autobiographien von Schreibenden verschiedener Epochen, Klassen, Kulturen und sexuellen Orientierungen zu erklären. Sie richtet dagegen den Blick auf verschiedenste Einflußvariablen. Denn gerade feministische Forschung sollte sich, so Costello, davor hüten, Frauen als ausschließlich durch Gender geprägt aufzufassen. Das heißt, Frauen sind keine Gattungswesen, und ihre Subjektivität ist nicht nur durch Geschlecht geprägt. Die Autobiographik von Frauen kann auch nicht als

---

[307] Neuman, vor allem in Introduction.
[308] Neuman (Hg.), Autobiography and Questions of Gender.
[309] Broughton, Women's Autobiography, S. 93.

‚literature of their own'[310] gesehen werden, sondern muß stets im Kontext der gesamten Literaturgeschichte betrachtet werden, denn „literate women in every age usually read more texts by men than by women."[311] Costellos genderorientiertes Forschungsprogramm beinhaltet auch die kritische Relektüre der Autobiographik von Männern. Denn die feministische Autobiographieforschung der 80er Jahre hat die Differenzthese meist damit abgestützt, daß die Ergebnisse der Analysen von Autobiographien von Frauen mit den Thesen der neoklassischen Autobiographietheorie, sprich mit den Ausgrenzungs- und Vereinfachungsformeln von Pascal oder Olney verglichen wurden.[312]

Culley zieht in der Einleitung zu ihrer Aufsatzsammlung zur amerikanischen Autobiographik von Frauen die Traditionslinie zurück bis zu den Selbstdarstellungen der Puritaner, die sie als „Reading the self" auffaßt:

> ‚Reading the self' in the Puritan context was actually an intertextual event, as the self was read in relation to the scriptural metatext and widely apprehended morphologies of the conversion experience.[313]

Diese frühen religiösen Selbstdarstellungen seien dabei relativ genderunabhängig[314]: Auch die Zeugnisse von Frauen hätten als wichtig für die ganze Gemeinde gegolten – zumindest in solchen, die das Schweigegebot des Paulus undogmatisch auslegten. Erst in der weltlichen Autobiographik des 18. und 19. Jahrhunderts entstehe eine Dichotomisierung, Frauen könnten jetzt nur noch als ‚Frauen' Aufmerksamkeit beanspruchen, und dieser Anspruch gerate immer in Konflikt mit den zeitspezifischen Geschlechterstereotypen, die einer Frau öffentliche Aufmerksamkeit und öffentliches Ausstellen nicht erlauben wollen. Möglich werde eine Publikation nur, wenn die Autobiographinnen sich eine Bezugsgruppe, ein Umfeld konstruieren, zu dessen Nutzen zu schreiben sie vorgeben können.[315] Inhaltliche Genderdifferenzen der Gattung über Zeiten und verschie-

---

[310] Showalter, A Literature of Their Own.
[311] Costello, Taking the ‚Woman' out of Women's Autobiography, S. 132.
[312] Ähnlich später Eakin, Relational Selves, Relational Lives. Es ist erstaunlich, wie spät diese methodische Grundanforderung in der genderorientierten Autobiographietheorie beachtet wurde, hat doch Kolodny, Annette: Some Notes on Defining a „Feminist literary Criticism". In: Critical Inquiry 2 (1975), S. 75-92, schon in den Anfangsjahren der Frauenforschung darauf hingewiesen, daß die Besonderheiten von Frauenliteratur nur durch den Vergleich mit der Literatur von Männern herausgearbeitet werden können. Noch Niethammer, Autobiographien, stellt die These der differenten Autobiographik von Frauen und Männern nahezu ohne eigene Untersuchungen der Texte von Männern auf.
[313] Culley, Piece of Work, S. 10.
[314] Culley, Piece of Work, S. 11. Zu diesem Ergebnis kommt Swaim, Kathleen M.: „Come and Hear". Women's Puritan Evidences. In: American Women's Autobiography. Hg. v. Margaret Culley. Madison 1992, S. 32-56, in Culleys Band. Swaim untersucht die Selbstdarstellungen von Puritaner(inne)n des 17. Jahrhunderts aus Newtown, später Cambridge, vor ihrer Gemeinde. Der einzige deutliche Unterschied zwischen den Aussagen von Männern und Frauen liegt in der Länge, Frauen fassen sich im Schnitt kürzer!
[315] Culley, Piece of Work, S. 15.

dene Kulturen hinweg schreibt Culley nicht fest. Bei aller Verschiedenheit von Textformen und Inhalten, die sie in den Blick nimmt und von den Beiträgerinnen ihres Sammelbandes untersuchen läßt, bleibt für sie – ähnlich wie für Lejeune – die Beziehung zu den Lesenden das entscheidende Kennzeichen einer Autobiographie. Diese Beziehung – oder der Pakt, um es mit Lejeunes griffigem Etikett zu versehen – wird aufgebaut durch direktes Ansprechen der Lesenden, durch Vor- und Nachwörter.[316] Ein autobiographischer Pakt spielt somit für Culley nicht erst in der Autobiographik des emphatischen Ich eine wichtige Rolle, sondern vermag auch in anderen Epochen Texte als autobiographische zu charakterisieren.

Scharfe Kritik an den differenzorientierten Thesen von Mason, Jelinek oder Smith äußert Peterson.[317] Der vermeintlich typisch weibliche Ton ist, so Peterson, eine viktorianische Konstruktion. Denn die großen Editionen der englischen Autobiographik, auf die sich die anglistische Autobiographietheorie und -geschichte meist bezieht, stammen aus dem 19. Jahrhundert und sind – in Auswahlpolitik, Bearbeitungstendenz und Herausgeberkommentar – geprägt von den Geschlechterstereotypien dieser Zeit. Heutige Literaturwissenschaft sollte diese nicht mehr duplizieren. Wenn Peterson allerdings die These aufstellt, daß für bestimmte Autorinnen, je nach Gruppenzugehörigkeit und Epoche, Gender keine Rolle spiele, äußert sich darin ein eingeschränkter Begriff von Gender: Gender ist in Petersons Verwendung nur die Geschlechterdichotomisierung, wie sie sich im 18. Jahrhundert herauskristallisiert hat. Gender als analytische Kategorie kann es aber auch erlauben, gerade den historischen Wandel des Inhalts von Gendervorstellungen und der Stärke, mit der diese Vorstellungen auf den einzelnen Menschen lasten, zu untersuchen.

Im Zeichen des Gender trouble und der Textualität wird der Umgang mit Gattung und Geschlecht zunehmend problematisiert. Leigh Gilmore[318] setzt sich von einem konstruktivistischen, aber die realen Folgen der Konstruktion beachtenden[319] Ansatz aus mit der Möglichkeit einer feministischen

---

[316] Culley, Piece of Work, S. 18.
[317] Peterson, Linda H.: Institutionalizing Women's Autobiography. Nineteenth-Century Editors and the Shaping of an Autobiographical Tradition. In: The Culture of Autobiography. Hg. v. Robert Folkenflik. Stanford 1993, S. 80-255. Peterson, Linda H.: Gender and Autobiographical Form. The Case of the Spiritual Autobiography. In: Studies in Autobiography. Hg. v. James Olney. New York/Oxford 1988, S. 211-222, ist vor allem eine Analyse der Autobiographik des 19. Jahrhunderts: Dessen Genderstereotypen erlauben es Frauen nicht mehr, ihr Leben nach dem Muster der spirituellen Autobiographie darzustellen, da Frauen jetzt – anders als im 17. Jahrhundert, so Peterson – nicht mehr die hermeneutische Kraft zugestanden wird, ihr Leben und die Bibel zu deuten.
[318] Gilmore, Autobiographics.
[319] Vgl. etwa Gilmore, Autobiographics, S. 10: „To agree with the notion that gender is culturally constructed and that this construction is politically and ideologically interested in no way minimizes the effects of gender oppression on all women – neither on those who take gender as a ‚natural‘ property nor on those who interpret it as a cultural construction."

Forschungsperspektive zur Autobiographik auseinander, wenn die klaren Geschlechtergrenzen als aufgelöst gelten und die Ubiquität von Text und Konstruktion vorausgesetzt wird. Ihr Buch untersucht ausschließlich Beispiele aus der neueren englischsprachigen Autobiographik, ihre Forschungsperspektive ließe sich aber auch auf die Autobiographik von Frauen des 17. Jahrhunderts anwenden: Gilmore plädiert für ein class, race, gender und sexual orientation-Kategorienmodell, für die formal und inhaltlich weitere Gattungsbezeichnung „autobiographics" statt „autobiography" und warnt vor unhistorischen Generalisierungen über den Unterschied zwischen einer Autobiographik von Männern und Frauen.

Vom Gender trouble noch unberührt verlief Magdalene Heusers Tagung im Mai 1994 in Bad Homburg. Heuser geht von einer sozialgeschichtlich begründeten Geschlechterdifferenz aus: Frauen konnten und können meist immer noch nicht einen Lebenslauf führen, wie ihn Pascal, Neumann, Niggl und andere als Modellebenslauf für einen Autobiographen vorausgesetzt haben. Heuser versammelt Studien zu konkreten, einzelnen Texten. Und anders als etwa Müller, die 1998 einen deutschsprachigen Sammelband zur Autobiographik von Frauen vorlegt und darin das 18. Jahrhundert als „Frühzeit weiblicher Autobiographik" etikettiert, berücksichtigt Heuser einen weiten historischen Zeitrahmen – von Elisabeth Strouven, die 1600 in Maastricht geboren wurde, bis zu Ruth Klüger, die ihre Autobiographie *weiter leben. Eine Jugend* 1992 veröffentlichte.[320] Und wenn von den 21 im Tagungsband abgedruckten Beiträgen sich 6 mit Schriften des 17. Jahrhunderts befassen, wird hier ein Forschungsdefizit für die Autobiographik vor dem 18. Jahrhundert wahrgenommen, und es wird ihm gegengesteuert. Florence Koorn und Becker-Cantarino analysieren zwei Autobiographien aus dem niederländischen Raum, Becker-Cantarino die prominente *Eukleria* der Anna Maria van Schurman[321] und Koorn die umfangreiche Autobiographie der Elisabeth Strouven, es ist die einzige erhaltene, posthum veröffentlichte Autobiographie einer niederländischen Katholikin des 17. Jahrhunderts.[322] Koorn und Becker-Cantarino weisen beide darauf hin, welch wichtige Rolle die Religion für ihre Autobiographinnen gespielt hat, daß sie ihnen Identifikations- und Darstellungsmuster zur Verfügung stellt und Wahlmöglichkeiten läßt. Beide Beiträge sind somit ein Plädoyer für historische Differenz und für die Notwendigkeit, den historischen Kontext zu beachten, die Rolle der Religion zu berücksichtigen und

---

[320] Heuser (Hg.), Autobiographien von Frauen. Vgl. Müller (Hg.), Das erdichtete Ich.
[321] Daß selbst dieser Text der prominenten frühneuzeitlichen Gelehrten, deren Bedeutung ihre Zeitgenoss(inn)en erkannt haben, nicht in einer historisch-kritischen lateinisch-deutschen Ausgabe vorliegt, kann nur als skandalös bezeichnet werden. Es ist das wohl deutlichste Zeichen für die doppelte Marginalisierung der Autobiographik von Frauen und der Autobiographik des 17. Jahrhunderts.
[322] Becker-Cantarino, Erwählung; Koorn, Life.

autobiographische Subjektivität nicht nur im Spannungsfeld Heteronomie – Autonomie zu fixieren.[323]

Das Forschungsdefizit zur Autobiographik deutschsprachiger Frauen konstatiert auch Holdenried in ihrem Reader *Geschriebenes Leben. Autobiographik von Frauen*. Sie bricht allerdings die Beschränkung auf den deutschsprachigen bzw. niederländischen Raum der Heuser-Tagung komparatistisch auf und erlaubt auch Ausblicke auf den französischen, den englischsprachigen und den japanischen Raum. Holdenrieds eigener Beitrag macht auf die paradoxe Art der Selbstkonstruktion aufmerksam, die sich in vielen Texten von Frauen findet: Gerade in der Selbstunterwerfung kann das Subjekt sich selbst behaupten, sich konstituieren und darstellen. Holdenried sieht darin mit Honegger eine der *Listen der Ohnmacht*.[324] Wenn sich die Autobiographinnen dem Willen Gottes oder eines männlichen Beraters unterwerfen oder sich qua Frausein als unwichtige und mängelbehaftete Autorinnen darstellen, wird die Doppelzüngigkeit und strategische Funktionalisierung solcher Formulierungen nur allzu deutlich.[325] Gerade indem sich die Autorinnen als nicht ernstzunehmend stilisieren, können sie einen Freiraum reklamieren, der ihnen ansonsten verschlossen bliebe. Die Argumentation macht deutlich, daß diese empirisch gefundene Besonderheit vieler Frauentexte nicht essentialistisch gemeint ist, sich nicht aus einem Wesen des Weiblichen herleitet. Es sind dagegen bestimmte soziokulturelle Geschlechterkonstruktionen, die die Listen der Ohnmacht als diskursbedingte Antworten erfordern:

> Während Männer ihre Taten durch den Beweis ihrer Identität als Entität rechtfertigen (wodurch die Autobiographie zur Apologie wird), müssen Frauen sich dafür rechtfertigen, daß sie die von der Gesellschaft gesetzten Grenzen überschreiten und in männliche Domänen eindringen. Sie tun dies, indem sie die ihnen zugeschriebene partikulare weibliche Identität vordergründig anerkennen, ja sogar unterstreichen. So widerspruchsvoll diese Anpassungsleistung auch vor sich gehen mag [...], so sehr ist doch die Annahme dieser partikularen Identität der Brückenkopf für eine ‚Landnahme' im Geschlechterkampf gewesen.[326]

Holdenried plädiert für ein erweitertes Gattungsverständnis und schlägt den Begriff ‚Autobiographik' vor, um mehr Texte von Frauen und Schriften verschie-

---

[323] So in dem besprochenen Band auch Jancke, Glückel; Kormann, Es möchte jemand fragen; und Meise, Tagebücher.
[324] Holdenried, Michaela: „Ich, die schlechteste von allen." Zum Zusammenhang von Rechtfertigung, Schuldbekenntnis und Subversion in autobiographischen Werken von Frauen. In: Geschriebenes Leben. Hg. v. M. H. Berlin 1995, S. 402-420; Honegger, Claudia und Bettina Heintz (Hg.): Listen der Ohnmacht. Zur Sozialgeschichte weiblicher Widerstandsformen. Frankfurt a. M. 1981.
[325] Ähnlich Schlientz, Bevormundet, zu den Texten der württembergischen Pietistin Magdalena Sibylla Rieger: „Die obligaten weiblichen Demutsgesten sind oft so übertrieben formuliert, daß sie durchaus ironisch gemeint sein können.", S. 67. Manifest wird eine strategische, das Ich stärkende Funktionalisierung der Selbsterniedrigung auch in den hier analysierten Nonnenchroniken und in Stampfers *Pichl*, vgl. unten Teil II.
[326] Holdenried, „Ich, die schlechteste von allen.", S. 420.

ner Epochen und Kulturen ins Untersuchungsfeld einbeziehen zu können.[327] Konsequent schließt sie Schriften der Frühen Neuzeit in ihre Konzeption ein[328], bleibt allerdings, was die Einteilung der Beiträge betrifft, einem teleologischen Geschichtsverständnis und unhistorischen Subjektivitätsbegriff verhaftet, wenn sie von „Frühformen der Subjektivität" und von der „[k]lassischen Hochzeit der Autobiographik" schreibt.[329]

Niethammer untersucht Autobiographien von Frauen des 18. Jahrhunderts, stellt sie in den Kontext des zeitgenössischen Geschlechterdiskurses, beschreibt die Hürden für Publikationen zu Lebzeiten der Autorinnen und unterstreicht die spezifischen inhaltlichen Darstellungsprobleme und formalen Lösungen der Autorinnen. Sie argumentiert gegen eine Autobiographietheorie und Autobiographiegeschichtsschreibung, die an einem einheitlichen Modell, an der ‚klassischen Autobiographie im engeren Sinne', und an einer linearen Entwicklungsgeschichte der menschlichen Selbstdarstellung orientiert ist, verbleibt aber fixiert auf eine inhaltliche Differenz zwischen Texten von Frauen und Männern, wobei sie ihre eigenen Analysen ausschließlich der Autobiographik von Frauen widmet.[330]

Frühneuzeitliche Nonnenchroniken liest Charlotte Woodford als historiographische Werke. Die Texte von Junius und Staiger betrachtet sie im Kontext des autobiographischen Schreibens und einer Entwicklungsgeschichte der Individualität. Sie plädiert zwar dafür, die frühneuzeitlichen autobiographischen Texte auch von Frauen in autobiographiegeschichtliche Betrachtungen einzubeziehen und die spezifischen Ausprägungsmöglichkeiten frühneuzeitlicher Subjektivität nicht zu überlesen, verbleibt aber insgesamt mit einer teleologischen Konzeption des Autobiographischen und des Individuellen ganz im Rahmen des Konventionellen.[331]

Mit Almut Fincks Dissertation *Autobiographisches Schreiben nach dem Ende der Autobiographie* ist der Gender trouble in der deutschsprachigen Autobiographietheorie angekommen. Wenn Finck *Kindheitsmuster* von Christa Wolf und

---

[327] Holdenried, Einleitung. In: Dies. (Hg.), Geschriebenes Leben, S. 10f.
[328] Schlientz, Bevormundet, behandelt die Selbstzeugnisse württembergischer Pietistinnen des 18. und 19. Jahrhunderts und belegt, wie autobiographische Texte von Frauen durch Familienmitglieder und Herausgeber funktionalisiert und umgeschrieben wurden. Blackwell, Gedoppelter Lebenslauf, argumentiert mit dem diffus bleibenden Begriff des ‚gedoppelten Lebenslaufs', der nicht deutlich macht, ob damit ein autobiographischer Text oder ein durch Diskurse bestimmter realer Lebensweg gemeint ist. Ihre Referenztexte sind zudem kaum mehr als ‚Autobiographik' zu bezeichnen. Vgl. zu meinem eigenen Beitrag in Holdenrieds Band die Analyse des Hausbuchs der Maria Elisabeth Stampfer hier in Kap. II. C.
[329] Holdenried (Hg.), Geschriebenes Leben, S. 5.
[330] Niethammer, Autobiographien von Frauen im 18. Jahrhundert.
[331] Woodford, Charlotte: Nuns as Historians in Early Modern Germany. Oxford 2002; zu Staiger und Junius vgl. vor allem S. 106-143; dies.: „Wir haben nicht gewist / was wir vor angst und schrecken thun sollen". Autobiographical Writings by Two Nuns from the Thirty Years' War. In: Autobiography by Women in German. Hg. v. Mererid Puw Davies et al. Oxford u. a. 2000, S. 53-67.s.

The Woman Warrior von Maxine Hong Kingston analysiert, sucht sie nach den gegenwärtigen Möglichkeiten des autobiographischen Schreibens, eines Schreibens, das „den textuellen Konstituierungsprozeß autobiographischer Referentialität zum integralen Bestandteil der autobiographischen Schrift macht".[332] Finck geht von einer Vereinbarkeit von Textualität und Referentialität aus, ihre Analysen verlieren somit ‚Wirklichkeit' nicht aus den Augen, beachten aber, daß „kein Bezug auf ein Moment der sogenannten Lebenswelt möglich ist, der nicht immer auch an deren Formierung beteiligt wäre."[333] Aus dieser methodischen Grundannahme zieht sie für die Untersuchung zwei grundlegende Schlüsse: Geschlechterdifferenz und ‚Rassenzugehörigkeit' gelten als soziokulturelle Konstruktionen, das heißt, es kann für Finck – anders als für Mason, Jelinek und andere – keine vortextuelle weibliche Identität geben. Und autobiographische Texte – als Texte, in denen ein Ich seine Kontur nachzeichnen will – verändern dieses Ich durch den Schreibprozeß, durch das Nachzeichnen der Kontur.

5. Resümee

Die gattungstheoretischen Arbeiten bis weit in die achtziger Jahre hinein haben sich auf wenige, kanonisierte Texte beschränkt: Augustinus – Rousseau – Goethe (bzw. Mill oder Henry James) sind die meistdiskutierten Autoren. Und selbst Arbeiten, die explizit gegen diese reduzierte Höhenkamm-Topographie argumentieren, richten ihr Perspektiv nur auf die Gipfelregionen: Sie analysieren neben dem alten Dreiklang zusätzlich Texte Montaignes, Bräkers, Karl Philipp Moritz' oder Roland Barthes'. Die genderorientierte Autobiographietheorie verfährt im übrigen ähnlich, auch sie untersucht oft nur die Werke einer dünnen Oberschicht von Autobiographinnen: Gertrude Stein, Christa Wolf und Maxine Hong Kingston dürften die bei Theoretiker(inne)n beliebtesten Autorinnen sein.[334]

In jüngster Zeit aber hat gerade die historische Forschung – im vollen Bewußtsein der Problematik – Selbstzeugnisse wieder als Quellen entdeckt: als Quellen der Mentalitätsgeschichte. In diesem Rahmen haben Bibliographierungsprojekte in ganz Europa eine Fülle von autobiographischen Texten entdeckt und zugänglich gemacht.[335] Autobiographisches Schreiben ist, das läßt sich an der Vielzahl und der Differenz der entdeckten Selbstzeugnisse ablesen, kein Projekt, das nur von erfolgreichen Schriftstellern, Kirchenlehrern und Staatsmännern gewagt worden ist. Autobiographisches Schreiben ist ein Massenphä-

---

[332] Finck, Autobiographisches Schreiben, S. 197.
[333] Finck, Autobiographisches Schreiben, S. 13.
[334] Vgl. Culley, Piece of Work, S. 5.
[335] Siehe dazu Lejeune, Philippe: Verzeichnisse autobiographischer Texte. In: BIOS 11 (1998), S. 103-130. Lejeunes Verzeichnis der Verzeichnisse autobiographischer Literatur enthält aber gerade die für das 17. Jahrhundert im deutschen Sprachraum wichtigen Verzeichnisse, bzw. Verzeichnisprojekte von Krusenstjerns, von Greyerz' und Terschs noch nicht.

nomen. Dieser Befund ist eine Provokation für die literaturwissenschaftliche Gattungstheorie und ihre bisherige Praxis, die, ohne dieses Massenphänomen zur Kenntnis zu nehmen, über das gesamte Schreiben von Autobiographien anhand weniger exemplarischer Werke urteilt. Daß die üblichen Referenztexte sich nur als die Spitze des Eisbergs erwiesen haben, muß Konsequenzen haben. Anhand des immergleichen Kanons lassen sich nicht die Ausprägungen des gesamten Massivs autobiographischer Texte beschreiben. Denn wie Menschen sich selbst verstanden haben, welches Bild sie von sich, von anderen, von Gott und von der Welt erschrieben haben, das läßt sich epochen-, kultur- und genderspezifisch – in Inhalt, Form und Kommunikationsstruktur – nicht anhand einzelner Ausnahmeerscheinungen entfalten.

Was die frühere Gattungstheorie als Merkmale der Autobiographie aufgezählt hat, ist dadurch aber keineswegs Makulatur geworden. Ein solcher Merkmalskatalog leistet die Zusammenfassung einer Gattungsnorm, der autobiographische Schriften nach Rousseau, Goethe und Mill folgen oder an der sie sich abarbeiten – bis hin zur unfreiwilligen Komik inhaltlicher Parallelisierungen: „Als ich in späteren Jahren las, in welchem Verhältnis Goethe [...] zu Merck gestanden habe, wurde ich oft an mein Verhältnis zu [Zeichenlehrer] Dietz [...] erinnert."[336] Für Texte vor 1770 hat dieses ‚law of genre' keinerlei Relevanz. Die Verfasser und Verfasserinnen autobiographischer Schriften in der Frühen Neuzeit lasen vielleicht Augustinus und Teresa von Avila, sie besaßen aber vor allem auch andere Formvorbilder und Argumentationsmuster, auch Kontrastfolien[337]: Sie kennen die Bibel, Märtyrologien und Heiligenviten, kennen Kaufmannsjournale, Klosterchroniken und Familienbücher, Pikaroromane[338], Kalendergeschichten und Adelsmemoiren, Leichenpredigten und Erbauungsbücher, Flugblätter und Zeitungstexte[339]. Nach den Spuren solcher Formulierungs- und Deutungsmodelle werden die folgenden Textanalysen fahnden. Die Reflexion darüber, wie Lebensverläufe und Subjektivitätskonzeptionen erschrieben werden, bleibt wichtig, ja, sie kann auf der Grundlage einer hinsichtlich der historischen Zeiträume, des Geschlechts, der sozialen Schichtung und der Quantität erweiterten Textbasis

---

[336] Carl Gustav Carus: Lebenserinnerungen und Denkwürdigkeiten. Leipzig 1865, Bd. 1, S. 41. Vgl. Neumann, Identität und Rollenzwang, S. 150.

[337] Vgl. zum frühneuzeitlichen Umgang mit Prätexten Bauer, Barbara: Intertextualität und das rhetorische System der Frühen Neuzeit. In: Intertextualität in der Frühen Neuzeit. Studien zu ihren theoretischen und praktischen Perspektiven. Hg. von Wilhelm Kühlmann und Wolfgang Neuber. Frankfurt a. M. u. a. 1994.

[338] Daß der Einfluß aber auch die umgekehrte Richtung genommen haben kann, darauf weisen u. a. Ebner, Seventeenth-Century England, S. 146ff, und Bell, Metamorphoses, S. 120, hin.

[339] Mortimer, Geoffrey: Models of Writing in Eyewitness Personal Accounts of the Thirty Years War. In: Daphnis 29 (2000), S. 609-647. Vgl. zur frühneuzeitlichen Medienlandschaft Behringer, Wolfgang: Im Zeichen des Merkur. Reichspost und Kommunikationsrevolution in der Frühen Neuzeit. Göttingen 2003. Vgl. zur frühneuzeitlichen Gebetsliteratur van Ingen, Moore (Hg.), Gebetsliteratur.

überhaupt erst beginnen.³⁴⁰ Gerade in Zeiten, die – provoziert durch die These vom Verschwinden des Subjekts – die Geschichte der menschlichen Selbstkonzeptionen neu denken und formulieren, darf diese Geschichte nicht wieder – wie bei Misch, Weintraub und bei Olney noch 1998 – mit dem selbstverständlichen Verzicht auf die ‚Hälfte der Menschheit' festgeschrieben werden. Gerade der Blick auf bisher Ausgegrenztes erleichtert es, alte, obsolet gewordene Selbst- und Gattungskonzepte zu durchschauen.

6. Autobiographik – eine heuristische Gattungsumschreibung

Gattungstheoretische Überlegungen sind in der geschilderten Situation nicht hinfällig geworden. Die kritische Analyse der Texte ist eine unabdingbare Voraussetzung für eine Mentalitätsgeschichte, die autobiographische Schriften als Quellen verwenden will. Und sie ist genauso unabdingbar in dieser Untersuchung, die in der Autobiographik von Frauen des 17. Jahrhunderts nach den zeit-, geschlechts- und gruppenspezifischen Subjektivitätsformen sucht. Die Gattungsmuster, die Argumentationsfolien, die intertextuellen Bezüge und deren Funktionen, vor allem aber die durch die Texte provozierten Kommunikationsbeziehungen zwischen Lesenden und Schreibenden müssen beachtet werden, bevor mentalitätsgeschichtliche Schlüsse gezogen werden können.

Es ist im Rahmen der Gattungstheorie allerdings Vorsicht geboten gegenüber anachronistischen, normativen Formmodellen. Was hier gesucht wird, ist eine nicht-normative Beschreibung von Kommunikationsstrukturen zwischen Texten, Schreibenden und Lesenden, und diese Kommunikationsstrukturen werden durch bestimmte Merkmale der Texte – oder durch paratextuelle Signale wie zum Beispiel Vorworte, Titel oder Veröffentlichungsreihe – aufgebaut. Am Anfang meiner Analyse wird ein offener Gattungsbegriff als heuristisches Modell stehen. Unmißverständlich markieren soll diese Offenheit das Wort Autobiographik statt Autobiographie. Damit können ein möglichst breites Textfeld und Selbstkonstruktionen der verschiedensten Art in die Untersuchung einbezogen werden. Die Analyse der einzelnen Texte muß dann allerdings die unterschiedlichen Aufschreibesysteme, Schreibanlässe und Formkonventionen mitbeachten. Als Autobiographik – ganz im Sinne der Wortbestandteile – gelten in meiner Arbeit Texte, in denen sich ein Autor oder eine Autorin auf sich selbst beziehen (im Sinne des autobiographischen Pakts Lejeunes) und in denen Leben beschrieben, das heißt ein referentieller Pakt vorgeschlagen wird. Das Wort macht auch deutlich, daß die Autor(inn)en ihr Leben schreiben. Das heißt, aus der Fülle der Ereignisse eines Lebenslaufs werden einige als berichtenswert ausgewählt und in bestimmter

---

[340] Vgl. zur Diskussion verschiedener Ausprägungen von Gattungstheorien Lejeune, Der autobiographische Pakt, S. 379ff.

Sinnkonstruktion verknüpft.[341] Ein solch weites Gattungskonzept kann das autobiographische Schreiben des 17. Jahrhunderts in großer Breite erfassen: Es umschließt Texte von Frauen und Männern, von Gelehrten und Handwerkern oder Handwerkerfrauen, von Katholik(inn)en und Protestant(inn)en, von Müttern und Nonnen. Stärkere Eingrenzungen des Autobiographischen erhalten häufig als Ergebnis nur die Folge ihrer anfänglichen Ausschlußverfahren. Und wenn viele der bisherigen Arbeiten zur Theorie und Geschichte der Autobiographie nur die Höhenkämme ins Auge fassen und daraus ganz allgemeine Schlüsse für Ausprägungen des menschlichen Selbstbewußtseins gezogen werden, wird ein solcher Fehlschluß hier vermieden.

Lejeunes Konzept des autobiographischen Pakts ist auch auf die Autobiographik des 17. Jahrhunderts anwendbar. Schließlich leistet das Pakt-Modell genau, was von einer nicht-normativen Gattungstheorie, die die Kommunikationsstrukturen der Texte beschreibt, gefordert wird: Den autobiographischen – und den referentiellen – Pakt schließen Schreibende und Lesende, und sie können ihn schließen aufgrund ganz bestimmter Merkmale von Texten. Allerdings reformuliere ich hier Lejeunes Pakt-Modell. Denn wenn Lejeune in seiner ursprünglichen Konzeption davon ausgeht, daß der autobiographische Pakt durch eine mit dem Namen deutlich markierte Identität von Autor, Erzähler und Hauptfigur besiegelt wird, läßt sich dieses Konzept nach Lejeunes eigenen zahlreichen Modifikationen, nach den Analysen einer genderorientierten Autobiographietheorie über die Namensproblematik und vor allem im Lichte narrativistischer Forschungen zu Autorschaft und Erzählstimme nicht aufrechterhalten. Mein Konzept des autobiographischen Pakts ermittelt diesen anhand von Titeln, Vorreden und Ansprachen der Lesenden, bei denen die Namensidentität nur ein Indiz unter anderen sein kann. Ein in solcher, jeweils verschiedener Art durch Text- und Paratextsignale besiegelter autobiographischer Pakt inszeniert dann erst eine Identität zwischen Erzähler(in) und Autor(in).[342] Schließlich kann ein ‚Ich' im Text niemals das vollständige Autor-Ich sein, sondern immer nur das ‚Ich' eines ‚Erzählers', einer ‚Erzählerin'. Die Wörter ‚Erzähler' oder ‚Erzählerin' werden in meinen Analysekapiteln allerdings selten auftauchen. Denn sie implizieren eine zwangsläufig erzählende Struktur der Autobiographik. Und dies würde schon wieder eine große Einschränkung des Begriffs bedeuten, die berichtende, vielleicht sogar ‚bekennende' Schriften, in jedem Fall aber die ganze Breite chronikalischen

---

[341] Halm, Identität; Bruner, Jerome: The Autobiographical Process. In: The Culture of Autobiography. Hg. v. Robert Folkenflik. Stanford 1993, S. 38-56; vgl. auch Holdenried, Einleitung.

[342] Zum Inszenierungsbegriff siehe Fußnote 18. Autobiographiefiktionen wie Grimmelshausens *Courasche* oder Manns *Felix Krull* markieren durch textuelle und paratextuelle Signale deutlich, daß ein romanesker Pakt geschlossen werden soll. Einen autobiographischen oder einen referentiellen Pakt bieten diese Texte dagegen nicht an.

Schreibens aus der Geschichte des Autobiographischen ausschlösse.[343] Dennoch enthalten auch chronikalische und berichtende Schriften eine erzählerähnliche, meistens ‚Ich-Erzähler'-ähnliche, konstruierende, arrangierende, auswählende Funktion: Auch das ‚Ich' in einer Familienchronik ist ein ‚Ich im Text', das mit dem ‚Ich hinter dem Text', mit der Person des Autors oder der Autorin, in einer flexiblen, durch Textlektüre allein nicht erschließbaren Beziehung steht.[344]

Das autobiographische ‚Ich im Text' ist mehrteilig. Es gibt das ‚erinnerte' oder ‚beschriebene Ich': Das ist das Ich, das erlebt hat und dessen Erlebnisse die jeweilige autobiographische Schrift präsentiert, ein solches Ich wird in der Autobiographietheorie meist als ‚erzähltes Ich' bezeichnet. Zudem gibt es das Ich zum Schreibzeitpunkt, das in narrativen Autobiographien als ‚erzählendes Ich' bezeichnet werden kann, hier aber der größeren Allgemeinheit willen meist als ‚schreibendes Ich' angesprochen wird. Wer sein vergangenes Leben beschreibt, muß sich nicht immer erst beim Schreiben aktuell zu erinnern versuchen. Der Prozeß des Schreibens und der des Erinnerns können auseinanderfallen. Autobiograph(inn)en greifen manchmal auf frühere Notizen, auf Tagebücher oder andere autobiographische Annäherungen zurück, und gelegentlich verlassen sie sich beim Schreiben auf die Spuren, die früheres intensives Suchen ‚nach der verlorenen Zeit' in ihrem Gedächtnis hinterlassen hat. Bei der Autobiographik sind also – zumindest analytisch – drei Ich-Stufen unterscheidbar: das ‚beschriebene Ich', das ‚erinnernde Ich' und das ‚schreibende Ich'.[345] Wenn hier und im folgenden von ‚Ich' die Rede ist, hat dies im übrigen mit Freuds Instanzenmodell der menschlichen Psyche (Ich/Es/Über-Ich) nichts zu tun, die Bezeichnung ist vielmehr den verschiedenen Formen der Selbstverständigung einer Person in einem Text auf der Spur und verwendet dazu die erste Person Singular deshalb, weil sie in der Autobiographik der Normalfall der Selbstbezeichnung ist.[346] Daß hier so ausgiebig über ein ‚Ich im Text' verhandelt wird, darf allerdings nicht dazu verführen, in autobiographischen Texten stets das Personalpronomen der ersten Person Singular zu suchen. Es kann auch ersetzt sein durch die dritte Person Singular oder ein unpersönliches ‚man', durch eine Ansprache der eigenen Person als Gegenüber (2. Person Singular oder Plural) oder auch durch ein ‚Wir', das sowohl Indiz für eine starke Bindung an eine Gruppe als auch ein Pluralis maiestatis oder modestiae sein kann. Welches Personalpronomen die Autobio-

---

[343] Siehe zur bekennenden, erzählenden und berichtenden Autobiographik Lehmann, Bekennen – Erzählen – Berichten. Vgl. hier oben.
[344] Vgl. dazu Nünning, Ansgar: Erzähltheorien. In: Metzler Lexikon Literatur- und Kulturtheorie. Ansätze – Personen – Grundbegriffe. Hg. v. Ansgar Nünning. Stuttgart/Weimar 1998, S. 131-133; ders.: Erzähltheorie. In: RLL, Bd. 1, S. 513-517.
[345] Link-Heer, Ursula: Prousts À la recherche du temps perdu und die Form der Autobiographie. Zum Verhältnis fiktionaler u. pragmatischer Erzähltexte. Amsterdam 1988, S. 52 und 132.
[346] Vgl. zum Gebrauch der Personalpronomina in Autobiographien Lejeune, Der autobiographische Pakt.

graph(inn)en wählen, ist für die Rekonstruktion der Selbstkonzeption des ‚Ich im Text' ein ganz wichtiges Signal, das werden die Textanalysen im folgenden verdeutlichen.

Vor allem in der angloamerikanischen Debatte ist die Frage aufgetaucht, ob die Autobiographik überhaupt sinnvollerweise als Gattung konzipierbar ist und man sie nicht besser als Institution oder als kulturelle Praxis auffassen soll.[347] Eine solche ‚kulturelle Praxis Autobiographie' wäre durch bestimmte historisch wandelbare, konventionalisierte, vorstrukturierte literarische Formen geprägt, und nichts anderes sind Gattungen in Voßkamps Konzeptualisierung einer Gattung als historisch variabler literarischer Institution.[348] Die inzwischen gerade für Schriften des 17. Jahrhunderts in jüngster Zeit häufiger verwendeten Begriffe Selbstzeugnis oder Egodokument sollen hier vermieden werden: Die Wortbestandteile Dokument und Zeugnis suggerieren einen unverfälschten, vortextuellen Zugang zur Realität, während Autobiographik das Geschriebene, das zwangsläufig Textuelle und Konstruierte deutlich bezeichnet. Die sehr weite Egodokument-Definition, die der Historiker Winfried Schulze vorschlägt, schließt weit verschiedener strukturierte und motivierte Texte aus völlig unterschiedlichen Kontexten ein als der Begriff Autobiographik.[349] Die weite Definition Schulzes mag für historische Fragestellungen, gerade für die Analyse des Mentalitätswandels nützlich sein.[350] Doch der Versuch, den Begriff literaturwissenschaftlich fruchtbar zu machen, kann bisher kaum überzeugen, er ist für literaturgeschichtliche Fragen nach dem γράφειν eines autobiographischen Textes ungeeignet.

Die Ubiquität des Textuellen und der Konstruktion bedeutet aber keineswegs, daß zwischen Fiktionalität und Nicht-Fiktionalität kein Unterschied mehr bestünde, daß es keine Referentialität, nur noch Textualität gäbe. Daß ein autobiographischer Text rhetorische Mittel enthält, eine Geschichte erzählt und immer nur eine Auswahl aus den Erlebnissen eines Menschen aufnehmen kann, macht diesen noch lange nicht zu einem fiktionalen Text: Techniken der Auswahl und

---

[347] U. a. Folkenflik, Robert (Hg.): The Culture of Autobiography. Stanford 1993; Bruner, Jerome: Acts of Meaning. Cambridge/London 1990; Mascuch, Individual Self; Jancke, Autobiographie als soziale Praxis.

[348] Voßkamp, Gattungen als literarisch-soziale Institutionen. Vgl. dazu auch Loster-Schneider, Grundriß, S. 216f.

[349] Schulze (Hg.), Ego-Dokumente; darin: Schulze, Vorüberlegungen, vor allem S. 28. Zur Kritik siehe u. a. Krusenstjern, Benigna von: Buchhalter ihres Lebens. Über Selbstzeugnisse aus dem 17. Jahrhundert. In: Das dargestellte Ich. Hg. v. Klaus Arnold et al. Bochum 1999, S. 139-146; Schmolinsky, Sabine: Selbstzeugnisse im Mittelalter. In: Das dargestellte Ich. Hg. v. Klaus Arnold et al. Bochum 1999, S. 19-28.

[350] Beachte aber Ulbrich, Zeuginnen und Bittstellerinnen; Cohen, Elizabeth S.: Court Testimony form the Past. Self and Culture in the Making of Text. In: Essays on Life Writing. Hg. v. Marlene Kadar. Toronto 1992, S. 83- 93; und Cohen, Thomas V.: Agostino Bonamore and the Secret Pigeon. In: ebd., S. 94-112.

der Darstellungsintensivierung allein sind noch keine Fiktionalisierung.[351] Der Unterschied zwischen fiktionalen und nicht-fiktionalen Texten liegt, so das Verständnis hier, im Pakt, den Autor(inn)en mit den Lesenden schließen. Autobiograph(inn)en schließen im allgemeinen einen referentiellen Pakt im Sinne Lejeunes mit ihrem Publikum. Das heißt, das Publikum kann erwarten, von der erlebten Realität der Autor(inn)en zu erfahren. An den Strukturen eines narrativen Textes allein kann nicht abgelesen werden, ob dieser Text eine Autobiographie oder ein Roman ist. Anhand von textuellen, paratextuellen und eventuell kontextuellen Merkmalkombinationen läßt sich eine Hypothese entwickeln, ob ein romanesker oder ein referentieller Pakt geschlossen wird, ob also Autor(inn)en und Lesende den Kontrakt schließen, einen Roman vor sich zu haben, der Fiktionales präsentiert, oder eine Autobiographie, die Referentialität beansprucht.[352] Das Bestehen auf einem referentiellen Pakt bedeutet aber nicht, daß dem „bios-bias" verfallen wird, den Watson vielen Autobiographietheorien unterstellt: Watson definiert βίος als „individualized assertion of a life's significance", faßt βίος als bedeutenden Lebenslauf nach den Kriterien der westlichen Kultur auf – und folglich gänzlich anders, als es hier in dem allgemeinen Verweis auf einen referentiellen Pakt geschieht.[353] Erst durch einen referentiellen Pakt einen Text zur Autobiographik gehören zu lassen, setzt keineswegs voraus, daß eine unverstellte, unkonstruierte Wahrheitsdarstellung für möglich gehalten wird. Gerade Lejeune hat – vor allem in seiner Essaysammlung mit dem bezeichnenden Titel *Je est un autre* – deutlich gemacht, daß Selbstkonstruktionen nicht autonom und originell, sondern diskursabhängig sind.[354] Von einem referentiellen

---

[351] Mortimer, Geoffrey: Style and Fictionalisation in Eyewitness Personal Accounts of the Thirty Years War. In: GLL 54 (2001), S. 97-113, vertritt die These, daß in Augenzeugenberichten aus dem Dreißigjährigen Krieg Fiktionalisierungen auftreten durch „[t]echniques adopted, probably unconsciously, by writers seeking to give force and point to their narratives" (S. 97). Eine solche Definition der Fiktionalisierung verunklart mehr, als sie erhellt, zumal Mortimer in seiner Analyse der Augenzeugenberichte dann gerade nicht zu unterscheiden vermag, welche Konstruktionen die Autoren und Autorinnen von Augenzeugenberichten und welche erst die Herausgeber vornehmen. Gerade die zeitgenössischen stilistischen Mittel – Rhetorik, Emblematik, Adaptionen von Predigt- und Bibelstil – sucht er nicht in den Augenzeugenberichten, sondern erwartet – reichlich anachronistisch – stilistische Elemente, die Labov, William: Language in the Inner City. Studies in the Black English Vernacular. Philadelphia 1972, in Analysen der Kommunikation nordamerikanischer Subkulturen gefunden hat. Differenzierter und historisch adäquater fragt Mortimer, Models, nach den Einflüssen zeitgenössischer Textmodelle (vor allem: Schreibkalender, Leichenpredigten und Formen der zeitgenössischen Presse) auf Augenzeugenberichte über den Dreißigjährigen Krieg.
[352] Ähnlich argumentieren von Heydebrand, Winko, Wertung, S. 30, zur Fiktionalität, die auf einem Fiktionalitätskontrakt zwischen Autor und Leser beruhe. Vgl. Landwehr, Fiktion; ders., Text und Fiktion.
[353] Watson, Anti-Metaphysics, S. 72. Watsons Einwand trifft aber diejenigen Autobiographiedefinitionen, die wie Esselborn, Erschriebene Individualität, und Velten, Das selbst geschriebene Leben, den Wortbestandteil ‚βίος' mit lebensgeschichtlichem, entwicklungsorientiertem Erzählen gleichsetzen und die Autobiographie als Karrieregeschichte auffassen.
[354] Lejeune, Je est un autre, S 8f.

Pakt auszugehen, heißt ausschließlich, daß ein autobiographischer Text – oder sein Textumfeld – deutliche Signale enthält, es handle sich nicht um eine erfundene, sondern um eine vorgefundene Geschichte. Die Art des referentiellen Pakts unterliegt zudem einem historischen Wandel: Während die im folgenden verhandelten apologetischen oder annalistischen frühneuzeitlichen Texte für die Lesenden nur dadurch Relevanz reklamieren können, daß sie ihren Zeugnischarakter betonen, erheben Autobiographien des 20. Jahrhunderts oft einen Authentizitätsanspruch, der durch partielle Fiktionalisierung nicht getrübt wird.[355] Daß es aber auch in Zeiten, in denen der ‚Tod des Autors' ausgerufen wird und Konstruktion als unhintergehbar gilt, keineswegs nebensächlich ist, ob ein Werk autobiographisch oder fiktional erzählt, ob der autobiographische Pakt den Lesenden zu Recht angeboten wird oder in betrügerischer Absicht, zeigen die Skandale der letzten Jahre um die gefälschten Hitler-Tagebücher, die Auseinandersetzungen um Stefan Hermlins geschönten Lebenslauf in seinem Buch *Abendlicht* und der Skandal um Binjamin Wilkomirskis *Bruchstücke*, das sich als Erinnerung an die Kindheitsjahre des Autors im Konzentrationslager ausgibt, eine Erinnerung, die dieser nach Recherchen der *Weltwoche* nicht haben dürfte.[356]

---

[355] Holdenried, Autobiographie, S. 14. Holdenried, Spiegel.
[356] Ganzfried, Daniel: Die geliehene Holocaust-Biographie. In: Weltwoche Nr. 35/98, 27.8.1998. Ähnlich wie ich argumentieren Mandel, Full of Life Now; Couser, Altered Egos, S. 3ff; und Stanley, Feminist Auto/biography. Vgl. zum Fall Wilkomirski aber auch Mächler, Stefan: Der Fall Wilkomirski. Über die Wahrheit einer Biographie. Zürich/München 2000, und Bauer, Strickhausen (Hg.), „Für ein Kind war das anders."

II. Teil: Textanalysen

A. Protestantische und pietistische Autobiographik

Wer Selbstzeugnisse der Frühen Neuzeit untersucht, stößt zum überwiegenden Teil auf Texte protestantischer Autoren.[357] Die Vielzahl dieser Texte läßt sich erklären mit der protestantischen Praxis der biographisch orientierten Leichenpredigt und mit dem Selbstprüfungszwang, den die lutherische Rechtfertigungslehre und der reformierte Providenzgedanke ausüben.[358] Doch da in Deutschland nicht erfaßt ist, wie viele Autobiographien der Frühen Neuzeit überhaupt in Bibliotheken und Archiven gedruckt oder in Manuskriptform lagern und auch nicht annähernd abgeschätzt werden kann, was aufgrund welchen Archivierungsverhaltens wann verloren gegangen sein könnte, muß das protestantische Übergewicht zurückhaltend gedeutet werden.[359] Es könnte sich auch um ein Artefakt, bedingt durch die Praxis des Archivierens und Herausgebens, handeln. Zudem hat sich die Literaturgeschichtsschreibung über das 17. Jahrhundert generell zumeist dem protestantischen Raum gewidmet.

Was an protestantischer, religiöser Autobiographik aus dem 17. Jahrhundert überliefert ist, stammt oft aus pietistischen Sammlungen von Exempelbiographien. So sind es auch nicht die unauffälligen Anhänger(innen) einer lutherischen Orthodoxie, die für die Dominanz protestantischer Selbstzeugnisse verantwortlich sind, sondern Pietist(inn)en oder Autor(inn)en, deren Selbstdarstellungen in pietistischen Kreisen als Exempel gelten konnten. Im Kontext des Pietismus wurden exemplarische Lebensläufe nicht nur von Männern, sondern auch von Frauen gesammelt und so vor der Vernichtung bewahrt. Die pietistischen Sammelbände stellen Selbst- und Fremdbiographien aus den verschiedensten Quellen zur geistlichen Erbauung zusammen, stilisieren sie zu beispielhaften Viten, zu „Beispielerzählungen vorbildlicher christlicher Lebensläufe, Seelenprogresse, Bekehrungsmuster, Glaubensbewährungen und Sterbensbeseligungen".[360] Eine der

---

[357] Velten, Das selbst geschriebene Leben; von Greyerz, Vorsehungsglaube (und andernorts); Bernheiden, Individualität.
[358] Velten, Das selbst geschriebene Leben; von Greyerz, Vorsehungsglaube; Niggl, Zur Säkularisation, S. 367; Sonntag, Das Verborgene des Herzens, S. 204ff.
[359] Vgl. über das Fehlen „irgendwelcher systematischer bibliographischer Vorarbeiten" von Greyerz, Vorsehungsglaube, S. 40. In der deutschsprachigen Schweiz und in Österreich sieht die Forschungslage durch die Projekte von Kaspar von Greyerz und Harald Tersch deutlich besser aus. Siehe inzwischen allerdings von Krusenstjern, Selbstzeugnisse, deren Erhebung der Selbstzeugnisse aus dem Dreißigjährigen Krieg die Dominanz der protestantischen Autobiographik relativiert.
[360] Schrader, Nachwort, S. 131*.

ersten pietistischen Biographie- und Autobiographiesammlungen ist die „Historie der Wiedergebohrnen" von Johann Henrich Reitz.[361] Pietist(inn)en aller Schattierungen schätzten Exempelbiographien. Die Biographien oder Autobiographien von vorbildlichen Menschen dienten den Lesenden als Leitlinie für den Weg zur Wiedergeburt. Erfolgreich Erweckte konnten dann, das zeigt Schraders Abhandlung über die verschiedenen Auflagen der Reitzschen Sammlung, ihrerseits wieder mit ihrem Lebenslauf zum pietistischen Musterfall werden. Solche Sammelbände bewahrten aber autobiographisches Schreiben nicht nur vor der Vernichtung, sie dürften es oft auch erst angeregt haben. In jedem Fall prägten sie die Auffassung vom eigenen Leben, dienten somit als Mustersammlungen für autobiographisches Schreiben.[362]

Pietismus[363] meint hier epochenspezifisch eine protestantische Bewegung um 1700, die sich als Gegenströmung zum erstarrten Dogmatismus der lutherischen Orthodoxie entwickelt hat. Sie fordert das Streben nach christlicher Vollkommenheit und die Übung der Gottseligkeit, der ‚praxis pietatis'. Der Pietismus geht von der Wichtigkeit eines Erweckungserlebnisses und einer ‚Wiedergeburt' aus: Die Anhänger dieser Bewegung wollen ‚wiedergeboren' werden, das heißt, sie suchen den religiösen Durchbruch.[364] Der Begriff Pietismus ist kein Synonym für Mystik, „die als ein in fast allen Religionen und zu unterschiedlichsten Zeiten virulenter – die ekstatische Seelenerfahrung der Vereinigung mit Gott bezeichnender – Frömmigkeitstyp" verstanden werden kann, oder für einen allgemeinen Spiritualismus, der seine Lehren auf göttliche Eingebung und nicht auf akademische Bibelexegese stützt.[365] Von den gemäßigten, innerkirchlichen Richtungen um Francke und Spener lässt sich die radikale, konsequente Kirchenkritik unterscheiden, deren so asketischer wie schwärmerischer Charakter immer wieder be-

---

[361] In mehreren, jeweils erweiterten Auflagen erschienen zwischen 1698-1745. Reitz, Johann Henrich: Historie der Wiedergebohrnen. Vollst. Ausg. d. Erstdr. aller 7 Teile d. pietist. Sammelbiographie [...]. Hg. v. Hans-Jürgen Schrader. 4. Bd. Tübingen 1982.

[362] Biographische Exempelsammlungen waren im Pietismus so beliebt, daß dies auch zu speziellen Exempelsammlungen schon für Kinder geführt hat, vgl. Moore, Cornelia Niekus: „Gottseliges Bezeugen und frommer Lebenswandel". Das Exempelbuch als pietistische Kinderlektüre. In: Das Kind in Pietismus und Aufklärung. Hg. v. Josef N. Neumann und Udo Sträter. Tübingen 2000. Zur Literarisierung der pietistischen Lebensläufe vgl. Niggl, Zur Säkularisation, S. 370. Was Niggl allerdings an dieser Stelle und anderswo völlig vernachlässigt, ist das ‚law of genre', dem die deutschsprachige Autobiographik sich nach Goethes *Dichtung und Wahrheit* unterwirft, siehe dazu hier I C 5.

[363] Vgl. zur Pietismusforschung vor allem Wallmann, Johannes: Der Pietismus. Göttingen 1990; weitere Arbeiten siehe Anm. 368. Wichtige Beiträge zur Pietismusforschung sind auch die Veröffentlichungen im Auftrag der Franckeschen Stiftungen zu Halle und die Beiträge in der Zeitschrift Pietismus und Neuzeit.

[364] Daß im Kontext des radikalen Pietismus Erweckungserlebnis und Wiedergeburt keineswegs als zwei Wörter für die selbe Sache zu verstehen sind, machen Hoffmann, Radikalpietismus, S. 10, und – unter Hinweis auf Hoffmann – von Greyerz, Religion und Kultur, S. 278, deutlich.

[365] Vgl. Schrader, Literaturproduktion und Büchermarkt, S. 50.

tont wird. Die Petersens werden zur zweiten Kategorie, zum Radikalpietismus, gezählt.[366] Als deren geistige Tradition sieht Schrader

> [d]as spekulative Ideengut und de[n] asketische[n] Rigorismus, die ursprünglich auf biblische Bücher wie die Apokalypse, das Hohelied oder das Johannes-Evangelium, auf neuplatonische, frühchristliche und kabbalistische Traditionen, auf mittelalterliche und frühneuzeitliche Mystik, Eschatologie, Kosmologie und Alchimie, auf Lehren vom ‚linken Flügel' der Reformation (v. a. Schwenckfeld, Weigel) zurückgehen und die bei den Spiritualisten des 17. Jahrhunderts wie Böhme, Franckenberg, Kuhlmann oder Gichtel, bei Kirchenkritikern wie Arndt, Felgenhauer, Hoburg oder Breckling vielfältig vermittelt aufgegriffen und weitergedacht worden sind [...][367].

Daß die exzentrisch auftretenden Vertreter solchen Gedankenguts mit der kirchlichen Hierarchie – und mit einer Reihe weltlicher Herren – in heftigen Konflikt gerieten, kann kaum verwundern. Die theologischen Auseinandersetzungen sollen hier nicht im einzelnen referiert werden, dazu kann auf die Pietismusforschung verwiesen werden. Die kirchengeschichtliche Forschung hat den Pietismus in Deutschland vorwiegend anhand seiner Leitfiguren aufgearbeitet, um 1700 sind dies vor allem Spener, Francke, Arnold und das Ehepaar Petersen.[368] Die drei großen Lehrsysteme der Petersens sind der Chiliasmus, die Allversöhnungslehre (ἀποκατάστασις πάντων) nach der am Ende der Welt auch die Wiederbringung, das heißt die Erlösung, der Verdammten steht, und eine Sophienspekulation in der Böhme-Nachfolge.

Die Frage nach der Bedeutung der Frauen in dieser religiösen Bewegung und nach der Rolle, die der Pietismus für Frauen gespielt hat, beantworten die Stan-

---

[366] Schrader, Literaturproduktion und Büchermarkt, S. 58ff; Schneider, Hans: Der radikale Pietismus im 17. Jahrhundert. In: Der Pietismus vom siebzehnten bis zum frühen achtzehnten Jahrhundert. Hg. von Martin Brecht, Göttingen 1993, S. 391-437. Differenzierend Matthias, Petersen.

[367] Schrader, Literaturproduktion und Büchermarkt, S. 61. Von den Lehren einiger in Schraders Aufzählung genannter Vorbilder der radikalen Pietisten distanziert sich allerdings Johann Wilhelm in seiner Autobiographie explizit. Ob ihn taktische Erwägungen oder theoretische Differenzen dazu verleiten, kann und muß im Rahmen dieser autobiographiegeschichtlichen Arbeit nicht untersucht werden.

[368] Siehe unter anderem die beiden von Kurt Aland et al. und Martin Brecht et al. herausgegebenen Reihen zur Geschichte des Pietismus; Blaufuß, Dietrich (Hg.): Pietismus-Forschungen. Zu Philipp Jacob Spener und zum spiritualistisch-radikalpietistischen Umfeld. Frankfurt am Main 1986; Blaufuß, Dietrich, Friedrich Niewöhner (Hg.): Gottfried Arnold (1666-1714). Mit einer Bibliographie der Arnold-Literatur ab 1714. Wiesbaden 1995; Brecht, Martin: Ausgewählte Aufsätze. Bd. 2: Pietismus. Stuttgart 1997; Schmidt, Martin: Pietismus. Stuttgart 1983; Schmidt, Martin und Wilhelm Jannasch (Hg.): Das Zeitalter des Pietismus. Wuppertal 1988; Schneider, Der radikale Pietismus; Wallmann, Pietismus; ders.: Philipp Jakob Spener und die Anfänge des Pietismus. Tübingen 1986. Für die Forschung der siebziger und frühen achtziger Jahre des 20. Jhds. vgl. Schrader, Literaturproduktion und Büchermarkt, S. 355f Anm. 49. Zur geschichts- und literaturwissenschaftlichen Pietismusforschung vgl. vor allem die verschiedenen, im Literaturverzeichnis aufgeführten Arbeiten von Dohm, Jakubowski-Tiessen, Lächele, Lehmann und Schrader. Vgl. zu den religiösen Überzeugungen und Theorien des Ehepaares Petersen Matthias, Petersen. Zur Wiederbringung aller s. TRE, Bd. 35, 2003, S. 774-780.

dardwerke Wallmanns, Schmidts, Brechts und Schraders nicht. In dem 1980 von Becker-Cantarino herausgegebenen Band *Die Frau von der Reformation zur Romantik* stellt dagegen Critchfield dieses Thema in den Mittelpunkt seiner Untersuchung und behauptet, Frauen hätten im Pietismus über führenden Einfluß verfügt. Dies kann inzwischen allerdings als weit übertrieben gelten. Critchfields Urteil fußt auf einer veralteten Pietismusgeschichtsschreibung. Die frühen pietismuskritischen Kirchengeschichtler, Ritschl etwa, betonen, verführt von den Geschlechterstereotypen ihrer eigenen Zeit, die emotionale Intensität des Pietismus, die diese Strömung für Frauen attraktiv gemacht habe und eben auch führendem weiblichem Einfluß geschuldet sei. Eine solche Position übersieht, wie sehr der frühe Pietismus nicht nur eine – in späteren Zeiten weiblich konnotierte – Gefühlsfrömmigkeit kultiviert hat, sondern durchaus mit den wissenschaftlichen theologischen Diskursen seiner Zeit verwoben war. Und wenn der Einfluß der Frauen in dieser Bewegung herausgestrichen wird, war dies in den Anfangszeiten einer wissenschaftlichen Kirchengeschichtsschreibung nicht einer detaillierten Suche nach dem Einfluß von Frauen geschuldet, sondern ein strategisch eingesetztes Argument zur Diffamierung dieser Strömung.[369] Witt untersucht die Auswirkungen des Halleschen Pietismus auf die aus diversen Schriftformen ablesbaren Selbstbilder von Frauen aus Franckes Umkreis. Sie schätzt die Entwicklungsmöglichkeit von im landläufigen Sinne ‚selbstbewußten' Positionen von Frauen innerhalb des Pietismus weit pessimistischer ein als Critchfield. Die pietistische Orientierung auf eine innere Erfahrungswelt und auf eine Reflexion der eigenen Sündhaftigkeit sieht sie als Parallele zur sich im 18. Jahrhundert herausbildenden Dichotomie der Geschlechtscharaktere. Anders als für Critchfield ist also nach Witts differenzierter Studie der Pietismus kein großer Sprung auf einem Weg zur Mündigkeit, sondern ein Schritt hin zur Dichotomisierung der Geschlechter, zur Entwicklung einer Geschlechterordnung, die Frauen auf Passivität, Innerlichkeit und Abstinenz von öffentlicher Aufgabe festlegt.[370] Ob allerdings der Innerlichkeitsschub im Halleschen Pietismus seine Entsprechungen in anderen pietistischen Gruppierungen hat, müßte geprüft

---

[369] Ritschl, Albrecht: Geschichte des Pietismus, Bde. 1-3. Bonn 1880-1886, zu den Petersens siehe Bd. 2. Vgl. zu Ritschls Urteil über das Ehepaar Petersen Matthias, Petersen, S. 11f. Ritschl betrachte, so Matthias, den Fall Johann Wilhelm Petersens als „Postfiguration von Adams Fall", verführt durch Eva. Eine solche Argumentationsfigur findet sich schon zu Lebzeiten der Petersens zur Diffamierung antiorthodoxer Gruppen, etwa in Feustking, Johann Heinrich: Gynaeceum Haeretico Fanaticum, Oder Historie und Beschreibung Der falschen Prophetinnen / Qväkerinnen / Schwärmerinnen / und andern sectirischen und begeisterten Weibes=Personen. Frankfurt und Leipzig 1704.
[370] Auch Dohm, Burkhard: Radikalpietistin und ‚schöne Seele'. Susanna Katharina von Klettenberg. In: Goethe und der Pietismus. Hg. v. Hans-Georg Kemper und Hans Schneider. Tübingen 2001, S. 111-134, hier S. 113ff, überschätzt wohl den Einfluß von Frauen im Pietismus (schließlich beruft er sich zu dessen Nachweis u. a. auf Feustking, Gynaeceum Haeretico Fanaticum, und damit auf eine extrem misogyne und anti-pietistische Schrift) und berücksichtigt zuwenig die Historizität und soziokulturelle Konstruktion von Geschlechtervorstellungen.

werden. Festgehalten werden kann aber nach Witts Untersuchung: Auch wenn der Pietismus für Frauen attraktiv war, weil er bei der Bibelauslegung Inspiration höherschätzte als theologische Gelehrsamkeit, von der Frauen durch die Geschlechterordnung ausgeschlossen waren, gab es doch innerhalb der pietistischen Kreise eine eindeutige Geschlechterhierarchie zugunsten der männlichen Mitglieder.[371]

Die literaturwissenschaftliche Analyse pietistischen Schreibens steht immer noch in den Anfängen, obwohl Schrader schon 1989 auf eine eigenartige Situation hingewiesen hat[372]: Auch wenn der revolutionierende Einfluß des Pietismus auf die Literatur des 18. Jahrhunderts immer wieder betont wird und es Rezeptionsdokumente unter anderem von Wieland, Goethe, Schiller und Hegel zu den pietistischen Bestsellern gibt[373], werden dennoch diese so außerordentlich einflußreichen Texte höchst selten literaturwissenschaftlich analysiert. Wenn überhaupt als pietistisch bezeichnete Schriften in den Fokus der Literaturgeschichtsschreibung geraten, stammen sie meist von Johann Heinrich Jung-Stilling oder Karl Philipp Moritz, also von Autoren aus der Spät- und Auflösungsphase dieser Bewegung. Schraders gründliche Untersuchung der Verbreitung einer der

---

[371] Zum Arbeitspaar Petersen hier unten und Albrecht, Petersen; vgl. auch Lehmann, Hartmut: Vorüberlegungen zu einer Sozialgeschichte des Pietismus im 17./18. Jahrhundert. In: Pietismus und Neuzeit 21 (1995), S. 69-83, hier S. 79.

[372] Schrader, Literaturproduktion und Büchermarkt, S. 25. Vgl. allerdings Kemper, Hans-Georg: Aufklärung und Pietismus, Tübingen 1991, und neuerdings die detaillierten Analysen in Dohm, Poetische Alchimie; Kemper, Schneider (Hg.), Goethe und der Pietismus; und die Untersuchungen der kulturellen Wirkungen des Halleschen Pietismus in Lächele, Rainer (Hg.): Das Echo Halles. Kulturelle Wirkungen des Pietismus. Tübingen 2001.

[373] Schrader, Literaturproduktion und Büchermarkt, S. 23f; Schneider, Hans: „Mit Kirchengeschichte, was hab' ich zu schaffen?" Goethes Begegnung mit Gottfried Arnolds *Kirchen- und Ketzerhistorie*. In: Goethe und der Pietismus. Hg. v. Hans-Georg Kemper und Hans Schneider. Tübingen 2001, S. 79-110. Was bisher immer noch fehlt, sind Untersuchungen über den Einfluß der pietistischen Schriften auf Schriftstellerinnen um 1800. Zwar dürften solche Untersuchungen, z.B. wegen fehlender Bibliotheksverzeichnisse, sich einer schwierigen Aufgabe gegenübersehen, ihre Ergebnisse aber könnten höchst aufschlußreich sein, bedenkt man die in Witt, Bekehrung, Bildung und Biographie, anschaulich gemachte Beziehung zwischen einem pietistischen demütigen Menschenbild und dem Weiblichkeitsstereotyp um 1800. Vgl. dazu auch Kormann, Es möchte jemand fragen, S. 91f, und Ramm, Autobiographische Schriften, S. 106f, zur Autobiographie Wilhelmine Eberhards; Niethammer, Autobiographien, S. 44, zu den Autobiographien Elisa von der Reckes. Dohm, Burkhard: Pyra und Lange. Zum Verhältnis von Empfindsamkeit und Pietismus in ihren *Freundschaftlichen Liedern*. In: Dichtungstheorien der deutschen Frühaufklärung. Hg. von Theodor Verweyen in Zusammenarbeit mit Hans-Joachim Kertscher. Tübingen 1995, S. 86-100, betont den Zusammenhang zwischen pietistischer und ‚weltlicher' Empfindsamkeit. Vgl. auch Dohm, Klettenberg, S. 112ff zum Selbstverständnis Klettenbergs und anderer Pietistinnen, die sich durch ihre ‚weibliche' Empfindsamkeit dem Göttlichen besonders verbunden sehen. Dohms Befunde wären gendersensibel weiterzudenken: Wenn die höhere Empfindsamkeit von Frauen ein soziokulturelles Konstrukt ist, fragt sich, wann diese Verbindung von Weiblichkeit und Gefühl eingesetzt hat oder verstärkt betont wird, welche Funktion sie übernimmt und welche Rolle der Pietismus bei der Genese des empfindsamen Frauenbilds gespielt hat.

wichtigsten Exempelbiographien, der Reitzschen *Historie Der Wiedergebohrnen*, ist leider bis heute eine der wenigen literaturwissenschaftlichen Studien zum pietistischen Massenschrifttum geblieben. In jüngster Zeit steigt allerdings die Sensibiliät für pietistische Einflüsse auf die Literatur des 18. und 19. Jahrhunderts: Dohms im Jahr 2000 erschienene Analysen widmen sich mit der barockmystischen und pietistischen Hohelied- und Bibeldichtung einer bisher vernachlässigten Literatursorte, erkennen die „Öffnung zur Sinnlichkeit" in diesen Texten und ihren Einfluß auf die Literatur des 18. Jahrhunderts, räumen mit manch literarhistorischem Allgemeinplatz auf – und zeigen damit, wie schnell scheinbar sichere Thesen der Literaturgeschichtsschreibung sich als obsolet erweisen, wenn der Kreis des Analysierten erweitert wird.[374]

Wenn hier nach der autobiographischen Selbstkonstruktion von Frauen und nach den Legitimations- und Argumentationsmustern für ihr Schreiben gefragt wird, hält die bisherige Pietismusforschung und Autobiographiegeschichtsschreibung dafür noch keine Antworten bereit, aber sie breitet einen Kontext aus, in dessen Rahmen literaturwissenschaftliche und textorientierte Fragen gestellt werden können. Es geht in dieser Arbeit nicht um eine theologische Debatte, die den Schwerpunkt auf kirchengeschichtliche Abgrenzungsfragen zwischen den jeweiligen Strömungen legt. Die verschiedenen pietistischen Ausprägungen werden hier als ein Diskursfeld ins Auge gefasst, in dem eine Reihe von Autobiographinnen geschrieben hat, in dem sie Konzeptionen von ‚Ich', ‚Gott' und ‚Welt' vornehmen konnte. Denkbar ist dabei ein striktes Wiederholen pietistischer Grundpositionen, ein Fortweben am pietistischen Diskurs oder ein ihn zerreibender oder gar sprengender Gebrauch:

> Der Unbedingtheitsanspruch der an individueller Herzenserfahrung orientierten Denk- und Lebensweise der Pietisten, das Selbstverständnis und der missionarische Anspruch derer, die sich als Erwählte oder mit besonderer Inspiration Begnadete begriffen, das geschärfte Interesse schließlich an den Regungen der eigenen Psyche entfalteten eine Eigendynamik, welche die frommen Schranken religiöser Funktionalität zerbrechen mußte und dazu drängte, auf innerweltliche Erfahrung übertragen zu werden.[375]

Ob, was Schrader für die Auswirkungen des Pietismus auf im 18. Jahrhundert neu sich bildende Dichtungsformen konstatiert, für die frühpietistischen Autobiographien schon gelten kann, muß geprüft werden. Denkbar ist einerseits, daß der Pietismus mit seiner Forderung nach Erforschung des eigenen Seelenlebens sensibel macht für widersprüchliche, uneindeutige, nicht begrifflich fixierbare und kulturell nicht als legitim geltende Gefühle. Möglich ist andererseits aber auch, daß diese religiöse Strömung mit ihrer Neigung zu einem gewissen Fundamentalismus als zementierende Ideologie funktioniert hat, als Wahrnehmungs-

---

[374] Dohm, Poetische Alchimie.
[375] Schrader, Literaturproduktion und Büchermarkt, S. 24.

raster, das auch noch Erfahrungen, die den ideologischen Rahmen eigentlich sprengen müßten, innerhalb des Begriffssystems einordbar und erklär- und benennbar sein läßt. Wenn hier und im folgenden von Gefühlen oder Erfahrungen die Rede ist, wird nicht eine von Texten und Diskursen unabhängige Sphäre der Gefühls- und Erfahrungsrealität angenommen. Was ein Mensch fühlt und erfährt, ist zweifellos immer abhängig von historisch vorgeprägten Erwartungsmustern und ebenso geprägten Ausdrucksformen.[376] Daß menschliche Erfahrungsmöglichkeiten damit abhängig sind von Diskursen und Dispositiven, bedeutet aber nicht, daß Menschen nicht Ereignissen ausgesetzt sind, die vorgeprägte Erwartungsmuster und Formulierungsmodelle manchmal aufsprengen oder erodieren können, die sich mit Hilfe traditioneller Erwartungshaltungen nicht wahrnehmen und schon gar nicht mit ideologischen Ordnungsformeln ruhig stellen lassen wollen.

Reibung am pietistischen Demutsdiskurs und sein produktives Weiterschreiben muß nicht zwangsläufig zu Vorläuferformen einer sich als autonom verstehenden Subjektivität um 1800 führen. Die frühpietistischen Autobiographien des 17. Jahrhunderts sollen hier nicht wegen ihres möglichen Einflusses auf spätere Literatur und darin enthaltene Selbstbilder gelesen und analysiert werden, sondern zur Erkundung ihrer Eigenheiten und ihres Andersseins. Im Kontext des Pietismus spielt das Lesen und Schreiben von Lebensläufen eine große Rolle, doch es ist eine ganz andere Rolle als die, die Autobiographien späterer Jahrhunderte übernehmen wollen. Pietistische Autobiographien sind als religiöse Texte an dem orientiert, was Lehmann „Bekennen" nennt[377]: Sie bekennen die göttliche Allmacht und die eigene Sündhaftigkeit, dienen der Selbstvergewisserung und als Zeugnis vor der Öffentlichkeit[378]. In einem Zeitalter des heftigen Konfessionsstreits muß bei religiöser Autobiographik, zumal der von Radikalpietist(inn)en, aber immer auch mit apologetischen Zügen gerechnet werden.

Im ersten Kapitel der Textanalysen wird die *kurtze Erzehlung* Johanna Eleonora Petersens im Vordergrund stehen. Die *kurtze Erzehlung* ist eine der wenigen Autobiographien einer Frau des 17. Jahrhunderts, die zu Lebzeiten der Autorin im Druck erschienen ist und dabei mehrere Auflagen erzielt hat. Im Kontext des 17. Jahrhunderts gehört sie zu den längeren deutschsprachigen autobiographischen Schriften und wurde weniger stark marginalisiert als andere. Neben Petersen hat auch ihr Mann Johann Wilhelm eine *Lebens=Beschreibung* ver-

---

[376] Vgl. dazu von Greyerz: Erfahrung und Konstruktion. Selbstrepräsentation in autobiographischen Textes des 16. und 17. Jahrhunderts. In: Berichten, Erzählen, Beherrschen. Hg. v. Susanna Burghartz et al. Frankfurt a. M. 2003, S. 220-239.

[377] Lehmann, Bekennen – Erzählen – Berichten, vgl. hier Kap. I. C.

[378] Vgl. Gleixner, Ulrike: Pietismus, Geschlecht und Selbstentwurf. Das *Wochenbuch* der Beate Hahn, verh. Paulus (1778-1842). In: Historische Anthropologie 10 (2002), S. 76-100. Gleixners Aufsatz verallgemeinert aber zu sehr die Verhältnisse eines späteren Pietismus und bleibt zudem einem traditionellen Subjektverständnis verbunden.

faßt.³⁷⁹ Die beiden Texte fordern zum Vergleich heraus. Im Mittelpunkt wird die Frage stehen, wie geschlechtsspezifisch die frühneuzeitliche Autobiographik – von Männern und von Frauen – ist. Kursorisch werden weitere in gedruckter Form vorliegende autobiographische Schriften analysiert, in denen sich protestantische Frauen ausgeprägt religiös motiviert und zentriert zu Wort melden. Es sind dies die Lebensläufe Anna Vetters und Barbara Cordula von Lauters und die Schrift Martha Elisabeth Zitters. Der theoretische Teil der Arbeit hat gezeigt, daß sowohl Gattungskonvention als auch Genderkonzeption sich im Laufe der Geschichte wandeln und somit für Autobiographietheorie und Geschlechterforschung eine Historisierung dringend geboten ist. Wenn es in den folgenden Textanalysen also um das Entschlüsseln von zeit-, geschlechts- und gruppenspezifischen Subjektivitätsformen geht, werden Petersens *kurtze Erzehlung* und die weiteren Schriften zwar mit Fragestellungen analysiert werden, die an aktuelle Debatten anschließbar und von diesen Debatten angeregt sind, aber diese Fragen sollen stets vor dem Hintergrund der spezifischen historischen Situation an die einzelnen Texte gerichtet werden.

Innerhalb dieses kontextuellen Rahmens wird Petersens *kurtze Erzehlung* analysiert. Meine Untersuchung sieht sich dabei einer seltsam paradoxen Rezeptionssituation der pietistischen Autobiographik konfrontiert: Während immer wieder die Bedeutung des Pietismus für die Geschichte der Autobiographie betont wird und gerade in jüngster Zeit dabei stets auf Petersens *kurtze Erzehlung* verwiesen wird, liegen doch solchen Hinweisen nur selten differenzierte Studien des Primärtextes zugrunde. So finden sich auch noch in neueren Darstellungen zur Geschichte des Schreibens von Frauen oder zur Theorie und Geschichte der Gattung Autobiographie Sätze zur *kurtzen Erzehlung*, die ältere Analyseergebnisse schlicht duplizieren.³⁸⁰

Wenn in Bezug auf die *kurtze Erzehlung* Petersens von ‚Ich', von ‚sie' – und selbst, wenn von ‚Autorin' – die Rede ist, dann ist immer bedacht, aber nicht jedesmal explizit formuliert, daß es sich um ein Strukturmerkmal des Textes, um ein ‚Ich im Text', um die ‚Erzählerinnen'rolle oder die Hauptfigur dieser Autobiographie handelt – und Autobiographien zeichnen sich eben dadurch aus, daß

---

[379] Üblich ist, daß die bloße Nennung des Nachnamens den Mann meint und die Frau mit Vor- und Nachname angesprochen wird, in der älteren Forschung zu den Petersens wird die Frau sogar oft ausschließlich mit dem Vornamen erwähnt. Hier stelle ich die Namenshierarchie auf den Kopf: Wenn ausschließlich von Petersen die Rede ist, ist Johanna Eleonora Petersen gemeint, ihr Ehemann wird entweder mit Vor- und Zunamen eingeführt oder als „Johann Wilhelm" bezeichnet. Schwieriger wird es mit der Benennung der Autorin, wenn es um die – recht lange und ereignisreiche – Lebensphase vor ihrer Ehe mit Johann Wilhelm geht, dann wird sie, je nach Verständlichkeit im Kontext, auch als von Merlau, Johanna Eleonora oder als Freiin bezeichnet.

[380] Vgl. außer den im Rahmen der Debatte der Autobiographietheorie und der Petersen-Analyse genannten Arbeiten u. a. auch Wagner-Egelhaaf, Autobiographie; und Watanabe-O'Kelly, Women's Writing, im Kontext einer ansonsten sehr informativen und zuverlässigen Überblicksdarstellung.

ihr Pakt eine Identität zwischen Autor(in), ‚Erzähler(in)' und Hauptfigur behauptet. Der Begriff ‚Erzählerin' wird hier und im folgenden aber höchst selten verwendet, da er impliziert, daß autobiographische Texte eine erzählende Struktur haben, was auf die nicht im Kontext des Pietismus überlieferte Autobiographik des 17. Jahrhunderts aber höchst selten zutrifft.[381]

1. „[D]aß ich meine Stimme erheben müste, wie eine Nachtigal".[382] Die *kurtze Erzehlung / Wie mich die leitende Hand Gottes bißher geführet* Johanna Eleonora Petersens

Im Unterschied zu den meisten der Autobiographinnen, von denen hier noch geredet wird, ist Johanna Eleonora Petersen als Person und als Autorin keine Unbekannte. Der religiösen Publizistin und so einflußreichen wie umstrittenen Pietistin widmet schon das Zedlersche Universallexikon einen eigenen Eintrag mit Schriftenverzeichnis. Philipp Jakob Speners Briefe an sie gelten bis heute als wichtige Quelle der Spener-Forschung.[383] Kirchengeschichtler zählen Johanna Eleonora und Johann Wilhelm Petersen „zu den fesselndsten Erscheinungen des pietistischen Schwärmertums"[384], und zu den meistzitierten Sätzen der Pietismusforschung gehört Ritschls Aussage: „Das Pietistische an Petersen [gemeint ist Johann Wilhelm] war seine Frau".[385] Die Lebensbeschreibungen des Ehepaares sind von der Pietismusforschung von Ritschl bis Wallmann als Quelle betrachtet worden, berücksichtigt hat man dabei immer auch die Schrift Johanna Eleonora Petersens, der geborenen Freifrau von Merlau. Auch im Rahmen der Autobiographiedebatte wird ihre *kurtze Erzehlung* öfter erwähnt und in Ansätzen analysiert als andere der hier noch diskutierten autobiographischen Texte. Deshalb

---

[381] Vgl. hier die Analysen der autobiographisch-chronikalischen Kloster- und Familienschriften in den Kap. II. B. und C.

[382] Petersen, Leben Frauen Johannä Eleonorä Petersen, S. 69. Die erweiterte Fassung von 1718/19 wird mit diesem Titel und den Seitenangaben der 2. Auflage dieser Fassung zitiert. Sätze aus der ursprünglichen Fassung von 1689 werden in den Fußnoten als Petersen, kurtze Erzehlung, nachgewiesen. Bei Seitenangaben im fortlaufenden Text geben die Jahreszahlen die zitierte Fassung an.

[383] Vgl. Wallmann, Spener. Petersens Briefe an Spener sind allerdings leider nicht erhalten, vgl. Matthias, Petersen, S. 87.

[384] Hirsch, Emanuel: Geschichte der neuern evangelischen Theologie im Zusammenhang mit den allgemeinen Bewegungen des europäischen Denkens. Gütersloh, Bd. 2, 1951, S. 259. Ähnlich auch Schering, Petersen, und Schmidt, Martin: Biblisch-apokalyptische Frömmigkeit im pietistischen Adel. Johanna Eleonora Petersens Auslegung der Johannesapokalypse. In: Text – Wort – Glaube. Studien zur Überlieferung, Interpretation und Autorisierung biblischer Texte. Hg. von Martin Brecht. Berlin/New York 1980, S. 344-358.

[385] Ritschl, Geschichte des Pietismus, Bd. 2, S. 248. Dieses Zitat legt Matthias, Petersen, ausgesprochen gendersensibel aus: Ritschl, der den Pietismus ablehnt, sieht Johann Wilhelm als durch seine Frau zum Pietismus verführt an, d.h. er betrachtet den Weg Johann Wilhelms zum Pietismus als „Postfiguration von Adams Fall [...]. Der gelehrte Mann des Geistes wird von der religiösen Schwärmerei seiner und anderer Frauen verführt, aus dem Garten der nüchternen Gedankenstrenge und der behüteten Orthodoxie vertrieben" (S. 11f).

steht die Interpretation der Petersen-Schrift am Anfang des textanalytischen Teils dieser Untersuchung, auch wenn die *kurtze Erzehlung* erst am Ende des 17. Jahrhunderts verfaßt und veröffentlicht wurde.

Petersens Autobiographie erschien in mehreren Auflagen, zunächst als Anhang zu ihrem Andachtsbuch *Gespräche des Hertzens mit Gott* (1689), das sie ihr „Tractätgen" (1719, S.48) nennt[386], und in erweiterter Form 1718 bzw. in zweiter Auflage 1719, gemeinsam mit der Autobiographie ihres Ehemannes Johann Wilhelm.[387] Johanna Eleonora und Johann Wilhelm Petersen waren zu ihrer Zeit prominent und skandalumwittert.[388] Sie scharten eine ganze Reihe von Begeisterten um sich und erregten mit öffentlichen Auftritten, ausgeprägtem Briefwechsel, Sendschreiben und einer Vielzahl von Veröffentlichungen vor allem zu ihrer chiliastischen Lehre, d.h. ihrer Verkündigung des tausendjährigen Reiches und Weltendes, vehementen Anstoß bei der lutherischen Orthodoxie. Johanna Eleonora Petersens Bücher wurden zum Zeitpunkt des Erscheinens rezensiert, eine ihrer Schriften wurde ins Englische übersetzt.[389] Als ‚Phoebe' und ‚Petrophilus' wurden die beiden Petersens 1705 in den Pegnesischen Blumenorden aufgenommen. Ihre Autobiographien galten stets als Teil der öffentlichen Auseinandersetzung, übten dabei auch eine ähnlich exemplarische Funktion aus wie die nach der ersten Auflage des Petersenschen Lebenslaufs erschienene Reitzsche Sammlung von Exempelbiographien, deren erster Band sich in der Bibliothek der Petersens befand.[390] Die erweiterte Fassung der Autobiographie Johanna Eleonora Petersens ist in jüngster Zeit in einer kommentierten Neuausgabe erschienen.[391]

---

[386] Vgl. zu diesem Andachtsbuch Matthias, Markus: ‚Enthusiastische' Hermeneutik des Pietismus, dargestellt an Johanna Eleonora Petersens *Gespräche des Hertzens mit GOTT* (1689). In: Pietismus und Neuzeit 17 (1991), S. 36-61. Zu späteren Auflagen des Andachtsbuches und der angehängten Autobiographie vgl. das Werkverzeichnis in Albrecht, Petersen.

[387] Gespräche des Hertzens mit GOTT / Ander Theil. Auffgesetzet Von JOHANNA ELEONORA PETERSEN, Gebohrne von und zu Merlau. Ploen 1689.

[388] Vgl. u. a. Schneider, Der radikale Pietismus; Schrader, Literaturproduktion und Büchermarkt. Daß die Petersens allerdings keine bloßen Schwärmer waren, sondern durchaus mit den theologischen, wissenschaftlichen Debatten ihrer Zeit vertraut, macht Matthias, Petersen, immer wieder deutlich.

[389] U. a. in: Neue Bibliothec oder Nachricht und Urtheile von neuen Büchern und allerhand zur Gelehrsamkeit dienenden Sachen 70 (1718), S. 893-899, und in: Unschuldige Nachrichten von Alten und Neuen Theologischen Sachen [...] 18 (1718), S. 678. Ins Englische übersetzt wurde: Die Nothwendigkeit Der Neuen Creatur In CHRISTO In einem Send=Schreiben Gezeiget Von Johanna Eleonora Petersen Gebohrnen von und zu Merlaw. Gedruckt im Jahr Christi 1699, vgl. Nr. 6 des Werkverzeichnisses in Albrecht, Petersen.

[390] Schrader, Literaturproduktion und Büchermarkt, S. 269.

[391] Petersen, Johanna Eleonora, geb. von und zu Merlau: Leben, von ihr selbst mit eigener Hand aufgesetzet. Hg. v. Prisca Guglielmetti. Leipzig 2003. In popularisierend bearbeiteter Version druckt den Petersen-Lebenslauf Jung, Martin H. (Bearb.): „Mein Herz brannte richtig in der Liebe Jesu". Autobiographien frommer Frauen aus Pietismus und Erweckungsbewegung. Aachen 1999, S. 43-89.

1.1. Biographie

Johanna Eleonora von und zu Merlau wurde am 25. April 1644 in Frankfurt am Main als Tochter der Maria Sabina Ganß von Utzberg und des Hofmeisters Georg Adolph von und zu Merlau geboren. Der Vater trat nach dem Westfälischen Frieden eine Stellung als Hofmeister beim Landgrafen von Hessen in Homburg an, Johanna Eleonora lebte nach dem Ende des Dreißigjährigen Krieges mit ihrer Mutter und den Schwestern auf dem Familiengut Philippseck bei Hettersheim.[392] Die Mutter starb vermutlich 1653. Mit 12 Jahren kam Johanna Eleonora als Kammerjungfer zur geistig verwirrten oder psychisch kranken Eleonora Barbara Maria Gräfin von Solms-Rödelheim.[393] Später war sie bis zu ihrem Abschied vom Hofleben Hofjungfer der Herzogin Anna Margaretha von Hessen-Homburg, verh. Herzogin von Holstein-Sonderburg, im sächsischen Wiesenburg. Anfang der 1670er Jahre lernte sie den Geistlichen Philipp Jakob Spener kennen und kam durch ihn in Verbindung mit pietistischem Gedankengut und den einschlägigen Frankfurter Kreisen. Der Briefwechsel mit Spener und die Beschäftigung mit seinen Lehren veranlaßten sie zum Rückzug aus der Welt des Hofes und zur Gründung des Kreises der Saalhofpietisten in Frankfurt am Main gemeinsam mit Maria Juliane Baur von Eyseneck, geb. von Hynsberg (1641-1684). Die Versammlungen im Saalhof erlaubten – anders als Speners ‚Collegia pietatis‘ – auch Frauen, bei den bibelauslegenden Gesprächen mitzuwirken. Johanna Eleonora führte eine intensive Korrespondenz unter anderem mit Anna Maria van Schurman und William Penn.[394] Sie leitete außerdem die ‚Kinderzucht‘ (1689, S. 285) Baurs, d.h. sie unterrichtete einen kleinen Kreis von Mädchen, darunter ihre Nichte, in der Bibelkunde und in den Grundzügen der griechischen Sprache.[395] 1680 heiratete die Freifrau von Merlau den fünf Jahre jüngeren bürgerlichen Geistlichen Johann Wilhelm Petersen und reiste mit ihm nach Eutin, seinem Wirkungsort als Superintendent des Fürstbistums Lübeck. 1682 wurde der Sohn August Friedrich geboren. Zum Jahresende 1688 trat Johann Wilhelm seine Stelle als Superintendent von Lüneburg an. Schon bald geriet das Paar in Konflikt mit Fürstentum und Pfarrerschaft. Das Konsistorium in Celle, also die landesherrliche Kirchengerichtsbarkeit, mußte sich ab 1690 mit den Differenzen zwischen Johann Wilhelm und der Lüneburger Pfarrerschaft befassen. 1692 wurde das radikalpietistische Ehepaar Petersen aus dem Fürstentum Lüneburg verwiesen, sie weilten vorübergehend in Braunschweig und erhielten schließlich von Friedrich III von Brandenburg die Aufenthaltserlaubnis in der Magdeburger Region und Unterstützung beim Erwerb eines Landguts in Niederndodeleben bei Magdeburg. Spätestens seit 1708 wohnten die Petersens auf dem – nicht mehr eindeutig

---

[392] Heute: Ortsteil Heddernheim von Frankfurt am Main.
[393] Matthias, Petersen, S. 82.
[394] Vgl. zu den archivierten Briefen Albrecht, Petersen.
[395] Wallmann, Pietismus, S. O 86, Matthias, Petersen, S. 92.

lokalisierbaren – Gut Thymer bei Zerbst.[396] In der Zeit ihrer Ehe publizierte Johanna Eleonara Petersen anonym und unter ihrem Namen eine Reihe religiöser Erbauungs- und Streitschriften. Zudem war sie an den zahlreichen Veröffentlichungen ihres Mannes wohl nicht unbeteiligt, schließlich waren die Petersens im Bereich der religiösen Publizistik ein Arbeitspaar.[397] Johanna Eleonora Petersen starb am 19. März 1724.[398]

1.2. Autobiographie

1.2.1. Inhalt und äußere Struktur

In der ersten Auflage – als Anhang an das Andachtsbuch *Gespräche des Hertzens mit Gott*– wird der Lebenslauf betitelt als

> Eine kurtze Erzehlung / Wie mich die leitende Hand Gottes bißher geführet / und was sie bei meiner Seelen gethan hat.[399]

Diese *kurtze Erzehlung* nimmt sechzig Druckseiten ein, sie enthält weder Kapitelüberschriften noch eine Paragrapheneinteilung. Kurz ist sie nur im Vergleich

---

[396] Schrader, Petersen, Johann Wilhelm, S. 204.
[397] Zum Begriff des frühneuzeitlichen Arbeitspaares siehe Wunder, „er ist die Sonn', sie ist der Mond". Zur Zusammenarbeit der Petersens siehe u. a. Schering, Petersen, S. 225 und 227. Daß das frühneuzeitliche Arbeitspaar aber eindeutig von einer Hierarchie der Geschlechter geprägt ist, daß in lutherischen und pietistischen Ehe- und Hauslehren – mit Verweis auf den Schöpfungsakt – die Frau als Gehilfin des Mannes konzipiert wird (vgl. u. a. Mack, Pädagogik, S. 55ff), zeigen auch die Petersens: So schreibt Johann Wilhelm in seiner Lebensbeschreibung ganz selbstverständlich, daß sich nach seiner Amtsenthebung seine Frau um die wirtschaftliche Seite des ihnen überlassenen Landgutes gekümmert habe und er damit fürs theologische Schreiben freigestellt gewesen sei. Vgl. zu einem gründlichen, genderorientierten Vergleich der unterschiedlichen argumentativen und stilistischen Verfahrensweisen und intertextuellen Bezüge in den Texten des Ehepaares Petersen Albrecht, Petersen.
[398] Die Biographie stützt sich auf das Biographisch-Bibliographische Kirchenlexikon BBKL Bd. VII (1994), Sp. 273-275; Becker-Cantarino, Johanna Eleonora Petersen; und vor allem auf Matthias, Petersen. Die Angaben bei Luft, Leben und Schreiben für den Pietismus, widersprechen Matthias, Petersen, gelegentlich, müssen aber insgesamt mit Vorsicht behandelt werden. Auch die Biographie Petersens bei Jung, Martin H.: Frauen des Pietismus. Zehn Porträts. Gütersloh 1998, ist nur bedingt verwendbar, da sie weitgehend auf einer naiven Lektüre der Autobiographie beruht, vgl. zu Ungenauigkeiten die Rezension des Buches durch Ruth Albrecht in Pietismus und Neuzeit 25 (2000), S. 213-218, hier S. 217f.
[399] Petersen, kurtze Erzehlung, S. 235. Im folgenden werden bei Zitaten aus der Autobiographie die Seitenzahlen in Klammer nach dem Zitat angefügt. Die Orthographie der Veröffentlichungen wird beibehalten. Aus technischen Gründen wird aber – hier und im folgenden – der Umlaut nicht in der frühneuzeitlichen Weise mit einem kleinen E über dem Vokal geschrieben, sondern in der heute üblichen Weise als ä, ö oder ü, und der Querstrich über einem Konsonanten wird hier als Doppelkonsonant geschrieben. Ebenfalls aus technischen Gründen können zwei Punkte über dem y nicht wiedergegeben werden. Bei Zahlangaben wird die Ziffer eins als „1" wiedergegeben und nicht als „i" oder „j".

mit der späteren 400-seitigen Vita ihres Mannes, nicht aber im Verhältnis zu anderen frühneuzeitlichen Autobiographien von Frauen.

Petersen beginnt mit einer direkten Anrede des Publikums und erläutert, warum sie ihren Lebenslauf schreibt und veröffentlicht. Im unmittelbaren Anschluß und ohne einen neuen Abschnitt zu setzen schildert sie einige Erlebnisse ihrer frühen Kindheit, die sie ihrem fünften und sechsten Lebensjahr zuordnet. Als Einschnitt in ihre Kinderjahre markiert sie den Tod der Mutter, die stirbt, „Als ich nun in das 9te Jahr ging" (1689, S. 246). Danach berichtet sie chronologisch über ihre schlechten Erfahrungen mit zwei Betreuerinnen, über ihre frühe Neigung, am Abendmahl teilzunehmen, über die „knechtische Furcht" vor ihrem Vater (1689, S. 251) und ihre Abneigung vor unkeuschen Kinderspielen. Der nächste Einschnitt in ihrem Lebensbericht ist ihre erste Station als Kammerjungfer, die sie mit zwölf Jahren antritt. Die Gräfin Solms-Rödelheim, bei der sie dient, ist „bißweilen nicht recht bey Sinnen" (ebd.) und neigt zu gefährlichen Angriffen auf die Menschen in ihrem Umkreis. Der Vater schickt Johanna Eleonora deshalb an den Hof der Herzogin von Holstein. Sie verbringt dort die Zeit ihrer Jugend und des ersten Erwachsenseins. Zunächst schätzt sie das Hofleben, sie verlobt sich mit einem adligen Offizier, der sich später als unzuverlässig und intrigant erweist. Nach der Entlobung entwickelt Petersen Mißtrauen ihrem eigenen Stand, dem Adel, gegenüber und eine Abneigung gegen das Heiraten. Dennoch finden weitere Eheverhandlungen mit einem Geistlichen in hohem Amt statt, doch Georg Adolph von Merlau willigt in die Eheschließung mit einem Bürgerlichen nicht ein.

Schon vor den zweiten Eheplänen hat Johanna Eleonora sich der Religion zugewandt: Auf einer Schiffsfahrt mit ihrer Herrschaft macht sie die Bekanntschaft „mit zwey rechten Gottes=Männern"(1689, S. 267)[400] und führt mit ihnen ein angeregtes Gespräch. Ihre neue Überzeugung, die die „Gleichstellung"[401] mit der Welt ablehnt, schafft ihr in ihrem Lebensumkreis zunächst wenig Freunde, bringt ihr allmählich aber Respekt ein. Drei weitere Jahre bleibt sie bei der Herzogin und ist vom positiven Einfluß ihres Vorbilds am Hof überzeugt. Der Vater ruft sie schließlich in sein eigenes Haus zurück, da er sie zur Versorgung eines neugeborenen Kindes braucht, die Mutter des Kindes, Johanna Eleonoras Stiefmutter, war bei dessen Geburt gestorben. Als Johanna Eleonora im Hause ihres Vaters eintrifft, ist aber auch das Kind tot. Johanna Eleonora will nicht zu den holsteinischen Herzögen zurückkehren, sondern zieht es vor, im Haus der Pietistin Baur von Eiseneck zu leben. Aus den sechs Jahren, die sie dort verweilt,

---

[400] Es sind Philipp Jakob Spener und Johann Jakob Schütz, deren Namen sie in ihrem Lebenslauf aber an dieser Stelle nicht nennt.
[401] Petersen wählt die Formulierung „Gleichstellung der Welt" immer wieder als Bezeichnung für einen weltlichen, nicht an den Anforderungen der Religion orientierten Lebenswandel, z. B. Petersen, kurtze Erzehlung, S. 258 oder 271.

schildert sie ausführlich die Erfahrung einer stürmischen Schiffsfahrt, anläßlich derer sie eine ganze Reihe von Huren und Soldaten bekehrt haben will, schreibt sie von ihrer Nichte, die sie und die Witwe Baur unterrichten und erziehen, und vom Heiratsbegehren Johann Wilhelms. Sie habe die Entscheidung gleichmütig in die Hände ihres Vaters gelegt, aus dessen Beschluß sie Gottes Willen entnehmen wolle. Und obwohl der Adelsstolz des Vaters ihm die Einwilligung in die Heirat seiner Tochter mit einem Bürgerlichen kaum erlauben kann, sieht er sich geängstigt und erlaubt die Eheschließung. Die Trauung durch Spener findet am 7. September 1680 statt. Das Hochzeitsfest sei vergnügt und christlich gewesen, und Gerüchten, der Heilige Geist habe sich „in dem Gemach / da wir getrauet wären worden / in Feuers=Gestalt sehen lassen" (1689, S. 287), widerspricht sie entschieden. Während der Hochzeitsreise[402] erkranken Johann Wilhelm, Johannas Nichte, die sie mit sich genommen haben, und Petersen selbst. Ohne einen neuen Absatz in ihrer Lebensbeschreibung zu beginnen, kommt sie auf die Verleumdungen zurück, die sie ihres Pflegekinds und ihrer Mesalliance wegen dulden muß und die sie schon am Anfang – als Begründung für das Verfassen ihres Lebenslaufs – ausgebreitet hat: Man beschimpft das Mädchen, das sie erzieht, als Johanna Eleonoras uneheliches Kind. Mit diesem Gerücht setzt sie sich ausführlicher auseinander als mit ihrem Eheleben: Von dem berichtet sie nur über die zwei Söhne, die sie geboren habe, von denen der erstgeborene, ihnen von Gott verheißene, noch lebe. Die Namen der Söhne verzeichnet sie nicht, sehr wohl aber, daß der Ältere schon am ersten Tag seines Lebens den Kopf gehoben habe, was sie als gutes Omen für göttliche Gnade darstellt. Nachdem sie in einem Halbsatz andeutet, daß Gott ihr zur Auslegung der Apokalypse und der prophetischen Bücher verholfen habe, beendet sie ihren Lebenslauf in einem gebetsähnlichen Gestus, mit dem sie das eigene Geschick in Gottes Hände legt. Die letzten beiden Wörter lauten: „Amen. Ende" (S. 295).

In der Fassung, die als „Zweyter Theil zu Ihres Ehe=Herrn Lebens=Beschreibung beygefüget" ist[403], wird das *Leben Frauen Johannä Eleonorä Petersen, Gebohrner von und zu Merlau, Herrn D. Joh. Wilh. Petersens Ehe=Liebsten, von Ihr selbst mit eigner Hand aufgesetzt und vieler erbaulichen Merckwürdigkeiten wegen zum Druck übergeben*, mit eben dieser Überschrift versehen und um die Schilderung von Träumen und Eingebungen, die Petersen Bibelstellen verstehen lassen, auf siebzig Seiten erweitert: Sie spricht von Geheimnissen, die Gott ihr aufgeschlossen habe. Es sind sechs Geheimnisse, also

---

[402] Sie führt das Ehepaar durch die Niederlande nach Eutin. Beide Petersens beschreiben in ihrer Autobiographik die Orte und Menschen, die sie besuchen. Matthias, Petersen, S. 129, nennt diese Reise eine nachgeholte Studienreise Johann Wilhelms. Mir scheint diese Reise aber in die – weitere – Kategorie des Reisens von Pietist(inn)en zu Gleichgesinnten zu gehören, vgl. Lehmann, Vorüberlegungen, S. 74ff.
[403] Mir lag die Doppelautobiographie des Ehepaares Petersen in der 2. Auflage von 1719 vor.

theologische Auslegungsprobleme, zu deren Verständnis Petersen in drei Fällen schon vor ihrer Eheschließung mit Johann Wilhelm durch Gott inspiriert worden sein will. Der Lebenslauf ist jetzt in 38 Paragraphen gegliedert, was die chronologische Ausrichtung des Lebenslaufs vor der Traumdarstellung verstärkt.

1.2.2. Autobiographischer Pakt und Relevanzproduktion

Petersen wendet sich gleich im ersten Satz an den „geliebte[n] Leser", dessen Aufmerksamkeit sie auf die wunderbare göttliche Lenkung in ihrem Leben leiten will:

> DAmit du / geliebter Leser / wissen mögest / wie wunderbahr mich der Höchste / von Jugend / auff geführet / und durch so mancherley Gelegenheit zu sich gezogen / als habe meinen Lebens=Lauf nur mit kurtzem hiebey fügen wollen; zumahl ich / nach meines Heylandes Exempel / viele und mancherley Lästerungen und Lügen über mich habe müssen ergehen lassen / da es viele befremdet / daß ich / bey so jungen Jahren nicht mehr mit ihnen lauffen wolle / in das wüste leben / und haben gelästert: [...] (1689, S. 235).

Dieser Satz bietet den Lesenden – mit einem, wie sich bei den folgenden Lebensbeschreibungen noch zeigen wird, ausgesprochenen Exordialtopos, der sich auf Psalm 66,16ff bezieht – einen autobiographischen Pakt an und nennt gleichzeitig den Grund, warum Petersen überhaupt öffentliches Interesse an ihrem Lebenslauf reklamieren kann: Die göttliche Führung, die göttliche Gnade legitimiert das Fordern öffentlicher Aufmerksamkeit, erlaubt es ihr, vor Publikum vom Eigenen zu sprechen. Der Satz ist aber nicht nur topisch, er entspricht auch der protestantischen Rechtfertigungslehre in pietistischer Modifizierung.[404] Eine topische Formel muß nicht zwangläufig inhaltsleer und ohne Realitätsgehalt sein: Die Rechtfertigungslehre zwingt die Gläubigen zur Suche nach ihrem Gnadenstand und zur Buße, die Forderung des religiösen Diskurses fördert eine Autobiographik mit Exordialformen der zitierten Art, der lebensgeschichtliche Text erweist sich nicht als diskursgeprägter als das Leben, das sich gezwungen sieht, sich den Diskursen gemäß einer Prüfung zu unterziehen. Daß Petersen sich dabei zur Nachfolgerin Jesu Christi stilisiert, ist in der Autobiographik der Frühen Neuzeit ebenfalls topisch. Was sich heute als anmaßend, fast als blasphemisch lesen läßt, beanspruchen viele Autobiograph(inn)en in Petersens Zeit.[405] Schließlich ist die Christusnachfolge gemäß 1 Petr. 2,21 Aufgabe jedes christlichen Menschen.

---

[404] Vgl. TRE, Bd. 28, 1997, S. 317-320 und S. 331f.

[405] Z. B. Vetter, Anna: Von denen Gesichten Annae Vetterin. In: Arnold, Gottfried: Unparteyische Kirchen- und Ketzer-Historie. Frankfurt 1729, T. 3, 267-294, hier S. 287. Die Stilisierung des eigenen Lebenslaufs als Christusnachfolge findet sich auch bei Johann Wihelm, der seine Streitigkeiten als Verfolgungen auslegt, die Gott seine gerechten Nachfolger ausstehen, sie aber schließlich darüber obsiegen läßt. Vgl. auch Schrader, Literaturproduktion und Büchermarkt, S. 32.

Mit dieser Einbindung des autobiographischen Schreibens in den religiösen Diskurs ihrer Zeit nimmt Petersen „einen Kredit auf Interesse des Publikums" auf und leistet das, was Sloterdijk „Relevanzproduktion" nennt: Autobiograph(inn)en müssen, um andere zum Lesen zu animieren, die Geschichte ihres Lebens relevant gestalten, sie müssen sie an zeitgenössische Diskurse anbinden, verhandeln, was den Lesenden wichtig erscheinen kann.[406] Die ökonomische Metaphorik dieser Sloterdijkschen Begriffe darf nicht dazu verführen, Petersens „Relevanzproduktion" als bewußte, raffinierte Taktik zu verstehen. Petersen wählt das Gnadenmodell aus tiefer Überzeugung.[407] Die Religion ist Grundlage all ihren Handelns, das sie nicht als bewußtes Entscheiden, sondern als Schikkung in göttliche Lenkung darstellt. Schließlich nahm die Autorin für ihre radikalpietistische Position einige Unbequemlichkeiten in Kauf, dies läßt sich nicht nur in ihrer Autobiographie nachlesen, sondern zeigt auch die äußere Biographie des Ehepaares.

Petersens Lebenslauf ist, das macht der erste Satz genauso wie der ganze Anfangsteil mit häufigen Leseransprachen deutlich, ausgesprochen öffentlichkeitsorientiert. Der erste Teil begründet, warum sie ihren Lebenslauf verfaßt und veröffentlicht, und macht deutlich, aus welcher Perspektive sie ihr Leben präsentieren will. Einerseits stellt sie ihren eigenhändigen Lebenslauf in die Reihe der Viten, die das gnädige Walten Gottes exemplifizieren wollen, doch andererseits hat sie noch einen weiteren Grund, warum sie ihre Sicht auf das eigene Leben öffentlich zu Protokoll gibt: Schon im Exordium stellt Petersen klar, daß die *kurtze Erzehlung* keineswegs nur die leitende Hand Gottes in ihrer großen Gnade beschreiben will, sondern daß sie darüber hinaus eine Verteidigungsschrift ist. Die Autorin wehrt sich gegen ganz konkrete Verleumdungen. Öffentliche Relevanz besitzt ihre Lebensbeschreibung auch deshalb, weil Petersen selbst schon eine öffentliche Figur, weil sie Zielscheibe konfessioneller Auseinandersetzungen und Opfer von Gerüchten ist. Den Pakt des rechtfertigend-bekennenden autobiographischen Schreibens schließen Petersen und die von ihr angesprochenen freundlich-aufgeschlossenen Leser gegen eine nicht näher bestimmte feindliche Öffentlichkeit, die ihre in der Autobiographie nicht erwähnten Wortführer in Vertretern der lutherischen Orthodoxie gehabt haben muß.[408]

Petersen rechtfertigt vor einem interessierten Publikum ihren religiösen Standpunkt und ihre Lebensführung. Dieses Publikum dürfte vor allem in Radikalpietist(inn)en und in – zum Teil wohl schon mißtrauischen – gemäßigten Pietistenkreisen bestanden haben. Diese Autorin schreibt nicht nur, wie es in der

---

[406] Zur Relevanzproduktion siehe Sloterdijk, Literatur und Organisation, S. 6.
[407] So auch Becker-Cantarino, Johanna Eleonora Petersen.
[408] Vgl. dazu Becker-Cantarino, Johanna Eleonora Petersen, S. 919f. Siehe als Beispiel für die Angriffe der lutherischen Orthodoxie gegen Petersen Feustking, Gynaeceum Haeretico Fanaticum, S. 458-482.

Frühen Neuzeit nicht selten war, für den begrenzten Familienkreis. Es geht ihr nicht darum, den Sohn Friedrich August über die Vorfahren seiner adligen Mutter in Kenntnis zu setzen. Über Verwandtschaftsbeziehungen und Besitzstände erfahren die Lesenden wenig, ja die Autorin teilt nicht einmal das Datum ihrer eigenen Geburt mit, nennt nirgendwo die genauen Namen und Adelsprädikate von Vater und Mutter. Sie schreibt auch nicht für eine nach dem Geschlecht begrenzte Leserschaft. Sie wendet sich dezidiert an den „geliebte[n] Leser" und nicht an eine ‚geliebte Leserin', betrachtet ihr Schreiben also nicht, wie es Autorinnen nur zu oft getan haben, ausschließlich als relevant fürs eigene Geschlecht.[409]

Petersens *kurtze Erzehlung* will einerseits demütig das Walten göttlicher Gnade in ihrem Leben zeigen, ihre Schrift ordnet sich so in die Reihe der ‚confessiones peccati et laudis' ein, jener christlichen autobiographischen Schriften, die zugleich die göttliche Führung loben und eigene Sünden bekennen wollen.[410] Andererseits aber verteidigt die *kurtze Erzehlung* ihre Autorin vehement gegen öffentliche Anschuldigungen. Der Widerspruch zwischen demütigem Sündenbekenntnis und Selbstverteidigung wird dabei durchaus thematisiert, und Petersen bittet explizit um eine bestimmte Lesehaltung, die ihre bekennend-apologetische Doppelperspektive berücksichtigt:

> Was ich aber in meine Büchlein gesetzet / das zielet auff gantz andere Dinge / und redet von dem verdorbenen Grunde des Hertzens / den man einsehen muß / so man Christum Jesum und sein heiliges Verdienst / und die große Erlösung von unsern Sünden / recht erkennen will. Denn wie will der / so den Zustand / darinn der Mensch durch den Fall Adams gerathen / nicht weiß / den Heyland erkennen? oder / wie kan er die Nothwendigkeit der theuren Erlösung glauben / wo er nicht die Noth gefühlet / darinnen wir gestecket / ein jeglicher nach dem Maß / als er Theil an Christo hat / oder als er nöthig hat zu seiner Selbsterkäntnis / und zur wahren Hertzens=Demuth / die aus der Selbsterkäntnis entstehet und gegründet wird. Ich dancke meinem Gott / daß er seine Gnade einen kleinen Augenblick vor mir verborgen / und mir mein Unvermögen zu allem guten und das verderbte Wesen des menschlichen Hertzens einsehen lassen / daß ich mit Wahrheit erkennete / daß alles Gnade sey / was wir gutes gedencken / reden und thun / und daß keine Sünde so groß / darein wir nicht fallen könten / wo wir aus der Gnade weichen. Weswegen ich durch die Gnade Gottes mir deßwegen nichts eingebildet / oder mich vor besser geachtet als andere / die in grobe Sünden gefallen / sondern habe es allein der Gnade Gottes gedancket / daß sie mich bewahret; und erkandt / daß manchem sein fall zum besten gedeien könne / den verderbten Grund zu erkennen / da hingegen die Scheinfrommen in solcher Einbildung stehen / daß sie gar gerecht und gut weren / da sie doch von ihrem Unflath noch nicht gewaschen / und vergeblich auffgeblasen

---

[409] Überwiegend auf andere Frauen als Leserinnen zielen etwa die im nächsten Kapitel analysierten autobiographischen Klosterchroniken.

[410] Vgl. zum Begriff „confessio peccati et laudis" Jauß, Hans Robert: Gottesprädikate als Identitätsvorgaben in der Augustinischen Tradition der Autobiographie. In: Identität. Hg. v. Odo Marquard und Karlheinz Stierle. 2. Aufl. München 1996, S. 708-717, hier S. 708.

> seyn in ihrem fleischlichen Sinn / welches ich darum sage / daß man nicht meyne / ich wüste mich groß damit / daß ich mich vor solchen Sünden durch Gottes Gnade bewahret / sondern von gantzem Hertzen alles der Gnade Gottes zugeschrieben / und erkennet / daß der verdorbene Grund auch in mir liege / da allerley unreine Lust auffsteigen kan / und so man sie empfangen lässet / die Sünde müste gebohren werden / daß man ja nicht Ursache habe / stoltz zu seyn / sondern nach den Worten Pauli mit Furcht und Zittern seine Seeligkeit schaffen müste. (1689, S. 240-242).

Das vom Confessio-Muster geforderte Sündenbekenntnis kollidiert folglich ihrer Meinung nach deshalb nicht mit ihrem apologetischen Anliegen, weil sie – im Einklang mit der lutherischen Rechtfertigungslehre – gesteht, daß ihre Seele wie jede Menschenseele verderbt und zur Sünde bereit ist. Doch durch göttliche Gnade sei sie vor den Sünden, die Übelredende ihr nachsagen, verschont geblieben. Diese göttliche Gnade, deren Walten in ihrem Leben sie zum Lobe Gottes mit ihrer Autobiographie öffentlich machen will, ist gleichzeitig ein Rechtfertigungsgrund vor der Öffentlichkeit, ein „Beweis für die Richtigkeit der Lebensführung".[411]

Auch die Verleumdungen werden in ihrer Argumentation zur Beglaubigung ihres gottseligen Lebens – nach dem Pauluswort, daß, wer gottselig lebt, Verfolgung leiden muß (1689, S. 238). Die öffentlichen Angriffe werden so zu einem Teil der göttlichen Gnade:

> Wieviel aber solche heilige Leitung des Herrn / der seine Kinder durch die Anfechtung bewähret / Nutzen schaffet / das erfähret man nicht ehe / biß man sich unter die Vaters=Hand niederbeuget / und die Züchtigung erduldet / denn gehet die Erkäntnis des Kreutzes auff / daß man siehet / wie heilsam solches sey / und wie die Lästerung der Menschen uns eine Ursache sey zur genauen Untersuchung / wie man sich vor Gott findet / ob man auch was an sich habe / so man noch nicht erkenne / oder ob man auch vormahls so bald was Arges von dem Nechsten gegläubet / oder dem Lästerer Raum gegeben / die Lästerungen zu glauben / oder weiter nachzusagen / was man gehöret / und ihm Beyfall gegeben / und gedacht / es müste doch etwas dran seyn. (1689, S. 238f).

Das Apologetische ihrer Schrift führt sie zu einer Formulierung, die die Rhetorik von Gerichtsreden und Supplikationen übernimmt – und auf Rousseaus berühmte Eingangspassage vorausdeutet:

> Dem bezeuge ich aber vor dem Angesicht Gottes / daß es des Herrn Krafft und sein allmächtiges Wort gewesen / so mich von der vergänglichen Lust abgezogen / der mich von groben Sünden / so die Welt straffen kan / bewahret / und niemand auff dieser Erden seyn wird / der mir mit Warheit ein einiges Stück von allen Lästerungen / so gegen mich ausgesprenget / nachsagen kan / sondern ein jeder wird gestehen

---

[411] Becker-Cantarino, Johanna Eleonora Petersen, S. 919.

müssen / daß es anderer Leute Wind und Worte sind / die er gehöret / und ohne fug geglaubet.[412]

1.2.3. Zeitstruktur und Perspektive

Analytisch lassen sich bei Autobiographien drei Zeitebenen unterscheiden, die Ebene des schreibenden Ich, die des beschriebenen Ich und die des sich erinnernden Ich, die in konkreten Autobiographien mit der des schreibenden Ich zusammenfallen kann. Die Zeitebenen des sich erinnernden und des schreibenden Ich sind verschieden, wenn die Autobiographie eine Redaktion früherer Erinnerungsnotizen ist oder wenn die Autorin erst in zeitlichem Abstand aufschreibt, was ein früherer Erinnerungsprozeß zu Tage geschürft hat. Da bei Petersen der Vorgang des Erinnerns nicht thematisiert, beziehungsweise als unproblematisch vorausgesetzt wird, lassen sich in ihrem autobiographischen Text zwar die Ebenen des schreibenden und des beschriebenen Ich unterscheiden, aber die Phase des sich erinnernden Ich läßt sich von der des schreibenden Ich nicht absetzen.[413] Petersen verfaßt ihren Lebenslauf kurz vor seiner Veröffentlichung 1689, die Erweiterung der späteren Auflagen muß vor 1718 entstanden sein. Die beschriebene Zeit reicht von ihrem fünften Lebensjahr bis zu den achtziger Jahren, den Anfangsjahren ihrer Ehe. Daß Petersen ihren Lebenslauf 1689 verfaßt und veröffentlicht, kann im Zusammenhang mit dem Chiliasmus des Ehepaares gesehen werden, mit ihrem Glauben an das baldige Ende der Welt und mit den öffentlichen Auseinandersetzungen, die das Paar dadurch eingegangen ist. In einer solchen Lage dient autobiographisches Schreiben der Selbstvergewisserung vor Gott und der Verteidigung vor den Menschen.

Gleich nach den Vorbemerkungen teilt Petersen eine Reihe von exemplarischen Kindheitserlebnissen mit. Diese Mosaiksteinchen aus ihrem Leben sind unter einem ganz bestimmten Aspekt ausgewählt: Sie dienen als Beleg für das frühe Wirken göttlicher Güte und – vor allem – als vehementes Argument gegen

---

[412] Petersen, kurtze Erzehlung, S. 239f. Rousseaus großer Gestus der Verteidigung vor dem Weltenrichter in den Anfangsabschnitten von Les Confessions, Buch I dürfte in gleicher Weise wie die zitierte Petersenformulierung auf die rhetorischen Muster der Gerichtsrede oder der Supplikation zurückgehen. Vgl. die ähnliche Argumentation in Petersens Supplikation an den Frankfurter Senat von 1678, siehe Matthias, Petersen, S. 92f. Zu den rhetorischen Strategien von Supplikationen siehe Davis, Natalie Zemon: Fiction in the Archives. Pardon Tales and their Tellers in Sixteenth Century France, Stanford 1987, und Theibault, John: The Rhetoric of Death and Destruction in the Thirty Years War. In: Journal of Social History 27 (1993), S. 271-290.

[413] Vgl. Link-Heer, Prousts À la recherche du temps perdu, zu den drei Zeitebenen des autobiographischen Schreibens, die ja gerade auch aus der Analyse der Proustschen *Recherche* entwickelt werden. Dafür, daß auch bei Petersen erinnerndes Ich und schreibendes Ich auseinanderfallen und sie beim Schreiben ihrer Lebensgeschichte andere eigene Texte vorgefunden und damit frühere Erinnerungen verwendet hat, spricht u. a. das variierte Zitat ihrer Traumschilderung im Lebenslauf ihres Mannes (Johann Wilhelm Petersen: Lebens=Beschreibung [...]. 2. Aufl. o. O. 1719, S. 74f); vgl. dazu unten.

die Verleumdungen. Der chronologisch-kontinuierlich berichtende Teil der Autobiographie beginnt erst mit dem Tod der Mutter. Die Struktur der Lebensbeschreibung bleibt chronologisch bis zur Schilderung der Geburt der beiden Söhne, wobei sie eine nähere Beschreibung bezeichnenderweise nur dem erstgeborenen, die unmittelbare Kindheit Überlebenden ihrer Söhne widmet. Was sie über ihn erwähnt, von der Prophezeiung der Schwangerschaft durch Däumeln in der Bibel bis zum Verhalten des Säuglings, dient dazu, ihn als „Sohn der Verheissung" (1689, S. 295) erscheinen zu lassen.

Was sie schildert, erweckt passagenweise den Eindruck hoher Detailtreue, etwa wenn sie die traumatischen Erlebnisse mit den Betreuerinnen nach dem Tod der Mutter ausmalt. Doch hat diese Detailtreue wenig zu tun mit der Freude an der plastischen, atmosphärischen Illumination der Erinnerungen in romanhaftem Erzählen, wie es später Goethe in der Sesenheim-Episode von *Dichtung und Wahrheit* oder Theodor Fontane und Marie von Ebner-Eschenbach in ihren *Kinderjahren* kultivieren. Schon die ersten konkreten Einzelheiten des Lebenslaufs machen dies deutlich. Petersen schildert vereinzelte Episoden aus der Zeit zwischen ihrem fünften und neunten Lebensjahr. Dies ist die Zeit, aus der üblicherweise die ersten deutlichen Erinnerungen vorhanden sind. Aber die Schlaglichter auf die eigene Kindheit sind nicht die rudimentäre Form einer Entwicklungsgeschichte und dienen schon gar nicht der Suche nach der verlorenen Zeit, der Rekonstruktion frühester Erinnerung. Sie sind nicht, wie bei späteren Autobiographen, inszeniert als früheste Erinnerungsmomente, die aufscheinen inmitten eines Nebels des fast Vergessenen und kaum mehr Erinnerbaren. Petersens Kindheitsberichte dienen dagegen dem anschaulichen, dem evidenten Nachweis, daß sie „den Trieb seines [d.h. Gottes] guten Geistes von zarter Kindheit auff empfunden" (S. 242). So war sie ihrer Darstellung nach schon im Alter von vier Jahren empfänglich für die Gnade des Herrn:

Denn als ich ohngefehr von 4 Jahren war / traff sichs zu / daß meine liebe Eltern / welche eine zeitlang in Franckfurt gewohnet / wegen Kriegs=Unruh / wieder auffs Land gezogen / weil es überall Friede ward / und auch schon vieles wieder auffs Land bringen lassen / auch die seel. Mutter mit meinen beyden Schwestern und mir / auf dem einen Gut / Phelipseck [!] bey Hettersheim genandt / war / und sich nichts übels befahrete / da kam das Dienst=Volck / und berichtet / wie ein gantzer Troppen Reuter kämen / da dann ein jegliches geschwind auff die Seite brachte / und die seel. Mutter mit 3 kleinen Kindern allein beisammen / da die älteste 7 / ich 4 Jahr / und die dritte an die Brust war; da nahm die seel. Mutter die jüngste an die Brust / und uns beyden an die Hand / und gieng ohne Magd nacher Franckfurt / welches eine große halbe Meile von der Stadt war / es war aber im Sommer / da die Frucht auff dem Felde stund / da konte man den Schall der Soldaten hören / welche auff einen andern Weg/ etwa einen Pistolen=Schuß gegen uns über / marchireten / da wurde der seel. Mutter sehr bange / und vermahnete uns zum Gebet. Als wir aber zu dem äußern Schlag kamen / da wir in Sicherheit waren / setzete sich die seel. Mutter mit uns nieder / und vermahnete / dem höchsten Gott zu dancken / daß er uns be-

> hütet: da sprach meine älteste Schwester / so 3. Jahr älter war / als ich: Warumb sollen / wir nun Gott dancken / nun können sie ja nicht mehr zu uns kommen. Da habe ich in meinem Hertzen eine rechte Empfindung über diese Rede gehabt / daß michs recht geschmertzet / daß sie Gott nicht dancken wolte / oder meynete / daß es nun nicht nöthig wäre / das bestraffete ich an ihr mit brünstiger Liebe gegen Gott / dem ich von Hertzen dancket. (1689, S. 242-244).

Diese Autobiographie kann sich noch nicht ‚à la recherche du temps perdu' befinden. Für die Autorin ist es keinerlei mnemisches Problem, sich an ein Ereignis aus ihrem fünften Lebensjahr mit Details – und äußeren Ursachen – exakt zu erinnern. Sie muß kein Wort darüber verlieren, ob sie eine ihr erzählte Kindheitsanekdote wiedergibt oder das Geschehen zumindest zum Teil in ihrem Gedächtnis gespeichert finden kann. Während für heutige Lesende detailreiche Schilderungen aus sehr früher Kindheit eine Autobiographie eher unglaubwürdig erscheinen lassen, ist es für Petersens Argumentationsziel umso überzeugender, je früher das Ereignis datierbar ist. Denn es geht nicht um Glaubwürdigkeit des Erinnerns, sondern um die öffentliche Beglaubigung des Gnadenstands vor Gott.[414]

Die nächste Kindheitsepisode führt die fünfjährige Johanna Eleonora vor Augen, die unter Tränen zu Gott betet, er möge sie davor bewahren, eine Hure zu werden:

> Dieses einfältige Kinder=Gebet hat der treue Gott also gnädiglich erhöret / daß er mich nicht allein vor Gelegenheit behütet / sondern [mir] auch ein solches Hertz gegeben / daß ich einen Greuel an unkeuschen Reden und Geberden gehabt / und in keine Gesellschafft geblieben / wo es nicht keusch und ehrbar zugegangen. (Nichts destoweniger hat der Läster=Teuffel seine Lügen durch seine Werckzeuge gegen mich ausgeschäumet / meiner Schwester Töchtergen / so ich bey mir gehabt / wäre mein Huren=Kind / welche doch meiner Schwester ihr 2tes Kind ist / und zu Praunheim / so eine Stund von Franckfurt lieget / gebohren und getaufft von dem Pastorn. Johann Harffen / welcher noch im Leben. Ich aber bin damahls 40. Meilen davon gewest / am Hoff / und erst nach 9. Jahr nach ihrer Geburth nacher Hause gekommen. (1689, S. 245).

Die Schilderung der Kindheitsszene wird hier jäh unterbrochen durch das Darstellen eines viel späteren Ereignisses, das aber gerade der Grund ist, warum das Kindergebet, keine Hure werden zu wollen, in die Autobiographie aufgenommen wird. Die chronologische Reihe wird also unterbrochen, wenn es der apologetische oder bekennende Zweck fordert. Unterbrochen – und vorwärtsgetrieben – wird die Schilderung des Lebenslaufs auch durch didaktische, leserlenkende Bemerkungen, die zeigen sollen, was Petersens *kurtze Erzehlung* beweisen will,

---

[414] Insofern unterscheidet sich meine Analyse der Kindheitsdarstellung Petersens entschieden von der in Loch, Darstellung des Kindes, S. 152ff. Loch nutzt die Kindheitsdarstellungen in Petersen, kurtze Erzehlung, und anderen pietistischen Autobiographien als Quellen für pietistische Erziehungsmodelle und betrachtet sie als Wiederspiegelungen von Erziehungserfahrungen.

nämlich „Wie mich die leitende Hand Gottes bißher geführet / und was sie bei meiner Seelen gethan hat." (S. 235). Wie Petersen also ihre Kindheit schildert, hat wenig mit der Autobiographik um 1800 gemeinsam: Sie schreibt nicht ihre Entwicklungsgeschichte, sondern einzelne Kindheitsstadien zeigen die grundsätzliche Gefährdung der menschlichen Seele, aber auch – und vor allem – die große Bereitschaft schon der kleinen Johanna Eleonora, sich Gottes Willen zu unterwerfen. Das Werden ihrer eigenen Persönlichkeit ist für das schreibende Ich uninteressant, wichtig ist das Sein, das bereit ist und allzeit bereit war für die göttliche Gnade. In dieser Hinsicht hat sie, das zeigt unter anderem auch die Zeitstruktur dieser Autobiographie, ein ausgeprägtes Bewußtsein ihrer Person, das sie dezidiert darstellt und rechtfertigt. Aber dieses Selbstbewußtsein beruht gerade darauf, daß sie sich nicht – wie spätere Generationen – zur Schöpferin ihrer selbst stilisiert, sondern als Gefäß göttlicher Gnade betrachtet.

Die zweite und dritte Auflage fügt an den unveränderten Text der *kurtzen Erzehlung* eine Reihe von Traum- und Eingebungsschilderungen an. Die Zwistigkeiten und Rechtshändel, die sie und ihr Mann mit der Pfarrerschaft in Lüneburg ausgetragen haben, erwähnt sie mit keinem Wort, sie schweigt auch zur Skandalbekanntschaft des Ehepaars mit der Visionärin Rosamunde von Asseburg[415] genauso wie zu ihrer Ausweisung aus dem Fürstentum Lüneburg und den verschiedenen Zufluchtsstätten. Auf den ersten Blick scheint Petersens Autobiographie damit in der Tradition der zweigeteilten Lebensbeschreibungen nach dem Augustinus-Modell zu stehen[416], das nur für die Zeit vor der Erweckung konkrete Erlebnisse ausbreitet und auf die Schilderung der Bekehrung ausschließlich religiöse Reflexion folgen läßt. Betrachtet man den Lebenslauf allerdings genauer, zeigen sich deutliche Abweichungen von dieser zweigeteilten Struktur: Das beginnt schon damit, daß Petersen kein Erweckungserlebnis mitteilt. Sie stellt sich als Mensch dar, der von frühester Kindheit an in der Gnade Gottes stand, und von Anfang der Lebensbeschreibung an ist das Schildern einzelner Erlebnisse auf den religiösen Argumentationszweck ausgerichtet. Für Petersen gibt es also keine strenge Trennung zwischen einem sündhaften, verderbten, weltlichen beschriebenen Ich vor einer Konversion und einem zeitlosen, unkonkreten, gereinigten schreibenden Ich nach einem Erweckungserlebnis. Das schreibende und das beschriebene Ich Petersens müssen sich göttlicher Gnade unterwerfen, gefährdet sind beide, und beide sind von gutem Keim.[417] Das

---

[415] Vgl. dazu u. a. Matthias, Markus: Asseburg, Rosamunde Juliane. In: Religion in Geschichte und Gegenwart. Hg. v. Hans Dieter Betz et al. Tübingen 1998, Bd. 1, S. 845; ders., Petersen, S. 254-301; Schering, Petersen, S. 235ff.
[416] Vgl. Jauß, Gottesprädikate, S. 709f.
[417] Zur religiösen englischen Autobiographik des 17. Jahrhunderts ähnlich Bell, Metamorphoses, und Mascuch, Individual Self. Einschränkend zum Durchbruch-Schema auch bei der von Francke geprägten Autobiographik vgl. Witt, Bekehrung, Bildung und Biographie. Anders allerdings für Petersens Autobiographie Becker-Cantarino, Johanna Eleonora Petersen, S. 928.

Augustinus-Modell eignet sich zudem kaum für das theologische Denken der beiden Petersens, die – anders als der spätantike Kirchenvater – davon ausgehen, daß das Reich Gottes erst nach dem Untergang der irdischen Welt anbrechen kann.[418] Aus solcher Perspektive ist jedes irdische Sein sündhaft und die irdische Welt von Grund auf korrupt und ohne Heil.[419] Daß Petersen in jeder Auflage ihres Lebenslaufs darauf verzichtet, Alltagsgeschichten aus dem Bereich ihres Ehelebens in der Öffentlichkeit auszubreiten, hat nichts damit zu tun, daß eine Bekehrte keinen weltlichen, sündhaften Alltag mehr schildern kann. Es hat vielmehr damit zu tun, daß die Präsentation dieses Stoffes die *kurtze Erzehlung* zwar verlängern könnte, aber ihren bekennend-apologetischen Ton, ihre Verteidigung vor der Öffentlichkeit und ihren Aufweis der Gnade Gottes, nicht überzeugender stimmen würde. Die theologischen und juristischen Streitigkeiten kann sie in ihrem Lebenslauf ausblenden, da ihr Mann sie in seiner Lebensbeschreibung breit und detailverliebt darstellt. Schließlich ist Petersens Autobiographie in der erweiterten Fassung Anhang zur Vita ihres Mannes. Auf Wiederholungen in der Darstellung kann und will sie verzichten. Denn auch schon beim Schreiben der ersten Fassung dürfte sie geahnt oder gewußt haben, daß ihr Mann einen solchen sehr genau rechtfertigenden Lebensbericht schreiben wird, an Passagen und Notizen dazu muß er schon damals gearbeitet haben.

Die Träume und religiösen Auslegungen, die den erweiterten Lebenslauf abschließen, sind zudem als Erlebnisse und mit ihren Auswirkungen auf das religiöse Denken Petersens beschrieben. Ihr ‚Ich im Text' konzentriert sich auf die – lesende, träumende, denkende und diskutierende – Auseinandersetzung mit dem Wort und dem Willen Gottes. Die Darstellung der Träume begreift sich nicht als zeitlos, beschrieben wird mit ihnen eine allmählich sich vollziehende religiöse Ideenbildung:

> Nun habe ferner hiebey fügen wollen, wie der treue GOTT mir nach und nach seine Geheimnisse aufgeschlossen, und mich offte damit erqvicket, daß ich dadurch von der Welt=Liebe ab, und zu seiner GOttes=Liebe gezogen worden. Von solchen Aufschlüssen werde ich in diesem Anhange reden, und die Trübsalen, die mir von meinem undanckbaren Schwager und von andern Lästerern, deren Lästerungen mir nicht geschadet, sondern mir an jenem Tage eine Crone seyn werden, begegnet, vorbey gehen, weil mein lieber Ehe=Herr wol einige in seinem Lebens=Lauff erwehnet, und da mir alle das Leiden, so mir begegnet, vielen Nutzen an meiner Seelen geschaffet, so will ich nicht darüber klagen [...] (1719, S. 48f).

Dies bedeutet aber: Die einzelnen Episoden des Lebenslaufs werden als Exempla im Dienste der confessio und als Argumente zum Zweck der Apologie präsen-

---

[418] Zum Gegensatz zur augustinischen Auffassung Schering, Petersen, S. 233.
[419] In dieser radikalen Ablehnung aller weltlichen Strukturen dürfte die Sprengkraft des Chiliasmus der Petersens liegen. Denn er ist nicht nur Weltuntergangshoffnung, sondern auch religiöse Sozialkritik. Und möglicherweise liegt darin der Grund für die dezidierte Verurteilung der chiliastischen Positionen des Ehepaars durch die kirchliche Obrigkeit.

tiert. Einzig der Weg der Weltabkehr, der Abwendung von einer ‚Gleichstellung der Welt', und der Weg des religiösen Erkenntnisgewinns durch Traumgesichte[420] und deren Auslegung werden als Entwicklungsprozeß dargestellt. Insofern geht Petersens *kurtze Erzehlung* einerseits vollständig auf in der Einordnung des eigenen Lebenslaufs und der eigenen Person in einem religiösen System. Andererseits ermöglicht aber gerade dieses religiöse System das Schreiben und Veröffentlichen eines Lebenslaufs, der zwangsläufig – gerade in den stark religiös geprägten Passagen – zur „Einbruchstelle"[421] für eine Reflexion über die eigene Person wird. Sie schildert kein singuläres Erweckungserlebnis, sondern einen kontinuierlichen Bekehrungsprozeß. In dieser Prozeßhaftigkeit liegt ein Keim des Entwicklungsdenkens. Dieses Entwicklungsdenken, das um 1800 das autobiographische Schreiben entscheidend prägt, dringt aber in Petersens Lebensbeschreibung, anders als es Niggl für die pietistische Autobiographie behauptet, nicht in die Schilderung des weltlichen Lebens ein, sondern es scheint gerade in den religiösen Traum- und Visionspassagen auf.[422]

Aus der Episodenhaftigkeit und dem meist fehlenden Entwicklungsdenken in dieser Lebensbeschreibung schließt Guglielmetti auf eine Nähe zum barocken Schelmenroman.[423] Da aber einerseits bisher schon deutlich geworden sein sollte, wie sehr die einzelnen Episoden des Lebenslaufs auf den rhetorischen Zweck der Publikation zugeschnitten sind, wie genau Petersen auswählt, um ihre Kommunikationsziele confessio und Apologie zu erfüllen, und andererseits ein Schelmenroman sich gerade durch eine unzuverlässige Erzählerstimme auszeichnet, was kaum zum Gelingen eines autobiographisch-apologetischen Pakts beitragen würde, muß diese Vermutung als abwegig gelten.[424]

1.2.4. Bildung und Rhetorik. Zur Sprache der „kurtzen Erzehlung"

Petersens Sprache, das haben die längeren Textzitate schon veranschaulicht, ist alles andere als virtuos-maniriert, aber dennoch ist sie rhetorisch ausgeformt. Zu ihrer Stilhaltung nimmt Petersen explizit Stellung – in einer Rede „An den Christlichen Leser", die sie dem ersten Teil der *Gespräche des Hertzens mit GOTT* voranstellt:

> Ich habe keine zierliche Worte gebraucht / sondern so einfältig geschrieben / als es in meinem Hertzen gelegen / wol wissende / daß alle Kunst und Zierde der Worte

---

[420] Der Begriff ‚Gesicht', im Plural: ‚Gesichte', ist ein in der Frühen Neuzeit häufiger verwendetes Synonym für Vision oder Offenbarung, das auch in Vetter, Von denen Gesichten, ausgiebig gebraucht wird, siehe unten.
[421] Niggl, Zur Säkularisation, S. 371.
[422] Niggl, Zur Säkularisation. Vgl. zu Niggls Thesen hier oben Kap. I. C.
[423] Guglielmetti, Prisca: Nachwort. In: Petersen, Johanna Eleonora, geb. von und zu Merlau: Leben, von ihr selbst mit eigener Hand aufgesetzet. Hg. v. Prisca Guglielmetti. Leipzig 2003, S. 89-109, hier S. 99-102.
[424] Zum Schelmenroman vgl. Bauer, Matthias: Der Schelmenroman. Stuttgart 1994.

nur menschlich sind / ohn welche die Krafft doch kan bestehen / ja die offt mehr hinderlich als forderlich sind. Jedoch wie GOtt einem jeglichen hat ausgetheilet das Maaß des Glaubens / also rede und wandele er. Dem die zierlichen Worte natürlich sind / oder sie vormahls gelernet / und durch Langheit sich natürlich gemacht / der wird doch die Krafft drinnen vorstellen können / der sie aber erst suchen solte / würde nur suchen Menschen zu gefallen / wofür meine Seele einen Eckel hat.[425]

Sie verwirft somit in diesen Sätzen rhetorische Kunstfertigkeit nicht generell, Sprache soll, gleichgültig in welcher Ausprägung, Zeugnis ablegen für die eigene Person und deren ‚natürlichen' Sprachgebrauch, wobei sich die Natürlichkeit durch Lernen und langjährige Praxis herstellen kann. Ein sinnvoller, gottgefälliger Sprachgebrauch verwendet die Worte, wie sie ‚im Herzen liegen', wie sie von Gott eingegeben sind. Petersen erkennt die Verbreitung der Rhetorik, mißachtet sie keineswegs, verachtet aber ihren gezielten Einsatz, um den Menschen – und damit: nicht Gott – zu gefallen. Dies wäre eine ‚Gleichstellung mit der Welt', die Petersen stets dezidiert ablehnt.

Ob Petersen tatsächlich eine in ‚zierlicher' Schreibweise kaum geschulte Frau war, läßt sich nicht mehr klären. Im Vaterhaus kann Johanna Eleonoras Bildung nicht üppig gefördert worden sein, schließlich wird sie schon mit 12 Jahren als Kammerjungfer an fremde Höfe verschickt. Das Leben dort allerdings ist standesgemäß, und spätestens hier muß sie höfische Bildung, die auch den Umgang mit der eigenen und mit fremden Sprachen umfaßt, erworben haben: Petersens pietistisches Denken ist am englischen Puritanismus geschärft, sie pflegt den Kontakt der Frankfurter Pietistengemeinde mit den Quäkern um William Penn[426], der Briefwechsel fand allerdings in deutscher Sprache statt.[427] Becker-Cantarino, Wallmann und Woods/Fürstenwald führen in ihren Verzeichnissen der Werke Petersens unter Berufung auf Faber du Faur Nr. 1812 die erste deutsche Übersetzung der gesammelten Molièrekomödien auf.[428] Die Übersetzung erscheint in Nürnberg 1694 bei Johann Daniel Tauber. Faber du Faur kennzeichnet sie als hölzern, schon Zeitgenossen hätten diese Übersetzung als unzureichend empfunden. Doch die Taubersche Ausgabe war nicht für den Gebrauch der Bühne bestimmt, sondern suchte durch möglichst wörtliche Übersetzung die fremdsprachige Lektüre zu erleichtern. Das heißt also, wenn die Übersetzung, deren Urheber(in) der Verlag als J.E.P. nennt, tatsächlich auf Petersen zurück-

---

[425] Aus den ersten 2 Seiten der unpaginierten Rede „An den Christlichen Leser". Zu den im Pietismus topischen Auseinandersetzungen mit der Rhetorik in den Vorreden von Erbauungsbüchern siehe Berning, Stephan: Zur pietistischen Kritik an der autonomen Ästhetik. In: Literatur und Religion. Hg. von Helmut Koopmann und Winfried Woesler. Freiburg u. a. 1984, S. 91-121, hier S. 94.
[426] Matthias, Petersen, S. 86 und S. 94; Wallmann, Pietismus, S. O 85.
[427] Albrecht, Petersen.
[428] Becker-Cantarino, Johanna Eleonora Petersen; Wallmann, Petersen; Woods, Fürstenwald, Schriftstellerinnen, Künstlerinnen und gelehrte Frauen. Ähnlich verfährt der Katalog der Herzog-August-Bibliothek in Wolfenbüttel.

ginge, müßte sie die französische Sprache recht gut beherrscht haben.[429] Von Johanna Eleonoras Hebräisch-Kenntnissen, die sie schon vor ihrer Ehe besessen habe, berichtet Johann Wilhelm.[430] Petersens Schriften belegen außerdem ein großes Wissen über die religiösen Auseinandersetzungen ihrer Zeit, über die Argumentationen und Dogmen der verschiedensten Gruppierungen und diskutieren sie kritisch und offen.[431] Sie unterrichtete im Saalhof junge Mädchen unter anderem in der griechischen Sprache.[432] Sehr wahrscheinlich besaß Johanna Eleonora also eine vergleichsweise gründliche Bildung, unterläßt deren Darstellung aber mit Blick auf den bekennenden und apologetischen Grundton ihres Lebenslaufs. Gerade die Auslassung ihrer Bildungsgeschichte wäre dann ein Zeichen ihres wohlüberlegt strukturierten Schreibens: Im Unterschied zu ihrem Ehemann beherrscht und beherzigt Petersen die Gebote der brevitas und des aptum. Die Kargheit der Beschreibung der äußeren Welt – geographische Details bleiben genauso unklar wie äußere Erscheinung und persönliche Charakteristika etwa der Schwestern[433] – entspricht dem von ihr bekundeten Ekel vor einer ‚Gleichstellung' mit der sündhaften Welt.

Ganz so „einfältig [...] als es in meinem Hertzen gelegen", wie Petersen behauptet, setzt sie ihre Worte keineswegs.[434] Dies zeigt gerade auch die zitierte Charakterisierung des eigenen Schreibens: Denn es geht in ihr um das aptum, um die Angemessenheit der verwendeten Stilmittel im Hinblick auf Absicht, Anlaß und sprechende Person. Diese Autobiographie ist klug gegliedert im Hinblick auf

---

[429] Faber du Faur schließt auf Petersen als Übersetzerin aus der Angabe der Majuskeln J.E.P. Ob dies allerdings die Vermutung, Petersen habe die Molièrekomödien übersetzt, rechtfertigt, bedürfte einer näheren Überprüfung, schließlich haben die Petersens das Theater und die Komödianten wenig geschätzt (siehe Johann Wilhelm Petersen, Lebens=Beschreibung, S. 130ff). Allerdings verfolgt die Übersetzung sprachdidaktische Zwecke und verwendet keine Bühnensprache. Die Beschäftigung mit den französischen Komödiendichter ließe sich zudem vor den Augen des Ehepaares als notwendiger Broterwerb nach der Amtsenthebung entschuldigen. Albrecht, Petersen, meldet in ihrer gründlichen Analyse des Werks der religiösen Schriftstellerin allerdings wohlbegründete Zweifel an dieser Zuschreibung an und nimmt die Molièreübersetzung nicht in das Werkverzeichnis Petersens auf. Ich danke Ruth Albrecht für das Vorabüberlassen ihres Kapitels zur Molièreübersetzung.

[430] Johann Wilhelm Petersen, Lebens=Beschreibung, S. 19. Sie waren Johann Wilhelm so wichtig, daß er darauf auch in der Leichenpredigt auf seine Frau hinweist. Johann Wilhelms Leichenpredigt „Meiner theuren und gottseligen // Ehe=Liebsten // Fr. Johannä Eleonorä // Petersen, // gebohren von und zu Merlau, // Heimgang zu Christo JEsu, // ihrem Könige und ihrem Bräutigam, // in der Wahrheit beschrieben // von // Ihren hinterlassenen betrübten Mann // JOH: WILHELM PETERSEN; D. // Leipzig, // gedruckt bei Immanuel Tietzen.//" befindet sich unter anderem in Zerbst (Franciscum 572, Folio, Sammlung von Leichenpredigten). Für das Überlassen einer Abschrift danke ich Ruth Albrecht.

[431] Vgl. die Debatte mit den Socinianern Johann Wilhelm Petersen, Lebens=Beschreibung, S. 64f.

[432] Wallmann, Pietismus, S. O 86, Matthias, Petersen, S. 92.

[433] Ganz anders schreibt etwa Sophie von Hannover in ihren Memoiren, vgl. dazu Kormann, Haus, Kirche, Stadt und Himmel.

[434] Vgl. Fn. 423. Mit Einfalt sein Leben niederzuschreiben, verspricht im übrigen auch der geschulte und anerkanntermaßen hochrhetorische Johann Wilhelm Petersen in der – unpaginierten – Vorrede zu seiner Lebens=Beschreibung.

ihr Argumentationsziel. Die Kindheit dient als Beleg der göttlichen Gnade von Anfang an, die Jugend bei Hofe zeigt eine Gegenwelt zur harmonischen Pietistengemeinschaft und bildet die Kontrastfolie, vor der Johanna Eleonoras Weg zu einem aktiven Pietismus plastisch werden kann. Die Darstellung dieses Weges stellt den Schwerpunkt ihrer Autobiographie dar. Alles, was sie schreibt, ist funktionalisiert auf die bekennend-apologetische Erzählperspektive.

Die Überzeugungskraft ihrer Schrift erfordert gelegentlich einen Wechsel der Diktion. Meistens fließen ihre Worte einförmig und wenig strukturiert, diese Einförmigkeit produziert eine fast meditative Haltung der Lesenden, die die Sätze Petersens gebetsmühlenhaft vor sich abspulen können. Jäh unterbrochen wird solche Gleichmäßigkeit aber von Passagen, die Petersen eminent wichtig sind. An solchen Stellen greift Petersen zur Polemik und verwendet durchaus die ausdruckssteigernden Kunstgriffe der Rhetorik, vor allem Gedanken- oder Sinnfiguren. Der Text enthält dann unmittelbare Ansprachen der Lesenden („du / geliebter Leser!" (1689, S. 235)) und nutzt den Vergleich, etwa wenn sie ihr Leid mit der Leidensgeschichte Christi parallelisiert oder die Darstellung der Furcht vor dem eigenen Vater dadurch intensiviert, daß sie schreibt, sie fürchte sich nicht nur vor dem Klang seiner Stimme, sondern schon vor einer Stimme, die der des Vaters nur ähnlich sei. An einer anderen Stelle verstärkt sie noch nachdrücklicher: Die Kinder verschweigen dem Vater die alptraumartigen Vorfälle, die ihnen eine Haushälterin in seiner Abwesenheit zumutet. Während sie am Abend die vier minderjährigen Mädchen allein läßt, plündern mehrmals als Gespenster verkleidete Komplizen der Haushälterin das von Merlausche Anwesen: „Weil aber der Vater sehr hart gegen uns war / hatten wir nicht das Hertz / etwas zu klagen / sondern waren nur froh / wenn er wieder fortgereiset war" (1689, S. 246f).

Zitiert die Autorin später aus dem väterlichen Brief, der die Heirat mit Johann Wilhelm gestattet, wird die Wirkung der göttlichen Gnade betont, weil sie die Gegengründe gegen diese Erlaubnis darstellt, bevor sie die Erlaubnis ihres Vaters schildert. Deutliche rhetorische Geschütze fährt sie auf, wenn sie sich gegen Verleumdungen, gegen den „Läster=Teuffel" und seine ‚ausgeschäumten' Lügen (1689, S. 245) wehrt: Wie in einer Aussage vor Gericht zählt sie Zeugen, Orte und Entfernungen auf, solch anschauliches Schildern entspricht dem rhetorischen Mittel der Evidenz. Wehrt sie sich gegen Beschuldigungen, finden sich auch figurae verborum, vor allem Alliterationen: „Lästerunge und Lügen", „Wind und Worte", „Kisten und Kasten" (1689, S. 235, S. 240 und S. 246). Nachdruck verleiht ihren Sätzen an solchen Stellen auch ein antithetischer Stil („Hohen als Niedern", „Große und Kleine", 1689, S. 276), und die Verwendung der Paronomasie, etwa des Aufeinanderbezogenseins von „Nothwendigkeit der theuren Erlösung" und „Noth", in der man sich befinde (1689, S. 240), der Kontrastierung von Untreue, die für treu gehalten werde, und Treue, die als untreu gelte (1689, S.

262), des Wechsels von „der Geringste" und „gering achtete" (1689, S. 276) und der Variation von Willen und wollen (1689, S. 286).

Dieser Text nutzt zudem eine ausgeprägte Bildsprache: So finden Bekehrungen auf Schiffsüberfahrten statt, einem von seinem metaphorischen Gehalt passenden Ort für bedeutende, schicksalshafte Wendungen[435], und die von Gott gewollte Prüfung des Menschen durch Anfechtung und Verfolgung wird verglichen mit einer Züchtigung durch den Vater.[436] Dies bedeutet aber: Auch Johanna Eleonora Petersens Sätze sind nicht frei von Rhetorik. Wenn Ritschl die leere Rhetorik der Schriften Johann Wilhelms, denen „jede Spur des innern Kampfes" fehle, von den Texten Johanna Eleonoras absetzt, die „eine durchaus subjective erfahrungsmäßige Farbe haben"[437], urteilt Ritschl aus der Rhetorikfeindschaft seiner Zeit heraus, die alles Schreiben nach den Regeln der Redekunst als nicht erfahrungs- und erlebnisgetränkt verachtet hat. Und sein Urteil läßt sich mit Johanna Eleonora Petersens Text gerade nicht belegen. Petersens Lebensbeschreibung unterscheidet sich also nicht dadurch von anderer frühneuzeitlicher Literatur, daß sie auf rhetorische Mittel verzichtet. Johanna Eleonora muß aber dennoch in ihrer höfischen Jugend oder in der Zeit des pietistischen Wirkens nicht dezidiert konkretisierbare Rhetoriken studiert haben. Die gelehrten wie die einfachen Menschen der Frühen Neuzeit waren von nach den Regeln der Rhetorik strukturierter Rede allseits umgeben, gerade kirchliche Predigten haben dazu beigetragen.[438]

Entschieden pietistisch ist die Herkunft der rhetorischen Mittel Petersens.[439] Selten schmücken figurae verborum die Sätze, häufiger ist Polemik und eine Steigerung der Überzeugungskraft mit Hilfe von Gedanken- und Sinnfiguren. Die Rhetorik, die Struktur der Argumentation, die Allegorik und die Muster, mit denen Petersen ihr Leben erzählt, sie stammen vor allem aus der Bibel.[440] Die Bibel ist zwar mit Sicherheit nicht das einzige Buch, das Petersen in ihrem Leben gelesen hat, aber sie ist das einzige Buch, von dessen Lektüre ihr Lebenslauf berichtet. Und er berichtet von häufiger Bibellektüre. Die bleibt nicht ohne Spuren in der Sprache des Lebenslaufs: Sein Bildervorrat liegt in der Heiligen Schrift, besonders in der Apokalypse, um die Petersens chiliastisches Denken kreist. Wenn sie starke Worte verwendet, so ist es eine Sprachkraft, die an der Lutherschen

---

[435] Das Schiff als Ort einer Bußpredigt Petersens kann neben dieser Lektüre als Metapher aber auch ganz real gedeutet werden: In einer lebensbedrohenden Situation auf dem Schiff kann Petersen predigen, was ihr von der Kanzel aus nicht erlaubt worden wäre. Vgl. Albrecht, Jung, S. 217.
[436] Petersen, kurtze Erzehlung, S. 238.
[437] Ritschl, Geschichte des Pietismus, Bd. 2 (1884), S. 247.
[438] Vgl. Barner, Wilfried: Barockrhetorik. Untersuchungen zu ihren geschichtlichen Grundlagen. Tübingen 1970, S. 454.
[439] Vgl. Berning, Zur pietistischen Kritik an der autonomen Ästhetik; Schrader, Literaturproduktion und Büchermarkt, S. 37ff.
[440] Vgl. dazu auch den Kommentar Guglielmettis in ihrer Neuausgabe der Petersen-Autobiographie.

Bibelübersetzung geschult ist: Sie spricht mit Hiob 4,13f und 2. Kor. 7,15 von „Furcht und Zittern" und schreibt ihre confessio peccati et laudis in biblischen Formeln:

> Die Furcht des HErrn hat mich bewahret / und seine Güte und Treue hat mich geleitet/ welcher allein sey Lob / Ehr und Preiß" (S. 242).

1.2.5. Religion und Gesellschaftskritik

Vor allem in der erweiterten Autobiographie, die sie zusammen mit der ihres Gatten veröffentlicht, zeichnet Petersen das Bild einer engen geistigen Gemeinschaft und Vertrautheit mit ihrem Ehemann. Nicht Leidenschaft habe sie in eine Heirat unterhalb ihres Standes einwilligen lassen, signalisiert Petersens Darstellung. Sie habe – „als ob mirs nichts angienge" (1689, S. 286) – demütig die Entscheidung ihres Vaters abgewartet.[441] Der hatte bis zu diesem Zeitpunkt jede Werbung aus dem Bürgerstand abgelehnt, doch bei Johann Wilhelms Antrag habe, so Petersens Darstellung, Gott ein Wörtchen mitgeredet. Jedenfalls bekommt Johanna Eleonora eine väterliche Antwort

> darin er setzete / er hätte viele Ursachen / itzo in seinem Alter mich nicht so weit von sich zu lassen / und hätte noch nie sich resolviren können / ausserhalb seinem Stande ein Kind heyrathen zu lassen / doch wüste er nicht / wie er dem Willen Gottes wiederstreben solte" (1689, S. 286).

Im Ehealltag der Petersens, soweit er in die Lebensbeschreibung eingeht, gibt es eine eindeutige Hierarchie, so will Petersen über der Pflege des kranken Gatten ihre eigene Krankheit nicht bemerkt haben. In ihrem religiösen Denken stimmen Johanna Eleonora und Johann Wilhelm aber in hohem Maße überein. Petersen spielt dabei nicht etwa die passive, die Gedanken ihres Mannes bestätigende Rolle, sondern eine ausgesprochen aktive: Wenn Gott ihr eine Eingebung sendet, eilt sie zu Johann Wilhelm, dem dann manchmal gerade dasselbe Geheimnis aufgeschlossen worden ist (S. 56f.). Das heißt, in dieser Ehe gibt es nicht einen führenden und einen nachfolgenden Teil, sondern beide Partner verstehen sich als passiv göttlicher Führung gegenüber und beglaubigen ihre ‚göttlich inspirierten' Bibelauslegungen mit der Übereinstimmung des Paares. Dieser Gleichklang darf aber nicht als Seelenharmonie zweier sich innig Liebender oder gar als Frühform einer emanzipierten Beziehung verstanden werden. Die Petersens kultivieren stattdessen eine Konvergenz im religiösen Denken und Empfinden zur Beglaubigung ihrer religiösen Positionen. Die religiösen Schriften und die beiden Le-

---

[441] In ähnlicher Weise stellt Johann Wilhelm Petersen, Lebens=Beschreibung, S. 49, seine Heiratspläne dar, vgl. Matthias, Petersen, S. 125. Daß Johann Wilhelm sich allerdings ausgesprochen aktiv mit Hilfe von Fürsprechern um die Zustimmung des alten Freiherrn von Merlau müht, erweist den vorgetragenen Quietismus, zumindest auf Johann Wilhelms Seite, als ausschließlich formelhaft, vgl. Matthias, Petersen, S. 126.

bensbeschreibungen Johanna Eleonora Petersens und Johann Wilhelms fügen sich zu einem Bild zusammen, das die enthusiastische Hermeneutik der Petersens, ihre durch ‚göttliche Eingebung' inspirierte Bibelauslegung, zeigen und bezeugen soll.[442]

Gleichzeitig rechtfertigt der spirituelle Gleichklang der Eheleute eine Gemeinschaft, die in den Augen des Adels eine Mesalliance ist.[443] Daß Petersen sich von solchen weltlich-dynastischen Wertungskriterien aber verabschiedet hat, macht schon der Anfang der Autobiographie deutlich: Die Zugehörigkeit zu einer adligen Familie erwähnt Johanna Eleonora zwar, aber sie informiert nicht, wie es in Adelsmemoiren – und auch in bürgerlichen Hausbüchern – üblich ist, über Namen, Stammbaum, Rang und Besitz der Eltern. Diese Selbstdarstellung paßt zur expliziten, deutlichen Distanzierung von der Welt des Adels und des Hofes. Und sie widerspricht der Unterstellung, Petersens Religiosität kompensiere ständischen Prestigeverlust.[444] Daß für diese Autorin die Bedeutung des Standes hinter der Frage nach geistlicher Autorität zurücktritt, zeigen auch andere Schriften Petersens: So ist in einem Briefwechsel zwischen ihr und der Herzogin Sophie Elisabeth von Sachsen-Zeitz Johanna Eleonora trotz ihres niedrigeren Standes die Führende.[445] Im übrigen beziehen die beiden Ehepartner zur Aristokratie durchaus unterschiedliche Positionen. Während die Freifrau bevorzugt auf das Verderbte des Adels hinweist, neigt ihr bürgerlicher Ehemann immer wieder zur Panegyrik auf einzelne adlige Gönner und schreibt sich in seiner Autobiographie gar adlige Abstammung zu.[446] Dennoch darf nicht übersehen werden, daß Petersen gerade in der gesellschaftlichen Auseinandersetzung um ihre radikalpietistische Position einen guten Teil ihres unabhängigen Auftretens ihrem adligen Selbstverständnis verdankt.[447]

---

[442] Vgl. Matthias, ‚Enthusiastische' Hermeneutik.

[443] Daß die Standesgrenzen bei dieser Eheschließung tatsächlich gravierend verletzt wurden, bezweifelt aber Matthias, Petersen, S. 124f: Johann Wilhelm hielt erst um die Hand von Merlaus an, nachdem er Superintendent und Hofprediger in Eutin geworden war. Doch es sei daran erinnert, daß Georg Adolph von und zu Merlau vor dem Antrag Johann Wilhelms den Ehewunsch eines hohen Geistlichen, wie Johanna Eleonora berichtet, aus Standesgründen abgewiesen hat.

[444] Die Kompensationsvermutung äußert von Graevenitz, Gerhart von: Innerlichkeit und Öffentlichkeit. Aspekte deutscher ‚bürgerlicher' Literatur im 18. Jahrhundert. In: Deutsche Vierteljahrsschrift für Literaturwissenschaft und Geistesgeschichte 49 (1975), Sonderheft 18. Jhd., S. 1*-82*, hier S. *29. Vgl. dagegen Becker-Cantarino, Johanna Eleonora Petersen, S. 923f.

[445] Matthias, Mutua Consolatio Sororum, S. 71.

[446] Vgl. Johann Wilhelm Petersen, Lebens=Beschreibung, S. 280ff. und im herkunftsbezogenen § 2. Während Petersen in ihrer Autobiographie die Verzweigungen der Familie von und zu Merlau nicht ausbreitet, verzichtet Johann Wilhelms Leichenpredigt auf seine Frau keineswegs darauf, die Namen angesehener Vorfahren aus dem von Merlauschen Adelsgeschlecht aufzuzählen.

[447] So finden sich, etwa in ihrer Supplikation an den Frankfurter Senat von 1678, in der sie ihre Ausweisung aus der Stadt verhindern will, deutliche Hinweise auf ihre adlige Abkunft, vgl. Taege-Bizer, Jutta: Weibsbilder im Pietismus. Das Beispiel von Frankfurt am Main 1670-1700. In: Frauen Gestalten Geschichte. Hg. v. Leonore Siegele-Wenschkewitz et al. Hannover 1998, S. 109-136, S. 131.

Von Graevenitz sieht die *kurtze Erzehlung* vom „Schematismus ihres Daseins" geprägt:

> Was in der Gelehrten-Vita die jugendliche Ausbildung und Erziehung, ist für sie [für Petersen] die prägende Rolle des angsteinflößenden Vaters, was für den Gelehrten Studium und Promotion, ist für sie der Hofdienst mit bescheidenen Promotionen im Rang der bekleideten Ämter, die für die Karriere des Gelehrten entscheidenden Vokationen sind für sie die Heiratsanträge mit unterschiedlichen sozialen Placierungsaussichten.[448]

Diese Parallelisierung der Petersenschen Autobiographie mit dem Schema der Gelehrtenautobiographie mag pointiert und amüsant-ironisch klingen, am Petersenschen Text geht sie jedoch exakt vorbei. Es sollte deutlich geworden sein, daß Petersen den Hofdienst und die Heiratsverhandlungen gerade nicht als Karrierestationen darstellt. Was sie dagegen – im Unterschied zu Johann Wilhelm, wie sich noch zeigen wird – in ihrem Lebenslauf vollständig verschweigt, ist ihre Bildungsgeschichte, die nicht so rudimentär ausgefallen sein kann, wie ihr Lebenslauf – und von Graevenitz' Lektüre desselben – es suggerieren.

Die Harmonie und Gottesfürchtigkeit ihrer Ehe – oder auch ihres Aufenthalts im Hause der „gottsel. Witwen / Bauerin von Eisenack / gebohrne Henßberin" (1689, S. 280) – kontrastiert zum weltlichen Treiben des Hofes:

> Da tantzete ich offt mit Thränen / und wuste mir nicht zu helffen; ach / dachte ich offt / daß ich doch eines Vieh=Hirten Tochter wäre / so würde mir ja nicht verdacht / in der einfältigen Nachfolge Christi zu wandeln / es wäre kein Auffsehen auff mich. (1689, S. 271).

Sie beschreibt das unselige Durcheinander des väterlichen Haushalts nach dem Tod der Mutter, wenn der Vater seine Pflichten gegenüber den Kindern vernachlässigt, sie unchristlichen Dienstboten überläßt und, so er nach Hause kommt, unberechenbar straft. In der Beschreibung des väterlichen Verhaltens wird Petersen nicht so direkt, wie es diese Kurzfassung vermuten lassen könnte, aber für einen Menschen des 17. Jahrhunderts, der in seiner Lebensbeschreibung vor allem Demut darstellen muß und will, formulieren die folgenden Sätze ausgesprochen deutlich, daß die junge Johanna Eleonora nur in Abwesenheit des Vaters fröhlich sein kann:

> Etliche Zeit hernach kam meine älteste Schwester nacher Stuckgard / bey des sel. Vaters Bruder / und ich muste die Haußhaltung über mich nehmen / und von allem Rechnung thun / welches mir sehr schwer war / weil der seel. Vater / so offt er nach Hause kam / mir sehr hart begegnete / und alles / was zubrochen / oder sonst nicht gleich recht nach seinem Sinn war / von mir forderte / und offt unschuldig sehr hart straffete / darüber ich solche knechtische Furcht bekam / daß ich zusammen=fuhr / wo ich nur eine Stimme hörete / so der Stimme meines Vaters ähnlich war. Darüber habe ich manchen Seuftzer zu meinem Gott geschickt / aber wenn er wieder weg war

---

[448] Von Graevenitz, Innerlichkeit und Öffentlichkeit, S. 28*.

> / so war ich frölich und gutes Muthes / sang und sprang / und war sehr fröliches Geistes / hatte aber dabey einen rechten Eckel / was unkeusch / auch nach kindischer weise war / mochte auch nichts von dem Spielen von Hochzeit / Kindtauffen / und dergleichen zu thun haben / sondern schämte mich dafür. (1689, S. 250f)

Als verderbt erweist sich die Welt des Adels nicht nur im Vaterhaus, sondern auch, als Johanna Eleonora mit 12 Jahren als Hofjungfer zu einer Gräfin geschickt wird, die Johanna Eleonora mit ihrem Hündchen verwechselt und für sie – und andere an ihrem Hof – zur Lebensgefahr wird. Wie Ehen unter Adligen geschlossen werden, soll auch die Episode zeigen, bei der ein adliger Offizier um sie wirbt, sie aber immer wieder hintergeht und das Verlöbnis schließlich mit Verleumdungen zu lösen versucht, weil er andernorts eine bessere Partie zu erhaschen glaubt. Differenzierter schildert sie dagegen den Hof der Herzöge zu Holstein-Sonderburg. Eine solche Ausnahme im Kontext der Adelskonzeption der *kurtzen Erzehlung* ist kaum verwunderlich, schließlich muß Petersen den Holstein-Sonderburgschen Hof schonen, wird er doch von ihr immer wieder zum Zeugen aufgerufen wider das Gerücht, ihr Pflegekind sei ihr leibliches ‚Hurenkind'. Außerdem verband sie mit einer Tochter des Hauses Holstein-Sonderburg eine lange, religiöse Freundschaft.[449]

Mit Bedeutung aufgeladen werden also zwei einander kontrastiv entgegengesetzte gesellschaftliche Sphären, die Welt des Hofes auf der einen Seite, die Welt der gottesfürchtigen, bei Petersen meist als bürgerlich dargestellten Pietist(inn)en auf der anderen Seite. Das Hofleben wird geradezu zum Paradigma des sündigen, irdischen, eitlen Treibens, dessen vergängliche Lust Christen nach 2 Petr. 1,4 fliehen sollen. Gleichzeitig damit, daß so der Hof mit seiner äußeren Pracht zum Beispiel für die Sündhaftigkeit des Weltlebens überhaupt wird, wandelt sich die Bedeutung des Wortes ‚Eitelkeit': Es enthält zwar als Konnotation noch die barocke Bedeutungsbreite für die vergängliche, wertlose, leere Lust der Welt im allgemeinen, ist aber in Petersens Lebensbeschreibung schon zugespitzt auf den moderneren Gebrauch als Bezeichnung für Freude an der eigenen äußeren Erscheinung:

> ich übete mich in allerley Geschicklichkeiten von allerley Arbeit / daß ich sehr beliebet wurde / auch im tantzen vor andern den Preiß hatte / welches mir die Eitelkeit lieb und angenehm machte / daß ich zu Kleider=Pracht und dergleichen Eitelkeiten rechte Beliebung hatte / weil mirs wohl anstunde / und von jederman gerühmet wurde / auch war niemand / der jemahls gesagt hätte / daß es nicht recht wäre / sondern lobeten solche Eitelkeiten an mir (1689, S. 257f).

Das Bürgertum tritt in Petersens Autobiographie nur in seiner pietistischen, gottesfürchtigen Variante auf und wird als positive Kontrastfolie dem sündigen Treiben des höfischen, weltzugewandten Adels entgegengesetzt.

---

[449] Matthias, Mutua Consolatio Sororum.

Die in der Literatur der Frühen Neuzeit topische moralphilosophische und gegenhöfische Darstellung des Adel-Bürgertum-Kontrasts – man denke an Grimmelshausen, Logau oder Moscherosch – impliziert durchaus eine ständische Auseinandersetzung. Der Konflikt ist bei Petersen zwar primär eine Frage der religiösen Position, es ist noch nicht die aufgeklärte Sozialkritik des Bürgertums am Adel, die sich im 18. Jahrhundert entwickelt. Dennoch aber sind die Verdikte des höfischen Lebensstils auf gesellschaftliche Wirkung hin ausgerichtet, denn frühneuzeitliche Religiosität, gerade auch die des Ehepaares Petersen, ist keine Privatangelegenheit fürs stille Kämmerlein, sondern eine öffentliche Auseinandersetzung. Indiz dafür ist unter anderem das mehrmalige Publizieren der Autobiographien des Ehepaars schon zu dessen Lebzeiten, dafür spricht auch der polemische Stil und die rege publizistische Tätigkeit Johanna Eleonora und Johann Wilhelm Petersens.

1.2.6. Selbstkonstruktion und Menschenbild

Liest man diesen Lebenslauf mit Erwartungen, die von der Autobiographik Rousseaus oder Goethes genährt sind, erscheint diese eigenhändige Lebensbeschreibung als ein merkwürdig ich-freier Raum. Wenngleich Petersen in ihrem ersten, die Lesenden direkt ansprechenden Teil die Pronomina der ersten Person Singular gehäuft verwendet, erscheint doch im folgenden immer wieder als normsetzende Instanz das Indefinitpronomen ‚man'.[450] Passivische Konstruktionen oder Sätze, in denen ihre eigene Person Objekt einer Handlung ist, das heißt als ‚mich' oder ‚mir' im Text auftaucht, sind häufiger als Sätze, in denen die erste Person Singular als Subjekt über ein aktives Prädikat verfügt. Erstaunlich ich-frei ist diese Autobiographie aber auch dann, wenn man sie in Erwartung einer Seelenzergliederung liest, die ja das Merkmal der pietistischen „Autopsychographien"[451] sein soll. Petersen muß, weil sie sich eben nicht als besonders verderbt deutet, sondern nur die allgemeine menschliche Anfälligkeit für Sündhaftes bei sich nicht verleugnen will, nicht nach den finstersten Stellen ihrer Seele fahnden. Auch ansonsten ist Petersen äußerst zurückhaltend mit dem Schildern von Gefühlen. Es fragt sich also, wo die von Loch, Luft, Wallmann und anderen vermutete Innerlichkeit und Empfindsamkeit in Johanna Eleonora Petersens Lebensbeschreibung versteckt sein soll.[452] Möglicherweise verführen nicht-reflektierte Geschlechterstereotype die Interpreten zu einer solchen Lektüre.

Auffällig ist, daß das ‚Ich' vor allem an drei Stellen eine größere Rolle spielt: Die erste Stelle ist der Anfang der Autobiographie, der einerseits die Lesenden zum autobiographischen Pakt führen soll und andererseits geprägt ist von apolo-

---

[450] Etwa Petersen, kurtze Erzehlung, S. 238f.
[451] Schrader, Literaturproduktion und Büchermarkt, S. 32.
[452] Vgl. Loch, Darstellung des Kindes, S. 147; Luft, Leben und Schreiben für den Pietismus, S. 86; Niggl, Geschichte, S. 10; Wallmann, Pietismus, S. O 85.

getischen Zielsetzungen. Während Petersen ihre erinnerten Gefühle nur selten anschaulich werden läßt, schildert sie die Angst, die sie als Kind vor dem Vater geplagt hat, eminent wirkungsvoll. Und deutlich wird persönliches Erleben, Denken, Fühlen und Handeln vor allem auch im Schlußteil der späteren Auflagen, wenn Petersen ihre religiösen Träume mitteilt und von ihren Deutungsversuchen berichtet.

Die ersten beiden ich-stärkeren Stellen lassen sich mit Sloterdijks Begriff der Stör-Erfahrung erklären.[453] Sowohl die Verleumdungen als auch die Härte des Vaters muß Petersen schmerzhaft erlebt haben. Beidem kann sie sich nur mit Schwierigkeiten stellen, beides läßt sich für sie nicht relativierend und tröstend mit tradierten Mustern erklären. Sie muß ein gehöriges Maß an Argumentationsraffinement aufbieten, muß die Verfolgungen als Wegstationen hin zu göttlicher Gnade, muß sie gar als Auszeichnungen Gottes definieren, um sie in ihrem Lebenslauf, der ja gerade das Wirken der Gnade Gottes zeigen soll[454], darstellen zu können. Und das Sündenbekenntnis, zwangsläufiger Bestandteil religiöser Selbsterkundungen, gerät in einen, wie sie wohl erkennt, unvermeidlichen Konflikt mit den apologetischen Bemühungen, zu denen sie die böse Nachrede einer feindlichen Öffentlichkeit zwingt. Petersen, die sich den sie schmerzenden, sie verstörenden Erfahrungen stellt, muß sich gerade an solchen Stellen reiben an den Topoi des das eigene Ich verleugnenden religiösen Bekennens, sie wird, wenn sie über die Gerüchte und über ihren Vater schreibt, geradezu gezwungen zu einer Reflexion über ihre eigene Person.

Die ich-starken Schlußpassagen der erweiterten Autobiographie zeigen die ambivalente Rolle, die Religiosität für frühneuzeitliche Selbstkonstruktionen spielt. Auch für Petersen gilt noch, was Davis über die „Grenzen des Selbst im Frankreich des sechzehnten Jahrhunderts" geschrieben hat: Der frühneuzeitliche Mensch ist Teil eines Beziehungsfeldes.[455] Seine Subjektivität ist geprägt von den verschiedensten Verbindungen zu anderen. Gerade Frauen, so Davis, sind „Tochter von ..., Witwe des ..., Frau von ...".[456] Petersen spannt aber kein in solcher Weise familial bzw. dynastisch geprägtes weltliches Netzwerk auf, sie bezieht sich vor allem auf Gott. Die ihrer Darstellung nach wichtigen Beziehungen zu einem Geistlichen, der den Prozeß ihrer pietistischen Bekehrung einleitet, und zu ihrem Ehemann gewinnen erst über die Legitimation durch Gott an Bedeutung. So bleibt der bekehrende Geistliche in ihrer Autobiographie bezeichnen-

---

[453] Vgl. Sloterdijk, Literatur und Organisation, S. 11f, vgl. hier Kap.I. C. 4.2.
[454] Siehe oben zum autobiographischen Pakt.
[455] Vgl. dazu auch Jancke, Gabriele: Autobiographische Texte – Handlungen in einem Beziehungsnetz. Überlegungen zu Gattungsfragen und Machtaspekten im deutschen Sprachraum von 1400 bis 1620. In: Ego-Dokumente. Hg. v. Winfried Schulze. Berlin 1996, S. 73-106.
[456] Davis, Natalie Zemon: Bindung und Freiheit. Die Grenzen des Selbst im Frankreich des sechzehnten Jahrhunderts. In: Dies.: Frauen und Gesellschaft am Beginn der Neuzeit. Berlin 1986, S. 7-18, hier S. 15.

derweise ohne Namen. Daß es Philipp Jakob Spener oder Johann Jakob Schütz waren, die Petersen zum Pietismus geführt haben, dürfte zum Zeitpunkt des Erscheinens der Autobiographie in der interessierten Öffentlichkeit bekannt gewesen sein.[457] Petersen kann also die beiden gemäßigten Pietisten aus den Konflikten des radikalpietistischen Paares mit der lutherischen Orthodoxie durch ein Verschweigen des Namens keineswegs heraushalten. Auf den Namen verzichtet sie wohl deshalb, weil es nicht um die Einzelpersonen Spener oder Schütz geht, sondern um deren allgemeine Rolle als geistliche Berater und als Vorbild. Petersen vermittelt auch nicht den Eindruck, im Mittelpunkt eines engen Kreises gleichgesinnter Sektenmitglieder zu leben und zu schreiben. Sie berichtet nicht von Konventikeln, das heißt Erbauungsstunden mit Gleichgesinnten. Daß sie in ihrer Zeit bei Maria Juliane Baur von Eyseneck der geistige Mittelpunkt der Frankfurter Saalhofpietisten ist, verschweigt sie in ihrer Autobiographie. Über die Gründe dafür kann man nur rätseln: Becker-Cantarino vermutet, dies entspräche der hermetischen Abschottungspraxis sektiererischer Gruppen gegenüber der Öffentlichkeit. Vielleicht will Petersen aber auch ihre Unabhängigkeit von der Urteilsbildung in Gruppen betonen, eine Freiheit, die dem Nachweis einer höheren Unfreiheit dient, der Abhängigkeit von Eingebungen Gottes. Wahrscheinlich aber mißt Petersen beim Schreiben des Lebenslaufs den Konventikeln keine Bedeutung mehr zu, ihrer neuen chiliastischen Vorstellungen wegen. Partner ihrer beziehungsorientierten Selbstdarstellung ist vor allem Gott.

Definiert sich Petersen durch die Beziehung zu Gott[458], bedeutet dies nicht, daß sie ihre eigene Person völlig auslöscht und in Demut auflöst. Ihre Selbstkonzeption ist nicht autonom, aber dennoch nicht zwangsläufig heteronom. Gerade die Demut wird zur Grundlage von Selbstbewußtsein und führt zu einem starken Selbst. Dieses starke Selbst wird dann aber wieder der Demut geopfert. Petersen betreibt durchaus Ähnliches wie Greiffenberg: Auch sie schreibt – in „geistliche[r] Virtuosität" – aus einer Haltung, „aus der ein bei aller Selbstaufopferung manifester geistlicher Stolz vollkommener Demut erwächst und sich gerade darin bekundet, daß er bemerkt und seinerseits aufgeopfert wird".[459]

Die Religiosität dieser Autobiographie ist für heutige Lesende eine Provokation. Sie verführt nur zu leicht zu anachronistischen Deutungen. Wenn etwa bei Mahrholz – oder bei Blackwell – Religiosität als Kategorie der Innerlichkeit aufgefaßt wird, projiziert man eine Vorstellung, die sich im 18. und 19. Jahrhundert herausgebildet hat, zurück in die Vergangenheit. Religiosität als Privatangelegenheit, als introvertierte Andacht hat sich zwar in der Tat auch mit Hilfe des Pie-

---

[457] Vgl. zur gegenwärtigen Debatte, ob Spener oder Schütz jener Gottesmann gewesen sei, den Johanna Eleonora Petersen in ihrer Autobiographie ohne namentliche Zuordnung heraushebt, Guglielmettis Kommentar S. 62 f in ihrer Neuausgabe der Petersen-Autobiographie.
[458] Vgl. Kap. I A.
[459] Laufhütte, Freundschaft, S. 464f.

tismus entwickeln können, doch die Religiosität im konfessionellen Zeitalter und auch noch in der Ära der frühen Pietisten ist politisches Streiten und eine eminent öffentliche Debatte. Pietistinnen, die wie Petersen mit Andachtsbüchern und Autobiographien an dieser religiösen Auseinandersetzung teilnehmen, kultivieren nicht eine private, zurückgezogene, schon fast empfindsame Innerlichkeit. Sie bekennen dagegen öffentlich und streitbar ihre eigenen, im Kontext des religiösen Diskurses entstandenen Vorstellungen. So betont Petersen, eine „Thäterin" der Worte Gottes sein zu wollen (1689, S. 236). Religiosität spielt sich also für diese Pietistin nicht nur am heimischen Betschemel ab, sondern soll öffentlich sichtbar und folgenreich sein.

In der Begründung für ihr bekennend-rechtfertigendes Doppelanliegen betont Petersen die notwendig sündhafte irdische conditio humana: Der Mensch ist verdorben, und die einzige Rettung in dieser Verderbnis besteht in Erkenntnis und Bekenntnis der eigenen Sündhaftigkeit. Petersen vertritt so das Grundmuster der christlichen Anthropologie des 17. Jahrhunderts.[460] Wenn sie von Selbsterkenntnis spricht und den Gebrauch der Vernunft fordert, geht sie damit nicht über das Übliche im 17. Jahrhundert hinaus, das der Maxime des γνῶθι σαυτόν und dem Neostoizismus huldigt.[461] Dennoch belegt Petersens Lebensbeschreibung, daß am Ende des 17. Jahrhunderts in Deutschland ein barockes Systemdenken nicht mehr ungebrochen gültig ist.[462] Schließlich verläßt Petersen den für sie ursprünglich vorgesehenen Weg: Sie zieht sich schon im Hofdienst in eine Welt der religiösen Selbstversenkung zurück, sucht ihre Vertrauten und Ratgeber im Kreis der bürgerlichen, pietistisch angehauchten Geistlichkeit und stellt ihre Gemeinschaft mit Johann Wilhelm als dem adligen Eheleben entschieden überlegen dar. Petersen weicht außerdem vor keinem Streit mit der orthodoxen Geistlichkeit zurück und nimmt dezidiert für sich in Anspruch, nach den Worten der Bibel nicht nur zu reden, sondern auch zu handeln.[463] Diese Pietistin entwickelt wie viele ihrer Zeitgenossen ein ausgesprochen lebhaftes Interesse an den verschiedensten religiösen Strömungen, auch an denen, die als ketzerisch gebrandmarkt werden. Diese Zeit ist nicht mehr die eines geschlossenen Ordo. Mag den so mancher auch wiedererwecken wollen, so zersetzen ihn doch vielfache, zweifelnde Ausei-

---

[460] Becker-Cantarino, Johanna Eleonora Petersen.
[461] Wenn dies, wie Becker-Cantarino, Johanna Eleonora Petersen, S. 920, nahelegt, auf die Anthropologie des kritischen und rationalen 18. Jahrhunderts vorausweist, dann nicht nur bei Petersen, sondern bei allen diesem Grundsatz der Selbsterkenntnis sich verschreibenden Autor(inn)en des 17. Jahrhunderts.
[462] Zum Systemdenken Wiedemann, Conrad: Barocksprache, Systemdenken, Staatsmentalität. Perspektiven der Forschung nach Barners *Barockrhetorik*. In: Int. Arbeitskreis für deutsche Barockliteratur. 1. Jahrestreffen Wolfenbüttel 1973. Hamburg 1976, S. 21-51; vgl. kritisch zu Wiedemanns Position Bauer, Barbara: Naturverständnis und Subjektkonstitution aus der Perspektive der frühneuzeitlichen Rhetorik und Poetik. In: Künste und Natur in Diskursen der Frühen Neuzeit. Hg. von Hartmut Laufhütte. Wiesbaden 2000, Bd. 1, S. 69-132.
[463] Vgl. dazu u. a. Matthias, Petersen, S 86f.

nandersetzungen mit alten Gewißheiten. Die Autorin läßt sich also – bei aller Suspendierung des eigenen und einer permanenten Berufung auf den göttlichen Willen – in keiner Weise auf vorgegebenen Bahnen treiben, sie scheint ihren Weg aktiv gesucht zu haben. Aber mit keiner Silbe deutet sie einen Stolz auf solche Selbständigkeit und Aktivität an. Stets betont sie ihre Aufmerksamkeit für göttliche Weisungen und ihren Gehorsam diesen gegenüber. Ihre Darstellung, etwa die der Eheverhandlungen, bei denen sie gleichmütig die Entscheidung des Vaters erwartet haben will, ist geprägt vom zeitgenössischen Quietismus.[464] Dahinter verbirgt sich kein unbedingter Gehorsam der Tochter dem eigenen Vater gegenüber, sondern Vertrauen in die Wirkungsmacht und Gnade Gottes. Petersens Lebensentscheidungen fallen in einem Dialog mit Gott, einem Dialog zwischen ungleichen Partnern: Gott ist der Mächtige, sie seine gehorsame Dienerin, daß dies Petersens tiefe Überzeugung war, daran läßt ihre Lebensbeschreibung nicht zweifeln. Aber dennoch rechtfertigt genau die Berufung auf göttliches, gnadenreiches Wirken Petersens von gesellschaftlichen Erwartungen abweichenden Lebensweg vor ihren Mitmenschen, gibt sie ihr ein Bewußtsein von ihrer Person – und ihrer Eigenständigkeit gegenüber den Ansprüchen der Welt. Hier scheint Ritschls Eindruck nicht zu trügen:

> Die Gelassenheit ihres ganzen Willens in Gott, auf die sie sich hierin richtete, hat jedoch bei ihr nicht den allgemein quietistischen Sinn, sondern schließt einen energischen Vorsatz für das Leben in sich.[465]

Eine Fehlinterpretation aus modernistischem Verständnis ist die Lektüre der Autobiographie als Dokument eines autonomen Subjekts, die unter anderem Blackwell forciert, wenn sie schreibt: „Die eigene Manipulation dieser Scheinwillenlosigkeit ist ihr sicher nicht bewußt".[466] Eine solche Position verkennt die Bedeutung, die Glaube und Frömmigkeit in der Frühen Neuzeit für die einzelnen Menschen eingenommen haben. Petersen als eine Frau des 17. Jahrhunderts gibt Willenlosigkeit nicht zum Schein vor, und schon gar nicht tendiert ihre Haltung zur Autonomie.[467]

Becker-Cantarinos Rezeption des Petersentextes geht einen anderen Weg: Sie urteilt tiefenpsychologisch inspiriert über das Leben und Schreiben Petersens:

> Da fällt zunächst die fehlende Mutterbeziehung in ihrer Kindheit auf, wenn sie als Neunjährige die Mutter verliert, zu anderen Frauen keine Beziehung finden kann, dafür in panischer Angst vor dem strafenden Vater lebt und deshalb eine fast lebens-

---

[464] Vgl. u. a. Matthias, Petersen, S. 82f.; Ritschl, Geschichte des Pietismus, Bd. 2, S. 228; Günther, Hans R. G.: Psychologie des deutschen Pietismus. In: Deutsche Vierteljahrsschrift für Literaturwissenschaft und Geistesgeschichte 4 (1926), S. 144-176, hier S. 160-163.
[465] Ritschl, Geschichte des Pietismus, Bd. 2, S. 227.
[466] Blackwell, Bekenntnisse, S. 281.
[467] Anders Blackwell, Bekenntnisse, S. 281. Die Eigenständigkeit gerade der Eheentscheidung Petersens übertreibt auch Critchfield, Prophetin, Führerin, Organisatorin, S. 118f.

lange kindische Abhängigkeit an eine Vaterfigur behält, die sie dann auf die Geistlichen und Gott überträgt.[468]

Zur Frage der Eheentscheidung schreibt Becker-Cantarino mit ähnlichem Tenor:

> sie fügt sich völlig in die patriarchalische Welt, indem sie den Willen des Vaters als Zeichen dafür ansieht, daß Gott sie „zu solchem Stande" (der Ehe mit einem nicht standesgemäßen Geistlichen) berufen habe. Es ist die Haltung eines Opfers, das erst dadurch sich ein Selbst verschafft und eine Freiheit, indem es die festen Grenzen und die männliche Hierarchie freiwillig übernimmt und sich damit aneignet.[469]

Zwar läßt sich die Bedeutung, die Petersen in ihrer Autobiographie und in anderen Schriften der Prüfung durch Verfolgung und Leid zumißt, tatsächlich als Kompensation für eine schwierige Kindheit mit einem lieblosen Vater erklären, aber eine Interpretation wie die oben zitierte ist dennoch reichlich problematisch.[470] Wie Blackwells modernistische Deutung bleibt auch sie ganz dem Spannungsfeld zwischen den Polen Autonomie und Heteronomie verhaftet. Petersens Selbstverständnis gilt als heteronom, sie selbst als eine, die sich widerstandslos in ein patriarchalisch geprägtes Leben schickt. Gott und Geistlichkeit gelten als Ersatz für den leiblichen, nur strafenden, nicht liebenden Vater. Wird ein solches Urteil der Petersenschen Selbstkonstruktion in ihrem Lebenslauf gerecht? Zunächst: woher wissen Lesende, daß Petersens Vater strafend und unberechenbar auftritt und seine Tochter ihre Kindheit in panischer Angst vor ihm verbracht hat? Sie lesen es in Johanna Eleonoras Text. Ließe es sich so manifest im Text einer stets gehorsam sich unterordnenden, duldsam-geduldigen Tochter finden? Faßt da nicht die Schreiberin eine eigene, eine eigenständige Position in hochwirksam gesetzte Worte? Auch die Beziehung Petersens zu den Geistlichen Spener, Johann Jakob Schütz und Johann Wilhelm ist nicht einseitig unterordnend. Johanna Eleonora ist, so jedenfalls formuliert es ihr Text, keine, die schweigend zuhört und bewundernd zur männlichen Geistlichkeit aufblickt:

> Denn ehe die Ansuchung dieser Heyrath [der vom Vater noch abgelehnte erste Antrag eines Geistlichen] vorging / wurde ich mit zwey rechten Gottes-Männern in Franckfurt bekandt / da wegen Unpäßlichkeit unserer ältesten Prinzesin / meine gnädigste Herrschafft nach dem Emser Bad reiseten / und ich durch Gottes sonderbahre Schickung erstlich mit dem einen gottseligen Freund bekandt wurde / da er auff dem Schif war / in welchem wir nach dem Wasser-Bad fuhren / da kam Er / durch Gottes sonderbahre Schickung / neben mich zu sitzen / und kamen in einen geistlichen Discurs, welcher etzliche Stunden währete / also / daß die 4 Meil von Franckfurt biß Maintz / allwo er ausstieg / mir nicht eine viertel Stunde dauchtete / und redeten ohne Auffhören zusammen / daß nicht anders war / als ob er in mein

---

[468] Becker-Cantarino, Mündigkeit, S. 120.
[469] Becker-Cantarino, Mündigkeit, S. 122 mit Bezug auf Petersen, 1698, S. 287.
[470] Vgl. zur Problematik der Anwendung heutiger psychologischer Begrifflichkeit auf Menschen der Frühen Neuzeit u. a. Jenner, Mark S. R.: Body, Image, Text in Early Modern Europe. In: Social History of Medicine 12 (1999), S. 143-154, S. 147.

> Hertz sehen / und alles hervor kam / was mich biß dorthin noch im Zweiffel gehalten / ja es war auch nicht ein Wort verlohren / dessen ich nicht vom Geist Gottes wäre erinnert worden zu der Zeit / wenn es konte in die praxin gestellt werden; ja ich fand an demselben Freund das / woran ich gezweyfelt / an einigem Menschen in der Welt zu finden / weil ich mich so lange darnach umgesehen / ob auch wahre Thäter des Worts seyn könten / und hatte mich daran auffgehalten / weil ich keinen fand. (1689, S. 267f)

Der Geistliche bestätigt also Gedanken, die Petersen sich schon gemacht hat. Und sie ist nicht die Zuhörerin von Belehrung und Bekehrungsversuch, sondern es findet ein „geistliche[r] Discurs" statt, die beiden können gar nicht aufhören, miteinander zu reden. Der Gesprächspartner wird als auf der gleichen Stufe stehend betrachtet.

Auf eine höhere Stufe stellt der Text Gott, von dessen Gnade die Menschen abhängen. Läßt sich das Verhältnis Petersens zu Gott nun als eine Extrapolation der irdischen Vaterfigur lesen? Ist es mit tiefenpsychologischer Begrifflichkeit faßbar? Dagegen spricht einiges: Die Parallelisierung von Vater und Gott ist bei Petersen nur metaphorisch, etwa im Vergleich der göttlichen Prüfungen mit väterlichen Züchtigungen. Denn Gott ist für Petersen gerade das andere, das Nicht-Irdische. Gott zwingt auch den irdischen Vater unter seinen Gehorsam, er muß, so interpretiert sie, seinen Standesdünkel dem göttlichen Willen unterordnen. Gott ist nicht strafend und unberechenbar, sondern verläßlich und gnädig, auch noch in seinen Prüfungen. Und sie als ein Mensch kann sich, zugegeben durch Unterordnung, aus den Zwängen der Welt herausbegeben in den Bereich dessen, was sie als göttlichen Willen bezeichnet. D.h. sie hat eine Wahl, sie kann sich zwischen den Ansprüchen der väterlichen, höfischen Welt und einem Leben, das sich auf einen gnädigen Gott hin orientiert, zwischen der ‚Gleichstellung der Welt' und der Nachfolge Christi entscheiden:

> aber ich habe mich durch Gottes Gnade bewahret / daß ich die Gnade von den Hohen nicht mit Uberfluß annahm / noch zu was Zeitliches anwendete / sondern bewahrete sie mir dazu / daß meines Gottes Ehre dadurch möchte befordert werden / und flohe alles andere / was für die Menschen mich groß und hoch machte / auch gebrauchte ich der andern ihre Gunst nur / daß ich Platz an ihren Seelen hätte. (1689, S. 277).

Und sie hat schließlich nicht nur da gewählt, sie hat auch eine Entscheidung im Religiösen getroffen: gegen die lutherische Orthodoxie und für den frühen Pietismus.

Petersens Gehorsam Gott gegenüber ist noch in anderer Weise keine schlicht passiv abwartende Haltung, sie reflektiert über die Auslegung von Bibel und von Träumen, und sie stellt in ihrer Autobiographie diese hermeneutische Aktivität auch mehrfach dar, ja die ganze Lebensbeschreibung soll Petersens Verknüpfung von Inspiration und Bibellektüre attestieren. Wenn sie in ihrer erweiterten Autobiographie ihre visionären Träume aufzeichnet und beschreibt, auf welchem Weg sie zu ihren theologischen Positionen gekommen ist, malt sie nicht einfach ihre Erscheinungen nach, sondern reflektiert über deren Bedeutung. Bibelauslegung hat für sie den Primat vor dem blinden Vertrauen in Visionen, wenn sie empfiehlt:

> daß man die heilige Schrifft denen Visionen vorziehen, und alles genau nach dieser göttlichen Regel prüfen müste. Wie ich denn auch meine Gesichter im Traum nicht zum Grunde der göttlichen Warheit setze, ob ich gleich sie für wahre Anleitung halte, wodurch mich GOtt der HErr zur Untersuchung in der heiligen Schrifft hat leiten wollen (1719, S. 58f).

Was sie für göttliche Eingebung hält, prüft sie stets anhand einschlägiger Bibelstellen peinlich genau auf Widerspruch oder Übereinstimmung. Vor allem die Vision, deren Schilderung ihren Lebensbericht in der erweiterten Fassung abschließt, ist zentral für die Frage nach der auslegenden Aktivität und nach frühneuzeitlicher Selbstkonstruktion. Dieser Traum hat durch seine Stellung am Ende des Lebenslaufs ein besonderes Gewicht und ist ein Gleichnis für das religiöse Denken Petersens und für ihre Selbstkonstitution:

> Mir kam Anno 1685. im Vorjahre im Schlaffe vor, als wäre ich nebst andern Menschen in einem grossen Hause, gleichsam als in einer Gefangenschafft, darinnen befunden sich vier und zwanzig Bilder, so von grosser Bedeutung waren, und dieses in sich fasseten, wie man aus solcher Gefangenschafft könne frey werden. Es wurden mir solche Bilder aufgeschlossen, und ward gewahr, wie in den zwölff ersten Bildern, das Hinabsteigen in die Tieffe, in den zwölff andern aber, das Auffsteigen aus der Tieffe in die Höhe, müsse erlernet werden, auch waren bey allen Bildern sonderliche Merckzeichen, woraus man erkennen konte, ob das Absteigen, wie auch das Auffsteigen richtig wäre, nemlich: wenn uns das alles, so in den Bildern vorgestellet, in der Praxi vorkommen würde. Als ich nun den Vorsatz nahm, den Weg anzutreten, und noch einige darzu mit erwehlete, welchen ich mein Vorhaben doch nicht offenbahrte, darum, weil ich sorgete, daß es ihnen möchte zu schwer vorkommen; da kam mir bey dem Hinabsteigen alles in der Praxis vor, was ich in den Bildern erlernet; und als die zwölff Bilder des Absteigens vollbracht, erkannte ich, daß das Hinauffsteigen noch schwerer werden würde, als das Hinabsteigen gewesen; Es gieng aber auch gut von statten, weil mir alles in der Ausübung lebendig ward, was ich in den Bildern gesehen, welches mir aber im Aufwachen entfallen ist, ohne das Letztere, so die Nachtigal war, deren Stimme ich erreichen müste. Da nun alles glücklich vollendet, und die im letzten Bilde mir entdeckte Praxis nur noch übrig war, kam ich vor eine Thür, die in ein Gemach führete, worinnen ein grosses Geheimniß war; Als ich aber vor der Thür stund, hatte ich vergessen, was ich thun müste, daß sich die Thüre aufthäte, und ich in dem Gemach (in welchem ein Vater, eine Mutter und ein Sohn war) das Geheimniß erkennete. (1719, S. 68f).

Ein Traum konfrontiert sie also mit einer Reihe von Wandbildern, die ihre Bedeutung und ihre Wichtigkeit nicht auf den ersten Blick verraten, sie sind rätselhaft, wollen nachdenklich und aktiv betrachtet werden. Petersen muß die Bilder deuten, muß aus ihnen lernen und kann dann mit Hilfe des durch Bildauslegung Gelernten sich und andere aus der Gefangenschaft befreien. Der letzte Schritt zur Rettung ist, „daß ich meine Stimme erheben müste, wie eine Nachtigal" (1719, S. 69). Das bedeutet, daß gerade die Religion, die von ihr so oft Willenlosigkeit und Unterwerfung fordert, sie zwingt, ihre eigene Stimme zu erheben, tatsächlich ihre eigene, denn Petersen spricht explizit von „meine Stimme". Wenn sie aber, aufgefordert von Gott, selbstbewußt spricht, ist dies kein autonomes Selbstbewußtsein, das sich ausschließlich auf sich selbst bezieht und sein Gesetz und seinen Urteilsanker in sich selbst findet. Petersens Stimme, Petersens Subjektivität ist nicht autonom. Sie ist nicht individuell, sondern ist gebunden an ein Vorbild: Sie muß klingen „wie eine Nachtigal", ist ausgerichtet auf den Dialog mit einem anderen, auf das Zwiegespräch mit Gott. Die eigene Person sagt sich, schreibt sich über das andere, über die Beziehung zu Gott, Petersens Subjektivität ist also weder autonom, denn sie soll sich ja an einem Vorbild, hier an der Nachtigall orientieren, noch heteronom, denn sie muß ja nicht zur Nachtigall werden, sondern heterolog: Sie muß ihre eigene Stimme erheben „wie eine Nachtigal". Ihr ist bewußt, daß zwischen Vorbild und eigener Person eine Differenz besteht und bestehen bleibt.

Die Nachtigall steht in der Renaissance- und Barockdichtung meist in der Tradition des Philomelamotivs[471], die Verwandlung in die Nachtigall ist dabei sowohl Tod als auch Befreiung. Dies könnte hier insofern eine Rolle spielen, als der irdische Tod – und das Ende der Welt – im chiliastischen Denken der Petersens zur wahren Freiheit führt. So schreibt Johann Wilhelm am Ende der Leichenpredigt für seine Frau: „der Tod hat den Geleits=Brieff zur Freyheit mitbringen, // und die Thür zum Leben eröffnen müssen."[472] Und Johanna Eleonora Petersen will ja gerade dadurch, daß sie ihre Stimme als Nachtigall erhebt, sich und andere aus einem Gefängnis befreien. In evangelischen Kirchenliedern, etwa bei Martin Luther oder Paul Gerhard, ist die Nachtigall aber vor allem die brillant und unermüdlich jubilierende Sängerin zum Lobe Gottes, und im Volkslied ist sie oft Botin der Liebenden.[473] Manchmal steht die Nachtigall, etwa in der u. a. von Johann Fischart gestalteten Fabel vom Sängerwettstreit zwischen Nachtigall und Kuckuck, den der Esel zugunsten des Kuckucks entscheidet, auch für einen –

---

[471] U. a. in Ovids *Metamorphosen*, VI, 412ff; vgl. Bauer, Barbara: Apathie des stoischen Weisen oder Ekstase der christlichen Braut? Jesuitische Stoakritik und Jacob Baldes *Jephtias*. In: Res publica litteraria. Hg. v. Sebastian Neumeister und Conrad Wiedemann, Bd. 2. Wiesbaden 1987, S. 453-474, hier S. 465.

[472] Petersen, Johann Wilhelm: Meiner theuren und gottseligen // Ehe=Liebsten // Fr. Johannä Eleonorä // Petersen, // gebohrnen von und zu Merlau, // Heimgang zu Christo JEsu, // ihrem Könige und ihrem Bräutigam, // in der Wahrheit beschrieben // von // Ihren hinterlassenen betrübten Mann [...], Leipzig 1724.

[473] Erk, Ludwig und Franz Magnus Böhme (Hg.): Deutscher Liederhort. Auswahl der vorzüglicheren Deutschen Volkslieder, gesammelt und erläutert von Ludwig Erk, neubearb. und fortgesetzt von Franz M. Böhme, 3 Bde. Leipzig 1893f, hier Bd. 2, Nr. 412a-414. Zur Nachtigall im Kirchenlied vgl. Martin Luther, Die beste Zeit im Jahr ist mein" und Paul Gerhardt: „Geh aus, mein Herz und suche Freud".

verkannten – schön singenden Vogel und könnte hier somit auch den Stolz einer verkannten Autorin mitbedeuten.[474] Und ein Autorinnenstolz, der sich im Bild der Nachtigall entfaltet, ist – entsprechend der konturierten, aber demütig auf Gott bezogenen Konzeption dieses ‚Ich im Text' – heterolog.

1.2.7. Geschlechterkonzeption

Wenn sich ein heterologes Selbstkonzept auch in Johann Wilhelms Lebensbeschreibung und in anderen frühneuzeitlichen autobiographischen Schriften von Frauen und Männern nachweisen lassen wird, kann diese Heterologie als spezifisch frühneuzeitlich betrachtet werden. Dies entspräche meiner Hypothese. Eine in solcher Weise heterologe, an ein Gegenüber gebundene Subjektivität könnte aber auch, dies legen Mason und andere gendersensible Autobiographietheoretikerinnen nahe, eine Besonderheit des autobiographischen Schreibens von Frauen – und nicht nur von solchen des 17. Jahrhunderts – sein.[475] Ob Petersens Heterologie eher zeit- oder eher geschlechtsspezifisch oder gar beides ist, kann sich erst nach einem Vergleich der *kurtzen Erzehlung* mit der Vita Johann Wilhelms erweisen. Geschlechts- und zeitspezifisch könnte Petersens Selbstbeschreibung dann sein, wenn Johann Wilhelms ‚Ich im Text' sich zwar ebenfalls als heterolog deuten ließe, aber eben: als in anderer Weise heterolog.

Neben der Beziehungsorientierung gibt es ein weiteres oft behauptetes Spezifikum des autobiographischen Schreibens von Frauen: Nach Jelinek, Goodman und anderen schreiben Frauen fragmentierte, brüchige Autobiographien und entwickeln im Unterschied zu Männern ein sich selbst in Frage stellendes, sich auflösendes Ich.[476] Diese Differenztheorien stammen meist aus der Analyse von Texten des 18. und 19. Jahrhunderts. Geschlecht spielt aber nicht in allen Zeiten die gleiche Rolle und wird nicht in jeder Epoche in gleicher Weise konzipiert. Die erschriebene heterologe Selbstkonstitution Petersens erweist sich jedenfalls als klar konturiert in der Beziehung zu Gott und stellt sich, dieser starken Bindung wegen, nicht in Frage. Die Lebensbeschreibung ist zudem, das sollte deutlich geworden sein, klar gegliedert und streng funktionalisiert auf den apologetisch-bekennenden Zweck des Schreibens: Die *kurtze Erzehlung* führt die Chronologie des Lebens im Lichte der aktuellen Auseinandersetzungen vor, legt ihren Schwerpunkt auf die prozeßhafte Bekehrungsphase und bindet am Ende – in der zweiten Fassung – die häretischen chiliastischen Positionen der Petersens biographisch ein, d.h. erklärt sie in ihrem Entstehen aus einer Interaktion von Lektüre, Sich-Versenken, göttlicher Eingebung und harmonischem Einverständnis der Eheleute. Petersens stringente Lebensbeschreibung widerlegt also die Thesen

---

[474] Vgl. Harms, Wolfgang et al. (Hg.): Illustrierte Flugblätter des Barock. Eine Auswahl. Tübingen 1983, S. 50f.
[475] Mason, Other Voice. Vgl. oben Kap. I. C.
[476] Jelinek, Tradition; Goodman, Weibliche Autobiographien. Vgl. oben Kap. I. C.

einer bei Frauen brüchigen autobiographischen Selbstkonzeption und Komposition, die eine gendersensible Autobiographietheorie aus späteren Texten herausgelesen und generalisiert hat, zumindest wäre die *kurtze Erzehlung* der Freifrau von Merlau die berühmte Ausnahme, die die Regel bestätigt.

Einige kritische genderorientierte Abhandlungen zur englischsprachigen religiösen Autobiographik des 17. Jahrhunderts legen darüber hinaus nahe, daß Geschlecht in diesen Texten kaum eine Rolle spiele und deshalb auch bei der Interpretation dieser Texte nicht im Vordergrund zu stehen habe.[477] Welches Gewicht aber nehmen Genderfragen in dieser Autobiographie ein? Thematisiert Petersen ihr Geschlecht? Ist ihre auf Gott hin orientierte Subjektivität in irgendeiner Weise genderspezifisch? Petersen veröffentlicht einen Lebenslauf, der das Walten der Gnade Gottes sichtbar machen will. Das schreibende Ich rechtfertigt in einem rezeptionsbezogenen ersten Teil das Verfassen des Lebenslaufs, es rechtfertigt sich aber nicht dafür, daß eine Frau schreibt. Obwohl Christian Kortholt in seiner Vorrede zu den *Gesprächen des Hertzens mit Gott* explizit verhandelt, ob das Schreiben religiöser Erbauungstexte Frauen gestattet ist und ob es überhaupt gottesfürchtige Frauen gibt[478], wird das Schreiben und das Veröffentlichen des Lebenslaufs an keiner Stelle als Überschreiten von Gendergrenzen thematisiert, im Gegenteil, der Lebenslauf bildet zusammen mit dieser Vorrede geradezu den legitimierenden Rahmen für die religiös-meditativen *Herzensgespräche*. Petersen will außerdem – anders als viele Autobiographinnen um 1800 und wohl auch anders als die im folgenden verhandelten Nonnenchroniken – keineswegs ausschließlich Leserinnen erreichen, sondern wendet sich explizit an den „geliebte[n] Leser" (1689, S. 235). Der einzige Urteilsanker in Petersens Darstellung ist Gott. Gemessen an seiner Allmacht und Gnade ist ein Mensch gänzlich unvollkommen. Da spielt es keine Rolle mehr, ob er im Sinne eines am Ende des 17. Jahrhunderts noch nicht völlig abgelösten Ein-Geschlecht-Modells in perfekter Version als Mann oder in schadhafter als Frau existiert[479]: Vor Gott sind Mann und Frau gleich, beide eignen sich in gleicher Weise zum Exempel einer gütigen Führung durch Gott, und die göttliche Gnade kann eine Frau genauso wie einen Mann auserwählen. Dies zeigt unter anderem Petersens Darstellung des gleichberechtigten Bekehrungsgesprächs mit Spener. Selbst ihre scheinbare oder tatsächliche Passivität während der Eheverhandlungen ist nicht eine Eigenschaft, die geschlechtsspezifische Sozialisation hervorgebracht hat, sie ist quietistisch und

---

[477] Z. B. Peterson, Gender; dies., Institutionalizing Women's Autobiography; Culley, Piece of Work; und Costello, Taking the ‚Woman' out of Women's Autobiography. Vgl. aber zur Frage des genderspezifischen Schreibens Petersens in Zukunft Albrecht, Petersen.

[478] Petersen, Gespräche des Hertzens, Ander Theil, unpaginierte „Vorrede. Dem Christlichen Leser Gottes Gnade und reiche Erkäntniß / durch unsern Herrn JESUM!".

[479] Laqueurs Begriff ‚Ein-Geschlecht-Modell' wird hier in abgeschwächter Bedeutung und im Bewußtsein der medizinhistorischen Kritik an Laqueurs Studie verwendet als Bezeichnung für ein hierarchisches, aber nicht komplementär-dichotomes Geschlechterverhältnis, vgl. hier Kap. I. B.

damit zeitspezifisch. Denn auch Johann Wilhelm schreibt sich, wie sich noch zeigen wird, eine gleichmütige Haltung in dieser Frage zu.

Petersen wuchs in einem Töchterhaus auf, sie hatte keinen Bruder, eine innerfamiliäre Rollenteilung zwischen Geschwistern verschiedenen Geschlechts kann sich daher nicht in ihren Lebenserinnerungen abzeichnen. In erstaunlicher Weise für eine Adelsfamilie der Frühen Neuzeit ähnelt die Familienkonstellation im Hause von Merlau – in der Darstellung Petersens – späteren Kleinfamilienmodellen: Der Vater verdingt sich außer Haus, die Mutter gilt als verantwortlich für Kinder und Haushalt, eine Verantwortung, die der Vater im später mutterlosen Haushalt jeweils der ältesten im Haus befindlichen Tochter überträgt. Petersen beschreibt sich als bedrückt von dem Moment an, als diese Rolle ihr als der zweitältesten Tochter zugewiesen wird. Noch die erwachsene Frau klagt über die Strenge und Ungerechtigkeit, mit der ihr der Vater damals begegnet sei. An keiner Stelle aber rebelliert sie offen gegen die Selbstverständlichkeit, mit der der Vater im Hause von Merlau Herrschaft beansprucht und Tätigkeiten delegiert. Die Härte ihrer Kindheit und Jugend und ihre zum Teil schmerzhaften Erfahrungen bei Hofe haben – in ihrer Schilderung – nichts mit dem Genderaspekt zu tun: Sie führt Machtlosigkeit genauso wenig auf ihr Geschlecht zurück wie den Spott, den sie gelegentlich bei Hofe für ihre Religiosität erntet, Untreue und Intrigen ihres ersten Verlobten beschreibt sie als Beispiel für die Sündhaftigkeit des weltlich orientierten Adels und in keiner Weise als Zeugnis für eine ungleiche Machtverteilung zwischen den Geschlechtern. Geschlechterfragen werden also in Petersens *kurtzer Erzehlung*, anders als in vielen späteren Autobiographien von Frauen, nicht verhandelt.

Offene Rebellion gegen Genderkonventionen zu erwarten, wäre allerdings anachronistisch, und der Einfluß von Geschlecht auf einen autobiographischen Text zeigt sich vielleicht innerhalb des religiösen Modells subtiler, er zeigt sich möglicherweise weniger im berichteten Inhalt, denn in der Form des Berichtens oder in Auslassungen, und er läßt sich somit nur erschließen über den Vergleich – hier mit der autobiographischen Schrift ihres Mannes. Im religiösen Bild allerdings wird darstell- und reflektierbar, was sich sonst nicht sagen und damit auch nicht denken ließe. Auch hier ist die Schlußvision aussagekräftig. Über das letzte Zimmer, das sie in diesem Traum erblickt, schreibt sie:

Das letzte Bild, wegen des Geheimnisses, vom Vater, Sohn und Mutter, so in dem Gemach gewesen, habe ich, nachdem mir die himmlische Gott=Menschheit und das himmlische Jerusalem, als der Tauben=Geist, davon wir Geist von Geist gebohren werden, ist aufgeschlossen worden, dahin gedeutet; denn dadurch ist das Geheimniß der Heiligen Trinität, des Vaters, des Sohnes und des Heiligen Geistes, der nach dem Hebräischen in dem weiblichen Genere, als eine fruchtbare Mutter und ausbrütende Taube ausgesprochen wird (1719, S. 69f).

Petersen, die sich gerade in dieser Schlußvision als religiöse Leitfigur gestaltet, mag sich unter Berufung auf Gen. 1,2 die Heilige Dreifaltigkeit offenbar nicht ohne einen weiblichen Anteil vorstellen. Religion wird also zu einem Schutzschild vor den Zumutungen der Welt, auch vor den Zumutungen der Genderkonventionen. Diese und andere Funktionen einer weiblichen Konturierung des Heiligen Geistes zu erschließen, deren Beziehung zu Böhmes Sophia-Vorstellungen, eventuell vermittelt über Jane Leade, noch geklärt werden müßte und die nicht nur Petersen vornimmt, sondern vor ihr etwa auch Julian von Norwich vertreten hat, ist eine wichtige Aufgabe im Kontext einer genderorientierten Theologie, den Rahmen dieser literaturwissenschaftlichen Arbeit würde es aber sprengen, ihr nachzugehen.

Trotz ihrer Enthaltsamkeit, über Geschlecht nachzudenken, ist ihr Lebenslauf allerdings tendenziell meist geschlechterdeterminiert gelesen worden, allerdings nicht im mindesten im Zeichen einer kritischen Gendersensibilität. Noch in Wallmanns kompetenter Darstellung *Der Pietismus* lassen sich Sätze finden, die eine ‚typisch weibliche' „ursprüngliche Empfindsamkeit" und tiefe Neigung zur religiösen Innerlichkeit suggerieren:

> Albrecht Ritschls viel nachgeschriebenes Bonmot, das eigentlich Pietistische an Petersen war seine Frau, hat die ursprüngliche Empfindsamkeit und religiöse Tiefe der Frau im Blick, wie sie sich am eindrücklichsten in ihrer Autobiographie bekundet. Demgegenüber wirkt der Mann mit seiner barocken Vielschreiberei [...] wie ein Nachfahr der orthodoxen Schulgelehrsamkeit.[480]

Selbst wenn sich im Vergleich der Werke des Ehepaares eine größere Ferne Johanna Eleonora Petersens zu Argumentationsweisen der theologischen Gelehrsamkeit und eine intensivere Gestaltung der Traumgesichtpassagen, möglicherweise auch überhaupt ein anderes theologisches Deutungsverhalten erweisen läßt, ist dies nicht schlicht Folge einer ‚natürlichen' Geschlechterdifferenz, sondern läßt sich als Konsequenz einer soziokulturellen Geschlechterkonstruktion erklären, die Frauen den Zugang zu den Institutionen der religiösen Gelehrsamkeit verweigert.[481] Denn wenn auch manche Frauen in der Frühen Neuzeit außerordentlich gebildet und – wie etwa Maria Sibylla Merian – als Forscherinnen höchst kreativ waren, konnten sie dennoch in den allermeisten Fällen Gelehrsamkeit nur autodidaktisch erwerben. Gerade die immer wieder in ihren Schriften sich dokumentierenden eminenten theologischen Kenntnisse konnte Petersen nur auf diesem Wege außerhalb der res publica litteraria erwerben. Daß die Entscheidung relativ vieler Frauen der Frühen Neuzeit für die freikirchlichen Gruppen mit ihrer „zumeist mystisch gefärbten Religiosität" nichts zu tun hat, mit einer in späteren Zeiten als ‚typisch weiblich' konstruierten Irrationalität und Emp-

---

[480] Wallmann, Pietismus, S. O 85.
[481] Vgl. dazu Albrecht, Petersen.

findsamkeit[482], darauf haben Critchfield und Becker-Cantarino schon deutlich genug hingewiesen[483]: Die religiöse Orthodoxie mit dem Privileg der theologisch geschulten Bibelauslegung schließt Frauen (wie auch männliche Laien) aus dem religiösen Diskurs aus. Die freien Gruppen dagegen lassen auch Deutungen von Laien zu, denn diese gelten als göttliche Eingebungen, als göttliche Aufschlüsse über die biblischen Worte, und die Gnade des Herrn fragt, anders als die kirchliche Hierarchie, nicht nach theologischen Examina. Auch wenn also Geschlecht in Petersens *kurtzer Erzehlung* nicht zum Thema wird, muß dieser Text dennoch gendersensibel – und vergleichend mit Texten von Männern – gelesen werden, um subtile Auswirkungen der zeitgenössischen Geschlechterverhältnisse auf das autobiographische Schreiben zu bemerken und um in der eigenen Interpretation nicht von konventionellen Geschlechtervorstellungen in die Irre geleitet zu werden.

2. Zum Vergleich: Die umfangreiche und streitbare *Lebens=Beschreibung Johannis Wilhelmi Petersen*

Die umfangreiche eigenhändige Lebensbeschreibung von Johanna Eleonora Petersens Ehemann Johann Wilhelm trägt in erster Auflage 1717 den Titel: *Das Leben Jo. Wilhelmi Petersen, Der Heil. Schrifft Doctoris, Vormahls Professoris zu Rostock, nachgehends Predigers in Hannover an St. Egidii Kirche, darnach des Bischoffs in Lübeck Superintendentis und Hoff=Predigers, endlich Superintendentis in Lüneburg, Als Zeugens der Warheit Christi und seines Reiches, nach seiner grossen Oeconomie in der Wiederbringung aller Dinge.* In zweiter Auflage erscheint die Autobiographie 1719 als *Lebens=Beschreibung Johannis Wilhelmi Petersen; Der Heiligen Schrifft Doctoris, vormahls Professoris zu Rostock, nachgehends Predigers in Hanover an St. Egidii Kirche, darnach des Bischoffs in Lübeck Superintendentis und Hoff=Predigers endlich Superintendentis in Lüneburg.* Hier wird im folgenden die zweite Auflage der Lebensbeschreibung Johann Wilhelms in ihren Grundstrukturen analysiert.

---

[482] Explizit erklärt Freytag in Freytag, Gustav (Hg.): Bilder aus der deutschen Vergangenheit. Bd. 4: Aus neuer Zeit (1700 - 1848). Leipzig 1911, S. 20ff, geprägt von einschlägigen Geschlechterstereotypen, Frauen für besonders empfänglich für den Pietismus.
[483] Becker-Cantarino, Mündigkeit, S. 110f.

2.1. Inhalt und äußere Struktur[484]

Johann Wilhelms Autobiographie umfaßt samt Schriftenverzeichnis von beeindruckender Länge[485] 400 Seiten, eingeteilt in 75 Paragraphen. Hinzu kommt in der zweiten Auflage eine unpaginierte Vorrede, die sich an den „Vielgeliebte[n] Leser" wendet.

Die Vorrede und der erste Paragraph begründen, warum Johann Wilhelm mit einer eigenhändigen Lebensbeschreibung an die Öffentlichkeit tritt. Der chronologische Teil beginnt im zweiten Paragraphen mit dem Namen des Vaters, des Ortes, des Jahres, Tages und der Tageszeit der eigenen Geburt. Johann Wilhelm teilt einiges aus seiner Kindheit mit, versammelt, was für die Ehre seiner Familie spricht und was als Zeichen der eigenen Gottseligkeit gedeutet werden kann. So sei er als Kind aus dem Fenster gestürzt und unverletzt geblieben.[486] Der dritte Paragraph beschreibt anschaulich eindrückliche Ereignisse der Zeit am Gymnasium, der nächste führt an die Universität Gießen. Im Anschluß berichtet Johann Wilhelm von seinem ersten Zusammentreffen mit Spener und der Freiin von Merlau in Frankfurt und den Schwierigkeiten, die ihm die neue, durch diese Begegnungen inspirierte Frömmigkeit in Gießen bereitet hat. Im siebten Abschnitt handelt er über seine Zeit in Lübeck, seine suchend-prüfende Lektüre der Werke Böhmes und anderer unorthodoxer Autoren und über den beginnenden Streit mit den Jesuiten des dortigen Domkapitels über eine Schmähschrift Johann Wilhelms gegen den Zölibat. Der streitbare Lutheraner muß fürchten, als Friedensstörer angeklagt zu werden. Doch, so der Autobiograph, Gott habe ihn vor weiterer Verfolgung durch eine Berufung zum Prediger in Hannover errettet.[487]

Die Karrieregeschichte des Johann Wilhelm setzt sich zunächst fort, er schmiedet, von seinem Vater zur Ehe gemahnt, Heiratspläne mit Johanna Eleonora von Merlau. Johann Wilhelm schreibt von Hochzeit, Reise und von der eigenen Krankheit, die Erkrankung seiner Frau und seiner Nichte erwähnt er nicht. Die eigenen Aktivitäten und eine Reihe von Konflikten werden ausgebreitet, und ausführlich erzählt er die bei Petersen nur angedeutete Geschichte über die Verheißung des erstgeborenen Sohnes durch das Däumeln in der Bibel. Wesentlich detaillierter als seine Frau äußert er sich auch zum Schicksal des zweiten Kindes, das sie Ignatius taufen wollten und das tot geboren worden sei, nachdem Jo-

---

[484] Zur Biographie Johann Wilhelms vgl. Matthias, Petersen; Wallmann, Pietismus, S. O 86ff. Zum Sterbedatum Johann Wilhelms vgl. Matthias, Markus: Wann starb Johann Wilhelm Petersen? In: Pietismus und Neuzeit 22 (1996), S. 230-233.
[485] Johann Wilhelm Petersen, Lebens=Beschreibung, S. 368-400, führt 67 seit seiner Amtsenthebung gedruckte und über 100 druckfertige Schriften auf.
[486] Johann Wilhelm Petersen, Lebens=Beschreibung, S. 6.
[487] Vgl. zu den biographischen Ereignissen, die hinter dieser Darstellung stehen, Matthias, Petersen, S. 106f.

hanna Eleonora hochschwanger ein anderes Kind aus einem See gerettet habe.[488] Im nächsten Abschnitt erwähnt Johann Wilhelm eine Katechismus-Ausgabe aus Bibelsprüchen, die er herausgegeben hat, und seinen Versuch, einen zum Tode verurteilten Sozinianer zu retten: Während er die Begnadigung nicht erstreiten kann, scheint ihm doch, das sollen die zitierten letzten Worte des Verurteilten belegen, als geistliche Rettung die Bekehrung geglückt (S. 70).

Dem Jahr 1685, dem Schicksalsjahr der Petersens, da sie in ihm zu ihrer Apokalypse-Auslegung vorstoßen, widmet sich § 21. Johann Wilhelm betont die Gleichzeitigkeit seiner Erkenntnis mit der seiner Frau und die Bestärkung durch die Erscheinungen der chiliastischen Visionärin Rosamunde Juliane von der Asseburg.[489] Er zitiert dabei aus einer eigenen lateinischen Veröffentlichung und aus Texten bzw. mündlichen Erzählungen seiner Frau.[490] Im folgenden Jahr wird er promoviert und erhält einen Ruf als Superintendent in Lüneburg. Die Paragraphen 24 bis 49 behandeln neben den Schwierigkeiten, die sein Vorgänger Sandhagen bereitet, da der seinen alten schon aufgegebenen Platz doch nicht verlassen will, ausführlich – zum Teil in einer an Gesprächsprotokolle erinnernden Schreibweise – die Schwierigkeiten mit der Lüneburger Pfarrerschaft und mit der Kirchenaufsicht, dem Konsistorium in Celle.[491] Johann Wilhelm wird schließlich amtsenthoben, aus Lüneburg ausgewiesen und begibt sich zunächst nach Braunschweig. Doch Gott, das macht Johann Wilhelm deutlich, läßt ihn nicht ungetröstet, sondern Freiherr von Knyphausen, Kammerpräsident zu Berlin, verschafft der Familie Zuflucht in Magdeburg und eine kurfürstlich-brandenburgische Pension von 700 Reichstalern jährlich. Kammerpräsident und Kurfürst verhelfen den Petersens auch zum Kauf des Gutes in Niederndodeleben.[492] Seine Frau habe sich, so Johann Wilhelm, der wirtschaftlichen Seite des Gutshofes angenommen, und er verfüge somit über die Zeit, theologische Schriften zu verfassen und seine Ideen zu verkünden.[493]

---

[488] Wie in Johanna Eleonora Petersens Darstellungen von Schiffsüberfahrten ist auch hier das Wasser mit seinen Gefahren für das menschliche Leben (auch?) Metapher für die Gefährdung des menschlichen Seelenheils durch das weltliche Leben – Johanna Eleonora Petersen tritt wie in ihrer eigenen Schrift auch im Text ihres Mannes als Retterin auf.

[489] Vgl. zu ihr u. a. Matthias, Asseburg; ders., Petersen, S. 254-301; Schering, Petersen, S. 235ff.

[490] Johann Wilhelm Petersen, Lebens=Beschreibung, S. 74f. Der Wortlaut ist ähnlich, aber nicht gleich der entsprechenden Traumbeschreibung in der Autobiographie seiner Frau. Die Stelle ist eines unter mehreren Indizien für die Zitathaftigkeit der Schrift Johann Wilhelms und zeigt zudem, daß auch Johanna Eleonora Petersen beim Verfassen ihrer Selbstdarstellung auf verschiedene ältere Manuskripte und veröffentlichte Schriften zurückgegriffen hat.

[491] Johann Wilhelm Petersen, Lebens=Beschreibung, S. 201: „Ich schrieb zu Hause auf, was vorgefallen im Consistorio." Auf diese Notizen griff er wohl zurück, als er seine Selbstdarstellung verfaßte.

[492] Johann Wilhelm schreibt Nieder=Dodeleben, etwa S. 226.

[493] Johann Wilhelm Petersen, Lebens=Beschreibung, S. 226f. Diese Bemerkung zeigt deutlich die Geschlechterhierarchie bei frühneuzeitlichen Arbeitspaaren.

Die nächsten Paragraphen widmen sich schriftlich ausgetragenen Kontroversen mit allerlei ‚wetterwendischen' Pastoren[494], Händeln mit Dorfpfarrern und Betrügern, Abgrenzungen von der skandalösen Buttlarschen Rotte[495], der Begegnung mit gottesfürchtigen Visionärinnen, vielfältigen Reisen in pietismusfreundliche Gebiete und der Krönung des Kurfürsten zum König von Preußen. Johann Wilhelm berichtet, wie er und Petersen das Geheimnis der ‚Wiederbringung aller Dinge'[496] erkannt, ihre Lehre verbreitet und streitbar verteidigt hätten. Er deutet Erbstreitigkeiten mit seinem Bruder an und Prozesse um das Gut in Niederndodeleben, will aber gegen Ende seiner Lebensbeschreibung noch einmal darlegen, wie sich seine religiöse Position entwickelt hat: Nach und nach habe Gott ihm immer tiefere Geheimnisse entschlüsselt. § 74 als der letzte Abschnitt der chronologischen Lebensbeschreibung endet mit einer gebetsartigen Anrufung der Liebe. Es folgen abschließend das Schriftenverzeichnis und der Dank an Gott für das Zusammenleben mit Johanna Eleonora, für das Geschenk des Sohnes und zweier noch lebender Enkelkinder.

2.2. Autobiographischer Pakt und Erzählstruktur

Bevor Johann Wilhelm chronologisch aus seinem Leben erzählt, bietet er den Lesenden den autobiographischen Pakt an – in der Vorrede wie im leserorientierten ersten Paragraphen seiner Lebensbeschreibung. Er greift grundsätzlich auf den gleichen Exordialtopos zurück wie Petersen, doch mit bezeichnenden Unterschieden:

> Nachdem ich von vielen, denen meine Fata bekant, wie mich mein GOTT von Jugend auff biß hieher so wunderbarlich geführet, bin gebeten worden, ich möchte doch meinen Lebens=Lauff selbst auffsetzen, weiln vielen dadurch die Augen würden auffgethan werden, mich, und meine Schrifften anders anzusehen, als wie mich die Feindseligen beschrieben haben; so habe mich nicht dazu ungeneigt befunden, solchen in der Einfalt und Wahrheit auffzusetzen, wie mirs unter der Feder beygefallen, welches auch, wie ich von unterschiedlichen Orten vernommen, bey sehr vielen im Seegen gewesen ist, die dadurch sind erbauet worden. (Vorrede)

Anders als Johanna Eleonora Petersen verspricht ihr Gatte nicht Kürze, sondern läßt sich in verschränkter Hypotaxe bitten. Die Sätze Johann Wilhelms spreizen sich, die Wörter schwellen an: Spricht sie von „wunderbahr", so er von „wunderbarlich". Daß seine Lebensbeschreibung als Exempelbiographie und als Lob Gottes segensreich, also bekehrend, wirken soll, erscheint – nach der Reihenfolge der Argumente im Einleitungssatz – eher nachrangig. Wichtig ist ihm die Verteidigung der eigenen Geltung in der Mit- und Nachwelt. Während Johanna Eleonora Petersen sehr wohl bemerkt hat, daß es höchst problematisch ist, Konfes-

---

[494] Johann Wilhelm Petersen, Lebens=Beschreibung, S. 229.
[495] Zu Eva von Buttlar und ihrer Sozietät Temme, Krise der Leiblichkeit.
[496] Vgl. S. 496.

sion und Apologie zu verbinden, so nimmt bei ihrem streitlustigen Gatten die Verteidigungshaltung die primäre Position ein. Die confessio laudis ist zwar im Hintergrund noch vorhanden, doch von einer confessio peccati, von einem Sündenbekenntnis, das eigentlich im Vordergrund der christlichen Selbstzeugnistradition steht[497] und dem sich Johanna Eleonora Petersen etwa verpflichtet zeigt, ist bei Johann Wilhelm keine Rede. Er folgt vielmehr dem res gestae-Modell der Gelehrten- und Berufsautobiographie[498]:

> Ich habe in solchen Jahren viel Carmina drucken lassen, absonderlich auf den Todt meiner hertzgeliebten Frau Mutter, die in dem HErrn mit meiner Schwester seeliger entschlieff. (S. 9)

Selbst der Tod der Mutter wird somit ganz im Rahmen der Berufsautobiographie nicht zum Anlaß von Trauerdarstellung, von Reflexionen über die Vergänglichkeit alles Irdischen oder auch nur – wie bei Petersen – zur Markierung eines drastischen Lebenseinschnitts, er wird ausschließlich zum Anlaß, der die Veröffentlichungsliste verlängert.

Johann Wilhelms apologetischer Lebensbericht ist entschieden weniger wirkungsvoll gegliedert als Petersens *kurtze Erzehlung*: Peinlich genau stellt der Geistliche Karrierestationen, Publikationen und öffentliche, herbe, auch spitzfindige Dispute mit Kollegen dar. Wenn einige seiner Gegner in Lüneburg sterben, am rechten Auge erblinden oder ihr rechter Arm erlahmt, deutet Johann Wilhelm dies als göttliches Strafgericht im Sinne von Sach. 11, Vs. 8 – 17 und teilt seine Genugtuung ungeniert mit.[499] Während Johanna Eleonora Petersen gänzlich darauf verzichtet, ihren religiösen Lebenslauf mit Funktionen einer adligen Familienchronik zu durchkreuzen, weist ihr bürgerlicher Gatte, auf familiäres Renommee erpicht, auf die Möglichkeit einer adligen Abstammung der Petersens hin:

> In diesem Stücke muß ich die Warheit bekennen, daß ich mich niemahls groß bemühet habe, meine Anverwandschafften aufzuzeichnen, oder herbey zu bringen, sonst ich wol mehr nahmhaffte Familien allegiren könte. Gleichwol hat mein Hr. Ohm seeliger Petrus Petersen, Hollsteinischer geheimder Cammer-Secretarius, mich benachrichtiget, daß meine Vor=Eltern, seitdem sie sich in dem Hollsteinischen aufgehalten, und daselbst erst, nach Art der Friesen, den Nahmen Petersen angenommen, stets gute Heyrathen gethan hätten, und unter ihnen Staller und Stadthalter in einigen Districten des Hertzogthums Holstein gewesen wären, auch unsere Wapen nicht allein in Kirchen, mit und neben andern Adlichen Insignibus annoch befindlich, sondern im übrigen gleichfalls gewiß wäre, daß unsere Familie eine aus den Spanischen Niederlanden, adlicher Extraction, so zu des Duc de Alba Zeiten verfolget worden, und dieserhalben entweichen müssen, gewesen. (S. 4).

---

[497] Hahn, Identität, S. 18ff.
[498] Vgl. dazu Niggl, Geschichte, S. 10f.
[499] Johann Wilhelm Petersen, Lebens=Beschreibung, S. 230f. Die Argumentationsweise ähnelt der Anna Vetters, die als Beleg für das Gottgegebene ihrer Visionen und Forderungen den frühen Tod ihrer Gegner ins Feld führt, vgl. hier unten zu Vetter, Von denen Gesichten.

2.3. Selbstkonstruktion und Menschenbild

Liest man die Lebensläufe des Paares ausschließlich als Vorstufen der Dichterautobiographien um 1800 und im Lichte deren simplifizierender Rezeption als Manifestationen von Genies als Schöpfer ihrer selbst, gerät man schnell in die Gefahr, die Autobiographik von Johanna Eleonora und von Johann Wilhelm Petersen als engstirnige Buchhalterei zu deuten. So schreibt von Graevenitz 1975 über Johann Wilhelms Vita:

> Den religiösen Gehalt der Autobiographie, der leicht den Eindruck eines eher peinlichen Zelotentums vermittelt, kann man ohne Gefahr vernachlässigen.[500]

Für Niggl ist Johann Wilhelms Autobiographie eine reine „Schutz- und Propagandaschrift für die eigene Person und Lehre".[501]

Vor allem Johann Wilhelm wird immer wieder und aus verschiedensten Forschungsperspektiven Eitelkeit unterstellt, angefangen bei Ritschl[502] bis hin zu Becker-Cantarino, die urteilt:

> Petersen [d.h. Johann Wilhelm] zeigte, wie auch andere Geistliche, die durch ihre Predigten auf die Gläubigen einwirken und in ihren öffentlichen Disputationen theologische Streitfragen erörtern wollten, diesen Zug einer eitlen Selbstgefälligkeit.[503]

Diese Selbstgefälligkeit scheint schon Johanna Eleonora von Merlau nicht verborgen geblieben zu sein: Nachdem ihr späterer Ehemann Johann Wilhelm ihr in Frankfurt eine seiner Schriften überreicht hat, soll sie ihm nach der Lektüre den knappen Bescheid gegeben haben, er habe darin vor allem den „Gott Petersen" verehrt.[504] Die sich allen Lesenden unvermeidlich aufdrängende, spreizende Selbstgerechtigkeit des Autobiographen ist wohl auch die Ursache dafür, daß schon von der traditionellen Forschung Johanna Eleonora Petersens pietistische Überzeugungen als tiefer und bedeutender eingeschätzt werden als die ihres Gatten – was aber die, die solches behaupten, nie daran hindert, Werk und Leben Johanna Eleonora Petersens weit kürzer und karger zu behandeln als das Johann Wilhelms.

Nur Mahrholz tritt aus dem Reigen vernichtender Urteile über Johann Wilhelms Lebensbeschreibung heraus. Mahrholz will in dieser Vita „die scharfe Beobachtung der Entwicklung seiner Seele und seiner inneren Zustände"[505] finden:

---

[500] von Graevenitz, Innerlichkeit und Öffentlichkeit, S. *22.
[501] Niggl, Geschichte, S. 11.
[502] Ritschl, Geschichte des Pietismus, Bd. 2, S. 230, schreibt über Johann Wilhelms Eitelkeit, „welche die Lebensbeschreibung als seinen hervorstechenden Charakterzug direct und indirect erkennen läßt."
[503] Becker-Cantarino, Mündigkeit, S. 120. Eitelkeit erkennt in Johann Wilhelm Petersen, Lebens=Beschreibung, auch Schrader, Literaturproduktion und Büchermarkt, S. 32.
[504] Johann Wilhelm Petersen, Lebens=Beschreibung, S. 19.
[505] Mahrholz, Selbstbekenntnisse, S. 156.

> Die entschiedenste Verinnerlichung von Petersens [d.h. Johann Wilhelms] Wesen zeigt sich aber in der Art und Weise der Liebesbeziehungen zu seiner Frau. Schon die Art seiner Werbung zeugt von einer verinnerlichten Auffassung der Liebesbeziehungen, die für jene Zeit der unsentimentalen Eheschließungen einigermaßen ungewöhnlich ist.[506]

Mahrholz führt als Beleg an, daß Johann Wilhelm behauptet, vor seinem Antrag an von Merlau seien ihm schon einige vornehme Töchter zur Eheschließung vorgeschlagen worden, doch habe er sie zurückgewiesen. Denn die eine davon

> kam mir zu prächtig vor [...]. Wenn ich ja heyrathen solte, so wäre niemand für mir besser, als die Fräulein von Merlau, die mir in meinem Ammte gar nicht hinderlich seyn würde (S. 49).

Diese Stelle läßt sich gerade nicht zum Beleg einer innigen Liebesbeziehung zu Johanna Eleonora stilisieren. Denn von den anderen Partien spricht Johann Wilhelm keineswegs, um zu zeigen, daß ihn nur Liebe seine Ehefrau habe wählen lassen, sondern um zu beweisen, daß er nicht aus Hochmut über seinen Stand geheiratet, sondern stets nur vornehme Partien in Betracht gezogen habe, und von Merlau sei gerade die bescheidenste und zur Pfarrfrau geeignetste Ehekandidatin gewesen.

Mahrholz faßt seinen Lektüreeindruck der Johann-Wilhelm-Vita folgendermaßen zusammen:

> So führt uns die Petersensche Autobiographie den typischen Entwicklungsgang eines pietistischen Menschen vor, der sich zur inneren Freiheit durchringt und den eben dieses Ringen zur Aufmerksamkeit auf die seelischen Vorgänge bei seiner Entwicklung veranlaßt.[507]

Wo Mahrholz in der 400 Seiten-starken Vita diese Aufmerksamkeit auf seelische Vorgänge und eine Reflexion über die Entwicklung der eigenen Persönlichkeit gefunden haben mag, bleibt nach genauer Lektüre der Lebensbeschreibung Johann Wilhelms unklar: Die apologetische Berufsautobiographie verharrt auch an Gelenkstellen des Lebenslaufs, an denen er bewußt von vorgezeichneten Bahnen abweicht (Heirat mit Johanna Eleonora, Annäherung an den Pietismus Speners, Entwicklung seiner Apokalypse-Auslegung) oder an denen er aus der Bahn geworfen wird (i. w. die Lüneburger Zeit, in der ihn die örtliche Pfarrerschaft im Verbund mit der Obrigkeit des Herzogtums Celle aus dem Amt treibt), in einer Darstellung der äußeren Ereignisse, einem rechtfertigenden Protokollieren des eigenen Tuns. Dies geht soweit, daß er die Verhandlungen um seine Amtsenthebung vor dem Konsistorium in Dialogform wiedergibt. Wenn er seine psychischen Reaktionen auf diese und andere „Troublen" erwähnt, weist er stets nur auf den Eindruck von Ausgeglichenheit oder gar Heiterkeit hin, den er bei ande-

---

[506] Mahrholz, Selbstbekenntnisse, S. 157.
[507] Mahrholz, Selbstbekenntnisse, S. 161.

ren erweckt, und nimmt dies als Beleg für die Verbundenheit Gottes mit der eigenen Person.[508] Mit Verweisen auf die Bibel und den Topos des gezwungenen Propheten – und der bei den Petersens beliebten Schiffs- und Wassermetapher – deutet er seine Erfahrungen und rechtfertigt damit sein Verhalten, das Auseinandersetzungen nicht scheut:

> Als ich nun auf dem Schiff von Haarburg abfuhr, [...] da war das Eiß aufgebrochen, und die Elbe schwamm voll dicker und grosser Stücke Eiß=Schollen, die drungen und zerrieben das Schiff dermassen, daß wir, so viel unser im Schiff waren, gedachten, es würde uns das Leben kosten. Da fiel mir ins Gedächtniß die Geschicht des Propheten Jonas, der vor dem HErrn flohe, und dem Ninive den Untergang nicht ankündigen wolte (S. 133).

Das bedeutet aber: Johann Wilhelm verarbeitet Erlebnisse, die veritable Stör-Erfahrungen im Sloterdijkschen Sinne[509] sind, nicht dadurch, daß er sein ideologisches Korsett sprengt, nicht dadurch, daß er das Unpassende des Konstrukts bemerkt, nicht dadurch, daß er auf eine ‚direktere Wahrnehmung' verwirrender Gefühlsreaktionen gestoßen wird und seine Sprachschablonen zerbrechen und Neues sichtbar werden könnte. Johann Wilhelm zementiert dagegen seine Konstruktionen und Schablonen, wird nicht hellhörig für leise, widersprüchliche Stimmen und Strömungen in seinem Innern. Was glückt in seinem Leben, ist Gottes Güte geschuldet, was mißlingt, sind Verfolgungen, die der Herr den Seinen als Zeichen der Auserwähltheit schickt. Tendenziell ließe sich so zwar auch Johanna Eleonoras Haltung beschreiben. Doch betont sie stärker die Gnade Gottes ihrer Person gegenüber und nicht so sehr ihre Auserwähltheit vor anderen durch diese Gnade. Die Nuancen des Tons unterscheiden sich, die Forschung zu den beiden Petersens hat dies häufig bemerkt, die bisherigen Zitate aus den beiden autobiographischen Texten dürften dies auch hier verdeutlichen können. Der produktiven Erfahrung von Verstörendem zu entgehen, fällt Johann Wilhelm in seiner Lebensbeschreibung umso leichter, als er offenbar auf einen reichen Vorrat an Verschriftlichtem zurückgreifen kann. Er zitiert aus eigenen Veröffentlichungen und aus fremden Büchern, fügt Briefe ein und greift Stimmen seiner Frau und anderer Gesprächspartner auf[510] und vertraut sich ganz offensichtlich tagebuchartigen, protokollierenden Aufzeichnungen über den Konsistorialprozeß an.[511]

Johann Wilhelms Selbstkonstitution kann als heterolog bezeichnet werden, allerdings ist es eine andere Heterologie als die Johanna Eleonora Petersens: Während diese die eigene Person über ihre Beziehung zu Gott darstellt, während sie durch diese Beziehung ihr Ich überhaupt auszudrücken vermag, ist die Hete-

---

[508] Vor allem Johann Wilhelm Petersen, Lebens=Beschreibung, S. 216f und 219.
[509] Vgl. Sloterdijk, Literatur und Organisation, S. 11f, vgl. hier Kap.I. C. 4.2.
[510] Johann Wilhelm Petersen, Lebens=Beschreibung, u. a. S. 72-75, S. 254-260 und S. 270-275.
[511] Vgl. oben.

rologie Johann Wilhelms daneben auch eine Mehrstimmigkeit der verschiedenen Diskursfelder und Zitatenschätze. Die heterologen Stimmen in Johann Wilhelms Autobiographik eröffnen aber keine Vielstimmig- und Vieldeutigkeit im modernen oder gar postmodernen Sinne. Schließlich ist seine Mehrstimmigkeit eingebunden in eine gelehrt-doktrinäre Grundhaltung.

Johann Wilhelms *Lebens=Beschreibung* ist aber auch schon die Beschreibung einer Schwellensubjektivität zwischen Heteronomie und Autonomie: Über weite Strecken ist er weit heteronomer als Petersen, denn der Bindung an eine theologische Ordnungs- und Regelungsstruktur kann er nicht entrinnen. Doch wenn einer der Petersens sich einer autonomen Subjektivitätskonstruktion nähert, dann ist es der Gatte, der sich zum ‚Gott Petersen' erhebt.

2.4. Geschlechterkonzeption

Die Autobiographie der Frau ist in diesem Textpaar keineswegs weniger geschlossen als die des Mannes, sie ist dagegen weit klarer gegliedert, ist in ihrer Struktur raffinert der bekennenden Intention angepaßt und unterläuft sie nicht immer wieder. Dies tut dagegen in zum Teil grotesker Weise Johann Wilhelm, man denke an den Versuch, für seine Familie eine adlige Abstammung zu konstruieren. Die *kurtze Erzehlung* präsentiert ein Ich, das sich als fest, als standhaft, aber als durch den Lebenslauf – und vor allem durch die darin wirkende göttliche Gnade – geprägtes Ich vorführen kann, während Johann Wilhelms ,Ich im Text' sich auflöst in der Vielzahl der Diskurse und Einzelereignisse und am Widerspruch zwischen confessio peccati et laudis und Apologie scheitert.

Daß Johann Wilhelm zu Abschweifungen neigt und sein Lebenslauf Brüche enthält, führt aber auch, an ganz seltenen Stellen, zu einem Überschuß an Anschaulichkeit und Lebendigkeit gegenüber dem eigentlich mit dem autobiographischen Pakt besiegelten Aussageziel der Konfession und Apologie:

> Als ich nun in Tertiam kam, nachdem ich die vorigen Classes alle durchgegangen war, da bin ich sehr fleißig gewesen, und habe meine Lectiones, sonderlich die Sententien aus des Kirchmanni florilegio fertig auswendig gelernet, worüber mich der Hr. Conrector Bangertus lobete, und mit meinem Exempel die andern, die älter als ich waren, beschämete, und dabey sagte, daß ich es ihnen allen noch würde zuvor thun, und die Crone erlangen, und wie ers aussprach, den Sand in die Augen werffen, welches ihnen sehr verdroß, und mich deswegen neideten, auch in meinem Nomenclatore eine Crone mahleten, und selbige dick mit groben Sand bestreueten, mit dieser Unterschrifft: diß ist Petersens seine Crone, und der Sand, den er uns in die Augen streuen soll. Wenn ich denn meine Lectiones fertig herzusagen wuste, so kriegten die andern um meinet willen Schläge, die solche ihre Lectiones nicht konten, wodurch sie so sehr erbittert worden, daß sie mich, wenn ich aus der Schule kam, schlugen, und mich einmahl über Hals und Kopff die sogenannte düstere Treppe herunter stiessen, daß ich meynte, ich würde den Hals brechen, aber doch von GOtt bin bewahret worden. (S. 7f)

So reflektiert schreibt Johann Wilhelm selten über das eigene Verhalten und das anderer und über deren Wechselwirkungen. Es darf aber nicht überlesen werden, daß auch diese so verspielt dargebotene Episode durch Evidenz der Apologie dient.

Frauen, so zeigt das Kontrastpaar Petersen, schreiben ihre Subjektivität und ihren Lebensbericht keineswegs immer notwendig brüchiger als Männer. Da allerdings – schon am Beginn des 18. Jahrhunderts – Konzentration und Konsequenz als männlich konnotiert gelten und Widersprüchlichkeit und Abschweifung als weiblich, hat die konzentrierte Stringenz in Petersens Lebenslauf dazu geführt, daß schon in einer Rezension des Jahres 1718 die Autobiographie Johanna Eleonora Petersens als „weit gesetzter und so zu sagen, männlicher geschrieben" charakterisiert wird.[512] Daß in der Geschichtsschreibung der Autobiographie Johann Wilhelms Text eine weit größere Rolle gespielt hat als die *kurtze Erzehlung* trotz deren größerer Zielstrebigkeit und Geschlossenheit, zeigt die Einäugigkeit einer Autobiographietheorie, die die Kategorie Geschlecht nicht beachtet. Sie geht eben nicht, rein an der ästhetischen und rezeptionsgeschichtlichen Bedeutung eines Textes orientiert, geschlechtsneutral vor, sondern geschlechterblind: Sie übersieht und mißachtet, was Frauen geschrieben haben, weil es Frauen geschrieben haben, und nicht wie vorgegeben wird, weil es literarisch nachrangiger ist. Geschlossenheit einer Autobiographie soll hier nicht als überzeitlich gültiges Qualitätskriterium gelten. Doch gerade die Autobiographietheorien von Shumaker bis Niggl, die mit ihrer Hypostasierung der Goethezeit sowohl für den Ausschluß von Texten des 17. Jahrhunderts als auch für die Marginalisierung von Frauenschriften verantwortlich zeichnen, haben Geschlossenheit zu einem Gütesiegel erster Ordnung erhoben und dennoch, wenn sie schon ältere Werke überhaupt ins Auge gefaßt haben, die geschlossene Petersen-Vita noch stärker marginalisiert als die brüchige Lebensbeschreibung des Johann Wilhelm.

Wenn aber die üblicherweise behauptete geschlechtsspezifische Differenzierung der autobiographischen Texte an diesem Beispielpaar ausbleibt, enthüllt der Vergleich der Lebensläufe des Ehepaars Petersen dennoch die Wirkung der Kategorie Geschlecht in frühneuzeitlicher Autobiographik: Es beginnt beim Titel: Sie schreibt eine *kurtze Erzehlung*, und er preist an, daß „dieser meiner Lebens=Beschreibung ein Catalogus aller meiner gedruckten und noch ungedruckten Schrifften angefüget" sei. Sie hat einen „Ehe=Herrn", er eine „Ehe=Liebste". Sie schreibt auch in der erweiterten Version nicht mehr als 70 Seiten, er präsentiert eine 400-Seiten-Vita. Er verkündet stolz, wenn er in der Zweitauflage „mit einer neuen Vorrede vermehret", sie will „nur mit kurtzem

---

[512] Unschuldige Nachrichten von Alten und Neuen Theologischen Sachen [...] 18 (1718), S. 678.

hiebey fügen".⁵¹³ Sie bleibt konzentriert beim apologetischen Bekennen, er verknüpft es mit einem Bericht über seine akademische Entwicklung und seine berufliche Karriere.

Auch in der Publikation der theologischen Thesen beachten die Petersens eine genderspezifische Hierarchie. So beschreibt Johann Wilhelm, wie das Paar seine Thesen zur Wiederbringung aller Dinge an die Öffentlichkeit bringt:

> weswegen meine Liebste zuerst davon was in Octav aufgesetzet, und solches zum Druck übergeben, welches ich darnach in dreyen Tomis in Folio vertheidiget habe (S. 297).

Dies heißt nichts anderes, als daß sie zunächst die Provokation wagt, der aber noch nicht viel Gewicht beigemessen wird, es ist nur „was in Octav". Er zieht dann geharnischt und gewichtig in drei Foliobänden nach. Dies entspricht deutlich den Strukturen der innerreligiösen Geschlechterordnung der Zeit⁵¹⁴, die zwar Petersen nicht explizit erwähnt, deren Auswirkungen ihr Mann aber sehr wohl registriert und protokolliert: Johann Wilhelm spricht von Pfarrern, die sich an der theologischen Argumentationskraft seiner Frau stören, da sie von einer Frau nichts lernen wollen, oder von Theologen, die die Visionen Asseburgs nicht als von Gott gegeben ansehen wollen, da dieser sich nicht in einem Weib zeige.⁵¹⁵ Auch wenn Johanna Eleonora Petersen ein solches genderspezifisches Schreibverbot konsequent übertritt, hält dieses Arbeitspaar des theologischen Schreibens dennoch ganz eindeutig die Geschlechterhierarchie ein, was auch Johann Wilhelms Äußerung über die verschiedenen Beschäftigungsschwerpunkte des Paares nach der Amtsenthebung zeigt: Er schreibt, sie kümmert sich um das Landgut.

Der Hauptunterschied zwischen den Autobiographien der beiden Eheleute liegt in dem Raum, den einzunehmen ein autobiographisches Ich wagen darf. In der Tat kann Johanna Eleonora Petersen, die von den frühneuzeitlichen Institutionen der Gelehrsamkeit und der Gelehrtensozialisation ausgeschlossen war, keine ausführliche Beschreibung ihrer Ausbildungs- und Berufslaufbahn vorlegen. Doch sie könnte durchaus weit mehr von ihrer Ausbildung in der Familie und bei Hofe und von den Wegen der Autodidaktik, die sie gehen mußte, berichten. Und sie könnte anderes erzählen, das Hofleben böte Stoff für anekdotisches oder satirisches Erinnern, sie könnte sich auch als Chronistin ihrer Zeit verstehen.⁵¹⁶ Wenn Petersen also nur siebzig Seiten füllt und ihr Mann dagegen 400, liegt dies nicht an ihrem engeren Lebensrahmen, sondern an dem einge-

---

⁵¹³ Petersen, kurtze Erzehlung, S. 235. Eine ausgeprägte Tendenz zur Kürze in den Lebensberichten protestantischer Frauen der Frühen Neuzeit findet auch Swaim, Women's Puritan Evidences.
⁵¹⁴ Vgl. dazu in Zukunft Albrecht, Petersen.
⁵¹⁵ Johann Wilhelm Petersen, Lebens=Beschreibung, S. 215, S. 241.
⁵¹⁶ Satirisch-anekdotisch präsentieren das Hofleben die Memoiren der Sophie von Hannover, als Chronistinnen ihrer Zeit verstehen sich die Hausbuchschreiberin Stamper und die Klosterfrauen Junius, Staiger und Haidenbucher, doch all diese Autorinnen schreiben im Unterschied zur publizierenden Petersen nur für eine eng begrenzte Leserschaft.

schränkten Raum, den die Öffentlichkeit, an die sich beide explizit wenden, einer Autorin und dem Lebenslauf einer Frau gewährt im Unterschied zu einem Autor und dem Lebenslauf eines Mannes. Johanna Eleonora Petersens Text thematisiert, hinterfragt und kritisiert die Erwartungen des Publikums nicht, aber er berücksichtigt sie und reagiert auf sie: mit einer strengen Auswahl, die nur das beschreibt, was sich dem bekennend-apologetischen Zweck unterordnen läßt. Auch in diesem Sinne ist ihre Selbstkonstruktion in der *kurtze[n] Erzehlung* heterolog: Sie verwendet die gesellschaftlich möglichen Argumentationsschemata. Sie nutzt sie nicht subversiv, die Schemata auflösend, aber sie ordnet sich ihnen nicht unter, sondern formuliert mit ihrer Hilfe eine Beschreibung der eigenen Person. Ihre Selbstkonstruktion folgt dem Weg, den sie in ihrer Schlußvision nehmen muß: Sie sieht sich gefordert, „daß ich meine Stimme erheben müste, wie eine Nachtigal" (1719, S. 69), und sie entspricht dieser Forderung konsequent und zugleich in den Grenzen der Zeit.

3. Andere exemplarische Lebensläufe: Anna Vetters, Barbara Cordula von Lauters und Martha Elisabeth Zitters Schriften

Neben Petersens *kurtzer Erzehlung* legen mindestens drei weitere, in zeitgenössischen Drucken vorliegende autobiographische Texte von Frauen des 17. Jahrhunderts den Schwerpunkt auf protestantische Religiosität. Sie wurden zum Teil noch zu Lebzeiten der Autorinnen veröffentlicht, dies stets im Kontext religiöser Auseinandersetzungen. Diese Lebensbeschreibungen Anna Vetters, Barbara Cordula von Lauters und Martha Elisabeth Zitters dienten alle als Exempel im theologischen Diskurs. Dies beabsichtigten zum Teil schon die Autorinnen, in jedem Fall aber ihre Herausgeber: Der Öffentlichkeit wollte man einen beispielhaften Lebenslauf präsentieren, der das vorbildliche Leben der Angehörigen der eigenen Fraktion im Religionsstreit genauso vorführt wie das verwerfliche Treiben der anderen Seite.

3.1. „Es möchte jemand fragen, wie ich so hoch von Gott geliebt bin worden, und was mein junger lebens=lauff gewesen." Die Ansbacher Näherin Anna Vetter

Anna Vetters „lebenslauff, den sie auf begehren eigenhändig auffgeschrieben und sonst mündlich zum öffteren erzehlet"[517] ist ausschließlich in Arnolds *Kirchen- und Ketzerhistorie* überliefert. Das monumentale Werk des radikalen Pietisten Gottfried Arnold stellt mit Biographien und theologischen Erörterungen, mit

---

[517] Arnold, Gottfried: Unparteyische Kirchen- und Ketzer-Historie. Vom Anfang des Neuen Testaments Biß auf das Jahr Christi 1688. Frankfurt a. M. 1729, T. 3, S. 281. Zitiert wird, wenn nicht anders vermerkt, nach der dritten Auflage der *Kirchen-und Ketzerhistorie,* Frankfurt a. M. 1729.

dem Abdruck von Autobiographien und religiösen Schriften das Wirken von Figuren der Kirchen- und Ketzergeschichte dar und will dadurch harsche Kritik an den verfaßten Kirchen üben. Unparteiisch ist diese Kompilation nicht im modernen Sinn eines Versuchs der Objektivität, unparteiisch will Arnolds *Kirchen- und Ketzerhistorie* sein, weil er nicht vom Standpunkt einer Konfession aus urteilt, sondern aus der Position „einer – höchst parteilichen – spiritualistischen Kirchenkritik, die alle verfaßten Kirchen als Sekten verwirft".[518] Das macht die Analyse des Vetter-Textes problematisch: Arnolds Herausgeberpraxis entspricht keineswegs den Anforderungen heutiger Editionswissenschaft. Insofern steht gerade dieser „lebens=lauff" exemplarisch für die Schwierigkeiten der Textkritik, die bei fast allen der hier noch zu verhandelnden Schriften auftauchen. Arnold äußert sich nicht zum Zustand und zum Verbleib der Quellen, aus denen er das Vetter-Kapitel zusammenstellt.[519] Erst die 1740-1742 posthum in Schaffhausen erschienene vierte Auflage der *Kirchen- und Ketzerhistorie* ergänzt den Text der Vorauflagen durch ein kleines Nachwort der anonymen Herausgeber: Arnold habe die Schriften der Vetter von einem „alten gewissenhafften Prediger (der nun verstorben) in copia" erhalten.[520] Was wie eine Quellenfiktion klingt, läßt sich aber doch auf einen konkreten Ansbacher Stadtpfarrer beziehen, mit dem Vetter in freundlichem Kontakt gestanden haben will.[521] Anna Vetter hat nachweislich gelebt und, dokumentarisch bezeugt, den Honoratioren der Stadt diverse Schwierigkeiten bereitet.[522] Arnold kann den Text allerdings, wenn schon nicht erfunden, so doch reichlich gekürzt und redigiert haben, zumindest orthographische und stilistische Veränderungen sind zu vermuten.[523] Allzu große inhaltliche Ent-

---

[518] Schneider, Der radikale Pietismus, S. 414. Vgl. zu Arnold, seinen Positionen und seiner *Kirchen- und Ketzergeschichte* u. a. LThK, Bd. 1, 3. Aufl. 1993, S. 1026; TRE, Bd. 4, 1979, S. 136-140; Blaufuß, Niewöhner (Hg.), Gottfried Arnold; Kemper, Aufklärung und Pietismus, S. 117ff; Schneider, Kirchengeschichte, S. 80ff; Wallmann, Kirchengeschichte, S. 141f; ders., Pietismus, S. 93f; Wetzel, Klaus: Theologische Kirchengeschichtsschreibung im deutschen Protestantismus 1660-1760. Gießen/Basel 1983, S. 175ff.

[519] Den Vetter-Lebenslauf präsentiert das 27. Kapitel des 3. Teils der *Kirchen- und Ketzerhistorie*. Es ist überschrieben mit „Von denen gesichten Annä Vetterin." (S. 267) und enthält neben dem Lebenslauf eine ausführliche Verteidigung Arnolds der Vetterschen Positionen, Kompilationen verschiedene Zitate aus diversen Schreiben Vetters und den Abdruck einiger Briefe Vetters an die Städte Nürnberg und Ansbach oder an das Ansbacher Consistorium.

[520] Arnold, Kirchen- und Ketzer-Historie, 4. Aufl., S. 596.

[521] Vetter, Von denen Gesichten, S. 289, schreibt vom Stadtpfarrer Heuber, dessen Tod Kantzenbach mit 1695 datiert, er solle ihr beim Ausbreiten des Worts Gottes, das heißt ihrer Lehre, behilflich sein. Siehe Kantzenbach, Friedrich Wilhelm: Die Ansbacher Visionärin und Prophetin Anna Vetter. Zu den sozialen Gehalten ihrer Botschaft. In: ZbKG 45 (1976), S. 26-32, S. 29. Vgl. dazu Kormann, Es möchte jemand tragen, S. 86.

[522] Kantzenbach, Die Ansbacher Visionärin und Prophetin Anna Vetter.

[523] Vgl. zum frühen Streit über Arnolds Herausgeberpraxis Martin, Irmfried: War Gottfried Arnold ein „redlicher Historicus?" Das historisch-theologische Problem seiner UKKH im Lichte des einst um sie geführten Kampfes. In: Jb. der hessischen kirchengeschichtlichen Vereinigung 29 (1978), S. 37-53. Vgl. zu Arnolds Praxis und seinen Quellen Baier, Helmut: Die Person des Nürnberger apoka-

stellungen dürfte Arnold sich aber nicht erlaubt haben, schließlich ist seine *Kirchen- und Ketzerhistorie* ein gewaltiges, in kurzer Zeit aus den verschiedensten Quellen und Textteilen montiertes Werk, das schon aus arbeitsökonomischen Gründen allzu große Eingriffe im einzelnen Text kaum ermöglichte. Hätte Arnold Vetters Schrift für seine Zwecke bearbeitet wiedergeben wollen, hätte ihn nichts daran gehindert, anstelle ihres „eigenhändig aufgeschrieben[en]" Lebenslaufs eine von ihm verfaßte und für seine Zwecke gestaltete Biographie Vetters einzufügen, schließlich sind biographische Beschreibungen in der *Kirchen- und Ketzerhistorie* häufiger als Einschübe von Autobiographien. Wenn sich auch bisher Vetters Manuskript nicht hat auffinden lassen, so ist doch ein anderes, mit Vetters Schrift in vielerlei Hinsicht vergleichbares Manuskript aufgetaucht: Unmittelbar vor dem 27. Kapitel, das Arnold „Von denen gesichten Annä Vetterin" überschrieben hat, findet sich in der *Kirchen- und Ketzerhistorie* das Kapitel „Von Joachim Greulichs gesichtern und offenbahrungen". Helmut Baier hat Greulichs Lebensdaten in Kirchenbüchern nachweisen können, eine zeitgenössische Abschrift des Visionsberichts im Pfarrarchiv Obernbreit gefunden und mit dem bei Arnold Gedruckten verglichen: Abschrift und Druck stimmen genau überein.[524] Aus all diesen Gründen kann, meine ich, die Analyse dieses für eine geschlechterorientierte Literaturwissenschaft so hochinteressanten Textes trotz der problematischen Überlieferungslage gewagt werden. Eine popularisierend bearbeitete Fassung des Vetterschen Lebenslaufs, die durch vom Herausgeber eingefügte Kapitelüberschriften die Lektüre erleichtern will, damit allerdings den spezifischen Charakter des Textes verändert, ist in Jungs Textsammlung zur Autobiographik von Pietistinnen erschienen.[525]

3.1.1. Biographie und Kontext

Anna Vetter wurde im Januar 1630 in Kattenhochstatt bei Ansbach als dritte Tochter des Schmieds Adam Hitsch und seiner Frau Margarete geboren. Um das Jahr 1651 heiratete sie den Ansbacher Maurer und späteren Schloßwächter Johann Michael Vetter, der 1698 im Alter von zweiundachtzig Jahren starb. Zwischen 1652 und 1663 gebar Anna Vetter sieben Kinder, darunter Anna Maria (1661) und Anna Barbara (1663). Sie starb im Mai 1703. Über dieses mit Dokumenten aus Kirchenbüchern belegbare Datengerüst hinaus bleibt man zur Re-

---

lyptischen Visionärs ,Joachim' Greulich. Anmerkungen zu einem Kapitel von Gottfried Arnolds Kirchen- und Ketzerhistorie. In: ZbKG 61 (1992), S. 113-118.
[524] Baier, Greulich, S. 113-118.
[525] Jung, Martin H. (Bearb): „Mein Herz brannte richtig in der Liebe Jesu". Autobiographien frommer Frauen aus Pietismus und Erweckungsbewegung. Aachen 1999, S. 1-42.

konstruktion ihrer Biographie auf ihre eigene Lebensdarstellung und auf Arnolds Vorbemerkungen angewiesen.[526]

Wenn auch Anna Vetters Lebenslauf im Kontext des Pietismus bewahrt, publiziert und – auch noch im Rahmen dieser Arbeit – rezipiert wird, kann Vetter doch kaum schon als Pietistin bezeichnet werden. Vor 1700 lassen sich vorwiegend Menschen aus Bildungsbürgertum und Adel für den Pietismus begeistern.[527] Im Fall der Näherin Anna Vetter stellt sich ganz konkret die Frage, wie sie mit Ideen des Pietismus in Berührung gekommen sein könnte. Für Menschen wie Vetter gibt es in den Zeiten des Dreißigjährigen Krieges keine Schulbildung. Nach den Angaben in ihrem Lebenslauf kann ihre Mutter die vier Kinder nur mühsam und auf abenteuerliche Weise ernähren, nachdem der Vater durch marodierende Soldaten grausam zu Tode gekommen ist. Vetter will „ein wenig vor meinem ehestand [...] fast verstohlner weise von meines mannes bruder ein wenig lesen" gelernt haben (S. 282). Und sie betont – und ist damit durchaus glaubwürdig[528] – „nichts als die evangelia und den psalter"(S. 282) gelesen zu haben. Die sich erst in den Anfängen befindliche pietistische Massenliteratur kann kaum bis in die Hände Anna Vetters vorgedrungen sein, von deren Ausbildung man über den Satz zum Lesenlernen hinaus nur erfährt, daß sie nähen gelernt hat (S. 281). Es ist zwar möglich, daß Vetter durch Predigten von und Diskussionen mit den örtlichen Stadtpfarrern, die zu ihrer Zeit alle ein wenig mit dem aufkommenden Pietismus sympathisiert haben[529], von frühpietistischem Denken inspiriert worden ist. Vor allem aber äußert sich bei ihr eine Strömung mystischer Religiosität, die unter Vetters Zeitgenossen keineswegs selten war und unter anderem von den frühen Pietisten aufmerksam registriert wurde.[530]

3.1.2. Inhalt und äußere Struktur

Nach kurzem, aber aussagekräftigem Einleitungssatz (siehe unten) erwähnt Vetter ihre Geburt: Sie nennt Geburtsort, Beruf des Vaters und die Anzahl ihrer Geschwister. Sie berichtet, daß ihr Vater an den Mißhandlungen marodierender Soldaten gestorben ist, daß die Mutter, um ihre kleinen Kinder durchzubringen, als fahrende Händlerin ihr Geld verdienen muß. Sie beschreibt den häuslichen Unglücksfall, der ihr ein Brandmal und einen verkürzten Arm eingetragen hat, nennt das Nähen als einzige Erwerbsarbeit, die ihr daher möglich ist, und die Orts-

---

[526] Zur Biographie Vetters vgl. Kantzenbach, Die Ansbacher Visionärin und Prophetin Anna Vetter; und Kormann, Es möchte jemand fragen.
[527] Schering, Petersen, S. 237.
[528] Vgl. zu Bibel und religiöser Erbauungsliteratur als „für breiteste Schichten der Bevölkerung [...] einzige Lektüre" u. a. Schrader, Literaturproduktion und Büchermarkt, S. 27.
[529] Kantzenbach, Die Ansbacher Visionärin und Prophetin Anna Vetter; Weigelt, Horst: Geschichte des Pietismus in Bayern. Anfänge – Entwicklung – Bedeutung. Göttingen 2001, S. 25, S. 67 und 109f.
[530] Vgl. etwa Johann Wilhelm Petersen, Lebens=Beschreibung, z. B. S. 203f und in § 37 (S. 143-148).

wechsel ihrer Kindheit, verursacht durch die äußerst prekäre wirtschaftliche Situation der Familie. Auch das junge Mädchen wird noch einmal Soldatenopfer, will aber ansonsten eine fröhliche Jugendzeit verbracht haben, in der sie Vergnügungen nicht aus dem Weg gegangen sei. Ein Vergnügen am Tanzen etwa wirft auch das schreibende Ich dem beschriebenen in keiner Weise vor. Anna lernt ihren späteren Mann, damals von vielen begehrt, kennen, sie heiraten „mit lustigkeit" (S. 281). Über die Ehe allerdings schreibt Vetter Vernichtendes: Ihr Mann sei ein „irrdischer weltmann" (ebd.), stürmisch und fluchend, gewalttätig und trunksüchtig, und über religiöse Fragen hätten sie heftig gestritten. Nach zehn Jahren haben sie fünf Kinder, und Anna Vetter erkrankt, was ihren Mann nicht daran gehindert haben soll, sie gegen ihren Willen zu schwängern. Die Krankheit deutet Vetter als Wiedergeburt, ihre Visionen beginnen in dieser Zeit – am, so Vetter, zehnten Tag der Schwangerschaft mit dem sechsten Kind.[531]

Diese ersten ‚Gesichte' beschreibt sie und vermerkt, daß sie den Inhalt der Visionen, nachdem sie wieder zu sich gekommen sei, aufgeschrieben habe. Daß sie schreiben kann, erscheint ihr als ein Wunder, da sie vorher nur ein wenig lesen gelernt habe. Erst nach der Geburt ihres Kindes berichtet sie Ansbachs Pfarrern von ihren Erscheinungen. Der Heilige Geist, so Vetter, weissagt ihr Verfolgung, sie müsse eine eiserne Kette tragen. In einer erneuten Vision empfängt sie den strikten und mit harschem Nachdruck erlebten Befehl Gottes, auf der Kirchenkanzel zu predigen. Als sie versucht, diesem Befehl nachzukommen, wird sie vom Kirchendiener vertrieben und vom Stadtknecht ans Haus gekettet. Sie berichtet von ihrem Leiden, von den Schwierigkeiten, ihren Säugling zu versorgen, von der Vergewaltigung durch ihren Mann, der erneuten Schwangerschaft, die sie aber nicht auf den Einfluß ihres Mannes zurückführt, sondern die sie ihrem eigenen „leibes=saamen" zuschreibt, und vor allem von ihren Visionen. Eingestreut in die ausführlichen Visionsschilderungen und –auslegungen sind Predigten wider den sündigen Ehemann und die verderbte Einwohnerschaft Ansbachs und gebetsähnliche Passagen der Anrufung Jesu. Vetter bittet Jesus um Erbarmen mit der sündhaften Menschheit, durch visionäre Leiderfahrungen will sie die Menschheit erlösen können. Es erscheinen ihr nicht nur Himmel, Jesus und Teufel in allerlei Gestalt, sie erlebt sich auch als eine, die die Menschen bekehren will und dabei schmerzhafte Erfahrungen machen muß. Gegen „die einkäufferin" des Schlosses verbreitet sie den Verdacht der Hexerei. 27 Wochen lang, so Vetter, sei sie im Jahr 1662 ans Haus gefesselt gewesen.

Die Visionsschilderungen gehen über in Berichte realer Erlebnisse, die Chronologie im einzelnen ist aufgegeben. Die Lebensbeschreibung läßt kaum unterscheiden, was Vetter im ‚Gesicht', also in einer Vision, erlebt und was sich in ih-

---

[531] Vetter, Von denen Gesichten, S. 282. Vetter nennt für diese Schwangerschaft keine Jahreszahl und keinen Kindernamen. Es wird sich aber um den Zeitraum 1660/1961 gehandelt haben und um die Tochter Anna Maria, geb. 1661, vgl. Kormann, Es möchte jemand fragen, S. 78f.

rem Alltagsleben zugetragen hat, ob sie die Bekehrungstouren in die katholischen Gebiete ihrer Umgebung, bei denen sie durch Volk und Obrigkeit drangsaliert worden sein will, in ihren Visionen geträumt oder tatsächlich ausgeführt hat. Jedenfalls schreibt sie gegen Ende ihrer Schilderung der diversen Erscheinungen des Jahres 1662 auch von den Verfolgungen, die sie von 1662 bis zum Schreibzeitpunkt durch ihren Mann und die Stadt Ansbach auf sich nehmen hat müssen. Händel ausgetragen hat sie auch mit dem örtlichen Pfarrer, schließlich verwaltet dieser sein Seelsorgeramt nicht engagiert genug, und Vetter sieht sich daher von Gott berufen, das Amt von ihm zu übernehmen. Er stirbt bald danach, und die beiden, die hintereinander auf ihn folgen und Vetters Bekehrungsdrang auch nicht allzu bereitwillig unterstützen, sterben ebenfalls nach kurzer Zeit.[532]

Aus dem Jahr 1663 beschreibt sie zwei auf den 16. und den 20. Oktober datierte apokalyptische Visionen, am Bartholomäustag 1663 will sie außerdem den neuen Himmel gesehen haben und sich selbst darin als wunderschöne Jungfrau. Das Ende ihres Textes, das deutlich ihr Sendungsbewußtsein, sie müsse das ‚Buch des Lebens' schreiben, formuliert, ist eine Art Predigt zu Buße und Umkehr mit eingestreuten gereimten Gebeten und teilt nur äußerst wenige Details aus ihrem Alltag zum Schreibzeitpunkt mit.

3.1.3. Autobiographischer Pakt, Schreibperspektive und Zeitstruktur

„Es möchte jemand fragen, wie ich so hoch von Gott geliebt bin worden, und was mein junger lebens=lauff gewesen", lautet der erste Satz der Vetterschen Autobiographie in der *Kirchen- und Ketzerhistorie* (S. 281). Durch diesen Satz schließt Vetter einen autobiographischen Pakt mit ihrem Publikum: Sie setzt voraus, daß sich „jemand" für ihr Leben interessiert. „[J]emand", das ist eine anonyme, breitere Öffentlichkeit, keineswegs nur ein spezifischer ihr vertrauter Familien- oder Freundeskreis. Das Interesse kann sie voraussetzen, da sie sich – wie die beiden Petersens und ungefähr gleichzeitig mit Petersens Erstauflage 1689 – auf Psalm 66,16ff bezieht und ihr Schreiben damit legitimiert: Gott hat sie so hoch geliebt, und damit kann sie von der göttlichen Gnade, aber auch aus ihrem Leben erzählen. Sie muß dies sogar tun, denn sie erzählt „auf begehren". Der Begehrende ist Gott[533], denn er ermöglicht ihre Schrift überhaupt erst, schließlich habe sie, so Vetter, niemals schreiben, sondern nur ein wenig lesen gelernt. Aber nach der ersten Erscheinung sieht sie sich gezwungen, deren Inhalt aufzuschrei-

---

[532] Zu den urkundlichen Nachweisen der Lebensdaten der Ansbacher Pfarrer, die sich mit dem bei Vetter Berichteten in Einklang bringen lassen, vgl. Kantzenbach, Friedrich Wilhelm: Der Pietismus in Ansbach und im fränkischen Umland. In: Der Pietismus in Gestalten und Wirkungen. Hg. v. Heinrich Bornkamm et al. Bielefeld 1975, S. 286 – 299. Ein göttliches Strafgericht über ihm feindlich gesinnte Pfarrer (mit dem Hinweis auf Sach. 11, 8-17) will auch Johann Wilhelm Petersen erlebt haben, vgl. Johann Wilhelm Petersen, Lebens=Beschreibung, S. 230f.
[533] Kormann, Es möchte jemand fragen, S. 77.

ben (S. 282). Gott fordert sie auch auf, in der Kirche zu predigen (S. 282), und Jesus befiehlt ihr, „das buch des lebens" zu schreiben (S. 293). Das biblische Bild vom Buch des Lebens taucht in verschiedenen Bedeutungen in Vetters Text auf, hier meint es das öffentliche Predigen und Schreiben Vetters, dem ihr Ehemann und kirchliche und weltliche Herren handgreifliche Hürden entgegenstellen. Um ihr Leben öffentlich erzählen zu können, muß sich Vetter – gegen die irdischen Autoritäten – der Unterstützung Gottes versichern und damit der höchsten Autorität ihrer Zeit.

Den autobiographischen Pakt und den mit ihm zugleich behaupteten Anspruch auf Öffentlichkeit unterstreicht Vetter noch einmal explizit am Ende ihrer Autobiographie, wenn sie mit einem gereimten Gebet schließt und darin ihre Autobiographie als Sendschreiben klassifiziert, dessen Inhalte sie „über berg und tieffe thal" verbreitet sehen will[534]:

> Gott sey mit der menschen händ, wo ich mein schreiben ietzt hin send, ihre federn laß du Gott fliessen, über berg und tieffe thal; ob gleich die strahlen schiessen, laßt es euch nicht verdriessen; die engel werden euch behüten, durch Gottes gnad und güte;...[535]

„Es möchte jemand fragen, wie ich so hoch von Gott geliebt bin worden, und was mein junger lebens=lauff gewesen": Dieser Eingangssatz ist geprägt von der Antithetik zwischen einer Demutshaltung gegenüber Gott und einer ausgesprochen ich-bewußten Formulierung, die sich im zweiten Satz des Lebenslaufs gleich dezidiert fortsetzt:

> Ich bin gebohren zu Katzenhöchstädt, einem dorff in Francken; mein vater war ein schmidt, und ich das vierte kind meiner mutter (S. 281).

Die Antithetik des ersten Satzes ist auch die Antithetik des autobiographischen Pakts, sie nimmt die Zweiteilung des Lebenslaufs vorweg: Vetters Autobiographie beginnt zunächst chronologisch und mit präzisen Berichten, die Ereignisse knapp und informativ zusammenfassen:

> da nun der General Tilly ins land kam, und durch das kriegeswesen ein grausamer hunger im lande wurde, schlugen sich allerhand männer zusammen, hatten diebskappen über den kopff gezogen, plünderten und raubten; die räuber kamen auch über meinen vater [...] (S. 281).

Die Autorin beschränkt sich nicht auf ein reines Datengerüst, sondern beschreibt anschaulich und detailliert Szenen aus ihrer Kindheit, sie berichtet von dem Brüderchen, dem Pfannenstiel und der heißen Milch, die ihr den linken Arm ver-

---

[534] Vetter, Von denen Gesichten, S. 294. Die Formel „hohe Berg und tiefe Tal" findet sich in Volksballaden und Liebesliedern seit dem 16. Jahrhundert, etwa in „Graf und Nonne" (Erk, Böhme (Hg.), Liederhort, Bd. 1, Nr. 89) oder „Guter Rat" (Erk, Böhme (Hg.), Liederhort, Bd. 2, Nr. 411). Für die Auskunft danke ich Waltraud Linder-Beroud vom Deutschen Volksliedarchiv Freiburg.
[535] Vetter, Von denen Gesichten, S. 294.

brühte, und vom abenteuerlichen Bettzeughandel, mit dem ihre Mutter – in Pestzeiten – die Familie ernährt:

> sie [die Mutter] kauffte den leuten die betten ab, auf welchen jemand gestorben war, welche die leute um ein geringes weggaben, ja gar über die stadtmauren wurffen; diese betten trug sie viel meilen hinweg und verkauffte sie. (S. 281)

Der weitaus größte Teil ihrer bei Arnold abgedruckten Aufzeichnungen ist aber der Zeit zwischen ihrem einunddreißigsten und vierunddreißigsten Lebensjahr gewidmet, und vor allem malt Vetter ihre ‚Gesichte' aus. Ganz verläßt sie auch hier die Chronologie nicht, so schreibt sie zunächst von den Visionen des Jahres 1662 und später von den Erscheinungen im darauffolgenden Jahr, aber gerade die Fülle ihrer Gesichte, die sie 1662 erlebt haben will, kann sie nicht mehr im Zeitablauf berichten, sie reiht assoziativ mit allgemeinen Überleitungsformeln aneinander: „Uber eben dieses hatt ich auch dieses gesicht" (S. 283) oder „Noch eines sehet an" (S. 285), und sie faßt die Inhalte verschiedener Gesichte systematisch zusammen, etwa wenn sie die sieben verschiedenen Gestalten auflistet, in denen sie den Teufel gesehen haben will (S. 286). Alltagsleben findet jetzt nur noch am Rande Erwähnung, und was Visions- und was Realitätsschilderung sein soll, läßt sich nicht immer eindeutig unterscheiden. Überraschen kann das nicht, schließlich haben für Vetter die Erscheinungen keinen geringeren Realitätscharakter als ihre alltäglichen, von uns ‚real' genannten Erfahrungen. Zudem stellt sie, davon muß noch die Rede sein, auch Alltagsleben mit biblischen Sprachmustern dar, und ihre Gesichte formen Alltagselemente zu Zeichen des Überirdischen um:

> denn ich sahe im gesicht einen wirth in seine stube hinein treten, der hatte ein kerbholtz, das war gantz voll angeschnitten, und um den tisch und banck sassen und lagen lauter vollgesoffene männer, ein theil schlieffen, ein theil wachten, und der wirth foderte die zech an sie; und ob sie sich gleich entschuldigten, sie hätten nichts, trang er doch auf die bezahlung, oder sie solten ins gefängniß geworffen werden; und die männer hatten weder hut noch röcke noch schuhe an ihren füssen; da erbarmeten mich die armen leute, und bath den wirth, ich wolle für sie bezahlen, er solte nur gedult mit ihnen haben; da gab er sich zu frieden. Der wirth ist Jesus Christus, die gäste ist das Lutherische volck, meine fürbitt jetzt beschriebenes gebet! (S. 284).

Am Ende durchbricht sie explizit die Chronologie: Die unheilkündenden Erscheinungen vom Oktober 1663 stellt sie dar, bevor sie ihre Vision des neuen Himmels am Bartholomäustag (24. August) beschreibt. Das Vorbild ist die Apokalypse, auch in ihr folgt auf das Ausmalen der Plagen der Endgeschichte das Schlußbild des neuen Himmels. Die formale Struktur dieser Autobiographie ist also gebrochen: Der erste Teil ordnet sich der Chronologie des Lebens unter, im mittleren gerät sie aus den Fugen, das Ende spätestens wird konstruiert in Analogie zur Apokalypse.⁵³⁶ Der markante Eingangssatz macht zudem deutlich, welchen Zeitraum ihre Autobiographie abdeckt: Es ist ihr „junger lebens=lauff", sie schreibt über ihre Kindheit, Jugend und das jüngere Erwachsenenleben.⁵³⁷

Vetter vermerkt, daß sie nach einer ihrer ersten Visionen „diese geschicht schreiben" (S. 282) mußte, doch kann damit nicht gemeint sein, daß sie den bei Arnold abgedruckten Text kurz nach 1660 aufnotiert. Als Schreibzeitpunkt des bei Arnold abgedruckten Lebenslaufs läßt sich ungefähr das Jahr 1690 rekonstruieren: Schließlich erwähnt die Autorin ein Enkelkind (S. 292). Sie schreibt, daß von ihren sieben Kindern noch vier leben (S. 282). Nach den von Kantzenbach recherchierten Daten kann sie dies erst nach 1686, nach dem Tod von Anna Barbara, behaupten.⁵³⁸ Und wenn sie von „dem ietzigen [Stadtpfarrer], namens Häuber" spricht, muß der Text vor dem Tod des Ansbacher Stadtpfarres Heuber im Jahre 1695 verfaßt worden sein.⁵³⁹ Arnold zitiert in seinen Erläuterungen zu den vor dem Lebenslauf abgedruckten Briefen Vetters aus von ihm nicht näher bezeichneten und nachgewiesenen Vettertexten. Möglicherweise sind es tagebuchartige Protokolle, die Vetter seit ihrer ersten Vision verfaßt und auf deren Grundlage sie die erhaltene Version des Lebenslaufs formuliert hat.

Ihre Autobiographie ist kein umfangreiches Panorama, das möglichst viele ihrer Erlebnisse anschaulich ausbreiten will. Vetter konzentriert sich auf das, was ihr wichtig erscheint. Kurz, drastisch und prägnant schildert sie die Ereignisse, die den abenteuerlichen Verlauf ihrer Kindheit verursacht haben, ausführlich und anschaulich beschreibt sie ihre Visionen. Die in den Lebenslauf eingestreuten und bei Arnold drucktechnisch in keiner Weise vom übrigen Text abgesetzten gereimten Gebete sind einfache Verse, die vom Weiterbestehen der volkstümlichen Poesieformen des 16. Jahrhunderts auch noch im 17. zeugen und geprägt sind vom Zeitungslied und den schlichteren Formen des lutherischen Kirchenlieds⁵⁴⁰, dabei aber, siehe auch die Antithetik ihres Schlußgedichts, nicht ohne rhetorische Figuren sind:

> Du seyst gleich wer du bist groß oder klein, mein wort laß dir gewiß seyn, so wirst du dich nicht stossen an einen stein; ich bin das licht und scheine in der stadt, die finsterniß euch bedecket hat; ihr wäret gantz und gar verlohren, wenn ich nicht hätt ein kind gebohren; ein Fürst in Anspach zum kind erfordert wird; wer mich verachtet, hat grosse bürd; ein König David erfordert wird; der Herr will haben einen treuen knecht, der hält und fürcht seine recht; was Moses geschrieben, wird ietzt wieder vom himmel gegeben, daß alle menschen sollen darnach leben. Ich bin ein licht in dieser

---

⁵³⁶ Vgl. zu einer genauen Strukturanalyse des Textes auch Kormann, Es möchte jemand fragen, S. 80f.
⁵³⁷ Die Konzentration auf diese Zeiträume und das Vermeiden weltlicher Details aus der Zeit nach der Wiedergeburt könnte allerdings auch Arnolds Redigieren geschuldet sein. Vetter könnte auch dadurch so ‚pietistisch' erscheinen, weil Arnold alles Nichtpietistische entfernt hat.
⁵³⁸ Kantzenbach, Die Ansbacher Visionärin und Prophetin Anna Vetter, S. 29.
⁵³⁹ Kantzenbach, Die Ansbacher Visionärin und Prophetin Anna Vetter, S. 29. Zur Rekonstruktion des Schreibzeitpunkts siehe Kormann, Es möchte jemand fragen, S. 80.
⁵⁴⁰ Vgl. dazu Kemper, Hans-Georg: Konfessionalismus, Tübingen 1987, S. 227ff.

stadt, zwey Fürsten und zwey Printzen mir der Herr getödtet hat, weil sie nicht achten Gottes Geist, mit dem ich 30 jahr her war ausgereist. (S. 293)

In den umfangreichen predigtartigen Passagen ihrer Autobiographie neigt sie zu ausschweifenden Wiederholungen, hier finden sich aber auch Anklänge an Tropen und Figuren des frühneuzeitlichen Predigtstils:

denn die zungen der menschen sind vergifftete schwerdter, sie schneiden, stechen und erwürgen ihre arme seelen, und bringen sie zum tod, und machen ihnen zum feind Gott und H. Dreyfaltigkeit, durch fluchen und schweren, verknüpffen, verstricken und verbannen sie ihre armen seelen (S. 293).

Rhetorik ist im 17. Jahrhundert ubiquitär, durch die Sonntagspredigten in den Kirchen verbreitet sie sich in allen Schichten[541], dies zeigen die Sätze der Näherin Anna Vetter, die nach ihren Angaben nie eine Schule besucht hat.

3.1.4. Selbstkonstruktion nach biblischen Mustern oder: Gott als Schutzschild vor den Zumutungen der Welt

Die Näherin Anna Vetter war keine gelehrte, belesene Frau, sie hat mit der Bibel lesen gelernt, und sie hat schreiben gelernt mit biblischen Formeln. Religiöse Gebrauchsliteratur und die Bibel waren für breite Schichten der Frühen Neuzeit „die einzige Quelle literarischer Bildung und Information"[542]: Man lernte mit der Bibel und dem Katechismus lesen und schreiben. Ganz entscheidend für den Bildervorrat Vetters ist die Apokalypse. In ihr ist eine Fülle der von ihr verwendeten Bibelbezüge gebündelt: das A und das O, das Buch des Lebens, das zu schreiben ihr der Herr befohlen habe, die weißen Kleider, das Feuer, die Sterne und die Sonne und Christus als Lamm, die Plagen durch Tyrannen, Kriege und Teuerung, die skorpionähnlichen Tiere, die Frau, die ein Knäblein gebären soll und große Qual leidet bei der Geburt, der Drachen, den Luther in den Randbemerkungen zu seiner Biblia Germanica wie Vetter mit dem Papst in Verbindung bringt[543], die himmlischen Jungfrauen, Zion, Babylon, die Hurerei, das Weintrinken, die Kelter und die Braut Christi. Vetters erste Erscheinung läßt sich als Inhaltsangabe der *Apokalypse* lesen: von der Herrlichkeit des Himmels über den Schrecken des Jüngsten Gerichts zur Erleuchtung und dem Zwang zur Verkündung. An mehreren Stellen und mit verschiedenen Bedeutungen verwendet Vetter das biblische Bild vom ‚Buch des Lebens': Es bezeichnet das Seelenheil ihrer Tochter, das Seelenheil aller Menschen und Vetters eigenes Schreiben.[544] Daß

---

[541] Vgl. Barner, Barockrhetorik, S. 454.
[542] Schrader, Literaturproduktion und Büchermarkt, S. 27
[543] Biblia Germanica. Das ist: Die gantze Heilige Schrift, dt., auffs new zugericht. Übers. von Martin Luther. Wittenberg 1545. Nachdr. Stuttgart 1967, Apo. 13.
[544] Vetter, Von denen Gesichten, S. 282, 284f, 290, 293f. Vgl. dazu auch Kormann, Es möchte jemand fragen, S. 79. Vom „Buch des Lebens" ist auch an anderen Stellen der Bibel die Rede, z.B. Psalm 69,29.

gerade dieses Bild so facettenreich auftaucht, veranschaulicht die Rolle, die Religion bei Vetter spielt: Sie legitimiert das Schreiben im allgemeinen und das Schreiben und Reden von der eigenen Person im besonderen. Mit der Beziehung auf Gott und Gottes Schreibbefehl produziert Vetter Relevanz für ihre öffentlichen Aussagen über Gott, die Welt und über sich selbst.

Wenn Vetter die Metaphorik der Johannes-Apokalypse und anderer Bibelstellen nutzt, wählt sie oft gerade solche Bilder aus, die sie mit ihrer Lebenswirklichkeit in Einklang bringen kann, bzw. ihre Visionen schöpfen aus dem Bilderschatz der Bibel und aus dem Alltagsleben: Die fürstliche Familie Ansbachs erscheint ihr als Gott Vater und Sohn, der volle und tolle, das heißt vollgesoffene und tollwütige, Ehemann und das Wirtshaus stehen exemplarisch für die ganze von Gott abgefallene Christenheit, die hurt und säuft und ansonsten noch allerlei Unrecht treibt. Und der drachenartige Teufel schwimmt bei Vetter im Schloßgraben, nicht im Meer wie der Drache der Apokalypse. Sich auf Gott zu beziehen, ist für Anna Vetter eminent wichtig, dient geradezu der Selbsterhaltung: Religion erlaubt ihr Ungehorsam gegenüber der Obrigkeit und einem tyrannischen Ehemann, mit ihrer Hilfe kann sie einen bedrückend erlebten Alltag kompensieren, ja kann sich seiner Zumutungen erwehren.[545] Wenn sie beispielsweise schreibt, daß sie nichts „weltliches" mehr tun darf (S. 289), verwendet sie einerseits einen „separatistischen locus classicus", der sich auf II Kor, 6,17-7,1 bezieht[546], aber sie setzt ihn merkbar ein, um abzuwehren, was sie belastet:

> und da ich gessen hatte, muste ich des mannes willen seyn, er überwältigte mich, ich kunte nicht entlauffen an den ketten; auf dasselbige mal wurde ich aus dem himmel verstossen, daß ich des mannes willen gehorsamet (S. 285).

Oder:

> Ich habe befehl von Gott zu predigen, und nichts leibliches und weltliches mehr zu thun, weil sie [die Fürsten von Ansbach u. a.] mir unterhalt geben solten (S. 289).

Und ganz konkret:

> da ich einsmal wusch, wurde ich aus dem himmel verstossen, und muste ablassen, und immer schreiben und reden (S. 290).

Das religiöse Erweckungsmodell, das in erster Linie hinzielt auf eine Auflösung in Gott, auf eine vollständige Unterwerfung des eigenen Willens, ist gleichzeitig die Grundlage dafür, vom Eigenen, von der eigenen Person, vom Ich zu sprechen: Es stellt die Formeln bereit, auf die Selbstkonstitution zurückgreifen kann und muß, und lizenziert das öffentliche Von-sich-Selbst-Reden. Auch bei Vetter

---

[545] Becker-Cantarino, Böse Frau, S. 123f; Bernheiden, Individualität, S. 214; Kantzenbach, Die Ansbacher Visionärin und Prophetin Anna Vetter, S. 26ff; Stern, Martin: Die Visionen der Anna Vetter. Ein Frauenschicksal des siebzehnten Jahrhunderts. In: Pietismus und Neuzeit 18 (1992), S. 80-94.

[546] Schneider, Der radikale Pietismus, S. 437.

– und bei ihr in besonders frappierender, komplexer, widersprüchlicher Form – tritt die Ambivalenz frühneuzeitlicher Selbstthematisierung zwischen Selbsterniedrigung und Selbsterhöhung zu Tage: Wie Vetter sich beschreibt und in den Himmel einschreibt, ist nur scheinbar heteronom:

> so geht eine schöne jungfrau heraus in einem hellen goldschimmerenden köstlichen kleid, die stund an dem neuen himmel und schaute herab, und lächelte mit ihrem schönen, freundlichen, holdseligen, liebreichen mund; ihr haar läst sie hinten hinab fliegen, ein schönes licht=gelbes haar; ihr haupt ist bloß, wie es den reinen jungfrauen gehöret, daß sie ihre häupter sollen bloß tragen, und ihre haare fliegen lassen, und ihr halß und zwey brüste sind gantz nackend, zwey schöne volle weisse brüste hat sie, wie es einer keuschen und reinen jungfrauen gebühret. Ach schön und herrlich, groß und prächtig ist die braut Jesus Christus von ihrem bräutigam geschmücket, geehret, geliebet, ihr ein gantz neuer himmel gegeben in ihren hochzeitgästen; und sie lächelt immer herab zu ihren gläubigen auf erden, ist immer gut, barmhertzig, gnädig, sanfftmüthig, liebreich; hat schöne brüste, daß sie ihre kinder viel tausend jahr säugen kan, daß sie schön und starck auf erden werden können, so sie werden im glauben an ihr verbleiben, und die gebot des Höchsten halten, die Gott durch Mosen gegeben hat; das ist die braut Christi, das bin ich (S. 292).

Wenn Vetter in religiösen Mustern von sich selbst und für sich selbst spricht, weicht sie damit von ihrem Vorbild, der Apokalypse, ab: Bei ihr tönt nicht die Stimme aus dem Himmel „Ich bin das A und das O", sondern Vetter sieht sich selbst als den „anfang und das ende" (S. 293). Genau diese Verschiebung hat man ihr im theologischen Diskurs der Frühen Neuzeit auch als anmaßend und gotteslästerlich angelastet.[547] Der antithetische Eingangssatz markiert schon die erzählerische Grundhaltung Vetters, die schwankt zwischen einer großen Demut vor Gottes Befehlen und einer tiefen Überzeugung vom eigenen, Gott gewollten Weg. Vetter mag an ihren religiösen Auftrag mit ganzem Herzen geglaubt haben, die Religion ist ihr aber auch Legitimation dafür, ‚ich' zu sagen, sich gegen häusliche Zumutungen zu schützen, den engen Kreis, den ihr gesellschaftliche Restriktionen setzen, zu überschreiten und etwas zu tun, was von einer Frau, die zur Näharbeit ausgebildet ist, die sieben Kinder hat und einen versoffenen Maurer und Schloßwächter als Ehemann, kaum jemand erwartet: Sie predigt, missioniert, schreibt an diverse Obrigkeiten, erzählt gern aus ihrem Leben und verfaßt eine Autobiographie. Wenn sie sich als Braut Christi beschreibt, faßt sie die biblische Metapher durchaus irdisch-sinnlich auf, ein solches Selbstbild wehrt die Zumutungen des Ehemannes, des „irrdischen weltmann[s]" ab. In der schreibenden Selbstkonzeption dieser kaum gebildeten Frau zeigt sich also eine Parallele zur „Öffnung zur Sinnlichkeit", die Dohm in der barockmystischen Dichtung Greiffenbergs und in pietistischer Hohelied- und Bibeldichtung nachweist.[548] Da allerdings Vetters Selbstdarstellung nur in Arnolds *Kirchen- und Ketzerhistorie* über-

---

[547] Etwa bei Feustking, Gynaeceum Haeretico Fanaticum, S.652.
[548] Dohm, Poetische Alchimie.

liefert ist, läßt sich diese so topische wie sinnliche ‚Selbst'darstellung Vetters als Braut Christi nicht unbedingt ausschließlich der Autobiographin zurechnen, der Herausgeber könnte – im Interesse seiner eigenen Position – hier durchaus verschärfend eingegriffen haben. Heute drängen sich für Fälle wie diesen psychosoziale und psychiatrische Erklärungsansätze auf, am Ende des 17. Jahrhunderts aber steht das religiöse Erweckungsmodell zur Verfügung, um einen solchen Lebenslauf sich und anderen begreifbar zu machen. So berichtet etwa Johann Wilhelm Petersen in seiner Autobiographie überaus positiv von einigen visionären Männern und Frauen, deren Verkündungen und Auftritte denen der Vetter nicht unähnlich sind.[549]

3.1.5. Keusche Jungfrau, Eheweib und Witwe. Geschlechterkonzeptionen bei Anna Vetter

Anders als die weit gebildetere Johanna Eleonora Petersen formuliert Vetter durchaus ein Bewußtein von Geschlechterdiskriminierung. Wenn sie sich von Gott gezwungen sieht, auf der Kirchenkanzel zu predigen, wehrt sie sich:

> und da ich heim kam, da solte ich des andern tages auf den predigtstuhl gehen; und ich wolte lange nicht, und gedachte, was die leute sagen würden, predigte doch sonsten kein weib nicht; da war der Herr zornig und schlug mich mit einem grossen stein auf meinen kopff, ich solte auf den predigt=stuhl gehen; da wolte ich doch nicht, und war dem Herrn ungehorsam; da kam Jesus Christus auf dem grossen wasser zu mir in einem schiff, und stellte mir die 2 städte für das gesicht, Onoldsbach und Weissenburg; diese 2 städte liegen in dem tieffen wasser, und ist stockfinster bey ihnen; und der Herr Jesus sprach zu mir, gehe hin und nimm diese 2 städte ein, so wirds besser mit dir werden, spricht der sohn Gottes; fürchte dich nicht, es geschieht dir nichts! ich muste also doch auf den predigt=stuhl gehen, in der stadtkirchen, aber der kirchendiener führte mich wieder herunter; da weinte ich sehr und sprach, er solte mich mit frieden lassen, es sey mir von Gott befohlen, daß ich predigen müsse; er aber sprach zu mir, wenns gleich von Gott befohlen wäre, ich solte in meinen kirchen=stuhl gehen. (S. 282)[550]

Als sie dennoch den Predigtstuhl einnehmen will, läßt die strenge Strafe der männlichen Obrigkeit des Ortes nicht lange auf sich warten, schließlich nimmt auch die lutherische Kirche das Pauluswort 1. Kor. 14, 34, nach dem Frauen in der Gemeinde schweigen sollen, durchaus wörtlich:

---

[549] Johann Wilhelm Petersen, Lebens=Beschreibung, z. B. S. 203f, auch S. 144ff.
[550] Auf den Kirchenkanzeln des 17. Jahrhunderts dürfen zwar auch keine männlichen Laien predigen, aber den Frauen sind sie in den institutionalisierten Kirchen dieser Zeit gänzlich verschlossen, denn sie müssen, da sie Frauen sind, Laien bleiben. Insofern charakterisiert Vetters umgangssprachliche Formulierung „predigte doch sonsten kein weib nicht" die frühneuzeitliche Praxis zutreffend. Vgl. auch Feustking, Gynaeceum Haeretico Fanaticum, der S. 98f deutlich macht, daß Frauen vom Amt eines Pfarrers mit Verweis auf Paulus auszuschließen seien.

da kamen die Herren vom rathhause gegangen, der Stadtvogt und Stadtschreiber, der Burgermeister und stadtknecht, bringen eine eiserne kette mit sich, machen ein loch durch die wand, ziehen die ketten durch, und legen sie mir an mein linckes bein, und fragen mich alles aus, wie mir geschehen sey: da sagte ich ihnen alles, und sie sprachen zu mir: Gott helffe, daß es möge ausschlagen zu Gottes lob, ruhm und ewigem preiß! und giengen von mir (282).

Vetter wird buchstäblich ans Haus gefesselt. Man könnte das Angekettetsein für einen visionären Bestandteil halten oder als Metapher für die Lebens- und Schreibsituation von Frauen lesen. Da sie jedoch stets von der konkreten Zahl der siebenundzwanzig Wochen spricht und die Schwierigkeiten beim Versorgen ihres Säuglings beschreibt, muß es als wahrscheinlich gelten, daß die unbequeme Frau tatsächlich im eigenen Haus festgekettet wird. Anna Vetter ist äußerst unbequem. Sie beansprucht Ungeheures für den Denk- und Handlungshorizont ihrer Zeit: Sie behauptet nicht nur, von Gott zum Predigen gesandt zu sein, sie will auch das Amt des Pfarrers in der Ansbacher Stadtkirche: „da gieng ich hin und zeigete ihm dis alles an, und sagte, daß Gott sein leben und sein amt von ihm nehmen werde, und sein amt mir geben, worauf er bald gestorben" (S. 289).

Gerade für diese Forderung hat sie sich die harsche Kritik des der lutherischen Orthodoxie angehörigen Theologen Feustking eingehandelt: Sie sei wahnsinnig gewesen und ihre Offenbarungen „unchristlich / aberglaubisch / und abgeschmackt"[551]. Bibelauslegung wollen Feustking und andere Theologen der protestantischen Orthodoxie nur Männern im Amte eines Pfarrers gestatten.

Vetter schrieb und verkündete ihre religiösen Vorstellungen als Ehefrau, als Mutter und um 1690 auch als Großmutter[552]. Dies ist eine in mehrerer Hinsicht prekäre Stellung für einen Menschen, dessen Verkündigungen gehört werden sollen. In den Kreisen der protestantischen Kritik an den verfaßten Kirchen, auf deren Sympathie Vetter nur setzen konnte, ist die Forderung, nichts ‚Unreines' mehr zu tun, topisch. Und wenn im frühneuzeitlichen Diskurs der christlichen Religionen Frauen überhaupt Gehör erhoffen können, dann als Jungfrauen oder Witwen.[553] Dies genau ist auch Thema der rechtfertigenden Vorbemerkungen Arnolds zu seinem Vetter-Kapitel. Er unternimmt darin, was auch Vetter in ihrer Autobiographie beabsichtigt: Die vielfache Mutter muß zur keuschen Jungfrau stilisiert werden. Um sich in ihrem Verkündungsanspruch vor anderen zu legitimieren, muß Vetter sich begreifen als eine, der Gott befohlen hat, wie eine Witwe zu leben. Doch 1663, inmitten Vetters visionärer Aktivitäten, wird ihr siebtes Kind Anna Barbara geboren. Für dieses Kind besteht Erklärungsbedarf. Vetters Autobiographie bietet den Lesenden zwei Möglichkeiten an, die beide

---

551 Feustking, Gynaeceum Haeretico Fanaticum, zu Vetter S. 649-655, hier S. 650. Feustking, Gynaeceum Haeretico Fanaticum, sieht in Petersen, Vetter und anderen kirchenkritischen Frauen Nachfolgerinnen Evas: Verführt von teuflischen Einflüssen werden sie zu Verführerinnen.
552 Vetter, Von denen Gesichten, S. 292, erwähnt „meiner tochter kind".
553 Vgl. dazu auch Smith, Poetics, S. 64ff.

nicht mit dem auch von außen geforderten Selbstbild, eine keusche Jungfrau zu sein oder doch immerhin als Witwe zu leben, kollidieren: Ihr Mann hat sie vergewaltigt, als sie angekettet und wehrlos war (S. 285). Oder: Die Empfängnis war unbefleckt, denn Vetter wird, wie sie schreibt, von ihrem eigenen Samen schwanger (S. 285f).

Vetters Autobiographie kennt eine Zentralstelle, eine Visionsbeschreibung, auf deren Inhalt sie immer wieder zu sprechen kommt:

> Endlich sahe ich die stadt als ein grosses schwangeres weib, deren zeit herbey kommen, daß sie gebähren solt, und ihre ammenweiber sassen alle um sie herum, und sie kunten das kind nicht mit ihr gebähren, und musten mutter und kind sterben und ewig verderben lassen; da gedacht ich, ich darff diß weib nicht so verderben lassen samt dem kind, und machte mich zu dem weib und gebahr mit ihr ein knäblein, das brachte ich zu Gott; ich muste so grosse schmertzen leiden, als das weib in der geburt, mit grossem geschrey; [...]; es ist diese geburt nichts anders als des sohns Gottes leiden und sterben, da ich seinem bild muß gleich werden, sein spott und gericht, marter und pein, ist wieder an mir völlig vollbracht worden; [...]. Diß knäblein aber sind alle seelen der menschen in der gantzen stadt zusammen verbunden, in eines kindes gestalt mir vorgestellt, das hat eben aus dem hertzen müssen gebohren werden, [...], und hat die saure arbeit mir das blut aus der rechten seiten gepreßt (S. 284).

Die Verknüpfung von Hebammen- und Geburtsarbeit, die sie sich in der Erscheinung leisten sieht, betrachtet Vetter als ihre wichtigste Tat zur Rettung der Stadt. Sie setzt die Geburtswehen mit dem Leiden Christi am Kreuz gleich (u. a. S. 287). Das Motiv der Schwangeren, die in Kindsnöten schreit, stammt aus der Apokalypse (Apk 12,2), Vetter malt die Dramatik der Geburt und den Schmerz der Gebärenden aber entschieden anschaulicher aus als die Apokalypse. Religiöstheologische Schriftstellerinnen der Frühen Neuzeit haben öfter die Geburtswehen mit dem Leiden Christi am Kreuz verglichen.[554] Mit ihrer Version beansprucht die Ansbacher Visionärin ihren Anteil am göttlichen Heilsplan, macht sie klar, daß auch und gerade Frauen sich in die Nachfolge Christi begeben und erlösend wirken können. Vetter spricht dabei aber nicht für Frauen im allgemeinen. Keineswegs behauptet sie eine Eigenschaft aller Frauen, sie, die eine andere der Hexerei bezichtigt, eignet sich durchaus nicht zur Vorkämpferin der Emanzipation[555] Die Ansbacher Visionärin erhebt Anspruch auf den Himmel, nicht weil sie eine Frau ist oder obwohl sie eine Frau ist, sondern weil sie eine heilsgeschichtlich hochbedeutsame Tat vollbracht hat. Doch die lutherische Orthodoxie ihrer Zeit kann diesen Anspruch nicht akzeptieren, sie kann es aus zwei Gründen nicht, denn erstens ist Vetter keine ausgebildete Theologin, und zweitens ist sie

---

[554] Gössmann, Elisabeth: Religiös-theologische Schriftstellerinnen. In: Geschichte der Frauen. Hg. v. Georges Duby und Michelle Perrot, 2. Bd. Frankfurt a. M. 1993, S. 495-510, S. 499.
[555] Vgl. Lerner, Gerda: Die Entstehung des feministischen Bewußtseins. Vom Mittelalter bis zur Ersten Frauenbewegung. Frankfurt a. M./New York 1993, S. 123, die sie dazu stilisieren will. Siehe dagegen Kormann, Es möchte jemand fragen, S. 84.

eine Frau, und als solche ist sie von Geschlechts wegen von einer formal-theologischen Ausbildung ausgeschlossen. Unbequeme Menschen, vor allem unbequeme Frauen lebten in der Frühen Neuzeit in der Gefahr, der Hexerei beschuldigt zu werden. Vetters Text zeigt deutlich die Auswirkungen der Diskurse und der Praxis der Hexenverfolgung im Bewußtsein einer nicht sehr belesenen Frau: Hexen und Hexenverfolgung kommen in ihrem Text zur Sprache: Sie bezichtigt andere der Hexerei (S. 287) und des Schadenszaubers (S. 282), und sie spricht davon, daß man ihretwegen zum Hexenmeister ging (S. 290). Aus diesem Hinweis schließt Jung in seinem gliedernd-kommentierenden Abdruck des Lebenslaufs auf eine Verdächtigung Anna Vetters als Hexe. Dies scheint mir eine zu gewagte Deutung. Denn erstens bezeichnet das Wort ‚Hexenmeister' im allgemeinen ja nicht den Inquisitor eines Hexenprozesses, sondern eine männliche Hexe[556], und zweitens erlaubt die Struktur des Vetterschen „lebenslauffs" an dieser Stelle keine klare Entscheidung, was der Vetterschen Phantasie und ihren Visionen geschuldet ist und was die historische Realität ihrer Verfolgung durch die regionale Obrigkeit darstellt.

Anna Vetter nutzt also wie Johanna Eleonora Petersen das religiöse Bekenntnismodell für eine – heterologe – Selbstdarstellung und Selbstkonturierung der eigenen Person. Darin liegen die Chancen einer religiösen Lebensbeschreibung für Frauen der Frühen Neuzeit. Anders als Vetter und die anderen hier noch diskutierten Schriften aus pietistischen Kreisen stößt Anna Vetter aber angriffslustig zu den Grenzen des religiösen Modells vor und erfährt dort schmerzhaft deren Widerstand, den ihre Schrift – nahezu als einzige der hier verhandelten Autobiographien – durchaus als geschlechterbedingt darstellt.

3.2. Lebenslauf und Leichenpredigt. Barbara Cordula von Lauter (1670-1711)

In der Reitzschen Sammlung pietistischer Exempelbio- und -autobiographien finden sich mehrere Lebensläufe oder Erweckungszeugnisse von Frauen. Eine Autobiographie im Sinne einer Darstellung eines längeren Lebenszeitraums ist nur die im vierten Teil abgedruckte „Sechszehende Historie / Von Barbara Cordula von Lauter / Einer gebohrnen Adelichen Predigers=Frau".[557] Zu ihr gibt der Herausgeber eine zutreffende Quellenangabe: von Lauter hat ihren Lebenslauf „selbsten auffgesetzt", Reitz entnimmt ihn der 1711 in Halle gedruckten Leichenpredigt Jacob Baumgartens, eines Pfarrers aus dem Umkreis des Halleschen

---

[556] Vgl. Dt. Wörterbuch von Jacob und Wilhelm Grimm. Bearb. v. Moriz Heyne. Vierter Bd., 2. Abt. Leipzig 1877. Reprint München 1984, Bd. 10, Sp. 1302.
[557] In: Johann Henrich Reitz: Historie der Wiedergebohrnen [...]. Hg. v. Hans-Jürgen Schrader. Tübingen 1982, Bd. 2, T. IV, S. 230-241.

Pietismus[558], für Barbara Cordula Kalckberner, verwitwete Astmann, geborene von Lauter.[559] Reitz kürzt allerdings den in der gedruckten Leichenpredigt überlieferten Lebenslauf: Er läßt detailliertere Orts-, Namens- und Titelangaben beiseite und strafft den manchmal etwas umständlichen Satzbau von Lauters. Gravierender sind andere Eingriffe: Reitz verzichtet auf von Lauters Einleitung des Lebenslaufs und auf ihre Reflexionen über Gottes Führung in ihrem Leben. Stattdessen streut er – durch Klammern vom Lebenslauf abgesetzte – eigene Kommentierungen ein. An einigen Stellen auch wird von Lauters Lebensbeschreibung anschaulich und deutlich, und sie äußert sich zu Erfahrungen, Eindrücken, Gefühlen, zählt ihre Geburten auf und berichtet von Krankheit und Siechtum ihres ersten Mannes, auch diese Passagen fallen der Redaktion des Herausgebers zum Opfer: Ein Lebenslauf wird schließlich exemplarischer, wenn er von privaten Details absieht. Und die Zuspitzung des besonderen Falls zum allgemeingültigen Modell ist die Redaktionsmaxime in der Reitzschen Sammlung pietistischer Exempelbiographien.

Hier wird von Lauters *Lebens=Lauff* deshalb in der ausführlicheren Version der Leichenpredigt analysiert und zitiert. Die Autorin hat ihren Lebenslauf schon einige Jahre vor ihrem Tod zu schreiben begonnen und offenbar während ihrer Krankheit mit der Einleitung versehen, daß er für die Leichenpredigt verwendet werden soll.[560] Das Stilisieren des eigenen Lebens hin zu einer repräsentativen Vorbildlichkeit, das Reitz dann noch verstärkt hat, hat also schon im Interesse der Autorin gelegen. Ob der Hallesche Leichenprediger Baumgarten die Lebensbescheibung redigiert hat, läßt sich nicht prüfen, da der Verbleib des von Lauterschen Manuskripts unbekannt ist.

Die Lebensbeschreibung in der Leichenpredigt beginnt mit von Lauters Bitte zu Gott um die ewige Seligkeit. Im nächsten Abschnitt fängt der chronologische Lebenslauf an, Geburtsdatum (1670), Geburtsort und die Namen beider Elternteile werden genannt. Ihre Eltern haben „in der dicken Finsterniß des Papstthums" (S. 47) gelebt und ihre Tochter in Bamberg katholisch aufgezogen. In ihrem neunten Lebensjahr kommt sie in das Kloster Unter-Zell bei Würzburg und will Profeß ablegen. Nach dem Tod ihres Vaters im Jahr 1681 erlauben ihre Vormünder dies aber nicht. Sie muß zu ihrer Mutter nach Bamberg zurückkehren und gewinnt die weltlichen Freuden des Adelsstands wieder lieb. Die lutherische Konfession lernt sie durch die Ehefrau ihres ältesten Bruders kennen, bei der sie auf einer Besuchsreise neugierig in der Bibel zu lesen und an lutherischen

---

[558] Vgl. den Eintrag zu seinem Sohn Siegmund Jacob Baumgarten im Biographisch-Bibliographischen Kirchenlexikon BBKL Bd. I (1990), Sp. 423.

[559] Baumgarten, Der offene Himmel. Lauter, Barbara Cordula von: Lebenslauf in Leichenpredigt: Publiziert in: Baumgarten, Jacob: Der offene Himmel [...]. Halle 1711, S. 46-55. Für den Hinweis auf diese Leichenpredigt danke ich Elke Lösel.

[560] Baumgarten, Der offene Himmel, S. 46. Baumgarten, Der offene Himmel, S. 55, vermerkt, von Lauter habe 12 Jahre vor ihrem Tod den Lebenslauf zu schreiben begonnen.

Gottesdiensten teilzunehmen beginnt. Und ihr angenehme Menschen wollen ihr „die Greuel des Papstthums" zeigen. (S. 49). Sie lernt ihren späteren Ehemann Johann Paul Astmann, einen Prediger, kennen, erfährt ihre Bekehrung während einer seiner Predigten und wendet sich der lutherischen Konfession zu. Da sie den Unwillen ihrer katholischen Familie fürchtet, begibt sie sich an den Hof der Markgräfin von Bayreuth. Gott habe ihr, so schreibt sie, bei Entschluß und Reise beigestanden und sie auf die Probe gestellt: „ Mein Mägdchen", das sie bei sich hat, fällt aus der Kutsche, der Wagen überfährt sie und zerquetscht ihr die Beine:

> Hie stund ich auf freyer Strassen / als ein gantz verlassenes / fremdes Mensch / in grossem Kummer und Hertzeleid / und muste endlich das Mägdchen auf einem Bauer=Wagen bis Bayreith mir nachfolgen lassen / wohin es auch / aber in grossem Elend / kam / indem unterwegens der Jammer es überfiel / und ohne Verstand eine Stunde nach ihrer Ankunft starb. [...] Bey welcher Probe ich ein mehrers empfunden / als ich hie zu schreiben gedencke. (S. 50)

Wer dieses „Mägdchen" ist, ob eine Magd oder gar, da der Autorin der Tod offenbar sehr nahegeht, ein uneheliches Kind, verrät der Text nicht.

Das Bayreuther Hofleben beurteilt von Lauter hart: Manche seien ihr „nicht ohne Kaltsinnigkeit" (S. 50) begegnet, und die höfischen Gepflogenheiten, die sie damals noch gelegentlich hätten faszinieren können, verhinderten, christlich zu leben. Etwas umwegig bittet Johann Paul Astmann um von Lauters Hand. Die prüft die Sache vor Gott und willigt ein, die beiden verloben sich. Nach einigen Verwicklungen findet die Heirat in Bayreuth statt, Astmann ist dort noch zwei Jahre Stadtpfarrer und erhält dann einen Ruf nach Berlin an die Nicolai-Kirche. Drei Kinder werden geboren, und vier Jahre nach der Eheschließung erkrankt und stirbt ihr Mann im Alter von 38 Jahren. Neben Wohltaten, die Gott ihr erwiesen habe, sei sie in den nächsten fünf Jahren auch krank und schwach gewesen und habe an häufigen Blutstürzen gelitten: „Es wollte aber GOtt noch nicht gefallen / mich auszulösen / sondern mich vermittelst des Egrischen Sauer=Brunnens ziemlich restituiret werden lassen." (S. 54). Fünf Jahre nach dem Tod ihres ersten Mannes vermählt sie sich mit Pastor Peter Kalckberner. Eigentlich habe sie, so von Lauter, gar nicht mehr heiraten wollen, aber diese Ehe habe sich als glücklich erwiesen, da Gott sie „einen treuen lieben Mann / und einen rechten Vater" für ihre drei Kinder erster Ehe habe finden lassen (S. 55). Von Lauters eigenhändige Lebensbeschreibung endet mit den Sätzen:

> So hat Er [Gott] mich auch in dem zwar kleinen / doch mir angenehmen / Meseberg viel Vergnügen in meinem Heylande / und in der Gesellschaft meines lieben Mannes / unter allerhand Arten der Leiden / geniessen lassen / und unsere Ehe mit einem Söhnlein / Paulus genannt / gesegnet. Und bis hieher hat der HErr geholfen; ihm sey mein noch übriger kurtzer Weg kindlich überlassen! (S. 55)

Die strikt chronologische Lebensbeschreibung folgt den Konventionen der Personalia einer Leichenpredigt. Die ersten Sätze schließen einen auf den Anlaß der

Leichenpredigt zugeschnittenen speziellen autobiographischen Pakt. Was von Lauters *Lebens=Lauff* aus den Ereignissen der Lebens berichtet und wie er diese kommentiert, ist auf den Zweck der öffentlichen Leichenpredigt ausgerichtet: Von Lauter beschreibt ihr Leben als einen Weg von Irrtümern hin zum wahren Glauben an Gott. Und auf diesem Weg habe sie Gott geleitet. Die eigene Person wird zum Exempel der richtigen Wahl und der Standhaftigkeit. Von Lauter nimmt gegen den Wunsch ihrer katholischen Familie den lutherischen Glauben an, und die Adlige zieht dem Hofleben und einer standesgemäßen Heirat die Ehe mit einem bürgerlichen Geistlichen vor – dies mit im pietistischen Rahmen topischen Argumenten, die denen Johanna Eleonora Petersens ähnlich sind, wenn sie von einer Gleichstellung mit den „Thorheiten" spricht, „die da leider! pflegen mit dem Adelichen Stande gemeiniglich verknüpft zu seyn" (S. 47). Ganz im Sinne der heilsgeschichtlichen Einordnung und Ausdeutung des eigenen Lebens versichert sie, bevor sie Unglückliches berichtet, stets, wie gut sie „der treue GOtt als Mann und Vater" (S. 54) geleitet habe. Das heißt diese, für den Zweck der Leichenpredigt verfaßte (und eventuell für diesen Anlaß vom Leichprediger noch zugespitzte) Autobiographie beugt sich deutlich den Anforderungen ihres öffentlich-repräsentativen Anspruchs: Leichenpredigen wollen nicht zeigen, wie der Verstorbene mit allen persönlichen Eigenheiten war, sie sollen vielmehr der Gemeinde vor Augen führen, wie ein vorbildliches Leben verlaufen kann.[561] In der Funktionalisierung des Lebenslaufs für die Leichenpredigt liegt auch die Begründung für Wendungen wie „übergehe ich hier" (S. 49) oder „Bey welcher Probe ich ein mehrers empfunden / als ich hier zu schreiben gedencke" (S. 50). Sie deuten an, daß der Autorin in ihrem Leben manches wichtig war, was sie für diesen öffentlichen Lebensbericht übergehen kann.

Von Lauters Selbstbeschreibung mit ihrer Abkehr von Papsttum, Adel und weltlichen Vergnügungen eignet sich hervorragend als vorbildliches Exempel der Standhaftigkeit für die Trauergemeinde und für die Lesenden der gedruckten Predigt und der Reitzschen Sammlung. Sie sei kein „wanckendes Rohr, sondern eine beständige Zeugin von der Wahrheit unserer Evangelischen Kirchen" geblieben, kommentiert Baumgartens Leichenpredigt Lauters Lebenslauf. Reitz' gekürzte Wiedergabe von Lebenslauf und Predigt verschärft das Exemplarische, Vorbildliche: In seiner Ausdeutung zum pietistischen Exempel kontrastiert Reitz von Lauters Standhaftigkeit mit einem drastisch-abschreckenden Beispiel für Wankelmütigkeit und deren Folgen: Ein gelehrter Mönch des Klosters St. Gallen sei zum reformierten Glauben übergewechselt, habe eine Familie gegründet und sie schließlich wieder verlassen. Zurückgekehrt zu seinem Abt, habe er bei dem

---

[561] Vgl. zu Leichenpredigten, ihren Funktionen und ihrem Quellenwert u. a. Lenz, Rudolf: Zur Funktion des Lebenslaufes in Leichenpredigten. In: Wer schreibt meine Lebensgeschichte? Biographie, Autobiographie, Hagiographie und ihre Entstehungszusammenhänge. Hg. von Walter Sparn. Gütersloh 1990, S. 94-104.

aber eine wenig gnädige Aufnahme gefunden: „der ihm aber / wie es von dar auß verlautet hat / zur Recompens die Augen außstechen / und in einen Kärcker werffen lassen".[562] Trotz dieser Stilisierung der Protagonistin zum vorbildlichen Exempel zeigt aber diese Leichenpredigt, daß von Lauters Leben durchaus nicht immer fremdem Gesetz unterworfen war. Denn sie hat gewählt, das Vorhandensein verschiedener Konfessionen hat ihr eine solche Wahl ermöglicht. Und indem von Lauter betont, sie übergehe Seelenregungen und -aufregungen, ist ihr *Lebens=Lauff* deutliches Zeugnis, daß sie über die eigene Person und deren – wie auch immer gefaßte – Emotionen nachdenkt.

Ambivalent ist die Selbst- und Genderkonzeption von Lauters. Der Lebenslauf nennt, der Konvention entsprechend, den Namen des Vaters vor dem der Mutter, aber der vollständige Name der Mutter folgt direkt auf die Namensangabe des Vaters und ist in gleicher Weise ausführlich. Im Anschluß spricht sie zunächst von beiden Eltern, aber ihren Eintritt in die Klosterschule weist sie in die Verantwortung des Vaters. Als dieser stirbt, geht die Entscheidungsbefugnis nicht auf die Mutter über, sondern auf Vormünder. Später aber scheint von Lauter über ihr Leben recht eigenständig verfügen zu können. Da sie nach ihrem Glaubenswechsel Schwierigkeiten mit ihrer Familie fürchtet, begibt sie sich, ohne ihre Verwandten zu informieren, in die Dienste der Markgräfin von Bayreuth. Ihre Eheentscheidung trifft sie in spezifisch religiösem Selbstverständnis: eigenständig vor den Menschen, gehorsam gegenüber Gott. Religion fordert in der Frühen Neuzeit nicht nur Unterwerfung: Das Zwiegespräch mit Gott ermöglicht auch eine Entscheidung, die Konventionen, etwa Standes- und Konfessionsschranken, verletzen kann. Ein solches Bewußtsein der eigenen Person, die sich durch die Beziehung zu Gott als einem hilfsbereiten Gegenüber definiert, kann nicht als heteronom bezeichnet werden: Von Lauter läßt sich nicht von der Familie und nicht vom Hof in eine Ehe schicken, sie beugt sich auch nicht dem Willen des Mannes, der um ihre Hand anhält. Sie prüft die Sache „vor Gott" und entscheidet mit dessen Hilfe gegen gesellschaftlich Naheliegendes: Dem „Gottselige[n] Geheimte[n] Rath von einem bekannten Hofe" (S. 50) zieht sie den bürgerlichen Provinzprediger vor. Und die Beziehung auf Gott ermöglicht auch eine Reduzierung der üblichen Geschlechterhierarchie: Reitz kontrastiert das positive

---

[562] Von Lauter, Sechszehende Historie, S. 238. Der Reitzsche Kommentar bezieht sich auf den Fall des P. Maurus Johann Heidelberger, der 1681 aus dem Kloster St. Gallen floh und über verschiedene andere Aufenthaltsorte nach Heidelberg kam und dort eine Familie gründete. 1696 verließ er diese und wollte erneut in ein Kloster eintreten. Bei Exerzitien in Einsiedeln erblindete und erkrankte er und starb 1698 im Alter von 70 Jahren. Während protestantische Medien das Gerücht der Blendung des wankelmütigen Mönchs streuten, verbreitete die katholische Seite, Gott habe den Reumütigen wie Saulus mit Blindheit geschlagen, um ihn zu besserer Einsicht zu führen. Vgl. Rudolf Henggeler: Professbuch der fürstl. Benediktinerabtei der Heiligen Gallus und Otmar zu St. Gallen. Zug 1929, S. 317f. Für den Hinweis auf den Fall Heidelberger und die Darstellung des Professbuchs danke ich Rupert Kalkofen und Karl Schmuki.

Modell der beständigen Verstorbenen mit dem negativen des entlaufenen Mönchs. Dennoch ist dieses von Frömmigkeit geprägte Selbstbild nicht genderneutral. Ein En-Gendering der eigenen Person und ihres Kontextes zeigt sich auf subtile Art, wenn „der treue GOtt als Mann und Vater" (S. 54) konzipiert wird. Hier erweist sich die Ambivalenz der Religion, gerade der protestantischen und vor allem in pietistischer Spielart, für Genderkonstruktionen: Einerseits wird der Mensch in beiderlei Geschlecht klein gegenüber einem allmächtigen Gott. Doch die beiden Geschlechter werden nicht in gleicher Weise klein, denn Gott wird in einem patriarchalen Hausvaterdenken dem „Mann und Vater" analogisiert, die Herrschaft von Mann und Vater wird somit göttlich legitimiert.

3.3. Autobiographik als Exempel im Streit der Konfessionen. Das Beispiel der Martha Elisabeth Zitter

Alle bisher besprochenen Schriften sind autobiographische Beiträge, die öffentliche Relevanz durch Religiosität beanspruchen. Alle verstehen sich als Beitrag im Streit der Konfessionen und intrakonfessionellen Gruppierungen, als Apologie der eigenen Position. Noch stärker auf den religiösen Diskurs ausgerichtet sind die autobiographischen Briefe Martha Elisabeth Zitters über Klosteraustritt und Konversion und später über Rekonversion und erneuten Klostereintritt. Zunächst erscheint im Jahre 1678 eine Schrift, die fünf Auflagen erzielt und mehrere katholische Gegenschriften hervorgerufen hat, also sehr populär gewesen sein muß:

> Gründliche Ursachen / welche Jungfer Marthen Elisabeth Zitterinn bewogen / das Frantzöische alias Weiß=Frauen Kloster in Erffurt / Ursuliner Ordens / zuverlassen / und sich zu der waaren Evangelischen Religion zu bekennen. In einem Schreiben an ihre Mutter Frau Maria Margaretha jetzo Herrn Johann Hübners von Rosenberg / Obr.=Leutenants / und Fürstl. Bamberg. Commendantens in Cronach Eheliebste / Angezeiget / und zu Abwendung ungleicher Nachrede zum viertenmal gedruckt in JENA Anno 1678[563]

---

[563] Vgl. zu Auflagen und Gegenschrift das mit „II. Martii 1678" datierte Nachwort des Herausgebers der vierten und fünften Auflage und den zitierten vollständigen Titel, der die Auflagenzahl nennt und, indem er die „Abwendung ungleicher Nachrede" erzielen will, auf eine Gegenschrift anspielt. Die zitierte, vierte Auflage liegt meinen Ausführungen und Zitaten zugrunde, die fünfte Auflage wurde ebenfalls eingesehen und verglichen: Die einzige Veränderung, die sie gegenüber der vierten Auflage enthält, ist der Hinweis im Titelblatt auf das Nachwort des Casparus Sagittarius, das allerdings schon in der vierten Auflage vorhanden ist. Die Auflagen vier und fünf müssen in schneller Folge aufeinander erschienen sein, denn noch 1678 ist eine weitere Schrift Zitters erschienen, in der sie die Gründe für ihren erneuten Übertritt, diesmal zurück zum Katholizismus, und zu einem weiteren Klostereintritt darlegt, vgl. Brandt, Gisela: Eine junge Frau rechtfertigt öffentlich Klosterflucht und Religionswechsel. In: Kommunikationspraxis und ihre Reflexion in frühneuhochdeutscher und neuhochdeutscher Zeit. Hg. von Britt-Marie Schuster und Ute Schwarz. Hildesheim 1998, S. 75-91, S. 90; Zitter, Gründliche Vorstellung; Brückner, Hieronymus: Gründliche Widerlegung der angegebenen Ursachen Welche Jungfer Marthen Elisabeth Zitterin / jetzo Nonne des Ur-

lautet der Titel der unpaginierten vierten Auflage, die hier der Analyse zugrunde liegt. Zitter berichtet darin über ihr Leben bei den Ursulinen, von ihrer Abkehr vom Orden und ihrer Konversion zum lutherischen Glauben. Sie schreibt all dies „Meiner Hochgeehrten Frau Mutter Gotha 21. Jan. A. 1678".

Schon am 17. Juni 1678 nahm Martha Elisabeth Zitter erneut die katholische Konfession an und trat in das St. Ursula-Kloster in Kitzingen am Main ein. Dies berichtet eine katholische Schrift mit dem Titel:

> Gründliche Vorstellung Der Heiligen Römisch=Catholischen Lehr von dem Geistlichen Stand / und dessen Gelübden; Verdienst der guten Werck; Anruffung der Heiligen; Ablaß; Beicht; Fegfewer; und Hochheiligstem Sacrament deß Altars: Oder Aufferwachtes Gewissen Und Wahrhaffte Ursachen Welche mich Schwester Marthen Elisabeth von JESU bewogen Von dem Lutherthumb und Hof=Leben Zu der H. Catholischen Kirchen under die Clösterliche Zucht widerumb zuruck zu tretten. In einem Schreiben an meine liebe Mutter Frau Mariam Margaretham vormahls Zitterin [...] Gedruckt zu Bamberg [...] Im Jahr 1678.

Auch diese Schrift gibt sich als Brief Zitters an ihre Mutter.

Die protestantische Schrift *Gründliche Ursachen*, dieser öffentliche Brief einer sich als „demüthigst und gehorsamste Tochter" bezeichnenden zum evangelischen Glauben konvertierten Autorin beginnt zunächst mit den Erlebnissen auf der Klosterschule, die zu ihrem Eintritt ins Kloster führen, wandelt sich schließlich zu einer allgemeinen, sich systematisch gebenden Argumentation gegen das Klosterleben und die katholische Konfession und endet mit der Darstellung der religiösen Entwicklung Zitters – anhand der Nennung bestimmter Bücher.

Ins Kloster wird sie von ihrer Mutter „in dem vierzehenden Jahre meines Alters" geschickt, um Französisch und „allerhand der Jungfräulichen Jugend wol anständige Arbeit" zu lernen. Schon kurz nach ihrem Eintritt wird sie dazu überredet, Novizin zu werden. Gegen das Unbehagen des jungen Mädchens, das Mißfallen der Mutter und gegen die Ordensregel, die eine mindestens dreimonatige Probezeit vorsieht, wird sie schon nach 14 Tagen Noviziat als Nonne ins Kloster aufgenommen. Die Fakten ihres Falles macht sie zu Argumenten gegen das Klosterleben und die katholische Konfession: Sie – und nicht nur sie - sei unfreiwillig ins Kloster eingetreten, und der Wille der Eltern werde nicht berücksichtigt. Als sie Bedenken hat, gegen den Willen ihrer Mutter Ursuline zu werden, redet ihr, so Zitter, ein Jesuit zu, das Gebot „Du sollst deinen Vater und deine Mutter ehren" für nachrangig zu halten:

---

suliner Klosters zu Kitzingen in Francken am Mayn / unter dem Namen von JESU / bewogen haben sollen / Die Evangelische Religion [...] wieder zu verlassen. [...] Gotha 1679. Die hier analysierte vierte Auflage der *Gründlichen Ursachen* liegt einer Neuedition (und Übersetzung ins Englische) zugrunde (Wiesner-Hanks, Merry: Convents Confront the Reformation. Catholic and Protestant nuns in Germany. Milwaukee 1998). Wiesner-Hanks weist weder in der Einleitung noch in den knappen Kommentaren auf die Rekonvertierung Zitters hin.

> Wenn gleich der Vater blutige Zähren weinend vor der Thür=Schwellen lege / und die Mutter mit Ausrauffung aller Haare todt zu der Erden niedersüncke / so solte man über den Vater hinschreiten / die Mutter liegen lassen / und ins Kloster lauffen. (A2,2)

Ob mit solcher Rhetorik ein junges Mädchen überzeugt werden kann, etwas zu tun, was die Eltern nicht wünschen, erscheint fraglich. Weit besser gelingt es diesem Satz, Eltern die Skrupellosigkeit katholischer Ordensgeistlicher begreiflich zu machen.

Weiter ficht Zitter gegen die behauptete Superiorität des Ordensstands vor Gott: Worin soll der Vorzug dieses Stands liegen, fragt sie und karikiert die Gebräuche der Nonnen – vom Singen lateinischer Stundenlieder, „welche sie doch nicht verstehen" bis hin zu blutrünstigen Geißelungen, Selbsterniedrigungen und exaltierten Gebetsformen. Gegen die Gelübde von Armut, Keuschheit und Gehorsam führt sie ins Feld, daß sie nirgends in der Bibel gefordert seien, daß sie nicht korrekt abgelegt würden, da man nicht nur vor Gott, sondern auch vor Maria und allen Heiligen gelobe und dies zudem nicht freiwillig, und daß weder die Bibel noch die urchristliche Gemeinschaft solche Gelübdeformen kennen würden. Sich zur Armut verpflichten bedeute in der derzeitigen Praxis, des Besitzes zu entsagen, um ihn im Kloster desto eher genießen zu können, über die Keuschheit will sie als Jungfrau nichts schreiben, und die Gehorsamspflicht sei wider die Bibel, die fordere, daß man Gott mehr gehorche als den Menschen. Zitter führt als Beispiel eines Befehls, der den Geboten Gottes widerspricht, die Forderung einer Oberin an ihre untergebenen Nonnen auf, eine andere zu verleumden. In dem Kloster, dem sie entronnen sei, regiere „Hochmut u[nd] Ehrgeitz / Neid / Verleumbdung / Zorn /Unwarheit / Unbilligkeit und andere tod=Sünden." Für diese Todsünden bringt sie Beispiele, die sehr wohl einzelfallbezogen sind, doch verzichtet Zitter stets auf die Nennung von Namen, wird aber zum Beispiel bei den Sünden des Hochmuts und Ehrgeizes so konkret, daß sie von vier Nonnen spricht, die um die Führung des Klosters intrigieren. Als Argumente gegen die katholische Konfession verweist sie auf deren Eph. 2, 8 widersprechende Lehre von der Werkgerechtigkeit, auf den Heiligenglauben, auf Ablaß, Beichte und Fegefeuer und auf die Kommunionspraxis, die vom biblischen Abendmahl abweiche. Ihr Dank gilt der glücklichen Leitung durch Gottes

> liebe Vaters=Hand zu einer solchen Religion [..] / in welcher sein Wort rein und ohne menschliche Zusätze wird gelehret / auch ohne Verbot von jederman frey darff gelesen werden (B 5).

Die Bücher, die sie gegen Ende ihres Schreibens erwähnt als Hilfsmittel ihrer Bekehrung, sind ein „Evangelisch Controvers-Buch", ein Katechismus, ein Spruchbüchlein und das Sendschreiben des Caspar Sagittarius an ihren Beichtvater Marcus Schönemann. Gegen die durch solche Lektüre in ihr ausgelösten Glaubenszweifel habe sie eine Verskomödie über die „Historie der Bekehrung / Lebens und Todes der Evangelischen Büsserin Marien Magdalenen" verfaßt, die in Erfurt gedruckt und im Kloster aufgeführt worden sei.[564] Als das Sendschreiben bei ihr gefunden wird, flieht sie aus dem Kloster nach Gotha. Ihr Wunsch ist es,

> daß durch Erkäntnis deren Irrthümer anderen auch die Gnade / so mir die Göttliche Güte erwiesen / und darvor ich seiner H. Majestät demüthigsten Danck zu sagen mich schuldig erkenne / wiederfahren / und sie meinem Exempel nachfolgen mögen / sonderlich aber und vor allen meine Höchstgeliebte und wertheste Frau Mutter / welche ich inständigst bitte / Sie wolle sich die Evangelische Religion durch Lesung H. Göttlicher Schrifft und derer darausgezogener Bücher / besser bekat machen / und sich nicht daran kehren / daß dieselbe so hart verboten sind / in Erwegung des Befehls unsers Heylandes Joh. 5. v. 30.

Zitter stellt den Brief an ihre Mutter mit dem ersten Teil des Zitats eindeutig in den Kontext der Exempelgeschichten, der Brief ist verfaßt als vorbildliches Beispiel einer Konversion zum richtigen Glauben und als Streitschrift, die eingängige und verbreitete Argumente wider den Katholizismus ins Feld führt.

Ist er tatsächlich als Rechtfertigungsschrift an die Mutter verfaßt worden oder wird dies nur zum rhetorischen Anlaß für die Verbreitung dieses Konversionsexempels? Indizien für eine engere Mutter-Tochter-Beziehung und damit für den besonderen Wunsch Zitters, ihre Mutter zu versöhnen und zu bekehren, enthält er jedenfalls nicht: Die Autorin spricht am Anfang und am Ende der Schrift oft in der ersten Person Singular, im theologisch argumentierenden Hauptteil tritt ein ‚ich' der Schreiberin aber gänzlich in den Hintergrund. Dagegen wird die Mutter, die dem Titel nach Adressatin des Schreibens sein soll, stets unpersönlich angesprochen, meist in der dritten Person Singular, manchmal aber auch als „dieselbe" oder „Frau Mutter". Der Brief, der sich nirgendwo gebärdet, als sei er nur an die Mutter gerichtet und nicht ein öffentliches Schreiben wider das Ordenswesen, verzichtet völlig auf private Alltagsdetails, und alles, was Zitter aus ihrem Leben anführt, wird ausschließlich als Exempel wider den Katholizismus und das Klosterleben eingesetzt. So spielt sie auf kein Ereignis ihrer Kindheit vor dem Eintritt in die Schule der Ursulinen an und erwähnt keine Erlebnisse mit lehrenden Nonnen und Mitschülerinnen. Aus der in der Herzog August Bibliothek in Wolfenbüttel erhaltenen evangelischen Gegenschrift gegen das Schreiben Zitters nach ihrer Rekonversion zurück zum Katholizismus, gegen die schon erwähnte *Gründlichen Vorstellung* also, ergibt sich zudem, daß sie den Brief aufgesetzt hat nach Aufforderung durch ihren Gastgeber Hieronymus Brückner[565] – und dies

---

[564] Diese Komödie habe ich nicht nachweisen können, auch Woods, Fürstenwald, Schriftstellerinnen, Künstlerinnen und gelehrte Frauen, führen sie nicht auf.

[565] Hieronymus Brückner (1639-1693), Jurist. Sein Schreiben von 1679 ist nicht die einzige Schrift unter den von ihm erhaltenen, in der er Stellung bezieht zum Kampf der Konfessionen. Vgl. auch Brückner, Hieronymus: Wiederhohlte Gründliche Vorstellung, Dass die wider Lutheri Lehre [...] ausgegangene Ephemerides [...] eine verbotene Schmäh-Schrifft und Das [...] Schreiben Chur-Fürst Johann Friedrichs zu Sachsen an Zwey Hertzoge in Beyern [...] erdichtet sey [...]. Meiningen 1681.

keineswegs, um ihre Mutter zu benachrichtigen, sondern um die Gründe für ihre Konversion für andere am katholischen Glauben Zweifelnde überzeugend darzulegen.[566] Der lebensgeschichtliche Bezug und der Versuch, den Lesenden einen autobiographischen Pakt anzubieten, sind folglich nur der rhetorische Rahmen, der die Argumentation im Streit der Konfessionen überzeugungskräftig gestalten soll.

Die *Gründlichen Ursachen* könnte ein geistlicher Berater in gleicher Weise zusammengestellt haben wie Zitter selbst, und genau dies muß auch schon die zeitgenössische Debatte bemerkt haben. Jedenfalls sieht sich Brückner nach der Rekonversion Zitters genötigt, darauf zu verweisen, daß Zitter sie eigenhändig verfaßt habe und ihr Konzept in Gotha in der Kanzlei des Fürstlich Sächsischen Hofs zum Friedenstein aufbewahrt und der Text zum Druck nur in „Orthographia, Connexion und einige[n] Red-Arten" korrigiert worden sei (1679, S. 2). Schon der Titelbestandteil „Gründliche Ursachen" ist in der Frühen Neuzeit üblich in Streitschriften und Polemiken. Zitters öffentlicher Brief an die Mutter ist, gleichgültig, wer ihn verfaßt hat, ein Traktat im Konfessionsstreit, das sich davor hütet, zur Einbruchstelle von alltäglichen Erlebnissen zu werden und dem es in keiner Weise um Selbstkonstruktion geht.[567] Mit einer solchen Position wird der Brief allerdings nicht zum mustergültigen Beleg für das Vorindividuelle und Heteronome frühneuzeitlicher Autobiographik im allgemeinen, sondern macht nur darauf aufmerksam, daß offenbar ein ‚persönliches' Zeugnis im Konfessionsstreit als überzeugungskräftiger als ein allgemeiner Traktat gegolten hat. Für diese Überzeugungskraft des ‚persönlichen' Zeugnisses spricht die Rezeptionsgeschichte dieses Briefs: Er wurde nicht nur im protestantischen Raum als Propagandaschrift gegen die katholische Konfession gern rezipiert, sondern provozierte im katholischen Lager explizit auf Zitter bezogene publizistische Gegenwehr, auf die, versteht sich, die evangelische Seite wieder geharnischt und mit Bezug auf die Person Zitters reagierte: Auf den hier analysierten Brief folgte eine unter dem Pseudonym „Petrus Wahrenfelß" veröffentlichte, wahrscheinlich von Zitters früherem Beichtvater Marcus Schönemann verfaßte Gegendarstellung.[568] Die protestantische Seite wendet sich nun wiederum gegen Wahrenfelß, u. a. mit einem erneuten Brief Zitters an die Mutter, dessen Inhalt noch stärker als der der *Gründlichen Ursachen* eine Auseinandersetzung über konfessionelle Fragen ist, der von autobiographischen Details absieht.[569]

---

[566] Brückner, Gründliche Widerlegung.
[567] Vgl. dazu die sprachwissenschaftliche Analyse des Textes bei Brandt, Eine junge Frau, die zwar nicht erkennt, daß die Kommunikationssituation des Briefs an die Mutter nur aus rhetorischen Gründen vorgeschoben ist, die aber S. 83ff den sachlich-erörternden Stil der *Gründlichen Ursachen* überzeugend belegen kann.
[568] Vgl. das Nachwort des Casparus Sagittarius in Zitter, Gründliche Ursachen, 4. Aufl.
[569] Vgl. Brandt, Eine junge Frau.

Die *Gründliche Vorstellung*, das Schreiben nach Zitters Rekonversion zum katholischen Glauben, enthält eine ausführliche theologische, nicht persönlich argumentierende Widerlegung der – mitgedruckten – *Gründlichen Ursachen* und einen nicht allzu langen, die Mutter zur Naimitischen Witwe und sich selbst zur Maria Magdalena stilisierenden reumütigen Brief, der im übrigen deutlich macht, daß er und sein Auslöser, jene *Gründlichen Ursachen*, als Propagandaschriften im Konfessionsstreit verfaßt und genutzt worden sind. Der Stil der *Gründlichen Vorstellung*, die mitdruckt, was detailliert widerlegt werden soll, und in der Widerlegung die eigene Position deutlich macht, rückt diesen Text in die Reihe der katholisch-jesuitischen Kontroversschriften.[570]

Wer erwartet, daß Zitter in diesem Brief mitteilt, warum sie erneut in eine Kloster eintritt, irrt sich. Denn in dieser Schrift geht es keineswegs um Persönliches und um subjektive Begründungen eigener Entscheidungen. Persönliche Gründe für Klosterflucht und -rückkehr verschweigen daher die Zitterschen Briefe. Die Überzeugung, mit Gottes Hilfe den rechten Weg eingeschlagen zu haben, ist für den Ein- wie den Austritt Begründung genug. Schließlich darf es ja nicht ihre eigene Entscheidung sein, die Zitter ins oder aus dem Kloster führt. So hatte schon das evanglische Schreiben die „particular Gnade Gottes" und die Lenkung durch göttliche Majestät betont, und die katholische Gegenschrift betont die Notwendigkeit von Passivität gegenüber göttlicher Führung und Gnade noch verstärkt. Gerade, daß die besonderen Gründe fürs Zitters Konversion und Rekonversion in beiden Briefen ausgespart bleiben, verweist deutlich auf den letztlich unpersönlichen Charakter dieser Briefe: Es sind Sendschreiben in konfessionellen Kontroversen, aber keine subjektiven Konfessionen.

Wenn Zitter je von Glaubenszweifeln verunsichert war, so hat das schreibende Ich seine Sicherheit wiedergewonnen – oder geriert sich zumindest so, wenn es anfängt, die jeweiligen Briefe zu schreiben. Hier schreibt kein Ich, das sich im Schreiben über das eigene Leben seiner eigenen Person versichern muß, und sei es in der Abwehr von Angriffen anderer. Hier schreibt ein Ich, das andere zur eigenen festen Überzeugung bekehren will. Aber das Ich verschwindet hinter der festen Überzeugung, zu deren bloßem Exempel es sich stilisiert, einer festen Überzeugung zumal, die kaum Zitters eigene gewesen sein kann, sonst wäre sie nicht gerade zwei Monate später schon wieder in ein Kloster eingetreten. Die *Gründlichen Ursachen* müssen daher aus ihrem Kontext heraus als Text gelten, der einen autobiographischen Pakt fälschlicherweise anbietet. Und die gleiche, aus rhetorischen Gründen gewählte, aber als Fälschung angebotene autobiographische Einkleidung eines allgemeinen Traktats wählt die *Gründliche Vorstellung*, die Zitter nach ihrer Rekonvertierung verfaßt haben will. Zitters

---

[570] Vgl. dazu Tschopp, Silvia Serena: Publizistik des Dreißigjährigen Krieges. Heilsgeschichtliche Deutungsmuster in der Publizistik des Dreißigjährigen Krieges. Frankfurt a. M. u. a. 1991, S. 261ff.

‚Ich im Text' stellt sich also nicht heterolog, etwa: über den Bezug zum Konfessionsstreit dar, sondern ist rhetorischer Vorwand für eine Reihe von Veröffentlichungen in dieser Debatte zwischen Katholizismus und Luthertum.

4. Subjektivität und Exemplarität. Zur Divergenz protestantischer Autobiographik

Petersens *kurtze Erzehlung*, Vetters „lebenslauff" und von Lauters Beitrag zur eigenen Leichenpredigt – auch Zitters Streitschrift, die den autobiographischen Pakt zum rhetorischen Anlaß nimmt und ihn fälschlicherweise anbietet, – haben zwar alle das mehr oder minder kritische Bekenntnis zur lutherischen Konfession und die Stilisierung des eigenen Lebenslaufs zum positiven Exempel gemein. In der Form der Selbstbeschreibung, der Art der Selbstkonstruktion und der Intensität des lebensgeschichtlichen Bezugs, auch der zeitlichen Erstreckung unterscheiden sich die autobiographischen Schriften Petersens, Vetters und von Lauters aber erheblich. Sie unterscheiden sich vor allem in der grundsätzlichen Kommunikationssituation, die sie zwischen Autorin, Text und Lesenden aufbauen. Die Relevanznahme durch religiösen Bezug kann zwar dazu verhelfen, eine spezifisch heterologe, weder heteronome noch autonome Subjektivität zu formulieren, sie muß es aber nicht. Gerade die Autobiographik, die in einem sehr stark funktionalisierten und standardisierten Kontext entsteht wie die Lebensläufe, die für den Personalteil der eigenen Leichenpredigt vorgesehen sind, destillieren in hohem Maße alles Persönliche aus der Darstellung heraus. Wenn auch aus den Texten von Lauters und Zitters ein durchaus selbstbewußtes Ich spricht, das sich offenbar eine große Handlungskompetenz zugestehen kann und muß, schließlich konvertieren die beiden, ohne sich um den Willen ihrer Familie zu scheren und verlassen mit Adel oder Kloster ihren bisherigen Sozialkontext, wenn also aus diesen Texten durchaus ein selbstbewußtes Ich spricht, bedeutet dies nicht, daß über dieses Ich besonders viel gesagt wird und daß dieses Ich in diesen Lebensläufen sich beschreibt oder es gar erschrieben wird. In Zitters ‚Brief an die Mutter' entsteht dabei deutlich auch kein heterologes Ich, das sich dadurch darstellen würde, daß es anderes und andere beschreibt. Was Zitters Schrift aufführt, bildet nicht den Rahmen für eine Person, die sich durch Bezüge zu anderem konturiert, sondern in diesem Schreiben gerät das ‚Ich im Text' zum Vorwand, allgemeine Argumente im Konfessionsstreit vorzuführen, und Zitters *Gründliche Ursachen* enthalten damit keine heterologe Ich-Konzeption, sondern pflegen eine nur scheinbar auf einen einzelnen Menschen und eine autobiographische Kommunikationssituation bezogene allgemeine Debatte. Daß die Debatte um Zitters Konfessionswechsel aber die autobiographische Form ‚Brief an die Mutter' wählt, zeigt, daß es solche autobiographischen Texte im 17. Jahrhundert gegeben haben muß und daß es nicht schon ein Skandalon war, wenn sie von einer Frau verfaßt waren.

Becker-Cantarino kommt in ihrer Analyse der Petersenschen Autobiographie zu dem Schluß, daß die Innerlichkeit, die Petersen und andere pietistische Frauen in ihrer Autobiographik entwickelt haben, für sie „ein wichtiger Schritt"[571] auf dem langen und steinigen Weg zur Mündigkeit war. Meine Lektüre von Petersens *kurtzer Erzehlung* und die der anderen hier verhandelten Schriften hat für eine solche Innerlichkeit allerdings kaum Indizien gefunden. Die frühen pietistischen Autobiographien sind, so meine Deutung, keine Fund- oder Brutstellen der Innerlichkeit. In der *kurtzen Erzehlung* ist alles streng funktionalisiert auf eine Aussageabsicht im Streit um pietistische Positionen. Von Lauter – zumindest in der redigierten Fassung der Leichenpredigt – verzichtet der Personaliakonvention wegen auf die Darstellungen ihres Innenlebens. Und Anna Vetter zentriert ihre Schrift zwar auf ihre Visionen, doch dahinter verbirgt sich keine nach innen gekehrte Seelenschau, sondern ein extremer Wunsch nach öffentlichem Einfluß und eine ausgeprägte Neigung zur öffentlichen Konfrontation.

Gemeinsam ist den hier analysierten Texten allerdings eine Eigenschaft, die sie von den in den nächsten Kapiteln untersuchten Schriften unterscheidet: Diese protestantischen Texte stellen das Leben des einzelnen Menschen in einem zusammenfassenden Überblick dar und zeichnen dadurch rudimentär eine Entwicklung zumindest der religiösen Haltung des beschriebenen Ich nach. Damit aber sind sie ein Schritt in Richtung der Autobiographik um 1800 mit ihrem entwicklungs- und entfaltungsorientierten Aufbau und machen gleichzeitig deutlich, daß eine solche, am Werden der Person interessierte Autobiographik nicht zwangsläufig mit einem autonomen Subjektverständnis verbunden sein muß. Denn die Autobiographik Petersens, Vetters und von Lauters zeigt, so divergent sie ist, eine Unterwerfung unter Gott, eine Unterwerfung, die allerdings als Schutzschild gegen hierarchische Zumutungen, auch gegen Zumutungen einer Geschlechterhierarchie dienen kann. Der Konfessionsstreit wird zudem zur Wahlmöglichkeit für die einzelnen, und die Unterwerfung unter göttlichen Befehl vermag ein Verhalten zu legitimieren, das weltlichen Forderungen und dem Gehorsam gegenüber Eltern oder Ehemännern zuwiderläuft. Die hier analysierte protestantische Autobiographik von Johanna Eleonora Petersen, Anna Vetter, Barbara Cordula von Lauter – und von Johann Wilhelm Petersen – ist mit einem solchen die eigene Person stärkenden Bezug zu Gott weder autonom noch heteronom, sondern heterolog.

---

[571] Becker-Cantarino, Johanna Eleonora Petersen, S. 929.

B. Klosterchroniken „[z]wischen Alltag und Katastrophe"[572]

Was an Chroniken von Frauenklöstern aus dem 17. Jahrhundert im Druck erschienen ist, ist älter als die publizierte pietistische Autobiographik, die im vorangegangenen Kapitel untersucht worden ist. Die chronikalischen Berichte von Maria Anna Junius, Clara Staiger, Maria Magdalena Haidenbucher, Juliane Ernst, Verena Reiter und Sophia Albertz stammen alle aus der Zeit des Dreißigjährigen Krieges, sind aber erst im Laufe des 19. und 20. Jahrhunderts gedruckt worden. Daß das bekannte chronikalisch-autobiographische Werk von Nonnen des 17. Jahrhunderts sich auf die Kriegszeit konzentriert, muß nicht heißen, daß Klosterfrauen danach nicht mehr in ähnlicher Weise geschrieben haben. Es bedeutet nichts weiter, als daß sich die edierenden Historiker, vorwiegend des 19. Jahrhunderts, mit den Chroniken von Nonnen und Mönchen vor allem aus Interesse an einer Regionalgeschichte des Dreißigjährigen Krieges beschäftigt haben. Es mag aber auch sein, daß Ordensfrauen und -männer in dieser Kriegs- und Krisenzeit tatsächlich besonders häufig zur Feder gegriffen haben. So schreibt die Bamberger Dominikanernonne Maria Anna Junius:

> da mit wan frumbe schwestern nach uns kumen / die von disser betrübten und schwerlichen Zeitten nichts wissen / auch sehen könen, was wir arme schwestern mit der gnad und hülff gottes haben gieledten und auss gestandten in dissen langwerigen krigs Zeiten welches sich wol zu verwundern ist. (S. 7)

Ganz ähnlich argumentiert der Salemer Zisterziensermönch Sebastian Bürster, dessen Chronik hier mit den Texten der Ordensfrauen verglichen werden soll:

> allain schreibe ich diß, damit der leßer (über noch vil jahr hernacher, so man von disen undergleichen sachen würd reden oder darvon wird hören sagen, durch leßen diß) auch etwaß darzuo oder darvon wüsse zue sagen und nur ain wenig etwaß desselben erkantnuß und wüssenschaft haben möge. (S. 2)[573]

Beide lassen an dieser Stelle – und an anderen – erkennen, daß der Dreißigjährige Krieg im Bewußtein derer, die ihn erlebten und erlitten, „ein erschreckliches und grausames Monstrum"[574] war, ein Ereignis, das den Rahmen des Erwartbaren, des bisher Gekannten und in Worte Faßbaren – und möglicherweise auch des

---

[572] Krusenstjern, Benigna von und Hans Medick (Hg.): Zwischen Alltag und Katastrophe. Der Dreißigjährige Krieg aus der Nähe. Göttingen 1999.
[573] Vgl. auch Burkhardt, Johannes: Der Dreißigjährige Krieg. Frankfurt a. M. 1992, S. 235f, Anm 5f, der eine ähnlich argumentierende Chronik zitiert. Vgl. auch die ausführlichen Titel der Selbstzeugnisse dieser Zeit, die von Krusenstjern, Selbstzeugnisse, wiedergibt und die des öfteren betonen, daß ein „Verzeichnus was bey wehrendem schweren Krieg in diesem Lande [...] Denckwürdiges geschehen", so der Pfarrer Andreas Spiegel über seine chronikalischen Aufzeichnungen in einem Kirchenbuch, vgl. von Krusenstjern, Selbstzeugnisse, S. 215.
[574] Grimmelshausen, Hans Jacob Christoffel von: Satyrischer Pilgram. Hg. v. Wolfgang Bender. Tübingen 1970, S. 160.

heilsgeschichtlich Interpretierbaren – gesprengt haben muß.[575] *Zwischen Alltag und Katastrophe* lautet der Titel eines Bandes über die Mikro-Historie des Dreißigjährigen Krieges, den von Krusenstjern und Medick herausgegeben haben. Damit bezeichnen die Herausgeber sehr genau die Wirkungen des Krieges auf die einzelnen Menschen und ihre Wahrnehmungen dieser Wirkungen: Der Krieg ist Alltag, dauert für viele das ganze Leben lang, aber er setzt sich dennoch zusammen aus einzelnen Ereignissen, von denen eine ganze Reihe als Katastrophe auch von den Zeitgenossen wahrgenommen wurden. „Zwischen Alltag und Katastrophe" kann auch als Kennzeichen der Klosterchroniken gelten, die im Spannungsfeld zwischen einer – kunstlosen, zweckorientierten – Notation des Klosteralltags und einer bewußten Zeugenschaft des Katastrophalen angesiedelt sind.

In meiner Untersuchung des chronikalischen Schreibens von Klosterfrauen wird der Text von Maria Anna Junius die wichtigste Rolle spielen, danach folgt die Auseinandersetzung mit dem Schreiben Clara Staigers und Maria Magdalena Haidenbuchers. Die Chroniken von Juliana Ernst und Verena Reiter werden nicht analysiert, da sie nur in sehr prekärer Form überliefert sind: Das Manuskript von Ernsts *Denkbüechlin* ist verschollen, erhalten – als ausschnitthafte Veröffentlichung von 1878 – ist nur ein Auszug, der die Belagerung der Stadt Villingen durch die württembergische Armee beschreibt.[576] Bei Reiters Chronik des Dominikanerinnenklosters St. Wolfgang in Engen läßt sich nur schwer trennen, was Reiter aufgrund von schriftlichen Vorlagen ihrer Vorgängerinnen ausschließlich exzerpiert und wo sie eigenes Erleben aufzeichnet, die bisherigen Publikationen der Chronik sind zudem grob entstellend.[577] Albertz' Schrift ist ein kurzer Teil innerhalb eines größeren Textkonvoluts, die Publikation durch Floß läßt nicht erkennen, daß der Teil der Sophia Albertz sich innerhalb der gesammelten und publizierten Schriften ihres Klosters in irgendeiner Weise gesondert

---

[575] Vgl. zum Geschichtsverständnis des 17. Jahrhunderts und den zeitgenössischen Auffassungen vom Dreißigjährigen Krieg u. a. Behringer, Wolfgang: Veränderung der Raum-Zeit-Relation. Zur Bedeutung des Zeitungs- und Nachrichtenwesens während der Zeit des Dreißigjährigen Krieges. In: Zwischen Alltag und Katastrophe. Hg. v. Benigna von Krusenstjern und Hans Medick. Göttingen 1999, S. 39-81; Theibault, John: "da er denn mit traurmutigem hertzen gesehen wie jämmerlich daß Dorf über die helfft in die Asche gelegt". Die Erfassung und Einordnung lokaler Kriegserfahrungen auf Amtsebene im Dreißigjährigen Krieg. Ebd., S. 323-342; Merzhäuser, Andreas: Über die Schwelle geführt. Anmerkungen zur Gewaltdarstellung in Grimmelshausens *Simplicissimus*. In: Ein Schauplatz herber Angst. Wahrnehmung und Darstellung von Gewalt im 17. Jahrhundert. Hg. v. Markus Meumann und Dirk Niefanger. Göttingen 1997, S. 65-82.

[576] Glatz, Karl J[ordan]: Ein gleichzeitiger Bericht über das Wirtembergische [!] Kriegsvolk vor der östreichischen Stadt Villingen vom Jahre 1631-1633. In: Vierteljahrshefte für württembergische Geschichte (1878), 129-137. Glatz, Karl J. (Hg): Chronik des Bickenklosters zu Villingen 1238 bis 1614. Tübingen 1881, publiziert eine von Juliana Ernst verfaßte Geschichte des Klosters, die aus Ernsts Zeit als Nonne ausschließlich Namenslisten von Konventualinnen enthält.

[577] Blank, Walter: Die ‚Chronik' des ehemaligen Klosters St. Wolfgang in Engen. Zur wieder aufgefundenen Handschrift. In: Hegau 31/32 (1986/87), S. 45 - 53.

abhebt.[578] Die äußerst kurze Schrift der Sophia Albertz, Nonne des Benediktinerinnenklosters Rolandswerth, enthält zudem gegenüber den hier analysierten, weit längeren Texten von Junius, Staiger und Haidenbucher keine neuen Aspekte. Auf die Albertz-Chronik wird im folgenden im Vergleich zu den anderen Chroniken aber gelegentlich verwiesen.[579] Die Nonnenchroniken werden schließlich verglichen mit der Chronik des Salemer Zisterziensermönchs Sebastian Bürster.

Ordensleute haben ein reichhaltiges Schrifttum hinterlassen.[580] In Klöstern ist eine ganze Reihe von – im weitesten Sinne – biographischen und autobiographischen Texten entstanden. Erforscht sind die autobiographisch-visionären Schriften mittelalterlicher Mystikerinnen und die Selbstzeugnisse von Klostergründerinnen, die mit Teresa von Avilas *Vida* (publ. 1583) in eine Traditionslinie gestellt werden, aber auch Hagiographien, also Heiligenviten, die Klosterfrauen über eine verstorbene Mitschwester verfaßten, oder Berichte von Beichtvätern über Nonnen, die göttliche Visionen erlebten oder auch ‚teuflischen Versuchungen' erlagen.[581] Weit weniger erforscht ist die große Zahl chronikalischer Gebrauchstexte, die in Klöstern entstanden sind: Chroniken, Verzeichnisse, Register wurden von Äbten und Äbtissinnen und anderen Funktionsträger(inne)n als rechtfertigende Protokolle ihres Handelns verfaßt. Es gibt Register über die Schenkungen, die ein Kloster im Lauf der Zeit erhalten hat, über Klostergaben an Dritte, über Kosten des Baus von Konventsgebäuden, es gibt sie etwa aus

---

578 Albertz, Sophia: Klosterchronik. Publiziert in: Heinrich Joseph Floß: Das Kloster Rolandswerth. In: Annalen des historischen Vereins für den Niederrhein 19 (1868), S. 76-219.

579 Der auf wenigen Bögen überlieferte Text teilt sich in zwei Teile: Der eine, der Anfangsteil, ist in Ich-Form geschrieben und nennt Daten, die für Albertz' Person von Bedeutung sind: von ihrer Geburt über den Eintritt ins Kloster und den Tod der Eltern bis zur Berufung als Priorin. Innerhalb des Ich-Form-Teils wird von fremder Hand auch der Tod Albertz' in der Ich-Form gemeldet, vgl. dazu die Analyse des Haidenbucher-Textes, in dem sich ähnliches, allerdings im Pluralis maiestatis, findet. Im zweiten Teil der Albertz-Chronik registriert ein ‚Wir' das Geschick des Klosters in den Wechselfällen des Dreißigjährigen Krieges.

580 Vgl. zum annalistischen und diaristischen chronikalischen Schreiben im Umfeld der Klöster u. a. Proksch, Constance: Klosterreform und Geschichtsschreibung im Spätmittelalter. Köln u. a. 1994, und Schreiner, Klaus: Erneuerung durch Erinnerung. Reformstreben, Geschichtsbewußtsein und Geschichtsschreibung im benediktinischen Mönchtum Südwestdeutschlands an der Wende vom 15. zum 16. Jahrhundert. In: Oberrheinische Studien 7 (1988), S. 35-87. Vgl. zu den klösterlichen Alltagsschriften des 16. bis 18. Jhds. auch: Ochsenbein, Peter et al.: Vom Schreiben im Galluskloster. Handschriften aus dem Kloster St. Gallen vom 8. bis 18. Jahrhundert. St. Gallen 1994, S. 45. Zu Nonnen als Historikerinnen und ihrem meist chronikalischen Schreiben Woodford, Nuns as Historians.

581 Vgl. u. a. Arenal, Schlau, Untold Sisters; Dinzelbacher, Peter: Mittelalterliche Frauenmystik. Paderborn u.a. 1993; Donahue, Darcy: Writing Lives. Nuns and Confessors as Auto/biographers in Early Modern Spain. In: Journal of Hispanic Philology 13 (1989), S. 230-239; Le Brun, Jacques: Das Geständnis in den Nonnenbiographien des 17. Jahrhunderts. In: Selbstthematisierung und Selbstzeugnis. Hg. v. Alois Hahn und Volker Kapp. Frankfurt a. M. 1987, S. 248-264; Poutrin, Le Voile et la Plume.

dem Bereich der Klosterverwaltung, der Küche, der Küsterei und der Kantorei.[582] Rechtfertigen mußten sich die schreibenden Klosterfrauen vor der Leitung ihres Konvents oder vor der Kirchenaufsicht in wirtschaftlicher wie in moralischer Hinsicht, und es wurde über die Einhaltung der Ordensregeln gewacht.[583] Junius und die Eichstätter Augustinerpriorin Clara Staiger nannten ihre chronikalischen Schriften übereinstimmend ‚Verzeichnis‘, die Chroniken Bürsters und der Benediktineräbtissin Haidenbucher enthalten Teile, die ebenfalls Verzeichnis betitelt werden. Eine solche verzeichnende, also: aufzählend fixierende Form des Schreibens kann als typisch für frühneuzeitliche Selbstzeugnisse gelten, nicht nur für solche aus dem klösterlichen, auch nicht nur aus dem katholischen Bereich. Die Menschen wurden zu „Buchhalter[n] ihres Lebens"[584], notierten einzelne Ereignisse, Daten und Ausgaben jahres- oder tageweise in einer Kladde, oft auch in Schreibkalendern, deren Popularität in der Frühen Neuzeit auch damit erklärbar ist, daß sie ein diaristisches Aufschreibesystem für chronikalische Verzeichnisse zur Verfügung stellten.[585] Die Autor(inn)en solcher Verzeichnisse wurden zu Historiograph(inn)en ihrer Umgebung, ihres gesellschaftlichen und geographischen Ortes, und schufen ihr Memoria.[586] Nonnen schrieben die Geschichte ihres Klosters – und damit auch einen Teil der eigenen Geschichte in die Klostergeschichte ein.

Während in Hagiographien oder Selbstzeugnissen in der Teresa-von-Avila-Tradition Visionen, Innenschau und mystische Ekstase keine Ausnahmeerscheinung sind, geben sich die ‚Verzeichnisse‘, die hier zur Debatte stehen, ausgesprochen nüchtern. Haidenbucher beschreibt, wie sie als Äbtissin ausgewählt wird

---

[582] Vgl. dazu Finas Kommentar zu Klara Staigers Tagebuch. Aufzeichnungen während des Dreißigjährigen Krieges im Kloster Mariastein bei Eichstätt. Hg. v. Ortrun Fina. Regensburg 1981; Woodford, Women as Historians; Muschiol, Gisela: Die Reformation, das Konzil von Trient und die Folgen. Weibliche Orden zwischen Auflösung und Einschließung. In: Conrad, Anne (Hg): „In Christo ist weder man noch weyb". Frauen in der Zeit der Reformation und der katholischen Reform. Münster 1999, S. 172-197, hier Fn. 10, S. 175. Vgl. auch die „Aufzeichnungen der Oberin Marianne Katharina über Wiederaufbau und Kosten des 1634 abgebrannten Klosters und die Schicksale der Klosterschwestern 1634-1669, sowie über ihr eigenes Leben" aus dem Franziskanerinnenkloster zur heiligen Dreifaltigkeit, Säckingen, aufbewahrt im Genderallandesarchiv Karlsruhe, Sign. 65/11537.
[583] Vgl. Finas Kommentar zu Staiger, Tagebuch, S. 13ff.
[584] Vgl. Krusenstjern, Buchhalter, S. 140. Vgl. auch die Titel der Selbstzeugnisse aus dem Dreißigjährigen Krieg, die von Krusenstjern gesammelt hat. ‚Verzeichnis‘ ist dabei ein häufiges Etikett, das die Autor(inn)en für ihren autobiographisch-chronikalischen Text wählen.
[585] Vgl. Knopf, Jan: Alltages-Ordnung. Ein Querschnitt durch den alten Volkskalender. Tübingen 1982; Meise, Schreibkalender; dies., Das archivierte Ich.
[586] Vgl. zu den zeitgenössischen Konzeptionen der Historiographie und den Möglichkeiten frühneuzeitlicher Frauen, historiographisch zu arbeiten, Pomata, Gianna: Partikulargeschichte und Universalgeschichte – Bemerkungen zu einigen Handbüchern der Frauengeschichte. In: L'Homme 2 (1991), Heft 1, S. 5-44; Woodford, Nuns as Historians; dies., Women as Historians. Zur Chronistik und Ordensgeschichtsschreibung vgl. Von den Brincken in LThK 2 (1994), Sp. 1185-1187 und Elm in LThK 7 (1998), Sp. 1101f.

und was in den Folgejahren, die vom Krieg geprägt sind, im Umkreis ihres Konvents geschieht. Sie notiert dabei nicht nur die Bedrohungen des Klosterlebens durch die Truppen der protestantischen Seite, sondern zum Beispiel auch, wieviel Wein in jedem Jahr eingekauft wird. Ähnlich verfährt die Priorin Clara Staiger, deren Tagebuch die verschiedenen Fluchtstationen des Konvents vor feindlichen Truppen genauso meldet wie Wäschewaschen oder Zur-Ader-Lassen. Junius zeichnet als einfache Schwester den Verlauf des Krieges – und ihres Lebens – in den Jahren 1631 bis 1634 auf. Vielleicht ist die Nüchternheit, die unspektakuläre Alltäglichkeit, der Eindruck auch, daß eine einfache, alte Form mit schlichten Worten gefüllt wird, der Grund, warum über das frühneuzeitliche chronikalische Schreiben in Klöstern so wenige textorientierte Untersuchungen vorhanden sind, warum ‚Verzeichnisse' von der Autobiographie- und der germanistischen Barockforschung bisher vernachlässigt wurden.[587] So läßt sich nur aus den Ähnlichkeiten der Schreibformen bei Haidenbucher, Junius und Staiger – und Sebastian Bürster – auf eine Schreibtradition schließen, ohne daß bei der Interpretation auf schon vorhandene, gründliche literaturwissenschaftliche Untersuchungen des frühneuzeitlichen verzeichnenden Klosterschreibens zurückgegriffen werden kann. Eine Untersuchung über das chronikalische Schreiben in Klöstern des 17. Jahrhunderts und ihre Traditionslinie oder Erneuerung im Verhältnis zu den besser untersuchten mittelalterlichen Schreibformen und zum Einfluß von Klosterreform und nach-tridentinischen Vorschriften auf das chronikalisch-autobiographische Schreiben – gerade in Frauenklöstern – steht noch aus.[588]

1. „dan mir nicht müglich gewessen alles zu schreiben". Das *kurze verzeignuß* der Maria Anna Junius

1.1. Biographie

Maria Anna Junius war die Tochter von Helena und Johannes Junius. Ihr Vater wurde 1573 geboren, war Bürgermeister und Ratsherr in Bamberg. Helena und Johannes Junius wurden 1628 im Rahmen der Bamberger Hexenverfolgung verbrannt. Sie hatten drei Kinder: Maria Anna, Veronica und – als jüngstes Kind – Hans Georg. Von Johannes Junius ist ein Brief überliefert, den er mit von der

---

[587] Vgl. Jancke, Gabriele: Clara Staiger – La Priora. In: Guilia Calvi (Hg.): Barocco al femminile. Roma/Bari 1992, S. 97-126, hier S. 97; vgl auch Pomata, Partikulargeschichte und Universalgeschichte, S. 21 ff; und Woodford, Women as Historians.
[588] Vgl. aber zum historiographischen Schreiben Woodford, Nuns as Historians.

Folter zerquetschten Händen an seine Tochter Veronica schrieb.[589] Für die Biographie der Dominikanernonne Maria Anna Junius ist man auf die wenigen Daten angewiesen, die sie selbst in ihrer Chronik anführt. Von Krusenstjern schließt aus dem Eintritt in das Dominikanerinnenkloster Vom Heilig Grab vor den Toren Bambergs im Jahr 1622 auf ein Geburtsdatum vor 1610.[590]

1.2.1. Inhalt und äußere Struktur
Maria Anna Junius' Chronik trägt den Titel:

> Kurze Verzeignuß was sich von Jar an 1622 alls ich schwester Maria Anna Juniusin ins Kloster zum heilligen grab bin kumen hat verlauffen und zugetragen / welches ich auff das aller körzte auff geschrieben hab / dan mir nicht müglich gewesen alles zu schreiben / sondtern hab nur das fürnenbste genumen / da mit wan frumbe schwestern nach uns kumen / die von disser betrübten und schwerlichen Zeiten nichts wissen / auch sehen könen, was wir arme schwestern mit der gnad und hülff gottes haben geliedten und auss gestandten in dissen langwerigen krigs Zeiten welches sich wol zu verwundern ist[591].

Der Titel nennt also den Beginn der erzählten Zeit, 1622, das Jahr ihres Eintritts ins Kloster, nennt ihr Bestreben zu auswählender Kürze und den Grund für ihr chronikalisches Schreiben, das Schaffen von Gedächtnis für die Schrecken der Kriegszeit.[592] Was sie aufzeichnen wird, charakterisiert Junius als leidvoll und traurig, aber als förderlich für das ewige Seelenheil. Den Anfang ihres Schreibens datiert sie auf den 23. April 1633, den Tag des Heiligen Georg (S. 7).

Zunächst beschreibt sie die Kipper- und Wipperzeit, die Inflationsperiode des 17. Jahrhunderts, und ihre gesellschaftlichen Folgen in Armut und moralischer Gefährdung[593]:

---

[589] Der Brief ist in vielen historiographischen Werken nachgedruckt worden, u. a. Behringer (Hg.), Hexen und Hexenprozesse, und Gehm, Hochstift Bamberg, S. 179-184. Vgl. zu den Angaben über die Familie Junius Gehm, Hochstift Bamberg, u. a. S. 178.

[590] Von Krusenstjern, Selbstzeugnisse, S. 130. In den im erzbischöflichen Archiv in Bamberg vorhandenen Mikrofiche-Kopien der Bamberger Kirchenbücher habe ich keinen Eintrag über die Geburt oder den Tod von Maria Anna Junius finden können.

[591] Junius, Maria Anna: *Verzeignuß*. Publiziert in: Bamberg im Schweden-Kriege. Bearb. von Friedrich Karl Hümmer. In: Bericht des Historischen Vereins für die Pflege der Geschichte des ehemaligen Fürstbistums Bamberg 52 (1890), S. 1-168, 53 (1891), S. 169-230, hier, S. 7. Die Handschrift ist verschollen, vgl. von Krusenstjern, Selbstzeugnisse, S. 131. Der Herausgeber Hümmer will sie in der Originalorthographie „getreu wiedergegeben" haben. Auf diese publizierte Fassung stützt sich die folgende Analyse. Sie füllt 217 großzügig gesetzte Druckseiten, die Seitenwechsel der Handschrift dokumentiert Hümmer nicht. Der Herausgeber nennt das Manuskript als Bestandteil der Pfarr-Registratur St. Martin, in die es 1839 geraten sei. Vor ihm haben das Manuskript auszugsweise andere Lokalhistoriker, auf deren Veröffentlichungen Hümmer hinweist, verwendet.

[592] Vgl. zur Geschichte Bambergs im Dreißigjährigen Krieg u. a. Dengler-Schreiber, Karin: „Ist alles oed und wüst...". Zerstörung und Wiederaufbau in der Stadt Bamberg im Zeitalter des Dreißigjährigen Kriegs. In: Jahrbuch für fränkische Landesforschung 57 (1997), S. 145-161.

[593] Vgl. zur sog. Kipper- und Wipperzeit u. a. Bauer, Barbara: Lutherische Obrigkeitskritik in der Publizistik der Kipper- und Wipperzeit (1620-1623). In: Literatur und Volk im 17. Jahrhundert.

dan ich nicht anders mein / der bösse geist hab damals / das gelt auß geseht / wie man dan hernacher gesehen hat / das so vil leudt in das verfluchte hexenwerk gerathen seindt (S. 8).

Junius berichtet von ihrem Klostereintritt im November 1622, der mit der weltlichen Heirat ihrer Schwester Veronica gemeinsam gefeiert wird (S. 9). Aus dem gleichen Jahr teilt sie außerdem den Tod des Bamberger Fürstbischofs Johann Gottfried von Aschhausen mit, aus dem Folgejahr einzig die Wahl Johann Georg II. Fuchs von Dornheim, der „gar wenig freidt in seinem Bischofflichen ampt gehabt" habe (S. 11), zu seinem Nachfolger. Die nächste Eintragung handelt von der frühen Wärme im Jahr 1626, die auf eine üppige Ernte hoffen läßt, und von der strengen Kälte in den Wochen vor Pfingsten, die großen Fruchtschaden bewirkt und zu Teuerung und Hungersnot führt. Vom darauffolgenden Jahr 1627 notiert sie den (Wieder-)Beginn der Hexenverfolgung, die Beschuldigten hätten bekannt, die letzte Ernte durch Schadenszauber vernichtet zu haben. Die Verfolgung habe bis zum Einbruch der protestantischen Truppen in Bamberg 1631 gedauert, 10 im "„trudten haus"[594] noch Inhaftierte, „deren zum theil lenger alls Jar und tag / darinen gelegen seint", seien freigelassen worden, „aber sie haben ein eyt schweren müssen das sie nichts sagen wollen / wie man mit ihnen umb gangen sey"(S. 14). Über das Schicksal der Eltern schweigt die Chronik.

Ausführlicher wird die Chronik erst mit dem Oktober des Jahres 1631, als schwedische Truppen in die Umgebung Bambergs vorrücken. Junius verzeichnet die Ereignisse jetzt tage- oder monatsweise geordnet. Die Nachrichten vom Näherrücken der Schweden und von ihren Greueltaten lösen bei den Schwestern in ihrem vor den Toren Bambergs gelegenen Kloster „unaussprecheforgt und schrecken" (S 15) aus. Da der Fürstbischof ihnen keinen sicheren Zufluchtsort gewähren kann, bitten die Nonnen die protestantische Markgräfin von Bayreuth um Schutzwachen (Salvaguardiae), für die sich die Markgräfin beim schwedischen König erfolgreich einsetzt. Junius zeichnet nicht nur auf, was das Kloster ganz unmittelbar betrifft. Sie wird auch zur Chronistin des Kriegsverlaufs in Bamberg und seiner Umgebung. Im Dezember 1631 sind die Schweden so nahe, daß der Fürstbischof, viele aus der weltlichen und kirchlichen Obrigkeit und eine große Zahl Bamberger Bürger(innen) sich in die Festung Forchheim zurückziehen. Die Schwestern bleiben voller Angst in ihrem Kloster. Aus dem Jahr 1632 berichtet Junius äußerst detailreich in chronologischer Reihe tage- bzw. monatsweise vom Herannahen der Schweden, vom genaueren Verlauf einzelner

---

Probleme populärer Kultur in Deutschland. Hg. v. Wolfgang Brückner et al., Wiesbaden 1985, Bd. 2, S. 649-681; und Redlich, Fritz: Die deutsche Inflation des frühen siebzehnten Jahrhunderts in der zeitgenössischen Literatur. Die Kipper und Wipper. Köln/Wien 1972.

594 „Trudten" oder Druden sind Geister, Hexen oder Zauberer. Das „trudten haus" ist das Gefängnis, das man in Bamberg eigens zur Inhaftierung und Folterung von der Hexerei Verdächtigen bauen ließ, vgl. dazu den u. a. bei Gehm, Hochstift Bamberg, S. 141 abgedruckten Kupferstich von Matthäus Merian d. Ä.

Schlachten, von den Eroberungen Bambergs durch die Schweden, von Vertreibungen der Schweden aus der Stadt und von den wechselnden Schutzwachen des Klosters. Sie beschreibt einen protestantischen Feldgottesdienst und verschiedene Ereignisse des Klosterlebens, unter anderem auch diverse Besuche protestantischer Offiziere mit ihren Ehefrauen im Kloster.

Die Aufzeichnungen gehen in ähnlicher Weise weiter. 1633 zeigen sich die Kriegsfolgen in Bamberg besonders drückend: Junius verzeichnet Zerstörung, Hungersnöte, Teuerung und Tod durch Hunger und Kälte (u. a. S. 138). Bauern müssen die Überfälle marodierender Soldaten fürchten (S. 163). Wenn sie in die Wälder fliehen, werden sie dort noch gehetzt und, wenn sie gefangen werden, ausgeplündert und mit dem „schwedischen drunck" gefoltert (S. 197f). Im Jahr 1634 soll es auch Seuchen geben und eine Mäuseplage, beides beschreibt sie als göttliche Strafaktion (S. 204f). Die Klosterfrauen erhalten immer noch Schutzwachen der protestantischen Seite, sie zu bewirten, fällt den Schwestern aber zunehmend schwerer. Zudem leben sie im Unfrieden mit einigen Bamberger Ratsherren, die die Schweden gegen die Schwestern aufhetzen und sie zum Plündern des Klosters animieren wollen. Mit Krankenpflege (S. 158), Verhandlungsgeschick (u. a. S. 159), kleinen Gaben für Schutzwache und Obristen (S. 160 und an vielen anderen Stellen) und dem Hinweis, sie seien arme Schwestern, gelingt es den Frauen aber, von allzu großen Lasten befreit zu bleiben. Mit den Eintragungen zum September 1634 schließt Junius ihre chronikalische Schrift resümierend ab: Sie rechtfertigt das Verhalten der Schwestern in den Kriegswirren, verteidigt es gegen Verleumdungen und endet gebetsähnlich, indem sie im Namen aller Schwestern Gott für Beistand dankt, um künftigen Frieden bittet und sich in Gottes Willen schickt.

1.3. Autobiographisch-chronikalischer Pakt und Berichtsperspektive

Gleich der Anfang ihres Schreibens macht deutlich, warum, für wen und aus welcher Perspektive Junius ihre Chronik verfaßt, und er markiert auch, in welcher Weise diese Schrift einen autobiographischen Bezug hat bzw. welcher Teil des eigenen Lebens für dieses Schreiben relevant ist: Es ist ein Verzeichnis, in dem die Chronistin festhält, was sich in den Jahren seit ihrem Klostereintritt ereignet hat. Der Pakt, den sie mit Lesenden abschließt, läßt sich als autobiographisch-chronikalisch bezeichnen. Denn autobiographisch verankert sind der Zeitrahmen und der Ort der Aufzeichnungen, ich-bezogen ist auch die deutlich vermerkte Perspektive dieser Chronistin, die als „ich schwester Maria Anna Juniusin" aufschreibt, was ihr wichtig erscheint. Eindeutig, auch im Pronominagebrauch, agiert im Text ein ‚schreibendes Ich', nicht etwa ein ‚schreibendes Wir'. Chronikalisch aber ist die Art ihres Schreibens, ist die chronologische annalistische bzw. diaristische Struktur, sind die ausgewählten Mitteilungen und ist der Zweck ihrer Schrift: Schließlich schreibt sie für die Öffentlichkeit des Klosters, für ihr nachfolgende Nonnen.[595] Ihr Verzeichnis dient einer bewußten Traditionsbildung im Zusammenhang des Konvents. Schreiben für die Mitschwestern und für zukünftige Angehörige des Ordens war Klosterfrauen der Frühen Neuzeit zugestanden, Junius' autobiographisch-chronikalische Schrift kann sich mit der topischen Formel, für die Mitschwestern zu schreiben, an eine – begrenzte – Öffentlichkeit wenden und gleichzeitig mit der Memoriabildung über die Klosterhistorie auch für ihre eigene Person das Interesse von Lesenden wecken.

Sie bringt darüber hinaus zum Ausdruck, daß ihr die eigene Lebenszeit als außerordentlich durch Kriegslasten beschwert erscheint.[596] Gerade deshalb will sie Zeugenschaft ablegen vor nachkommenden Generationen über diese „betrübten und schwerlichen Zeiten" (S. 7). Aus diesem Grund begann sie wohl auch mit der Niederschrift der Chronik im Jahr 1633, in dem der Krieg sein ganz besonders häßliches Gesicht zeigte, die Menschen stark verelendeten und die Bevölkerung durch Seuchen, Hunger und Kälte dezimiert wurde. Was die Chronik aus den Vorjahren berichtet, läßt allerdings vermuten, daß das *verzeignuß* für die Jahre vor dem Schreibbeginn im April 1633 eine resümierende Reinschrift auf der Grundlage von Vorgängernotizen ist, denn auch für die Vorjahre steht stets nur am Anfang eine einen größeren Zeitraum überblickende Zusammenfassung, ansonsten stellt der Text die Ereignisse tage- oder monatsweise geordnet dar – und dies zum Teil so detailliert, gerade auch in den Datierungen, daß dies wohl kaum aus der Rückschau des Gedächtnisses allein geleistet werden konnte. Die tage- und monatsweise chronologische Reihe einzelner Ereignisse verändert sich in keiner Weise, wenn der 23. April 1633, den Junius am Anfang ihres *Verzeignuß* als Schreibbeginn nennt, überschritten wird. Ein diaristisches oder annalistisches Verfahren ist typisch für Chroniken und für die zahlreichen frühneuzeitlichen Selbstdokumente, die in der chronikalischen Tradition entstanden sind. Dennoch aber lassen sich die chronikalischen Eintragungen im Rückblick von täglichen Notierungen im allgemeinen unterscheiden: Rückblickend chronikalisch Notiertes ist ergebnisbezogen ausgewählt, tägliche Einträge können dies nicht sein, da die Schreibenden den weiteren Verlauf des Geschehens noch nicht kennen. Daß Junius' Schrift sich nach dem 23. April nicht wesentlich verändert, spricht dafür, daß sie Ereignisse auch dann erst mit einigem zeitlichen Abstand verzeichnet und daß sie auswählt, was einzutragen ihr für nachkommende Klosterfrauen wichtig ist.[597]

---

[595] Siehe das oben Zitierte aus Junius, Verzeignuß, S. 7.
[596] Vgl. zur Frage, wie die Zeitgenossen die Belastung durch den Dreißigjährigen Krieg erfahren haben, von Krusenstjern, Medick (Hg. 1999), Zwischen Alltag und Katastrophe und in diesem Sammelband insbes. Theibault, „da er denn mit traurmutigem hertzen gesehen wie jämmerlich daß Dorf über die helfft in die Asche gelegt", S. 323ff.
[597] Vgl. zum Unterschied zwischen annalistischem und diaristischen Schreiben hier auch II C.

Wenn Junius am Tag des Heiligen Georg zu schreiben begonnen haben will und diesen Heiligen „zu unsern sondterlichen krigobersten erwelt", dann charakterisiert sie die Position, aus der heraus sie zu schreiben beginnt, mit dem Sinnbild dieses Heiligen:

> Dises Büchlein hab ich angefang zu schreibe im Jar 1633 den 23. aprilis / an tag des heilligen und hochberümbten marteres / riethers und nodthelfffers sanct görgen / welchen ich zu unsern sondterlichen krigobersten erwelt hab / verhoffendtlich werde er uns bey gott erwerben / das unsere feind gestilt werdten / und uns den selligen fridten wiederumb erlangen / auch unsern katholischen krigsvolk / allezeit riedterlich helffen streidten / auf das wir nach diessen mühseligen leben / die ewige freid und selligkeit mit ihm und allen auserwelten heilligen mögen nissen. Ammen (S. 7f).

Der Hl. Georg, wehrhafter Ritter und Märtyrer, den Junius auch in den ersten Buchstaben ihrer Handschrift eingemalt hat[598], gilt als Schutzpatron der Glaubensstreiter, und wer unter seinem Siegel für nachfolgende Generationen den Kriegsverlauf notiert, ergreift Partei für die Seite der eigenen Konfession.[599] Junius sieht sich eindeutig auf der Seite der katholischen Liga, schreibt „die feind" und „unsere reütherey" (z. B. S. 58), und was bei den kaiserlichen Truppen und mit ihnen verbündeten Städten ritterliches Kämpfen und Wehren ist, gilt ihr bei der protestantischen Seite als mörderisch und grausam. Sie dokumentiert aber auch sowohl das kultivierte Benehmen mancher lutherischer Obristen den Klosterfrauen oder den Stadtbürgern gegenüber (u. a. S. 48) als auch die Grausamkeiten der kaiserlichen Truppen (z. B. S. 56) und deren rücksichtsloses Ausplündern der Bauern oder Zerstören der Feldfrucht (z. B. S. 88). Auch beurteilt sie einige militärische Entscheidungen der kaiserlichen Seite kritisch (u. a. S. 98 und S. 122). Gerade Vorfälle, deren Augen- und Ohrenzeugin sie nicht selbst wurde, beschreibt sie so, daß die Schweden blutige Mörder, gar „ratzen", also Ratten, (S. 57) und die Kaiserlichen ehrenhafte Helden sind. Differenzierter wird ihr Bild des Krieges, wenn sie und ihre Mitschwestern den Soldaten beider Seiten gegenüberstehen. Aus solcher persönlichen Erfahrung weiß sie durchaus von frommen Schweden zu berichten, von ritterlichen protestantischen Offizieren oder eben auch von marodierenden kaiserlichen Soldaten und von leichtfertig-falschen und grausamen Entscheidungen der katholischen Militärs, die viele Menschen das Leben kosten. So berichtet sie etwa, daß in Folge der schlechten Lage im protestantisch besetzten Bamberg viele Angehörige der schwedischen Truppen zu den Kaiserlichen in der Festung Forchheim überlaufen wollten, von diesen aber niedergemetzelt wurden:

---

[598] Vgl. Junius, Verzeignuß, S. 6.
[599] Vgl. Harms, Wolfgang (Hg.): Deutsche Illustrierte Flugblätter des 16. und 17. Jahrhunderts. Bd. II: Die Sammlung der Herzog August Bibliothek in Wolfenbüttel, München 1980, Bd. 2, S. 186f. Vgl. Manns, Peter (Hg.): Die Heiligen. Alle Biographien zum Regionalkalender für das deutsche Sprachgebiet. Mainz 1975, S. 99f, und Wimmer, Otto: Kennzeichen und Attribute der Heiligen. Innsbruck u. a. 1979, S. 25f.

> die armen soltatten haben hunger leiden müssen / deswegen seint ihrer gar vil auff vorcheim zu gelauffen bisweilen ein gantze Cumpany mit einander / welche der Comentant nicht wollen nein lassen hat er sie schon hinnein gelassen so hat er sie doch nidermachen lassen under welchen so wackere leüd gewessen seint / auch gar vil so von den schwedischen seint gefangen worden haben vermeint sie wollen also dar von kumen / haben alta ihr leben müsen ein Büsen dan es hat uns selbsten ein vorcheim soltad gesagt er hab so wackere leüd müsen nider machen welche so kleglich umb ihr leben gebetten haben und gesagt wie lang sie dem keyser gethint haben aber von den schweden gefangen worden / solchiges hab alles nicht geholffen er hab sie nider machen müsen aber [steht wohl fälschlich für ‚oder'] der oberst het in nider gemacht welches gros unrecht ist. (S. 190f).

Die Klosterschwestern sind nicht nur aus taktischen Gründen um ein gutes Verhältnis mit den protestantischen Truppen bemüht und kümmern sich um Erkrankte, sie bemerken im Einzelfall auch die guten Seiten eines schwedischen Soldaten und helfen diesen Menschen auch, wenn kaiserliche Truppen bereits die Oberhand gewonnen haben:

> aber den einen von unser schwedischen salffequarta so noch auff dem felt bey unsern gesindt gewesen ist / und da gesessen ist und sein mörgen gebet [...] gebet hat / den haben die keyserischen gefangen genuhmen / den andtern hat unser knecht ein rodtes wüllenhemt angethon und hat ihn in stadtel [Scheune] under das hey gesteckt (S. 155).

Wenn Junius von der Grausamkeit eines auf kaiserlicher Seite kämpfenden Kroaten berichtet, zeigt ihre Darstellung Mitleid mit dem schwedischen Opfer:

> wo sie einen schwedten haben an troffen den haben sie nidter gemacht / dan hab ich auch gesehen das ein crawadt [ein kroatischer Soldat] einen schwedten / [...] hat nider gemacht / ist von pfert gestichen hat in besicht / und ist wiedterumb darvon gerithen / wie wol ihn die gertner gebeten haben / er sol ihn gar nidter machen / dissen ist der kopf hindten von ein nandter gehieben gewessen / und das ein ohr rab gehangen (S. 56).

Während der autobiographisch-chronikalische Pakt zunächst also traditionell-gegenreformatorisch unter dem Siegel des Heiligen Georg geschlossen wird und die Schrift der Klosterschwester damit noch ganz im Zeichen der Heteronomie steht, sprengt die Wahrnehmung der einzelnen Ereignisse das vorher festgelegte, verhärtete Weltbild auf. Die Grausamkeiten der katholischen Truppen sind Stör-Erfahrungen im Sinne Sloterdijks[600], Erfahrungen, die sich dem Einordnen in eine konventionelle Betrachtungsweise der Welt widersetzen, die Erklärungs- und Beschreibungsnöte provozieren und die manchmal so stark sind, daß sie festgefügte Standpunkte aufweichen. Dann führen diese Stör-Erfahrungen zum Abweichen von vorgefundenen Mustern und zu einer Subversion der Ordnung. Die Heteronomie weicht dem eigenen Blick auf die Welt, einem Blick, der zwar im

---

[600] Vgl. Sloterdijk, Literatur und Organisation, S. 11f, vgl. hier Kap. I. C. 4.2.

Beziehungsgefüge einer Gemeinschaft sich heranbildet, aber Scheuklappen abwirft.

Eine Nonne als Kriegschronistin war ortsgebunden, konnte nicht selbst in die Umgebung ausschwärmen und sich ein Bild von der Lage im Umland oder von der Situation in der belagerten Stadt verschaffen. Von den Kriegshandlungen wußte sie einiges vom eigenen Sehen und Erleben, vieles aber vom Hörensagen, manches muß sie auch aus der Lektüre von Zeitungen, Flugblättern oder Flugschriften gekannt haben.[601] Junius berichtet nicht nur, was sie erleidet, sondern auch, was sie selbst aktiv unternimmt. So schreibt sie von einem Vorfall während der ersten schwedischen Besatzung: Die Schwestern verstecken in ihren Nebengebäuden einen Kaplan, der ihnen heimlich die Messe hält. An einem Sonntag gelingt es ihnen nicht, ihn ohne Wissen der Schutzgarde aus der Klosterkirche zu schaffen. Mit großer Furcht behalten sie ihn den ganzen Tag im Kloster. Als am Abend ein Obrist der protestantischen Truppen gemeinsam mit „seinen fraw zimer" das Kloster besichtigen will, erschrecken die Schwestern außerordentlich, noch mehr allerdings der Kaplan:

> dan ist er vor schrecken halb todt gewesen, deswegen bin ich und noch zwei schwestern mit ihm in die neühen stuben gangen / haben zu gesperrt und gesagt / ihr erwürthe [Ehrwürden] seint doch gedrost und nicht so klein müttig / es kumt kein mensch darein / wir wollen leib und leben bey euch lassen / ich hab in wol getröst / aber mein hertz ist so voller angst und schmertzen gewesen / das ich es nicht auss sprechen kon / dan ich hab alle zeit getacht / wie wirt es nur meinen lieben schwestern gehn (S. 40).

Oft werden sie und ihre Mitschwestern zu Augen- und Ohrenzeuginnen von Kriegshandlungen. Die Schwestern sehen Kampfhandlungen und Schanzarbeiten, beobachten protestantische Feldgottesdienste, sie sehen aber auch Geschütznebel, Feuersbrünste und den Fackelschein der Wachen und hören den Gefechtslärm und Hundegebell und unternehmen Deutungsversuche. Über andere Ereignisse erfahren sie durch Mittelsleute, von denen sie manche auch aktiv als Kundschafter ausgeschickt haben:

> Mittwochen 11. an welchem der hl. Jungfrawen euphrosing tag [St. Euphrosina, 11. Februar] gewesen / alls ich zu frü umb 5 Uhr mein morgen gebett ihm cor verricht / da wird ein solches hundsgebeil / das ich nicht andters gemeint hab / die huntt in der gantzen statt seint alle auff / deswegen ich bey mir selbsten gedacht / was wird nur disses beteüdten / alls es aber ein wenig nach gelassen / da geht ein Büblein für unser mauhern hin und sagt / sey gott gedanckt, das ich auss der statt bin / deswegen erschrick ich wiederumb von gantzen herzen und gedenk bey mir selbsten, was meint nur der Bub mit diesen wordten.
> Allsbalten schlegt man in der statt an / desen wir alle von gantzen hertzen erschrecken / lauffen aus dem cor und fragen, wo es brent, da sagt man uns es brene nicht / sondtern der feind kum / und sey albereit vor dem kaulberger thor derrohal-

---

[601] Vgl. unten und Mortimer, Models, S. 635-637.

> ben wir nicht gewist haben / was wir vor angst und schrecken thun sollen / dan wir seint under einandter gelauffen, wie die verlassenen schefflein dan edtliche, so wir hinein geschickt haben / und fragen lassen, wie es steht / die seind kumen und haben gesagt / es sey nicht andters / der feind sey vor handten / wan wir weg wollen so haben wir grosse zeit / aber andtere haben wiederumb gesagt, es sey nicht der feind, sondtern es seint Bawern, welche mit weib und kind auch ihren vüg [d.h. Vieh] vor dem feind geflohen seind, welches uns wiederumb ein wenig getrost gemacht hat. (S. 29f)

Junius markiert des öfteren die Herkunft ihrer Informationen. Sie scheint sich auch Gedanken über die verschiedene Glaubwürdigkeit von Zeugen gemacht zu haben, schreibt, wenn es möglich ist, was sie selbst oder ihre Mitschwestern erlebt, gesehen und gehört haben, und verweist gerne auf Quellen, die der Verfälschung in Richtung der mitgeteilten Tendenz kaum verdächtig sind. So beruft sie sich auf schwedische Soldaten, wenn es um die Tapferkeit der kaiserlichen Truppen oder der Bürgersfrauen geht, die sich gegen eine Eroberung ihrer Stadt durch die Schweden wehren (z. B. S. 103 und S. 178). Und wenn sie kritisiert, daß der Kommandant der kaiserlichen Festung Forchheim die überlaufenden protestantischen Truppenteile niedermetzeln ließ, anstatt sie dem kaiserlichen Heer einzugliedern, beruft sie sich auf die Aussage eines Soldaten, der im Auftrag des Kommandanten töten mußte (S. 191).

Je weiter weg allerdings die Ereignisse sind, von denen ihre Chronik berichtet, desto seltener werden die Informationsquellen genannt. Woher sie etwa vom blutrünstigen Wirken der Schweden in Würzburg weiß, schreibt sie nicht. Solche Nachrichten kursierten aber auf Flugblättern und -schriften und als Mundpropaganda, Berichte über angebliche oder tatsächliche Greueltaten mußten in dieser Zeit der ungewissen Zukunft offene Ohren finden und für Todesangst in Stadt, Vorstadt und Konvent sorgen.[602] Der Dreißigjährige Krieg ist auch ein Krieg der Medien, deren Kriegsberichterstattung im Dienste der verschiedenen Parteien stand. Wenn auch Junius nie explizit auf solche Quellen Bezug nimmt, muß man doch vermuten, daß sie sie verwendet, etwa bei der ausführlichen Wiedergabe einer Rede, die der Schwedenkönig 1632 bei Nürnberg hielt, deren Ohrenzeugin sie kaum geworden sein kann.[603] Daß sie an dieser Stelle direkt aus einem fremden Text schöpft, zeigen auch ihre Formulierungen: Zunächst schreibt sie:

> Allso hat sich die keyserische armatha mechtig vor Nürmberg gesterkt / und sich auff die andterhalb hundert daussen man erstreck / alls solches der könig [Gustav Adolf

---

[602] Vgl. zu Augenzeugenberichten und Presse Mortimer, Models, S. 629-643.
[603] Zur Rede vgl. Theatrum Europaeum II, 3. Aufl. Frankfurt a. M. 1679, S. 598f. Zum Krieg als Medienereignis Behringer, Raum-Zeit-Relation, darin zur Rezeption von Zeitungen in Selbstzeugnissen S. 69; Burkhardt, Der Dreißigjährige Krieg, S. 225-232; Mortimer, Models, zu Junius und der Rede des Schwedenkönigs vor allem S. 635ff; siehe auch Woodford, Nuns as Historians, S. 123f. Zur Darstellung Gustav Adolfs in Flugblättern vgl. zusammenfassend Coupe, William A.: The German Illustrated Broadsheet in the Seventeenth Century. Historical and Iconographical Studies. Baden-Baden 1966, Bd. 1, S. 78ff; und Tschopp, Deutungsmuster, vor allem S. 229ff.

von Schweden] gewar wordten / hat er den 9. Julius seinen fürsten und herren zu Altdorff ein prettig gethon wie hernach folget. (S. 84)

„[H]ernach folget" aber nicht direkt die Ansprache des Schwedenkönigs, sondern ein weiterer Absatz, der die Rede verspricht. Dieser Absatz dürfte der Vortext der Quelle zur Rede Gustav Adolfs sein, dafür spricht unter anderem das nochmalige Versprechen der nachfolgenden Worte des Königs: „Gesteriges tags den 9. Julius an welchen der alte petteri und pauli gewessen haben ihr königliche meyestatt in schwedten zu altdorff nach volgendte sermon gethon" (S. 84).[604]

Die Wiedergabe einer Rede, die ein Vertreter der protestantischen Partei weit ab von Junius' Aufenthaltsort gehalten hat, steht solitär in dieser Chronik. Es fragt sich, welche Funktion sie im Rahmen des Textes übernehmen kann. Gustav Adolf wendet sich in dieser Rede „mit zornigen worden" an die anderen protestantischen Führer „wegen ihres übeln regiments und plündterns" (S. 84). Das heißt: der oberste Vertreter der protestantischen Partei wird zum Kronzeugen wider seine Offiziere aufgerufen. Auch diese Stelle zeigt also, daß der Text vor allem solche Zeugen vorführt, die einem Lesepublikum glaubwürdig erscheinen können. Insofern ist das Einfügen der Gustav-Adolf-Rede eine rhetorische Strategie, die einen gegenreformatorischen Standpunkt zu unterstützen vermag. Darüber hinaus aber leistet der Text durch die Wiedergabe einer Rede, in der der Schwedenkönig die Plünderungen entschieden verurteilt, die seine eigenen Leute durchgeführt haben, eine Binnendifferenzierung innerhalb des protestantischen Lagers. Eine solche Binnendifferenzierung in gute und schlechte Menschen innerhalb des eigentlich gegnerischen Lagers, aber auch innerhalb der eigenen, katholischen Partei hat sich hier schon weiter oben erweisen lassen, wenn das ‚schreibende Ich' von grausamen und frommen Menschen sowohl bei den schwedischen als auch bei den kaiserlichen Truppen zu berichten weiß.

1.4. Sprache

Verzeichnisse sind Alltagsschriften, sie gehören nicht zu den repräsentativen Handschriften der Klöster, die mit allergrößter Sorgfalt erstellt wurden.[605] Das prägt nicht nur die Form der Handschrift, sondern auch den Sprachgebrauch. Junius pflegt keine herausragende, geschliffene Diktion, sie schreibt mundartlich geprägt, kümmert sich nicht um eine konsistente Orthographie und müht sich schon gar nicht, einen ‚literarischen' Text nach den Regeln barocker Poetiken zu erstellen. Nur ganz selten finden sich rhetorische Figuren, nur am Rande auch finden sich Sinnbilder, wie etwa, wenn sie das Bild des Wermuts gebraucht, um

---

[604] Eine konkrete Quelle für Junius' Zitat der Rede läßt sich nicht zuordnen, vgl. auch Mortimer, Models, S. 635-637.

[605] Vgl. Ochsenbein et al., Vom Schreiben im Galluskloster; Fina, Ortrun (Bearb.): Das Mariasteiner Anniversar. Totenbuch – Lebensbuch; Verz. d. Gedächtnistage im ehem. Augustinerinnenkloster Mariastein bei Eichstätt. Regensburg 1987.

das irdische Leiden, das sie schildern will und in akkumulierender Reihung zum Ausdruck bringt, heilsgeschichtlich zu interpretieren:

> Welches bichlein ich bilgig nenen und heissen kon / den bittern wermudthal / die weil nichts alls leidten schrecken / angst und trübsal darinen zu findten ist / dan disser thal voller wermut stengel steht / so voller kleinen knöfflein hengen welche gar bitter seindt aber den menschen gar gesundt, also ist leidten angst trübsal und wiedter werdigkeitt unseren Seelen / das aller beste kreudtlein / wan wir solches mit lieb und getult leidten und annehmen / dan es macht nicht allein unsere seelen gesund, sondtern bringt uns auch in die ewigen freud und selligkeit. (S. 7)

Junius ist, der Eindruck drängt sich aus den meisten Zeilen auf, keine hochgelehrte Autorin, und sie hat auch kaum den Ehrgeiz, als solche zu gelten. Frappierend an diesem Text aus dem Jahre 1633 ist die effektvolle Lakonie, mit der er Erleben einfangen will:

> Den 24. zu nacht / alls wir in der heilligen christmetten seint da hören wir ein mechtiges geschis / mit grossen stücken [=Kanonen] alls wan es donert / dessen wir von gantzen hertzen erschrocken seind / das wir balt nicht mehr hetten singen könen / dan wir haben nicht andters vermeint / dan der feind sey for forgam [=Forchheim] / alls wir aber in grosser angst und schmertzen unsser metten fort singen / da kumt die oberste wachmeister in unser metten / die lest uns sagen / wir sollen uns nicht förchten wegen des schissen / dan der fürst lass solches zu forgam thun / damit der feind solches höre / und die heillige nacht nichts anfange welches uns auff dis wiederum ein wenig trost geben hatt auch haben die feind disse nacht einen sigen [?] in die statt geschickt / und sagen lassen / sie wollen disse nacht bey uns sein / aber sie haben solches auff einen list gethon / dan der alten rothenhener zu rempelsdorf ist damals gestorben / welchen die edeleüt disse nacht begraben haben / deswegen haben sie ein geschrey in die statt gemacht / dan haben sie geförcht unsere soltadten alhie möchten solches erfahren / hin nauss fallen und sie vertreiben / welches in wahrheit geschehen wer / wan sie solches gewist hedten dan unser reutherey alhie / hat die gantze nacht gestrefft / wo die feind haben rein gewolt / aber sie haben keinen feind gesehen / also haben wir disses Jar / mit grossen schrecken, angst, forcht und trübsal beschlossen / dan die gantze zeit hero / alls es gewert / haben wir alle tag einen besondteren schrecken eingenumen / welches mir nicht müglig war alles zu schreiben / dan iedtermenetlich so disses list / kon wol denken was wir alls schwage [schwache] weibs perschonen die so weit da haussen gelegen seind haben aus gestanden / dan wir disse zeit gar wenig nacht wegen grosser forcht geschlaffen haben / auch hat man Bamberg getrodt / sie wollen erger mit uns umb gehen, alls sie mit würtzburg umb gangen seind, welches geschehen, also hat die würdige mutter disses Jar verheissen / wan uns die hoch gewenedeyte Jungfraw und mutter gottes / bey ihren lieben son erwerbe das wir in unsern clösterlein bleiben könen / so wol sie ihr alle sundtag durch das gantze Jar / die allerheilligste glorwürdigste procession des heilligen rossen krantz mit dem gesungenen magnificat und alle wegen den vers 3mal nach ein nandter singen deposuit potentes de sede * et exaltavit humiles[606] das ist: er

---

[606] Wenn hier nicht der Herausgeber das Latein der Schreiberin – als Zitat aus Lk 1,52 – geglättet hat, worauf er allerdings keinen besonderen Hinweis gibt, dann war Junius eine des Lateins kundige Schreiberin, was auch für Nonnen keineswegs selbstverständlich war, siehe etwa das verballhornte

hat die gewaltigen vom stul ab gesetzet: und die demüttigen erhöht, welches wir diss gantze Jar gottlob fleissig gehalten haben / auch die gantze zeit so die schweden seind da gewessen / haben wir es kein einiges mal under lassen / die weil wir sichbarlig gesehen haben und gespürt / das der gebenedeyten Jungfrawen maria unser gelübtnus, so wir ihr gethon haben angenem ist gewesen / dann wir gar oft in höchster gefahr gestandten seint / und alle zeit wiederumb so wunderbarlig erlöst und getröst seint / deswegen wir solches / nimant anders zu schreiben alls der gnedigen hülff gottes / und der fürbitt seiner alleliebsten mutter maria ammen. (S. 23ff)

Junius' Bericht gerät an dieser Stelle zunächst völlig außer Atem. Die Dynamisierung der Sprache will den Schrecken einfangen, den die Schwestern an diesem Heiligabend und danach empfunden haben. Junius erreicht dies nicht nur mit dem langen, die Syntax sprengenden Satz, sie nutzt dazu auch die Amplificatio „schrecken, angst, forcht und trübsal", um die großen Befürchtungen, die die Schwestern hegen, durch sprachliche Verstärkung abzubilden.[607] Auch andere, schon zitierte Stellen haben deutlich gemacht, wie sehr Junius – gerade in sie außerordentlich erregenden, ängstigenden Situationen – detailreich ihre eigene Perspektive oder die der Schwesternschar darlegt, man denke an die Stelle, an der sie sich als Ohrenzeugin des Jungen äußert, der froh ist, aus der Stadt herausgekommen zu sein, oder daran, wie sie von ihren Tröstungsaktionen gegenüber dem versteckten Seelsorger berichtet. Daß Junius aber dieses Erlebnis der gestörten Christmette nicht unmittelbar als noch Verängstigte aufschreibt, sondern daß hier eine Chronistin mit zeitlichem und emotionalem Abstand zum Geschehen berichtet, zeigt das Ende des langen Zitats, wenn Junius in Gebetsform vom Gelübde der Oberin gegenüber der Jungfrau Maria spricht. Ihr lateinisches Zitat aus dem Magnificat (Lk 1,46-55), mehr noch dessen deutsche Erläuterung gleich im Anschluß sprechen dafür, daß die Bamberger Dominikanernonne zumindest rudimentäre Lateinkenntnisse besessen hat.

Parataktische, staccatohafte Aufzählungen und Reihungen prägen auch später ihre Schilderungen besonders bedrohlicher Situationen. Mit diesen Mitteln erreicht ihre Sprache den Eindruck des Gehetztseins, der Atemlosigkeit, einer Atemlosigkeit, in der sich die Autorin beim Schreiben nicht mehr befand, die aber der parataktische, auf Evidenz setzende Stil wieder vergegenwärtigt. Ein einziger Satz zieht sich über mehrere Seiten:

Latein in Haidenbucher, Maria Magdalena: Geschicht Büch de Anno 1609 biß 1650. Publiziert in: Das Tagebuch der Maria Magdalena Haidenbucher (1576-1650), Äbtissin von Frauenwörth. Nach dem Autograph hg. und mit Anmerkungen, Nachwort und Registern versehen von Gerhard Stalla. Amsterdam/Maarsen 1988. Ob das bei Hümmer abgedruckte Sternchen (*) sich schon in Junius' Manuskript findet, erläutert Hümmer nicht.

[607] Wer die Chronik rezipiert, nimmt dann den umgekehrten Weg: Nur aus der sprachlichen Verstärkung der Angst durch den Stil der Beschleunigung und durch die pleonastische Aufzählung kann auf eine Erregung der Schwestern geschlossen werden. Vgl. zur Rhetorik von Gewaltdarstellungen des 17. Jahrhunderts vor allem Merzhäuser, Über die Schwelle geführt.

Aber das schissen hat angefangen umb 6 Uhr und hat gewert bis zu frü umb 1 Uhr / dan edtliche Burger seint auff den rathaus gewessen / die haben gar starck hinnüber auff die feind geschossen / das sich kein feind für die häusser herfür hat wagen törffen / dan sie haben sie geschwind nidter geschossen / welches wir alles gehort haben / und wan wir in die statt gesehen haben / so haben wir nichst alls feüer gesehen / das unser kloster licht darvon wordten ist / dan haben wir nicht andters gemeint / der gantze kaulberg sey hinweg gebrent / wie man uns gesagt hat wie sie so gar erbost seint / das man den acort gebrochen / sie werden keines menschen verschonen / sondtern alles nidter machen und die statt anzündten / ach was schrecken und todt angst haben wir damals eingenumen, ach wie wundterbarlige gedanken haben in uns gestridten dan wir haben nicht gewist, ob wir hinweg sollen oder da bleiben dan wir täglich die zeit herro / auch itzunt alle stund und augenblick des todts sein gewerdtig gewessen, welchen wir doch nicht so fast gesorgt haben alls etwas anders / doch haben wir uns in willen gottes ergeben / und uns gantz und gar auff die die hilff und barmhertzigkeit unsers geliebsten Breuttigam iesu verlassen / und stark müttig und bestendtig in unsern closter verblieben / auch hat man disse nacht / da haussen beym gericht / ein großes feüer geschürt / das die feind haben meinen solen es sey volck vorhanten / dan wir haben alle stund gemeint es werde uns volck zu hülff geschickt aber da ist kein mensch kumen / dan der der auf schuß der zu abens kumen ist und lermer gemacht hat ist aller aus gerissen / die Burger aber so noch auff dem rathaus gewessen / deren gar wenig gewessen seind, die haben sich gar ritherlich gewert/ umb 12 Uhr hat man in der statt umb geschlagen die Burger sollen auff das rathaus kumen / da sie auf den marck zamen kumen / seind ihrer 6 gewessen und da sie auff das rathaus kumen / seint ihrer noch 2 gewessen / aber auff dem rathaus seint nicht mehr alls noch 12 mener gewessen / die haben gesagt / wan nur noch 12 burger da weren / so wolten sie sich auffhalten bis es tag würdte / aber sie wollen nun auch hinweg gehen / also kumt unser schreiner umb 1 Uhr zu uns der auch auff dem rathaus gewessen ist / der sagt uns auch es sey kein mensch mehr auff der rathaus / sie seint alle hin weg gangen / was nun weidters geschossen werdte / das tuhe der feind / wan ihr salffa quarta Begehrn wollt so schickt nur balt hinnein / dan ehe es tag wird / so ist der feind uber der Brucken da haussen / derowegen wir nicht gewist haben / was wir vor angst und forcht thun sollen / allsbalt bin ich und noch ein schwester zu der mutter schaffnerin gangen / haben sie gebetten / sie soll umb gottes willen nur geschwindt umb ein salffa quarta bitten und schreiben / dan eh es tag wird / so ist der feind Bey uns / alls Balten hat sie dem obersten geschrieben umb salffa quarta / aber wir haben allsdan keinen menschen bekummen könen / der das sch[r]eiben het in die stat getragen / also seind wir in grosser angst und noth gewessen das wir weidter nicht gewist haben was wir thun sollen / alls wir aber in der höchsten noth waren / und es albereit umb 4 Uhr war / da kumt ungefer ein gertners knecht zu uns und spricht / er wolle seinen leib und leben wegen unser wagen und den Briff hin ein tragen / dessen wir von gantzen hertzen froh seind gewessen / haben nicht andters gemeint / unser geliebter Breüdtigam iesu schick uns Betrübten schwestern einen engel vom himmel zum trost / also haben wir in geschwind mit dem schreiben fort geschickt / Alls er hinein kumen / ist der oberste wiltensteiner, der sein quartir Bey der gans [Gasthaus] auf dem Markte gehabt / noch gelegen, hat geschlaffen / alls aber unser knecht gar lang warden hat müssen / hat er die köchin umb gottes willen gebetten / sie wolle doch den obersten auff wecken / sein Jungfrawen werdten sunst eben vor leyt sterben / disse hat es dem obersten allsbalt angezeigt / alls er solches gehört / hat er als Balt gesagt ist imant da auf meiner freündtschafft / da ist alls Balt ein edtel man zu ihm gang / der von stamen ein fux gewessen und unsers fürschten alhie vetter gewessen ist / hat zum obersten gesagt herr vetter hie bin ich / da hat er in alls Balten mit fünff muschcatirern herrauf geschickt die salffa quarta Bey uns halten / ach gott in was forcht und todt angst seind wir disse zeit gewessen / dan wir haben nicht andters gemeint der knecht sey umb kumen / deswegen wir alle augen blick des todes seyn gewerdig gewessen / dan wir stedtig gedacht haben / itzund kumen die feind und bringen uns umb / dar rein wir uns dan schon willig ergeben haben / und nach dem gnedigen willen gottes willig bereidt gewessen seint zu leben und zu sterben, wie so seiner göttlichen meyestat gefellig sey / alls es aber alberedt auff 7 uhr gangen / da seint edtliche schwestern im cor die sehen hin nauf / da sehen sie edtliche soltadten auff unser closter zu gehn und meinen die feind seint es / lauffen geschwind her rab und schreyen / ach, ach ihr lieben schwestern die feind kumen und gehn auff unser closter zu, ach last uns mit einandter in die stuben gehen und wan sie kumen um gnad bitten / odter aber mit einandter sterben, wie es dan gott haben will, alls wir nun in solchen großen Jamer seint / da kumt ein schwester, die spricht / seit getrost ihr lieben schwestern / der knecht kumt mit den soldadten / welcher unser schreiben hat hin nein tragen / diesse werdten unser salffa quarta seyn alls wir solches hörten, warten wir wiederumb ein wenig getröst, da wir aber ins rethfenster gingen und uns die soltadten so hertzlig weinen sahen / sprachen sie zu uns, wir sollten getrost sein und nicht weinen / es werde eüch kein leidt geschehen / auch sagt der edtelmann gar freündlich zu uns, sein gnediger herr vetter / lass allen Jungfrawen seinen grus vermelten / auch ihme anbefollen / neben den muschcatirern alhie salffaquarta zu halten / wir sollen uns durch aus nichts fürgten / es werde uns kein leidt geschehen / da haben wir uns zum höchsten gegen ihnen betanckt und ihnen alls Balt zu essen und zu trinken für getragen / wegen unser grosser freid das wir in unsern Closter bleiben dorfften, ach wer wart fröher alls wir / dan uns wart nicht andters / alls weren wir todt gewessen und wiederumb lebendig wordten / und wan wir nicht so frü salffaquarta bekumen hetten, so weren wir 3mal geblündtert wordten / ehe es mitag worden war / dan ein solches stossen und buffen an unser thor ist gewessen, das unsere salffaquarta zu schaffen gehabt, deswegen wir tag und nacht in grosser angst und noth gewessen. (S. 32-37)

Die barocke Rhetorik, auch die der Nicht-Gelehrten, ist eine Rhetorik der Theatralität, der Anschaulichkeit, der Bildlichkeit. Anschaulich und dramatisch wird das vergangene Erleben der Bedrohung hier durch den atemlosen Schreibstil, durch das Akkumulieren, durch Wiedergabe von Dialogen in wörtlicher Rede und durch die Antithetik von Gefahr und Entwarnung. Das Leid der Menschen wird auch in seinen optischen Folgen ausgemalt, etwa an der Stelle, an der sie vom Blut, das die Mauern herabläuft, schreibt:

Am dinstag den 14. Oktober haben die feind würtzburg eingenumen / aber das schlos noch nicht / dan sie sich gar riedterlich gewert haben / aber den 20. disses monet / an sankt lukastag haben die feind das schlos mit sturm gewunen und alles darnidter gemacht / dan ein solches mörtten geschehen ist / das ichs nicht genug schreiben / dan auff den Botten under dem techern [Dachböden] hat man auch die leüdt nidter gemacht / die sich alta verborgen haben / das das Bludt an der mauhern herrab gelauffen ist / so erschrocklig haben sie gehaust (S. 17f).

Junius will bestimmte leidvolle Kriegserfahrungen zukünftigen Generationen überliefern, und sie findet dafür überzeugungsmächtige Formen der Anschaulichkeit, der Bildlichkeit, der Amplificatio (u. a. „stark müttig und bestendtig" (S. 33) und des Vergleichs („welchen [den Tod] wir doch nicht so fast gesorgt haben alls etwas anders" (S. 33). Die Rhetorik der Juniusschen Chronik zu analysieren, bedeutet nicht, daß Junius' leidvolle Realitätserfahrung geleugnet und alles zur rhetorischen Konstruktion erklärt wird, sondern ausschließlich, daß alles, was schriftlich überliefert ist, unhintergehbar mit Diskursen verwoben ist und zwangsläufig, um sich verständlich zu machen, Formeln und Konstruktionen verwenden muß. Doch aus solcher Unhintergehbarkeit folgt keineswegs, daß es leidvolle Realität und damit notgedrungen leidvolle Realitätserfahrung nicht gäbe: Wahrnehmung und Erfahrung wird zwangsläufig zur Schnittstelle zwischen von Diskursen und Dispositiven geprägten Erwartungshaltungen und Deutungsmustern und den Einwirkungen der Außenwelt auf den einzelnen, wahrnehmenden Menschen.[608]

1.5. Krieg und Heilsgeschichte

An der Schnittstelle zwischen Rhetorik und persönlichem Erleben steht der Satz „dan mir nicht müglich gewesen alles zu schreiben" (S. 7), eine Formel, die in Variationen immer wieder auftaucht.[609] Oft auch finden sich Formulierungen wie „unaussprechliche forgt" (S. 80) oder „da ist ein solcher Jomer und wee klagen in der statt gewessen das es nicht aus zu sprechen ist" (S. 211). Der Topos der Unsagbarkeit, der hinter diesen Wendungen steht, ist ein wirkungsvolles rhetorisches Mittel zur Steigerung der Darstellung. Diese Formeln wollen den Lesenden das Ausmaß der Grausamkeiten, des Leidens oder der Furcht vor Augen führen, gerade dadurch, daß sie die Nichtdarstellbarkeit der Ereignisse betonen. Die Beteuerung des Unaussprechlichen, des Nichtdarstellbaren von Tod und Zerstörung ist ein nicht selten gebrauchtes Mittel der alltäglichen Rhetorik in Aussagen von Zeitzeugen des Dreißigjährigen Krieges.[610] Derselbe Topos findet sich auch in der Dichtung des 17. Jahrhunderts, etwa in Grimmelshausens *Simplicissimus*, wenn der Reiterüberfall auf den Spessarter Hof aus der verkennend-verharmlo-

---

[608] Vgl. zur frühneuzeitlichen Wahrnehmung u. a. Roeck, Bernd: Eine Stadt in Krieg und Frieden. Studien zur Geschichte der Reichsstadt Augsburg zwischen Kalenderstreit und Parität. Göttingen 1989, Bd. 1, S. 32ff und von Greyerz, Erfahrung und Konstruktion.
[609] Etwa „das mir nicht möglig wer alles zu schreiben" (S. 12, mit „müglich" statt „möglig" S. 15),„ „das ichs nicht genug schreiben" (S. 18), „was für ein elendt zeit gewessen ist wehr mir nicht müglich alles zu schreiben" (S. 172), „mir ist nicht müglig zu schreiben was für ein elent in der statt gewessen ist" (S. 180), „gar vil der gleichen und noch grössere martter haben sie den armen unschuldigen leüden angethon welches mir nicht müglich ist alles zu schreiben" (S. 198), „dan was wir auff das mahl für angst Jomer schrecken gefahr und todtsforcht haben gehabt und eingenuhmen ist mir nicht müglich alles zu gedenken vil weniger solches alles zu schreiben" (S. 221).
[610] Vgl. Theibault, Rhetoric of Death and Destruction; von Krusenstjern, Buchhalter, S. 143f.

senden Perspektive des kleinen Simplex geschildert und eben genau dadurch deutlich wird, daß die Grausamkeit solcher Überfälle nicht adäquat beschreibbar ist: Ein solches Verfahren „veranschaulicht die Schrecken des Krieges, indem es zeigt und zugleich nicht zeigt."[611] Die Greuel und die Leiden, so die Botschaft dieser Formulierungen, sprengen den Rahmen des Darstellbaren, des mit Worten Faßbaren. Das menschliche Sprachvermögen reicht nicht aus, den Schrecken, das Leid der Menschen einzufangen. Gerade dadurch, daß gar nicht versucht wird, die Grausamkeiten adäquat zu beschreiben, erscheinen sie als den Rahmen sprengend, als nicht mehr faßbar und letztlich auch nicht mehr heilsgeschichtlich – und damit heteronom und beruhigend – ausdeutbar: Während das Leiden am Krieg am Anfang des Schreibens noch in der Vorstellung des bitteren Wermuts, der als Arznei getrunken werden muß, sich auffangen läßt, fehlen heilsgeschichtliche Ausdeutungen und Reflexionen bei der Darstellung des konkreten Geschehens.[612] Die Chronik dieser Nonne zeigt somit, wie die Kriegserfahrung den Glauben an die Heilsgeschichte, an eine göttliche Weltordnung sprengt oder daß sie zumindest an ihm nagt. Gerade die Topik des „dan mir nicht müglich gewessen alles zu schreiben" spricht für diese These, denn Junius kommt an vielen Stellen ihrer Chronik an die Grenze des Sagbaren, und die Unsagbarkeitsformel taucht gerade in Selbstzeugnissen aus dem Dreißigjährigen Krieg sehr häufig auf.[613] Wer sie verwendet, macht deutlich, wie sehr, was geschildert werden soll, den Rahmen des Schreibbaren, des Vorstellbaren, des schon Dagewesenen, des Wiedererkennbaren, des der Ordnung Entsprechenden sprengt. Insofern zeigt sich hier ähnliches wie in den Kriegsdarstellungen der Grimmelshausenschen Romane: Wer etwa erlebt hat, was die Courasche beschreibt, vor allem im 12. Kapitel, der kann den Glauben an die göttliche Heilsordnung nur schwer aufrecht erhalten. Wenn hier Roman und Autobiographik verglichen werden, bedeutet dies keineswegs, daß die Romane im Sinne einer veralteten Grimmelshausen-Lektüre als Dokument, als Quelle gelesen werden. Es ist die Art der literarischen Konstruktion, auch das Auftauchen der Unsagbarkeits-Topik, in denen sich die ideologiezersetzende Wirkung der Stör-Erfahrungen[614] in Roman und Selbstzeugnis niederschlägt.

---

[611] Vgl. Merzhäuser, Über die Schwelle geführt, S. 81.
[612] Vgl. zur „Zerstörung der christlichen Weltordnung, [der] Auflösung aller Werte durch den Krieg" Battafarano, Italo Michele: „Was Krieg vor ein erschreckliches und grausames Monstrum seye": Der Dreißigjährige Krieg in den Simplicianischen Schriften Grimmelshausens. In: Simpliciana 10 (1988), S. 45-59, hier S. 58; und Knopf, Jan: Vorschein der Toleranz. Ansätze des Toleranzgedankens im Geschichtsdenken des 17. Jahrhunderts. In: Lessing und die Toleranz. Hg. v. Peter Freimark et al. Detroit/München 1986. Wenn sich die Furcht allerdings als unbegründet herausgestellt hat, finden sich in der Chronik wie in der oben breit zitierten Christmetten-Episode gelegentlich gebetsförmige Abschlüsse, vgl. Junius, S. 25.
[613] Von Krusenstjern, Buchhalter, S. 143.
[614] Vgl. Sloterdijk, Literatur und Organisation, S. 11f, vgl. hier Kap. I. C. 4.2.

1.6. Hexenverfolgung und persönliches Urteil

Manchmal erzeugen auch Konstruktionen eine leidvolle Realität – der Hexenwahn ist dafür eines der grausamsten Beispiele. Im Fürstbistum Bamberg wütete die Hexenverfolgung exzessiv[615], besonders gnadenlos unter Fürstbischof Johann Georg II. Fuchs von Dornheim (Regierungszeit: 1623-1633). Selbst die wenigen Rechtsregeln zum Schutz der in Hexenprozessen Beschuldigten wurden unter seiner Herrschaft verletzt.[616] Intensiv ging man auch gegen die Angehörigen der städtischen Obrigkeit, gegen Ratsmitglieder, Bürgermeister und Kanzler und deren Familien vor. Die Eltern der Maria Anna Junius, Helena Junius und der Ratsherr und Bürgermeister Johannes Junius, fielen dem Bamberger „trudten"-Brennen 1628 zum Opfer[617], also innerhalb der von Junius berichteten Zeit. Von dieser persönlichen Betroffenheit schreibt die Chronistin nichts. Vom Schicksal ihrer Eltern liest man keine Silbe, mit keinem Wort äußert sie sich zu den Methoden der Malefizkommission, an keiner Stelle legt sie sich – den Hexenglauben verurteilend oder bejahend, was in einer Zeit der Hexenhysterie durchaus möglich wäre – im Rahmen des Hexendiskurses fest.[618] Fällt sie also in dieser für sie so existenziellen Frage kein Urteil? Oder gibt es implizite Urteilsformen in ihrer Schrift? Die Auswahl der Ereignisse und die Reihenfolge ihrer Darstellung können den Lesenden durchaus Bewertungen nahelegen, ohne daß die Schreiberin explizit Stellung bezieht.

Aus den Jahren vor 1631, dem Herannahen der Schweden, berichtet die Dominikanernonne Weniges. Was sie berichtet, muß ihr besonders wichtig gewesen sein. Dazu zählt die Mißernte des Jahres 1626.[619] Junius beschreibt das frühe Ausschlagen der Vegetation und die späte Kälte um Pfingsten, die zum Erfrieren der Feldfrucht geführt und Teuerung und Hungersnot verursacht habe, gibt also

---

[615] Behringer, Hexenverfolgung, u. a. S. 238; Gehm, Hochstift Bamberg; Merzbacher, Friedrich: Die Hexenprozesse im Hochstift Bamberg. In: Ders.: Recht – Staat – Kirche. Wien u. a. 1989, S. 73ff; Renczes, Andrea: Wie löscht man eine Familie aus? Eine Analyse Bamberger Hexenprozesse. Pfaffenweiler 1990.

[616] Vgl. Merzbacher, Hexenprozesse im Hochstift Bamberg, S. 75; Renczes, Wie löscht man eine Familie aus?; Stickler, Andrea: Eine Stadt im Hexenfieber. Aus dem Tagebuch des Zeiler Bürgermeisters Johann Langhans (1611-1628). Pfaffenweiler 1994, S.47 und 76f; Leitschuh, Friedrich: Beiträge zur Geschichte des Hexenwahns in Franken. Bamberg 1883, S. 46; Dippold, Günter: Aspekte der ‚Hexen'-Verfolgung im Hochstift Bamberg. In: Bericht des Historischen Vereins Bamberg 135 (1999), S. 291-305, S. 299.

[617] Gehm, Hochstift Bamberg, S. 173 und 178.

[618] Entschieden widerspreche ich Woodford, Nuns as Historians, S. 132, die aus dem Eintrag, die Beschuldigten hätten zugegeben, den Fruchtschaden verschuldet zu haben (Junius, S. 12), schließt, Junius glaube an Hexen und ziehe die Aussage nicht in Zweifel. Vgl. dazu die weitere Argumentation hier im folgenden.

[619] Von der Mißernte im Jahr 1626 berichtet auch Haidenbucher, Geschicht Büch, S. 54, und Staiger, Tagebuch, S. 46.

einen natürlichen Grund für den Fruchtschaden an und führt ihn damit eben nicht auf Schadenszauber zurück:

> Im Jar 1626 hat es sich an sehen lassen alls wol gar ein guttes Jar kumen / dan der wein und alle früchten aus der massen wol gestandten seindt / auch die kirschen und wexel baum so vol gehangen seint / alls wan mans hinauff geschüdt het / und ist auch eine mechtige schöne warme zeit gewessen / aber die wochen vor pfingsten / alls wir eben unser kutten wesch gehabt haben / an sanct urbanus tag / da wirdt es mechtig kalt / dessen wir gar sehr erschrocken seind / und geförgt es möchte grossen schadten thun / dan alle frücht so gar erhaussen seint gewessen / das man solches woll hat förgten können / wie es hernacher geschehen ist / dan disse nacht ist es so Bickel hart gefrohren / alls wan es mitten im windter wer gewessen / also ist disse nacht alles erfrohren / wein getreid und obs / deswegen ein unaussprechliches wehklagen under dem volk gewessen / auch ist disses Jahr ein solcher hunger und teührung gewessen / das vil leüdt haben hungers sterben müssen / dan die armen leüt haben nicht genug kleyen Brott zu essen gehabt / des wegen ein solche armut und elendt under dem volk gewessen ist / das mir nicht möglig wer alles zu schreiben. (S. 11f)

Aus dem Jahr 1627 ist dann das Verbrennen der Hexen die einzige, recht ausführliche Meldung. Als Begründung für das Wiederaufkommen der Bamberger Hexenverfolgungen nennt sie „dan sie [die als Hexen Hingerichteten] haben bekent / das sie das vorige Jar alles ertrübt haben" (S. 12). Daß ihre eigenen Eltern hingerichtet wurden, übergeht Junius. Sie äußert sich höchst unpersönlich, ganz so als zitiere sie nur die Zeitungsmeldungen ihrer Tage:

> hat man alhie am tag der unschultigen kindlein / die kantzlerin und ihr tochter / auch 2 Burgameisters weiber / zum ersten ins thruthen haus gefürdt / nach dissem / seindt fast die aller stadtlichsten und fürnembsten leüdt alhie ins truthen haus gefürt worden / endtlich zum schwarzen Creutz gefürt / alta etlich 100 seindt gericht und verbrent worden / darunder vil für neme schöne Jungfrawen und Junge gesellen gewessen seindt / ob nun allen recht geschehen / ist allein gott bewust. (S. 13)

Das Aufsummieren der Verfolgten hört sich ähnlich an wie in der *Neuen Zeitung von sechshundert Hexen*, die 1630 in Bamberg erschienen ist:

> Wie denn in der Stadt Zeil ueber die hundert Menschen, darunter acht Raths-herren und zween Buergermeister mit ihren Weibern und etlichen Toechtern sind verbrannt worden, [...] Darauf der Cantzler und Doctor Horn, des Cantzlers Sohn, sein Weib, und zwo Toechter, auch viel vornehme Herren und Raths-Personen, sonderlich etliche Personen, die mit dem Bischoff ueber der Taffel gesessen, sind alle gerichtet und zu Aschen verbrannt worden.[620]

Diese und ähnliche Zeitungen können durchaus Junius als Quellen für ihre autobiographisch-chronikalische Schrift gedient haben. Anders allerdings ist bezeichnender Weise der wertende Grundtenor dieser Meldungen: Die *Neue Zeitung*,

---

[620] Abgedruckt in Behringer (Hg.), Hexen und Hexenprozesse, S. 260-263, hier S. 260f.

die mit „Bewilligung des Bischoffs und gantzen Thum-Kapitels in Druck gegeben" wurden ist, schürt die Angst vor dem Schadenszauber der Teufelsbuhlen:

> Darum, ihr lieben Haus-Vaeter und Haus-Muetter, ihr wollet auf euer Haushaltung sehen, und fuer solchen Leuten euch wohl hueten, denn das Vieh auf dem Felde nicht sicher ist, geschweig der Mensch, der zu Feld und zu Lande ziehen muß.[621]

Junius dagegen gibt zu bedenken, es könnten unter den vielen vornehmen, ehrenhaften und zum Teil wohl sehr jungen Menschen, die in die Verfolgungsmaschinerie der Malefizkommission geraten sind, Unschuldige sein, wenn sie ihren Eintrag zur Hexenverfolgung mit der stoßseufzerähnlichen Bemerkung endet „ob nun allen recht geschehen / ist allein gott bewust." (S. 13). Damit äußert sie zwar keinen grundsätzlichen Zweifel am Hexenglauben, was sie aber einem Zweifel und somit der Kritik unterzieht, sind die Methoden, mit denen Menschen im Rahmen der Malefizprozesse Hexen meinen erkennen zu können.[622]

Wenn die Chronik über die Hexenjagd auf Junius' Eltern unpersönlich berichtet und zurückhaltend urteilt, bedeutet dies nicht zwangsläufig, daß Maria Anna Junius zu eigenem Urteil nicht fähig wäre. Denn es muß nicht das Aufgehen im herrschenden Glauben sein, das sie zur Zurückhaltung zwang. Deutliche Kritik an den vom amtierenden Bischof geleiteten Verfahren konnte auch nach 1631, dem Ende der Verfolgungskampagne, immer noch gefährlich sein.[623] Zudem schrieb Junius nicht als Äbtissin oder sonstige Funktionsträgerin ihres Klosters, die für ihre eigene Person und deren Lebensgeschichte der herausragenden Stellung im Konvent wegen großes Interesse beanspruchen könnte, sondern sie schrieb als einfache Schwester für die Zwecke des Konvents und dessen Traditionsbildung, zentriert vor allem auf eine Geschichte des Krieges und des Verhaltens der Schwestern in diesem Krieg. Die Familiengeschichte ist daher im Rahmen des autobiographisch-chronikalischen Pakts der Maria Anna Junius von untergeordneter Wichtigkeit. Die Autorin konnte nicht unbedingt davon ausgehen, daß die Überzeugungskraft ihres Schreibens bei zukünftigen Bamberger Dominikanerinnen steigen würde, wenn bekannt wäre, daß ihre Eltern wegen Hexerei verurteilt wurden. Ihr Urteil ist darüber hinaus deutlich genug: Die Chronik berichtet erst die natürliche Ursache für die Mißernte des Jahres 1626, den späten Kälteeinbruch, und anschließend das Geständnis der Verdächtigen,

---

[621] Behringer (Hg.), Hexen und Hexenprozesse, S. 263.
[622] Ähnlich ist auch die Argumentation Spees gegen die Hexenverfolgung, vgl. u. a. Battafarano, Hexenwahn. Der Gedanke an die Unschuld der Verfolgten mag auch durch die Datierung auf den Tag der unschuldigen Kindlein verstärkt werden. Allerdings ist die Bezeichnung des 28. Dezember als „Tag der unschuldigen Kindlein" im bayrisch-katholischen Raum gängig, vgl. Staiger, Tagebuch, S. 337.
[623] Vgl. zur Seltenheit der Kritik und zur Verfolgung von Kritikern Stickler, Hexenfieber, S. 67 und S. 75f; vgl. zum Umgang der Bamberger mit Menschen, die sich gegen die Verfolgung von Familienmitgliedern zur Wehr setzten, vor allem Renczes, Wie löscht man eine Familie aus?, S. 59ff.

die Frucht verdorben zu haben.[624] Daß die Geständnisse unter der Folter erpreßt wurden, wußte Junius und wußten ihre Zeitgenoss(inn)en, da diese Praxis geltendem Recht entsprach, und der letzte Satz der Chronik zur Hexenverfolgung deutet den brutalen Umgang mit den Verdächtigen zumindest an:

> Disses brenen hat gewert /biss ins Jar 1631. Alls der Feindt nach Bamberg hat kumen wollen / da seindt noch 10 perschon in trudten haus gelegen / deren zum theil lenger alls Jar und tag / darinen gelegen seint / disse hat man alle wiederumb herraus gelassen / aber sie haben ein eyt schweren müssen das sie nichts sagen wollen / wie man mit ihnen umb gangen sey. (S. 13f)

Das heißt: mit ihrer Stellungnahme zur Hexenfrage äußert Junius ein eigenes Urteil, ihre Selbstrepräsentation vermag die eigene Person vom Schwesternkollektiv zu trennen, und die Autorin der Chronik leistet der katholischen Kirche, repräsentiert durch den Fürstbischof, durchaus nicht in allen Punkten bedingungslosen Gehorsam.[625]

Den Fürstbischof stellt die Chronik eher als von Unglück und übler Nachrede Verfolgten denn als schlimmen Verfolger dar. Schließlich war der Fürstbischof zwar von der Existenz von Hexen und von der Notwendigkeit, sie auszurotten, überzeugt, angetrieben aber wurde die excessive Verfolgungswelle von einem Teil der Räte, die in der Malefizkommission saßen und diese Tätigkeit zu machtpolitischen und wirtschaftlichen Zwecken nutzten.[626] Treibende Kraft der Bamberger Hexenverfolgung war auch der örtliche Weihbischof Friedrich Förner, in dessen Tod im Dezember 1630 einer der Gründe für das Abebben der intensiven Verfolgung gesehen werden kann.[627] Dazu paßt, daß Junius gegen Ende ihrer Chronik gerade im Zusammenhang mit einigen Räten der Stadt Bamberg urteilsstärker wird: Sie unterstellt ihnen Verleumdung der Klosterschwestern, da die Räte Gerüchte über mit dem Feind verbrüderndes Verhalten in Umlauf gebracht und zur Zeit der schwedischen Besatzung die Besatzungstruppen zum Eintreiben von Kontributionen im Kloster gedrängt hätten. Das Mißtrauen der Klosterschwester Junius gegenüber den Räten, die die Hexenverfolgung überstanden haben, kann auch daher rühren, daß gerade die in der Malefizkommission aktiven Räte die Verfolgungswellen überlebten, denn die Mitglie-

---

[624] Vgl. zu Mißernten und Hexenglaube Lehmann, Hartmut: Frömmigkeitsgeschichtliche Auswirkungen der ‚Kleinen Eiszeit'. In: Ders.: Religion und Religiosität in der Neuzeit. Göttingen 1996, S. 62-82.
[625] Im Dominikanerinnenkloster Vom Heilig Grab wurden auch zwei Kinder aus der Kanzlerfamilie Haan aufgezogen, nachdem ihre erwachsenen Verwandten nahezu alle der Hexenverfolgung zum Opfer gefallen waren, vgl. Renczes, Wie löscht man eine Familie aus?, S. 132.
[626] Renczes, Wie löscht man eine Familie aus?, S. 141ff.
[627] Schnapp, Karl: Stadtgemeinde und Kirchengemeinde in Bamberg. Vom Spätmittelalter bis zum kirchlichen Absolutismus. Bamberg 1999, S. 299.

der der Kommission ruhten nicht, bis verfolgungskritische Honoratioren mit nahezu allen Mitgliedern ihrer Familie hingerichtet wurden.[628]

1.7. Selbstkonzeption

Manchmal schreibt Junius ganz entschieden in der ersten Person Singular:

> In dissen Jar 1622 in monet November hab ich schwester maria Anna Juniusin / neben meinen zweyen mit schwestern ursula florentina tentzlerin und maria cordtula Neubigin dan sanct cecillia tag den heilligen ordten sankte dominice angelegt und disse wochen dar vor hat auch mein rechte schwester veronica hochzeit gehabt / dan alls mein vatter den herrn Dumbrobst und andere Dumherrn auff die hochzeit beruffen / und zugleig auff ein geistliche und weltliche gladten / haben sich verwundert und gelagt [wohl im Sinne von „gesagt"] / es sey ihnen ihr lebtag nicht geschehen / das sie von einem vatter an einen tag / auff seiner zweyen töchter hochzeit beruffen worden / eine ein geistliche Braudt / die andter ein weltliche. (S. 9f)

Meistens aber spricht sie vom Kollektiv der Schwesternschar, von dem sie sich nicht gesondert betrachtet. Die Person und das Erleben der Maria Anna Junius verbindet sich mit der Gemeinschaft ihrer Mitschwestern im Kloster. Wenn von Gefühlen, meist Angstgefühlen, berichtet oder aktives Handeln mitsamt einem Resümieren über die Beweggründe dargestellt wird, spricht sie meistens nicht für ihre Person allein, sondern für eine Gruppe:

> under dessen kumt uns schreiben von fürsten / wir sollen uns in der statt auss theillen / wan es die noth erfordtert/ oder aber wir sollen ihm schreiben / wo wir vermeinen / das wir sicher seint / so wol er uns dar zu behülfflich sein / aber disses schreiben hat uns gar wenig trost geben / die weil wir nicht gewist haben wo wir hin solen in so grosser angst seindt wir gewessen / da haben wir uns wieder mit einandter berathen / und mit ihr fürstlich gnadten wiessen und willen / haben wir alls balten ein schreiben nach Barreüdt der fürstin zu geschickt / und sie gebetten / sie wolle uns doch umb gottes willen / für unser armes Clösterlein ein salffaguardta zu wegen bringen / [...] so verhoffen wir sie / werdte uns arme schwestern in disser höchsten und krigs gefar auch nicht lassen / dan wir in grosser forcht leben / in sondterheit die weil unser armes Clösterlein sogar weidt von der statt gelegen ist / und noch vil kleglige word haben wir ihr geschrieben und den botten eilendts fort geschickt (S. 17).

Gerade aber die Beziehung zum Schwesternkollektiv ermöglicht erst die - auch auf die eigene Person hin orientierte – Chronik. Dies zeigt schon die Überschrift, die typisch ist für diese Art von Texten: „Kurze Verzeignuß was sich von Jar an 1622 alls ich schwester Maria Anna Juniusin ins Kloster zum heilligen grab bin kumen hat verlauffen": Erst als sie ins Kloster kommt, ist ihr Ich für ein solches Aufschreiben relevant. Erst wenn sie eintritt in die Gemeinschaft der Schwestern, läßt sich dieses Ich formulieren und wird dann auch wichtig: „ich schwester Ma-

---

[628] Gehm, Hochstift Bamberg; Renczes, Wie löscht man eine Familie aus?.

ria Anna Juniusin", das ist die Signatur für ihre Person, die ein Ich ist und eine Schwester, die einen persönlichen Namen trägt und dem Schwesternkollektiv angehört. Es ist auch die Signatur für die Verfasserin eines Berichts, für den sie das Interesse zukünftiger Generationen in ihrem Kloster beanspruchen darf. Das Kloster, das sie dazu verleitet, meist ‚wir' zu schreiben, ist also dennoch der Raum, der es ihr erlaubt, ‚ich' zu sagen und vom eigenen Leben eben genau die Zeit zu berichten, die auf den Klostereintritt folgt. Insofern entspricht Junius' geschriebene Selbstdarstellung als „ich" und als „Schwester" meiner Hypothese vom Heterologen frühneuzeitlicher Selbstkonstruktionen. Solche Selbstbilder beziehen sich auf ein Gegenüber, um sich zu rahmen, und nicht, um sich zu kontrastieren, aber eben auch nicht, um mit dem Rahmen untrennbar zu verschmelzen. Junius' Selbstkonzeption ist also heterolog in Bezug auf die Gemeinschaft der Mitschwestern.

Als Partner einer heterologen Selbstdefinition stünde auch Gott bereit. Schließlich definieren, wie sich im Vorkapitel gezeigt hat, Pietistinnen die eigene Person ganz entschieden gottbezogen und gewinnen aus dieser Form der Heterologie ihre Ich-Stärke. Doch in der Chronik der Dominikanernonne Junius spielt Gott eine erstaunlich kleine Rolle. Theologische Reflexionen fehlen vollständig, eine mystische Sehnsucht nach Verschmelzung mit Jesus wird in keiner Weise spürbar, Stoßseufzer zum Herrn finden sich selten, und nur durch den Wermutvergleich des Anfangs und aus der Berufung auf den heiligen Georg wird das geschilderte Leid in die Heilsordnung eingebaut. In direktem Gebet schließlich richtet sie ihr Wort an Gott erst am Ende des Schreibens: „verhoffentlich wierde er uns ein mal seinen götlichen friedten verleyen und geben doch nicht mein will sondern sein göttlicher wiel gescheh in allem ammen" (S. 223). Eine solche Abschlußwendung versucht an den Anfang wieder anzuschließen und am Ende dieses Textes die göttliche Heilsordnung wiederherzustellen. Dieses Verzeichnis, diese Chronik ist ganz offensichtlich kein Aufschreibesystem für theologische Debatten und Reflexionen, sondern eines für eine Klosterhistoriographie. Darüber hinaus braucht die schreibende Selbstkonstruktion der Dominikanerin Junius nicht Gott als einsamen Ansprechpartner, sondern die Gemeinschaft der Nonnen, Gott wird für diese Form des heterologen Selbstbildes erst vermittelt über diese Gemeinschaft wichtig.

1.8. Geschlechterkonstruktion

Selbstkonzeptionen sind auch geprägt von Geschlechterkonstruktionen. Junius beschreibt sich nicht als Frau im allgemeinen, sondern als Ordensfrau. Eine dichotome Aufteilung der Menschen in Frauen und Männer gibt es in Junius' Welt nicht, sie lebt in einer multipel stratifizierten Gesellschaft: Sie unterscheidet nicht nur zwischen Frauen und Männern, sondern auch zwischen Bürgersfrauen und Schwestern oder zwischen Katholik(inn)en und Protestant(inn)en. In einer katholischen Welt, die Frauen die Wahl ließ, Ehe- oder Ordensfrau zu werden und ihnen somit keine alternativlose und als ‚natürlich' bezeichnete Lebensweise vorschrieb, gab es keine Dichotomisierung der Geschlechter, sondern eine hierarchische Konzeption vom Menschen, die zwar immer Frauen als defizitär gegenüber Männer auffaßte, aber auch zwischen Frauen – und zwischen Männern – eine Hierarchie der Wertschätzung kannte.

Doch Junius' Selbstkonzeption als Ordensfrau ist nicht geschlechtsneutral, und sie ist parallelisiert zur Konzeption ‚Ehefrau': Im Einklang mit einer Tradition christlicher Bildlichkeit, die die Vereinigung des (männlich gedachten) Gottes mit der (weiblich gedachten) Seele in der Metapher des „matrimonium spirituale" faßt[629], metaphorisiert Junius ihren Eintritt ins Kloster als geistliche Heirat und vergleicht ihn mit der weltlichen Vermählung ihrer leiblichen Schwester Veronica. Ihr *verzeignuß* verzichtet aber darauf, eine unio mystica mit Gott in der körperlichen Braut-Bräutigams-Topik der Mystikerinnen (oder mancher Pietistinnen) auszumalen, im *verzeignuß* ist die Metapher verblaßt. Noch in anderer Weise zeigt sich, daß Ordensfrauen sich nicht als geschlechtslos, sondern als weiblich wahrnehmen, so spricht sie davon, daß der jungfräuliche Stand nicht einer einzigen Nonne ihres Konvents in den Kriegswirren verletzt worden sei:

> wie wol man uns vil übels hat nach gesagt kon ich es doch mit gott bezeugen das nicht einer einigen schwester unsers Convents das allergeringste so ihren Jungfrewlichen stand zu wieder wehre geschehen ist / ob die schweden schon täglich Bey uns seint aus und eingangen haben sie sich doch allezeit züchtig und ehrerbittig gegen uns gehalten dan ob sie Biesweilen alls grimige löben und Bern auff uns seint zugangen / so Balt sie uns gesehen und mit uns geredt haben seint sie alls gedultige und sanftmüttige lemblein gegen uns worden (S. 222).

Sie streitet also entschieden ab, es habe in ihrem Kloster sexuelle Nötigungen gegeben. Eine vergewaltigte Frau hat nach den Vorstellungen der Frühen Neuzeit ihre Ehre verloren, denn wäre sie eine sittsame Jungfrau gewesen, hätte sie, wie es Junius sich und ihren Mitschwestern zuschreibt, auch grimmige Löwen und Bären zu sanftmütigen Lämmlein umgestimmt.[630] An einer der ausführlich

---

[629] Roper, Das fromme Haus, S. 179; Dinzelbacher, Peter: Die Gottesgeburt in der Seele und im Körper. Von der somatischen Konsequenz einer theologischen Metapher. In: Variationen der Liebe. Historische Psychologie der Geschlechterbeziehung. Hg. v. Thomas Kornbichler und Wolfgang Maaz. Tübingen 1995, S. 94-128, vor allem S. 97. Auch Staiger und Haidenbucher sehen den Eintritt ins Kloster als geistliche Vermählung, vgl. Haidenbucher, Geschicht Büch, S. 45.

[630] Vgl. Rublack, Metze und Magd. Zeitgenössische Flugblätter ordnen den Löwen der protestantischen Seite zu (im Unterschied zum Adler, der für das Reich steht) (vgl. Harms, Wolfgang (Hg.): Illustrierte Flugblätter aus den Jahrhunderten der Reformation und der Glaubenskämpfe. Coburg 1983, S. 158f und 160f). In protestantischen Flugblättern wird dem Schwedenkönig der Löwe als Sinnbild der Stärke zugeteilt (vgl. Harms et al. (Hg.), Illustrierte Flugblätter, S. 114f und 124f; und Harms (Hg.), Reformation, S. 180f u. a.). Siehe dazu Tschopp, Deutungsmuster, S. 229ff. Möglicherweise übernimmt die Junius-Chronik hier das meist positiv gemeinte Sinnbild und wertet es für ihre Aussageabsicht um: Das Adjektiv „grimig" markiert deutlich die negative Bedeutung des „Lö-

zitierten Stellen der Chronik, an denen sie akzelerierend berichtet, heißt es, daß die Nonnen bei einem Überfall durch protestantische Truppen „etwas anders" mehr fürchteten als den Tod (S. 33), dieses andere muß sexuelle Gewalt durch feindliche Truppen gewesen sein. Insgesamt kann die Chronik der Nonne Maria Anna Junius durchaus als Apologie gelesen werden, als Apologie gegen zeitgenössische und spätere Verdächtigungen, die Nonnen hätten im Kontakt mit den Schweden ihre Jungfräulichkeit verloren.

Eine geschlechtliche Konnotierung steckt schon im Wort „Schwester", das Junius für sich und die anderen Konventualinnnen verwendet. Auch die Besuche der protestantischen Offiziere in Frauenbegleitung sprechen dafür, daß die Umwelt die Schwestern durchaus als Frauen wahrnahm, allerdings als eine spezielle, in protestantischen Kreisen wohl schon exotisch geltende besondere Spezies von Frauen. Die katholische Seite, etwa die Räte von Bamberg, kategorisierte die Schwestern ebenfalls als Frauen, denn Junius muß sich und ihren Konvent gegen Verdächtigungen durch Bamberger Bürger und Räte verteidigen, die Schwestern vom Heiligen Grab hätten die Beziehungen mit Schutzwachen und Besatzungsoffizieren allzu intensiv gepflegt.[631] Auch in Junius' Text sind die Schwestern Frauen, ganz deutlich wird dies in den zusammenfassenden Schlußbemerkungen, die betonen, „wie riedterlich wir alls schwage [schwache] weibsperschonen diese zeit gestridten haben" (S. 221).[632] Diese Formulierung zeigt ein Bewußtsein für antagonistische Geschlechtervorstellungen und für strategisches ‚doing gender': Daß Junius sich und ihre Mitschwestern als schwache Frauen bezeichnet, soll ihr – ritterliches, also als männlich-edel bewertetes – Verhalten umso mehr in den Vordergrund rücken, als es eben nicht das übliche für Angehörige ihres weiblichen Geschlechts und ihres Standes als Ordensfrauen ist. Die Verbindung von Ritterlichkeit und schwacher Weiblichkeit kann als Indiz dafür gelten, daß die Geschlechtervorstellungen in der ersten Hälfte des 17. Jahrhunderts einem Inferioritäts- und noch nicht einem Komplementaritätsmodell folgten. Junius und ihre Mitschwestern waren sich darüber, daß die Umwelt sie als Frauen – und Frauen wiederum als schwach – wahrnahm, durchaus bewußt. So meldet die Chronik, wie sich der Konvent gern als „unser armes Clösterlein" (u. a. S. 17), als Gruppe „armer schwestern" oder „alls schwage weibsperschonen" nach außen darstellt.

Diese Bescheidenheits- und Unterwerfungstopoi der Konventualinnen werden allerdings ganz deutlich strategisch eingesetzt, es sind „Listen der Ohnmacht"[633]: Die Bescheidenheitsformeln finden sich vor allem im Kontext von

---

wen" an dieser Stelle, schließlich wird der Löwe auch als Metapher des Zorns verwendet (vgl. Harms (Hg.), Reformation, S. 298f).
[631] Zu den männlichen Sexualphantasien, die Nonnen in der Frühen Neuzeit ausgelöst haben, siehe Roper, Das fromme Haus, S. 197.
[632] Ähnlich Junius, Verzeignuß, S. 24.
[633] Holdenried, „Ich, die schlechteste von allen."; Honegger, Heintz (Hg.), Listen der Ohnmacht.

Bittschreiben und von Verhandlungen, in denen die Schwestern das für ihren Konvent Günstigste erreichen wollen: Da sie ‚arme Schwestern' sind, müssen sie sich des Beistands auch einer protestantischen Fürstin wie der Markgräfin von Bayreuth versichern, appellieren sie an die Ritterlichkeit der Offiziere und können bei Kontributionen nur bescheidene Abgaben leisten. Weibliche Selbstverkleinerung wird so in Stärke umgemünzt und reklamiert – im Falle der Bamberger Klosterschwestern durchaus erfolgreich – Schutz. Die Schwestern verfügen also über eine Selbstkonzeption, die sich orientiert an den durch den Geschlechterdiskurs geprägten Möglichkeiten, die die Gesellschaft bereitstellt. Gerade diese strategisch-bewußte Orientierung an gesellschaftlichen Genderkonzeptionen ermöglicht die Selbsterhaltung der Chronistin und ihrer Mitschwestern.[634]

2. „Wenn ich S Clara staigerin geborn. in das closter komen Und was sich die jar fürnems begeben". Clara Staigers *Verzaichnus*

Clara Staigers Tagebuch[635] ist in gut kommentierter, zuverlässiger Neuedition erschlossen. Die Priorin des Augustinerinnenklosters Mariastein bei Eichstätt[636] betitelt ihre Schrift als *Verzaichnus. Und beschreibung Wenn ich S Clara staigerin geborn. in das closter komen Und was sich die jar fürnems begeben. und verloffen* (S. 43). Über 20 Jahre schrieb sie an dem Text, der wesentlich umfangreicher ist als die Junius-Chronik.

2.1. Inhalt und äußere Struktur

Staiger nennt am Anfang ihres Verzeichnisses den genauen Zeitpunkt ihrer Geburt (1588), ihren Taufnamen Catharina und ihren Eintritt ins Kloster im Jahre 1599, berichtet von Noviziat und Profeß. Sie verzeichnet die Sterbe- und Ernennungsdaten der Priorinnen des Klosters, notiert auch Krankheiten, plötzliche Genesungen und Todesfälle unter den Klosterschwestern. Den von Junius registrierten Kälteeinbruch im Jahre 1626 und die von ihm verursachte Hungernot und Teuerungswelle dokumentiert auch Staiger (S. 46) und berichtet für das Jahr 1627 von einem Massensterben, dem von ihr namentlich genannte Familienangehörige zum Opfer fallen.[637] Früh schon stören Kriegseinflüsse die Klosterordnung. Stai-

---

[634] Vgl. zur ähnlichen Strategie der Romanfigur Courasche Strobel, Courage der Courasche, S. 88. Vgl. zur Frage nach Genderkonzeptionen und ihrem Einfluß auf Wirklichkeitswahrnehmung und -beschreibung Schulte, Regina: Das Unerhörte einordnen. Textschichten in Zeugnissen des Dreißigjährigen Krieges. In: Dies.: Die verkehrte Welt des Krieges. Studien zu Geschlecht, Religion und Tod. Frankfurt a. M./New York 1998, S. 59-93, S. 59-93.
[635] Manuskript Cgm 5252 der Bayrischen Staatsbibliothek München.
[636] Augustinerinnenklöster werden von Priorinnen geleitet, dies entspricht der Struktur bei den Augustiner-Eremiten, vgl. dazu Heimbucher, Max: Die Orden und Kongregationen der katholischen Kirche, Paderborn 1933, Bd. 1, S. 542.
[637] Staiger, Tagebuch, S. 46. Vgl. dazu auch Haidenbucher, Geschicht Büch, S. 54.

ger berichtet von verschiedenen Fluchtbewegungen und der Unsicherheit, wohin die Klosterschwestern fliehen könnten. Die Klosterfrauen und ihr Besitz sind nicht nur durch schwedische Truppen bedroht, sondern auch durch kaiserliche Soldaten. Auch diese plündern und zerstören, und als sie 1632 aus dem klösterlichen Bauernhof fünf Pferde rauben, soll die damalige Priorin an dem Schrecken darüber verstorben sein. Zu ihrer Nachfolgerin wird Clara Staiger gewählt.

Nach ihrer Wahl zur Priorin wird die Chronik ausführlicher, eine annalistische Präsentation weicht jetzt gänzlich einer diaristischen. Die Autorin dokumentiert das tägliche Wirtschaften im Kloster, indem sie Kosten aufzeichnet und Alltagstätigkeiten beschreibt. Gerade in den ersten Jahren legt sie großen Nachdruck auf die Darstellung klösterlicher Riten und ihrer Ordnung. Das Kriegsgeschehen mit den Fluchten der Schwestern, den Überfällen und Plünderungen durch kaiserliche wie feindliche Soldaten, den Hungersnöten und Seuchen wird verzeichnet, notiert werden Pläne, Kosten und Fortschritte des Klosterwiederaufbaus. Staigers Schrift dient darüber hinaus auch als tägliches Klagebuch der Priorin, die ihren Zeilen die Kriegsnot, aber auch die Reibereien mit den benachbarten Klosterherren von Rebdorf anvertraut. All dies präsentiert sie diaristisch nebeneinander und ineinander verflochten, wobei sich die Gewichte im Laufe des Schreibens verschieben: Am Anfang nehmen die Beschreibungen der klösterlichen Riten breiten Raum ein, in akuter Kriegsgefahr häufen sich die Eintragungen über die Störungen des Konventlebens, und nach der Zerstörung des Klosters 1634 eher die Notate über Schwierigkeiten des Wiederaufbaus und des nahen Zusammenlebens mit den Herren von Rebdorf. Nach 1645 schreibt Staiger krankheitsbedingt mit längeren Eintragungspausen. Ihre Schrift wird wesentlich kürzer, knapper und raffender, zum Teil schreibt sie jetzt auch wieder in Jahres- oder Monatsrückblicken.

2.2. Der autobiographisch-chronikalische Pakt und das Schreiben in einem Beziehungsfeld

Die schon zitierte Überschrift und die ersten Seiten des Staigerschen Diariums zeigen deutlich den Kontext dieser Schrift: Sie ist beeinflußt von den Traditionen der Verzeichnis-Schriften der Klöster und von Familienchroniken. Denn anders als die Bamberger Dominikanernonne Junius erwähnt Staiger die wichtigsten Daten ihrer Familiengeschichte, etwa die eigene Geburt oder den Tod ihrer Großmutter und ihrer Eltern. Zugleich aber ist all dies auch wichtig in einer Datensammlung des Klosters: Die Priorin rechtfertigt ihre führende Stellung in der Ordensgemeinschaft mit Hilfe eines würdigen Familienhintergrunds und indem sie ihren frühen Eintritt in den Konvent und ihre Entwicklung zur vollwertigen Nonne dokumentiert. Ihre späteren Aufzeichnungen zeigen darüber hinaus, daß gerade in Notzeiten die Beziehungen der Klosterschwestern zu ihren Familienangehörigen eine entscheidende Rolle für die finanziellen Ressourcen des Konvents spielen: Familienangehörige senden Almosen und Spenden an die aus Kriegsgründen völlig verarmte Schwesterngemeinschaft. Kloster- und Familienchronik berühren sich bei Staiger auch deshalb, weil sie von einer ganzen Reihe von weiblichen Familienangehörigen berichten kann, die in den Mariasteiner Konvent eingetreten sind. Dieses Kloster hat der Familie Staiger dazu gedient, nichtheiratenden Töchtern einen dem Stand entsprechenden Lebensunterhalt zu sichern. Wenn Staiger in die Geschichte des Klosters die ihrer Familie einschreibt, stärkt sie die Stellung zukünftiger Familienmitglieder im Orden.[638]

Vor allem aber markieren die Überschrift und der erste Teil des Textes den autobiographisch-chronikalischen Pakt des Schreibens: Staiger verzeichnet nicht nur, „was sich die jar fürnems begeben. Und verloffen" (S. 43) – damit schließt sie die klosterchronikalische Seite des Pakts mit möglichen Leser(inne)n –, sondern eben auch „Wenn ich S Clara staigerin geborn. in das closter komen". Staiger beginnt ihre Chronik somit im Zeichen des eigenen Namens und der persönlichen Lebensdaten und bietet damit die autobiographische Seite des Pakts an. Mit der Selbstbezeichnung „ich S Clara staigerin" charakterisiert sie die eigene Person und ihr Schreibinteresse an dieser Person mit der gleichen Formel, die wir bei Junius schon kennengelernt haben. Sie formuliert sich als Ich, das einen eigenen Namen trägt. Doch dieses Ich ist durch die Zugehörigkeit zu einer oder mehreren Gemeinschaften, zum Kloster und zur Familie, und durch seine Funktion innerhalb dieses Netzwerks näher gekennzeichnet.[639] Dies zeigt sich deutlich am an prominenter Stelle genannten Namen. Die Zugehörigkeit zur Gruppe der Schwestern gehört – als „S" – so sehr zur Signatur, daß die Überschrift Staiger schon beim Geborenwerden als Schwester bezeichnet: „Wenn ich S Clara staigerin geborn". Das heißt es gibt keine Entwicklung hin zum Schwesternsein, sie ist eine Schwester, und weil sie es ist, muß sie es von Anfang an sein.[640] Im Rahmen dieses Beziehungsgeflechts funktioniert auch ihre Autobiographik, ihre Selbstkonstruktion und der autobiographisch-chronikalische Pakt, den sie mit Lesenden schließt: Es ist nicht einfach das Ich, das autobiographische Relevanz erwarten und das Interesse von Leser(inne)n einfordern kann.[641] Es ist das Ich der Clara Staiger, die Priorin eines Klosters ist. Sehr wahrscheinlich hat sie erst als

---

[638] Vgl. zum Zusammenhang von Kloster- und Familienchronistik Pomata, Partikulargeschichte und Universalgeschichte, S. 24f. Auch die chronikalischen Blätter der Sophia Albertz präsentieren in einem ersten Abschnitt die Daten des eigenen Lebens, und dies sind einerseits Daten der Familiengeschichte, z. B. die Todesdaten von Vater und Mutter, und andererseits Daten des Klosterlebens, z.B. der Eintritt ins Kloster, das Ablegen der Profeß und der Zeitpunkt, zu dem sie Priorin geworden ist. Zu den Beziehungen zwischen Klöstern und Familien siehe Roper, Das fromme Haus, S. 179ff.
[639] Zum Schreiben innerhalb eines Beziehungsgeflechts siehe auch Jancke, Clara Staiger – La Priora.
[640] Lugowski, Form der Individualität, S. 66ff.
[641] Die Klosterchronistinnen erwarten nahezu ausschließlich das Interesse von Leserinnen, nämlich von zukünftigen Schwestern des Konvents.

Priorin das Verzeichnis zu schreiben begonnen[642]: Alle Ereignisse davor sind in rückblickender Kürze dargestellt, das staccatohafte Notieren völlig verschiedener unmittelbarer Erlebnisse in zum Teil großer Ausführlichkeit beginnt erst nach der Wahl zur Priorin im Jahre 1632.

Mit wem schließt dieser 543 Manuskriptseiten starke Text einen autobiographisch-chronikalischen Pakt? Wer waren die Lesenden, an die Staiger dachte? Von welchen Lesern oder Leserinnen konnte sie ein Interesse an den vielen verschiedenen Einzelheiten erwarten? Sie rechnete sehr wahrscheinlich mit sich selbst als Leserin, mit Angehörigen des eigenen Klosters zu ihren Lebzeiten und danach und mit männlichen Aufsichtspersonen, die in sogenannten Visitationen Rechenschaft über einen gottgefälligen und den Regeln und Gelübden entsprechenden Klosteralltag verlangen konnten.[643] Sie selbst las möglicherweise ihr Verzeichnis, um sich in späteren Zeiten über einzelne Ereignisse zu informieren. Die Schaffnerin und sie lebten und wirtschafteten durch die Kriegsumstände bedingt oft an verschiedenen Orten, eine spätere gemeinsame Abrechnung fiel leichter, wenn Staiger auf Notizen über das eigene Wirtschaften zurückgreifen konnte.[644] Auch im Verhältnis zu Angehörigen von Klosterschwestern, etwa bei Auseinandersetzungen um Erbfälle, konnten sich Notate finanzieller Einzelheiten als nützlich erweisen. Eine Memoria über Fragen des klösterlichen Ritus erscheint gerade in den wechselhaften Zeiten des Krieges als erforderlich, und Staiger konnte sich, wenn sie von kirchlichen Autoritäten – oder auch von Angehörigen ihres eigenen Konvents – zur Rechenschaft über bestimmte Entscheidungen gezogen wurde, auf die Eintragungen in ihrem Tagebuch stützen. Das Tagebuch diente also als Archiv einer Entscheidungsträgerin und einer Rechenschaftspflichtigen: in wirtschaftlichen Fragen, in solchen der Klosterordnung und im Rahmen der Kirchenhierarchie.[645]

Darüber hinaus wird es im Laufe des Schreibens immer mehr zum Sammelbecken für Stoßseufzer der bedrängten Priorin, Stoßseufzer, die sie selbst meist mit „NB", das heißt notabene, als Randbemerkung kennzeichnet. Der Krieg bedroht das Leben jeder einzelnen Schwester und den Zusammenhalt des Klosters in vielfältiger Weise: Nonnen werden von Soldaten überfallen, die Felder werden zerstört und Vieh geplündert und die Schwesternschar damit zeitweise an den Rand einer Hungersnot getrieben, das Klostergebäude niedergebrannt und die Gemeinschaft in verschiedene Behelfsunterkünfte auseinandergezwungen. Der

---

[642] Davon gehen, obwohl Staiger dazu selber keine Hinweise gibt, auch Fina in Staiger, Tagebuch; Jancke, Clara Staiger – La Priora; Krusenstjern, Selbstzeugnisse; und Woodford, Autobiographical Writings aus.
[643] Vgl. ähnlich zu den chronikalischen Selbstzeugnisses des 17. Jahrhunderts im allgemeinen von Krusenstjern, Buchhalter, S. 139.
[644] Jancke, Clara Staiger – La Priora.
[645] Zur Archivierung von Schreibkalendern und Machtfragen vgl. auch Meise, Diaristik, S. 710 und 716f.

Krieg belastet auch das friedliche Neben- und Miteinander verschiedener Klostergemeinschaften in der Umgebung Eichstätts, gerade die Abhängigkeit vom Stift des Augustinerordens in Rebdorf lastet schwer auf Clara Staiger, da die Klosterherren Staiger und die Mariasteinerinnen ihre Macht spüren lassen:

> An der leczten knöpffles[=Klöpfleins-, Anklopfs-]nacht bin ich mit den Sn [Schwestern] zur h.meß widerumb hinauff / Und nach der selben mit der schaffn. und noch 2 Sn zum w.vatter [=würdiger Vater, d.h. Prior, Propst] gangen haben abermaln umb gnad und die H.meß betten / darnach auff sein anweisen P.supprior / P.schaffner und ein jetlichen in sonderhait fueß fallent / die mir antreffen kinden / mit vil wainen und zechern / das doch in bedenckung unsers grösten ellents / mit der h.meß welle das böste thon / haben von allen guetten bescheid / aber ich von P.supprior durch unwürdige verclainerung [=Geringschätzung] einen üblen nachklang bekhomen NB (S. 192).

Die Chronik meldet immer wieder Furcht, Jammer und gelegentlich Ratlosigkeit, wie Staiger die Probleme ihrer Klostergemeinschaft meistern soll. Das Schreiben wird unter solchen Umständen zu einem Mittel des Überlebens, zum Erhalten der eigenen Person, die sich mit ihrem Tagebuch ihrer selbst vergewissern muß, die ihr von allen Seiten bedrängtes Ich mit seinen disparaten Erlebnissen auf diesen Seiten zusammenträgt, die – als Zeichen ihrer eigenen Person – ihre Leistungen und Stoßseufzer ‚aufsammelt'. Aufsammeln und zusammenhalten sollte das Verzeichnis aber gleichzeitig auch die Schwesterngemeinschaft, die aus Kriegszwängen an verschiedenen Orten verstreut war und deren Zusammenhalt zwar wohl auch im Bewußtsein der einzelnen Nonnen existierte, aber eben auch ganz manifest im Tagebuch der Priorin. Die Chronik wird somit zu einem virtuellen Konvent: Aufgesammelt, gespeichert, überliefert wird möglichst viel aus dem Leben einer bedrohten Gemeinschaft. Möglicherweise sind auch schon die Teile, die sich – vor den Fluchtbewegungen – so ausführlich mit der Klosterordnung befassen, Ausdruck einer Furcht vor dem Verlust dieser Gemeinschaft und des Versuchs, sie zu bewahren.[646] Der Text enthält aber ausgiebig auch die erste Person Singular, Staiger schreibt sich nicht nur als diffusen Teil einer Gemeinschaft, sondern auch als eigenständige Person in dieses virtuelle Kloster ein. Von ihrer Art der Selbstkonstruktion wird noch zu reden sein.

Das Tagebuch einer Entscheidungsträgerin ist nicht nur für sie selbst von Bedeutung, es ist relevant auch für ihre Mitschwestern und für zukünftige Angehörige des Klosters. Eingebunden ins Klosterarchiv, kann es für den Konvent ähnliche Funktionen übernehmen wie als persönliche Memoria für die Priorin: Es konnte bei finanziellen und juristischen Auseinandersetzungen helfen, der Rechtfertigung im Rahmen der Kirchenaufsicht und der Traditionsbildung in Fragen der rituellen Ordnung dienen. Wenn die Schwestern sich vor kirchlichen Vorgesetzten rechtfertigen mußten oder wenn es um Fragen legitimierender Verfahren,

---

[646] Zu Klosterriten als Ausdruck der Gemeinschaft Roper, Das fromme Haus, S. 203f.

etwa Wahlen von Priorinnen und anderen Funktionsträgerinnen, ging, konnten die Schwestern und die Kirchenaufsicht im Verzeichnis der Clara Staiger nachlesen, wie bestimmte Fälle in Staigers Zeit gehandhabt wurden.[647] Staiger schrieb also einerseits aus pragmatischen Gründen des Wirtschaftens und der Klosterverwaltung, andererseits aus Gründen einer bewußten Traditionsbildung innerhalb der Gemeinschaft des Konvents. Sie schrieb darüber hinaus aber nicht nur für das Archiv ihrer Klosters, sondern auch zu ihrem eigenen Trost. So sind gerade die schwierigsten Jahre, 1633 und 1634, sehr ausführlich behandelt.[648] Wenn die Ereignisse so wirr aufeinanderfolgend registriert sind, wie sie im unmittelbaren Kriegsalltag erlebt wurden, und die Chronik Auseinandersetzungen innerhalb des Klosters und mit den Rebdorfer Augustinern, denen die Aufsicht über das Kloster Mariastein oblag, aufzeichnet, kann die Autorin kaum eine bewußte Traditionsbildung mehr im Auge gehabt haben, sondern schrieb in solchen Momenten an einem Buch der Selbstvergewisserung. Das Verzeichnis ist somit die autobiographische Chronik einer Klostervorsteherin, die sowohl der Rechtfertigung vor anderen als auch der Selbstvergewisserung dient.

In welcher Beziehung steht das Schreiben der Klosterfrau zu Gott? Liefert es eine Rechtfertigung des klösterlichen Handels vor ihm? Ist es Bekenntnis vor Gott oder Beichte?[649] Immer wieder finden sich – als Resümee am Ende eines Jahres, nach der Darstellung eines traurigen Ereignisses oder im Zusammenhang mit Staigers Stoßseufzern – kurze Gebetsformen wie:

> unser lieber Herr geb gnad das mir künfftigs jar / Das Capplonei gelt erheben / und damit die H.meß wider legen [=vergüten] / welches derzeit unmüglich weiln mir Drei gantzer jar nit ainigen haller zünß gehabt / sunder nur vom pitter sauren ersamelten H.allmueßen baut und gehaußt (S. 223)

oder:

> gott welle uns vetterlich zue hilff kommen / und ein guets jar verleihen Amen (S. 238)

oder

> O des langwerenden und wol verschulten ellents / Gott welle uns zue hilff khommen (S. 240)

oder

> ist ein nasser schnyt gewesen / und kalte hundtsteg [Hundstage] / mit vil wetter und schaur / das an thails ortten grosser schaden gethon / gancze heusser müln und ste-

---

[647] Eine ähnliche Funktion der Tagebücher von Regentinnen weist Meise, Schreibkalender, nach.
[648] Vgl. zu Diarien als „Zuflucht in einer ausweglosen Situation" auch Meise, Schreibkalener, S. 713f und Meise, Diaristik. Zur Doppelfunktion der Staigerschen Chronistik als Informationsspeicher und Medium der Selbstvergewisserung vgl. auch Woodford, Autobiographical Writings, S. 55.
[649] So Jancke, Clara Staiger – La Priora.

del hingfleßt [fortgeschwemmt] / und hernach vil leuth todt gefunden worden Gott trost die lieben seeln / (S. 280).

Wenn sie sich von den Rebdorfern ungerecht behandelt fühlt, gibt sie ihrer Hoffnung Ausdruck: „Gott well mirs mit gnade helffen uberwinden" (S. 191). Insgesamt aber lassen auch diese Gebetspassagen nicht den Eindruck aufkommen, das Verzeichnis wäre eine Konfession vor Gott oder diente dem Zwiegespräch mit ihm. Schließlich braucht Gott, da er allwissend ist, keine menschlichen Verzeichnisse als Hilfsmittel. Das zeigt sich, wenn Staiger über eine Auseinandersetzung unter den Klosterfrauen schreibt „Was ich daruntter außgestanden / ist gott allein wissent" (S. 189).[650] Da das Tagebuch aber auch zum Aufzeichnungssystem für ein Selbstgespräch wird, das teilweise in ein Gebet zu Gott übergeht, sind die Gebete Teil des Verzeichnisses. Das Buch als Ganzes ist aber keine Beichte vor einem allwissenden Gott, sondern eher eine Datei für Menschen, die gerade nicht allwissend und nur zu partialem Gedächtnis fähig sind. Dafür spricht auch, daß Staiger an keiner Stelle im Diarium die eigene Sündhaftigkeit reflektiert. Schuldbekenntnisse erfolgen vor den Beichtvätern, und ein Verzeichnis ist kein Ort für eine theologische Reflexion, es ist der Ort der Memoriabildung und der Selbstvergewisserung im Kontext der Klostergemeinschaft.

2.3. Sprache und Struktur

Ein Verzeichnis wird nicht aus künstlerischen, sondern aus pragmatischen Gründen verfaßt. Staigers Chronik kennt auch keinen überschießenden Darstellungswillen, das heißt die Formulierung der einzelnen Notate scheint der Autorin gleichgültig gewesen zu sein. Sie schreibt mundartlich, Parataxe herrscht vor. Einzelne unvollständige Sätze und häufiges schlicht aufzählendes Aneinanderreihen lassen vermuten, daß die Priorin ihre Einträge gelegentlich hastig und flüchtig vorgenommen hat. Spuren von rhetorischem Schmuck oder von emblematischem – oder auch nur am Rande bildlichem – Schreiben finden sich kaum. Staigers Tagebuch dokumentiert zwar den emblematischen Predigtstil ihrer Zeit, wenn es von der Predigt eines Jesuitenpaters, die Staiger im Oktober 1633 erlebte, berichtet. Der Pater habe

> [u]ntter anderm erzelt / das in ankunfft unsers volcks ein schnee weisse tauben umb das schlos herumb geflochen aber von den kraen [Krähen] hart durchhecht und verfolgt worden. Letzlich hab sie sich untter s.Willibaldus glockhen Salvirt / Nach dem die kraen Hinweck / hab sich die tauben im flug noch 2 oder 3 mal sechen lassen und

---

[650] Die Ähnlichkeit von Staigers Ausdrucksweise mit „ist allein gott bewust" bei Junius, Verzeignuß, S. 13, siehe oben, und „dz weis allein Gott" bei Haidenbucher, Geschicht Büch, S. 162, siehe im folgenden, zeigt, daß dies eine topische Formulierung zur Ausdruckssteigerung in herausgehobenen Situationen ist. Auch diese Formulierungen gehören zum Topos der Unsagbarkeit, der mit seiner Funktion bei der Analyse des Junius-Textes oben dargestellt ist.

darnach nymmer / Welches man auff unser Edle H.stifftspatronin Walburga deüth / die welle uns weitter durch ir H.fürbith in göttlichen schucz erhalten. (S. 105f)

Der Jesuit faßte also die Realität in einem mit Bedeutung aufgeladenen Bild, in der topischen Antithese von Taube und Krähe[651], legte dieses Bild dann emblematisch aus und versah diese Auslegung mit einem auf die Realität bezogenen Appell zum Durchhalten, zum Vertrauen in die katholische Sache. Solches Argumentieren in Bildern scheint Staiger zwar beeindruckt zu haben, sonst hätte sie darüber in ihrem Tagebuch nicht geschrieben. Sie selbst aber nutzt eine solche Schreibweise nicht, sondern notiert konkrete Einzelheiten und Daten, die ihr – als einzelne Ereignisse – jedoch nicht heilsgeschichtlich bedeutsam erscheinen, sondern nur wichtig in ihrer konkreten, unmittelbaren Bedeutung für die Sicherung des eigenen Lebens und des Überlebens der Gemeinschaft. Staigers Verzicht auf metaphorisch-emblematisches Schreiben hat nichts mit ihrer Geschlechterkonzeption zu tun, denn auch Frauen verwenden, das haben schon die bisherigen Textanalysen gezeigt, Bildlichkeit in ihren Argumentationen. Staiger dokumentiert auch dies, wenn sie ein Schreiben der Schaffnerin erwähnt, die die Zerstörung des Klosters mit der Jerusalems vergleicht (S. 130). Wenn Staiger das einzelne Ereignis nicht emblematisch-heilsgeschichtlich ausdeutet, nimmt sie die Kriegsereignisse nicht durch ein tröstendes Weltdeutungsmuster geschützt wahr.

Staigers Wahrnehmungsraster kennt die Differenzierung zwischen Freunden und Feinden, aber in ihrer Bewertung und Kommentierung des Geschehens kommen „Die unsrigen" oft nicht besser weg als die „feindt":

Die unsrigen sein umb vil vil 1000 Mann störckher gewesen / Haben aber wenig außgericht / sunder nur land und leuth / wo sie hinkomen / verderbt / kirchen und clöster mehr als der feindt selbsten beraubt und sein biß in dritte monat / gegen ein ander vor Nürnberg gelegen (S. 61f).

Formulierungen wie die, daß die Freunde schlimmer hausen als die Feinde, finden sich nicht nur in Staigers Tagebuch, sie tauchen in nahezu allen hier untersuchten Chroniken aus dieser Zeit auf. Daß sie in Berichten aus dem Dreißigjährigen Krieg üblich sind, zeigt unter anderem auch die Rede des Schwedenkönigs Gustav Adolf, die die Junius-Chronik wiedergibt, auch dort findet sich, dem König in den Mund gelegt, eine solche Formulierung (Junius, S. 85).

Als Ganzes jedoch sind die Ereignisse aufgehoben in Staigers katholischem Weltbild: Die Kriegsgreuel deutet sie, wie zu ihrer Zeit topisch, als Strafe Gottes

---

[651] Vgl. dazu u. a. Henkel, Arthur und Albrecht Schöne (Hg.): Emblemata. Handbuch zur Sinnbildkunst des XVI. und XVII. Jahrhunderts. Ergänzte Neuausgabe, Stuttgart 1976, S. 856f; zur weißen Taube als Sinnbild des Friedens Petzoldt, Das Leben – ein Fest, S. 176. Solch emblematisches Predigen darf aber keineswegs als rhetorischer Formalismus gelten, im 17. Jahrhundert gilt die Welt als lesbar an solchen und anderen Zeichen, vgl. Blumenberg, Hans: Die Lesbarkeit der Welt. Frankfurt a. M. 1981.; Roeck, Eine Stadt in Krieg und Frieden, S. 32ff; und von Krusenstjern, Prodigienglaube und Dreißigjähriger Krieg.

und als förderlich fürs Seelenheil.⁶⁵² Aber je weiter der Krieg fortschreitet und mit ihm die Schwierigkeiten wachsen, desto seltener werden solche Bemerkungen in Staigers Diarium. Die fortwährende Kriegsnot wird nicht mehr göttlichem Strafwillen zugeschrieben. Was die Junius-Chronik schon vermuten ließ, bestätigt Staigers Tagebuch: Die Ereignisse des Krieges stellten Stör-Erfahrungen⁶⁵³ dar, die einer Theodizee allergrößte Schwierigkeiten bereiten.

An mindestens einer Stelle finden sich in dem ansonsten so nüchtern-schlicht notierenden Text auffallend rhetorische Mittel. Einen plötzlichen Überfall auf die Stadt Eichstätt im Februar 1634 führt sie in akkumulierendem, starke Vergleiche nutzendem und damit intensivierendem Stil vor Augen:

> [U]ntter dißer zeit sein die geistlichen / vil burger / baurn / weib untte kinder dem spital thor zue geeilt / haben ir zuflucht wellen nach hoff nemen / aber mit dem auffsperren hat man nit zugehalten / wie inen versprochen worden / sonder verhinttert biß uber die 1000 menschen zusamen komen / und der feindt gleich hinder in geweßen / hat einer das schloß auffgehackt / darauff alles mit und untter einander hinauß trungen / und ist (wie sy darvon gesagt und unser Herr beichtv. selbs auff s. Petters berg gesechen) ein solcher jamer geweßen / der unmüglich zu erzeln / nit weniger zu beschreiben Die leüth haben vor grosser menig [Menge] nit vor einander forth kindt / sein hauffenweiß auffeinander gefallen / thails ertruckt / thails ins wasser gesprengt / und thails hin und wider triben / von unsern reüthern uber ritten / zertretten / und wider in die [stadt] gejagt worden / weil ein groß geschraye geweßen / sey feindts volckh (wie dann unserer schwestern nur 11 nach Hoff kommen / und die andern 13 zerstreut worden) Wie der feindt die statt bemechtiget / haben sy gesagt sei ein solches patschen / schiessen stechen schlagen. Ach und wehe schreyen geweßen / das dem jüngsten tag wol zu vergleichen / der ohne zweiffel nachent ist (S. 122f)

Dieses Ereignis muß von Staiger, den anderen Klosterfrauen und vielen Eichstätter Bürgern als Katastrophe eingeschätzt worden sein, die über das gewohnte Maß an Leid, die der Krieg verursacht hat, weit hinausgegangen ist. Gerade deshalb kann es der Autorin wichtig sein, diese Stelle herausragend zu gestalten und mit dieser rhetorischen Intensivierung dem Schrecken der Fliehenden Gedächtnis zu verleihen. Diese Katastrophe der Eichstätter Stadtgeschichte erlebte Staiger selbst nicht hautnah, sondern wohl vom sicheren „Hoff", von der befestigten Schloßanlage, aus. Ihre Darstellung des Geschehens erwähnt den Beichtvater und einige fliehende Schwestern als Augenzeugen und Betroffene. Aus deren Berichten und Deutungen – der Schrecken erscheint als Hinweis auf das nahende Ende der Welt – speist sich Staigers Darstellung. Das Nutzen einer fremden Quelle ist umso wahrscheinlicher, als Staigers Notat ein wichtiges Wort vergißt, was beim Kopieren eines Textes häufiger geschieht als beim Neuformulieren: Sie schreibt, die Fliehenden seien von den Reitern „wider in die gejagt worden".

---

⁶⁵² Vgl. dazu u. a. Harms (Hg.), Reformation, S. 246f.
⁶⁵³ Vgl. Sloterdijk, Literatur und Organisation, S. 11f, vgl. hier Kap. I. C. 4.2.

Klosterchroniken

Gemeint ist, daß sie von der Schloßbefestigung weg zurück in die Stadt gejagt worden seien, doch ‚Stadt' hat Staiger vergessen zu schreiben, höchstwahrscheinlich: abzuschreiben.

Eine Formel allerdings in diesem Absatz ist äußerst typisch für Staigers Beschreibung der Kriegsmühen: Der Jammer ist „unmüglich zu erzeln / nit weniger zu beschreiben" (S. 123). Gerade das Zitat über die Massenpanik der Fliehenden macht die Topik und die Funktion der Formel deutlich: Vom Jammer, „der unmüglich zu erzeln", hat ihr der Beichtvater berichtet, möglicherweise hat schon er, um den Schrecken in seiner Intensität zu beschreiben, auf die Unmöglichkeit hingewiesen, ihn zu benennen. Später vermerkt die Autorin, daß, was die fliehenden Schwestern ausgestanden hätten – und sie ihr erzählt haben – , „zue beschreiben unmüglich" (S. 124) sei, auch an anderen Stellen findet sich diese Formulierung in Variationen wieder. Unsagbar, unbeschreiblich, nicht in Worten wiederzugeben, sprich: alle Weltbeschreibungs- und Deutungssysteme übersteigend, sind diese Erlebnisse, und sie werden nur dadurch beschreibbar, daß sie als unsagbar bezeichnet werden, ein Verfahren, das, wie sich gezeigt hat, auch Junius häufig verwendet.

Parataktisch sind nicht nur die einzelnen Sätze gebaut, parataktisch ist auch die Gesamtstruktur des Verzeichnisses: Sieht man ab von den Anfangsseiten, auf denen sie in der Kurznotierung wichtiger Ereignisse die 43 Jahre ihres Lebens vor ihrer Zeit als Priorin zusammenfaßt, und von den Sätzen, in denen sie auf krankheitsbedingt schreibfreie Monate zurückblickt, schreibt sie rein diaristisch, reiht die verschiedensten Ereignisse aus den unterschiedlichsten Kontexten unverbunden und unkommentiert aneinander:

> Anno 1641. Den 1 Januarii Habe ich dem Convent nach dem praeciosa ein news jar gewünscht / und die 3 weisse lilgen als jhesus Maria und joseph [Gebetsübung[654]] geschenkt / zum unttern jetlicher ein muscat nur 3 opffel und 1 stuckh seml geben / Das alma [=Marianischer Hymnus] anheben singen / teglich auch das ambt am newen jars tag./
> Pfincztag [Donnerstag] ist h.Vicari bei uns gewest hat uble kriegs zeittung bracht und uns grosse unsicherhait andeüth welche schon angehebt /
> Freitag den 4 haben mir R. [reverenter, d.h. mit Verlaub zu sagen] 4 schwein gestochen / 2 geschmelczt und 69 Pfund schmalcz gehabt ./.
> Sambstag beicht / und sontag darauff am h.Drei künig tag communicirt (S. 274).

Wenn die Pest unter den Schwestern ihre Opfer fordert, berichtet das Tagebuch von den medizinischen Behandlungsmethoden (Schwitzkuren, Aderlassen, Kühlung, Purgieren und Hygienemaßnahmen), den Sterbesakramenten und den Beerdigungen, und die nächste Eintragung handelt vom Schlachten und Einsalzen zweier Schweine (S. 163f).

---

[654] Erklärung der Herausgeberin Fina in Staiger, S. 274.

Die Chronik registriert das wechselhafte Detail, protokolliert die Veränderlichkeit der Tage im Sammelsurium der Notate. Dies entspricht einerseits der parataktischen Struktur des chronikalischen Schreibens, doch geht Staigers Tagebuch über das übliche Maß hinaus. Ein Text, der zugleich Haushaltsbuch, Rechenschaftsbericht, Klostergeschichtsschreibung, Familienchronik und ein Ort der Selbstvergewisserung ist und den Schwerpunkt der Funktionen von Eintragung zu Eintragung verschiebt, muß zwangsläufig eine Fülle ungeordneter Details versammeln. Da darüber hinaus deutende, reflektierende Passagen weitgehend fehlen, dürfte ihren Nachfolgerinnen im Konvent das Lesen und das Nutzen dieser Chronik nicht leicht gefallen sein: Der Memoria des Ordens kann ein solches Tagebuch weniger dienen als dem Trost und der Selbstvergewisserung seiner Autorin. Die Memoriatradition tritt im Laufe des Textes immer stärker in den Hintergrund: Während der Anfang Riten, wie das Beerdigungszeremoniell nach dem Tod ihrer Vorgängerin (S. 49f) und ihre Wahl zur Nachfolgerin (S. 57-59), ausgiebig beschreibt und Fragen der Klosterordnung (etwa S. 65f und S. 71f) diskutiert, überwiegen in den anderen Teilen die Beschreibungen von Bedrohungen und Alltagsschwierigkeiten.

2.4. Selbstkonzeption und Genderkonstruktion

Staiger verwendet höchst unverkrampft die erste Person – im Singular wie im Plural. Wenn sie festhält, was ihre eigene Person allein betrifft, setzt sie die erste Person in den Singular. Wenn sie notiert, was sie und andere gemeinsam angeht, nutzt sie das ‚wir'. Einen Pluralis maiestatis oder modestiae für die eigene Person habe ich an keiner Stelle in Staigers Tagebuch finden können.[655] Staigers erschriebene Selbstkonstruktion ist die eines Menschen, dem Ordnung und Halt in übergeordneten Strukturen wichtig sind. So schreibt sie über ihre Familie, setzt sich mit den Wünschen und Meinungen ihrer Mitschwestern auseinander, malt detailliert Begräbnis- und andere Zeremonien aus und nimmt sich mit besonderer Sorgfalt der Klosterordnung an. Hier scheint sie aber auch bestrebt, die Wünsche und Bedürfnisse ihrer Mitschwestern zu berücksichtigen und ausgleichend zu wirken. Ob der Konvent vor feindlichen – und kaiserlichen – Truppen nach Eichstätt oder an andere Orte flieht, entscheidet sie als Priorin nicht selbständig, sondern läßt sich von der fürstbischöflichen Verwaltung raten, ja geradezu befehlen, was für die Klosterschwestern das Richtige ist (u. a. S. 47f, S. 62-64, S. 80). Dennoch geht Clara Staigers ‚Ich im Text' nicht im Kollektiv auf, fügt sie sich nicht unauffällig und ohne eigenen Willen in die Gruppe ein, verwischen ihre Konturen nicht bis zur Unkenntlichkeit. Schon das häufige Verwenden der Ich-Form zeigt, daß sie durchaus vom Gewicht der eigenen Person überzeugt ist

---

[655] Andere Schwesterntagebücher verfahren anders, die Äbtissin Haidenbucher schreibt nahezu stets im Pluralis maiestatis, siehe unten.

und die Möglichkeit, ‚ich' zu sagen und ihre Erlebnisse für aufschreibenswert zu halten, gerade aus ihrer Einbindung in Beziehungsfelder gewinnt.[656]

Geschlecht und Geschlechterkonzeptionen werden in diesem Text nicht explizit verhandelt. Wie auch bei Junius wird das Eintreten ins Kloster allerdings mit der Hochzeit verglichen und die Rolle der Klostervorstehenden ihrer Gemeinschaft gegenüber als die einer Mutter oder eines Vaters konzipiert.[657] Klar sind die Geschlechterrollen und -hierarchien zwischen den verschiedenen Orden: Das Männerkloster Rebdorf sorgt für Gottesdienst, Beichtväter und hilft aus in Fragen des Handels mit weltlichen Instanzen, zum Beispiel wenn die Schwestern Teile ihres Silberschatzes verkaufen müssen, und trifft auch die wichtigen Entscheidungen für beide Konvente. Die Mariasteinerinnen besorgen den Rebdorfern und dem Fürstbischof Handarbeiten (u. a. S. 257 und S. 266). Die Nonnen fertigen die Kerzen für beide Konvente, die Mönche weihen sie (S. 169). Zwischen Ordensmännern und Ordensfrauen gibt es also eine klare Rollenverteilung und ein eindeutiges Machtgefälle. Diese gendergeprägte Hierarchie entlockt Staiger mehr als einen Stoßseufzer (u. a. S. 172f, 192 und 223).

Jancke vertritt – wie viele Autorinnen – die Ansicht, daß das Kloster in friedlichen, unbedrohten Zeiten den Frauen eine gewisse Autonomie gewährt und die Abhängigkeit von den Vorschriften der männlichen Kirchenaufsicht in den – männergeprägten – Kriegszeiten sich deutlich verschärft.[658] Ob Kriegs- und Krisenzeiten tatsächlich eine ‚Autonomie' verringern, wird allerdings im folgenden bei der Analyse des *Geschicht Büch* Haidenbuchers noch einmal genauer diskutiert werden müssen. Denn Staigers Schreiben läßt darüber keinen Schluß zu, Hinweise auf eine hohe Eigenverantwortlichkeit des Frauenkonvents finden sich nicht in ihrem Text. Zudem fiel Staigers gesamtes Priorat in eine Krisenzeit – und ihr Schreiben scheint gerade von dieser Krise motiviert zu sein, schließlich berichtet sie von relativ friedlichen Jahren wesentlich weniger als von Zeiten heftiger Bedrohung. Insofern gibt ihre Chronik keine Antwort darauf, wie sich die Kirchenaufsicht in Friedenszeiten gestaltet. Die Autonomie eines Klosters darf zudem keinesfalls mit der Autonomie eines einzelnen Menschen verwechselt werden. Wenn zu irgendeiner Zeit eine Klosterautonomie bestand, dann war diese Autonomie die Eigenständigkeit einer Institution gegenüber anderen Institutionen und etwas ganz anderes als die Autonomie der einzelnen Nonnen. Wenn Staiger von ihren Auseinandersetzungen mit dem Männerkloster Rebdorf berichtet, gründen die Streitigkeiten nicht in einer verschärften Kirchenaufsicht, sondern in der großen räumlichen Nähe, zu denen die beiden Konvente kriegsbedingt gezwungen waren: Da das Mariasteiner Kloster völlig zerstört war und wiederaufgebaut werden sollte, auch die Felder bearbeitet werden mußten, lebten

---

[656] Vgl. dazu auch Jancke, Clara Staiger – La Priora.
[657] Staiger, Tagebuch, u. a. S. 60 und S. 80.
[658] Jancke, Clara Staiger – La Priora; ähnlich auch Woodford, Women as Historians, S. 272.

die Schwestern in einem Gästehaus des Klosters Rebdorf und mußten viele Einrichtungen, etwa den Brunnen, mit den Mönchen teilen (u. a. S. 172f). Solche Zwistigkeiten ergaben sich auch zwischen zwei Frauenkonventen, als die Nonnen von Mariaburg, einem Mariasteiner Tochterkonvent, zu Anfang des Krieges im Mutterhaus unterkommen mußten (S. 44f). Allerdings erläutert Staiger die Reibereien zwischen den Schwesterngemeinschaften nicht näher, schätzt sie also als die üblichen Streitfälle bei engem Zusammenleben und knappen Ressourcen ein. Die Auseinandersetzungen mit den Rebdorfern beschreibt sie dagegen in einer dezidierten Weise: Sie nimmt die Machtasymmetrie zwischen den beiden Klostergemeinschaften wahr und empört sich über die Erniedrigung, die sie erleiden muß. Sie klagt über die Tränen, die sie vergossen habe, um von den Rebdorfer Patres Gottesdienste zu erhalten[659], vermißt also tatsächlich ‚Autonomie'. Doch diese Autonomie ist nicht die ihrer eigenen Person, sondern die der Institution ‚Kloster'.

3. „wir vnd vnser lübes Conuent"[660]. Das *Geschicht Büch* der Maria Magdalena Haidenbucher

Maria Magdalena Haidenbucher lebte von 1576 bis 1650, legte 1590 Profeß in Frauenwörth ab und war von 1609 bis zu ihrem Tod Äbtissin des Benediktinerinnenklosters Frauenwörth auf Frauenchiemsee. Geboren wurde sie als Tochter von Reinhard Haidenbucher, einem Kastner aus Kaufering bei Landsberg, und seiner Frau Barbara, geb. Gassner.[661] Sie hinterläßt ein *Geschicht Büch de Anno 1609 biß 1650*, wie es der Einband der Handschrift verkündet, schrieb somit über ihr Leben seit der Wahl zur Äbtissin und führte ihr Jahrbuch fort bis zu ih-

---

[659] Staiger, S. 189. Dieses Abhalten der Heiligen Messe, das die Rebdorfer den Mariasteinerinnen nicht mehr versprechen wollen, seit diese kaum noch Mittel haben, sich dafür durch Gaben zu revanchieren, ist kein überflüssiger, leicht verzichtbarer Dienst für die Schwestern. Gerade in den Zeiten der ständigen Bedrohung, des Hungers und der harten Arbeit beim Wiederaufbau kann das feierliche Zeremoniell einer katholische Messe mit ihrer strengen Theatralität ein eminent wichtiges, stärkendes, aufbauendes Ereignis für die einzelnen Klosterfrauen und ihre Gemeinschaft gewesen sein. Vgl. zu den gemeinschaftsfördernden kulturellen Funktionen religiöser Riten immer noch überzeugend Durkheim, Émile: Der Selbstmord. Frankfurt a. M. 1983.

[660] Haidenbucher, Geschicht Büch, u. a. S. 85. Verwendet und zitiert wird die kritische Edition durch Gerhard Stalla (Amsterdam/Maarsen 1988). Stalla weist im Nachwort darauf hin, daß aus der Handschrift in der Bayerischen Staatsbibliothek in München Cgm 1767 (213 Blätter im Quartformat) 20 Blätter herausgerissen oder –geschnitten sind (Haidenbucher, Geschicht Büch, S. 213), er vermerkt die Stellen, an denen Blätter fehlen, die Texte vor und nach solchen Fehlstellen erlauben aber keinen Aufschluß darüber, ob die Blätter ihres Inhalts wegen vernichtet worden sind. Die Seitenangaben bei Zitaten im folgenden beziehen sich auf die Seiten der Stalla-Ausgabe. Haidenbuchers Eintragungen enden mit dem Jahr 1649, die Ereignisse des Jahres 1650 muß eine andere Nonne festgehalten haben (vgl. Haidenbucher, Geschicht Büch, S. 166ff).

[661] Von Krusenstjern, Selbstzeugnisse, S. 110. Panzer, Marita A.: Maria Magdalena Haidenbucher. In: Dies. und Elisabeth Plößl: Bavarias Töchter. Regensburg 1997, S. 13-16, hier S. 13.

rem Tod.⁶⁶² Auch Haidenbuchers Lebensgeschichte ist nicht unwesentlich vom Dreißigjährigen Krieg geprägt.

Als Autorinnenkürzel dieses Geschichtsbuchs stehen die Buchstaben „M: M: H: A." auf dem Einband, das heißt „Maria Magdalena Haidenbüechnerin Abbteß", wie es auf einer Vorsatzseite verzeichnet ist. Das Geschichtsbuch ist dreiteilig: Am Anfang ist darin „Vermerckht wie es gehalten ist worden wie Wier Fräu Maria Magdalena Haidenvüechnerin zur Fraw vnnd Abbtessin senndt Elegiert Confimiret vnnd Benediciert worden" (S. 1). Zu diesem ersten, der Wahl zur Äbtissin gewidmeten Teil gehört auch das

> Verzaichnüs. was vnns Fräu Maria Magdalena Haidenpuechnerin Erwëlten Confirmierten. vnnd Benedicierten. Abbtessin des Wierdigen Gots=Hauß vnnd Closters vnnser lieben Frawenn im Ciembsee, Auff die Election Con=Firmation, vnnd Benediction. auff verehrungen, zerungen. vnnd Claidungen, aufgangen ist wie Hernach vnnderschidlichen Volgt. (S. 13)

Den Hauptteil des *Geschicht Büch* stellen die jährlichen Eintragungen der wichtigsten Ereignisse dar: Haidenbucher notiert, ganz deutlich in ihrer Rolle als Klostervorsteherin, die offiziellen Ausgaben, Ereignisse, Entscheidungen und Unternehmungen der Klosterschwestern – vom jährlichen Einkaufen des Weins über Neuaufnahmen und Todesfälle im Kloster oder Teuerung und Hungersnot in der Region bis hin zur kriegsbedingten Aufnahme anderer Konvente oder zur Evakuierung der meisten Schwestern im Jahre 1648. Bei den finanziellen Eintragungen findet sich oft der Verweis auf eine andere Verschriftlichung des Klosterlebens, auf die „Jarrreittung" oder „Jahr Raittung" (u. a. S. 26, 34 und 152), also die Jahresabrechnung des Konvents. Am Ende – für das Jahr 1650 – folgen einige wenige Eintragungen von fremder Hand, denn das *Geschicht Büch* wird nach Haidenbuchers Tod fortgesetzt mit weiteren Eintragungen, die aber die Wir-Form der Selbstanrede der Äbtissin beibehalten:

> [H]ernach inerhalb 2 stundt ist vnß die redt gebrochen, alle glider ermattet, vnd dz geher [Gehör] verfallen. auch disen tag zwischen 11 und 12 vhr, die leste Cristliche zaichen, nemblich dz geweichte liecht in die handt geben. doch hat d'barmherzig Gott dises stundt, vnser leben nit geendtet, sond' erst den 29 dises zwischen 4 vnd 5.

---

⁶⁶² Im Bayerischen Hauptstaatsarchiv München sind drei andere Frauenchiemseer Klosterchroniken (Signaturen: KL Frauenchiemsee 88, 89, 90) mit dem Titel „Geschicht(s)buch" verwahrt, es sind Chroniken der Jahre 1468-1519, 1660-1682 und 1686-1701, die Informationen zur wirtschaftlichen und inneren Verwaltung des Klosters und gelegentlich zur bayerischen Tagespolitik enthalten sollen (briefliche Auskunft des Bayerischen Hauptstaatsarchivs von 11.01.2002, für die ich Herrn Reiprich danke). Insofern kann ich Schindlers Versuch einer genderorientierten Deutung des Begriffs ‚Geschicht Büch' und seine Argumentation gegen eine Haustradition des Schreibens im Kloster Frauenchiemsee nicht teilen, vgl. Schindler, Norbert: Krieg und Frieden und die ‚Ordnung der Geschlechter'. Das Tagebuch der Maria Magdalena Haidenbucherin (1609-1650). In: Erfahrung und Deutung von Krieg und Frieden. Religion – Geschlechter – Natur und Kultur. Hg. v. Klaus Garber et al. München 2001, S. 393-452, hier S. 408f. Zur Beziehung des Klosters zu seinem Umland und zu Nachbarklöstern vgl. Schindler, Krieg und Frieden, S. 404-407; Panzer, Haidenbucher, S. 14.

vhr in d'früe beschlossen, vnd den lesten raith pfening von vnß abgefodert, da wir in vnserm alter waren im 74. In der Regüerung im 42. vnd in der Profeß im 60. Jahr (S. 168).[663]

Wie Junius und Staiger schreibt auch Haidenbucher stark mundartlich geprägt, des öfteren findet sich verballhorntes Latein (z.B. S. 1, 5, 16, 52 und 62)[664], manchmal notiert sie auch nur Stichworte und Tabellen. Seltener als Junius und Staiger notiert sie Gefühle, wenn sie es dennoch tut, dann oft mit dem Hinweis auf das alles Sagbare übersteigende Maß: „was vir angst vnd Noht. wir damallen ein genommben. dz weis allein Gott" (S. 162).[665]

Aus Haidenbuchers Zeilen spricht ein ausgeprägter Führungswille. Das ‚Wir im Text' – denn die Äbtissin spricht meist im Pluralis maiestatis – versteht es, die Krisensituationen zu bewältigen, und ist stets bestrebt, die „freyheitten" des Klosters, die Klosterautonomie also, aufrecht zu erhalten. Diese Freiheiten sind weniger durch den Krieg bedroht als durch den Aufsichtswillen der kirchlichen und weltlichen Obrigkeit in den eher friedlichen Zeiten: Auf Frauenwörth finden immer wieder Visitationen der kirchlichen Aufsichtsbehörde statt, die Haidenbucher samt ihren Kosten und Folgen notiert. Die salzburgische Kirchenaufsicht zwingt die Nonnen der Insel Frauenchiemsee zu verschärfter Klausur, dies erfordert unter anderem auch einen Umbau des Klostergebäudes.[666] Anders als Clara Staiger verzichtet aber Haidenbucher auf Nebenbemerkungen, die ihr Leiden an solchen Bestimmungen eintragen. Sich steigernde Kontrolle durch Obrigkeiten ist generell eine Tendenz in der Frühen Neuzeit, die unter anderem herrührt von einer komplexer gewordenen Welt, von einem Zusammenbruch des einheitlichen Ordo und dem Streben der weltlichen und kirchlichen Landesfürsten nach territorialer Herrschaft.[667] Sie kann deshalb nicht mit einer Verstärkung männlicher Aufsicht über Frauen in Kriegszeiten erklärt werden.[668] Aber diese verschärfte Kontrolle der einzelnen durch ihre Obrigkeit besitzt, das führen Haidenbuchers Aufzeichnungen deutlich vor Augen, durchaus einen Genderaspekt, das heißt sie führt auch zu einer verschärften Abhängigkeit von Frauen und Ge-

---

[663] Dies ist im Rahmen der Klosterchronistik nicht singulär, auch in die Kurzchronik der Sophia Albertz ist der Tod der Chronistin durch einen Nachtrag von fremder Hand so eingegangen, als habe das Chronistinnen-Ich auch noch den eigenen Tod vermerkt.

[664] Janckes Einschätzung, Haidenbucher habe Lateinkenntnisse besessen, muß relativiert werden. Vgl. Jancke, Autobiographie als soziale Praxis, S. 182. Schindler, Krieg und Frieden, S. 410, schließt – spekulativ – aus dem mundartlichen Schreiben auf dessen „Mündlichkeitsmerkmale": „Das Haidenbuchersche Tagebuch ist in Schrift gegossene Rede".

[665] Vgl. dazu auch die ähnlichen Formulierungen bei Junius, Verzeignuß, S. 13, und Staiger, Tagebuch, S. 189.

[666] S. 62 u. a. Vgl. zur Genderdimension der verschärften Bestimmungen für Frauenklöster im allgemeinen und für Frauenwörth im besonderen überzeugend Schindler, Krieg und Frieden, S. 419-427.

[667] Sonntag, Das Verborgene des Herzens, Kap. 2 und 3.

[668] So auch Schindler, Krieg und Frieden. Anders Jancke, Clara Staiger – La Priora. Vgl. dazu hier die Analyse des Staiger-Textes.

meinschaften von Frauen von männlicher Kontrolle, einen Genderaspekt, den allerdings die meisten organisationsgeschichtlichen Darstellungen übersehen.

Die Klosterchronik der Äbtissin Haidenbucher unterscheidet sich deutlich von der der Maria Anna Junius, die ohne klösterliche Führungsaufgabe aus Gründen der Memoria in besonderen Zeiten schreibt und dabei vielleicht nicht ohne Auftrag ihrer Gemeinschaft handelt, aber doch nicht als Trägerin einer Rolle innerhalb dieser Gemeinschaft, die sie zu einer bestimmten Chronistenhaltung verpflichtet. Haidenbucher dagegen ist die offizielle Geschichtsschreiberin ihres Klosters, sie muß die Buchführung übernehmen – und dies auch ganz wörtlich im heutigen Verständnis, man erwartet von ihr eine ordentliche Rechnungslegung. Haidenbucher, die den Konvent regiert, kann also mit den Lesenden einen ganz besonders selbstbewußten autobiographisch-chronikalischen Pakt schließen: „Vermerckht wie es gehalten ist worden wie Wier Fräu Maria Magdalena Haidenvüechnerin zur Fraw vnnd Abbtessin senndt Elegiert Confimiret vnnd Benediciert worden." (S. 1). Der Pakt allerdings bezieht sich untrennbar auf eine Chronik des Klosters und auf ihr eigenes Leben. Beides ist nicht mehr unterscheidbar, wie auch ihre Person in der Ich-Form in dieser Schrift kaum noch vorkommt. Wie Staiger in der Überschrift ihres Tagebuchs, so formuliert auch Haidenbucher die Signatur ihrer Person vom Ergebnis her rückwirkend: Die gerade zitierte Kapitelüberschrift verspricht den Bericht, wie die Autorin zur Äbtissin gewählt worden ist, und die, deren Wahl berichtet wird, zeichnet in dieser Überschrift gleich schon als „Fräu Maria Magdalena Haidenvüechnerin", also schon mit der Anrede ‚Frau' der gewählten Äbtissin. Das Ich erscheint in dieser Chronik nahezu ausschließlich, wenn es gleich ergänzt wird mit der Schwesterngemeinschaft: „ich vnd mein Conuent" (z.B. S. 31) ist eine in diesem Klosterjahrbuch häufige Formulierung, noch häufiger allerdings findet sich ein ganz eindeutiger Pluralis maiestatis: „wir vnd vnser lübes Conuent".[669] Daß Haidenbucher die erste Person Singular kaum verwendet, liegt also auch an der besonderen Würde, die sie sich als Äbtissin zuschreiben kann.

Haidenbuchers Vorliebe für das ‚Wir' bedeutet dennoch keineswegs ein Auslöschen der eigenen Person und ihr Aufgehen im Kollektiv. Haidenbuchers ‚Wir' meint manchmal das Schwesternkollektiv, meist aber ist es der Pluralis maiestatis der regierenden Äbtissin und damit das Signum der berichtenden Instanz in einem streng funktionalen, traditionalen chronikalischen Schreiben. Was in diesem Verzeichnis wichtig ist, entscheidet sich nach der Bedeutung der Ereignisse für das Kloster und seine offizielle Geschichte. So sind auch die Erlebnisse Haidenbuchers als einzelne Person in dieser Chronik völlig überflüssig. Was von Haidenbuchers Erleben in das Verzeichnis eingeht, ist nur das, was ihr Handeln und Leiden als Äbtissin betrifft, als Vorsteherin und Leiterin eines Kollektivs. Aber

---

[669] Haidenbucher, Geschicht Büch, u. a. S. 85, ähnlich u. a. S. 103, 105, 125f.

genau dieses Äbtissin-Sein ist das in dieser Chronik niedergeschriebene Ich bzw. majetätische Wir: Die Ehrenbezeichnung der Äbtissin gehört zum festen Bestandteil dieser „fraw Maria Magdalena Haydenpuechnerin" (S. 3). Alles, was vor der Wahl war, steht nicht zur Debatte. Aber über jedes einzelne Teilereignis eben dieser Wahl legt die Chronik dezidiert Rechenschaft ab, so als müsse künftigen Generationen und der Kirchenaufsicht nachgewiesen werden, daß bei der Wahl alles mit rechten Dingen zugegangen, alles nach den Regeln des Kirchenrechts vollzogen worden ist:

> Als man Zelt. nach Christ Vnnsers Erlesers vnnd seligmachers Heilligen geburt, ain Tausent, Sechshundert, vnnd im Neünten Jhar, am Tag, Matthie deß heyligen apostel, welcher ist der 24 tag februarij sein wier fraw Maria Magdalena Haydenpuechnerin zue fraw vnnd Prelatin Erwält worden" (S. 3).

So ist ihr „wier" die Stimme des Konvents, der mit der Stimme seiner Äbtissin spricht. ‚Wir' bezeichnet die Würde der Schreiberin, ist ein nicht unpompöser Pluralis maiestatis einer Person, die ihre Würde dadurch erhält, daß sie dem Konvent vorsteht, – und somit auch Signatur einer heterologen, sich auf Beziehungen zu anderen stützenden Selbstkonzeption.

Auffällig ist der Unterschied zum Ich/Wir-Gebrauch der Augustinerpriorin Staiger, die ihre Klosterführung dialogischer beschreibt, in deren Tagebuch Gespräche und Auseinandersetzungen verzeichnet sind und die deshalb zwischen ‚ich' auf der einen und ‚wir' auf der anderen Seite in einer Weise differenziert, die dem Text der Äbtissin von Frauenwörth fremd ist. Das *Geschicht Büch* Haidenbuchers dient eindeutiger als Staigers *Verzaichnus* der Memoriabildung des Klosters, ist nicht multifunktional wie das Staigersche *Verzaichnus*. Haidenbuchers Ich-Konzeption ist repräsentativ, selbstvergewissernde Teile, die vor allem Staigers Verzaichnus enthält, spart Haidenbuchers *Geschicht Büch* generell aus. Ob dieser Unterschied eine Folge des persönlichen Temperaments der konkreten Autorinnen, also des ‚Ich hinter dem Text', oder der verschiedenen Ordensauffassungen ist, könnte allenfalls ein kirchengeschichtlich ausgerichteter Vergleich zu beantworten suchen. Auf jeden Fall aber würde ein solcher Klärungsversuch ein hochproblematisches Schließen vom ‚Ich im Text' auf ein ‚Ich hinter dem Text' implizieren.[670] Hier jedenfalls bleibt festzuhalten, daß drei verschiedene Klosterfrauen durchaus verschiedene Schreibhaltungen zur eigenen Person einnehmen, daß aber alle, ob sie die eigene Person nun in der ersten Person Singular oder Plural bezeichnen, sich selbst im Hinblick auf die Gemeinschaft der Klosterfrauen definieren, durch solche gruppenzentrierte Selbstdefinition aber das eigene Ich sich nicht auflöst, sondern an Stärke und Konturiertheit gewinnt. Gleichgültig, ob sie von sich als ‚ich' schreiben oder als „wir vnd vnser lübes Conuent" die Klostergemeinschaft mit zur eigenen Person vereinnahmen: Die

---

[670] Vgl. zum Verhältnis von ‚Ich im Text' und ‚Ich hinter dem Text' hier vor allem S. 9.

Selbstkonstruktionen Junius', Staigers und Haidenbuchers sind heterolog.[671] Ob sie sich darin von den Selbstkonstruktionen von Ordensmännern unterscheiden, wird im folgenden Kapitel geklärt werden.

4. Zum Vergleich: Die *Collectanea* des Salemer Mönchs Sebastian Bürster

„P. Sebastianus Bürster, conventualis et sacerdos" war Mönch des Zisterzienserklosters Salem und verfaßte zwischen 1643 und 1647 eine *Beschreibung des Schwedischen Kriegs von 1630 bis 1647*[672]. Gedruckt publiziert wurde Bürsters Chronik 1875 in einer Fassung, die das Manuskript an einigen Stellen kürzt und den Text, die Chronologie forcierend, aber den Argumentationsstrang Bürsters brechend, zum Teil umstellt, diese Veränderungen gegenüber der Handschrift aber in der Einleitung des Herausgebers Friedrich von Weech und in Anmerkungen im laufenden Text markiert.[673] Die Kürzungen betreffen keine unmittelbaren Teile der Chronik, weggelassen hat von Weech einige der Chronik vorangestellten Texte: ein Inhaltsregister und einen politischen Text über strategische Überlegungen der protestantischen Fürsten. Innerhalb der eigentlichen Chronik verzichtet v. Weech im wesentlichen auf Tabellen und Register, die ihm offenbar schwer verständlich und lesbar schienen: auf eine Tabelle der Almosen, die das Kloster vor dem Kriegsausbruch vergeben hat, ein Verzeichnis der Kaiserlichen Truppen und „die Mittheilung des Ausschlags der Reichsmatrikel v. J. 1623". Im folgenden werden Zitate nach den Seitenzahlen der Druckfassung nachgewiesen.

---

671 Schindler, Krieg und Frieden, S. 418, konstatiert in frühneuzeitlichen Selbstzeugnissen zu Recht „ein hartnäckiges Schweigen darüber, wie die Person, die da schreibt, sich selbst und ihr Tun begreift." Daß aber auch ohne „Ausbuchstabierung des Ich" eine Selbstdarstellung gerade über das Schildern des anderen, von Gott, Welt, Familie, Klostergemeinschaft, geschehen kann, darf nicht aus dem Blick geraten.

672 Diesen Titel trägt der vordere Deckel der Papierhandschrift. Vgl. Bürster, Sebastian: Sebastian Bürster's Beschreibung des Schwedischen Krieges 1630-1647. Nach der Original-Handschrift im General-Landesarchiv zu Karlsruhe. Hg. von Friedrich von Weech. Leipzig 1875. Der Herausgeber hält diesen Titel für geschrieben von einer Hand des 17. Jahrhunderts, äußert sich aber nicht dazu, ob er von Bürster selbst ist. Die Handschrift befindet sich im Badischen Generallandesarchiv Karlsruhe (Nr. 65/448). Unter den in von Krusenstjerns Verzeichnis beschriebenen deutschsprachigen Mönchschroniken kann nur das Tagebuch des Elchinger Benediktinermönchs Bozenhart als ich-stärker gelten. Doch Bozenharts Chronik ist als Manuskript ausschließlich in einer Abschrift aus dem späten 17. Jahrhundert erhalten, die schon fehlende Blätter im Original beklagt. Brunners Publikation kürzt diese Abschrift, ohne die Kürzungen zu markieren, um „alles blos die inneren Hausangelegenheiten, wie Handhabung der klösterlichen Disciplin, Zuwachs oder Abnahme der Konventualen u. a. Betreffende" (Brunner, P. L. (Hg.): Schicksale des Klosters Elchingen und seiner Umgebung in der Zeit des dreissigjährigen [!] Krieges (1629-1645). Aus dem Tagebuche des P. Johannes Bozenhart. In: Zeitschrift des historischen Vereins für Schwaben und Neuburg, 3 (1876), S. 157-282, hier S. 161). Der zuverlässigeren Edition der *Collectanea* Bürsters wegen vergleiche ich hier die Salemer Chronik mit den Nonnenschriften.

673 Vgl. Bürster, Beschreibung, S. IXf.

Das Manuskript besteht aus über 200 Folioseiten und ist damit wesentlich ausführlicher als die beiden zusammenfassenden Chroniken der Klosterfrauen Junius oder Haidenbucher.[674]

Die Archivalien des Klosters, darunter auch eine Reihe von historiographischen Texten, sind gut erhalten und überblicksweise erforscht.[675] Bürster stand, so die Forschungsmeinung, in einem Kontext pragmatischen Schreibens, seine Chronik ist aber in Anschaulichkeit, Breite und sprachlicher Qualität singulär unter den frühneuzeitlichen historiographischen Schriften des Klosters.[676]

4.1. Inhalt und äußere Struktur

Bürster beginnt seine Beschreibung mit einer Vorrede, deren ausführliche Überschrift als Titel der ganzen Chronik aufgefaßt werden kann:

> Collectanea vel Collectitium, kürzliche zuosammentragung, beschreibung und erholung deren fürnämsten puncten und sachen, so sich durch das suedische wesen an als ab anno 1630, 1631 und also.vorthin nach und nach, umb und umb das gottshaus Salem (so erst angefangen und beschrüben worden nach übergang der alten und römischen reichs statt Uberlingen und nach abzug des französischen und Hörzög Weinmarischen lägers vor Salem) zuogetragen, anno 1643 22. julii. (S. 1)

Dieser Überschrift läßt sich entnehmen, daß der Mönch die Beschreibung 1643 zu verfassen begann und daß die Beschreibung die Kriegslasten verzeichnet, unter denen das Kloster Salem und seine Umgebung ab 1630 litt. Bürsters im wesentlichen deutschsprachige Vorrede „Ad lectorem" äußert sich zum Zweck des Schreibens zunächst in lateinischer Sprache:

> vita cunctorum instabilis, memoria hominum labilis, statusque omnium nostrum de die in diem permutabilis etc., nec esse poterit nec erit priorum praeteritorumque memoria, sed nec eorum quidem, quae modo fiunt, multo minus quam postea futura sunt, erit et permanebit iugis recordatio apud nos et eos, qui futuri sunt, nisi ea seriis carthulis codicibusque scripturae concludantur et adsignentur. (S. 1)

Bürster sieht seine Chronik somit in einer Traditionsreihe von Schriften, die – dem kurzen und wechselhaften Leben der Menschen und ihrem beschränkten Erinnerungsvermögen zum Trotz – Memoria über die Zeiten hinweg schaffen können.[677] Dies zeigen im übrigen nicht nur die expliziten, leserbezogenen Äußerungen über den Zweck des Aufschreibens. Daß Bürster sich in den Kontext zeitgeschichtlicher Chroniken stellt, markiert schon die Formulierung seiner

---

[674] Das ausführliche *Verzaichnus* Staigers ist ein über 20 Jahre verfaßtes Tagebuch.
[675] Schneider, Reinhard: Die Geschichte Salems. In: Ders. (Hg.): Salem. 850 Jahre Reichsabtei und Schloß. Konstanz 1984, S. 11-153; Zinsmaier, Paul: Die Geschichtsschreibung des Zisterzienserklosters Salem. Freiburger Diözesan Archiv 62, NF 35 (1934), S. 1-22.
[676] Schneider, die Geschichte Salems, S. 14.
[677] Vgl. zur Salemer Tradition des chronikalischen, historiographischen Schreibens Schneider, Die Geschichte Salems, hier S. 11ff; Zinsmaier, Die Geschichtsschreibung des Zisterzienserklosters Salem.

Überschrift, die den Stil von Titeln barocker Sammelwerke zur Zeitgeschichte, etwa des *Theatrum Europaeum*, aufnehmen.[678] Einige Zeilen weiter formuliert er diese Absicht mit den folgenden Worten:

> [A]llain schreibe ich diß, damit der leßer (über noch vil jahr hernacher, so man von disen undergleichen sachen würd reden oder darvon wird hören sagen, durch leßen diß) auch etwaß darzuo oder darvon wüsse zue sagen und nur ain wenig etwaß desselben erkantnuß und wüssenschaft haben möge (S. 2).

Er schränkt allerdings seine Ausdrucksmöglichkeiten ein, es sei so viel geschehen, daß er aus Zeit- und Platzgründen „so viler böser buoben alle ihr böse buobenstück und böse bossen" nicht alle verzeichnen könne (S. 1). Die Vorrede schließt mit der Bitte an Gott, Frieden zu verleihen, und der an den „günstige[n] leßer", dem Schreiber zu verzeihen,

> so ich in ainem oder anderem etwan gestrauchlet, geyrt [geirrt], gefählt oder sonst nit züerlich, pollitisch, canzleysch oder hoch verständlich die sachen eingetragen (S. 3)

Es folgen, so v. Weech in seiner Einleitung zur Druckfassung, Daten aus der älteren Klostergeschichte und eine kurze Darstellung der protestantischen Ziele gegen die katholische Liga (vgl. S. VIIf). Die eigentliche Chronik berichtet zunächst von Ereignissen des Jahres 1610 an, dem Durchzug Brandenburgischer Truppen, dem im Jahr darauf die Pest auf den Fuß folgt („dan krüeg und sterbat gemainglich beisammen und kainß schier ohn daß ander", S. 9), bis zum Jahr 1627. Eine Almosentabelle soll die glückliche Lage des Klosters vor dem Kriegseinbruch in der Region veranschaulichen (vgl. S. VIII). Die von Gaben des Klosters reichlich Bedachten hätten, so Bürster, sich bedankt mit einem Gebet zu Gott, er möge die Vorräte des Klosters gut behüten und gedeihen lassen.

Mit Eintragungen zum Jahr 1630 beginnt die Kriegschronik im engeren Sinne. Die Notate sind jahrgangsweise – innerhalb eines Jahres tendenziell chronologisch, allerdings mit gelegentlichen Nachträgen – verzeichnet. Bürster berichtet über die verschiedenen Jahre in unterschiedlicher Ausführlichkeit. Daß er sich in einem Jahr besonders kurz faßt, entschuldigt er mit dem Hinweis, er sei kriegsbedingt nicht in Salem gewesen (S. 90). Anfang 1630 wird Bürster Zeuge einer Himmelserscheinung, die in weitem Umkreis sichtbar ist und von ihm „ob wol ettliche diß nur für ain metheorum gehalten und außgeben" als böses Vorzeichen gedeutet wird (S. 12f). Zunächst weiß der Chronist allerdings nur von einem besonders strengen Winter, vom Schneefall im Frühling, einem warmen Sommer und einer üppigen Weinernte zu berichten. Auch im nächsten Jahr ist die Weinernte glücklich, ansonsten registriert der Mönch neben Unwettern und Anekdoten – beides meldet seine Chronik auch für die Folgejahre recht häufig – die Eroberung Magdeburgs durch Tillys Truppen und verzeichnet mit einiger Genug-

---

[678] Mortimer, Models, S. 639.

tuung, „seyen uff die 30,000 burger und soldaten gebliben, da doch der seinigen über 20 soldaten nit verlohren worden" (S. 15). Die Kriegsgefahr nähert sich Salem im Jahr 1632. Die Bevölkerung der Bodenseeregion leidet unter der Brutalität durchziehender Truppen. Im April „gehet der bock an" (S. 20), beginnt der erste Überfall der Schweden auf das Salemer Kloster, und Bürster notiert, wie er diesen erlebt hat. Aus dem selben Jahr muß er noch weitere Überfälle auf das Kloster und seine Umgebung melden und beschreibt die Furcht, die er und die anderen Mönche dabei ausgestanden haben.

Ähnliches berichtet er aus den Folgejahren: Das Kloster wird von protestantischer wie von katholischer Seite immer wieder bedroht, besetzt und geplündert, „einquartierungen, außfähl, recognoscieren, blinderung, beifangen und niderhacken etc." (S. 27) stehen auf der Tagesordnung, gelegentlich malt er eine einzelne Greueltat, ein „horrendum factum und latrocinium", in Einzelheiten aus (S. 26f). Die Kriegsfolgen Teuerung, Hunger und Massensterben zeigen sich, und anschaulich beschreibt Bürster eine große Mäuseplage (S. 90f). Später hat sich die Bevölkerung nach Bürsters Bericht auch an der Kriegswirtschaft beteiligt: Viele sind Marketender geworden. (S. 220).

Unter den Einquartierungen kaiserlicher Truppen leidet die Bevölkerung am Bodensee genauso wie unter denen der feindlichen, schwedischen Seite: „der fraind haußt in ain weg örger alß der fünd" (S. 28). Die Soldaten prassen, und die Bevölkerung muß fasten, da die Soldaten versorgt werden wollen, die Feldfrucht vernichten und das Vieh stehlen. Immer wieder werden das Kloster verwüstet und seine Keller geplündert. Den Marodeuren versuchen die Überfallenen zum Teil durch Nachsetzen das Diebesgut wieder abzujagen, doch Bürster geschieht dies oft nicht nachdrücklich genug: „[H]etten sie aber biß uff Neuffra und Örttingen nach gesetzt, hette man alle erschlagen und ganzen roub wider bekomen und abgenohmen" (S. 32). Der Chronist verzeichnet immer wieder ausführlich auch entferntere Kriegsereignisse, wenn er ihnen Auswirkungen auf Salems Umland zuschreibt. Von wechselnden Belagerungen verschiedener Festungen und Städte in der Region weiß Bürster immer wieder detailliert zu berichten. So beschreibt er ausführlich, wie Konstanz von Protestanten belagert und beschossen wird.

Daß es der katholischen Armee trotz der großen Zahl von Menschen nicht gelungen ist, die protestantischen Soldaten in der Region im Bodensee zu ertränken (!), hält er für eine Folge von Betrug und wohl auch von Bestechlichkeit (S. 35):

> O kayßer, kayßer, waß für fünstere augen, verstopfte ohren, schwäre verschlaffne arm oder händ muostu haben, daß du so gar nit wilst sehen noch hören, soltest es doch ain mal greufen, wie untrew man mit dier umbgehet und so fälschlich underm hüetlin mit dür spült. (S. 38)

Spätere Erfolge der kaiserlich-katholischen Seite sieht er als Wirken Gottes, der nachdem er den Sündern die wohlverdiente Strafe hat zukommen lassen, die Seinigen wieder rettet:

> Dise stattliche und weitberüembte victoria solte man unßrigen vleißgen und wachtbaren soldaten und krüegßobristen zueschreiben, so kan man aber nit [...] Gott hat ihnen daß glück in die hand hinein gegeben, sonsten hetten sie wohl noch nit angrüffen und derfte wohl vil anderst hergangen sein. (S. 180f)

Mehrmals fliehen die Bauern der Umgebung, „wol uff die 200 personen [...], utriusque sexus" (S. 163), vor der Brutalität der Truppen in den befestigten Klosterbereich, die Vorräte werden knapp. Daß gelegentlich Marodeure gefangen und gehängt werden, hält Bürster zwar für gerecht, aber nicht für besonders wirkungsvoll. Wenn Truppen sich in der Gegend um Salem breitmachen, flieht immer wieder ein größerer Teil der Mönche in sicherere Regionen. Plünderungen und Kontributionen nach allen Seiten, etwa an die protestantischen Herren von Hohentwiel, zwingen die Salemer Mönche später, das wirtschaftlich zerrüttete Kloster zu verlassen, nur wenige bleiben im Konventsgebäude zurück und kümmern sich um die inzwischen meist kümmerliche Ernte. Während einer seiner Fluchten vor den Schikanen der Truppen will Bürster unheimliche Weherufe in einem Wald gehört haben, er schreibt sie einem Hexentreffen zu (S. 114ff). Eine Reihe von Meldungen Bürsters bezieht sich auf Strategien der Zisterzienser, ihre Stellung im südwestdeutschen Raum wieder zu festigen (etwa S. 145f). Der Chronist sammelt zudem politische Hintergrundinformationen. Aus dem Jahr 1634 berichtet Bürster vom schwedischen Versuch, die Stadt Überlingen zu erobern, und von deren erfolgreicher Verteidigung, die er aber nicht den Überlinger Bürgern, sondern den Soldaten und bewaffneten Bauern zuschreibt (S. 46f). Den protestantischen Abzug sieht er durch ein Wunder in der Birnauer Kirche verursacht (S. 49f). Die Eroberung Überlingens im Januar 1643 durch die Hohentwieler mit Hilfe verbündeter französischer Truppen ist dann das zentrale Thema der Bürsterschen Chronik. Er behauptet, die Überlinger Bürger hätten keine Wachen aufgestellt und den Überfall schlicht verschlafen. Für das böse Erwachen der Überlinger hat er reichlich Hohn und Spott übrig, der dadurch noch verbitterter wird, daß das Kloster Salem eine Reihe von Gütern in der Reichstadt zur Verwahrung hatte, Güter, die den Feinden in die Hände fielen. Sein Bericht aus dem Jahr 1644 wird dominiert von der Belagerung, Beschießung und versuchten Rückeroberung der Stadt Überlingen, der „deflorierten und ubelgeschändten alten junkfrawen" (S. 194), durch die kaiserliche Seite. Die Belagerung beginnt Anfang des Jahres und dauert wesentlich länger, als Bürster in den ersten Eintragungen dazu vorausgesehen hat. Die Besatzung scheint den Hungertod vieler Bürger in Kauf genommen zu haben. Am 10. Mai erst einigen sich Belagerer und Belagerte, die Besatzungstruppen dürfen abziehen, der Überlinger Rat und die Bürgermeisterposten werden neu besetzt.

Die Kriegsnot mit Freund und Feind geht in den Folgejahren weiter. Bürster fürchtet, den schwedischen, lutherischen und calvinistischen Kräften ausgeliefert zu sein, da auf die Unterstützung der katholischen Seite durch den bayerischen Kurfürsten kein Verlaß sei (S. 259). Die letzte datierte Eintragung stammt vom 23. April 1647 und besagt, daß wiederum ein Teil der Mönche an andere Orte verschickt werden mußte und „verbleibt in dem closter nit meher, neben ettlichen conversen, [als] P. Balthasar Hornstein, prior, P. Raimundus Bucheler, P. Ambrosius Humler et ego." (S. 262). Es folgt darauf noch eine letzte, zeitlich lediglich mit „jezo" eingeordnete Meldung über katholische Eroberungsversuche in der Umgebung. Damit endet die Handschrift, sie bleibt ohne Abschlußformel von eigener oder fremder Hand. Nach dem Totenbuch des Klosters Salem starb Bürster erst 1649 in Konstanz.[679] In welchem Jahr Bürster geboren ist, ist nicht ermittelt, er selbst macht dazu keine Angabe.

4.2. Autobiographischer Pakt und Perspektivität

Bürsters *Collectanea* sind weniger autobiographisch orientiert als die vorher analysierten Chroniken der Ordensfrauen. So schließt Bürster von Anfang an keinen autobiographischen Pakt mit seinem Publikum, sondern ausschließlich einen chronikalischen: Er schreibt kein „Verzaichnus [...] Wenn ich S Clara staigerin geborn. in das closter komen Und was sich die jar fürnems begeben."[680], sondern einen Bericht über das Kriegsgeschehen im Salemer Umkreis als „P. Sebastianus Bürster, conventualis et sacerdos indignus ex Neuffra oriundus, manu propria 1643". Seine Person und – „ex Neuffra oriundus" – ihr Herkommen aus dem Dorf Neufrach bei Salem ist nicht mit ihrem eigenen Erleben von Bedeutung, sein Name bescheinigt in tradierter Urkunden- und Unterschriftsformel dem Geschriebenen Glaubwürdigkeit. Wenn Bürster an einigen Stellen sich selbst mit „ich", „ego" oder dem eigenen Namen bezeichnet, tut er dies eher zur Beglaubigung des chronikalisch Aufgezeichneten denn zur Verschriftlichung der eigenen Person. So teilt die Chronik an vielen Stellen überhaupt nicht mit, wo Bürster sich zum Zeitpunkt des Erzählten befindet und ob er Augen- und Ohrenzeuge des Mitgeteilten geworden ist. Nur gelegentlich erfährt man von Bürsters Furcht und von dem, was er hautnah erlebt hat. Eine dieser seltenen Stellen ist die schon erwähnte Beschreibung einer Flucht aus dem Kloster, bei der er rätselhafte Geräusche im Wald hört, die er später dann einem Hexentreffen zuschreibt (S. 114ff):

---

[679] Klein, Michael: Die Handschriften im Generallandesarchiv Karlsruhe. Wiesbaden 1987, S. 173; von Krusenstjern, Selbstzeugnisse, S. 59; Zinsmaier, Die Geschichtsschreibung des Zisterzienserklosters Salem, S. 9.
[680] Staiger, Tagebuch, S. 43.

> Daß erschröckliche, greißeliche geschray habe ich gehört so lang und weit ich in dem wald, biß ich uff den oberen hof bin komen. Umb 2 uhren kame ich nacher Nußdorff und bald nach mier Pater Balduin Holl, beede vor schwüz und schweiß bahnlich [=schrecklich] naß; andere zwehen aber, alß bruoder Lenhardt und bruoder Desideri, wegen ihrer schweren bündel, verbleibten in dem bust und wald biß tag wurde. Umb 9 oder 10 uhren kamen mier erst zue Uberlingen zue den anderen, war also kainer verlohren. Nota: waß nun geweßen möcht sein, gibt nachvolgendeß zue verstehen: eben selbe nacht hatte der böse geist und schwarze Caspar ain kündbetterin umb solche zeit und stund ab ihrem bett hinweg zum laden auß und, wie der thurnbläßer ußgeben, daß erß auch gehört, sie habe uff den see hineingetragen und güert und morgenß [...] todt in den graben laßen fallen, da man die grüff und klappen, wa er sie gefaßt gehalten, an ihr gefunden und ersehen worden weren, also alldort uff dem Bedtelplaz praesentiert und ain tanzmahl oder freidenfest mit ihr haben gehalten und sie ihrem breitigam und gesponß fürgestellt haben. (S. 115ff)

Hier schreibt Bürster in der ersten Person Singular, was er getan, gehört und gesehen hat, und wenn er von „mier" im Sinne der ersten Person Plural schreibt, benennt der Kontext, aus welchen Personen sich die „mier" genannte Gruppe zusammensetzt. Die Erfahrung einer panischen Flucht in einer offenbar stürmischen Nacht und das Erlebnis der seltsamen, ängstigenden Geräusche verstörten Bürster, für den solche Fluchten vor Überfällen schon fast zum Alltag gehörten, doch offenbar nachhaltig, sein eindringliches Schreiben an dieser Stelle jedenfalls deutet an, daß er hier eine Katastrophe erlebt hat. Nach der Schilderung der Ankunft in Überlingen folgt dann die ‚Auflösung' des Rätsels: Das Getöse und die Schreie werden jetzt gedeutet als Hexentreffen. Diese Deutung wird als „Nota" in sachlichem Stil mitgeteilt. Doch Bürster muß danach seine eigene Wahrnehmung des nächtlichen Vorfalls noch einmal wiederholen:

> Ich kan und weiß es schäuzlich und erschröcklich gnuog nit sagen noch schreiben; eß ist noch vil schäuzlicher und erschröcklicher, alß kain mensch ihme einbülden kan, geweßen, muoß mich wol bei nächtlicher und solche zeit niemandß mehr dorthin bringen; ob nun pfeifen und geigen oder ander saitenspil darbei geweßen, kan ich nit sagen; allein ach und wehe, o wehe und immer wehe ubertrafe alle stümmen, und so ich wär allainig geweßen und nit warhafte lebendige zeigen und mitbruöder bey mier gehabt, mit denen ichs noch heutiges tags kann beweißen, würde manß mier niemand wöllen glauben. (S. 116).

Solche Berichte über eigenes Erleben nehmen jedoch in der ausführlichen Kriegschronik Bürsters nur einen relativ schmalen Raum ein, und sie prägen kaum den Charakter dieser Schrift.

Dennoch ist Bürsters Ich in dieser Kriegschronik nicht unwichtig. Zwar ist Bürsters ‚Ich im Text' schweigsam, was die eigene Geschichte und die eigenen Vorfahren angeht, aber dies heißt nicht, daß es sich im Bericht zurücknimmt. So spottet Bürster über die Überlinger, verurteilt marodierende Soldaten beider Seiten, schimpft über die Strategie der kaiserlichen Heerführer, bewertet das wechselnde Kriegsglück und reiht Anekdotisches gelegentlich mit einem Hinweis ein, daß er darüber gerne berichte. Das Ich des Erlebenden nimmt Bürster stark zurück, das schreibende Ich aber ist in diesem Text deutlich konturiert.[681] Seine Kriegschronik kennt nicht das zurückhaltende, sich die Objektivität der Führungsperson zuschreibende Buchhalten Haidenbuchers, auch nicht das faktenzentrierte Notieren der Maria Anna Junius. Bürster liebt einen akkumulierenden, aufschwellenden Stil. Er reiht die Einzelheiten so ungeordnet wie Staiger, schreibt aber weit ausufernder, auch anschaulicher und versucht, Hintergründe und fernes Geschehen mit in seinen Bericht einzubauen, und trägt immer wieder Vergessenes nach. Und er urteilt ohne Scheu vor starken Worten.

Der Salemer Mönch ergreift die Chronistenfeder 1643 – im Zusammenhang mit der Eroberung Überlingens durch die protestantische Seite.[682] Davor schreibt er aus der Erinnerung, dabei und danach sukzessiv, jedoch nicht unbedingt diaristisch, eher annalistisch bzw. im Rückblick auf einen gewissen Zeitraum eines Jahres oder Monats. Der Fall Überlingens muß Bürster nachhaltig erschüttert haben, er beginnt in dieser Zeit, über den Krieg zu schreiben, bildet sich spätestens jetzt ein ausgesprochen negatives Urteil über die Überlinger Bürger, das in den verschiedensten Teilen seiner Chronik zum Ausdruck kommt.

Bürsters schreibendes Ich ist meist ausgesprochen parteiisch für die katholische Seite, fürchtet es doch im Falle eines protestantischen Sieges die Auflösung der Klöster und ein Blutbad unter den Ordensangehörigen. Es bleiben ihm aber auch nicht die Fehler und Grausamkeiten der eigenen Truppen verborgen, und es verschweigt sie nicht vor den Lesenden der Chronik. Der Zisterziensermönch ist alles andere als ein Ireniker. Er bittet zwar um Frieden und hofft auf ihn, dokumentiert die Armut, die Epidemien und die Verrohung der Bevölkerung, erkennt den Krieg als deren Ursache und fürchtet die Auswirkungen des Krieges über sein Ende hinaus:

> Ist aber wol zue besorgen, man werde noch arbat und mit dem krüeg zue schaffen gnuog bekomen, wan kain krüeg mehr verhanden sein würd; alßdan werden erst die nachparn und underthonen ainanderen in daß haar wachßen und hinder ainanderen komen und werden erst nach und nach die dieb und diebstäl an tag und herfür komen; quia nihil ita opertum, quod non aliquando reveletur; darumben bald newe galgen werden müeßen uffgericht werden." (S. 189)

---

[681] Ähnlich deutlich ist das Ich des urteilenden Erzählers auch im Tagebuch des Elchinger Benediktinermönchs Bozenhart (Brunner (Hg.), Aus dem Tagebuche), dort sind auch persönliche Erlebnisse ausführlicher berichtet, etwa die während eines Raubüberfalls protestantischer Truppen auf das Kloster im Jahr 1634, S. 194ff. Vgl. von Krusenstjern, Selbstzeugnisse, 56f.

[682] Vgl. den Klammersatz in der Überschrift der Chronik: „so erst angefangen und beschrüben worden nach übergang der alten und römischen reichs statt Uberlingen", Bürster, Beschreibung, S. 1.

Er hat aber martialische Gerechtigkeitsvorstellungen, und Menschen, denen er feindlich gesonnen ist, gönnt er ohne Skrupel den Tod[683]: „hetten die Suedische alle zuemahl uff daß kraut hinweg kenden freßen und in dem Boden See kenden verseufen" (S. 35). Noch drastischer äußert er sich später:

> jetzt sollte man anfangen, bey ihnen wedt zue machen und die schwedische trink, so sie unß gebracht, bschaidt zue thuon darzue zwingen, daß ihnen dan der teufel gsäng; von welchen schwedischen trinken, mit welchen sie die leut hierumber geblagt und getränkt, nebenkeidlen, dümblen und fungeruffschraufen, frawenbülder, junkfrawen, closterfrawen schänden und ander dergleichen erschröcklichen, spödtlichen, sodomitischen werken und sünden beßer zue schweigen, alß vil darvon zue schreiben: gott wölle unß weiter beistehen. (S. 87)

Bürster schreibt, was er selbst gesehen hat, von den Aussagen anderer Augenzeugen kennt oder aus dritten Quellen zusammenträgt[684], wobei in seiner Chronik der Anteil des mit eigenen Augen Gesehenen geringer ist als in den analysierten Nonnenchroniken, da er auch Nachrichten aus größerer Ferne aufzeichnet und seinen Regionalbericht mit Hintergrundmaterial anreichert. Seine Perspektive ist an den Welterklärungssystemen seiner Zeit geschult: Unwetter und ungewöhnliche Himmelserscheinungen nimmt er als böse Vorzeichen wahr, er glaubt an die Wirksamkeit von Wundern und an die Existenz von Hexen. Auch seine Neigung zu starken Urteilen – und Verurteilungen – läßt sich mit einer offenbar nur schwer erschütterbaren Verankerung im ideologischen Denken seiner Zeit erklären. Zwar findet sich auch bei ihm der Unsagbarkeitstopos, der in autobiographischen Schriften der Frühen Neuzeit so häufig ist:

> ach waß jamer und noth, verhergen und verderben ist aller orten geweßen, nichts zue schreiben noch zue sagen (S. 36)

oder

> Uff 15. Junii miesten mier abermahlen fliehen; in summa eß war diß jahr nichts dan springen und laufen, tag und nacht, mit solchem schrecken und forcht, daß nit zue schreiben noch zue sagen. (S. 114)

Doch – dies zeigt sich gleich in der Vorrede – erscheint er oft in einer bezeichnenden Variante als Topos der Unerschöpflichkeit. Nicht die grundsätzliche Sagbarkeit der Kriegsgreuel – wie in der Junius-Chronik oder im Staiger-Tagebuch – wird in Zweifel gezogen, sondern die Möglichkeit der Vollständigkeit ihrer Darstellung: „Ich hette nit zeit und weil, federen und dinten noch papeyr gnuog ufftreiben oder bekomen kenden" (S. 2). Diese Formel der Unerschöpflich- und

---

[683] Bürsters Bestrafungswünsche entsprechen der bei Foucault beschriebenen vormodernen öffentlichen Körperstrafe als symbolischer Wiedergutmachung der Opfer, vgl. Foucault, Überwachen und Strafen.

[684] Bürster, Beschreibung, S. XIV: Bürster klebt gelegentlich Ausschnitte aus Zeitungen oder Flugblättern in seine Chronik ein.

Unabschließbarkeit könnte angeregt sein vom letzten Satz des Johannes-Evangeliums, wenn der Evangelist betont, die Welt könne die Bücher nicht fassen, wenn alles, was Jesus getan hat, aufgeschrieben werden sollte.

Der Text bleibt seinen Argumentationszielen immer verpflichtet, die Bürstersche Chronik will Tradition bilden, Memoria schaffen.[685] Der Chronist hat darüber hinaus ein Nebenziel: Wenn er ausführlich darlegt, daß die Empfänger der großzügigen Klosteralmosen vor dem Krieg Gott um seinen Segen für die Güter des Klosters gebeten haben, so ist dies auch ein Appell des Chronisten an Gott, sich erweichen zu lassen und die Salemer Mönche nicht um ihre Verdienste vor Gott und den Menschen zu bringen.

4.3. Sprache und Geschlechterkonzeption. Ein Vergleich

Der Salemer Zisterziensermönch ist merklich ein geschulterer Autor als Junius, Staiger und Haidenbucher. Zwar ist auch seine Wortwahl und Orthographie stark mundartlich geprägt, bei ihm finden sich noch mehr landschaftsbezogene Redensarten als in den Schriften der Klosterfrauen. Aber sein Text enthält eine ganze Reihe lateinischer Einsprengsel und eine Fülle rhetorischer Mittel, mit denen er seine Chronik überzeugend und plastisch gestalten kann. Bürster schreibt mit keinem Wort, daß er sich nur an zukünftige Mitglieder seines Klosters wendet. Die Vorrede „Ad lectorem", der um Plastizität, Überzeugungskraft und Volkstümlichkeit bemühte Stil und eine Neigung zum polemischen Urteil legen nahe, daß diese Chronik ihr Publikum nicht nur im engeren Kreis der Salemer Zisterziensermönche, sondern in einer größeren Öffentlichkeit suchte. Der Text zielt auch auf Lesende außerhalb des Klosters – mit dem sowohl rhetorischen als auch volkstümlich-deftigen Stil eines Geistlichen, der den Kontakt mit der Bevölkerung als Seelsorger und Almosenverteiler[686] gewohnt ist und wortreich pflegt. So wettert er bei der Schilderung einer der wiederholten Truppeneinquartierungen im Kloster und seiner Umgebung: „[M]an will unß doch die haut gar uber die ohren und kopf abzüehen, und will doch gar kain end mehr nähmen" (S. 130)..

Vergleicht man Bürsters Darstellungsweise mit der der Ordensfrauen, so schreibt der Mönch mit aufschwellender Umständlichkeit, aber auch größerer Anschaulichkeit und einem durch Komik gesteigerten Unterhaltungswert. Zum Beispiel zeichnet er die Plünderungen des Klosterkellers durch Soldaten im Jahre 1633 in polysyndetischer Klimax von Synonymen auf:

---

[685] Die historiographische Traditionsbildung des Klosters Salem reicht ins Mittelalter zurück. Vgl. Zinsmaier, Die Geschichtsschreibung des Zisterzienserklosters Salem; Schreiner, Klaus: Erneuerung durch Erinnerung, S. 37.

[686] Darauf deutet Bürster, Beschreibung, S. VIIIf hin. Siehe auch Zinsmaier, Die Geschichtsschreibung des Zisterzienserklosters Salem, S. 9.

> [D]an auß den kellern hat man mit allerlai geschür, waß ainer nur bekümen, so wein hat faßen mögen, sauber und unsauber, getragen, mit kübel und gelten, häfen und pfannen, schuoch, stüfel und hüeten, sawkübel, hundskübel, stüerkübel, fewrkübel, leyrenkübel, ofenhäfen, gudteren, hüet und hälm, in summa summarum salvo honore: nachtkachlen, waß nur haben hat mögen (S. 36).

Diese Chronik nimmt ganz selbstverständlich Raum ein, breitet sich vor der Öffentlichkeit aus, will die Nachwelt erreichen. Die geduldige Aufmerksamkeit von Lesenden fordert das schreibende Ich allerdings nur am Rande für ein beschriebenes Ich, es fordert sie vielmehr für sich als schreibendes Ich, das sich traditionsbildende Pflicht und Kraft zuschreiben darf und dies auch, zum Beispiel im oben zitierten lateinischen Satz aus der Leseransprache, explizit tut.

Daß es dies kann, sieht das schreibende Ich in keinem Zusammenhang mit den Geschlechtervorstellungen seiner Zeit. Auch die Klosterfrauen haben ihr Schreiben oder Eigenarten ihres Schreibens, etwa die Kürze und relative Sachlichkeit ihrer Texte, nicht mit einer Debatte über zeitgenössische Geschlechterverhältnisse begründet. Doch das Vergleichsergebnis der Nonnenchroniken mit dieser Mönchschronik läßt vermuten, daß der männliche Autor sich in autoritative Posen werfen kann, mehr Raum einnehmen darf und an der Verfestigung der Diskurse seiner Zeit einen weit größeren Anteil hat als die Chronistinnen weiblicher Ordensgemeinschaften.

Geschlechtervorstellungen verhandelt Bürsters ‚Ich im Text' nicht explizit, Frauen werden selten erwähnt. Er schreibt nur gelegentlich von Nonnenklöstern. Frauen tauchen in dieser Chronik vor allem als Kriegsopfer auf, so schreibt Bürster vom „frawenbülder, junkfrawen, closterfrawen schänden" (S. 87).[687] Diese als Klimax verstandene Aufzählung macht deutlich, daß der Mönch das Vergewaltigen von Klosterfrauen – und mit Einschränkungen auch von Jungfrauen – als ein größeres Verbrechen ansieht als das Vergewaltigen bürgerlicher oder bäuerlicher Ehefrauen und Witwen. Damit ist Bürsters Geschlechterkonzeption hierarchisch, aber nicht dichotom und somit ähnlich, wie sie hier bei der Analyse der Junius-Chronik entwickelt worden ist: Es gibt nicht nur eine hierarchische Diskriminierung der Menschen in Männer und Frauen, sondern auch ganz deutliche Werthierarchien innerhalb der Frauen, je nach deren eingeschlagenem Lebensweg. Wenn sich die Menschen der Umgebung hinter die Klostermauern flüchten, tun sie dies „mit weib und kind, hab, vieh, roß, schwein und allem, waß sie hadten" (S. 99). Diese Aufzählung markiert die Machtverhältnisse zwischen den Geschlechtern: Die Menschen im allgemeinen, auch „die underthonen" im besonderen, sind männlich gedacht. Frauen – und Kinder – zählen wie die Haustiere zum Besitz des Familienvaters. Bürster kennt aber auch an-

---

[687] Während hier Bürster noch eine allgemeine Behauptung über das Verhalten der – schwedischen – Truppen aufführt, verzeichnet er konkrete Vergewaltigungen durch kaiserliche Truppen u. a. auf S. 89.

dere Konzeptionen und Stratifikationen. Von einer anderen Fluchtbewegung der Untertanen ins Kloster schreibt er: „jung und alt, reich und arm, weib und mann" seien gekommen (S. 105). Das heißt der Unterschied zwischen den Geschlechtern ist nicht der einzige Unterschied zwischen den Menschen. Wenn allerdings die Untertanen hinter die Klostermauern geflohen sind, erscheint ihm dies als Abweichung von der Ordnung immer erwähnenswert: Anwesend sind dann Personen utriusque sexus, also Personen beiderlei Geschlechts. Die Formulierungen, in denen Bürster Menschen verschiedenes Geschlecht zuweist, können als Indiz gelten, daß die Geschlechterkonzeption des 17. Jahrhunderts zwar nicht mehr ausschließlich mit dem von Laqueur beschriebenen Ein-Geschlecht-Modell darstellbar ist, schließlich spricht Bürster von Personen beiderlei Geschlechts, daß aber auch die Dichotomie der Geschlechter noch nicht die Diskurse bestimmt: Menschen sind für Bürster vielfältig geschichtet und unterschieden, die geschlechtliche Unterscheidung ist noch nicht grundlegend geworden.

Daß Frauen andere Aufgaben oder Eigenschaften als Männer hätten, darüber äußert er sich nicht explizit, es ist ihm aber offenbar selbstverständlich: So schreibt er von Marketendern, die Weib und Kind ernähren müssen (S. 220). Frauen, die als Marketenderinnen oder fliegende Händlerinnen durch die Gegend ziehen und eine Familie ernähren, kennt zwar die frühneuzeitliche Realität, die zeitgenössische Autobiographik von Frauen nimmt dies zur Kenntnis, man erinnere sich daran, wie Anna Vetter den Handel ihrer Mutter beschreibt.[688] Auch die symbolischen Präsentationen der Zeit kennen Marketenderinnen, so verdingt sich die heute wohl prominenteste weibliche Romanfigur der Zeit, Grimmelshausens Courasche, phasenweise als Marketenderin. Auffällig ist, daß der Zisterziensermönch im Unterschied dazu nur männliche Marketender in seine Kriegschronik eingehen läßt.

Noch in anderer Weise ist der Text des Sebastian Bürster für Fragen der frühneuzeitlichen Geschlechterverhältnisse interessant: Er nutzt die in der Frühen Neuzeit gängige Personifizierung einer Stadt als Frau. Solange eine Stadt sich erfolgreich gegen eine feindliche Eroberung wehrt, wird sie als Jungfrau personifiziert, ergibt sie sich – wie Überlingen – nahezu kampflos, wird sie zur ehrlosen, geschändeten, hurenhaften Frau: So meldet er vom Jahr 1643 „zuevorderst den übergang der uralten junkfrawen und römischen reichsstatt Uberlingen, so zue ainer schnuoren worden und reverenter die franzoßen bekomen" (S. 146f.).

Bürster läßt sich das Wortspiel „die franzoßen bekomen" hier nicht entgehen, schließlich ist die zur „schnuore"[689] gewordene Stadt Überlingen von französischen Truppen erobert worden. Und die Syphilis wird in Bürsters Zeit als die ‚Franzosenkrankheit' bezeichnet. Ausgiebiger noch nutzt er die weibliche Perso-

---

[688] Vgl. S. 165. Zu Frauen im Troß der Heere u. a. Kroener, „...und ist der jammer nit zu beschreiben".
[689] Lt. von Weechs Erläuterung, S. 147, ein Synonym für Hure.

nifizierung der Stadt, als später die Rückeroberung Überlingens durch kaiserliche Truppen ansteht:

> Volgt anjezo nun Überlinger belägerung, bloquierung, cur, medicin, einlägung und beschließung diser ubelkranken, vergüfften, deflorierten und ubelgeschändten alten junkfrawen, so anjezo voler Franzoßen, unrath, unzüfer, häßlich geschändt, zue ainer schnuoren und salvo honore gar zue ainer offentlichen huoren worden [...]. Nun hat man schon allberait, [...] für gesagte, geschändte und deflorierte alte junkfrawen ain stränge cur angestelt [...]. [...] weil zue diser und solcher krankhait grose wärme und hüz höchlich von nöthen, solle ihr von außen bald mit groben und großen stucken und dergleichen, damit sie bald trucken schwüzen, warmb und haiß genuog werden möchte, eingefeyrt werden. (S. 194f)

Städte, Länder und Kontinente werden in der Frühen Neuzeit weiblich personifiziert. Die Eroberung eines Gebiets wird analogisiert mit dem Eindringen eines Mannes in den Körper einer Frau.[690] Die eroberte Region, das Opfer, wird somit weiblich konzipiert, der Aggressor männlich. Die eroberte Stadt gilt als geschändete Jungfrau, und wer sich hat schänden lassen und sich nicht heldenhaft gewehrt hat, ist im Verständnis des 17. Jahrhunderts entehrt, Mitleid erhält eine in solcher Weise mißhandelte Frau/Stadt kaum.[691] Das Schänden der Frauen, die Verletzung von Jungfräulichkeit, hat in Bürsters Text eine doppelte Funktion, einerseits ist es ganz deutlich Notierung eines tatsächlichen Geschehens, andererseits ist ‚Schändung von Frauen', vor allem von Jungfrauen, auf Flugblättern und in der Literatur und Chronistik des 17. Jahrhunderts „Emblem einer zerstörten Ordnung".[692] Prominentestes Beispiel für das Nutzen eines solchen Allegorienkomplexes ist die zeitgenössische Publizistik zur Eroberung Magdeburgs, schließlich fordern schon Namen und Wappen dieser Stadt zu einem Vergleich von befestigter Stadt und Jungfräulichkeit heraus.[693] Es mag Zufall sein, daß sich die weibliche Personifizierung einer Stadt in den Nonnenchroniken nicht findet, obwohl auch dort oft die Rede ist von belagerten oder eingenommenen Städten und, etwa in der Junius-Chronik, vom heftigen Einsatz der Bürgerinnen gegen die Eroberung einer Stadt. Kein Zufall ist aber die Art, wie Bürster diese Personi-

---

[690] Rublack, Metze und Magd. Als gängige, abgestumpfte Metapher ohne rhetorische Funktion verwendet der Elchinger Benediktinermönch Johannes Bozenhart die Bezeichnung ‚Jungfrau' für die noch nicht von Tilly eroberte Stadt Magdeburg, vgl. Brunner, Aus dem Tagebuche, S. 165.

[691] Daß die Bildlichkeit der jungfräulichen und der gefallenen Stadt durchaus für Frauen – eben nicht nur bildlich – bedeutsam war (Rublack, Metze und Magd, S. 219), kann auch der Grund dafür sein, daß alle Nonnenchroniken zwar von der Furcht der Klosterschwestern um ihre Ehre sprechen, aber niemals ein geschehenes Verbrechen an einer konkreten Klosterfrau dokumentieren.

[692] Rublack, Metze und Magd, S. 219, vgl. u. a. auch im Gryphius-Gedicht „Thränen des Vaterlandes / Anno 1636." (in: Maché, Ulrich und Volker Meid (Hg.): Gedichte des Barock. Stuttgart 1980, S. 116).

[693] Siehe etwa Harms (Hg.), Flugblätter des 16. und 17. Jahrhunderts, S. 400f. Vgl. Rublack, Metze und Magd; Medick, Hans: Historisches Ereignis und zeitgenössische Erfahrung. Die Eroberung und Zerstörung Magdeburgs 1631. In: Zwischen Alltag und Katastrophe. Hg. v. Benigna von Krusenstjern und Hans Medick. Göttingen 1999, S. 377-407.

fizierung anwendet: Seine Chronik meldet häufig Belagerungen und Eroberungen von Städten und Festungen, es ist aber gerade die Stadt Überlingen, die er weiblich personifiziert. Überlingen ist eine Stadt, die Bürster in höchstem Maße verachtet, da ihre Bürger und Bürgerinnen nicht heldenhaft gekämpft haben, sondern überrumpelt worden sind. Seine Mißachtung will der Mönch zum Ausdruck bringen, wenn er die Stadt mit einer deflorierten Jungfrau vergleicht. Geschlechtsspezifische Eigenschaften und Hierarchien werden also auch dann verhandelt und verfestigt, wenn es nicht im eigentlichen und engeren Sinne um Geschlecht geht, sondern wenn die Welt geschlechtlich konzipiert und gedeutet wird. Das heißt aber – und dies muß festgehalten werden, gerade in der Auseinandersetzung mit einigen Theorien, die in autobiographischen Texten des 17. Jahrhunderts die Frage des Geschlechts für vernachlässigbar halten[694] – Geschlecht muß als Analysekategorie auch dann berücksichtigt werden, wenn die Texte, die untersucht werden, sich gar nicht explizit zu Geschlechterverhältnissen äußern, sehr wohl aber von ihnen geprägt sind.

Schließlich muß im Hinblick auf die Geschlechterverhältnisse noch eine Frage geklärt werden, die sich auf die realen Lebensverhältnisse von Nonnen und Mönchen im 17. Jahrhundert bezieht und bei der Diskussion des Staigerschen Tagebuchs aufgetaucht ist: Wie verhält es sich mit der Autonomie eines Klosters in Friedens- und in Kriegszeiten? Unter dem Dreißigjährigen Krieg haben alle Menschen gelitten, auch die Mönche. Nicht nur für Staigers Augustinerinnen hat es keine Eigenständigkeit gegeben, Abhängigkeiten nach verschiedenen Richtungen hat auch das Leben der Salemer Zisterzienser geprägt. Von einer Kirchenaufsicht, von Visitationen allerdings berichtet Bürster nicht, obwohl diese gerade bei den Zisterziensern zu den strengen Auflagen des Ordens gehören. Dies kann als Indiz dafür gelten, daß hier wie bei Haidenbucher die Kirchenaufsicht in Kriegszeiten geschwächt war.

Zu den Schwierigkeiten und Abhängigkeiten von der Umwelt des Klosters nehmen die Nonnen in ihren Chroniken allerdings eine andere Haltung ein als der Mönch. Ausführlich informiert etwa Junius über die Strategien der Klosterfrauen, für ihren Konvent und sich selbst den günstigsten Weg in bedrohlichen Zeiten zu finden: Die Nonnen bezeichnen sich als „arme Schwestern" und inszenieren ihre kleinen Geschenke und wichtigen Dienste, etwa die Krankenpflege, die sie auch den protestantischen Eroberern gegenüber leisten, als freiwillige Freundschaftsgaben. Bürster dagegen setzt auf andere Mittel: Er besitzt Interesse an und wohl auch Informationen über kriegsstrategische Überlegungen, empfiehlt konsequentes Nachsetzen gegenüber Marodeuren und drastische Strafen für Diebstahl und Raub. Er sieht also für seinen Mönchsorden die Möglichkeit, sich aktiv-fordernd in die Auseinandersetzung einzumischen. Die Salemer

---

[694] U. a. Peterson, Institutionalizing Women's Autobiography; und Costello, Taking the ‚Woman' out of Women's Autobiography.

Klosterherren waren damit, läßt sich aus Bürsters Chronik der Zerrüttung entnehmen, kaum erfolgreich. Doch die List der Selbsterniedrigung, die den Bamberger Nonnen gut bekommen ist, hätten die Mönche um Bürster nicht für sich übernehmen können: Die gesellschaftlichen Geschlechtervorstellungen mit ihrer geschlechtsspezifischen Zuschreibung von Stärke und Schwäche hätten dies unmöglich gemacht.

5. Zusammenfassung

Die vier analysierten autobiographisch-chronikalischen Klosterschriften haben in ihrer chronistischen Darstellungsweise, in ihrem Changieren zwischen Kloster- und Regionalgeschichtsschreibung und autobiographischer Selbstvergewisserung, in ihrer Orientierung an einer klösterlichen Öffentlichkeit, in ihrem alltäglichen, niederen Sprachstil und in ihrer pragmatischen Orientierung an bestimmten Zwecken des Klosterlebens einige bedeutende Gemeinsamkeiten. Dennoch kann nicht davon gesprochen werden, daß die Autorinnen und der Autor festgefügten, tradierten Formen folgen. Die Chroniken weichen durchaus in wichtigen Fragen voneinander ab. Die Unterschiede können einerseits in Regeln des jeweiligen Ordens und in Traditionen der einzelnen Klöster begründet sein, nach der derzeitigen Forschungslage läßt sich dies aber gerade nicht belegen.[695] Die Unterschiede in den hier analysierten Texten zeigen erneut, daß frühneuzeitliche autobiographische Chronistik in großer Formenvielfalt auftreten kann. Die Formen richten sich vor allem nach dem pragmatischen Zweck der Chronistik, aber auch nach persönlichen Eigenheiten, Fähigkeiten und Kenntnissen. Das *kurze verzeignuß* der Maria Anna Junius ist eine Apologie des Verhaltens der Schwestern in Kriegszeiten vor der Nachwelt. Staigers Tagebuch ist multifunktional, ist Existenzsicherung des Klosters, Arbeitsarchiv für die Priorin, Rechtfertigungsschrift vor der Kirchenaufsicht und zukünftigen Klosterfrauen und Trostbuch für die Chronistin. Haidenbuchers *Geschicht Büch* steht in der Verschriftlichungstradition des Benediktinerinnenklosters Frauenwörth und enthält – in einem weiteren Sinne –die ‚Buchführung' einer Äbtissin. Die Chronik des schreibfreudigen und ausdrucksstarken Sebastian Bürster fußt auf der langen Reihe pragmatischer Historiographie des Klosters Salem und zielt auf Memoriabildung über die Geschichte des Klosters und seiner Umgebung in wechselvollen und schwierigen Kriegszeiten.

Die Analyse der drei Nonnenchroniken hat in der Schreibhaltung zur eigenen Person zwischen Junius, Staiger und Haidenbucher größere Unterschiede registrieren müssen. Doch gleichgültig, ob die Chronistinnen von sich selbst in der ersten Person Plural oder Singular schreiben, definieren sie sich über ihre Zuge-

---

[695] Vgl. zur Differenz der Salemer Chronistik Zinsmaier, Die Geschichtsschreibung des Zisterzienserklosters Salem.

hörigkeit zur Schwesterngemeinschaft. Gerade diese Zugehörigkeit ermöglicht ihnen eine starke und konturierte Selbstkonstitution. Donahue hat in einer Analyse des Life Writing frühneuzeitlicher spanischer Klosterfrauen das Wir dieser Texte als „chain of sisterhood" zu deuten versucht oder auch als Unterminierung eines ‚klassischen' Autorkonzepts verstehen wollen.[696] Solch anachronistischer Anwendung heutiger Gender- und Subjektkonzeptionen soll hier nicht gefolgt werden. Das Wir ist gerade keine Auflösung eines klassischen Autorkonzepts, da dies für Klosterchroniken, nicht nur des Mittelalters, sondern auch noch der Frühen Neuzeit, keineswegs ‚klassisch' genannt werden kann. Für solche Chroniken ist das Wir das Gängige, das Übliche, das Tradierte, schließlich werden Klosterchroniken zum Teil von mehreren Verfasser(inne)n geschrieben.[697] Bei Junius – wie auch bei Staiger und mit Einschränkungen bei Haidenbucher – bezeichnet allerdings dieses ‚wir' nicht die schreibende Person, es gibt also kein schreibendes Wir, sondern nur ein beschriebenes Wir. Die Chronistinnenposition ist ein klar markiertes, aber gruppenorientiertes Ich: „ich schwester Maria Anna Juniusin". Bei Haidenbucher liegt der Fall nur vordergründig anders, denn das schreibende Wir der Äbtissin, ist, das zeigt eindeutig ihre Formel „wir vnd vnser lübes Conuent", die majestätische Behauptung der eigenen Person. Zudem führt das beschriebene Wir gerade nicht zu einer Auflösung der eigenen Person in einer „chain of sisterhood", sondern ermöglicht gerade das Sprechen auch über das Ich. Damit löst sich die eigene Person nicht in Heteronomie auf, sie geht nicht unter in der Übereinstimmung mit einer allgemeinen, nicht-individuellen Natur des Menschen. Die Subjektivitätsform und damit die Art der Konzeptualisierung der eigenen Person ist von Heterologie geprägt: Durch die Beziehung auf ein Gegenüber, bei den Ordensfrauen auf die Ordensgemeinschaft, auf die Mitschwestern, wird die eigene Person sagbar, wird ihr Leben, ihr Fühlen und ihr Denken aufschreibbar. Die zeit- und gruppenspezifische Subjektivitätsform dieser Nonnen des 17. Jahrhunderts ist somit in ähnlicher Weise heterolog wie die im vorigen Kapitel beschriebene Subjektivität protestantischer, meist pietistischer Frauen, die ihr Selbst gefaßt und beschrieben haben aus seiner Beziehung zu Gott. Dieses spezifisch Heterologe bedeutet, daß ein Ich sich entdeckt, seine Konturen zeichnet, seine Gestalt und seinen Wert behauptet in der Anlehnung an ein Gegenüber. Wessen Selbst in solcher Weise konstituiert ist, der trennt sehr wohl zwischen Ich und Welt oder Ich und Gemeinschaft. Nur bestimmt er sein Ich nicht in strikter Abgrenzung und Kontrastierung vom anderen. Im Gegenteil, das andere stärkt das eigene Ich. Subjektivität und Krieg stehen in diesen autobiographisch-chronikalischen Schriften in einer paradoxen Wechselwirkung: Während die Verstörung durch den Krieg das memoriaschaffende und selbstver-

---

[696] Donahue, Writing Lives, S. 238.
[697] Dies gilt u. a. für das *Denckbuechlin* der Juliana Ernst, die die von Vorgängerinnen begonnene Klosterchronik weiterschreibt.

gewissernde Schreiben oft überhaupt erst motiviert haben dürfte, sorgt die Dramatik des Geschehens stets dafür, daß das Autobiographische in diesen Schriften das Chronikalische, das Die-Geschichte-der-Umgebung-Schreibende, nicht überdeckt.[698]

Ob die Selbstkonstruktion des Mönchs in ähnlicher Weise heterolog ist, läßt sich aus dem untersuchten Text kaum beantworten, da in seiner Chronik Autobiographisches eine weit geringere Rolle spielt als in den Nonnenschriften. Wenn er sich seiner selbst kaum vergewissert und sein schreibendes Ich sich dezidiert und autoritativ präsentiert, muß er seiner eigenen Person ziemlich sicher sein. Diese sicher gefaßte Subjektivität ist aber nicht die einer persönlichen Autonomie. In Bürsters Text zeigt sich eine ähnliche Form der Heterologie wie in Johann Wilhelm Petersens Autobiographie: Die eigene Person gewinnt ihre Konturiertheit nicht nur aus dem Bezug zu einem Gegenüber, sondern aus ihrer Verankerung in den Diskursen ihrer Zeit. Die Klosterchronik des Mönchs ist geprägt von festgefügten Welterklärungssystemen und webt an ihnen aus einer Position der Stärke weiter, während in den Nonnenchroniken Stör-Erfahrungen[699] heilsgeschichtliche Überzeugungen zerrütten können. Daß so die Chroniken aus der Feder von Frauen weniger an alten Ordnungen zementierend arbeiten als die Chronik des Zisterziensermönchs, läßt sich damit erklären, daß Frauen an der Formulierung, Tradierung und Veränderung solcher Ordnungsdiskurse nur am Rande beteiligt und somit in ihnen weniger verankert waren. Das Vergleichsergebnis spricht also für Sloterdijks und Smiths Vermutung, daß ‚Gärungsprozesse' gesellschaftlicher Veränderungen eher an den Rändern als im Zentrum der herrschenden Diskurse sich abspielen.[700]

Als manifester genderspezifischer Unterschied zwischen den verschiedenen Texten hat sich aber wie schon im Vergleich der Autobiographien des Ehepaares Petersen das Verhältnis zum Raumgreifen, zur Ausführlichkeit erwiesen. Gegenüber der männlichen Neigung zum Akkumulieren und zum Pleonasmus fällt die Kürze der autobiographischen Texte aus der Feder von Frauen, seien sie von Nonnen oder von Pietistinnen geschrieben, auf.[701] Daß sich Frauen so kurz fassen, ist ein Zeichen, daß sie selbst ihrem Schreiben keine allzu große Relevanz zumessen können. Nur ‚kurze Verzeichnisse' oder kurze Lebensläufe konzediert die zeitgenössische, lesende Öffentlichkeit. Auch wenn sich in den einzelnen

---

[698] Vgl. von Krusenstjern, Buchhalter, S. 144, die allerdings in den Vordergrund ihrer Argumentation stellt, daß der Dreißigjährige Krieg eine Entdeckung des Ich verzögert habe, während m. E. hier der Dreißigjährige Krieg doch vor allem die Notwendigkeit einer Selbstvergewisserung, einer schreibenden Selbstkonstruktion begründet.
[699] Vgl. Sloterdijk, Literatur und Organisation, S. 11f, vgl. hier Kap. I. C. 4.2.
[700] Vgl. Sloterdijk, Literatur und Organisation; Smith, Poetics, S. 62 und S. 176.
[701] Staigers Tagebuch bildet darin nur scheinbar eine Ausnahme. Die Ausführlichkeit dieser Schrift ist nicht einem akkumulierenden Stil geschuldet, sondern der langen Entstehungsphase als Tagebuch über 20 Jahre hinweg.

Texten kein dichotomes, sondern ein mehrfach hierarchisiertes Geschlechterverhältnis, das auch Wertungsunterschiede zwischen Frauen und zwischen Männern, je nach Lebensweg, Glaubenszugehörigkeit und Stand, kennt, manifestiert, ist doch die Machtasymmetrie zwischen den Geschlechtern im 17. Jahrhundert in vollem Maße ausgeprägt: Sie überschreitet die Grenzen zwischen verschiedenen gesellschaftlichen, hier: konfessionellen Gruppen. Und auch wenn weder Petersen noch Junius explizit ihre Rolle als schreibende Frau oder Nonne reflektieren, hat es sich als notwendig erwiesen, Geschlecht als literaturwissenschaftliche Analysekategorie zu beachten.

C. Autobiographische Familienchronistik

Nicht nur Klöster haben ihre Geschichte, auch Familien haben sie: Chronisten und Chronistinnen halten die Namen, die Geburts-, Heirats- und Todesdaten ihrer Kinder fest, sammeln Daten ihrer Vorfahren, verzeichnen Geschäftsbeziehungen und Rechtshändel, notieren, was geleistet, verkauft oder verliehen worden ist. Familienbeziehungen hatten in der Frühen Neuzeit nicht nur emotionale und reproduktive Funktionen, sondern auch produktive, Mann und Frau bildeten sehr oft ein Arbeitspaar, der familiäre Generationenverband war die wichtigste Institution der Daseinsfür- und vorsorge, und in einem frühneuzeitlichen Haushalt lebten weit mehr Personen als nur die Kernfamilie.[702] Das Anlegen von Hausbüchern und Verfassen von Familienchroniken gehörte deshalb zu den Strategien, mit denen Familienressourcen erhalten und weitergegeben wurden: Die Nachkommen sollten die Berufsgeheimnisse, die Geschäftsbeziehungen und die Rechtsgeschäfte, aber auch das althergebrachte Ansehen der Familie, also das symbolische Kapital ihrer Vorfahren, kennen und zum eigenen Vorteil und zu dem ihrer Kinder nutzen können. Eine solche Familiengeschichtsschreibung findet sich im übrigen sowohl in Adelsfamilien als auch im Bürgertum. Bei beiden gesellschaftlichen Gruppen tritt die Fundierung der eigenen Person in der Bindung an eine Familientradition auf.[703]

Verknüpft mit dieser Geschichte der Familie läßt sich auch die eigene Person darstellen, oder sie kann sich in ihren Leistungen und ihrer Besonderheit gerade in der Geschichte der Familienbeziehungen entfalten. Die Schreibenden haben

---

[702] Dülmen, Richard van: Kultur und Alltag in der frühen Neuzeit. München 1990, Bd. 1, S. 7; Wunder, „er ist die Sonn', sie ist der Mond", S. 17.
[703] Vgl. zur aus Italien stammenden, ins Spätmittelalter zurückreichenden Tradition der verschiedenen Familienschriften u. a. Velten, Das selbst geschriebene Leben; Völker-Rasor, Bilderpaare; Weiand, ‚Libri di famiglia'; Wenzel, Autobiographie; Zahnd, Urs Martin: Die autobiographischen Aufzeichnungen Ludwig von Diesbachs. Studien zur spätmittelalterlichen Selbstdarstellung im oberdeutschen und schweizerischen Raume. Bern 1986.

der Darstellung des eigenen Lebens dabei ganz unterschiedlich viel Raum gegeben, und dieser Raum entsteht auf verschiedene Weise. Nicht in jeder Chronik, die sich auf die Schilderung der Umgebung des oder der Schreibenden konzentriert und keine Passagen der expliziten Selbstreflexion enthält, wird Selbstdarstellung vernachlässigt, wird auf Selbstmodellierung verzichtet: Die Analysen der protestantischen Autobiographik und vor allem die der Klosterchroniken haben schon darauf hingewiesen, daß alle diese Texte sehr sorgfältig gelesen werden wollen, daß genau beleuchtet werden muß, wie die Schreibenden Berichte aus der Umgebung um die eigene Person herum gruppieren und in welche Relation sie das Dargestellte zur Person des oder der Darstellenden setzen. Auch bei Familiengeschichten stellt sich also die Frage, ob sie eine – möglicherweise heterologe – Subjektivität der Verfassenden konstituieren.

Hausbücher, Familienchroniken und andere Formen familialer Memoria sind im Rahmen der Autobiographietheorie bisher kaum berücksichtigt worden. Der Pionier der Autobiographieforschung Georg Misch hat sie randständig in seine Geschichte der Gattung einbezogen und in ihrer Struktur und Funktion anschaulich beschrieben:

> Der Sohn verzeichnet zu Nutz und Frommen der Angehörigen, was er vom Vater gehört hat, stellt aus alten Urkunden und Familienpapieren die Geschichte des Geschlechts, mit besonderer Berücksichtigung der Besitzverhältnisse zusammen, fügt die eigene Geschichte und die seiner Kinder und Kindeskinder samt Lebensregeln oder sprichwörtlichen Lehren, auch in Form direkter Anreden, hinzu, bald als Bürger aufgehend in der Chronik der Commune, bald als Familienglied verschwindend unter der Unzahl von Anverwandten, dann aber auch mit Bewußtsein sich selbst in den Mittelpunkt rückend oder die Selbstbiographie reinlich absondernd.[704]

Diese Familienschriften versuchen nicht, das Bild einer stringenten Persönlichkeitsentwicklung zu konstruieren, sie reihen einzelne Ereignisse aneinander, sind oft tage- oder jahrbuchartig angelegt, auch wenn sie als Erinnerungswerk in einem Zug niedergeschrieben wurden. Derartige Selbstzeugnisse hat man, so Misch, als die „Aufgabe jedes angesehenen Mannes" betrachtet.[705] Das „Rückgrat" der Familienbindung sei das „Verhältnis von Vater und Sohn".[706] Ähnlich äußert sich Velten noch 1995.[707] Daß eine schriftliche Familientradition auch von Frauen gegründet oder fortgesetzt werden kann, daß nicht nur Väter für ihre Söhne, sondern auch Mütter für ihre Töchter (und Söhne) schreiben, hat die Autobiographieforschung bisher nicht berücksichtigt, obwohl eine Reihe solcher Texte überliefert ist: So sind nicht nur die hier besprochenen publizierten Schriften erhalten, sondern von Greyerz hat einige Haus- und Familienbücher

---

[704] Misch, Geschichte, Bd. 4, 2, S. 585.
[705] Misch, Geschichte, Bd. 4, 2, S. 597.
[706] Misch, Geschichte, Bd. 4, 2, S. 586.
[707] Velten, Das selbst geschriebene Leben, S. 52.

aus der Hand von Frauen in Schweizer Archiven und Handschriftenabteilungen von Bibliotheken nachweisen können.[708] Frauen schreiben dabei nicht immer ihre eigenständigen, eventuell im Familienkreis als weniger repräsentativ erachteten Bücher, es gibt durchaus Familienschriften, die über mehrere Generationen geführt werden und in denen Männer und Frauen abwechselnd schreiben. So ergänzt nach dem Tod des Hieronymus Rüffer die Ehefrau das Hausbuch[709], und die Chronik der Linzer Familie Peisser wird von beiden Eheleuten, vor allem aber von der Ehefrau Eva Maria Peisser verfaßt.[710] Es besteht also ein großer Nachholbedarf, diese familienbezogenen Texte von Frauen der Frühen Neuzeit auf die Konzeptionen von Ich, Gott und Welt, die diesen Schriften zugrunde liegen, zu untersuchen.

Auf eine erste Lektüre, die nach den Eigenheiten jedes Textes sucht, folgt eine zweite, die nach der sprachlichen und konzeptionellen Darstellung des Ich fahndet: Die Texte müssen zunächst darauf untersucht werden, wie das Ich der Schreibenden in ihnen erscheint. Taucht das Personalpronomen der ersten Person auf – in Singular oder Plural, als Subjekt oder Objekt? Wenn es Subjekt ist, folgen aktive oder passive Prädikate? Auf welche Gegenstände oder Personen beziehen sich Possessivpronomina der ersten Person? Erscheint die eigene Person als schreibendes oder als beschriebenes Ich? Was wählt das schreibende Ich aus seinen Erinnerungen aus? Daraus werden dann die Schlüsse gezogen, wie die erschriebene Selbstkonzeption sich jeweils gestaltet, es wird gefragt, ob sie heterolog ist. Es kann Chroniken geben, in denen kein einziges Mal ‚ich' geschrieben steht: Am unpersönlichsten sind solche Schriften dann, wenn in ihnen ausschließlich festgehalten wird, was um den Chronisten, die Chronistin herum geschieht, diese Ereignisse nicht auf die Person des oder der Schreibenden zentriert sind und keinerlei Erlebnis verzeichnet wird, das den Schreibenden, die Schreibende selbst betrifft. Solche Texte, die auch bei genauer Lektüre keinen Hinweis auf eine Modellierung einer schreibenden Person geben, lassen sich kaum als Selbstzeugnis oder autobiographischer Text bezeichnen, Benigna von Krusenstjern hat mit Recht solche Schriften nicht in ihr Verzeichnis der Selbstzeugnisse aus dem Dreißigjährigen Krieg aufgenommen.[711] Aber keineswegs alle Texte, in denen die erste Person Singular fehlt, sind in solcher Weise ich-fern.

---

[708] Von Greyerz, Deutschschweizerische Selbstzeugnisse.
[709] Zur Geschichte der Familie Rüffer I-VI. In: Archiv für Stadt und Bezirksamt Schweinfurt. Beilage zum Schweinfurter Tagblatt. 6. Jahrgang 1908, Nr. 1 und 2, 7. Jahrgang 1909, Nr. 1, 2 und 4 und 8. Jahrgang 1910, Nr. 9. Einen ähnlichen Fall berichtet von Krusenstjern, Schreibende Frauen, dort finden sich auch Überlegungen zum Aufschreibesystem Hausbuch und anderen chronistischen, familienbezogenen Schreibformen.
[710] Publiziert in: Linzer Regesten, hg. von den Städtischen Sammlungen Linz, Bd. E 2: Linzer Familienchroniken, bearb. v. Franz Wilflingseder, Linz 1953, S. 61-109. Die Handschrift liegt im oberösterreichischen Landesarchiv Linz, Musealarchiv, Handschrift 193. Zur Beschreibung siehe Wilflingseders unpaginiertes Vorwort in: Linzer Regesen, Bd. E 2.
[711] Von Krusenstjern, Selbstzeugnisse, S. 18; ähnlich verfährt auch Tersch, Selbstzeugnisse, S. 11f.

Chronisten vermeiden das ‚ich' manchmal durch die Verwendung der dritten Person Singular, häufiger noch durch die erste Person Plural, die entweder ein Ich im Pluralis maiestatis oder modestiae verhüllen kann oder die eigene Person in der Gemeinschaft einer Wir-Gruppe aufgehen läßt. Solche Wir-Texte sind über weite Strecken etwa die im vorigen Kapitel untersuchten Nonnenchroniken. Die Person des oder der Schreibenden kann sich – als ‚ich', als ‚wir' oder als ‚er/sie' – grundsätzlich auf verschiedene Weise in den gemeinschaftsgeschichtlichen Texten festschreiben: Als eigene Person deutlich werden kann sie einerseits als erlebende Person, als erinnertes oder beschriebenes Ich, andererseits als schreibende, die Erlebnisse der anderen beurteilende Person, das heißt als ‚schreibendes Ich', das aber – als Gegenstand und als Textinstanz – gar nicht zwangsläufig in der ersten Person Singular des Personalpronomens im Text auftauchen muß, sondern sich auch gelegentlich hinter anderen Personalpronomina verbergen kann.[712] Bei den Klosterchroniken des Vorkapitels stellen die Dominikanerin Junius und die Augustinerpriorin Staiger die eigene Person im erinnerten Erleben dar: Die Klosterchronik wird damit auch zum Archiv des erinnerten Ich. Der Zisterziensermönch Sebastian Bürster geht einen anderen Weg: Das erinnerte Ich fehlt in seiner Geschichte des Klosters Salem fast vollständig, ganz dominant aber ist das Ich des Schreibenden, der über das, was er schildert, markant sein Urteil fällt und mit Freuden Zensuren verteilt – ganz im Gegensatz zu Junius, die explizite Urteile meidet. Auch die Familienchroniken, die Haus- und Tagebücher, die im folgenden ins Auge gefaßt werden, können sich in der dargelegten Weise unterscheiden. Ein solches schreibendes Ich ist ein ‚Ich im Text'. Texttheoretisch kann es nicht identisch sein mit einem Autor(innen)-Ich, doch durch den autobiographischen Pakt wird es als identisch mit dem Autor(innen)-Ich inszeniert. Meine Formulierungen im folgenden betonen meist nicht explizit, daß das Ich in der Stampfer- oder der Holl-Hauschronik nicht das der Autorin Stampfer oder des Autors Holl, sondern ein ‚Ich im Text' – mit Namen Stampfer und Holl – ist.

Schriften, die sich der Familiengeschichte oder einer Person im Familienrahmen widmen, richten sich zumeist an eben diese Familienöffentlichkeit. Wer eine Familienchronik schreibt, wer ein Hausbuch anlegt, notiert keine Geheimnisse, die in der eigenen Schreibtischschublade auch vor dem engsten Verwandtenkreis verborgen bleiben sollen. Aber seltener noch als Klosterchronist(inn)en wollen die Schreibenden von Familiengeschichten eine größere Publizität erzielen. Zu Lebzeiten der Autor(inn)en werden solche Texte nicht gedruckt und allgemein veröffentlicht, sie sind lediglich fürs ‚Familienarchiv' bestimmt, für den Kontext der familiären Überlieferung, und manchmal vielleicht auch nur fürs schriftliche Unterstützen des eigenen Gedächtnisses. Die Formen, die solche familiäre Über-

---

[712] Vgl. zur Frage des ‚Ich im Text', seiner Aspekte und seiner Erscheinungsweise hier vor allem S. 97f.

lieferung annimmt, die Aufschreibesysteme, die sie wählt, die Begriffe, mit der die Aufzeichnungen betitelt werden, die Intensität der Darstellung und die Struktur des Dargestellten variiert und damit auch die Art der Selbstdarstellungsmöglichkeit. Diese große Formfülle spricht gegen Niggls Verdikt der frühneuzeitlichen Autobiographik als gebunden an wenige Formvorlagen.[713] Die Eintragungen können auf den freien Seiten der Familienbibel oder eines Schreibkalenders vorgenommen werden, Familiengeschichten stehen aber manchmal auch in eigens dafür beschafften Heften oder Büchern. Solche Hausbücher gleichen einer Sammelkladde für die verschiedensten Textsorten – vom Lebenslauf der verschiedenen Familienmitglieder über belehrend-nützliche Aufzeichnungen, erbauliche Lebenshilfe für die Nachkommen und wichtige Urkunden bis hin zu Kochrezepten.[714] So enthält das Hausbuch der Steiermärkerin Maria Elisabeth Stampfer neben den autobiographischen Aufzeichnungen und einigen leeren Seiten ein Backrezept, die Erklärung eines Buchstabensegens und die Notiz medizinischer Merkwürdigkeiten[715], das Hausbuch der Familie Höfel bindet Lebensläufe, die verschiedensten Verzeichnisse und juristische Urkunden zusammen[716], und die Lebenserinnerungen des Augsburger Baumeisters Elias Holl sind – als Abschrift von einem späteren Mitglied der Familie – in Holls sog. Baumeisterbuch erhalten, einem Buch, in dem er seine Erfahrungen in der Baukonstruktion an nachfolgende Generationen weitergeben will.[717] Esther von Geras sog. Gedächtnisbuch besteht aus „Rezepten [das heißt vor allem Arzneimittelrezepturen], Gedichten, Todesnachrichten, Familien-, Reise- und historischen Notizen", die Gedichte stellen ungefähr die Hälfte der Eintragungen dar und kommentieren sinnspruchartig das Berichtete.[718] Lebensläufe in Hausbüchern von Protestant(inn)en, das heißt relativ kurze Darstellungen der Herkunft der eigenen Person und der wichtigsten Lebensstationen, wie hier Anna Höfels „Historischer bericht", können für die familiäre Überlieferung wie für die eigene Leichenpredigt geschrieben sein, in jedem Fall werden sie in ihrer Form vom Personalteil der Leichenpredigten beeinflußt sein.[719] Schließlich hörten und lasen Protestant(inn)en in der Frühen Neuzeit sehr viele solcher Biographien, und diese wurden dadurch fast zwangsläufig zu Mustern für die Betrachtung und Beschrei-

---

[713] Niggl, Geschichte, S. 170. Vgl. dazu oben Kap. I. C. Zur Formvielfalt frühneuzeitlichen autobiographischen Schreibens siehe Jancke, Glikls Autobiographie, S. 109f.
[714] Meise, u. a. Diaristik; von Krusenstjern, Schreibende Frauen; dies., Selbstzeugnisse, S. 496.
[715] Stampfer, Pichl, S. 49 und 62.
[716] Für die Möglichkeit zur Einsicht in das Hausbuch danke ich der Familie von Segnitz.
[717] Bernd Roeck, unter Mitarbeit von Benedikt Mauer und Charlotte Gailhofer: Elias Holl. Schriften und Briefe. Ich danke Bernd Roeck für die Vorabüberlassung der – noch unkorrigierten – Transkription, aus der ich zitiere.
[718] Tersch, Selbstzeugnisse, S. 494-496.
[719] Mortimer, Models, der allerdings die Motivation des Schreibens für die eigene Leichenpredigt wohl überschätzt und die Funktion einer innerfamiliären, vielleicht sogar nur persönlichen Memoribildung nicht in Betracht zieht.

bung des eigenen Lebens.[720] Die familiengeschichtlichen Sammelordner sind oft hochrepräsentativ, die Schriftstücke darin sorgfältig zum Buch gebunden. Die familiäre Wertschätzung solch gebundener Textsammlungen schwankt allerdings je nach Prestige der Schreibenden, und damit variieren auch die Erhaltungschancen dieser Familienschriften: Im Einklang mit der gesellschaftlichen Geschlechterhierarchie dürften solche von Frauen als weniger repräsentativ – und damit auch als weniger erhaltenswert – gegolten haben.[721]

Oft läßt sich nicht mehr erschließen, in welcher Form und in welchem Aufzeichnungsrahmen die Notate zunächst entstanden sind, denn häufig liegen solche Erinnerungen nur noch in späteren Abschriften vor, Abschriften, die meist von Nachkommen angefertigt worden sind, die die ältere Überlieferungsschicht als Steinbruch für das eigene Interesse an der Chronistik der Familie nutzen. Diese verschiedenen Schichten der familiären Überlieferung zeigen sich anschaulich in der Hauschronik des Elias Holl, der selbst auf die Aufzeichnungen zumindest seines Vaters zurückgreift, weshalb das „Ich" in dieser Chronik gelegentlich nicht das des Elias Holl, sondern seines Vaters ist. Angehörige der Würzburger und Schweinfurter Familie Rüffer beziehen sich in ihren Selbstzeugnissen auf diejenigen von Vorfahren. So exzerpiert Hieronymus Rüffer im Anschluß an die Eintragungen über sein eigenes Leben das Hausbuch seines Vaters Balthasar Rüffer, und nach seinem Tod fügen seine Ehefrau Barbara Rüffer und sein Schwiegersohn Johann Höfel Notate an. Zudem ist in diesem Fall einer dichten familiären Überlieferung auch nachweisbar, daß Hieronymus für die Eintragungen zu seiner Geburt und seinen Taufpaten in Formulierung und Information auf die Chronistik des Vaters zurückgegriffen haben muß.[722] An der Familienchronik der steirischen Familie von Gera haben Esther von Gera (gest. 1611) und ihre Enkelin Maria Susanna von Weissenberg geschrieben, das Gedächtnisbuch der Maria Cordula Freiin von Pranck hat ihre Tochter Eva Maria Freiin von Schrantzenegg fortgesetzt.[723]

Dieser Sammelcharakter der Familiengeschichten rührt von ihrer meist annalistischen Struktur her: Auch wenn im Rückblick auf ein Leben geschrieben wird, werden die Ereignisse jahres-, monats- oder tagesbezogen notiert. Manche Editoren schließen aus der Einheitlichkeit oder Nichteinheitlichkeit des Schriftbilds auf

---

[720] Vgl. Wunder, Heide: Frauen in den Leichenpredigten des 16. und 17. Jahrhunderts. In: Leichenpredigten als Quelle historischer Wissenschaften. Hg. v. Rudolf Lenz. Bd. 3, Marburg 1984, S. 57-68; vgl. auch oben Kap. II. A.
[721] Von Krusenstjern, Selbstzeugnisse, S. 11.
[722] Zur Geschichte der Familie Rüffer
[723] Tersch, Selbstzeugnisse, S. 494f. Blittersdorffs Behauptung, die Fortsetzung der Familienchronik nach Esther von Geras Tod stamme von ihrer Schwiegermutter Anna Benigna von Gera (Blittersdorff, Philipp: Aus dem Geraschen Gedächtnisbuche. In: Adler 10 (1926-1930), S. 712-715), widerlegt Tersch, Selbstzeugnisse. Gedenkbuch der Frau Maria Cordula Freiin von Pranck, verwitwete Hacke, geb. Radhaupt, 1595-1700 (1707). In: Steiermärkische Geschichtsblätter 2, 1881, S. 9-29, S. 28.

rückblickende Zusammenstellungen.[724] Ob die Verfassenden rückblickender Chroniken frühere Aufzeichnungen, sei es auf gesammelten Zetteln oder in Schreibkalendern, fast wörtlich übernehmen, auf sie als Erinnerungshilfe zurückgreifen oder sich ausschließlich auf in ihrem Gedächtnis Gesammeltes beziehen, ließe sich bei solchen Annalen nur ermitteln, wenn sie erinnerungs- oder schreibreflexive Passagen enthielten, diese lassen sich im 17. Jahrhundert allerdings noch kaum finden. Trotz ihrer tages- oder jahresbezogenen Eintragungen unterscheiden sich solche Chroniken in ihrem Inhalt aber von unmittelbaren Tagesaufzeichnungen: Die dargestellten Ereignisse sind abgeschlossen, werden nicht in ihrem jeweiligen unentschiedenen Zwischenstand berichtet, darin unterscheidet sich etwa das rückblickende „Pichl" mit den späteren jahrgangsbezogenen Eintragungen Stampfers vom Tagebuch des Apothekers Michael Walburger, der über mehr als ein Jahrzehnt Tag für Tag ausführlich verzeichnet hat, was ihm bedeutsam scheint.[725] Zusammenfassende, rückblickende Familiengeschichten sind zum Teil nicht chronistisch-chronologisch aufgebaut, sondern genealogisch: Die datierten Eintragungen wollen dann nicht den chronologischen Ablauf der Ereignisse nachvollziehen. Sie teilen stattdessen Namen und Daten in einer Auswahl und Reihenfolge mit, die sich an einer an den männlichen Mitgliedern ausgerichteten Familiengeschichtsschreibung orientiert. Diese autobiographisch-genealogische Form der Familienschriften wird hier mit dem Lebenslauf der Anna Höfel oder dem Buch der Maria Cordula von Pranck näher vorgestellt.

Während Inhalt und Form sehr verschieden sein können, ist die Anzahl der publizierten Schriften gering. Und oft sind die Publikationen für eine literaturwissenschaftliche Analyse der Subjektivitätsform nahezu unbrauchbar: Was zugänglich ist, sind nur zu häufig Fragmente einer Familienchronik. Das liegt zum Teil schon an den überlieferten Manuskripten selbst: Familien archivieren und exzerpieren unvollständig, manchmal lassen die Zufälle der Überlieferung nur wenige Seiten ans Tageslicht kommen. Was einmal gedruckt worden ist, geht als Manuskript dann nur zu oft verloren. Und stärker noch als bei den Klosterchroniken sind Editoren von Familiengeschichten wählerisch: Die meisten Publikationen stammen auch hier aus der zweiten Hälfte des 19. Jahrhunderts und sind heimatkundlich ausgerichtet: Gerade von den Texten bürgerlicher Frauen hat man meist nur regionalgeschichtlich relevant Erachtetes veröffentlicht und damit oft gerade die Stellen ausgelassen, die darüber Auskunft geben könnten, wie sich ein ‚Ich im Text' konzipiert. So ist aus einem Buch der Müllerin Anna Wolff, das 1791 – mit einigen fehlenden Blättern – noch erhalten war, aber später nicht weiter beachtet

---

[724] Der Frau M. Elis. Stampfer Hausbuch, hg. v. J. von Zahn, Wien 1887; Tersch, Selbstzeugnisse, S. 495.

[725] Vgl. Händel, Fred und Axel Herrmann (Hg.): Das Hausbuch des Apothekers Michael Walburger (1652-1667). Quellenedition zur Kulturgeschichte eines bürgerlichen Hauswesens im 17. Jahrhundert in fünf Bänden. Hof 1988-1992. Die Handschrift befindet sich im Stadtarchiv Hof.

worden ist, nur die Stelle überliefert, an der die Autorin ihre Erlebnisse beim kaiserlichen Überfall auf Schwabach bei Nürnberg 1632 schildert.[726] Und aus Susanna Mayers, geb. Dörtenbachs Kalendertagebuch hat sich nur der Bericht über ihre Flucht vor der Eroberung Calws durch französische Truppen 1692 erhalten.[727] Autobiographisch-chronikalische oder autobiographisch-genealogische Familienschriften sind, wenn die Familien nicht über die Jahrhunderte hinweg eine Archivtradition pflegen, „ohne institutionellen Schutz, besonders dem Verfall ausgesetzt".[728] Die Texte von Frauen dürften noch häufiger verschwunden sein als die von Männern: Denn „je weniger prominent der oder die Schreibende war, je weniger prestigeträchtig der Aufzeichnungsrahmen, [...], desto geringer sind die Chancen des Erhalts anzusehen."[729] Wenn hier die familienbezogenen autobiographischen Schriften von Frauen des 17. Jahrhunderts analysiert werden, muß diese prekäre Überlieferungssituation immer mitberücksichtigt werden.

Ein Glücksfall in diesem schwierigen Terrain ist das „Pichl" der Maria Elisabeth Stampfer. Dieses „Pichl", dieses Büchlein also, hat Stampfer „meinen Khindtern zu einer Gedechtnus" geschrieben. Es ist mehrmals veröffentlicht worden, einmal vollständig und im Bemühen um die originale Schreibweise.[730]

---

[726] Wolff, Anna: Aufzeichnungen. Auszugsweise publiziert als „Fragment einer Handschrift aus den Zeiten des dreissigjährigen Kriegs von einer Frauensperson aufgesetzt". In: Fränkisches Archiv 3 (1791), S. 98-120. Zu späteren Veröffentlichungen, vgl. von Krusenstjern, Selbstzeugnisse, S. 243f. Über den Verbleib von Wolffs Manuskript äußert sich keiner der Editoren. Im Stadtarchiv Schwabach befindet sich, eingebunden in einen Chronikband zur Stadtgeschichte (Nachrichten von der Hochfürstlichen Onolzbachischen Haubt=Statt Schwabach, Inv. Verz. IV, Nr. 956), ein Manuskript „Vom 30jährigen Kriegsweßen zu Schwabach" (wohl 18. Jhd.), das auf Anna Wolffs Aufzeichnungen beruht, diese aber ganz offensichtlich verallgemeinernd bearbeitet: Das Chronikmanuskript vermeidet die Ich-Form und ersetzt sie etwa durch „die Tochter" [des Müllers]. Für den Hinweis auf diese Handschrift danke ich dem Schwabacher Stadtarchivar Wolfgang Dippert.

[727] Die Veröffentlichung Weizsäckers beruht auf einer Abschrift des 19. Jahrhunderts aus dem Kalendertagebuch, die genau den bei Weizsäcker publizierten Zeitraum abdeckt. Weizsäcker kürzt diese Abschrift allerdings an zwei Stellen entscheidend. Eine Kopie der von Weizsäcker benutzten Abschrift befindet sich im Stadtarchiv Calw, sie stand mir bei der Analyse des Mayer-Fragments zur Verfügung.

[728] Von Krusenstjern, Selbstzeugnisse, S. 11.

[729] Ebd.

[730] Als Handschrift Nr. 1223 wird es im Steiermärkischen Landesarchiv Graz bewahrt. Publiziert u. a.: Der Frau M. Elis. Stampfer Hausbuch, hg. v. J. von Zahn, Wien 1887. Dieser vollständigen, die Sprache nicht modernisierenden Ausgabe wird gefolgt. Stichprobenprüfungen anhand des kopierten Manuskripts haben ergeben, daß von Zahn sich nicht stets um eine genaue Wiedergabe der Originalorthographie bemüht hat, was aufgrund der flüssigen, nicht gestochen scharfen Handschrift und der stark dialektgefärbten Sprache Stampfers auch kaum möglich wäre, und daß seine Edition auf S. 25 einen irreführenden Druckfehler in einer Datierung enthält: Was von Zahn mit dem 2. Februar 1683 datiert, ordnet das Manuskript – in Übereinstimmung mit dem Kontext – dem 2. Februar 1682 zu. Andere Veröffentlichungen sind: Adam Wolf: Geschichtliche Bilder aus Oesterreich II, Wien 1880, S. 51-88 (Auswahledition); Das Hausbüchl der Stampferin, einer geborenen Dellatorrin, Radmeisterin zu Vordernberg, neu hg. von Gustav Hackl, Graz 1926 (in modernisierter Sprache und Schreibweise) und Maria Elisabeth Stampfer: Das Hausbüchl der Stampferin (1679-1699), Klagenfurt 1982 (folgt Hackls Edition).

Diese editorische Aufmerksamkeit gilt einem Text, der über die karge Kurzchronistik mancher frühneuzeitlichen Familie in der Hausbibel weit hinausgeht und das Leben in einem großen Haus der Frühen Neuzeit ausführlich schildert. Stampfers „Pichl" ist nicht aus Gründen einer Frauen- und Geschlechterforschung publiziert worden, den Editoren um 1900 war das Stampfersche Haus wirtschaftsgeschichtlich interessant: Der Ehegatte war als Radmeister und Betreiber von Bergwerken ein überaus erfolgreicher frühneuzeitlicher Unternehmer. Dieses einigermaßen zuverlässig edierte „Pichl meinen Khindtern zu einer Gedechtnus" der Maria Elisabeth Stampfer wird im folgenden eine zentrale Rolle spielen. Daneben wird eine Reihe anderer Texte zum Vergleich herangezogen: Es sind dies die Schriften Anna Höfels, Esther von Geras, Maria Cordula von Prancks, Eva Maria Peissers, Anna Wolffs und Susanna Mayers. Zum Teil können diese Schriften aber nur in Randbereichen Auskunft geben, denn auf die zentrale Frage dieser Untersuchung, die Frage nach der Subjektivitätsform, der Selbstkonzeption des ‚Ich im Text', kann das publizierte – und erhaltene – Fragment dieser Schriften nicht immer antworten. So beschränkt Blittersdorff seine Publikation der Eintragungen der Esther von Gera und der Maria Susanna von Weissenberg auf „alle Bemerkungen von genealogischem Interesse".[731] Weitaus brauchbarer ist dagegen die Beschreibung des älteren Teils dieses Gedächtnisbuches, also eines Buchs der personalen und familialen Memoriabildung, bei Tersch: Terschs detaillierte Darstellung der Aufzeichnungen Esther von Geras erlaubt eine erste, vergleichende Analyse in diesem Kontext. Genauere literaturwissenschaftliche Untersuchungen können aber erst folgen, wenn die angekündigte Edition erschienen ist.[732] Die Gendervorstellungen der Schreibenden und vor allem aber die Genderprägung des Schreibens hat sich in den beiden Vorkapiteln meist erst im Vergleich gezeigt, im Vergleich der Autobiographik von Frauen mit der von Männern. Und so werden die Interpretationen der von Frauen verfaßten Hausbücher oder familienbezogenen Lebensläufe verglichen werden mit einer Interpretation des autobiographischen Schreibens Elias Holls und – kursorischer – Johann Höfels und Hans Peissers.

1. Mütter und Töchter – Maria Elisabeth Stampfers „Pichl meinen Khindtern zu einer Gedechtnus"

Wer Stampfers „Pichl" bisher interpretierte und kommentierte, berücksichtigte selten die Kategorie Geschlecht. In der Interpretationsgeschichte dieses Textes treten deshalb deutlich die Defizite von Textdeutungen hervor, die die Kategorie

---

[731] Blittersdorff, Aus dem Geraschen Gedächtnisbuche, S. 713. Zur von Geraschen Chronik vgl. vor allem Tersch, Selbstzeugnisse, S. 494-504, der Blittersdorffs Zuschreibung korrigiert.
[732] Vgl. zum Editionsprojekt durch Beatrix Bastl, Martin Scheutz und Harald Tersch Bastl, Tugend, Liebe, Ehre, u. a. S. 363, und Tersch, Selbstzeugnisse, S. 21.

Geschlecht und/oder den geschichtlichen Wandel von Geschlechterkonzeptionen vernachlässigen: Wenn für Mell das Hausbuch die Autorin als „Muster einer Gattin, Mutter und Hausfrau" erweist, beachtet seine naive Lesart nicht, daß ein solches „Muster" am Ende des 17. Jahrhunderts anders ausgeprägt war als am Ende des 19., an dem Mell das Hausbuch mit diesen Worten der Öffentlichkeit vorstellt.[733] Wie sehr Historiker des 19. und frühen 20. Jahrhunderts den Text durch die Brille ihrer zeitspezifischen Geschlechter- und Familienkonzeptionen lasen, wird in geradezu grotesker Weise deutlich, wenn von Pantz in seiner Darstellung der wirtschaftlichen Leistungen des Radmeisters Hans Adam Stampfer über das „anheimelnde[.] Hausbuch" seiner Frau urteilt, es biete „uns ein lebendiges Bild des trauten Heims der Gewerkenzeit". Daß Stampfer über Lawinenabgänge, Seuchen und häufigen Kindstod schreibt, muß von Pantz überlesen haben.[734]

1.1. Biographie

Maria Elisabeth Stampfer wurde zu Anfang des Jahres 1638 als Tochter des Kriegskanzlisten Andreas Dellatorre und dessen Gattin Barbara Tengg in Graz geboren und am 18. Februar getauft. 1656 heiratete sie den 15 Jahre älteren Hans Adam Stampfer aus Vordernberg in der Steiermark.[735] Hans Adam, geboren 1623, war Radmeister, das heißt ein kenntnisreicher Handwerker, der für die Entwässerung und Energieversorgung der Bergwerke zuständig war. Vom Können solcher Radmeister oder Kunststeiger hing der Erfolg eines frühneuzeitlichen Bergbaubetriebs entscheidend ab. Die Stampferschen Werke florierten, das zeigen die Aufzeichnungen im „Pichl" wie die amtlich dokumentierten Bergwerks- und Hauskäufe der Familie.[736] Maria Elisabeth Stampfer gebar 16 Kinder, von denen offenbar 9 das Erwachsenenalter erreichten. Im Jahr 1679 begann sie an einem „Pichl" zu schreiben, dessen letzte Eintragung sich auf das Jahr 1694 bezieht und in dem das früheste genannte Datum das Jahr 1654 ist, das Jahr, in dem Stampfer ihren Mann kennenlernte.[737] 1691 übergaben Stampfer und ihr Mann die Vordernberger Betriebe dem zweitältesten Sohn und zogen um nach Kärnten, wo Hans Adam mit Hilfe des ältesten Sohnes neue Bergwerke aufbaute.

---

[733] Mell, Anton: Das Hausbuch einer steirischen Bürgersfrau. In: Zeitschrift für dt. Kulturgeschichte, 3. Serie, Bd. 2 (1892), S. 226-235, S. 235.
[734] Pantz, Anton von: Die Gewerken im Bannkreise des steirischen Erzberges. Wien 1918 (=Jahrbuch der Kais. Kön. Heraldischen Gesellschaft Adler NF 27. und 28. Bd.), S. 326.
[735] Hilzensauer, Erik: Die Vorfahren und Verwandten der steirischen Gewerkensgattin Maria Elisabeth Stampfer (gest. 1700). Ein Beitrag zur steirischen Wirtschafts- und Sozialgeschichte in der frühen Neuzeit. Graz 1999, S. 111 und 124.
[736] Vgl. dazu von Zahn, Stampfer, S. Vf; und von Pantz, Gewerken.
[737] Stampfer, Pichl, hier: „Rückseite des Vorsteckblattes" (Herausgeberangabe), S. 60ff und S. 7.

Maria Elisabeth Stampfer starb – 5 Jahre nach ihrem Mann – am 28. November 1700 in Obervellach (Kärnten).[738]

1.2. Inhalt und Zeitstruktur

Auf der Rückseite des Vorsteckblattes trägt Maria Elisabeth Stampfer die Widmung ein:

> Im Namben der allerheilligesten Dreyfaltigkheit schreibe ich dieses Pichl meinen Khindtern zu einer Gedechtnus 1679. Jahr Maria Elisabeth Stampferin / eine geborne Dellatorin.

Stampfers nach diesen Angaben 1679 begonnenes Gedächtnisbuch fängt mit der Jahreszahl 1669 und der Mitteilung an, daß in jenem Jahr ihre Mutter an einer seltsamen Krankheit gestorben sei (S. 3). Den Verlauf der Krankheit und des Sterbens beschreibt sie mit großer Aufmerksamkeit für anatomische Details. Das Ende der Eintragung bittet Gott um das ewige Leben für die Mutter und nennt deren Namen: „Barbara Dellatorrin / ein geborne Denggin".[739] Der nächste Abschnitt beginnt wieder mit einer Jahreszahl und hat ebenfalls die Meldung eines merkwürdigen Todesfalls in ihrer Familie zum Gegenstand: Der Bruder der Autorin stirbt im Jahr 1679 – durch Schadenszauber, wie Stampfer behauptet (S. 4). Auch die weiteren Eintragungen sind nach Jahreszahlen gekennzeichnet. Die ersten rückblickenden Aufzeichnungen lassen allerdings die Chronologie der Ereignisse außer acht: So folgen auf Nachrichten aus dem Jahr 1679 zunächst eine Mitteilung aus dem Jahr 1672 (Tod einer siebenjährigen Tochter und eigene Fehlgeburt), dann Notate über das Jahr 1677: Der Bräutigam der ältesten Tochter stirbt, und im selben Jahr verlobt sich die zweitälteste Tochter. Von dieser verzeichnet die Chronistin dann gleich die wichtigsten Daten bis zum Schreibzeitpunkt und hält die Namen der zwei Kinder ihrer Tochter fest. Unter dem Datum des 4. Oktober 1679 gibt sie eine Aufstellung ihrer 10 lebenden Kinder, die sie nach Geschlecht, die Söhne zuerst, und nach Alter ordnet. Die danach folgenden Jahreseintragungen verletzen die chronologische Reihe der Jahre, bis zu weiteren Eintragungen aus dem Jahr 1679. Danach fährt das schreibende Ich annalistisch und nur mit gelegentlichen Nachträgen fort[740]: Es verzeichnet eigene Schwangerschaften, Heiraten der Kinder und Geburten der Enkelkinder, Todesfälle, größere geschäftliche Rückschläge oder Erfolge, Haus- und Schmuckkäufe,

---

[738] von Zahn, Stampfer, S. Vf.
[739] Stampfer, Pichl, S. 4. Im Totenbuch der Grazer Stadtpfarrkirche Heiligen Blut ist als Todesdatum Barbara Dellatorres allerdings 1667 eingetragen, vgl. Hilzensauer, Stampfer, S. 126.
[740] Die meiner Analyse zugrundeliegende von Zahn-Edition enthält S. 25 ein falsch transkribiertes Datum und dadurch einen Bruch in der Chronologie, dieser Chronologiebruch findet sich aber nicht in Stampfers Manuskript, siehe oben.

Kriege, Katastrophen (Lawinen, Überschwemmungen, Brände und Seuchen)[741], die Bildungsreisen der Söhne und immer wieder Krankheiten, stets mit besonderer Aufmerksamkeit für körperliche Symptome und für Behandlungsmöglichkeiten. Oft weist die Chronistin stolz und genau auf ihre Heilmittel hin, die sie ihren Familienmitgliedern, sich selbst und auch den Bergarbeitern und Nachbarn verordnet. Sie äußert Freude über die Kinder und Enkelkinder und die wirtschaftlichen Glücksfälle, Furcht vor Seuchen und Dankbarkeit, wenn die Familie sie übersteht. Dieses ‚Ich im Text' verzeichnet nicht einfach nur, was um es herum geschieht, es urteilt auch, kritisiert Pfarrer und Bader, wenn sie sich in Pestgefahr nicht an Quarantäneregeln halten, nennt die eigenen Heilmittel wirkungsvoller als die des Arztes und registriert aufmerksam den Verlauf des Türkenkriegs oder des Pfälzischen Kriegs gegen Ludwig XIV. Am Ende der meisten Jahreseintragungen finden sich Bitten zu Gott und religiöse Stoßseufzer.

1.3. Autobiographischer Pakt und Relevanzproduktion

Die Widmung auf der Rückseite des Vorsteckblattes bietet Stampfers Kindern einen autobiographisch-chronikalischen Pakt an: Maria Elisabeth Stampfer beginnt 1679 unter dem Siegel ihres Ehe- und Vaternamens ein Gedächtnisbuch für ihre Kinder, als dessen Autorin sie sich mit „schreibe ich dieses Pichl" deutlich inszeniert.[742] Daß sie gerade in diesem Jahr zu schreiben begonnen hat, wird kein Zufall sein: Die Pest sucht 1679 ihre Opfer in Wien und auch in der Steiermark, Stampfer muß die Existenz der Familie bedroht sehen. Also beginnt sie zu bilanzieren und nennt im Rahmen der ersten Eintragungen Zahl und Namen ihrer im Jahr 1679 lebenden Kinder.

Wer seinen Lebenslauf verbreiten will, und sei es nur im Rahmen eines engen Kreises wie dem der Familie, muß Relevanz produzieren, ist gezwungen, gleich auf den ersten Seiten deutlich zu machen, warum er oder sie Aufmerksamkeit glaubt beanspruchen zu können. Auch die im Vorkapitel untersuchten Klosterchroniken, die zumindest die nachkommende Klosteröffentlichkeit erstreben, weisen meist darauf hin, daß sie Wichtiges, was nicht vergessen werden darf, mitteilen. Stampfer, die zunächst ‚nur' ihre Kinder als Lesende ins Auge faßt, muß solche Relevanz nicht gleich zu Anfang herausstreichen, sie beginnt nach der Widmung ohne weitere Einleitungsworte mit den jahresbezogenen Eintragungen. Nie wendet sie sich in Leser(innen)ansprachen unmittelbar an ihre Nachkommen, nirgends gibt sie in didaktischem Gestus Lebensweisheiten und Ratschläge weiter. Nur an einer Stelle wird ganz deutlich, daß sie mit Lesenden

---

[741] Die von Stampfer häufig verzeichneten Lawinenabgänge sind im übrigen keine ‚Naturkatastrophen', sondern Folgen der durch den Bergbau verursachten Rodungen.
[742] Zur Namensproblematik bei Autobiographinnen vgl. vor allem Gilbert, Gubar, Alphabet; und Ramm, Autobiographische Schriften, S. 48ff.

und deren Neugier rechnet, wenn sie nämlich ankündigt, die genaue Rezeptur eines ihrer Heilmittel finde sich in einem anderen Buch (S. 13).

Sie kann allerdings wohl auch, ohne ihre Nachkommen direkt anzusprechen, erwarten, daß ihre Kinder der Familiengeschichte ein „Gedechtnus" entgegenbringen, daß sie von vornherein die Aufzeichnungen ihrer Mutter für relevant halten. Sie kann davon aus mehreren Gründen überzeugt sein: Wenn sie ihr „Pichl" „Im Namben der allerheilligsten Dreyfaltigkheit" schreibt, ist dies eine Captatio Benevolentiae: Ihr eigener Name besiegelt zwar ganz selbstverständlich den autobiographisch-chronikalischen Pakt, und doch schreibt sie nicht nur im eigenen Namen, sondern darüber hinaus im Zeichen der Hl. Dreifaltigkeit, was ihren solchermaßen als gottesfürchtig gekennzeichneten Aufzeichnungen Bedeutung verleiht. Ihr wie den Kindern ist zudem die wichtige Rolle der Familie für die Daseinsfürsorge selbstverständlich und damit auch die Relevanz familiengeschichtlichen Schreibens: Diese daseinserhaltende Familienfunktion schlägt sich im Inhalt des Hausbuchs im übrigen vielfältig nieder, notiert sind etwa die häufigen Besuche der – mit anderen Bergwerksbetreibern – verheirateten Töchter mit ihren Kindern im mütterlichen Haushalt und die Arrangements, die getroffen werden, daß die Söhne Ausbildung und Bergwerksbetriebe erhalten. Innerhalb dieser Familienbezüge werden zum Beispiel Darlehen zum Ausbau eines neuen Bergwerks gewährt, und wenn die Region, in der eine der Töchter lebt, durch Krieg oder Seuchen gefährdet ist, finden die Tochter und ihre Kinder im elterlichen Haushalt Zuflucht. Wenn Stampfer über Rechtsgeschäfte, Bergwerks- und Hauskäufe, Heiratsvereinbarungen und wichtige Geschäftsverbindungen schreibt, sichert sie ihrem „Pichl" einen prominenten Platz im Familienarchiv. Der Radmeister Hans Adam Stampfer und die Beamtentochter Maria Elisabeth, geb. Dellatorre, sind Aufsteiger: Daß die Familie zum steirischen ‚Hammeradel' gehört, zu den reichen, wichtigen und geachteten Bergwerksunternehmerfamilien, das haben Maria Elisabeth und Hans Adam Stampfer erreicht; die Erinnerung an diese Ansehen und Wohlstand erwerbenden Jahre muß nachfolgenden Generationen bedeutsam sein. Und gerade diese Zugehörigkeit der Familie zu den steirischen Montanfamilien hat dem Hausbuch ja auch letztlich seine weitere Überlieferung und mehrere Publikationen beschert.[743]

Die Aufzeichnungen entstanden nicht in einer Zeit der Muße als Rückblick auf ein aktives Leben, sondern in einer Spanne, in der die Chronistin von familiären und geschäftlichen Pflichten stark in Anspruch genommen war: Sie gebar 1684 ihr 16. Kind, hatte eine Reihe von Enkelkindern, die mit oder ohne ihre Familien des öfteren in ihrem Haus weilten, versorgte, wenn auch widerwillig, ein Pflegekind aus der Verwandtschaft und engagierte sich für das Wohl der Geschäfte. Ihr Leben und das ihrer Familie war zudem ständig von Seuchen, Krie-

---

[743] Von Zahn, Stampfer, S. XV.

gen und Umweltkatastrophen bedroht. Aus der Spannung zwischen dem großen ökonomischen und gesellschaftlichen Aufstieg des Hauses Stampfer und den verschiedenen Bedrohungen für Erfolg und Leben der Angehörigen heraus wurde das Erinnern der Familiengeschichte, das Aufschreiben einer Hauschronik beinahe zu einer Notwendigkeit: Die überlebenden Nachkommen sollten schließlich die Namen, den Lebenslauf und nicht zuletzt den Besitz und die Beziehungen ihres Hauses kennen. Ratsam in Zeiten solch vielfältiger Bedrohungen ist auch die Versicherung des eigenen Gehorsams Gott gegenüber: Gebets- und stoßseufzerartige Formulierungen schließen deshalb nahezu jeden Eintrag ab. Ein Gedächtnisbuch, das in solcher Lebenslage geschrieben wird, übernimmt darüber hinaus die Funktion der Selbstvergewisserung: Das schreibende Ich notiert – oft detailliert – die Gegenstände der Sorge oder der Trauer, aber auch der Hoffnung, des Stolzes und der Freude.

Bei all dieser selbstvergewissernden Funktion prägt aber vor allem der Adressatenbezug, der autobiographisch-chronikalische Pakt, die Auswahl des Überlieferten. So taucht in diesem Hausbuch sehr wenig ‚Alltag' auf. Die Lesenden erfahren zwar, daß Stampfer Kinder gebärt und verliert und wie sie Hochzeitsfeiern arrangiert, ihre Familie aus lawinengefährdetem Gebiet evakuiert und ihre Arzneimittel braut. Und Stampfer notiert die Reisen ihrer Söhne und Töchter. Doch an keiner Stelle informiert die Chronistin über ihren eigenen Tagesablauf, über Haushaltsrechnung und tägliche Mahlzeiten, über Kindererziehung oder Lektüre. Wie der Alltag in dem Vordernberger Bergwerksunternehmerhaus ausgesehen hat, verzeichnet Stampfer nicht. Nur einmal, bei der Geburt des 16. Kindes, klagt sie über die Schmerzen ihrer schweren Niederkunft und über die große Mühe, die ihr die „Auferziehung" der Kinder bereitet hat.[744] Stampfer wendet sich auch nicht mit Erziehungsregeln und moralischen Ansprachen an ihre Kinder. Auch die im folgenden analysierten Texte von Frauen enthalten keine oder minimale Erziehungsreflexionen. Dies könnte ein Zufall der Überlieferung sein, es scheint aber eher so, daß Erziehungsregeln von Müttern für ihre Söhne und Töchter in eigenständigen Textsorten formuliert wurden, die in der Tradition der Hausväter- und Hausmütterliteratur, aber auch der Fürstenspiegel, also einer Art frühneuzeitlichen Ratgeberliteratur stehen.[745] Das „Pichl" eröffnet der Geschlechterforschung auch nicht die Chance, daß bilanziert wird, wie die Töchter und Söhne erzogen werden, was sie im Elternhaus vielleicht durch Privatlehrer lernen oder welche Schulen sie besuchen. Dazu schreibt Stampfer kein Wort – was nicht bedeuten kann, daß Bildung in diesem Haushalt keine Rolle spielte. Denn Stampfer ist ganz selbstverständlich die Aufschreiberin des Famili-

---

[744] Stampfer, Pichl, S. 39, vgl. das ausführliche Zitat im folgenden.
[745] Moore, Cornelia Niekus: Anna Ovena Hoyers (1584-1655). In: Deutsche Frauen der Frühen Neuzeit. Hg. v. Kerstin Merkel und Heide Wunder. Darmstadt 2000, S. 65-76, S. 71f; Wiesner, Herzogin Elisabeth von Braunschweig-Lüneburg.

enlebens, für die auch Zahlen eine Bedeutung haben, und sie kannte sich in der Heilkunde ihrer Zeit aus. Einer der Söhne begann in Wien ein Jurastudium, und wer einen Bergwerksbetrieb leiten will, benötigt eine gründliche Ausbildung. Wenn das Hausbuch all dies mit keiner Zeile würdigt, dann weil Stampfer dezidiert für ihre Kinder schrieb. Die wußten schließlich, wie der tägliche Ablauf im Elternhaus vonstatten ging, sie wußten, was sie dort gelernt und nicht gelernt hatten. Und was sie davon eventuell vergessen hatten, war in Stampfers Augen vermutlich kein Problem. Was erinnert werden muß, sind die herausragenden Daten der Familiengeschichte. Und gerade deshalb erfährt man aus einer Familiengeschichtsschreibung so wenig über ein alltägliches Familienleben. Daß über die Schreibfähigkeit von Frauen bei der schreibenden Maria Elisabeth Stampfer nicht räsoniert wird, zeigt allerdings nur eines: Sie war der Autorin selbstverständlich.

1.4. Das ‚Ich im Text' – zur Selbstkonzeption einer Hausbuchschreiberin

Stampfer gehört nicht zu den Chronistinnen, die die Ich-Form vermeiden. Ihre eigene Person wird im Laufe des Hausbuchs immer wieder erwähnt, und Stampfers ‚Ich im Text' schreibt sich auch Gefühle und Urteile zu:

> Hab mich hoch erfreit / daß ich noch guette Arzeneymidl hab gehabt. [...] hab ich den Leiten mittält und mein Haußgesindl schier deglich waß göben zu nemben. Die Arzeney beschribner / wie ichs Alles braucht vnd gemacht hab / wiert in ein andter Buch sein zu findten. Gott der Allmechtige behiette vnß / daß miers nit bederffen auf sollicher Weiß. (S. 13)

Zu einem Streit zwischen den Jesuiten und Bürgern in Leoben über die Bewässerung einer Mühle findet sie deutliche Worte:

> Ich bin selber alß ein ainfaltiges Weib gangen schauen / vnd hab ja woll gesehen / daß die Luebner höchsts Recht haben, dan die Jeßuwiter habens nur von den Luebnern bekhumben. [...] Ist hechsts vnbilich. (S. 29)[746]

Was dieses ‚Ich im Text' über andere notiert, hängt mit der eigenen Person zusammen. Stampfers Gedächtnisbuch zielt zwar auf eine Memoria der Familiengeschichte und leistet in bedrohlicher Zeit eine Bilanzierung dieser Gemeinschaft, aber es orientiert sich in auffälliger Weise nicht an vorgegebenen Mustern, an Erwartungen, was in einer Familienchronik übersichtlich zu stehen hätte. So beginnt sie eben nicht mit Geburt oder Eheschließung, auch nicht mit der Nennung beider Elternteile, sondern ungewöhnlicherweise mit dem Tod der Mutter. Weit konventioneller, den gesellschaftlichen Geschlechtervorstellungen – Geschlecht hier verstanden im Sinne von Gender *und* Familienabstammung– sehr

---

[746] Zum Gebrauch des Topos vom „ainfaltige[n] Weib" siehe unten.

viel stärker entsprechend aufgebaut ist der kurze autobiographische Text Anna Höfels, der hier im Anschluß diskutiert wird.

Auch Eintragungen, die mit der näheren und ferneren Umgebung zu tun haben, sind in dieser Chronik meist auf die Person der Chronistin bezogen. So schreibt sie über einen Großbrand in einem Nachbarort:

Den 22. Märzy 1683. Jahr denselbigen Abent / daß mier nacher seint hämb khumben / so haben mier daß große Herzenläth vnd Elent erfarn / daß die Pruger Statt ist abrunen. Den 22. dito seint mier vmb 9 Vr in der Nacht zu dem Eg / wo der Franz Geiger wondt / gangen / vnd haben die Retten [Röte] und daß Gewilkh [d.h. Wolken] von Feyer gar herauf auf Lueben gesehen vnd großes Mittleiden gehabt. Die Prunst ist vmb 2 Vr Nachmitdag außkhumben [ausbrechen, herkommen] bey einen Wiertt / der hatt einen Spökh in die Sellch gehenckht vnd ist Niembs derbey gwöst / so hat er angehöbt zu prinen. Muß gleich aber döß Feyer seint gwöst / daß allso khein Mensch nit mer hatt erlöschen khinen / vnd ist daß föllige Arth / wo die Heiser seint in einandter gwöst / ganz abgebrunen / vnd der Goltschmit zu Brug / der vnß vmb etlich hundert Gulten Wert gearbeit hatt / der ist auch ganz abbrunen. Der hat auch dazumall von vnß in der Arbeit vber hundertt Gulden gehabt / ein silberne Khandl / ein ganz gultenes Khruzefix mit Diemandt und Rowin [Rubin] versözt / silberne Natl vnd noch Golt / aber hat vnßes / da mier geschickht haben / Alleß gar fleißig zugestölt [...] Seint auch gar vill Leith verbrunnen. Vnßers Herrn Markhtschreiber Matthieß Pengg sein Dochter [...] ist in Kheller gleich ersticktht vnd dotter gefundten wortten. Vnßer lieber Herrgott wolle vnß genettig vor sollichen Ungliekh behietten vnd bewarn. Ist ein iberauß winttige Zeit / fiercht mich schier zu khranckh auch vor dem Feyer [...] vnd die Stöll gar bei dem Hauß / wan ein Vngliekh solt außkhemben / eß khinets khein Mensch erwörn / verlaß mich also allein auf Gott / der wäß ihm schon zu dähn [tun, handeln] nach seinen göttlichen Willen / amben [Amen]. (S. 31)

Stampfer mag sich auf die Berichte von fremden Augenzeugen oder von ‚Zeitungen' (u. a. S. 34) stützen, sie vermerkt aber deutlich, was sie selbst gesehen hat, was sie davon hält und was davon die eigene Familie betrifft. Der Brucker Brand und seine schnelle Ausbreitung in der Umgebung jagen ihr Furcht ein, es könne in Vordernberg ebenso geschehen und ihr eigenes, an einer Engstelle des Ortes gelegenes Haus ein Opfer der Flammen werden, denen dann, so Stampfer, kein Mensch mehr wehren könne. Sie verlasse sich, schreibt sie, also ganz auf Gott, den sie mit zweimaliger Anrufung geradezu als Feuerschutz instrumentalisiert. Daß sie sich mit solchem Schicksalsdenken und dem Vertrauen auf Gott allerdings keineswegs begnügt, zeigt der weitere Verlauf ihres Gedächtnisbuches: Gerade mit dem Verweis auf die Brandgefahr wird bald danach vom Kauf eines Hauses an anderer Stelle und vom Umzug der Familie berichtet (S. 40 und S. 44). Diese Ambivalenz zwischen formuliertem Gottvertrauen und notierten Strategien der Daseinserhaltung zeigt sich in diesem Buch immer wieder. Neben den Anrufungen Gottes, die viele ihrer Eintragungen abschließen, verzeichnet sie die von ihr praktizierten Techniken der Wohlstandssicherung und Familienstärkung, von der Wallfahrt über Evakuierungen bis hin zur Behandlung von Krankheiten.

Die Stoßgebete am Ende vieler Eintragungen gehören im übrigen zu diesen Techniken. In ihnen manifestiert sich eine alltägliche, katholische Religiosität, die mit Gott in eine Art Tauschhandel tritt, ihn zwar ganz selbstverständlich als Herrn der Welt nimmt, aber auch als Rückversicherung vor den Unwägbarkeiten des menschlichen Lebens instrumentalisieren will: Wer so verehrt wird, muß den Verehrenden Schutz gewähren. Unter diesem Schutzschirm kann Stampfer gegen die Unbeständigkeit der Welt planvoll vorgehen. Ihr Hausbuch, das außerhalb des gelehrten Diskurses und seiner Topoi steht, wird so auch zum Dokument eines Wandels der Alltagsmentalitäten: Während das reihende, annalistische Gliederungsprinzip noch geprägt sein könnte von einem barocken Fortunadenken[747], führt das, was berichtet wird, Stampfers strategisches Denken und Handeln und ihren Stolz darauf, ihr bürgerliches Leistungsdenken also, vor Augen.[748]

Aber die Chronistin beschränkt ihren Blickwinkel nicht nur auf das Erleben der eigenen Familie. Aufmerksam registriert sie auch, was um sie herum geschieht, sie äußert sich wiederholt zu politischen Fragen und urteilt dabei auch gelegentlich über Themen, die ohne unmittelbare Auswirkungen auf ihren engeren Lebenskreis bleiben. Wenn sie den Verlauf des Türkenkriegs notiert, hat sie damit noch einen Gegenstand gewählt, der durchaus seine Folgen in der Steiermark zeigt: Die Türken liegen vor Wien, auch Vordernberg hat Flüchtlinge aufnehmen müssen, und eine ihrer Töchter hat sich mit ihren Kindern aus Furcht vor diesem Krieg in den elterlichen Haushalt zurückgezogen. Doch Stampfer äußert auch eine Meinung zum Pfälzischen Krieg mit Ludwig XIV., der ihre Lebenssituation nicht tangiert, aber ihre politischen, von antifranzösischem Ressentiment geprägten Vorstellungen verletzt und zudem ihr Mitleid mit der Bevölkerung der betroffenen Gebiete erregt:

> Anno 1688. Jahr hatt der Franzoß in Reich einen Khrieg angehöbt vnd hatt großen Schatten gedan / die armben Leit auf dem Winder verdriben vnd Alles verhörtt vnd verzörtt vnd großen Schatten gedan. (S. 47)

Ein Jahr später urteilt sie über Ludwig XIV.:

> Anno 1689. Jahr hatt unß der Hanß Jossef [= Stampfers ältester Sohn] / vnd auch Geistliche dies gesehen haben / gesagt / daß der Franzoß [= Ludwig XIV.] sein Piltnuß vnd Stättiumb [Statue] laßen aufrichten auf einen Plaz / wo er da stett alß wie ein Herr der ganzen Welt / vnd 4 Leichter von khristallen Fenster wie ein Lattern. Haben gesagt / diese Sällen [Säule] mit den Lattdernen sollen auf 30.000 fl. khosstet haben / vnd dan der verfluechten Bildnuß ein Liecht prenen allß wie vor Gott. Daß möcht mier mein Herz zerspringen vor einen sollichen gottloßen Erttenkhobl [Erdgehäuse, abwertend f. Mensch] und faullen Mättensackh [Madensack, abwertend f.

---

[747] Niggl, Geschichte, S. 18.
[748] Vgl. Knopf, Jan: Frühzeit des Bürgers. Erfahrene und verleugnete Realität in den Romanen Wickrams, Grimmelshausens, Schnabels. Stuttgart 1978.

Mensch]. Ach / mein Gott / laß dises nit vngerochner [ungerächt]. Die Ehr geherrt Dier allein. (S. 51f).

In diesem Text ist ein schreibendes und ein beschriebenes Ich deutlich präsent:

1684. Jahr den 28. Mey hab ich mein 16zechets Khindt geboren / hab gar ein grose / schwäre Nitterkhunfft khabt / 29 Stundt bin ich in grosen Schmerzen gewöst. Man hatt mier nitt daß Löben mer erdält / hab beicht vnd chumieziert / auch die lözte heillige Ölling empfangen / vnd mich ganz zumb Dath [= Tod] beräth. [...] Gott der Allmechtige / höbe nur ainmall dises große Khreiz von mier auf. In 47. Jahr / hab ich noch meines Alters hab ich daß 16ete Khindt geborn / hab grose Sorg vnd Miehe vnd Arbeit auf Auferziehung meiner Khindter angewendet / daß ich allso woll recht schwach vnd miedt bin worn / vnd auch gern einmall ein ruebiges [ruhiges] Löben fiern wolt. (S. 39).

Dennoch unterscheidet sich diese Schrift nicht nur durch die chronikalisch-annalistische Struktur von Autobiographien um 1800: Das früheste Erlebnis, das Stampfer notiert, stammt aus dem Jahr 1654: In diesem Jahr, so die Autorin, habe sie ihren Onkel in Vordernberg besucht und ihren späteren Mann Hans Adam Stampfer kennengelernt (S. 7). Mit keiner Zeile erwähnt sie dagegen ihre Kindheit, ihre Erziehung und ihre Ausbildung, auch über ihr Verhältnis zu Eltern und Geschwistern erfährt man nichts. In ihrem Gedächtnisbuch schlägt sich somit keinerlei Interesse am Werden der eigenen Persönlichkeit nieder. Eine Selbstcharakteristik oder gar Selbstreflexionen fehlen vollständig. Inwieweit dies mit anderen autobiographisch-chronikalischen Texten auch von Männern übereinstimmt oder von ihnen abweicht, wird im folgenden diskutiert werden müssen. Es fragt sich, ob und in welcher Weise frühneuzeitliche Geschlechterkonzeptionen Selbstreflexion und Interesse an Kindheit und Ausbildung beeinflussen oder ob diese Enthaltsamkeit einer allgemeinen frühneuzeitlichen Konzeption des Menschen und genderübergreifenden Subjektivitätsvorstellungen entspricht.

Nicht einmal Daten, die in Familienchroniken üblich, gar essentiell sind, werden erwähnt: Stampfer berichtet weder das eigene Geburtsdatum noch das des Ehemannes, von Hans Adams Eltern und Geschwistern ist nirgendwo die Rede, und aus ihrer eigenen Herkunftsfamilie lernen Lesende des „Pichl" nur die Mutter, da deren Tod notiert wird, und kursorisch zwei andere Verwandte kennen. Daß Stampfer keine Vorfahren erwähnt, muß im Kontext der familienbezogenen Chronistik als erklärungsbedürftiger Ausnahmefall gelten, schließlich haben selbst die schreibenden Nonnen meist ihre Abstammung erwähnt, und die Kette der Generationen gibt noch Autobiographinnen um 1800 Schreibautorität.[749] Stampfers Abstinenz in dieser Hinsicht könnte schlicht einem Versehen geschuldet sein, schließlich schreibt die Chronistin im rückblickenden ersten Teil ihres Hausbuchs nicht systematisch-chronologisch, sondern so, wie ihr die Ereignisse

---

[749] Ramm, Autobiographische Schriften, S. 86.

einfallen oder frühere Notizen unterkommen. Stampfer könnte sich auch ihrer geringen Mitgift wegen (S. 40) der eigenen Familie wenig verpflichtet fühlen. Die Zurückhaltung im Schildern einer familiären Vorgeschichte läßt sich aber vor allem damit erklären, daß die Aufsteigerfamilie sich als Gründergeneration einer erfolgreichen Bergwerksunternehmerdynastie inszenieren will, und deshalb die Haus- und Bergwerkskäufe und die eigenen Nachkommen der Chronistin weit wichtiger sind als die Vorfahren der beiden Eheleute.[750] Schließlich kann das Ehepaar Stampfer im Unterschied zu vielen anderen Hausbuchschreiber(inne)n nicht auf eine lange ehrwürdige Familientradition zurückblicken. Daß eine solche Familientradition fehlt, könnte auch der Grund sein, warum Stampfer – und nicht Hans Adam – das „Pichl" führt: Das Stampfersche „Pichl" kann in dieser Aufsteigergeneration eben kein repräsentatives, eine lange Tradition von Hans Adam Stampfers Vorfahren fortschreibendes Hausbuch sein. Doch ist bei solchen Erklärungsversuchen der schwierigen Überlieferungsfrage wegen immer Vorsicht geboten: Vielleicht ergänzt das überlieferte „Pichl" Stampfers eine vorhandene Familiengeschichtsschreibung der Dellatorres oder der Stampfers.[751]

Das Abweichen vom Hausbuchschema in Aufbau und Inhalt kann auch als Indiz gelesen werden für den eigenwilligen, durch die Bedürfnisse des schreibenden Ich geprägten und nicht ausschließlich den Schreibtraditionen verpflichteten Zugriff auf das eigene Leben. Möglicherweise hat sich die Autorin diese größeren Freiheiten nehmen können, da ihr Gedächtnisbuch ‚nur' das „Pichl", das Büchlein der Familienmutter ist und nicht den Anspruch erheben muß, eine autoritative Familienchronik oder Bestandteil einer solchen zu sein, die den Schemata der Traditionsüberlieferung zu folgen hätte. Denn, das zeigen die bibliographischen Verzeichnisse frühneuzeitlicher Selbstzeugnisse, die repräsentativen Chroniken hat Mischs Diktum von der Traditionskette zwischen Vater und Sohn zutreffend beschrieben. Wenn Maria Elisabeth Stampfer schreibt, ist ihr Text – als Büchlein einer Frau – somit entlastet von diesen Ansprüchen, und sie kann freier wählen, was sie für berichtenswert hält. Der Preis der Freiheit wäre mangelnde Relevanz, oben hat sich allerdings gezeigt, daß Stampfer keine großen Anstrengungen für nötig hält, um ihren Text den Nachkommen wichtig erscheinen zu lassen. Die Familiengeschichte und ihr eigener Beitrag, den sie mit Stolz auf ihre Leistungen präsentiert, sichern ihr, davon geht ihr Schreiben aus, das Interesse zumindest ihrer Kinder. Und die Familienbeziehungen wiederum sind das Fundament des – heterologen – Selbstverständnisses der Autorin. Eine andere, eine nicht-heterologe Selbstdarstellung, eine, die das eigene Ich, die eigene Person

---

[750] Zum Aufstieg Hans Adam Stampfers von Pantz, Gewerken. Zur finanziell ungesicherten Lage in Stampfers Elternhaus vgl. Hilzensauer, Stampfer.
[751] Ein Teil des Familiengedächtnisschreibens Stampfers ist wohl tatsächlich verloren gegangen: Das im *Pichl* versprochene Arzneimittelbuch ist nicht überliefert. Die Struktur des *Pichl* mit seinen Anfangsnotaten, die auch die Zeit vor 1679 beleuchten, macht es allerdings wenig wahrscheinlich, daß Stampfer schon ähnliche Annalen in einem früheren Heft verzeichnet hat.

stärker in den Vordergrund rücken würde, könnte sich Stampfer nicht leisten. Schließlich mag sie selbst dem Sonnenkönig nicht gestatten, daß er auf öffentlichem Platz „sein Piltnuß und Stättiumb" aufstellen und hell erleuchten läßt (S. 51f). Ein solch repräsentatives, das Eigene nicht mit der Umgebung vermittelndes menschliches Selbstverständnis würde in Stampfers Welt, das zeigt ihr oben zitiertes Notat, nur Gott, aber keinem Menschen, nicht nur keiner Frau, zustehen.

1.5. Geschlechterkonzeption

Stampfer war Hausfrau und Mutter, und alle ihre Töchter, die das Erwachsenenalter erreichten, wurden es auch. Dies festzuhalten, eröffnet einem Mißverständnis Tür und Tor, einem Mißverständnis, dem die Herausgeber und Kommentatoren des Stampfertextes im 19. und frühen 20. Jahrhundert zum Opfer gefallen sind, das aber auch noch hinter Arbeiten aus den Anfängen der Frauen- und Geschlechterforschung steht.[752] Stampers Tätigkeitsfeld war nicht auf ein trautes Kleinfamilienheim beschränkt. Was Stampfer dagegen berichtet, zeigt vor allem das breite Handlungsspektrum einer frühneuzeitlichen Frau, die einem großen Haushalt vorsteht: Stampfer organisiert die Versorgung des ganzen Hauses, ergreift in Krisensituationen Maßnahmen zur Rettung der Familienmitglieder und ist zuständig für weltliche und religiöse Feste. Sie hat ein ausgeprägtes und, da sie auch die Nachbarn medikamentiert, über das übliche Maß hinausgehendes Interesse an medizinischen Fragen und notiert das wirtschaftliche Auf und Ab der Betriebe und die Neukäufe, nennt Befürchtungen und wird, als die Lage in einem Bergwerk schlecht steht, selbst aktiv: Sie unternimmt eine Wallfahrt, erbittet Gottes Hilfe und legt ein Gelübde ab (S. 8f), ein Mittel, das zu ihrer Zeit durchaus zur Sicherung ökonomischer Erfolge als funktional angesehen wurde. Insofern kann Stampfers Hausbuch auch als Beleg für Ropers These gelten, daß in der frühneuzeitlichen katholischen Religion Frauen einen eigenen Anteil an den religiösen Ritualen übernehmen konnten.[753]

Stampfers Aufzeichnungen zeigen aber auch deutlich, daß zwischen den Geschlechtern differenziert wird, daß diese Differenzierung aber nur eine von vielen Differenzen ist. Die Welt teilt sich für die Autorin zunächst in die Gruppe der Familie, dazu gehören der Ehemann, die Kinder und Kindeskinder, mit Einschränkungen auch die Schwiegersöhne und Schwiegertöchter, und dann die Umgebung. Die Umgebung teilt sich in Leute, meist Nachbarn, von ähnlichem Stand, auch Pfarrer und Ärzte gehören dazu. Dann gibt es die Obrigkeit, die man sich gewogen halten muß, und das Hausgesinde und die Knappen, über die aller-

---

[752] Vgl. Goger, Irmgard: Das Hausbuch der Maria Elisabeth Stampfer (1679/94). Ein Beitrag zum Selbstverständnis und zur Situation der Frau in der frühen Neuzeit. Univ. Wien, Dipl.-Arb. 1989.
[753] Roper, Das fromme Haus, S. 223f.

dings nur berichtet wird, wenn sie mit Heilmitteln versorgt werden oder rebellieren (S. 13, 36f). Daß in Stampfers Gesellschaft Männer und Frauen verschieden gewertet werden, äußert sich im „Pichl" deutlich, auch wenn das schreibende Ich nirgends Fragen der Geschlechterverhältnisse reflektiert: So klassifiziert sich das ‚Ich im Text', als es über einen Streit der Jesuiten mit der Bürgerschaft von Leoben urteilt, als „ainfaltiges Weib" (S. 29). Dieses ‚einfältige Weib' kennt also die Geschlechterverhältnisse seiner Zeit sehr genau, widerspricht ihnen nicht, verwendet aber seine Kenntnisse strategisch: Es setzt sie als Bescheidenheitstopos ein, der das eigene Urteil dennoch nicht zurücknimmt, sondern verstärkt. Denn wenn schon ein ‚einfältiges Weib' die Lage überblicken und den Streitfall beurteilen kann, ist die geschilderte Sachlage eben eindeutig so, wie das schreibende Ich sie darstellt und beurteilt.

Geschlechterdifferenzierung gewinnt in Stampfers Aufzeichnungen hauptsächlich im Rahmen der eigenen Familie Bedeutung, und dort ist sie groß, man denke an die nach Geschlechtern geordnete Bilanz ihrer zehn 1679 lebenden Kinder. Zwischen den Männer- und Frauenrollen bestehen Funktionsunterschiede und eine Sphärenzuordnung, die eine Geschlechterdichotomisierung schon andeutet: Auch wenn Stampfer sich die Bergwerke zeigen läßt, Zahlen mitteilt, ihren Beitrag zum Unternehmenserfolg notiert und eigenes Geld selbständig verwaltet, rechnet sie die Bergwerke ihrem Mann, den Söhnen und Schwiegersöhnen zu und die Kinder und Enkelkinder sich und ihren Töchtern. Maria Elisabeth und Hans Adam Stampfer verhalten sich zu ihren Söhnen deutlich anders als zu ihren Töchtern: Daß das Hausbuch über Ausbildungsfragen Auskunft verweigert, ist oben schon diskutiert worden, von einer Grundbildung der Söhne und Töchter in Elternhaus oder Schulen erfahren wir nichts. Für das, was auf die Grundbildung folgt, gibt das Hausbuch allerdings Informationen: Von den Söhnen werden Bildungsreisen berichtet, einer geht zum Studium nach Wien, ein anderer nach Graz. Vergleichbares kann Stampfer von ihren Töchtern nicht notieren: Die jungen Mädchen aus wohlhabendem Haus werden schnell zu Ehefrauen und Müttern. Während Stampfer so ihren Söhnen Bildungsreisen nach „Hollandt/Nitterlant/Engellant" (S. 45) und nach Rom gestattet, verbietet sie einer ihrer Töchter eine Heirat, die sie nach Wien führen und damit zu weit vom Wohnort der Familie entfernen würde: „habs aber nit laßen angen [angehen] / dan daß sie auf Wien hett sollen / da haben wier gar kheinen Lust gehabt" (S. 46). Auch wenn zu Stampfers Zeit und gerade auch in ihrem Gewerkenhaushalt eine Trennung zwischen privater Reproduktion und gesellschaftlicher Produktion noch nicht vollständig vollzogen war, manifestieren sich deutlich Asymmetrien der Geschlechterbeziehungen: Den Söhnen wird Weite gewährt, die Töchter werden zur Nähe verpflichtet.

In einer früheren Auseinandersetzung mit Stampfers Hausbuch habe ich aus dieser Familienkonstellation heraus versucht, Chodorows Theorie der stärkeren

Beziehungsorientierung von Frauen auf Stampfers Text anzuwenden und damit zu erklären, warum das Schildern von anderem, von Familie und Welt, einen so großen Raum in diesem Text einnimmt.[754] Doch nach den Analysen der Vorkapitel hat sich das Beziehungsorientierte, das Heterologe als Spezifikum frühneuzeitlicher Subjektivität allgemein erwiesen und eben nicht als Besonderheit des Schreibens von Frauen. Nach der Analyse der anderen familienzentrierten Texte von Frauen und einem Vergleich mit dem Schreiben des Elias Holl wird genau diese Frage noch einmal im Zentrum stehen müssen: Sind frühneuzeitliche Texte von Frauen tatsächlich beziehungsorientierter als die von Männern? Oder beschreiben Chronisten wie Chronistinnen ihrer Familie vor allem die Leistungen für andere und weniger sich selbst? Sind die Unterschiede in der Beziehungsorientierung autobiographischer Schriften erst dann zu ermitteln, wenn das Konzept eines autonomen Subjekts sich herausgebildet hat, das Autobiographen, aber kaum Autobiographinnen für sich nutzen können?[755] Oder zeigen sich trotz der Heterologie in frühneuzeitlichen Texten von Frauen *und* Männnern geschlechtsspezifische Differenzen der Subjektivität? Wird nach solchen Differenzen gesucht, bedeutet dies, es sei hier wiederholt, nicht, daß von einem ‚natur'gegebenen Unterschied im Schreiben und in der Selbstauffassung ausgegangen wird, sondern daß nach Folgen einer, wie sich gezeigt hat, verschiedenen Konzeption der beiden Geschlechter gefahndet wird. Stampfers „Pichl" ist allerdings, das werden die folgenden Analysen zeigen, keineswegs ein besonders ‚typischer', eher ist es schon ein außerordentlicher unter den überlieferten Texten, einer, der zeigt, was möglich war, was sicher häufiger war, als wir wissen und uns überliefert ist – denn schließlich hat die Stampferin bei all ihrem Stolz auf eigene Leistungen, den ihr Schreiben nicht verbirgt, eines nicht: einen Stolz als Autorin; was sie in ihrem Text leistet, ist ihr selbstverständlich, ist ihr nicht eigens kommentierens-, begründens-, entschuldigens- oder rühmenswert. Sie geht folglich mit Sicherheit nicht davon aus, daß das Schreiben eines Hausbuches durch eine Frau eine Rarität war.

2. Familiäre Memoria – Anna Höfel und andere

2.1. Anna Höfel und das Hausbuch ihres Mannes

Typischer für frühneuzeitliches autobiographisches Schreiben als Stampfers „Pichl" dürfte Anna Höfels im Kontext des Hausbuchs ihres Mannes entstandener und überlieferter eigenhändiger Lebenslauf sein. Anna Höfel (1603 bis 1665) trug in ihrem Leben wie viele Frauen verschiedene Namen: Als Anna Rüffer ge-

---

[754] Kormann, Eva: "Und solliche Grimbnuß hab ich alleweil." Autobiographik bürgerlicher Frauen des 17. Jahrhunderts am Beispiel des *Pichls* der Maria Elisabeth Stampfer. In: Geschriebenes Leben. Hg. v. Michaela Holdenried. Berlin 1995, S. 80-94.
[755] Vgl. für die Situation um 1800 Ramm, Autobiographische Schriften.

boren, heiratete sie zunächst auf den Namen Wilhelm, wurde Witwe und vermählte sich dann mit Johann Höfel. Der Jurist und Dichter, über den Erdmann Neumeisters *De Poetis Germanicis* und Zedlers Universallexikon Auskunft geben, hat als bedeutend genug gegolten, daß sein Hausbuch bis heute in einem Familienarchiv bewahrt wird.[756] Als von ihr selbst in dieses Hausbuch eingetragener Teil hat auch Anna Höfels Lebensbeschreibung überdauert, 1959 wurde sie publiziert.[757]

Daß die Vita der Frau Teil eines Hausbuchs ist, das sich in Titel[758] und Aufbau deutlich als Hausbuch des Ehemannes zu erkennen gibt, zeigt die Asymmetrien der Geschlechterverhältnisse des 17. Jahrhunderts. Anna Höfels „Historischer bericht" trägt diesen Asymmetrien deutlich Rechnung. Das zeigt in erster Linie die Art, wie Höfel von ihrer Geburt und ihren Vorfahren schreibt: Der erste Satz nennt das Wichtigste, um die eigene Person zu verorten und ihr damit einen Platz in der familiären Memoria zu verschaffen. Berichtet wird der eigene Namen, der Ort, das Jahr, der Tag und die Stunde der Geburt und das Sternzeichen.[759] Dies ist ein äußerst ich-bewußter Beginn: „Ich Anna Höefelin" und damit ein gelungener autobiographischer Pakt im Sinne von Lejeunes Betonung des Eigennamens. Nicht übersehen werden darf allerdings, daß diese in Lebensläufen häufige Art der Formulierung eine alte Urkundenformel ist. Die Namensgebung ist auch Höfel sehr wichtig, denn der zweite Satz handelt von ihrer Taufe und ihrer Patin. Bei deren Einführung wird allerdings schon die Abhängigkeit der weiblichen Identität von der des Ehemannes und des Vaters deutlich: Die Patin ist „H. Dr. Melchior Ludwig Brunners damahligen Statt Consulenten Haussfrau, ein geborne Damftfingerin". Erst mit dem dritten Satz kommt Höfel auf ihre Eltern zu sprechen, im ersten war sie nur „durch Gottes gnad geboren", ihre Eltern haben noch keine Erwähnung gefunden. Der dritte Satz schweigt noch von der Mutter: Zunächst fällt nur der Name des Vaters. Bevor die Mutter – viel später – erwähnt wird, wird erst der väterliche Großvater und dann die väterliche Großmutter vorgestellt. Nachdem die Mutter eingeführt wird, werden der zweite Mann der Mutter und die Namen von Annas Schwestern angegeben und schließ-

---

[756] Johann Höfels Hausbuch gehört zum Familienarchiv von Segnitz, das sich zum Teil im Stadtarchiv Schweinfurt befindet. Anna Höfel hat ihre Lebensbeschreibung in das Hausbuch aller Wahrscheinlichkeit nach selbst eingetragen: Ihr Lebenslauf ist erkennbar nicht in Johann Höfels Handschrift geschrieben. Insofern können meine (Kormann, Eva: Heterologe Subjektivität) und von Krusenstjerns Vermutungen (von Krusenstjern, Selbstzeugnisse, S. 123) über eine eventuell verkürzende Abschrift des Ehemannes als überholt gelten.

[757] Höfel, Anna: Annae Höefelin eigenhendige beschreibung ihres Lebens-Lauff. Historischer bericht von mein Anna Höefelin geburth, Eltern, leben, Heyrath, kindern, glückh, vnd vnglückhsfellen. Gott die Ehr. Publiziert in: Gerd Wunder: Anna Rüffer aus Schweinfurt (1603-1655). In: Blätter für fränkische Familienkunde 7 (1959), S. 225-231.

[758] Der Einband des Hausbuchs trägt die Initialen Dr. Johann Höfels: IHD.

[759] Die genauen Angaben zu ihrer Geburt kann sie dem Hausbuch ihres Vaters entnehmen. Vgl. Zur Geschichte der Familie Rüffer (1910), S. 98.

lich der mütterliche Großvater und zuletzt die mütterliche Großmutter. Damit ist die Herkunft beschrieben und die eigene Person im relevanten verwandtschaftlichen Beziehungsgefüge verortet. Höfels Schema verbleibt ganz in den Konventionen der Ahnentafeln. Die Schemata der Familiengedenkbücher kennt sie aus ihrer Herkunftsfamilie, die eine Reihe von Selbstzeugnissen produzierte, die Johann Höfel seiner Bibliothek eingliederte.[760] Anna Höfel konzipiert sich als Person, die aus einem Familienverband stammt, den sie als patriarchalisch geordnet beschreibt. Weil sie dazu gehört, kann sie von sich behaupten „Ich Anna Höefelin".

Dieses Verhältnis von Familie und eigener Person zeigt sich auch im Pronominagebrauch: Höfel schreibt ganz selbstverständlich „ich". Das Personalpronomen der ersten Person ist aber häufig als Objekt verwendet, und als Subjekt regiert es fast ausschließlich passivische Wendungen (geboren sein, aufferzogen werden, weggekommen sein, abgeholt, gebracht werden, in die Kost getan werden) oder Verben, die nicht eine Aktivität oder einen Willensakt, sondern eher ein Geschehenlassen formulieren: leiden, nicht wissen, nicht denken, zur Ehe haben, sich verheiraten. Die erste Person taucht sehr oft als Possessivpronomen auf – und das meist im Zusammenhang mit Familienangehörigen: „Mein Vatter", „Meinen fünff andern Schwestern", „Mein Vatterlich Großvatter", „mein und meine Geschwister lehrmeister" usw. Das heißt: auch im Gebrauch der Pronomina entfaltet sich die eigene Person im Zusammenhang mit den Familienbeziehungen. Dieses Verschränktsein von eigener Person und einer Gruppe, zu der die Autorin sich gehörig weiß, hat sich ähnlich auch bei den Klosterchronistinnen gezeigt. Deutlicher noch als dort markiert der Pronominagebrauch bei Höfel aber die Eigenständigkeit trotz Familienzugehörigkeit: Ganz selten nur greift Höfel zur ersten Person Plural. Ein „wir" taucht erst am Ende des Berichts auf, wenn sie über sich und ihren Mann schreibt: „Die 30 Jahr welche durch Gottz Gnad wir nuhnmehr mit einander gelebet sind wir 45mal zu Gevatter gebetten worden" (S. 229).[761]

Anna Höfels „Historischer bericht" gibt darüber hinaus eine Auskunft, die ansonsten selten ist in der hier analysierten Autobiographik von Frauen des 17. Jahrhunderts: Höfel präsentiert stolz die Ausbildung, die sie und ihre Schwestern auf Veranlassung der Eltern erhalten haben:

So lang mihr obbemelde meine liebe Eltern gelebet bin ich bey denselben aufferzogen unnd zur Schul gehalten worden, da dann mein und meine Geschwister lehrmeister der damahlige teutsche Schulhalter Nicodem Fechtzeul welcher hernach ein Herr des raths und Gerichts worden geweßen. (S. 227).

---

[760] Vgl. Höfel, Lebens-Lauff, S. 230, und Zur Geschichte der Familie Rüffer.
[761] Dann wechselt mitten im Satz die Tinte und die Schrift. Was Wunder als Fortsetzung des zitierten Satzes ediert („sind uff 400 Hochzeiten wo nit selbst und durch unßere Kinder erschienen, doch geschenckt, waz und wieviehl daß nachfolgende lange Hochzeitregister anzeigen thut. Nota bene was folget") ist vermutlich ein Zusatz aus der Hand Johann Höfels.

Möglicherweise thematisiert sie ihre sorgfältige Ausbildung, weil ihr Lebenslauf im Kontext eines Gelehrtenhausbuches verfaßt und überliefert ist: Johann Höfel entwirft sich in seinen eigenen Eintragungen und vielen Druckschriften, die in das Hausbuch eingebunden sind, als Angehörigen der res publica litteraria.

Daß Höfels Lebenslaufs an einer patriarchalischen Familienstruktur ausgerichtet ist, zeigt sich nicht nur in der Reihenfolge, in der sie ihre Vorfahren nennt, sondern auch in dem, was die Autorin anspricht, und in dem, was sie ausläßt. Ihr „historischer bericht" ist die Ergänzung zum Hausbuch des Johann Höfel. Was er berichtet, davon kann und will sie schweigen. Als Indiz dafür kann schon gelten, daß sie darauf hinweist, daß Johann etwas berichtet, was auch für ihren Lebenslauf wichtig ist:

> Als den 28. Jun. 1626 mein Erster Herr gestorben, habe nach 1 Jahr und zwei Monaten ich mich andersmahl und nemblich d, 30. Aug. 1627 zu Windsheim verheyrath an meinen itzo noch und gebe Gott lang lebenden lieben Herrn Dr. Johann Höefel von Uffenheim [...], der umbstendliche bericht von der Hochzeit weil Er vorhero von meinem lieben Herrn auffgezeichnet ist unnötig hier zu widerhohlen. (S. 228f)

Den wahrhaft „umbstendliche[n] bericht von der Hochzeit" liefert das von Johann in das Hausbuch eingetragene „Memorial", was zur Ausrichtung der Hochzeit notwendig war: Dieses Memorial reicht von einer langen Aufzählung der Lebensmittel für das üppige Hochzeitsmahl über die Nennung der Küchengeräte und Tischdekoration bis zum abschließenden Vermerk „Papier uff heimbliche Gemächer". Johann hat auch aufgezeichnet, wer die Hochzeitspredigt gehalten hat und wer mit welchem Geschenk zur Hochzeit erschienen ist.

Ein weiteres Indiz ist, daß sie gerade zu ihrer Ehe mit Johann Höfel, die sie als gefühlsintensiver darstellt, sich sehr wortkarg äußert. Aber die gemeinsamen Jahre verhandelt Johann Höfel: Nach seinem eigenen Lebenslauf[762] und der ausführlichen Hochzeitsbeschreibung – und vor Anna Höfels eigenhändiger Lebensbeschreibung– folgt ein Verzeichnis und eine ausführliche, differenzierte Charakterisierung der Kinder des Ehepaares, die eine enge Familienbeziehung dokumentiert und über rein Topisches weit hinausgeht: „Folgt nun, wie viel Kinder der Allmächtige Gott mir und meiner lieben Haußfrauen in wehrendem unserm Ehestand beschehret [...]."[763] Was Anna Höfel beschreiben muß, ist nur

---

[762] Auch Johann faßt seinen eigenen Lebenslauf nur als einen Teil des Hausbuches auf, der die anderen Texte ergänzt: Seine Vita ist ebenfalls kurz und sachlich und informiert, da die Stammbäume seiner väterlichen und seiner mütterlichen Familie dem Hausbuch eingegliedert sind, vor allem über Johanns Gelehrtenlaufbahn vom Unterricht bei Präceptoren und in der Lateinschule über das Studium in Gießen bis hin zur Promotion, das heißt seine „Beschreibung des Lebens" steht eindeutig im Traditionszusammenhang der Gelehrtenautobiographie.

[763] So schreibt Johann zu Anna Juliana, dem ersten Kind: „ Diß freundliche liebliche mir und meiner Hausfrauen hertzallerliebste Kind hat der Liebe Gott nach seinem Unerforschlichen Rath und Willen, da es balt ein Jahr alt worden, mit der Kinderkrankheit [...] so schwer angegriffen, daß kein artzney Hülff und Rath dawieder helffen wollen, sondern [...] seinen Geist aufgab". Johann hilft sich

ihre Vorgeschichte, ihre prominente Abkunft aus guter, wohlhabender Familie. Anna Höfels väterliche Familie Rüffer spielte im 17. Jahrhundert eine wichtige Rolle in Schweinfurt: Familienangehörige bekleideten bedeutende städtische Ämter und entwickelten eine rege Bautätigkeit. Johann Höfel war an der Geschichte dieser Familie stark interessiert, so enthielt seine Bibliothek einige Familiendokumente, die er schon im Hochzeitsjahr mit eigenen Eintragungen erweiterte.[764]: Unter anderem ist in das Hausbuch des Hieronymus Rüffer ein Kupferporträt Johann Höfels eingeklebt: Insofern könnte man provokant folgern, daß auch die Lebensbeschreibung Anna Höfels weniger der heterologen Konzeption ihrer eigenen Person dient als der Konstruktion einer heterologen Subjektivität ihres Ehemannes, der sich in diesem Hausbuch deutlich als Mittelpunkt eines Gelehrtenhaushalts inszeniert.

Die Überschrift des Berichts „Annae Höefelin eigenhendige beschreibung ihres Lebens-Lauff. Historischer bericht von mein Anna Höefelin geburth, Eltern, leben, Heyrath, kindern, glückh, vnd vnglückhsfellen. Gott die Ehr." nennt die Themen des knappen Lebenslaufs: Es geht um Geburt, Herkunft, sonstige Familienbeziehungen, und es geht um Glück oder Unglück, also um die Wechselfälle des Lebens. Ob etwas gelingt oder mißglückt, liegt am Schicksal und nicht am eigenen strategischen Handeln. Gott ist Herr dieses Schicksals, ihm gebührt deshalb auch die Ehre, und in ihrem Lebenslauf legt die Protestantin Rechenschaft vor Gott ab. Über die Überschrift hinaus allerdings spielt Gott in dieser Schrift eine geringe Rolle. Bibelzitate oder Gebete, ja selbst religiöse Stoßseufzer oder Absicherungsformeln fehlen völlig. Sie sind von Höfel folglich nicht als wichtige Bestandteile der familiären Überlieferung im Hausbuch erachtet worden.[765]

Der Lebenslauf Höfels ist auch und vor allem ein Rechenschaftsbericht vor ihren Nachkommen, etwa in finanzieller Hinsicht. In der kurzen Lebensbeschreibung nehmen die Finanzfragen einen auffällig großen Raum ein: Sie moniert die zweite Ehe der Mutter, die die sechs Töchter ihrer ersten Ehe ein Drittel des väterlichen Erbes kostet, notiert das jährliche Kostgeld, das sie ihrer Tante geben mußte („da ich dann ungeacht jährlich 100 fl. zum Costgelt gegeben werden mustn nit So gar wohl gehalten würd", S. 227) und hält für möglich, daß ihre Vormünder nicht allzu sorgfältig mit ihrem Vermögen umgegangen sind (S. 228).

---

in den weiteren Eintragungen zu Anna Juliana mit Gebet und Trauerbezeugungen über den „Unerforschlichen Rath und Willen" Gottes hinweg.

764 Zur Geschichte der Familie Rüffer (1908), S. 1f. Die Rüffer-Tagebücher verwahrt das Bayerische Staatsarchiv Würzburg.

765 Eine interessante Frage, der hier aber nicht näher nachgegangen werden kann, ist, ob sich hinsichtlich religiöser Gebetsformeln in Haus- und Gedächtnisbüchern konfessionelle Unterschiede aufweisen lassen, ob der bei Stampfer festgestellte Tausch Schutzgebet vs. Schutz also eher einer katholischen Alltagsreligiosität entspricht und ob in protestantischen Familienschriften religiöse Gebete erst dann auftauchen, wenn die Schreibenden ihre Ohnmacht erfahren haben und sich durch religiöse Reflexion der eigenen Person vergewissern wollen, vgl. hier die Analysen zu Gera und Holl und das zu den Eintragungen Johann Höfels nach dem Tod des ersten Kindes Erläuterte.

Nach dem frühen Tod der Eltern kommt Anna, die Tochter einer wohlhabenden Kaufmannsfamilie, in die Obhut von Verwandten. Während sich Höfel in allen anderen Bereichen auf knappes, sachliches Berichten beschränkt, fällt sie für ihre Jugendzeit, in der sie den Vormündern unterstand, dezidierte Urteile und Verurteilungen. Gerade die Finanzfrage führt auch zu einem Bruch in der oben ausführlich dargestellten Verortung der eigenen Herkunft: Höfel notiert nach dem Namen der Mutter nicht gleich die Namen der mütterlichen Großeltern, wie es im Muster der Abstammung vom Vater vorgegeben ist, sondern sie schiebt einen Bericht über die zweite Ehe der Mutter und über das eigene Erbe und das der Schwestern ein, das sie durch das mütterliche Verhalten gemindert sieht. Daß das Verhältnis zur Mutter wohl dadurch etwas getrübt worden ist, läßt sich sogar aus Höfels so distanziertem und wenig urteilsstarkem Lebensbericht ablesen: Alle Vorfahren außer der Mutter erhalten bei der ersten Erwähnung ein lobendes Adjektiv: die Männer sind „Ehrenuest" oder „edel" und die Großmütter ehrbar, nur die Mutter erhält zunächst kein Adjektiv und erst einige Zeilen später ist von der finanziellen „Zubringung unßerer lieben Mutter" die Rede (S. 227).

Höfel erinnert aus ihren Jugendjahren also das, was Sloterdijk Stör-Erfahrungen[766] nennt: Ein junges Mädchen, das sich als beschütztes Teil eines privilegierten, wohlhabenden bürgerlichen Familiengefüges begreifen kann, erlebt, dass dieses Eingebundensein in eine patriarchalische Struktur für sie als Machtlose, als Mädchen und Mündel, sich plötzlich als nachteilig auswirkt: Sie wird schlecht behandelt, man verfügt über sie und schädigt ein Vermögen, das sie als ihren rechtmäßigen Anteil am Erbe des Vaters begreift. Und während Höfels Lebensbeschreibung ansonsten sich durch Enthaltsamkeit im Urteil und durch eine konventionalisierte Herkunftsbeschreibung schlicht darauf beschränkt, die eigene Person im Familiengefüge zu verankern, führt diese Stör-Erfahrung zu Brüchen in ihrem Text, zu Abweichungen von einer schematisierten Aufzeichnungspraxis. Während Höfels Selbstverankerung im familiären Umfeld über weite Teile ausschließlich im Rahmen des Erwartbaren, im Rahmen der vorgegebenen Ordnung bleibt und ihre Ich-Konzeption weit hinter Stampfers stolzem Selbst- und Familienporträt zurückbleibt, findet sich in der Auseinandersetzung mit der finanziellen Stör-Erfahrung eine Subversion der Text- und Weltordnung. Hier endet die von außen vorgegebene, letztlich heteronome Selbst- und Weltkonzeption Höfels. Im Zusammenhang mit ihrer Unzufriedenheit mit dem mütterlichen und vormundlichen Finanzgebaren verwendet Höfel das Sicheinbinden in die wohlhabende väterliche Familie deutlich zu einer – heterologen, aber nicht heteronomen – Selbstbehauptung und zur Betonung eigener Ansprüche an die Welt.

Die Verschränkungen, die wechselseitigen Bezüge und Abhängigkeiten von Anna Höfels Lebenslauf mit den anderen Texten in diesem Hausbuch führen, so

---

[766] Vgl. Sloterdijk, Literatur und Organisation, S. 11f, vgl. hier Kap. I. C. 4.2.

hoffe ich, im übrigen deutlich vor Augen, welch reichlich sprudelnde Quelle Hausbücher für eine Erforschung frühneuzeitlicher Gender- und Familienverhältnisse böten und wie sehr deshalb das Sichern der Bestände, Mikrofilmausgaben und vollständige, auch digitale Editionen solcher Hausbücher ein Desiderat für eine genderorientierte Frühneuzeitforschung wären.

2.2. Das Gerasche Gedächtnisbuch

Das Gedächtnisbuch Esther von Geras (1563-1611) und ihrer Enkelin Maria Susanna von Weissenberg liegt als Handschrift 523 des Landschaftsarchivs im Oberösterreichischen Landesarchiv Linz. Die Aufzeichnungen der beiden Chronistinnen tragen den wahrhaft barocken Titel „Frauen Anna Benigna Herrin von Gera, gebohrnen Erbmarschalichin und Reichsgräfin von Pappenheim annotationes von deroselben ankhonft in dises Land auß Steyrmarkh von Arnfelß (alwo sie mit Ihrem gemahel Hr. Erasmo Hr. von Gera vorhin gewohnet) item deroselben kinder geburth, verEhelichung, absterben und begröbnuss etc. nebst anderen wöhrendten zeit Ihres lebens Sich Eraigneten begebenheiten von July 1597 biß 18. Juny ao. 1653".[767] Aus dem Inhalt der Notate der zweiten Autorin allerdings hat Tersch diesen Titel als irreführend erkannt, denn Anna Benigna ist, so Tersch, keine der beiden Autorinnen dieser Familienaufzeichnungen. Der Titel kann also kaum von einer der beiden Schreiberinnen stammen, scheint aber, seiner barocken Ausführlichkeit wegen, auch nicht viel später hinzugefügt zu sein. Teile dieser Aufzeichnungen sind publiziert, allerdings in einer Weise, die für eine literaturwissenschaftliche Untersuchung der Selbstkonzeption in autobiographischen Schriften völlig unbrauchbar ist: Blittersdorf schließt, fehlgeleitet durch den Titel, nicht nur auf die falsche Schreiberin des zweiten Teils dieses familiären Erinnerungswerks, sondern beschränkt seine Edition auf Angaben von genealogischem Interesse und gibt keinerlei Hinweis, was und wieviel seine Edition unberücksichtigt läßt.[768] Die Edition des vollständigen Buches, die Tersch und Bastl ankündigen[769], ist somit ein Desiderat. Hier können nur Terschs Analyseergebnisse, soweit sie meine Interpretation des Stampferschen Gedächtnisbuchs und der Höfelschen Selbstdarstellung ergänzen, zum Vergleich herangezogen werden: Der von Gerasche Text nutzt – wie das „Pichl" Stampfers – als Grundform die annalistische Chronik und ist kein Tagebuch, das ein Geschehen unmittelbar verschriftlicht, sondern ein Ergebnis rückblickender Erinnerung über mehr oder minder große Zeiträume. Esther von Geras Schrift prägen zunächst Inhalte, die auch in Stampfers – deutlich späterem – Text vorkommen: Es ist eine Mischung aus Familiendaten, vorwiegend medizinischen Rezepten und politisch-histori-

---

[767] Tersch, Selbstzeugnisse, S. 494f.
[768] Vgl. zu Blittersdorfs Editionspraxis Tersch, Selbstzeugnisse, S. 504.
[769] Tersch, Selbstzeugnisse, S. 21; Bastl, Tugend, Liebe, Ehre, S. 363.

schen Notizen. Doch die Protestantin von Gera, die zusammen mit ihrem Mann aus religiösen Gründen aus der Steiermark ins Mühlviertel umsiedelte, ergänzt mit den eingestreuten, wenn nicht eigenen, so bearbeiteten Gedichten, die, so Tersch, den Einfluß des protestantischen Kirchenlieds merken lassen, eine Kommentierungs- und Reflexionsebene, die offenbar sich gerade in Phasen ausweitet, die der schreibenden Selbstvergewisserung bedürfen: Mit Gedichten kommentiert wird der Tod der Schwester und der ihres Mannes, der ihr zum Anlaß einer Bilanzierung des eigenen Lebens wird, und die eigene Hinfälligkeit und Krankheit gegen Ende der Aufzeichnungen. Aus einer literaturwissenschaftlichen, an der Geschichte des menschlichen Selbstverständnisses interessierten Perspektive müßte eine Feinanalyse dieser Lyrik darauf achten, ob sie stärker vom älteren ‚Wir' des protestantischen Kirchenlieds oder vom ‚Ich' des Frömmigkeitslieds geprägt ist.[770]

Terschs Analyse der Entstehungszusammenhänge, des Inhalts, des politischen Bewußtseins und der Selbstdarstellung zeigen eine Persönlichkeit, die sich selbst und die eigene Familie im Kreis eines sozialen, hier: adligen Beziehungsnetzes verorten will, das über den engeren Familienrahmen hinausgeht. Selbstdarstellung in einem solchen ‚Selbstzeugnis' ist immer zugleich auch Darstellung des Kollektivs, zu dem man sich zugehörig beschreibt. Der Selbstverortung in einem übergeordneten Bezugsrahmen dient auch die eingestreute Lyrik, die Tersch als Zeichen religiöser Verinnerlichung liest, die „einzelne Ereignisse in einer überirdischen Gesetzmäßigkeit zu transzendieren sucht, um Affekte zu bewältigen".[771] Das heißt Esther von Gera versichert die eigene Person im Hinblick auf die Familie und die Gemeinschaft mit einer adligen Elite, der zugehörig sie sich betrachtet, und durch den Bezug auf Gott. Doch, so Tersch:

> Interessant hierbei erscheint, daß sie entgegen der biblischen Grundlage nicht mehr wirklich in ihrer Religiosität aufgehen kann, sondern dieser ebenso wie dem dahinterstehenden Gottesbild widerstrebt, indem der Zusammenhang von religiöser Todessehnsucht und freudiger Erwartung auseinanderfällt: „der grausam Gott mit seiner maht / hat mich numer dahin gebraht / daß ih meines lebens nit mer aht".[772]

Und:

> Diese Verse kommentieren poetisch überhöht, doch stets im realen, autobiographisch nachvollziehbaren Bezug eine zunehmende Unsicherheit, die das eigene Leid nicht einfach in der Allmacht Gottes aufzuheben vermag. Die metaphysische Deutung manifestiert sich zuweilen als Bekehrung oder Gottessuche, zuweilen als Resignation oder Anklage. Gera kreist zunehmend um das einzige Thema der Todesbe-

---

[770] Vgl. zum lutherischen Kirchen- und Frömmigkeitslied Kemper, Konfessionalismus, S. 228ff.
[771] Tersch, Selbstzeugnisse, S. 501.
[772] Tersch, Selbstzeugnisse, S. 502.

trachtung, das sie über verschiedene Stimmungslagen zu erfassen sucht und dadurch von gängigen eindimensionalen Bewältigungsmustern der Trostliteratur löst.[773]

Das bedeutet: in Terschs überzeugender Lektüre steht Esther von Geras Chronik als Beispiel einer Selbstkonzeption, die sich über Gott und Welt definiert, die dies aber keineswegs heteronom vornimmt, sondern sich durch leidvolle Stör-Erfahrungen[774] aus der Zugehörigkeit in übergeordnete Gesetzeszusammenhänge geworfen sieht und sich in ihrem Gedächtnisbuch zur eigenen Erbauung und zum Wohl der Nachkommen nicht mehr vollständig in diese Zusammenhänge zurückschreiben kann: In meiner Terminologie wäre Esther von Geras Selbstkonzeption also ein Beispiel für eine heterologe und eben: nicht-heteronome Selbstkonzeption. Der eigenwilligen Kommentierung des Lebenswegs durch Gedichte wegen ist die Edition des von Geraschen Gedächtnisbuches besonders wünschenswert. Sie könnte historische, anthropologische und literaturwissenschaftliche Untersuchungen von autobiographischen Schriften der Frühen Neuzeit entschieden erleichtern und bereichern.

2.3. Das Gedächtnisbuch der Maria Cordula von Pranck

Das Gedächtnisbuch der Freifrau Maria Cordula von Pranck liegt als Manuskript im steiermärkischen Landesarchiv (Archiv Pranck), es ist vollständig publiziert in den Steiermärkischen Geschichtsblättern 2 (1881) und trägt den Titel „In disen Puech ist meiner lieben Eltern, Eheherrnen, wie auch Khinter vnd Göttigkhlein [Patenkinder] Gebuert vnd Sterben, so vil mier wisentlich ist, zu vinten vnd mit Mer(er)en zu sehen" (S. 9). Maria Cordula Freiin von Pranck hat von 1634-1705 vorwiegend in der Steiermark gelebt und dabei zwei Ehemänner und sechs ihrer sieben Kinder überlebt. Im Jahre 1673, ein Jahr nach dem Tod ihres zweiten Ehemannes, beginnt sie, Ehen, Geburten und Todesfälle aus der eigenen Familie und aus verwandten und verschwägerten Häusern aufzuzeichnen, außerdem notiert sie in einer Liste ihre 78 Tauf- und Firmpatenkinder. Die letzte Eintragung in ihrer Patenschaftsliste stammt aus dem Jahr 1700, von Prancks Notate zur Familiengeschichte enden mit der Meldung der Geburt ihrer ersten Enkeltochter im Jahr 1687.

Von Prancks Buch der Erinnerung ist in seinem familiengeschichtlichen Teil nicht chronologisch aufgebaut, sondern genealogisch: In einer Reihenfolge, die der bei Höfel ähnlich ist, zählt sie ihre Vorfahren, Ehen und Kinder auf. Zunächst stellt sie ihren Vater vor – mit Namen, Taufpaten und Jahr, Tag, Stunde, Ort und Sternzeichen der Geburt. Sie erwähnt die erste Ehefrau ihres Vaters und die Kinder aus dieser Ehe, dann die zweite Ehefrau (mit Namen und allen Anga-

---

[773] Tersch, Selbstzeugnisse, S. 504.
[774] Vgl. Sloterdijk, Literatur und Organisation, S. 11f, vgl. hier Kap. I. C. 4.2.

ben zu Geburt und Taufpaten) und die aus dieser Ehe stammenden Kinder, zu denen sie selbst als älteste und zuerst genannte gehört:

> Anno 1634 dem 22. November an einen Mitwoh, an dag der heiligen Jungfrau Zecillia, vmb halber vier Vhr nachmitag bin ich Maria Cordula Rädhaubtin geborn wordten, in Zeihen des Schitzen, als der Mon an dem Mondig zuvor vmb 7 Vhr abentz neu wordten, dem Sundig hernach, als dem 26. November in der Rädhaubtischen Khlagenfuertherischen Pehausung in der hinter grossen Stube vmb halbe zwölffe Midags gedaufft wordten von Herrn Stadtpfarrer daselbst, aus der Dauff hat mich gehoben [...] (S. 10).

Im Anschluß an die Liste ihrer Geschwister notiert sie Namen und Angaben zu Geburt und Herkunft ihres ersten Mannes, eines Hauptmanns der katholischen Liga, und meldet ausführlich und mit den Details der Verwundung dessen Kriegstod in Pommern: „Dem 12. November hab ich imb losen polsämiern [ihn einbalsamieren lassen],vnd habe imb mit mier dotter aus Pumbern [Pommern] pis naher Straspurg in Cärenten gefiert, alwo er [...] pegraben ligt." (S. 12)

Anschließend verzeichnet sie von allen ihren Kindern aus erster Ehe Geburt und Tod, keines dieser Kinder hat das vierte Lebensjahr erreicht. Die zweite Ehe schließt sie 1663 mit Hans Sigmunth Freiherr von Pranck, sie nennt dessen Vater und – anders als beim ersten Ehemann – auch dessen Mutter und Geschwister und sein Todesdatum und Begräbnis, schließlich die drei Kinder aus dieser Ehe. Überlebt hat einzig ihre Tochter Eva Maria; von deren Hochzeit und von der Geburt eines Kindes ihrer Tochter berichtet von Prancks Gedächtnisbuch. Nach der Erwähnung der Kinder aus der zweiten Ehe notiert die Autorin noch den Tod ihrer Eltern und Daten einer weitläufigeren Familiengeschichte. Ihre Tochter Eva Maria von Schrantzenegg, geb. von Pranck setzt nach dem Tod Maria Cordula von Prancks das Gedächtnisbuch mit einigen wenigen Eintragungen fort.

Für wen verzeichnet Maria Cordula von Pranck, verwitwete Hacke, geb. Radhaupt diese Daten? Als sie 1673 zu schreiben beginnt, lebt nur noch Eva Maria, ihre damals zehnjährige Tochter aus der zweiten Ehe. Ob diese Tochter das Erwachsenenalter erreichen und selbst überlebende Kinder bekommen kann, muß für die Autorin fraglich gewesen sein. Sie könnte das Gedächtnisbuch also geschrieben haben, um die Geschichte ihrer Familie an ihre Tochter oder auch an entferntere Verwandte weiterzugeben. Daß sie im Anschluß an die Familiendaten noch die Liste ihrer Tauf- und Firmpatenkinder verzeichnet, läßt aber zudem den Schluß zu, daß sie nach dem Tod ihres zweiten Mannes und so vieler Kinder auf Papier versammeln will, was ihr so verlustreiches Leben ausgemacht hat: Ihr Lebensweg, so läßt dieses „Puech" schließen, besteht in der Summe seiner Beziehungen. Die Familienbeziehungen sind aber prekär geworden, der häufigen Todesfälle wegen. Patenschaften eröffnen in der Frühen Neuzeit geistige Verwandtschaft, Bastl spricht vom „Angliederungsritus" der Patenschaften.[775] Wenn von Pranck ihre 78 Patenkinder aufzeichnet, verschreibt sie sich eben diesem Ritus zur Sammlung ihrer Beziehungen und damit auch zur Konturierung der eigenen Person. Dadurch hat sich das Ich nicht aufgelöst, es ist nicht zugunsten eines Wir aus dem Text verschwunden, ist allerdings selten, da die meisten Meldungen sich nicht direkt auf die Schreiberin beziehen. Sie schreibt „ich", doch der Nominativ dieses Personalpronomens regiert meist passivische Wendungen, ein aktives Ich enthält der Text nur bei den Eintragungen über ihre Patenschaften und bei ihren Berichten, wie sie die Leiche ihres ersten Mannes von Pommern nach Kärnten überführt und wie ihr auf dieser Reise das vierte und letzte Kind von diesem Mann stirbt. Weit häufiger als das Personalpronomen der ersten Person ist das Possessivpronomen, das sich auf Familienmitglieder bezieht: „mein lieber Herr Vatter", „Mein herzliebste Frau Muetter", „mein lieber Herrr Gemahel Gerhart Johan Hakhe", „Mein Dochter Maria Renäthä", „meines lieben Herrn seligen Frau Muetter Sitonia" usw.

Doch all diese identitätsstiftenden Beziehungen sind permanent vom Tod bedroht. Die Fortsetzungsmöglichkeit der Familienlinie, hier von der Mutter auf die Tochter, ist extrem gefährdet. Und wenn von Pranck als letzte Familienaufzeichnung die Geburt der ersten Enkeltochter meldet, liegt dies vielleicht daran, daß jetzt die Fortsetzung der eigenen Familie in die nächste Generation geglückt ist und sie selbst für eine Tradierung nicht mehr verantwortlich sein muß. Von Prancks Heterologie, ihr Sich-selbst-mit-Anderen-Sagen, ist nicht unterscheidbar von einer Heteronomie: Obwohl der verlustreiche Lebensweg, den sie aufgezeichnet, reichlich Stoff für Stör-Erfahrungen[776] böte, fügen sich alle Notate in den Rahmen des Formelhaften. Wenn sie 1673 zu schreiben beginnt, steht das Motto der Schrift gleich unter dem Titel: „Hin get die Zeit, her khumbt der Dott, O Mentz, due Reht vnd fierchte Gott." (S. 9). Dieses Motto bildet zusammen mit dem Titel den Pakt, den die Autorin mit ihrem Namen und der Datumsangabe 1673 ‚unterzeichnet'. Ihre Schrift steht also ganz im Einklang mit einem barocken Vergänglichkeitsbewußtsein. Daß dessen Grundlage keineswegs nur zeitgenössischer Topik entspricht, sondern auch in Erfahrungsdaten liegt, erweisen mit Brutalität die häufigen Todesmeldungen in von Prancks Gedächtnisbuch.[777]

2.4. Die Chronistik eines Ehepaares

Hans und Eva Maria Peisser aus Linz verfaßten gemeinsam eine Chronik. Die von Hans begonnene Familienchronik wurde nach dessen Tod von seiner Witwe

---

[775] Bastl, Tugend, Liebe, Ehre, S. 500.
[776] Vgl. Sloterdijk, Literatur und Organisation, S. 11f, vgl. hier Kap. I. C. 4.2.
[777] Vgl. dazu auch Krusenstjern, Benigna von: Selig Sterben und böser Tod. Tod und Sterben in der Zeit des Dreißigjährigen Krieges. In: Zwischen Alltag und Katastrophe. Hg. v. Benigna von Krusenstjern und Hans Medick. Göttingen 1999, S. 469-496.

redigiert und weitergeführt. Publiziert ist diese Chronik als Typoskript in den *Linzer Regesten*. Der Editor Wilflingseder veröffentlichte den Text, anders als der Titel *Linzer Regesten* vermuten läßt, vollständig.[778] Hans Peisser wird in der Chronik als „Handlßman", also als Kaufmann bezeichnet (S. 11f), Tersch weist ihn zudem als Bürgermeister nach[779], Eva Maria Peissers Vater war Ratsherr und Kaufmann (S. 11f), die Familie zählte also zur bürgerlichen Elite der Stadt Linz.

Die Peissersche Chronik, die Daten zwischen 1653 und 1703 enthält, beginnt mit den Eintragungen des Mannes über das Eheversprechen und die Hochzeit mit Eva Maria Peisser. Das Personalpronomen der ersten Person Singular dieser frühen Eintragungen meint also den Ehemann. Hans Peisser verzeichnet auch die Geburten von neun Kindern. Bei sechs dieser Kinder muß er den Tod innerhalb der ersten Monate anzeigen, eine Tochter starb mit acht Jahren, den Tod der einzigen Tochter, die das Erwachsenenalter erlebte, heiratete und Kinder hatte, trägt Eva Maria Peisser gleich zweimal in die Chronik ein: Einmal rückt sie die Nachricht unmittelbar unter die Geburtseintragung durch ihren Mann, und das zweite Mal nennt die Chronik Tod und Begräbnis der Tochter im Kontext Eva Maria Peissers anderer Eintragungen zur Zeit des Todes. Alle Notate handeln von familiären Ereignissen und protokollieren, ob von Hochzeit, religiöser Stiftung oder Begräbnis die Rede ist, sehr oft detailliert die Kosten. So hält die Chronistin die Ausgaben für die Begräbnisse ihrer früh verstorbenen Kinder fest:

> Alle 6 Khindter so gestorben sein, hoben ire Pegröbnus khost vnd sein nit aldt worden ...179 fl 36 kr. Ober der Anamadel [d. h. das Begräbnis der mit acht Jahren verstorbenen Anna Madalena][780] hot ollein khost wie oben stett. (S. 10)

Sobald Eva Maria Peisser zu schreiben beginnt, ändert sich der Charakter der Chronik: Die Eintragungen werden umfangreicher und stärker dialektgeprägt, beschränken sich nicht mehr auf die sachliche, formelhafte Notierung der wichtigsten Familiendaten, sondern enthalten rudimentäre Reflexionen über das Schreiben und Ansätze zu einem persönlichen Urteil. Vor allem aber verändern sich die Gewichte der Inhalte: Verzeichnet schon Hans Peisser seine Stiftungen für die Linzer Kapuzinerkirche St. Matthiae ausführlich und fügt er einen Brief der Kapuziner in die Hauschronik ein, der der Familie die Erlaubnis erteilt, ihre Toten in deren Kirche zu bestatten, so nehmen auf Eva Maria Peissers Seiten die

---

[778] Für die Auskunft danke ich Harald Tersch. Wilflingseder fügt in seine Publikation eine Regestennummerierung ein und nennt die Seitenangaben in der Handschrift. Die Nachweise erfolgen hier mit der Seitenangabe der Handschrift.
[779] Tersch, Selbstzeugnisse, S. 23.
[780] (Hans) Peisser, Familienchronik, S. 4: Dort finden sich unmittelbar hintereinander einmal die Schreibweise „Madalena" und das andere Mal „Madelena". Solche Abweichungen in der Schreibung der Namen, die z. T. auch mundartlich verändert werden, siehe „Anamadel", sind in Familienchroniken nicht ungewöhnlich: Sie finden sich auch in Stampfer, Pichl.

Notate von religiösen Stiftungen, Almosen, Ablässen und Seelenmessen den allergrößten Raum ein.

Was Peisser in die Familienchronik einträgt, läßt darauf schließen, daß sie für ihren Familienkreis schreibt, daß sie aber auch – für sich und vor Gott – ihr Seelenheil bilanziert. Daß sie mit lesenden Nachkommen rechnet, zeigen die wenigen Stellen, die das Schreiben der Chronik – rudimentär – reflektieren: „Mier ist ein Dhinkhen [vermutlich: Tintenfleck] auf dos Plöttel khumben, so hob ich heraußgeschnidten, ober nits geschriben gebest [=gewesen] von seiner Handtschriedt" (S. 15).

Die Chronistin versichert also den Lesenden, daß sie beim Herausschneiden aus einem Blatt keine Eintragungen ihres Mannes unterschlagen hat. Die Stelle, an der sich Peissers Bemerkung findet, ist schließlich auch heikel: Sie dreht sich um finanzielle Leistungen, die das Ehepaar zugunsten eines Verwandten unternommen hat. Gelegentlich behandelt Peisser die Frage, warum sie ihre frommen Stiftungen mit allem finanziellen Aufwand so ausführlich in die Chronik einträgt:

> Dos ih diesses hob aufgeschrieben, wos mier miteinandter in die Khirhen geben hoben, ist, gott sei mein Zeig, von mier nit gemaindt etban [etwa] weldtliher Romb der loebs holber [weltlichen Ruhms und Lobes halber], wie man miers etban mehte auslegen, sondtern dherentbegen, weil diesse sohen [Sachen] viel khoesten vnd ein gescheidter Mensch wol waiss vnd nit woll miglih were, solhes zu dhuen, wan nit der allerreihtigester [wohl: allergerechtester] gott von hiembel [Himmel] sein segen dorzue gebe. Oh lieber gott, wos get ein Johr hindurh hin vnd widter auf, wan Gott nit auf vnss gedhenkh, mit vnsser Mie vnd Arbeit wer es auss, also liebe Khindter, gebet gern den Armen vnd Noedtleitenten, auh in die Khirhen, ich versihere euh, dos ier von gott niemals werdtet verlassen werdten, hoefe zu gott mein gepett vnd Zeher [=Zähren], die ich fier euch gott aufoepfer, wierd gott euch auh zum pesten gedheien lossen, gehet noh dem Ehgempel [Exempel] eurer Eldtern, wie sie gott gesegnet hot, damit ihr dosjenige gesondt geniessen khindt, ier vnd eure Khinder, dorzue ih von Herzen gleih [Glück] wiensche." (S. 25)

Das Mundartliche dieser Passage und ihre Verballhornungen sind typisch für Peissers Schreibweise, das in Ansätzen Reflektierende der Sätze jedoch ist in dieser Chronik eher selten. Peisser stellt zusammen, was sie und ihr Mann für fromme Stiftungen aufwenden, von der Finanzierung von Kirchenbauten und Glockenkäufen über Zahlungen für Seelenmessen (sie nennt selbst die Aufwendungen für Kerzen) bis hin zu den Almosen für arme Gemeindemitglieder, die für die Verstorbenen der Spenderfamilie beten sollen. Sie bilanziere dies nicht um des weltlichen Ruhms willen, sondern aus Verpflichtung Gott gegenüber: Gott habe die Familie mit Wohlstand gesegnet, die Familie spende für Kirchen und notleidende Menschen, weil sie diese göttliche Gnade anerkenne. Deutlicher noch als bei Stampfer ist Gott für Peisser ein Versicherer: Die Gaben der Eltern sollen auch den Kindern und Kindeskindern die göttliche Gnade sichern. Die Bilanz der Gaben in der Familienchronik mag einerseits die Nachkommen davon überzeugen, daß Hans und Eva Maria Peisser alles für sie getan haben und andererseits sie auffordern, diesem Beispiel nachzueifern. Die Peissersche Familienchronik wird aber andererseits – vor allem unter Federführung der Witwe – zu einer vom katholischen Gedanken der Werkgerechtigkeit geprägten Selbstvergewisserung des Seelenheils, des eigenen und dessen der Familie. Diese heterologe, auf Gott und die Familie bezogene Selbstkonzeption der Autorin äußert sich in dieser Chronik meist trocken und buchhalterisch. Nur ganz vage äußert die Schreiberin gelegentlich einen gewissen Unmut darüber, daß kirchliche Institutionen ihre Spendenfreudigkeit auszunutzen drohen. So handelt sie gelegentlich mit Kirchenmännern um ‚Tarife' für Seelenmessen und Begräbniserlaubnisse (u. a. S. 35-38). Und wenn ihr Ehemann sie in seinem Testament zu Legaten an Spitäler verpflichtet hat, findet sie eigens einen Modus der Auszahlung, der die Insassen und nicht die Institutionen begünstigt (S. 70ff). Auch in dieser schlichten Chronik findet sich also keine gänzlich heteronome Selbstkonzeption, in der Ausrichtung der eigenen Person an Gott und Familie entstehen Reibungen mit der Außenwelt, die noch in einer so nüchternen, schlichten, zahlenbezogenen Chronistik wie der Peisserschen Spuren im Text hinterlassen.

3. Krieg und Subjektivität – zwei fragmentarisch überlieferte Dokumente

3.1. Anna Wolffs Bericht vom Überleben

Ich Anna Wolffin, bin gebohrn Anno 1602, An S. katharina Tag, mein Vater ist geweßen Ulrich Wolff, Untermiller Alhie auf der Segmill, meine Mutter hat geheißen barbara, von meinen Eltern bin ich erzogen worden zu Schulen und zu Kirchen biß auff das 23 Jahr[781].

So führt sich Anna Wolff in einem Hausbuch ein, das ein anonymer Editor 1791 folgendermaßen beschreibt: Es sei fragmentarisch überliefert, einige Blätter würden fehlen. Den Anfang der Darstellung bildeten Himmels- und Wundererscheinungen, neben ihren Erlebnissen zur Zeit der Eroberung Schwabachs 1632 und der zitierten Selbstdarstellung enthalte es „sonst meistentheils Familiennachrichten und erbauliche Lieder und Bibelverse". Ediert ist davon nur Wolffs Beschreibung, was 1632 im Zusammenhang mit Wallensteins Einnahme von Schwabach geschehen ist.[782] Wieviel der Editor gekürzt hat, welchen Anteil die Schilderung über die Wirren des Jahres 1632 am ganzen Text Anna Wolffs hat, ob die erhaltene Erlebnisschilderung zu den ich-stärkeren oder -schwächeren Teilen des Buches gehört, läßt sich leider nicht mehr ermitteln.[783] Denn das

---

[781] Wolff, Fragment., S. 100.
[782] So der Editor D. E. von 1791, S. 99f. Vgl. zu diesem Text von Krusenstjern, Selbstzeugnisse, S. 243f.
[783] Mortimer, Style and Fictionalisation, S. 106ff, analysiert das Fragment des Wolff-Textes als Augenzeugenbericht über den Dreißigjährigen Krieg und erkennt dabei weder die Abhängigkeit der

Manuskript muß als verschollen gelten.[784] Was Anna Wolff von der Eroberung Schwabachs durch das kaiserliche, bayerische und Wallensteinsche Heer berichtet, ist kein Aufschrieb in unmittelbarer Kriegsnot: Sie schreibt im Rückblick, höchstwahrscheinlich im Jahr 1665, denn sie deutet an, zum Schreibzeitpunkt 63 Jahre alt zu sein.[785]

Die 1791 erstmals publizierte Stelle schließt unmittelbar an die Schilderung von Himmelserscheinungen an, die als Prodigien ausgelegt werden:

> Man hatt nicht gewust, was sie bedeitten wehren [= würden] aber man hats hernacher erfahren. Sie haben grose drei Armeh Volk bedeitt, die alles verherth und verzehrt haben. Man hatt wohl vom krieg sagen horen man hatt aber nicht gemeintt, das er zu vns nach Schwabach were komen (S. 100).[786]

Der Krieg, der im Juni 1632 das lutherische Schwabach erreicht, wird zunächst als Strafgericht gedeutet:

> Darnach hats geheißen, will man sich nicht bekeren, so hatt er sein Schwerdt gewechzet vnd seinen bogen gespanet vnd gezielet und hat darauf gelegt tedtlich [tödlich] geschos Seine pfeile hat er zugerichtet zu verderben (S. 101).

Die ersten Passagen zu den Prodigien und den allgemeinen Kriegseinwirkungen auf Schwabach verwenden, das zeigen auch die beiden zitierten Stellen, sehr häufig das unpersönliche ‚man'. Wolffs Sprache prägen Bibelzitate, Choraleinschübe und die Rhetorik von Predigten. Im überlieferten Ausschnitt taucht die erste Person Singular zunächst als Possessivpronomen auf – in einer immer wiederkehrenden und für Wolffs Text typischen Formel: „Höre mein lieber christ" (S. 101). Wie Pfarrer und Bürgerschaft der Stadt fliehen wollen, aber von der Übermacht der heranrückenden kaiserlichen Soldaten daran gehindert werden, wie zunächst in der Hoffnung auf schwedischen Beistand die Stadt verteidigt wird, schließlich die Kapitulation unvermeidlich ist und alle, die in der Stadt wohnen, um ihr Leben fürchten müssen, notiert sie zumeist im Stil der Bibel:

> Da hats geheißen, wie der königlich proffeth Davidt sagt Im 3 psalm: Ach Herr wie Sindt meiner feidt so vill vnd setzen sich so vill wider Mich Aber du herr bist der Schildt für mich. (S. 103)

Wenn in ihrer Schrift Pronomina der ersten Person Singular auftauchen, so ist es zunächst das unpersönliche Ich der Psalmen:

Wolffschen Diktion von der Sprache der Bibel und der zeitgenössischen Predigten noch, daß die Konzentration auf eine dramatische Kriegsphase nicht die Auswahl Wolffs ist, sondern die Auswahl des Editors.

[784] Krusenstjern, Selbstzeugnisse, S. 243f. Zum Verlust des Manuskripts und zu einem ähnlichen Chronikmanuskript im Stadtarchiv Schwabach vgl. Fn. 725.
[785] Wolff, Fragment, S. 109; vgl. zu Wolff von Krusenstjern, Selbstzeugnisse, S. 243f.
[786] Zum Prodigienglauben des 17. Jahrhunderts von Krusenstjern, Prodigienglaube und Dreißigjähriger Krieg; Roeck, Eine Stadt in Krieg und Frieden, S. 33ff.

> Nach hatt man anfangen Sturm zu leitten von 10 vhr An biß umb 5 vhr 7 stundt da hats geheißen die Angst meines Herzens ist groß fuhre mich Auß meinen Nötten Im 25. psalm. (S. 104)

Erst wenn Wolff mitten in der Schilderung der allgemeinen Ängste nach der Eroberung ihre eigenen Erlebnisse berichtet, taucht ein beschriebenes Ich auf:

> Vnd Ich bin selber In meiner Mill In einen verborgenen Taubenschlag gestecket, vnßerer fünf [d.h. es waren fünf Frauen in diesem Versteck], fünf Tag, haben vns nicht auffrichten kennen, sind die kuchel [= die Kugeln] riber vnd niber gesaußet hatt vns gott doch behit [behütet]. (S. 106)

Bevor sie mehr von ihren eigenen Erfahrungen mitteilt, folgt wieder eine choral- und psalmgeprägte Darstellung des allgemeinen Schicksals. Alles sei geplündert worden, die Männer seien gebunden, gepeitscht, geschlagen und als Rebellen bezeichnet worden, die Frauen, „was Sie gefunden haben" seien geschändet, gepeinigt, hin- und hergeschleift und übel behandelt worden (S. 107). Geplündert hat man auch ihre Mühle. Als am fünften Tag die Eroberer den Mühlbetrieb aufnehmen, um ihre Soldaten versorgen zu können, trauen sich Wolff und ihre vier Begleiterinnen aus dem Versteck heraus, und sie kommen, so Wolff, ungeschändet davon. Von ihrem Leben in der besetzten Mühle berichtet sie zum Teil in Wir-Form, wenn es mehrere betrifft, und zum Teil in Ich-Form, wenn sie eigenes Handeln und Leiden beschreibt. So schildert sie ausführlich, wie sie heimlich Kranken zur Kräftigung Bier ausgeschenkt hat und wie sie den Bürgermeister und seine Frau in der besetzten Mühle versteckt hält. Im Anschluß berichtet sie wieder vom allgemeinen Schicksal der Stadt. Der überlieferte Ausschnitt endet folgendermaßen:

> [D]a haben die leitt gemeint, Es sey Alles wieder gutt vnd haben sich verheyrathet, Menner vnd Weiber vnd junge leitt, alle Wochen sind 3. 4. hochzeit gewessen vnd Ich hab selber hochzeit gemacht demselbigen Sommer An Sebald Tag, hab aber nur 4 Wochen gehaußet, so ist eine große Armeh Volk komen, da hets schon geheißen: der Ehstandt heist der Wehstandt. So hatts fortan gewehret von Anno 1632 bis auff das 48 Jahr. Da hatts Alleweil geheißen: Gieb Fried zu vnßrer Zeit o Herr, groß Nott ist itzt vorhanden. (S. 120).

Im erhaltenen Teil des Erinnerungsschreiben sind Ich, Gott und Welt verwoben: Wolff wechselt zwischen der Perspektive auf die eigenen Erlebnisse in Taubenhaus und Mühle und den Berichten über die Zustände in der Stadt, sie wendet Zitate aus Bibel und Kirchenliedern an auf konkretes Kriegsgeschehen, deutet es heilsgeschichtlich und bittet – im zuletzt Zitierten – legitimiert durch eigenes Erleben in religiöser Formulierung Gott um Frieden. Wolffs Schrift ist in ihrem Kontext und ihrer Funktion nicht mehr zu entschlüsseln, die Selbst- und Geschlechterkonzeption Wolffs daher nicht rekonstruierbar. Das überlieferte Fragment aber läßt darauf schließen, daß die Müllerin große Mühe darauf verwendet, die Furcht und Angst, die Not und den Jammer, die sie ausgestanden hat, heilsgeschichtlich auszudeuten und in ein religiöses Weltbild zu integrieren. Doch gelingt ihr dies immer eher dann, wenn sie fremdes Erleben berichtet: Sie überschreibt das Geschehen in der Stadt mit der in den Psalmen gefaßten Geschichte des Volkes Israel. Wenn sie eigenes Handeln und Leiden erwähnt, finden sich kaum religiöse Formeln. Bei der lutherischen Müllerin Anna Wolff deutet sich also eine ähnliche Erscheinung an wie in den Nonnenchroniken: Wenn auch der Krieg zunächst heilsgeschichtlich ausgedeutet wird, sperren sich doch Stör-Erfahrungen[787] gegen eine solch einordnende, letztlich verharmlosende Tendenz. Die publizierten Passagen aus dem Wolff-Text kennen keine Reflexion über das eigene Geschlecht, eindeutig ist nur, daß sie sich als Frau konzipiert und daß es für das Kriegsgeschehen von Einfluß ist, ob ein Mensch männlich oder weiblich ist: Beide Geschlechter werden zu Opfern von Eroberern, aber während die Männer als feindliche Kämpfer behandelt werden, gelten die Frauen als Objekte, die, indem man sie schändet, brutal erobert werden.

3.2. Das Kalendertagebuch der Susanna Mayer

Die Calwer Kaufmannsfrau Susanna Mayer, geb. Doertenbach, führte ein Kalendertagebuch. Erhalten sind die Eintragungen aus drei Monaten im Jahr 1692, die Weizsäcker 1907 veröffentlichte. Susanna Mayer schildert darin, wie sie mit ihren drei Kindern, ihrer Schwägerin, deren fünf Töchtern und Enkelkind und mit Bediensteten aus Calw flieht, auf das im Pfälzischen Krieg ein Angriff französischer Truppen unmittelbar bevorsteht. Mayer berichtet von den verschiedenen Stationen der Flucht und von den Unterkünften, die sie im Exil beziehen. Ihr Ehemann, der Kaufmann Christoph Mayer, trifft bei der Rückkehr von einer Geschäftsreise auf die Familie und bricht schließlich erneut zu einer Messe in Bozen auf. Die Publikation des Tagebuchs endet mit einer Hinwendung zu Gott mit Hilfe des 23. Psalm:

> Ob ich gleich im finstern Thal des Kreutzes und mancherlei Gefahr offt gewandelt habe, so habe ich doch kein Unglückh gefürchtet, denn du bist allezeit bei mir gewesen, dein Steckhen und Stab hat mich allezeit getröstet [...][788].

Schon zum Zeitpunkt der Publikation 1907 war das Kalendertagebuch nur noch in einer Abschrift ausschnittweise erhalten: Weizsäcker schreibt die Abschrift Emil Zahn zu und datiert sie auf das Jahr 1859. Zahns Abschrift bezeichnet Weizsäcker als „treu", schon Zahn hat nur die Eintragungen für den von Weizsäcker publizierten Zeitraum überliefert. Im Stadtarchiv Calw befindet sich eine

---

[787] Vgl. Sloterdijk, Literatur und Organisation, S. 11f, vgl. hier Kap. I. C. 4.2.
[788] Mayer, Susanna: Aufzeichnungen in Kalendertagebuch. Auszugsweise publiziert in: von Weizsäcker: zwei Quellenschriften aus der Zeit der zweiten Zerstörung von Calw im September 1692. Erlebnisse einer Calwer Familie auf der Flucht. In: Württembergische Vierteljahreshefte für Landesgeschichte N.F. (1907), Bd. 16, S. 59-65, S. 65.

Kopie der Zahnschen Abschrift, die „Auszug aus dem Kalender=Tagebuch einer Familien=Vorfahrin umfassend den Zeitraum vom 16. Sept. – 14. Decbr. 1692" betitelt ist. Die von Weizsäcker veröffentlichte Fassung kürzt die religiös-reflexiven Passagen des Textes entschieden. Meine Analyse stützt sich auf die – für den genannten Zeitraum – vollständige oder zumindest vollständigere Abschrift Zahns und nicht auf Weizsäckers verkürzende Publikation, zitiert wird nach der Schreibweise des Manuskripts, allerdings wenn möglich mit der Seitenangabe aus der Publikation, da diese leichter zugänglich ist.

Der Titel der Abschrift legt nahe, daß Mayer auch vor dem 16. September in ihrem Kalender Geschehnisse notierte. Ob sie ihre Erlebnisse stets so ausführlich beschrieb wie in der Krisenzeit, ist nach der Überlieferungslage nicht erschließbar. Schreibkalender waren die Bestseller der Frühen Neuzeit, Männer und Frauen aus Adel und Bürgertum besaßen, lasen und verwendeten sie als Schreibmedium. So populär die Nutzung dieser frühneuzeitlichen Schreib- und Lesemedien war, so prekär ist die Überlieferung gerade von Kalenderaufzeichnungen: „Wer, so muß in diesem Zusammenhang gefragt werden, hebt schon seine Notizbücher auf und kümmert sich gar um ihre Archivierung bzw. erwartet das von seinen Erben?"[789] Und wenn, wie Meise und andere nachweisen, die Schreibenden selbst noch ihre Kalender aufbewahrten, bedeutet dies nicht, daß solche Archive über Jahrhunderte gepflegt wurden. Schreibkalender sind zudem in Bibliotheken zumeist als Belege für den gedruckten Kalender gesammelt, ungeachtet der eventuell in ihnen vorhandenen Aufzeichnungen. Die Fülle überlieferter Tagebücher in Schreibkalendern, auf die Meise in ihrer Untersuchung der Hessen-Darmstädtischen Tagebuchtradition zurückgreifen konnte, kann daher als Besonderheit gelten, als Besonderheit aber nicht auf Grund des heftigen Verschriftlichungsstrebens der Landgräfinnen und Landgrafen von Hessen-Darmstadt, sondern wegen der dezidierten Archivierungsmühen in dieser Familie.[790]

Während ein Adelsarchiv einem Kalendertagebuch möglicherweise institutionellen Schutz verleihen und die Erhaltung sichern konnte, ist die Überlieferungschance für Schriften einer bürgerlichen, nicht prominenten Frau weit geringer. So war Susanna Mayers Tagebuch in seiner ursprünglichen Form schon verloren, als die Ausschnitte 1907 publiziert wurden. Ihre von Weizsäcker gemeldeten Eintragungen sind daher – wie schon die von Anna Wolff – nur mit äußerster Vorsicht auswertbar: Inwieweit stammen sie von einer Frau um 1700, inwieweit wurden sie beim Abschreiben bearbeitet? Welche Rolle spielt der Bericht über die drei

---

[789] Von Krusenstjern, Selbstzeugnisse, S. 11. Ähnlich zur Erhaltungschance von Schreibkalendern Knopf, Alltages-Ordnung, S. 204ff.
[790] Meise, Das archivierte Ich; dies., Diaristik; dies., Schreibkalender; dies., Tagebücher. Zum Schreibkalender: Knopf, Alltages-Ordnung; ders.: Kalendergeschichte. In: RLL, Bd. 2, 2000, S. 217-220; von Krusenstjern, Schreibende Frauen. Zur Archivierungspraxis bei Selbstzeugnissen siehe auch hier Kap. I. A.

Monate auf der Flucht vor der französischen Eroberung und Zerstörung Calws im gesamten Tagebuchschreiben der Susanna Mayer? Hielt sie nur diese ungewöhnlichen, außerordentlichen Ereignisse in ihrem Leben in dieser Ausführlichkeit fest? War das Kalendertagebuch der Ersatz für das verlorene Heim, die Aufbewahrungsstätte für Familienleben und -geschichte? Oder protokollierte sie ihr Leben immer wieder, und die Beschränkung auf das Kriegsgeschehen war eine Auswahl der Nachkommen? Wenn hier der Auszug trotz dieser Problematik kursorisch interpretiert wird, ist dies der prekären Überlieferungssituation gerade von Schreibkalendereintragungen geschuldet. Die üblichen Maßstäbe der Textkritik anzulegen, würde die Stimmen von Frauen aus dieser Zeit noch mehr verstummen lassen, als es die Archivierungs-, Publikations- und Geschichtsschreibungspraxis schon getan hat. Dadurch, daß die Abschrift erhalten ist, läßt sich zudem prüfen, inwieweit Weizsäckers Kürzungen Textpassagen betreffen, die möglicherweise für die Analyse von Ich- und Welt-Aussagen entscheidend sind, Textpassagen, ohne die aus den überlieferten Teilen eine Selbstkonzeption der Autorin kaum rekonstruierbar wäre.

Ob Susanna Mayer unmittelbar Tageseintragungen vollzieht oder mit einem gewissen Zeitabstand berichtet, läßt sich aus Edition und Abschrift nicht erschließen. Da allerdings im Text zwischen dem schreibenden und dem erlebenden Ich keinerlei Differenz formuliert ist, dürfte Mayer tatsächlich tages- oder wochenweise im unmittelbaren Anschluß an das Erleben geschrieben haben. Sie schreibt „ich" oder „wir", je nachdem, ob es um ihre eigenen Entschlüsse und Handlungen oder um die ihrer Reisegruppe geht. Mayer trägt sich als aktive Person in das Tagebuch ein: Sie bricht zur Flucht auf und nimmt die Schwägerin samt Familie mit, sie befiehlt dem Knecht und mietet einen Wagen. Liest man die Eintragungen genau, fällt auf, daß Mayer von den Phasen der Flucht, in denen ihr Mann abwesend war, häufiger in Ich-Form berichtet. Wenn er anwesend ist, geht sie oft in ein „wir" über. Das heißt: Mayer und ihr Mann standen als Arbeitspaar einem Kaufmannshaushalt vor. Der erlaubte auch der Ehefrau aktives Handeln und eröffnete ihr einen gewissen öffentlichen Handlungsraum. Die Aufgabenverteilung zwischen den Geschlechtern war allerdings eindeutig und belegt eine hierarchische Geschlechterordnung: Er unternahm die Geschäftsreisen, und ihre Entscheidungsbefugnis in familiären und geschäftlichen Fragen beschränkte sich auf die Zeiten seiner Abwesenheit. Die kurzen, fragmentarisch überlieferten Eintragungen Mayers erlauben keine weitreichenden Schlüsse über frühneuzeitliche Selbst- und Geschlechterkonzeptionen, aber sie zeigen, daß im Rahmen eines privilegierten Kaufmannshaushalts auch die Ehefrau aufgrund ihrer ständischen Position ein aktives, entscheidungsstarkes Selbstbewußtsein entwickeln und erweisen konnte. Mayer beschreibt sich zumindest im überlieferten Teil ihrer Aufzeichnungen zwar als ein vom Krieg bedrängter Mensch, aber niemals als schwaches, bedrohtes Weib. Ihre Aufzeichnungen verhandeln nicht die Geschlechterverhältnisse. Die Geschlechterposition, die sie einnimmt, die einer Ehefrau in einem Kaufmannshaus, vertritt sie mit von keinem Zweifel angekränkeltem Selbst- und Standesbewußtsein.

Mayer verwendet „ich" auch in ihren religiösen Ausführungen, die weit umfangreicher sind, als Weizsäcker sie publiziert. Selbst das Pronomen der ersten Person Singular in der oben zitierten Ansprache an Gott, in der sie sich dicht an den 23. Psalm anlehnt, ist nicht unbedingt das „ich" des Psalms, sondern, das zeigen ihre Umstellungen und Variationen, das Ich der Erzählerin, die in biblischen Formulierungen über denVerlauf ihres Lebens in dieser Kriegszeit nachdenkt. Die zitierte Ansprache an Gott kann mit all ihrer stilistischen Unbeholfenheit vorführen, daß gerade die religiösen Wendungen, die Gebete und Anrufungen Gottes oder die religiösen Meditationen auch in weltlichen Tagebüchern Einbruchstelle für Selbstreflexionen sind, genauer: daß religiöse Texte Musterformulierungen zur Verfügung stellen, in denen Selbstreflexion sich auszudrücken vermag. So schreibt sie, nachdem sie am zehnten Tag der Flucht erfahren hat, daß das Haus und wohl auch die verbliebenen Waren in Calw alle verbrannt sind:

> Dort [am Zufluchtsort] ist uns die laidige und schmerzliche Bottschafft kommen, daß Alles doch nicht on Gottes zuläßigen Willen verbrannt. Nun der Herr hat's gegeben, der Herr hats genomen, der Namen des Herrn sey gelobet und gebenedeiet, mach uns nur an der Seele reich, so haben wir gnuog in Ewigkeit, du bist Herr unßer Vater doch, bei dir ist vil Erbarmen, drum nimb von unß diß Kriegsjoch, steh auf und hilf unß Armen, nimm uns zur Gnade wieder an und laß, wie du vorher gethan, dein Vatterherz erbarmen. (S. 61)

Die biblischen Formulierungen fangen auf, was die Nachricht über den Verlust, der die Zukunft der Familie in Ungewißheit stürzt, in der Autorin auslöst. Und wenn das ‚Ich im Text' mitteilt, in Urach den Umständen entsprechend gut untergekommen zu sein, geht diese Mitteilung in eine lange gebetsähnliche Ansprache Gottes über:

> Ach Gott erhalte noch ferner mich in deiner Gnad und thuo nicht von mir die Handt ab, Gott mein Heil, dann du bist getreu und läßest unß nicht versuchen iber unßer Vermegen, sondern schaffest, daß wir die Last und Ungliekh unseres Ellendts ertragen thuen, so will ich dem Herrn Alles befehlen und durch Gottes Gnad hoffen, er werdte Alles wol machen, obs gleich Flaisch und Bluot sauer ankombt, dann daß Flaisch gelistet wider den Gaist und den Gaist wider das Flaisch, ach so gib mein Gott, daß dein guther Gaist mich fihre auff ebner Ban, daß ich mein Lust an dir habe, weill ich öffter gebetten Herr gib mir, waß zu deiner Ehr und zu meiner Seligkeit, daß Beste ist [...]; dann ist auch ein Ibel in der Thatt, daß der Herr nicht thuo, Thun was Gott thut, ist wohlgethan.

Gerade diese Sätze und ihre längere Fortsetzung hat Weizsäcker gekürzt (vgl. S. 61). In ihnen wendet sich das schreibende und erlebende Ich an Gott, betet in Anlehnung an Psalmen und bittet um Schutz und versucht so, mit den verstörenden Erfahrungen der Flucht und des Verlusts von Zuhause und Kaufmannsgut zurechtzukommen und sie im Rahmen heilsgeschichtlicher Vorstellungen einbauen zu können: „Herr! wan auch dießmal nicht were dein Wort mein Trost geweßen, so were ich vergangen in meinem Ellendte, aber deine Tröstungen erquikten meine Seele." Wenn sie die eigenen Verluste in solchen Psalmparaphrasen bilanziert, bilden die Wahrnehmung des schreibenden Ich und die des Volkes Israel in den Psalmen ein Palimpsest: Die Psalmzitate überschreiben die eigene Erfahrung und vermeiden so ein klagendes und möglicherweise gar Gott anklagendes ‚Ich im Text'.

4. Die Architektur des Ich – Elias Holls Hauschronik

Der Augsburger Baumeister Elias Holl (1573 – 1646) hat seinen Nachkommen eine Hauschronik hinterlassen.[791]. Die Hollsche Chronik ist erneut ein Beispiel für den Sammel- und Steinbruchcharakter dieser Art autobiographischer Texte. Denn was als „Hauschronik des Elias Holl" vorliegt, trägt den Titel:

> Ein kurzer Außzug deß Hollischen Geschlechts, ihrer etlicher Geburth und Absterben, biß auf meinen Schwehr Elia Hollen, so der leste Werckhmaister dises Nahmens alhie in dieser löbl[ichen] Reichs Statt Augspurg gewesen, auch vonn etlichen der fürnembsten Gebeuen, so dieselbe alhie volbracht haben (S. 1).

Die Überschrift stammt also nicht von Elias Holl, sondern wohl vom Abschreibenden, der Holl als seinen „Schwehr", das heißt Schwager, Schwiegervater oder Verschwägerten, bezeichnet.[792] Die ersten Eintragungen stehen noch unter ähnlicher Perspektive und berichten davon, daß „Eliä Hollen seel(iger) Uranherr" 1487 gestorben sei oder daß „Elia Hollen lieber Vatter seel(ig) namens Iohannes Holl mit Appollonia Reichlerin" Hochzeit gehalten hat (S. 1). Doch schon diese Eintragung zeigt, wie flüchtig der Abschreiber – und wohl schon Elias Holl selbst – alte Aufzeichnungen redigiert und abgeschrieben haben:

> 1538 hatt Elia Hollen lieber Vatter seel[ig] namens Iohannes Holl mit Appollonia Reichlerin umb Bartolomei Hochzeit gehalten, war der 22 Tag Augusti – Ao. 1539. 14 Tag nach Pfingsten gebar mir mein Haußfrau ir erstes Kindt, Veronica genandt. (S. 1f)

---

[791] Zur Biographie Holls siehe Roeck, Bernd: Elias Holl. Architekt einer europäischen Stadt. Regensburg 1985. Die Abschrift dieser Chronik durch einen Schwager oder Schwiegersohn Holls ist in der Staats- und Stadtbibliothek Augsburg (4° Cod. Aug. 82) vorhanden, sie liegt in neuer, kommentierter, zum Zeitpunkt der Abschlußarbeiten an dieser Studie aber noch nicht erschienener Edition vor: Bernd Roeck, unter Mitarbeit von Benedikt Mauer und Charlotte Gailhofer: Elias Holl. Schriften und Briefe. Die hier zitierte Transkription ist eine noch nicht endgültig korrigierte Version.

[792] Da das Schicksal der Holl-Tochter Rosina in der überlieferten Hauschronik über Holls Todestag hinaus beschrieben ist, könnte der Abschreibende Elias Holls Schwiegersohn und Rosinas dritter Ehemann, der Buch- und Kunsthändler Georg Mitter, sein.

Holls Nachfahre hat nicht nur auf Elias Holls eigenhändigen Aufzeichnungen aufgebaut, sondern Elias und sein Abschreiber haben auf chronikalische Texte des Johannes Holl zurückgegriffen. Denn dieser ist es, der schreibt, daß „mir mein Haußfrau ir erstes Kindt" geboren hat und der am Ende der Aufzeichnungen über seine Kinder zusammenfassend bemerkt „Habe also mit der ersten Frauen gezeügt 12 Kind(er), mit der and(eren) aber 8 Kinder, summa 20 Kinder, 13 Söhne und siben Döchteren." (S. 4) Aus der Perspektive des schreibenden Johannes Holl berichtet die Hauschronik auch von Elias Holls Geburt: „1573 bescherte mir Gott bey diser meiner anderen Haußfrauen den ersten Erben, so ein Sohn war und Elias genandt worden, ward geboren 28. Februari an einem Sambstag." (S. 3)

Im Anschluß beschreibt die Chronik die Gebäude, die der Baumeister Johannes Holl in Augsburg geschaffen hat: Auch hier kann sich Elias Holl auf väterliche Aufzeichnungen stützen.[793] Manchmal bleibt das Personalpronomen der ersten Person Singular des Johannes Holl erhalten:

> 1573 den 6. Tag Decembris binn ich, Hannß Holl der Ölter, von dene wolgebornen Herren, Herren Marxen, Herren Iacoben und Herren Hannsen Gebrüedern die Fugger, Freyherren zue Kirchberg und Weißenhorn etc. meinem gnedig[en] Herren, zue Ihren Gnaden Maurer und Werckhmaister auf und angenommen worden (S. 8).

Gelegentlich hat der Abschreibende, aber vielleicht auch schon Elias, deutlich gemacht, wer hier „ich" oder „mein" schreibt: „sein dise Gäng mein, Elias Hollen Vatters, erste Prob gewesen" (S. 7), das heißt es geht um eines von Johannes Holls Meisterstücken. An anderen Stellen verzeichnet der Abschreibende, wer zum Zeitpunkt der Abschrift in den betreffenden Gebäuden wohnt. Und manche Stellen stammen entweder erst von Elias Holl oder sind von ihm vollständig auf die eigene Schreibperspektive redigiert worden:

> [...] hatt der Herr Weichbischoff sambt Herren Stattpfleger Peütinger nebem meinem Vatter den ersten Stein an disen Bau gelegt. Hernach hatt man mich, Elias Hollen, seinen Sohn von 3 Jahren, auch in Grundt hinab gehebt zuer Gedechtnus und hatt mir die Frau Maisterin ein Gulden Schaupfennig, daran ein Salvator, geschenckt und an Hals gehengt (S. 8f).
>
> [...] ist ungefehr Ao. 1566 geschech(en), die mein Elias Holl Vatter seel(ig), wie auch nachfolgende vergeßen aufzuschreiben. (S. 10).

Die Baugeschichte von Holls Vater läßt sich immer weniger trennen von Elias' eigenem Leben oder genauer: von dessen in der Chronik einer Baumeisterfamilie relevanten Teil. Elias ergänzt deshalb die Beschreibung der Bauten gelegentlich mit Details über die eigene Kunstfertigkeit („diß Hauß hatt ein schönen Außschuß mit allerlei Bilderen und Laubwerckh, [...] an disem Außschuß habe ich

---

[793] Holl, Hauschronik, S. 17f: Am Ende der Gebäudeaufzeichnungen erläutert Holl, daß die meisten Gebäude von seinem Vater beschrieben worden seien und er ergänzt habe, was er wisse und sein Vater aus Altersgründen aufzuschreiben vergessen habe.

Elias Holl damahlen mein Kunst mit sollicher Model Arbeit erzeigt, war bei 17 Iahr alt", S. 16) oder über außergewöhnliche Erfahrungen:

> 1586 Und erstlich stund ich Elias Holl daß erste mahl an zuem Mauren, war 13 Jahr alt, [...] Ich, Elias, war hernach vil Iar aneinander immer an dises Herren Gebeu, dann wie gemelt hatten wir alle Iahr zue brech[en] und zuverkheren, ietzt eine Stallung gewölbt, balt ein Tummelplaz darauß gemacht, und vil wunderliches offtmahls verricht und alles gern und wol bezalt, was es gecost hatt. Ich hatte an disem Orth gut leben, hatt immer Wein genueg. [...] Ich war disem Herren lieb, weil ich mich wol in sein selzamen Kopf schickh[en] könte. Er dranckh sich all Tag gleich über Mittag Malzeit voll, hielt eine freye Tafel, hatt täglich gerne Gäste, die nur wol sauffen köndten, wolte mich ins Welschlandt schickhen mit seinem iungen Herren, Hern Ieörgen, aber es ist meinem Vatter widerrathen worden auß bedencklich[en] Ursach[en]. Ich für mein Person were mit großen Freüden mit gezogen, aber es solte nit sein. Ich hette etwan nit vil Guets gelernet und were verderbt worden, war damahlen 17 Iar alt. (S. 12)

Im Alter von 82 Jahren stirbt der Vater und hinterläßt eine Frau mit fünf Kindern zwischen 20 (Elias) und 10 Jahren (Elias' Schwester Anna Maria) (S. 18): „Volget nun ferner mein, Elias Hollen, Verheüratung, Bau Verrichtungen und anderes, wie hernach zue sech[en]." (S. 18). Mit dieser Aufzählung charakterisiert Holl den Inhalt der Chronik ziemlich genau: Es geht um die Daten der Familie, seine Eheschließungen, die Geburten seiner Kinder[794] und – in verschiedener Ausführlichkeit, deren Gründe nicht im einzelnen nachvollziehbar sind – deren weiteres Schicksal, zum Teil ergänzt hier auch der abschreibende Schwager oder Schwiegersohn. Anschließend verzeichnet Holl „waß ich, Elias Holl, von Zeit an alß ich Maister worden durch göttlichen Beystandt für Gebeü gemacht" (S. 26) und beschreibt dabei seine Karriere als Geschichte der Bauten, die er für private Auftraggeber und als Augsburger Stadtbaumeister betreut hat. Die einzelnen Projekte werden aufgezählt und datiert, eine Chronologie wird nicht eingehalten, eher reiht Holl nach systematischen Kriterien, beschreibt zunächst die Bauten, die seiner Stadtbaumeistertätigkeit vorausgegangen sind, dann seine städtischen Projekte, schließlich die auswärtigen Aufgaben und kehrt dann wieder zu seinen späteren Augsburger Aufträgen zurück.

Die Häuser beschreibt Holl zum Teil anschaulich, und nachdrücklich betont er die eigene Kunstfertigkeit:

> habe disem H[errn] an disem Hauß 2 Iahr lang gebauen, und d[a]z ganze Hauß gewaltig schön zuegericht und außgebaut, unden zwo Einfart[en], daß ganze Hauß durchauß gewölbt, mit schönen Stuben, Kämmern, Kuch[en], Dännen und schönen Gangen [...], auch gemelte Gäng mit weiß[er] zierlicher Arbeit und Model Werckh,

---

[794] Er notiert Jahr und Tag der Geburt und den Namen des Kindes, beim ersten Sohn und bei der bis zum Schreibzeitpunkt lebenden Tochter aus erster Ehe und bei der ersten Tochter aus zweiter Ehe auch die Stunde der Geburt. Das weitere Schicksal dieser Kinder ist – etwa bei seiner 1602 geborenen Tochter Rosina – wohl bis zum Zeitpunkt der Abschrift, da über den Todestag Elias Holls hinaus, verzeichnet.

> wie auch die Dennen. Zue disem Werckh habe ich mit aigner Handt die Mödel auß Birebeümen Holz gestoch[en] und geschnizt. (S. 30)

Das Können des beschriebenen Ich inszeniert das schreibende Ich auch dadurch wirkungsvoll, daß es mitteilt, wie das beschriebene Ich immer wieder verbessern muß, was dem Vorgänger im Stadtbaumeisteramt mißlungen ist.[795]

Auffälligerweise wird ein Ausnahmefall in Holls Lebenslauf kaum beschrieben: Nachdem Holl das „gewaltig schön" gestaltete Haus fertiggestellt hat, nimmt ihn der Bauherr auf eine Venedigreise mit, die sich in nur wenigen, kargen und sachlichen Zeilen in Holls Hauschronik niederschlägt: Er schreibt ausschließlich, wann er losgezogen und wieder nach Hause gekommen ist und daß er in Venedig „alles wol und wunderliche Sach[en], so mir zue meinem Bauwerckh ferner wol ersprießlich woren" (S. 30) sah, und kommt im Laufe der folgenden Eintragungen immer wieder auf die Anregungen aus dem „Welschlandt" (S. 31) zurück. Die Hauschronik ist also offenbar nach Holls Konzeption – oder zumindest nach der Ansicht des abschreibenden und redigierenden „Schwehrs" – kein Raum für Reisebeschreibungen und detaillierte Eindrucksschilderungen, sie dient der Dokumentation der Hollschen Familie und vor allem der Bautätigkeit von Johannes und Elias Holl.

Aus dem Rahmen einer schlichten bauhistorisch hochinteressanten, aber für eine Geschichte der menschlichen Selbstkonzeption wenig ergiebigen Aufzählung fallen dennoch einige Eintragungen deutlich heraus, alle allerdings hängen mit Holls Berufslaufbahn zusammen. Bis heute verbindet sich Elias Holls Name mit dem Augsburger Rathaus. Dessen Bau und seine Vorgeschichte – mit dem spektakulären Umsetzen einer großen Glocke aus dem alten Rathaus in einen Turm der Stadtmauer – werden in Holls Chronik am ausführlichsten geschildert, sie bilden die Zentralstellen des Textes und die Einbruchstellen für eigenes Erleben, für eigenes strategisches soziales Handeln, für erzählerische Einlagen in der reihend berichtenden Bauchronik:

> Diß Iahr aße ich einmahl mit H[errn] Iohann Iacob Rembolt, Stattpfleger genn Mitag, wurden deß alten Rathauß hier zue red und sagte ich, ihr H[errn] solten daran sein, als ein beuverstendiger Herr, ob man daß alte und uf einer Seiten seer baufällig Rathauß möchte verenderen, abbrech[en] und an deßen Statt ein schönes neues, wolproportionirtes Rathauß erbauen laßen, vermelte auch darbei, hette großen Lust darzue, ein schönes, bequemes zue bauen [...](S. 54).

> Ich war zue obrist [ganz oben] und windts an gemelter Windenstangen mit einer Hand hinein, habe gleich hernach auf die Stuben zue meinen Herren gemüest und denselben anzeig[en] müeßen, wie die Züg und alles beschaffen seye, auch wievil diese Glockh[en] gewogen habe und anders mehr. Under deßen so brachten mir die Herren und sonderlich die Herren Fugger einen Drunckh uber den anderen,

---

[795] Skeptisch gegenüber Holls gestalterischen Qualitäten allerdings Kruft in Roeck, Elias Holl, S. 7f.

Autobiographische Familienchronistik

sprach[en] mir freindtlich zue, war also bei einer Stund bey ihnen, nam dernach mein Abscheidt und gieng mit Freüd[en] anheimbs. (S. 59)

Habe meinen Sohn Elias, so eb[en] 4 Iahr alt war in disen Knopf [der Abschluß des Turms] gesezt und denselben ob ime zuegedekht, ist ein guete Weil ohne Forcht darin geseß[en]. Hernach, alß ich denn Knopf recht verstettiget habe, so habe ich ime auch oben auf den Knopf gesezt und eine guete weil siz[en] laßen, hatt ime gar nicht geförcht und zue mir gesagt, siche Vater wievil Bueben seint darunden uf der Gaßen, seine Mueter stundt dieweil im Thuren bei den Glockh[en] und war aller ubel zuefriden, weinet seer und förchtet, es möchte dem Kindt waß geschech[en]. (S. 59f)

Ansonsten schildert das schreibende Ich Erleben nur selten ausführlicher, zu den Ausnahmen gehören die Schilderung des Einsturzes eines Notquartiers für arme Frauen und der Rettungsmaßnahmen und die Darstellung des großen Bruchs in seiner Karriere: Anfang 1630 wird der Protestant Holl infolge des Restitutionsedikts von 1629 aus dem Amt des Stadtbaumeisters entlassen, wird 1632 von den Schweden wieder eingesetzt und 1635 von den Kaiserlichen endgültig aus dem Amt entfernt und

dermaßen mit starckh[er] Einquartierung und contributionen belohnet [...], daß es ein Stein solte erbarmet haben, binn dardurch fast auch umb alle meine beste Lebens Mittel kommen und außgesogen worden. Der Högste ergeze mich und die meinigen, wie auch alle andere meine liebe mit Christen, so ebenmeßig hierunder vil erlitten ihres zeitlichen Schadens und Verlursts [!], wo nit alhie in disem Leben volkomenlich, so geschech es doch inn iener Welt mit ewiger Freidt und erwünschter Seligkeit, amen, amen. (S. 87)[796]

So enden die Hollschen Eintragungen; was in der Chronik noch an wenigen Absätzen folgt, ist Zutat des Abschreibenden.

Das Pronomen „ich" ist in dieser Chronik nicht selten, und es regiert überwiegend aktive Verben, schließlich schildert das schreibende Ich, wie das beschriebene Ich verhandelt, zeichnet, plant, baut, technisches Gerät entwickelt und Verzierungen anfertigt und wie ihm seine Bauten glücken: „habe ich durch Gottes Gnad denn ganzen Thurn Bau verricht" (S. 57). Dieser Satz ist typisch für Holls Ich-Konzeption: Sie ist ausgeprägt, sie bezieht sich zwar explizit auf Gott, dessen Gnade unerläßlich ist, soll Menschenwerk glücken. Aber Holls Formulierung und vor allem seine ganze Darstellung, in der Ansprachen Gottes höchst selten zu finden sind, machen deutlich, daß vor allem die Leistung des einzelnen Menschen zählt: Aus Holls Perspektive ist es sein Ich, das den Turmbau und die anderen Gebäude so tüchtig geschaffen hat. Gott spielt eine Nebenrolle – und dies im übrigen in der Chronik eines Mannes, der dezidiert seinem religiösen Bekenntnis Opfer brachte und lieber sein Amt verlieren als seine Konfession wech-

---

[796] Zu den hohen Kontributionsforderungen vgl. Roeck, Elias Holl, S. 252. Diese Selbststilisierung hat offenbar zu späteren Vermutungen, Holl sein verarmt gestorben, mit beigetragen, Augsburger Steuerbücher weisen Holl bis zuletzt aber als wohlhabenden Bürger aus, vgl. Roeck, Elias Holl, S. 227..

seln wollte. Religiöse Formeln, Hinwendungen zu Gott tauchen in seiner Schrift erst auf, wenn er den Verlust seines Amtes schildert, also erst, wenn er sich nicht mehr als handlungsmächtig begreifen kann und sich in einer ihn als den erfolgreichen Baumeister verstörenden Erfahrung des Ohnmächtigseins seiner selbst vergewissern muß.

Dennoch inszeniert sich das ‚Ich im Text' nicht als autonom. Es stellt sich – genauso wie die Autorinnen von Hauschroniken – nicht in seiner Selbstentfaltung dar, reflektiert nicht über das eigene Wesen und schweigt von privaten Reiseabenteuern, Krankheiten, Lektüren oder Wunschträumen. Sein ‚Ich im Text' entsteht ähnlich dem der Autorinnen durch das Beschreiben des ‚anderen'. Dieses ‚andere' ist – wie in den Familientexten von Frauen – die Familie, aber es ist bei Holl auch die Tätigkeit als Baumeister. Er kann beschreiben, welche Gebäude er geschaffen hat und wie sie beschaffen sind. Seine Ich-Konzeption ist dadurch nicht minder heterolog als die der Autorinnen, sie ist aber aktiver, handlungsmächtiger, denn er muß sich nicht konstituieren in Bezug auf andere Menschen, sondern kann zum Architekten seines Ich anhand von deutlich sichtbaren Dingen werden.

Diese Möglichkeit hatte er, weil er das Handwerk des Baumeisters lernte. In der Gesellschaft des 17. Jahrhunderts wurden längere Berufsausbildungen nur Männern zuteil, auch davon spricht Holls Chronik: Wenn er den Lebensweg seiner Kinder darstellt, beschreibt er das Handwerk und den Ausbildungsbetrieb bei seinen Söhnen, bei seinen Töchtern meldet er die Heirat. Die Söhne werden von klein auf von ihren Vätern, so stellt es dieser Text dar, auf das Übernehmen eines ähnlichen Handwerks vorbereitet: Elias Holl nimmt seinen vierjährigen Sohn mit auf die Spitze eines hohen Glockenturms, und er selbst begleitet mit drei Jahren schon seinen Vater zu einer Grundsteinlegung. Vergleichbares schildern die Mütter in ihren Chroniken nicht. Töchter, die das Erwachsenenalter erreichen werden ganz selbstverständlich Mütter, des Schilderns für wert befundene Initiationsriten gibt es dabei nicht. Wer sich in der Frühen Neuzeit als Mann konstituieren konnte, erhielt demnach gesteigerte Möglichkeiten der Selbsterfahrung und Selbstdarstellung, indem er sich wie die Autorinnen über Familienbeziehungen erfassen konnte und zusätzlich über seine beruflichen Leistungen. Und wer von beruflichen Leistungen reden kann, hat auch eine aufzeichnenswerte Ausbildung hinter sich, auf diesem Wege können die Lebensläufe von Gelehrten, Künstlern und Kunsthandwerkern zu Vorläufern der entwicklungsgeschichtlich orientierten Autobiographik des 18. und 19. Jahrhunderts werden, die Selbstdarstellungen von Frauen, die ihre Ausbildung zumeist nicht erwähnenswert finden, dagegen kaum.

5. Das Ich und die anderen – zur Heterologie frühneuzeitlicher Frauen und Männer

Die hier analysierten Tages- und Jahrbücher von Frauen und Männern unterscheiden sich grundlegend von späteren gefühlsbetont erzählenden Autobiographien in der Nachfolge des Rousseau-Modells oder von empfindsamen Tagebüchern. Während die Aufzeichnungsrahmen des empfindsamen Tagebuchs oder der Autobiographien aus der „Zeit des emphatischen Ich"[797] geradezu zu Reagenzgläsern für eine Gefühlsproduktion ungeheuren Ausmaßes werden, sind die hier analysierten autobiographisch-chronikalischen Schriften Sammelbehälter für das im eigenen Leben, was Dauer haben soll. Und Dauer haben soll der Aufriß der Bezüge der eigenen Person zu Gott und Welt: Die Familiengeschichten werden zu Leistungsbilanzen der Verwandtschafts- und Geschäftsbeziehungen, des eigenen Schaffens, seien es Kinder, Häuser, Stiftungen oder Arzneimittelrezepturen, und des Handelns für das eigene Seelenheil. Dauer haben soll aber auch die Erinnerung an ungewöhnliche Ereignisse und an als außergewöhnlich empfundenes Leid. Und auch wenn die Autobiographinnen und Autobiographen als Zeugen und Opfer dieses Leids meist einfach nur Geschehen notieren, werden an dieser Stelle die Tages- und Jahrbücher des 17. Jahrhunderts zwar nicht zu Stimuli einer Gefühlsproduktion, aber doch zu Seiten, auf denen Emotionen ihre Spuren hinterlassen. Diese Spuren zu entdecken und zu entziffern versuchen, kann aber nur gelingen, wenn die Historizität der Gefühle und die Historizität der Gefühlsdarstellungen in ihrer wechselseitigen Bedingtheit zur Kenntnis genommen wird.[798]

Alle diese Texte geben sich zunächst spröde, scheinen heutige Lesende auszuschließen, sie von ihrem Gehalt her nichts mehr anzugehen und ihnen ästhetisches Vergnügen zu verweigern. Vordergründig sind die meisten dieser Texte nach ähnlichem Schema aufgebaut: „Anno 1634 den 31. Janiari hat sich mein lieber Herr Vatter das anndere Mall verheirat [...]" oder „1616 den 26. Janiari ist Hans Jorg Rädhaupt geborn worden morgens vmb 1 Vhr [...] in Zaihen des Stiers [...]" oder „Anno 1654. Jahr bin ich von Gräz herauf [...]" oder „Im 1677. Jahr hab ich ein Diendl mer geborn [...]" oder „Anno 1685 den 31. Otober ist mein liebe Dohter [...] gestorben vnd pegroben wordten"[799]. Liest man sie aber genau, zeigen sich große Unterschiede zwischen den einzelnen Texten: Jede Chronik stellt andere Inhalte in den Vordergrund, zeigt andere Brüche des Selbst- und

---

[797] Pfotenhauer, Literarische Anthropologie, S. 240.
[798] Vgl. Benthien et al.: Emotionalität. Zur Geschichte der Gefühle. Köln u. a. 2000; Krusenstjern, Benigna von: Die Tränen des Jungen über ein vertrunkenes Pferd. Ausdrucksformen von Emotionalität in Selbstzeugnissen des späten 16. und 17. Jahrhunderts. In: Von der dargestellten Person zum erinnerten Ich. Hg. v. Kaspar von Greyerz et al. Köln 2001, S. 157-168; vgl. zu weiterer Literatur ebd. Anm. 1 und 3.
[799] von Pranck, Gedenkbuch, S. 9f; Stampfer, Pichl, S. 7; Peisser, Familienchronik, S. 105.

Weltbildes und erlaubt jeweils differente Selbstkonzeptionen, die allerdings alle erst entstehen aus der Beziehung zu anderen, also zu Familie und Gott, oder anderem, den eigenen Leistungen, den Stiftungen und Bauwerken.

Geschlechterkonzeptionen werden in diesen Texten nicht diskutiert, nicht explizit thematisiert und schon gar nicht in Frage gestellt, weder in denen von Frauen noch in denen von Männern. Dies bedeutet nicht, daß Elias Holl oder Maria Elisabeth Stampfer in einer Welt gelebt hätten, die nicht nach dem Geschlecht stratifiziert gewesen wäre, sie war auch, aber eben nur: auch, nach dem Geschlecht geschichtet. Männer spielten die Hauptrolle, Frauen standen im Hintergrund: In der übergroßen Mehrzahl der Fälle werden die Familienbeziehungen nach dem bei Höfel ausführlich angesprochenen Schema dargestellt: Zuerst werden die männlichen Vorfahren oder Nachkommen erwähnt und dann die weiblichen. Diese Geschlechterordnung erscheint so fest zementiert, daß sie nicht diskutiert werden muß und kann. Doch in dieser festen Ordnung bewegen sich die Autorinnen ohne die Notwendigkeit von Unterwerfungs- und Entschuldigungsgesten, die sich in der Autobiographik von Frauen um 1800 dann so oft finden werden.[800]

Bei allen hier analysierten familienbezogenen chronikalisch-autobiographischen Texten, gleichgültig ob aus dem Adel oder dem Bürgertum, gleichgültig ob von Frauen geschrieben oder von Männern, hat sich die Selbstkonzeption als heterolog erwiesen, das Ich der Schreibenden konturiert sich in seinen Bezügen, nicht im Kontrast zu anderen und in seinen Leistungen, dies vor allem bei Elias Holl, der seine Bauwerke schildert, aber auch bei Eva Maria Peisser, die ihre frommen Werke aufsummiert, und Maria Elisabeth Stampfer, die ihren Stolz auf eigene Leistungen aus medizinischen Erfolgen schöpft. Bei Maria Elisabeth Stampfer und Elias Holl, bei Anna und Johann Höfel, bei Eva Maria und Hans Peisser und bei Maria Cordula von Pranck zeigt sich ein ständisch-familial geprägtes Bewußtsein von der eigenen Person.[801] Eine heterologe Selbstkonzeption dominiert also auch die autobiographisch-chronikalischen Familientexte von Frauen und Männern. Das Beziehungsorientierte ist somit kein Spezifikum des autobiographischen Ich von Autorinnen, es findet sich auch bei Autoren der Frühen Neuzeit, ist zwangsläufiger Bestandteil einer Autobiographik, die aus einem Familienbuch hervorwächst. Während aber die hier analysierten Texte von Frauen auch in ihren autobiographischen, ihren ich-zentrierten Teilen immer beziehungsorientiert sind, wenn sich das Ich der Autorinnen im Text nur zeigen kann, indem es seinen Bezug zu den anderen Familienmitgliedern oder zu Gott aufzeichnet, und darin das Heterologe der autobiographischen Ich-Konzeption

---

[800] Vgl. dazu Ramm, Autobiographische Schriften.
[801] Über Esther von Geras Selbstkonzeption läßt sich erst nach dem Erscheinen der Edition ein Urteil fällen, Anna Wolffs oder Susanna Mayers Ich-Konzeption können kaum rekonstruiert werden, da ihre Schriften nur fragmentarisch erhalten sind.

besteht, liegt im Fall der Haus- und Bauchronik des Elias Holl die Sache anders: Das Beziehungsorientierte ist nur ein Aspekt seines heterologen Selbstbewußtseins.

III. Teil. Zusammenfassung und Ausblick

A. Ich, Gott und Welt. Zur Heterologie frühneuzeitlicher Subjektivität und Autobiographik

Am Anfang der Autobiographie steht der Spiegel: Diese Prämisse bildet den Ausgangspunkt der vorliegenden Analysen. Sie gelten der Autobiographik von Frauen und Männern des 17. Jahrhunderts im Hinblick auf gruppen-, geschlechts- und epochenspezifische Subjektivitätsformen und Arten der Selbstdarstellung. Denn, das legen der antike Narzißmythos und Funde altägyptischer Spiegel nahe, ein wie auch immer geartetes Interesse an der eigenen Person, eine Subjektivität in irgendeiner Form dürften Menschen der verschiedensten Zeiten, Kulturen, Schichten, Konfessionen und Geschlechterkonzeptionen besitzen oder besessen haben. Höchst verschieden sind dann allerdings die Formen, in denen eine solche Subjektivität in Erscheinung tritt. Wenn bisher der Wandel des menschlichen Selbstbewußtseins, die „Erfindung des Menschen" oder die „Entdeckung der Individualität" erforscht worden sind, gehen diese Untersuchungen oft aus von einer linearen Entwicklung von Modellen einer heteronomen, fremden Gesetzen sich unterwerfenden Persönlichkeit hin zu autonomen, eigengesetzlichen, prometheischen Selbstkonzeptionen.[802] Solche Linearität hat allerdings allzu oft dazu verführt, an Erscheinungen früherer Epochen nur das zu bemerken, gar: nur das bemerken zu wollen, was auf das spätere Ziel vorausweist.

Ähnlich teleologisch wurde auch meist die Geschichte der Autobiographik geschrieben. Georg Misch, Günter Niggl oder Karl Joachim Weintraub richten die Geschichte der Gattung an Goethes *Dichtung und Wahrheit* aus. Autobiographie wird vor allem verstanden als Projekt der literarischen und künstlerischen Eliten der Goethezeit. Doch Selbstdarstellungen sind eine Massenerscheinung, sie tauchen nicht erst um 1800 auf, und sie werden nicht ausschließlich von bürgerlichen Männern verfaßt. Es erscheint daher an der Zeit, ein Gattungsverständnis zu entwickeln, das der historischen, sozialen und formalen Breite des autobiographischen Schreibens gerecht wird, dennoch aber den Blick schärft für zentrale Differenzen zu anderen Textsorten. Meine Arbeit schlägt deshalb die folgende Bestimmung der Autobiographik vor: Als autobiographisch gelten

---

[802] Die Titel beziehen sich auf Bücher van Dülmens, der facettenreiche Band zur *Erfindung des Menschen* geht aber über das hier kritisierte lineare Entwicklungsmodell weit hinaus. Zu prometheischen Selbstkonstruktionen vgl. Goethes Hymne *Prometheus*, in: Goethes Werke, Bd. 1, 14. Aufl. 1989, S. 44-46, zur „höchsten Verselbstung" (S. 485).

Texte, in denen sich ein Autor oder eine Autorin auf sich selbst bezieht (im Sinne des autobiographischen Pakts Lejeunes) und in denen Leben beschrieben wird, das heißt in denen ein referentieller Pakt vorgeschlagen wird. Der dritte Bestandteil des Wortes Autobiographik macht deutlich, daß die Autor(inn)en Ich und Leben erschreiben, das heißt: auswählen, konstruieren, modellieren. Lejeunes bisher wenig diskutiertes Konzept des referentiellen Paktes stellt einen Ausweg aus dem Dilemma der jüngsten Debatten über die Autobiographik dar: Denn während die Autobiographietheorie in den letzten Jahren nachdrücklich das Fiktionale des Autobiographischen betont[803], stellt die öffentliche Debatte der Intellektuellen immer wieder Texte als Autobiographiefälschungen an den Pranger. Lejeunes Modell des referentiellen Pakts erlaubt es, Autobiographien von fiktionaler Erzählliteratur abzugrenzen, ohne behaupten zu müssen, sie seien getreue Abbilder einer Realität. Was Autobiographik von fiktionaler Literatur unterscheidet, sind nach Lejeune bestimmte Strukturen von Text und Paratext, die den Lesenden einen Vertrag vorschlagen, einen Vertrag, der nicht mehr und nicht weniger beinhaltet als: Hier zeigt ein Autor oder eine Autorin sein oder ihr Leben. Dieser Vertrag wird gelegentlich fälschlicherweise angeboten, die Fälschung läßt sich aber meist nicht an Strukturen des Textes allein nachweisen, kontextuelle Faktoren müssen hinzukommen.[804]

Die vorliegende Arbeit greift auf Texte aus einer Zeit und von Personengruppen zurück, die im Rahmen der Autobiographietheorie und -geschichtsschreibung bisher vernachlässigt worden sind: Sie hat die Autobiographik sehr verschiedener Frauen des 17. Jahrhunderts, von Johanna Eleonora Petersen, Anna Vetter, Barbara Cordula von Lauter, Martha Elisabeth Zitter[805], Maria Anna Junius, Clara Staiger, Maria Magdalena Haidenbucher, Maria Elisabeth Stampfer, Anna Höfel, Esther von Gera, Maria Cordula von Pranck, Eva Maria Peisser, Anna Wolff und Susanna Mayer, untersucht und die jeweilige Art der Selbstkonzeption und der autobiographischen Darstellung des eigenen Lebens ermittelt. Diese Selbstdarstellungen von Frauen sind mit einigen Beispielen der Autobiographik von Männern konfrontiert worden, mit den Texten Johann Wilhelm Petersens, Sebastian Bürsters, Johann Höfels, Hans Peissers und Elias Holls. Bei aller Verschiedenartigkeit der Werke, der Abweichungen etwa der stringenten *kurtzen Erzehlung* Johanna Eleonora Petersens von der langatmigen Vita ihres Mannes oder von der multifunktionalen chronikalischen Mixtur Clara Staigers, bei all dieser Verschiedenheit hat sich eine Gemeinsamkeit in allen Texten, in denen von Frauen wie in denen von Männern, in denen der Pietistinnen wie denen der Kloster- oder der Familienfrauen gezeigt: Frühneuzeitliche Subjektivität er-

---

[803] Vgl. dazu u. a. Holdenried, Spiegel; Sill, Zerbrochene Spiegel; Wagner-Egelhaaf, Autobiographie.
[804] Siehe Kap. I. C. 6.
[805] Zitters Schriften haben sich allerdings bei der Analyse als Texte erwiesen, die einen autobiographischen Pakt fälschlicherweise anbieten.

scheint in heterologer Form. Eine heterologe Selbstkonzeption besteht, wenn die Autor(inn)en sich das eigene Ich erschreiben, indem sie andere und anderes beschreiben. Eine heterologe Subjektivität zeigt sich im Text nicht in einer ausschweifenden Darstellung der eigenen Person und des eigenen Innenlebens, sondern dadurch, daß in erster Linie nicht Eigenes, sondern anderes dargestellt wird. Sie entsteht, wenn die eigene Person bezogen wird auf eine Gruppe, zu der zugehörig man sich beschreibt, oder auf Dinge oder Ereignisse in der Welt, mit denen man sich verbunden sieht. Erkennt man die Möglichkeit solch heterologer Subjektivität, müssen Beschreibungen von Ich und Welt nicht mehr als Gegensätze gelesen werden, gelten Darstellungen von Gott und Welt in autobiographischen Texten nicht mehr zwangsläufig als Indiz für eine unzureichende Scheidung der eigenen Person von ihrer Umgebung und müssen Schilderungen von Gott und Welt, von religiösen und politischen Fragen, nicht mehr als bloße, erzähltechnische Zutat gewertet werden.[806] Petersen unterstellt ihr Leben gehorsam den Forderungen ihres Gottes. Aber gerade diese religiöse Demut erlaubt ihr, die eigene Stimme zu erheben und – neben einer Reihe von Andachtsbüchern und theologischen Abhandlungen – auch ihre Lebensgeschichte zu veröffentlichen. Junius führt sich als „ich schwester Maria Anna Juniusin" ein, die anderen Klosterfrauen verfahren ähnlich: Die eigene Person trägt einen Namen und drückt sich im treffenden Personalpronomen aus, und sie ist eine Schwester. Die Schwesterngemeinschaft greift in diesen chronikalisch-autobiographischen Schriften zwar einen großen Raum, das „wir" taucht meist häufiger auf als ein „ich". Doch verdrängt das Kollektiv nicht die erste Person Singular, die Zugehörigkeit zum Kloster, das Schwestersein wird vielmehr gerade erst zum Anlaß auch der Selbstdarstellung, des Berichts vom eigenen Ich. Und ein eminent heterologer Text ist das „Pichl" der Steiermärkerin Maria Elisabeth Stampfer: Stampfer beschreibt ihr Leben aus der Perspektive einer Frau, die einem ‚ganzen Haus' vorsteht, die seine inneren Angelegenheiten regelt und sich nicht scheut, die äußeren Angelegenheiten der Region zu kommentieren. Und wenn diese Frau eines Bergwerkunternehmers ihre Leistungen für Familie, Unternehmen und Nachbarschaft in einer Weise darstellt, daß sich für ihre Handlungskompetenz das neudeutsche Wort ‚managen' aufdrängt, entsteht vor den Augen der Lesenden das Porträt einer Persönlichkeit, obwohl die Autorin nicht über sich selbst reflektiert und über Inneres und Äußeres der eigenen Person meist schweigt. So beredt schließlich sind – für die Konfiguration des Stampferschen ‚Ich im Text' – die Darstellungen des anderen, der Familie, der Nachbarschaft, der Umgebung.

Eine solch heterologe Selbstkonzeption läßt sich im übrigen nicht schlicht aus allen Texten herauslesen, und nicht jedes Schriftstück, in dem ein schreibendes Ich auftaucht, mutiert sofort zur Autobiographik. So müssen Martha Elisabeth

---

[806] Dezidiert muß hier der Konzeption von „Ich und Welt" in Ulbricht, Ich-Erfahrung, S. 138ff, widersprochen werden.

Zitters ‚Briefe an die Mutter' als Texte betrachtet werden, die einen autobiographischen Pakt fälschlicherweise anbieten. Denn was das schreibende Ich in diesen Texten an Welt- und Gottbezügen aufzeichnet, bildet nicht den Rahmen für eine Person, die sich durch Bezüge zu anderem konturiert. Das ‚Ich im Text' wird vielmehr zum Vorwand, allgemeine Argumente im Konfessionsstreit einzelfallbezogen und damit rhetorisch wirkungsvoll aufzuführen. Das läßt sich am Kontext aus Kontroversschriften ablesen. Zitters *Gründliche Ursachen* enthalten damit eben keine heterologe Ich-Konzeption, die Vorstellung einer heterologen Subjektivität ist kein Begriff, der alles umfassen könnte und damit soviel Spielraum hätte, daß ihm kein Gehalt mehr bliebe. Wenn Analysen frühneuzeitlicher Selbstdarstellungen meist einhellig der Meinung sind, daß in der Frühen Neuzeit Memoiren und Autobiographien nicht abgrenzbar sind[807], erweist sich diese Ununterscheidbarkeit jetzt als notwendige Folge eines heterologen Selbstbewußtseins: Das autobiographische, das sich erinnernde Ich entfaltet sich im Rahmen eines Umfelds und stellt sich selbst in Bezug zu ‚Gott' und ‚Welt' dar. In heterologen Selbstdarstellungen läßt sich das Ausmalen eines Ich nicht von Beschreibungen der äußeren Welt scheiden.

Heterolog ist das Ich nicht nur in den analysierten Texten von Frauen. Heterolog ist auch das ‚Ich im Text' bei Johann Wilhelm Petersen, Sebastian Bürster, Johann Höfel und Elias Holl. Johann Wilhelms 400-Seiten-Vita bindet das Ich an Gott, an andere Theologen, an seine Frau: Johann Wilhelm kontextualisiert die eigene Person in einer Mischung aus Gelehrtenlebenslauf und religiöser Apologie, er zitiert aus eigenen Veröffentlichungen und aus fremden Büchern, fügt Briefe ein und greift Stimmen seiner Frau und anderer Gesprächspartner auf. Und Elias Holl, dies hat das Vorkapitel ausführlich dargestellt, konstruiert sich eine heterologe Selbstkonzeption, indem er andere, vor allem seine Familie, und anderes, besonders seine Bauwerke, darstellt.

Gerade die Hauschronik des Augsburger Baumeisters Holl hat dabei allerdings vor Augen geführt, wie sehr dennoch die Autobiographik von Frauen und Männern sich unterscheidet: Elias Holl baut sein ‚Ich im Text' zwar – wie Stampfer – anhand der Darstellung der eigenen Familie, frühneuzeitliche Familienväter waren entschieden beziehungsorientiert, man betrachte etwa die Zeilen Johann Höfels über den Tod seiner kleinen Tochter Anna Juliana. Aber Elias Holl – und Johann Höfel und Johann Wilhelm Petersen – fügen die eigene Person nicht nur aus Bezügen zu anderen Personen zusammen, sondern auch aus ‚anderem'. Ganz deutlich ist dies im Fall des Augsburger Baumeisters, dessen Leistungen in Form von Bauwerken – anders als die der Steiermärkischen Gewerkenfrau Stampfer – zum Teil bis heute sichtbar sind. Der Report des Beruflichen beinhaltet die Chance, auch Leistungen der eigenen Person darzustellen, ohne diese stets im

---

[807] Bruss, Die Autobiographie, S. 259; Wenzel, Autobiographie; Tersch, Selbstzeugnisse, S. 11.

Bezug zu anderen formulieren zu müssen. Insofern finden sich in der frühneuzeitlichen Autobiographik von Männern schon die Bausteine, aus denen spätere Autoren sich eine ‚autonome' Subjektivität konstruieren. Ein solches autonomes Selbstverständnis, das sich dann nicht mehr positiv auf andere bezieht, sondern sich von diesen geradezu abstoßen, absetzen will, faßt die eigene Person als Schöpfer ihrer selbst auf und will deren Abhängigkeit von anderem und anderen vergessen lassen. Eine ähnliche Vorstufe zu einem autonomen Selbstverständnis zeigt sich auch in der Klosterchronik Sebastian Bürsters. Der Salemer Zisterziensermönch verschweigt zwar seine Erlebnisse fast konsequent, was er aber den Lesenden ausschweifend präsentiert, ist die eigene Urteilssicherheit. Bürsters ‚Ich im Text' ist das schreibende Ich, nicht das erlebende, und das schreibende Ich geriert sich als souverän, fast als autonom in seinen permanenten Beurteilungen, meist: Verurteilungen, der Handlungen der kriegsführenden Parteien. Doch diese sich so souverän präsentierende Urteilsstärke erklärt sich gerade aus Bürsters Abhängigkeit von tradierten Denkmodellen.

Denn männliche Autobiographen schreiben, dies zeigen Bürster und vor allem Johann Wilhelm Petersen, noch in anderer Weise heterolog. Sie schreiben – akzentuierter als Frauen – mit Hilfe anderer Stimmen: Johann Wilhelm Petersen bleibt – wie der Zisterziensermönch Sebastian Bürster – weitgehend in den Bindungen vorgegebener Denkmodelle, Ideologien gefesselt. In diese Ideologien wurden der Mönch und der lutherische Geistliche im Rahmen ihrer Gelehrtenausbildung hineinsozialisiert, an diesen Ideologien konnten sie weit stärker mitformulieren, als es Frauen der Frühen Neuzeit möglich war. Denn Frauen waren aus der res publica litteraria zwar nicht gänzlich ausgeschlossen, aber in ihr doch reichlich marginalisiert. Auch auf Stör-Erfahrungen im Sinne Sloterdijks[808], auf Erfahrungen, die sich reiben an tradierten Denkmustern, Erfahrungen, die sich nicht wahrnehmen, auffassen und deuten lassen wollen in vorgefertigten Sprachschablonen, reagieren diese beiden mehr oder weniger gelehrten Autoren gerade mit ideologischen Verhärtungen, mit dogmatischem Eifer und verdammendem Zorn, das heißt die Autobiographik gerade Bürsters und Johann Wilhelm Petersens läßt sich als über weite Strecken heteronom, also von äußeren Gesetzen bestimmt, beschreiben. Die hier analysierte Autobiographik von Frauen stößt sich dagegen immer wieder an fremder Gesetzlichkeit. Bei Johanna Eleonora Petersen, bei Junius und selbst in der kurzen Selbstdarstellung Anna Höfels zeigen Stör-Erfahrungen Wirkung, weichen sie verfestigte Ausdrucksstrukturen auf, schieben sich in den Text – und wenn sie es wie bei Junius nur tun über den sehr viel sagenden Unsagbarkeitstopos „dan mir nicht müglich gewesen alles zu schreiben". Manche Marginalisierungen entwickeln gelegentlich Vorzüge: Wer in

---

[808] Vgl. Sloterdijk, Literatur und Organisation, S. 11f, vgl. hier Kap. I. C. 4.2.

das System der Gelehrsamkeit kaum eingebunden ist, wird von dessen idola tribus weniger genarrt.

Doch da nicht alle Marginalisierungen nachträglich belohnt werden, hat die geringere Möglichkeit der Gelehrsamkeit für Frauen auch ihre Chancen auf Beachtung durch die Autobiographietheorie und die Geschichtsschreibung der Persönlichkeitsauffassungen gemindert. Während frühneuzeitliche Frauen ihre Bildungsgeschichte, selbst wenn sie vergleichsweise hochgebildet sind wie Petersen, nicht oder kaum (wie Anna Höfel) auf Papier ausbreiten, fügen sich Selbstdarstellungen von Männern gern in das Muster der Gelehrten- oder Berufsautobiographie: Wenn Johann Wilhelm Petersen die Geschichte seines Schul- und Universitätsbesuchs und die verschiedenen Stadien seiner religiösen Vorstellungen beschreibt oder Elias Holl seine Lehrzeit überliefert, dann stellt dies die Einbruchstelle für ein Interesse am Werden einer Persönlichkeit dar, für die Aufmerksamkeit auf ihre Entwicklung, die die klassische Autobiographietheorie, damit es zu Goethes autonom gedachter Subjektkonzeption als Telos paßt, immer als entelechische Selbstentfaltung verstanden hat.

B. Geschichte, Gattung und Geschlecht. Konsequenzen für Autobiographietheorie, Genderforschung und Literaturwissenschaft

Die analysierte frühneuzeitliche Autobiographik von Frauen und Männern hat sich also als heterolog erwiesen. Darüber hinaus aber haben sich die hier analysierten Schriften von Männern als weit heteronomer und gleichzeitig als näher an einer Autonomie als die Autobiographik von Frauen gezeigt. Die autobiographischen Selbstkonzeptionen von Frauen und Männern differieren also. Die Theorie und Geschichtsschreibung der Autobiographie ist folglich geschlechterblind, wenn sie Geschlecht als Analysekategorie nicht beachtet und sich dabei üblicherweise ohne weitere Reflexion als ‚geschlechtsneutral' auffaßt. Geschlechterblind ist sie, wenn sie behauptet, an einer Geschichte des menschlichen Selbstbewußtseins interessiert zu sein, und doch nur nach der Geschichte eines männlichen Selbstbewußtseins fragt oder wenn sie Gattungskriterien allgemein beschreiben will und sie doch ausschließlich aus einem Kanon von Männern geschriebener Texte herausdestilliert. Und ganz abgesehen von den spezifischen Fragestellungen einer genderorientierten Literaturwissenschaft zeigt diese Untersuchung, indem sie das Heterologe in Texten von Männern und von Frauen nachweisen kann, daß die Eigenheiten frühneuzeitlicher Selbstkonzeptionen stärker in den Blick geraten, wenn Texte verschiedener Geschlechterkonzeptionen berücksichtigt werden. Auch in der Phase des Gender trouble sind Vergleiche der

Schriften von Frauen und Männern nicht überflüssig geworden.[809] Schließlich ist das Zuordnungskriterium in einem solchen Vergleich nicht das biologische, sondern das soziokulturelle Geschlecht.

Geschlecht ist also eine Analysekategorie, die für überzeugende, nicht geschlechterblinde Ergebnisse der Autobiographietheorie und -geschichtsschreibung unverzichtbar ist. Und wenn gerade in jüngster Zeit die Geschichte der ‚Erfindung des Menschen', die Geschichte der Subjektivität oder Individualität in den Blick gerät, und dies wohlbegründet und mit aufschlußreichen Ergebnissen, und wenn die Debatten eines durch die Bio- und Informationstechnologien veränderten gegenwärtigen Menschenbildes, etwa mit Sennetts These vom ‚flexiblen Menschen' oder Haraways Cyborgprovokationen, geführt werden, so müssen auch in diesen Untersuchungen die Geschlechterkonzeptionen eine Rolle spielen, wie auch immer die Geschlechterverhältnisse heute und in Zukunft diskursiviert werden.[810] Wenn sich anhand der hier analysierten Selbstkonzeptionen von Frauen des 17. Jahrhunderts gezeigt hat, daß Selbstdarstellungen von Frauen sich im historischen Verlauf wandeln, kann in Geschichten der menschlichen Subjektivität die Kategorie Geschlecht auch nicht schlicht dadurch berücksichtigt werden, daß man ein kleines ‚Gärtchen Frauensubjektivität' in die große Gesamtarchitektur einfügt und wie Peter Bürgers „Geschichte der Subjektivität von Montaigne bis Barthes" mit zwei Kapiteln zur Selbstkonzeption von Frauen der Analysekategorie Geschlecht genügend Tribut gezollt zu haben glaubt.[811] Wird nicht die Geschichte der Subjektivitätsformen von Menschen mit verschiedenen Geschlechterkonzeptionen beachtet, schreiben auch solch aktuelle Debatten an einer traditionellen Geschlechterblindheit weiter.

Aber die vorliegende Untersuchung von Texten des 17. Jahrhunderts kann noch andere Verkürzungen in der Theorie und Geschichtsschreibung zur Autobiographik zeigen: Denn auch eine genderorientierte Autobiographietheorie verkennt die Vielfalt der Erscheinungen, wenn sie ihren Untersuchungsrahmen zu bescheiden absteckt, wenn sie nur ein eng umgrenztes ‚Gehege Frauenliteratur' zur Kenntnis nimmt: Genderorientierte Autobiographietheorien haben bisher

---

[809] Vgl. dazu Kap. I. B. 2.
[810] U. a. Beck-Gernsheim, Körperindustrie und Gentechnologie; Bauer, Naturverständnis und Subjektkonstitution; Bürger, Peter: Das Verschwinden des Subjekts. Eine Geschichte der Subjektivität von Montaigne bis Barthes. Frankfurt a. M. 1998; van Dülmen, Entdeckung des Individuums; van Dülmen (Hg.), Die Erfindung des Menschen; Haraway, Kyborg; Sennett, Der flexible Mensch; Sonntag, Das Verborgene des Herzens; vgl. auch die im Literaturverzeichnis genannten Arbeiten von Manfred Frank.
[811] Bürger, Das Verschwinden des Subjekts, erkennt in seiner Einleitung zurecht, daß die Suche nach spezifisch weiblichen Selbstentwürfen stets in Gefahr ist, „an die Texte von Frauen eben jene geschlechtsspezifischen Rollenvorstellungen heranzutragen, die die symbolische Ordnung bereithält" (S. 27). In seiner letzlich linearen Geschichte der Subjektivität besetzen Selbstkonzeptionen von Frauen allerdings doch nur Nebenschauplätze, die abseits der ihn eigentlich interessierenden Linie angesiedelt sind.

Geschichte, Gattung und Geschlecht 305

nahezu ausschließlich Texte von Frauen untersucht und diese meist nicht mit eigenen Analysen der Autobiographik von Männern konfrontiert, sondern für deren Strukturen unkritisch auf die Ergebnisse der neoklassischen Autobiographietheorie vertraut, die das autonome Subjekt als Zielpunkt des Autobiographischen nimmt. Insofern konnte der Eindruck entstehen, daß das Beziehungsorientierte, das viele Untersuchungen der Autobiographik von Frauen bemerken, Spezifikum eines weiblichen Schreibens, einer typisch weiblichen Subjektivität ist, obwohl es doch – für die Autobiographik der Frühen Neuzeit – offenbar eine Form der Selbstdarstellung ist, die Frauen und Männer wählen. Bezeichnenderweise hat Mason die ‚andere Stimme' von Frauen, die sich auf anderes bezieht, in frühen Texten, in den Autobiographien von Julian of Norwich (nach 1393), Margery Kempe (vor 1438), Margaret Cavendish (1656) und Anne Bradstreet (vor 1672), vernommen. Daß die frühneuzeitliche Beziehungsorientierung oder Heterologie in der Autobiographik von Männern des 17. Jahrhunderts sich zum Teil schon wandelt hin zu Formen, die den Keim eines sich von anderen kontrastierend-abstoßenden Selbstverständnisses in sich tragen, verdeutlichen die vergleichenden Analysen hier. Das heißt: Aus den vorliegenden Untersuchungen kann – im Vergleich mit Studien zur Autobiographik von Frauen um 1800[812] – geschlossen werden, daß die Unterschiede in der Autobiographik von Männern und Frauen sich um 1800 weitaus größer darstellen als um 1700. Denn Frauen um 1800 können – und wollen – in ihrer Autobiographik autonome Selbstentwürfe nicht inszenieren, können – und wollen – das sich von jeder Umwelt dezidiert absetzende Rousseaumodell nicht übernehmen.[813] Deutlich wird dies etwa an Wilhelmine Eberhards *Fünf und vierzig Jahre aus meinem Leben*[814], aber auch an anderen Texten, wie Ramm zeigen kann.[815] Autobiographieschreibende Männer um 1800 stilisieren sich dagegen gern als autonome Persönlichkeit, was sich noch im Scheitern an dieser Form der Selbstinszenierung aus Ulrich Bräkers *Der arme Mann im Tockenburg*[816] herauslesen läßt.

Noch in einer anderen Weise ist der Vergleich der Analyseergebnisse hier mit Niethammers und Ramms Thesen zur Autobiographik von Frauen um 1800 erhellend: Wilhelmine Eberhard und andere Autobiographinnen, die zur gleichen Zeit schreiben, reflektieren in ihren Texten ausgiebig ihr Geschlecht und dessen

---

[812] Vgl. u. a. Niethammer, Autobiographien; Ramm, Autobiographische Schriften.
[813] Vgl. Giesler, Birte: Literatursprünge. Das erzählerische Werk von Friederike Helene Unger. Göttingen 2003, S. 196ff; Smith, Poetics, S. 10ff.
[814] Eberhard, Wilhelmine: Fünf und vierzig Jahre aus meinem Leben. Eine biographische Skizze für Mütter und Töchter. Leipzig 1802. Vgl. dazu Kormann, Eva: Eberhard, Ulrike Wilhelmine Ferdinandine, geb Köhler (1756-1817). Fünf und vierzig Jahre aus meinem Leben. Eine biographische Skizze für Mütter und Töchter (1802). In: Lexikon deutschsprachiger Prosaautorinnen und Dramatikerinnen 1730-1900, hg. von Gudrun Loster-Schneider und Gaby Pailer, Tübingen und Basel, i. E.
[815] Ramm, Autobiographische Schriften.
[816] Vgl. Groppe, Das Ich am Ende des Schreibens, S. 147-177.

Eigenheiten. Solche Reflexionen über die Geschlechter und deren Unterschiede finden sich in der Autobiographik des 17. Jahrhunderts nicht. Geschlecht und Geschlechterkonzeptionen werden nicht explizit verhandelt, sondern vorausgesetzt. Solche Abwesenheit einer Reflexion über Geschlecht zeigt aber nicht, daß die Geschlechterverhältnisse in der Autobiographik des 17. Jahrhunderts keine Rolle spielen und schon gar nicht, daß es keine Geschlechterhierarchisierung gibt und Gender somit auch keine relevante Analysekategorie für die Autobiographik der Frühen Neuzeit ist. Daß Analysen der Autobiographik des 17. Jahrhunderts gendersensibel vorgehen müssen, zeigt sich zunächst schon ganz deutlich daran, daß das Heterologe der frühneuzeitlichen Selbstkonzeption stärker ins Auge springt, wenn auch Texte von Frauen gedeutet werden. Und es zeigt sich daran, daß das Heterologe in Texten von Frauen sich anders gestaltet als in Texten von Männern. Zudem erweisen sich die Geschlechter als klar hierarchisiert, und das hat Folgen – im Hinblick auf den Raum und das Gewicht, das Selbstdarstellungen in der Öffentlichkeit einnehmen dürfen. Das eklatanteste Beispiel dafür bietet die Autobiographik des Ehepaars Petersen: Sie schreibt auch in der erweiterten Fassung ihrer Lebensgeschichte nicht mehr als 70 Seiten, er braucht 400 für seine Lebensbeschreibung, sie hat einen Eheherrn, er eine Eheliebste.

Doch ist Geschlecht eben nicht die einzige Analysekategorie, die beachtet werden muß, dies hat auch diese Zusammenfassung schon betont, wenn sie auf die Notwendigkeit hinweist, Geschichte, Epochenunterschiede, zu berücksichtigen. Und jede der hier vorliegenden Textanalysen hat einen Einzelfall zugrunde liegen: Es finden sich viele verschiedene Anlässe und Formvorbilder fürs autobiographische Schreiben. Die Schriften differieren nicht nur nach dem Geschlecht der Schreibenden. Andere Gruppenzugehörigkeiten hinterlassen ihre Spuren in der Art des erschriebenen Selbstbildes. Schließlich werden auch die Selbstkonzeptionen von Frauen nicht allein von Geschlecht bestimmt. So spielt die Religionszugehörigkeit eine entscheidende Rolle. Nur aus dem Protestantismus sind zusammenfassende Lebensgeschichten überliefert, die nicht annalistisch-chronikalisch oder genealogisch vorgehen.[817] Es mag sein, daß die lutherische Rechtfertigungslehre, die pietistische Orientierung hin auf ein Erweckungserlebnis, der im protestantischen Raum präsente Prädestinationsglaube oder auch schon die protestantische Praxis des Personalteils der Leichenpredigt[818] allein solche Erzählungen des ganzen Lebens bzw. eines größeren Zeitraums fördern. Der Befund des Fehlens von Gesamtrückblicken aus dem katholischen Lager kann aber auch ein Artefakt der Archivierungspraxis sein und läßt sich daher nur als

---

[817] Dies gilt ausschließlich für die deutschsprachige Autobiographik des deutschen Sprachraums. In anderen Sprachen wurden hier durchaus rückblickende Lebensgeschichten geschrieben, etwa Glikls jüdisch-deutsche Sichronot.
[818] Vgl. zum Verhältnis zwischen dem Personalteil der Leichenpredigten und den Formen der eigenhändigen Lebensläufe Mortimer, Models.

Vermutung formulieren. Und festgehalten werden muß: Autobiographisches Schreiben gibt es sowohl von Protestant(inn)en als auch von Katholik(inn)en, und das autobiographisch-chronikalische Muster der Annalen sowie das autobiographisch-genealogische Erinnerungsschreiben haben die verschiedenen Konfessionen praktiziert.[819]

Daß die Reflexion über Religiöses die Autobiographik des 17. Jahrhunderts befördert hat, gehört zu den Allgemeinplätzen der Autobiographietheorie und -geschichtsschreibung. Auch die vorliegende Untersuchung kann dies bestätigen. Der Zwang zur Apologetik bei Angehörigen religiöser Minderheiten und die Rechtfertigung vor der Gruppe, z. B. in verschiedenen pietistischen Gemeinden, aber auch für Inhaber(innen) bestimmter Stellungen in Klöstern, fordert das autobiographische Schreiben von Männern und Frauen aus dem katholischen wie aus dem protestantischen Raum. Entscheidend scheint mir aber im Zusammenhang mit Thesen, die in der Autobiographietheorie immer wieder kursieren, der Befund zu sein, daß die frühpietistische Autobiographik des Ehepaares Petersen, ihre wie seine Lebensbeschreibung, keinen Anlaß gibt, über eine Innerlichkeit des Pietismus zu spekulieren: Religion und Reflexion über religiöse Überzeugungen sind für die frühen, wohlgemerkt: für die frühen, Pietist(inn)en keine Angelegenheit der Seelenschau in häuslicher Andacht, sondern eine Angelegenheit öffentlicher, streitbarer Auseinandersetzung mit eminent politischen Implikationen. Religion als öffentliche und nicht private Angelegenheit zeigt sich aber auch im autobiographisch-chronikalischen Schreiben von Ordensangehörigen: Sie archivieren, oft als Funktionsträgerinnen im Kloster, ihre Kenntnisse – und damit ihr ‚Ich im Text' – als Nachschlagemöglichkeit für sich selbst und für ihnen nachfolgende Generationen von Ordensleuten, weshalb in diesen autobiographisch-chronikalischen Schriften die Ordnung – und die Finanzen – des Klosters eine weit größere Rolle spielen als die Selbstvergewisserung über die eigene Frömmigkeit. Insofern unterscheiden sich gerade die überlieferten deutschsprachigen autobiographischen Schriften von Klosterfrauen des 17. Jahrhunderts stark von den Texten Teresa von Avilas oder mittelalterlicher Mystikerinnen.

In der Analyse der protestantischen und katholischen Familienchronistik hat sich kaum ein Unterschied zwischen den Konfessionen gezeigt. Nur einer läßt sich vermuten, müßte aber durch weitere Untersuchungen der frühneuzeitlichen Alltagsreligiosität überprüft werden[820]: Während die Katholikinnen Maria Elisabeth Stampfer und Eva Maria Peisser in ihrer Chronistik immer wieder Gott um

---

[819] Eine chronistische, das heißt diaristische oder annalistische Form des autobiographischen Schreibens ist nicht notwendigerweise ein Hinweis, daß täglich oder jährlich am Lebenslauf weitergeschrieben wird: Die Textanalysen haben gezeigt, daß auch die annalistischen Schriften oft im Rückblick auf einen großen Zeitraum entstehen, diesen Rückblick aber chronikalisch strukturieren.
[820] Vgl. Ulbrich, Frauen in der Reformation, S. 77f. Für die Frage nach konfessionellen Funktionsunterschieden hält auch van Ingen, Moore (Hg.), Gebetsliteratur, noch keine Antwort bereit.

Beistand bitten, sich durch Gebete und Gaben seines Schutzes geradezu versichern wollen – überspitzt könnte man diese Gotteskonzeption im katholischen Alltagsgebrauch als ‚Gott als Versicherungsunternehmer' bezeichnen –, nehmen die protestantischen Familienchronist(inn)en einen anderen Bezug zu Gott: Der Gott des protestantischen Alltagsverständnisses ist Adressat von Stoßseufzern, wenn Stör-Erfahrungen[821] Reflexion erzwingen, ist nach Unglücks- oder Katastrophenerlebnissen Adressat von Gebeten und Bibelreflexionen, in denen die religiösen Texte Musterbücher für Gefühlsäußerungen bereitzustellen scheinen. So fangen in den Tagebuchpassagen Susanna Mayers die Sprachmuster der Psalmen auf, was die Aussicht einer ungewissen Zukunft in der Autorin auslöst. Religiöse Formeln, Hinwendungen zu Gott tauchen auch in Elias Holls Schrift erst auf, wenn er den Verlust seines Amtes schildert, erst also, wenn er sich nicht mehr als handlungsmächtig begreifen kann und er sich seiner selbst vergewissern muß, ähnlich verwendet auch Johann Höfel das Gebet, wenn er über den als schmerzlich dargestellten Verlust eines Kindes hinwegkommen muß.

Wichtig für eine differenzierte Betrachtung des autobiographischen Schreibens sind aber nicht nur die Analysekategorien Geschlecht und Religion. Auch die soziale Schicht, der die Schreibenden angehören, hinterläßt Spuren in Selbstkonzeptionen und autobiographischen Darstellungsformen. Üblicherweise wird die Autobiographie dem Bürgertum zugeordnet. Auch hier stammt das Gros der Texte von bürgerlichen Autor(inn)en. Dies liegt aber unter anderem an der Beschränkung dieser Arbeit – und so vieler anderer germanistischer autobiographiegeschichtlicher Untersuchungen – auf die deutschsprachige Autobiographik. Eine gründliche Analyse der französischsprachigen Adelsautobiographik auch im deutschen Raum, eine Untersuchung, die in der Lage ist, diese Texte, etwa den reichhaltigen und gewitzten Band „souvenir du temps passé" der Sophie von Hannover, im Traditionszusammenhang der französischen Memoirenliteratur zu würdigen und die in ihnen entwickelten Selbstkonzeptionen zu analysieren, ist ein Desiderat für eine vergleichende Literaturwissenschaft.[822] Daß auch unterbürgerliche Schichten schreiben, beweist der Fall Anna Vetter, er veranschaulicht aber zugleich, wie gering die Chance einer zuverlässigen Überlieferung solcher Texte ist: Das Schreiben unterbürgerlicher Schichten der Frühen Neuzeit ist nur selten für archivierungswürdig befunden worden. Erhalten hat es sich nahezu ausschließlich dann, wenn es sich für bestimmte argumentative Positionen hat funktionalisieren lassen, und es ist, siehe Vetters Text in Arnolds *Kirchen- und Ketzerhistorie*, dann meist nur hochproblematisch überliefert. Daß das autobiographische Schreiben unterbürgerlicher Schichten nur selten aufbewahrt wird, liegt schon an ganz praktischen Gründen: So hat sich das Hausbuch Maria

---

[821] Vgl. Sloterdijk, Literatur und Organisation, S. 11f, vgl. hier Kap. I. C. 4.2.
[822] Erste Schritte zu einer Auswertung der Memoiren der Sophie von Hannover habe ich unternommen in Kormann, Haus, Kirche, Stadt und Himmel.

Elisabeth Stampfers im Haus der Familie in Vordernberg erhalten. Familienschriften ‚überleben' mit größerer Wahrscheinlichkeit, wenn ein Schriftstück in einem Haus bleiben kann und das Haus längere Zeit im Familienbesitz. Familien, die über keine die Jahrhunderte überdauernden Häuser verfügen, können deshalb auch kaum ihre Chroniken überliefern.

Diese Untersuchung stellt die heterologe Autobiographik von Frauen und Männern des 17. Jahrhunderts als zeit- und geschlechtsspezifisch dar. Sie zeigt damit die Defizite geschlechterblinder wie geschlechtsfixierter, also andere Differenzkriterien vernachlässigender Analysen und plädiert entschieden dafür, Geschlecht als zentrale Analysekategorie in die Literatur- und Kulturwissenschaften zu integrieren. Die vorliegenden Analysen haben hoffentlich die Tragfähigkeit der methodischen Grundüberzeugung dieser Arbeit erwiesen: Die Literaturwissenschaft kann bei ihren Textinterpretationen auf Gender nicht verzichten, gleichgültig, ob Werke Hildegard von Bingens oder Johann Wolfgang von Goethes, ob Johanna Eleonora Petersens oder ihres Ehemannes untersucht werden. Eine Literaturwissenschaft, die Gender als Analysekategorie nicht berücksichtigt, ist nicht geschlechtsneutral, sondern geschlechterblind. Aber auch eine genderorientierte Literaturwissenschaft muß andere Kategorien und vor allem die Geschichtlichkeit von Geschlechterkonzeptionen berücksichtigen, sonst wird sie geschlechtsfixiert – und argumentiert im Zweifelsfall ‚geschichtsblind'.

C. Ausblick

Die Analyse der Autobiographik von Frauen des 17. Jahrhunderts hat aber nicht nur Antworten gesucht, sondern auch eine Reihe von Fragen aufgeworfen: Einer weiteren Untersuchung würdig wären zum Beispiel die je nach Konfession oder religiöser Gruppierung differenten Formen der Alltagsreligiosität und die Selbstverständigungen des Adels in ihrer europäischen Intertextualität. Ob eine heterologe Ich-Konzeption sich nicht nur aus der Autobiographik, sondern auch aus anderen Literatur- und Kulturformen des 17. Jahrhunderts, herauslesen läßt, wäre ebenfalls ein Forschungsfeld, das sich am Ausgang dieser Untersuchung öffnet: Auf Artemisia Gentileschis heterologes Selbstporträt als Allegorie der Malerei wurde schon in der Einleitung zu dieser Arbeit hingewiesen. Eine heterologe Ichkonzeption steht auch hinter Anna Ovena Hoyers' geistlichem Lied *Auff / auff Zion*.[823] Jede der sechzehn Strophen dieses Liedes endet mit der Zeile „Hanns Ovens Tochter Anna" oder „Mit ewrer Mutter Anna". Hoyers (1584-1655) nutzt zur deutlichen, heute fast anmaßend erscheinenden Manifestation der eigenen Person eine Gattung, die üblicherweise eher der demütigen Selbst-

---

[823] Hoyers, Geistliche und Weltliche Poemata, S. 216-219.

unterwerfung als der stolzen Selbstbehauptung zu dienen scheint. Sie stellt ihre Person an prominenter Stelle in einem geistlichen Lied aus. Doch hat dies nichts zu tun mit einer individualistischen, sich als autonom inszenierenden Subjektkonzeption. Sie beschreibt sich als Teil der Herrlichkeit Gottes, nicht als unabhängiges Individuum. Aber sie beschreibt sich, sie ist ein bemerkbarer, bezeichenbarer Teil dieser Herrlichkeit. Becker-Cantarino interpretiert Hoyers' häufiges Verwenden des eigenen Namens in ihrem Werk, Hoyers' Person sei „zu einem integralen Teil des göttlichen Weltreiches geworden, sie ist daran teilhaftig, darin eingebaut, darin geborgen und verborgen."[824] Eine solche Interpretation betont zurecht, wie sehr Hoyers' Selbstkonzeption eingliedernd ist und sich geborgen wissen will. Verborgen allerdings ist dieses sechzehnfach betonte Subjekt ganz offensichtlich nicht. Auch Becker-Cantarino bleibt mit ihrer sorgfältigen Analyse gefangen in der Autonomie-Heteronomie-Spannung, die aufzulösen Ziel der vorliegenden Arbeit ist. Denn es verbirgt sich nicht zwangsläufig, wer sein Ich als geborgen vorführt. Hoyers' Ich-Konzeption ist wohl am treffendsten zu fassen, wenn man sie als in mehrfacher Hinsicht heterolog beschreibt: Sie ist dies, in dem sie sich auf Gott bezieht und indem die Autorin ihre Kinder anspricht und sich selbst als deren Mutter oder als die Tochter ihres Vaters kennzeichnet. Der Stolz auf die eigene Person und deren Namen wird durch den Bezug auf andere Menschen und auf Gott legitimiert. Im zitierten Lied der streitbaren, hochgebildeten, mit den Wiedertäufern sympathisierenden Dichterin Anna Ovena Hoyers ist eine solche Heterologie fast nicht zu überlesen. Ob Hoyers' heterologe Selbstkonzeption innerhalb der deutschsprachigen Dichtung des 17. Jahrhunderts solitär steht oder ob ähnliche, möglicherweise subtilere, in komplexeren Textstrukturen verborgene Konzeptionen sich etwa auch in der Dichtung von Gryphius oder Greiffenberg finden ließen, wäre Gegenstand einer eigenen, einer ganz anderen Arbeit. Für diese Studie, die gegen ‚goldene Legenden' [825] in der Autobiographietheorie und Geschlechterforschung angeschrieben und hoffnungsvoll offene Fragen formuliert hat, fällt dagegen der Vorhang.

---

[824] Becker-Cantarino, Nachwort, S. 98.
[825] Brecht, Bertolt: Der gute Mensch von Sezuan, In: Ders.: Werke. Bd. 6. Große kommentierte Berliner und Frankfurter Ausgabe, hg. v. Werner Hecht et al. Berlin u. a. 1989, S. 175-279, hier S. 278.

Verzeichnis der analysierten Autobiographik[826]

ALBERTZ, SOPHIA (1613-1670): Klosterchronik. Publiziert in: Heinrich Joseph Floß: Das Kloster Rolandswerth. In: Annalen des historischen Vereins für den Niederrhein 19 (1868), S. 76-219.

BÜRSTER, SEBASTIAN (gest. 1649): *Collectanea vel Collectitium, kürzliche zuosammentragung, beschreibung und erholung deren fürnämsten puncten und sachen* [...]. Publiziert in: Sebastian Bürster's Beschreibung des Schwedischen Krieges 1630-1647. Nach der Original-Handschrift im General-Landesarchiv zu Karlsruhe. Hg. von Friedrich von Weech. Leipzig 1875.

GERA, ESTHER VON (um 1563-1611): Gedächtnisbuch. Auszüge in Philipp Blittersdorff: Aus dem Geraschen Gedächtnisbuche. In: Adler 10 (1926-1930), S. 712-715. Beschrieben bei Tersch, Selbstzeugnisse, S. 494-504.

HAIDENBUCHER, MARIA MAGDALENA (1576-1650): *Geschicht Büch de Anno 1609 biß 1650*. Publiziert in: Das Tagebuch der Maria Magdalena Haidenbucher (1576-1650), Äbtissin von Frauenwörth. Nach dem Autograph herausgegeben und mit Anmerkungen, Nachwort und Registern versehen von Gerhard Stalla. Amsterdam/Maarsen 1988.

HÖFEL, ANNA (1603-1665): *Annae Höefelin eigenhendige beschreibung ihres Lebens-Lauff. Historischer bericht von mein Anna Höefelin geburth, Eltern, leben, Heyrath, kindern, glückh, vnd vnglückhsfellen. Gott die Ehr.* Publiziert in: Gerd Wunder: Anna Rüffer aus Schweinfurt (1603-1655). In: Blätter für fränkische Familienkunde 7 (1959), S. 225-231.

HÖFEL, JOHANN (1600-1683): *IHD 1646*. Hausbuch des Dr. Johann Höfel, Familienarchiv von Segnitz.

HOLL, ELIAS (1573-1646): Hauschronik. Unveröffentlichte, unkorrigierte Transkription für: Elias Holl. Schriften und Briefe. Hg. v. Bernd Roeck, unter Mitarbeit von Benedikt Mauer und Charlotte Gailhofer. Für die Vorabüberlassung danke ich Bernd Roeck.

JUNIUS, MARIA ANNA (vor 1610 bis nach 1634): *Verzeignuß*. Publiziert in: Bamberg im Schweden-Kriege. Bearb. von Friedrich Karl Hümmer. In: Bericht des Historischen Vereins für die Pflege der Geschichte des ehemaligen Fürstbistums Bamberg 52 (1890), S. 1-168, 53 (1891), S. 169-230.

LAUTER, BARBARA CORDULA VON (1670-1711): Lebenslauf in Leichenpredigt. Bearbeitet publiziert als Sechszehende Historie / Von Barbara Cordula von Lauter / Einer gebohrnen Adelichen Predigers=Frau. In: Johann Henrich Reitz: Historie der Wiedergebohrnen [...]. Hg. v. Hans-Jürgen Schrader. Tübingen 1982, Bd. 2, T. IV, 230-241).

LAUTER, BARBARA CORDULA VON (1670-1711): Lebenslauf in Leichenpredigt. Publiziert in: Jacob Baumgarten: Der offene Himmel/ oder Das aufgeschloßene Paradies/ Wurde/ Als die weiland Wohlgebohrne und Hochbelobte Frau/ Fr. Barbara Cordula/ gebohrne von Lautter/ (S.T.) Herrn Petri Kalckberners/ Koenigl. Preußisch. Kirch= und Schulen Inspe[defekt] ris im Magdeburgischen Holtz=Creise Anderer Inspecti[defekt] und Pastoris

---

[826] Die Titel autobiographischer Schriften oder die Bezeichnungen für sie, die die Autoren und Autorinnen selbst verwenden, sind im folgenden kursiv gesetzt.

zu Meseberg/ Hochwehrteste Eheliebste/ Am 3. Junii dieses 1711tenJahrs/ nach ueberstandenem dreyviertel=jaehrigen KranckenLager/ sovon einer heftigen Blutstuertzung entstanden/ selig aus dieser Weltgefordert/ und Ihr erblichener Coerper in der Kirchen zu Meseberg am 5. Junii des Abends in der Stille beygesetzet worden/ auch am12. Junii darauf der gewoehnliche Leichen=Conduct gehalten wurde/ in einer Leichen= und Gedaechtniß=Predigt vorgestellet von Jacob Baumgarten/ Compastore in Wohlmirstedt. Halle 1711.

MAYER, SUSANNA (um 1692): Aufzeichnungen in Kalendertagebuch. Auszugsweise publiziert in: von Weizsäcker: zwei Quellenschriften aus der Zeit der zweiten Zerstörung von Calw im September 1692. Erlebnisse einer Calwer Familie auf der Flucht. In: Württembergische Vierteljahreshefte für Landesgeschichte N.F. (1907), Bd. 16, S. 59-65.

PEISSER, EVA MARIA UND HANS: Familienchronik (1653-1703). Publiziert in: Linzer Regesten, hg. von den Städtischen Sammlungen Linz, Bd. E 2: Linzer Familienchroniken, bearb. v. Franz Wilflingseder, Linz 1953, S. 61-109.

PETERSEN, JOHANNA ELEONORA (1644-1724): *Eine kurtze Erzehlung/Wie mich die leitende Hand Gottes bißher geführet / und was sie bei meiner Seelen gethan hat.* Anhang zu dies.: Gespräche des Hertzens mit GOTT/ Ander Theil. Ploen 1689.

PETERSEN, JOHANNA ELEONORA (1644-1724): *Leben Frauen Johannä Eleonorä Petersen, Gebohrner von und zu Merlau, Herrn D. Joh. Wilh. Petersens Ehe=Liebsten, von Ihr selbst mit eigner Hand aufgesetzt und vieler erbaulichen Merckwürdigkeiten wegen zum Druck übergeben, daher es als ein Zweyter Theil zu Ihres Ehe=Herrn Lebens=Beschreibung beygefüget werden kan.* Zweite Aufl. o.O. 1719 (Erstauflage: 1718).

PETERSEN, JOHANN WILHELM (1649-1726): *Lebens=Beschreibung Johannis Wilhelmi Petersen; Der Heiligen Schrifft Doctoris, vormahls Professoris zu Rostock, nachgehends Predigers in Hanover an St. Egidii Kirche, darnach des Bischoffs in Lübeck Superintendentis und Hoff=Predigers endlich Superintendentis in Lüneburg.* Zweite Aufl. o. O. 1719 (Erstauflage 1717).

PRANCK, MARIA CORDULA FREIIN VON (1634-1705): Gedächtnisbuch. Publiziert in: Gedenkbuch der Frau Maria Cordula Freiin von Pranck, verwitwete Hacke, geb. Radhaupt, 1595-1700 (1707). In: Steiermärkische Geschichtsblätter 2, 1881, S. 9–29.

STAIGER, CLARA (1588-1656): *Verzaichnus.* Publiziert in: Klara Staigers Tagebuch. Aufzeichnungen während des Dreißigjährigen Krieges im Kloster Mariastein bei Eichstätt. Hg. v. Ortrun Fina. Regensburg 1981.

STAMPFER, MARIA ELISABETH (1638-1700): *Pichl meinen Khindtern zu einer Gedechtnus.* Publiziert in: Der Frau Maria Elisabeth Stampfer aus Vordernberg Hausbuch. Auf Veranlassung des Grafen Franz von Meran hg. von J[oseph] v. Zahn. Wien 1887.

VETTER, ANNA (1632-1703): Von denen Gesichten Annae Vetterin. In: Arnold, Gottfried: Unparteyische Kirchen- und Ketzer-Historie. Frankfurt 1729, T. 3, 267-294. Das Vetter-Kapitel ist in allen Auflagen der Kirchen- und Ketzer-Historie erschienen, die ersten vier Auflagen unterscheiden sich z. T. in der Orthographie.

WOLFF, ANNA (1602-nach 1665): Aufzeichnungen. Auszugsweise publiziert in „Fragment einer Handschrift aus den Zeiten des dreissigjährigen Kriegs von einer Frauensperson aufgesetzt". In: Fränkisches Archiv 3 (1791), S. 98-120.

ZITTER, MARTHA ELISABETH (um 1678): *Gründliche Ursachen / welche Jungfer Marthen Elisabeth Zitterinn bewogen / das Frantzösische alias Weiß=Frauen Kloster in Erffurt / Ursuliner Ordens / zuverlassen / und sich zu der waaren Evangelischen Religion zu be-*

kennen. In einen Schreiben an ihre Mutter Frau Maria Margaretha jetzo Herrn Johann Hübners von Rosenberg / Obr.=Leutenants / und Fürstl. Bamberg. Commendantens in Cronach Eheliebste [...]. 4. Aufl. Jena 1678.

ZITTER, MARTHA ELISABETH (um 1678): *Gründliche Vorstellung Der Heiligen Römisch=Catholischen Lehr von dem Geistlichen Stand / und dessen Gelübden; Verdienst der guten Werck; Anrufung der Heiligen; Ablaß; Beicht; Fegfewer; und Hochheiligstem Sacrament deß Altars: Oder Aufferwachtes Gewissen und Wahrhaffte Ursachen Welche mich Schwester Marthen Elisabeth von JESU bewogen Von dem Lutherthumb und Hof=Leben Zu der H. Catholischen Kirchen under die Clösterliche Zucht widerumb zuruck zu tretten. In einem Schreiben an meine liebe Mutter Frau Mariam Margaretham vormahls Zitterin* [...]. Bamberg 1678.

Literaturverzeichnis

Adam, Wolfgang (Hg.): Geselligkeit und Gesellschaft im Barockzeitalter. Unter Mitwirkung von Knut Kiesant, Winfried Schulze und Christoph Strosetzki. 2 Bde. Wiesbaden 1997 (= Wolfenbütteler Arbeiten zur Barockforschung, Bd. 28).

Ahrendt-Schulte, Ingrid: Weise Frauen – böse Weiber. Die Geschichte der Hexen in der Frühen Neuzeit. Freiburg u. a. 1994.

Aichholzer, Doris: Briefe adliger Frauen. Beziehungen und Bezugssysteme. Ein Projektbericht. In Mitteilungen des Instituts für Österreichische Geschichtsforschung 105 (1997), S. 477-483.

Aichinger, Ingrid: Künstlerische Selbstdarstellung. Goethes *Dichtung und Wahrheit* und die Autobiographie der Folgezeit. Bonn 1977.

Aichinger, Ingrid: Probleme der Autobiographie als Sprachkunstwerk. In: Österreich in Geschichte und Literatur, Jg. 14 (1970), S. 418-434.

Albert, Mechthild: „Une ermite au milieu de la cour". La mélancolie de Madame Palatine. In: Diversité, c'est ma devise". Studien zur französischen Literatur des 17. Jahrhunderts. Festschrift für Jürgen Grimm zum 60. Geburtstag. Hg. von Frank-Rutger Hausmann. Paris 1994, S. 17-41.

Albertz, Sophia: Klosterchronik. Publiziert in: Heinrich Joseph Floß: Das Kloster Rolandswerth. In: Annalen des historischen Vereins für den Niederrhein 19 (1868), S. 76-219.

Albrecht, Ruth: Die theologische Schriftstellerin Johanna Eleonora Petersen (1644-1724). Unveröffentlichte Habilitationsschrift Hamburg 2000.

Albrecht, Ruth: Martin H. Jung, Frauen des Pietismus. Zehn Porträts von Johanna Regina Bengel bis Erdmuthe Dorothea von Zinzendorf. Gütersloh 1998. In: Pietismus und Neuzeit 25 (2000), S. 213-218.

Aldrich, Elizabeth Kaspar: ‚The Children of these Fathers'. The Origins of an Autobiographical Tradition in America. In: First Person Singular. Studies in American Autobiography. Hg. v. A. Robert Lee. London/New York 1988, S. 15-36.

Althaus, Thomas: Einklang und Liebe. Die spracherotische Perspektive des Glaubens im Geistlichen Sonett bei Catharina Regina von Greiffenberg und Quirinius Kuhlmann. In: Religion und Religiosität im Zeitalter des Barock. Hg. von Dieter Breuer. Wiesbaden 1995, Bd. 2, S. 779-788.

Amelang, James S.: The Dilemmas of Popular Autobiography. In: Von der dargestellten Person zum erinnerten Ich. Hg. v. Kaspar von Greyerz et al. Köln 2001, S. 431-438.

Amelang, James S.: The Flight of Icarus. Artisan Autobiography in Early Modern Europe. Stanford 1998.

Amelang, James S.: Spanish Autobiography in the Early Modern Era. In: Ego-Dokumente. Hg. v. Winfried Schulze. Berlin 1996, S. 59-69.

Anderson, Linda: Women and Autobiography in the Twentieth Century. Remembered Futures. London u. a. 1997.

Arenal, Electa und Stacey Schlau: Stratagems of the Strong, Stratagems of the Weak. Autobiographical Prose of the Seventeenth-Century Hispanic Convent. In: Tulsa Studies in Women's Literature 9(1990), S. 25-42.

Arenal, Electa und Stacey Schlau: Untold Sisters. Hispanic Nuns in Their Own Works. Trans. Albuquerque 1989.

Arndt, Johannes: Möglichkeiten und Grenzen weiblicher Selbstbehauptung gegenüber männlicher Dominanz im Reichsgrafenstand des 17. und 18. Jahrhunderts. In: Vierteljahrschrift für Sozial- und Wirtschaftsgeschichte 77 (1990), H. 2, S. 153-174.

Arnold, Gottfried: Unparteyische Kirchen- und Ketzer-Historie. Vom Anfang des Neuen Testaments Biß auf das Jahr Christi 1688. Frankfurt a. M. 1729, T. 3.

Arnold, Gottfried: Unparteyische Kirchen- und Ketzer-Historie. Schaffhausen 1740-1742.

Arnold, Klaus, Sabine Schmolinsky und Urs Martin Zahnd (Hg.): Das dargestellte Ich. Studien zu Selbstzeugnissen des späteren Mittelalters und der frühen Neuzeit. Bochum 1999.

Ashley, Kathleen, Leigh Gilmore und Gerald Peters (Hg.): Autobiography and Postmodernism. Amherst 1994.

Augustinus, Aurelius: Bekenntnisse. Mit einer Einleitung von Kurt Flasch, übersetzt, mit Anmerkungen versehen und hg. v. Kurt Flasch und Burkhard Mojsisch. Stuttgart 1989.

Baader, Renate: Dames de Lettres. Autorinnen des preziösen, hocharistokratischen Salons (1649-1698). Mlle de Scudéry – Mlle de Montpensier – Mme d'Aulnoy. Stuttgart 1996 (= Romanistische Abhandlungen, Bd. 5).

Baader, Renate: Die verlorene weibliche Aufklärung – die französische Salonkultur des 17. Jahrhunderts und ihre Autorinnen. In: Frauen – Literatur – Geschichte. Hg. v. Hiltrud Gnüg und Renate Möhrmann. 2. Aufl. Stuttgart 1999, S. 52-71.

de Baar, Mirjam (Hg.): Choosing the better part. Anna Margarethe van Schurman (1607-1678). Dordrecht 1996.

Babur, Zahiruddin Muhammad: Die Erinnerungen des ersten Großmoguls von Indien. Das Babur-nama. Ins Deutsche übertragen und mit einem Vorwort von Wolfgang Stammler. Zürich 1988.

Backmann, Sibylle, Hans-Jörg Künast, Sabine Ullmann und B. Ann Tlusty (Hg.): Ehrkonzepte in der Frühen Neuzeit. Identitäten und Abgrenzungen. Berlin 1998.

Baggerman, Arianne und Rudolf Dekker: Ottos Uhr. Zeitvorstellung und Zukunftserwartung im 18. Jahrhundert. In: Von der dargestellten Person zum erinnerten Ich. Hg. v. Kaspar von Greyerz et al. Köln 2001, S. 113-134.

Baier, Helmut: Die Person des Nürnberger apokalyptischen Visionärs ‚Joachim' Greulich. Anmerkungen zu einem Kapitel von Gottfried Arnolds Kirchen- und Ketzerhistorie. In: ZbKG 61 (1992), S. 113-118.

Baltzer, Ralf Alexander: Autobiographie zwischen Belletristik und Sachbuch. Zur Wirklichkeitserfassung von Selbstdarstellungen. New York 1972.

Barner, Wilfried: Barockrhetorik. Untersuchungen zu ihren geschichtlichen Grundlagen. Tübingen 1970.

Barthes, Roland: Der Tod des Autors. In: Texte zur Autorschaft. Hg. und kommentiert von Fotis Jannidis, Gerhard Lauer, Matias Martinez und Simone Winko. Stuttgart 2000.

Barthes, Roland: Roland Barthes par Roland Barthes. Paris 1975.

Bartsch Siekhaus, Elisabeth: Die lyrischen Sonette der Catharina Regina von Greiffenberg. Bern 1983.

Bastl, Beatrix: Eheliche Sexualität in der Frühen Neuzeit zwischen Lust und Last. Die Instruktion des Fürsten Karl Eusebius von Liechtenstein. In: Archiv für Kulturgeschichte, 78, 1996, S. 277-301.

Bastl, Beatrix: Hochzeitsrituale. Zur Sozialanthropologie von Verhaltensweisen innerhalb des österreichischen Adels der Frühen Neuzeit. In: Geselligkeit und Gesellschaft im Barockzeitalter. Hg. von Wolfgang Adam. 2. Wiesbaden 1997, Bd. 2, S. 751-764.

Bastl, Beatrix: Tugend, Liebe, Ehre. Die adelige Frau der Frühen Neuzeit. Wien 2000.
Bataille, Gretchen M. und Kathleen Mullen Sands: American Indian Women. Telling Their Lives. Lincoln, London 1984.
Battafarano, Italo Michele: Barocke Typologie femininer Negativität und ihre Kritik bei Spee, Grimmelshausen und Harsdörffer. In: Chloe 22 (1995), S. 245-266.
Battafarano, Italo Michele: Erzählte Dämonopathie in Grimmelshausens Courasche. In: Simpliciana 19 (1997), S. 55-89.
Battafarano, Italo Michele: Hexenwahn und Dämonopathie in der frühen Neuzeit am Beispiel von Spees *Cautio Criminalis*. In: Selbstthematisierung und Selbstzeugnis. Hg. v. Alois Hahn und Volker Kapp. Frankfurt a. M. 1987, S. 110-123.
Battafarano, Italo Michele: „Was Krieg vor ein erschreckliches und grausames Monstrum seye": Der Dreißigjährige Krieg in den Simplicianischen Schriften Grimmelshausens. In: Simpliciana 10 (1988), S. 45-59.
Bauer, Barbara: Apathie des stoischen Weisen oder Ekstase der christlichen Braut? Jesuitische Stoakritik und Jacob Baldes *Jephtias*. In: Res publica litteraria. Hg. v. Sebastian Neumeister und Conrad Wiedemann, Wiesbaden 1987, Bd. 2, S. 453-474.
Bauer, Barbara: Intertextualität und das rhetorische System der Frühen Neuzeit. In: Intertextualität in der Frühen Neuzeit. Studien zu ihren theoretischen und praktischen Perspektiven. Hg. von Wilhelm Kühlmann und Wolfgang Neuber. Frankfurt a. M. u. a. 1994.
Bauer, Barbara: Kindheit zwischen Opfern und Tätern. Über Autobiographien der Jahrgänge 1927/28 und Martin Walsers Roman *Ein springender Brunnen* als Antwort auf jüdische Überlebensberichte. In: www.literaturkritik.de 6 (1999).
Bauer, Barbara: Lutherische Obrigkeitskritik in der Publizistik der Kipper- und Wipperzeit (1620-1623). In: Literatur und Volk im 17. Jahrhundert. Probleme populärer Kultur in Deutschland. Hg. v. Wolfgang Brückner, Peter Blickle und Dieter Breuer. Wiesbaden 1985, Bd. 2, S. 649-681.
Bauer, Barbara: Naturverständnis und Subjektkonstitution aus der Perspektive der frühneuzeitlichen Rhetorik und Poetik. In: Künste und Natur in Diskursen der Frühen Neuzeit. Hg. von Hartmut Laufhütte. Wiesbaden 2000, Bd. 1, S. 69-132.
Bauer, Barbara und Waltraud Strickhausen: Autobiographie oder Fiktion? Reaktionen deutscher Leser auf den Fall „Binjamin Wilkomirski". In: www.literaturkritik.de 3 (1999).
Bauer, Barbara und Waltraud Strickhausen (Hg.): „Für ein Kind war das anders." Traumatische Erfahrungen jüdischer Kinder und Jugendlicher im nationalsozialistischen Deutschland. Berlin 1999.
Bauer, Matthias: Der Schelmenroman. Stuttgart 1994.
Baumann, Gerhart: Zwischen Rechenschaft und Roman. Wahrheit und Dichtung. In: Ders.: Sprache und Selbstbegegnung. München 1981, S. 9-41.
Baumgärtel, Bettina und Silvia Neysters: Die Galerie der starken Frauen. La galerie des femmes fortes. Die Heldin in der französischen und italienischen Kunst des 17. Jahrhunderts. München 1995.
Becher, Ursula A. J.: Weibliches Selbstverständnis in Selbstzeugnissen des 18. Jahrhunderts. In: Weiblichkeit in geschichtlicher Perspektive. Hg. v. Ursula A. J. Becher und Jörn Rüsen, Frankfurt a. M. 1988, S. 217-233.
Becher, Ursula A. J. und Jörn Rüsen (Hg.): Weiblichkeit in geschichtlicher Perspektive. Fallstudien und Reflexionen zu Grundproblemen der historischen Frauenforschung. Frankfurt a. M. 1988.

Beck-Gernsheim, Elisabeth: Körperindustrie und Gentechnologie. In: Die Erfindung des Menschen. Hg. v. Richard van Dülmen. Wien u. a. 1998, S. 579-594.

Becker, Gabriele, Silvia Bovenschen, Helmut Brackert u. a.: Aus der Zeit der Verzweiflung. Zur Genese und Aktualität des Hexenbildes. Frankfurt a. M. 1977.

Becker-Cantarino, Barbara: Der lange Weg zur Mündigkeit. Frauen und Literatur in Deutschland von 1500 bis 1800. Taschenbuchausgabe München 1989.

Becker-Cantarino, Barbara: Die Böse Frau und das Züchtigungsrecht des Hausvaters in der frühen Neuzeit. In: Der Widerspenstigen Zähmung. Studien zur bezwungenen Weiblichkeit in der Literatur vom Mittelalter bis zur Gegenwart. Hg. v. Sylvia Wallinger und Monika Jonas, Innsbruck 1986 (= Innsbrucker Beiträge zur Kulturwissenschaft, Germanistische Reihe, Bd. 31), S. 117-132.

Becker-Cantarino, Barbara: Die ‚gelehrte Frau' und die Institutionen und Organisationsformen der Gelehrsamkeit am Beispiel der Anna Maria van Schurman (1607-1678). In: Res Publica Litteraria. Hg. v. Sebastian Neumeister und Conrad Wiedemann. Wiesbaden 1987, Bd. 2, S. 559-576.

Becker-Cantarino, Barbara: Dr. Faustus and Runagate Courage: Theorizing Gender in Early Modern German Literature. In: The Graph of Sex and the German Text. Hg. v. Lynne Tatlock und Christiane Bohnert. Amsterdam 1994, S. 27-44.

Becker-Cantarino, Barbara: Einleitung. In: Europäische Hofkultur im 16. und 17. Jahrhundert. Hg. von August Buck u. a. Hamburg 1981, Bd. 3, S. 441-446.

Becker-Cantarino, Barbara: „Erwählung des bessern Teils". Zur Problematik von Selbstbild und Fremdbild in Anna Maria van Schurmans *Eukleria* (1673). In: Autobiographien von Frauen. Hg. v. Magdalene Heuser. Tübingen 1996, S. 24-48.

Becker-Cantarino, Barbara: Frauenzimmer Gesprächspiele. Geselligkeit, Frauen und Literatur im Barockzeitalter. In: Geselligkeit und Gesellschaft im Barockzeitalter. Hg. v. Wolfgang Adam. Wiesbaden 1997, Bd. 1, S. 17-41.

Becker-Cantarino, Barbara: Nachwort. In: Anna Ovena Hoyers: Geistliche und Weltliche Poemata. Hg. v. Barbara Becker-Cantarino. Tübingen 1986, S. 3-98.

Becker-Cantarino, Barbara: Pietismus und Autobiographie. Das *Leben* der Johanna Eleonora Petersen (1644-1724). In: „Der Buchstab tödt – der Geist macht lebendig". Hg. von James Hardin und Jörg Jungmayr. Bd. 2. Bern u. a. 1992, , S. 917-936.

Becker-Cantarino, Barbara: Vom ‚Ganzen Haus' zur Familienidylle. Haushalt als Mikrokosmos in der Literatur der Frühen Neuzeit und seine spätere Sentimentalisierung. In: Daphnis 15 (1986), Heft 2/3, S. 509-533.

Becker-Cantarino, Barbara (Hg.): Die Frau von der Reformation zur Romantik. Die Situation der Frau vor dem Hintergrund der Literatur- und Sozialgeschichte. Bonn 1980.

Behringer, Wolfgang: Geschichte der Hexenforschung. In: Hexen und Hexenverfolgung im deutschen Südwesten. Aufsatzband. Hg. v. Sönke Lorenz. Karlsruhe 1994, S. 93-146.

Behringer, Wolfgang: Hexenverfolgung in Bayern. Volksmagie, Glaubenseifer und Staatsräson in der Frühen Neuzeit. 3. Aufl. München 1997.

Behringer, Wolfgang: Im Zeichen des Merkur. Reichspost und Kommunikationsrevolution in der Frühen Neuzeit. Göttingen 2003.

Behringer, Wolfgang: Veränderung der Raum-Zeit-Relation. Zur Bedeutung des Zeitungs- und Nachrichtenwesens während der Zeit des Dreißigjährigen Krieges. In: Zwischen Alltag und Katastrophe. Hg. v. Benigna von Krusenstjern und Hans Medick. Göttingen 1999, S. 39-81.

Behringer, Wolfgang (Hg.): Hexen und Hexenprozesse in Deutschland. München 1988.

Bell, Robert: Metamorphoses of Spiritual Autobiography. In: Journal of English Literary History 44 (1977), S. 108-126.
Bell, Susan Groag und Marilyn Yalom (Hg.): Revealing Lives. Autobiography, Biography and Gender. Albany 1990.
Benhabib, Seyla: Feminismus und Postmoderne. Ein prekäres Bündnis. In: Der Streit um die Differenz. Hg. v. Seyla Benhabib et al. Frankfurt a. M. 1993, S. 9-30.
Benhabib, Seyla: Subjektivität, Geschichtsschreibung und Politik. Eine Replik. Ebd., S. 105-121.
Benhabib, Seyla, Judith Butler, Drucilla Cornell und Nancy Fraser (Hg.): Der Streit um die Differenz. Feminismus und Postmoderne in der Gegenwart. Frankfurt a. M. 1993.
Benjamin, Walter: Berliner Kindheit um neunzehnhundert. Gießener Fassung. Hg. und mit einem Nachw. von Rolf Tiedemann. Eine Edition des Theodor-W.-Adorno-Archivs. 1. Aufl. Frankfurt a. M. 2000.
Bennent, Heidemarie: Galanterie und Verachtung. Eine philosophiegeschichtliche Untersuchung zur Stellung der Frau in Gesellschaft und Kultur. Frankfurt a. M./New York 1985.
Benstock, Shari (Hg.): The Private Self. Theory and Practice of Women's Autobiographical Writings. Chapel Hill 1988.
Benthien, Claudia, Anne Fleig und Ingrid Kasten: Emotionalität. Zur Geschichte der Gefühle. Köln u. a. 2000 (= Literatur – Kultur – Geschlecht, Kleine Reihe, Bd. 16).
Bergland, Betty Ann: Representing Ethnicity in Autobiography. Narratives of Opposition. In: The Yearbook of English Studies 24 (1994).
Bergmann, Klaus: Lebensgeschichte als Appell. Autobiographische Schriften der ‚kleinen Leute' und Außenseiter. Opladen 1991.
Bernheiden, Inge: Die Religion im autobiographischen Schrifttum des 17. Jahrhunderts. In: Religion und Religiosität im Zeitalter des Barock. Hg. von Dieter Breuer. Wiesbaden 1995, Bd. 2, S. 735-744.
Bernheiden, Inge: Individualität im 17. Jahrhundert. Studien zum autobiographischen Schrifttum. Frankfurt a. M. u. a. 1988.
Berning, Stephan: Zur pietistischen Kritik an der autonomen Ästhetik. In: Literatur und Religion. Hg. von Helmut Koopmann und Winfried Woesler. Freiburg u. a. 1984, S. 91-121.
Berns, Jörg Jochen: Libuschka und Courasche. Studien zu Grimmelshausens Frauenbild, Teil II. Simpliciana 12 (1990), S. 417-441.
Bertolini, Ingo: Studien zur Autobiographie des deutschen Pietismus. 2 Bde. Diss. (masch.) Wien 1968.
Beyer-Fröhlich, Marianne: Die Entwicklung der deutschen Selbstzeugnisse. Leipzig 1930.
Biblia Germanica. Das ist: Die gantze Heilige Schrift, dt., auffs new zugericht. Übers. von Martin Luther. Wittenberg 1545. Nachdr. Stuttgart 1967
Bietenhard, Sophia, Hermann Kocher, Brigitta Stoll (Hg.): Zwischen Macht und Dienst. Beiträge zur Geschichte und Gegenwart von Frauen im kirchlichen Leben der Schweiz. Bern 1991.
Bilinkoff, Jodi: Confessors, Penitents, and the Construction of Identities in Early Modern Avila. In: Culture and Identity in Early Modern Europe (1500-1800). Essays in Honor of Natalie Zemon Davis. Hg. von Barbara B. Diefendorf und Carla Hess. Ann Arbor 1993, S. 83-100.
Bischoff, Cordula: Maria Magdalena oder die Lust der Reue. Zu Weiblichkeitsvorstellungen der Barockzeit. In: Eros - Macht - Askese. Geschlechterspannungen als Dialogstruktur. Hg. v. Helga Sciurie, Hans-Jürgen Bachorski. Trier 1996, S. 423-443.

Black, Ingrid. und P.M. Daly: Gelegenheit und Geständnis. Unveröffentlichte Gelegenheitsgedichte als verschleierter Spiegel des Lebens und Wirkens der Catharina Regina von Greiffenberg. Bern 1971.
Blackwell, Jeannine: Bekenntnisse deutscher Pietistinnen im 17. und 18. Jahrhundert. In: Deutsche Literatur von Frauen. Hg. v. Gisela Brinker-Gabler. 1. Bd., München 1988, S. 265-289.
Blackwell, Jeannine: Blackwell, Jeannine: Gedoppelter Lebenslauf der Pietistinnen. Autobiographische Schriften der Wiedergeburt. In: Geschriebenes Leben. Autobiographik von Frauen. Berlin 1995, S. 49-60
Blank, Walter: Die ‚Chronik' des ehemaligen Klosters St. Wolfgang in Engen. Zur wieder aufgefundenen Handschrift. In: Hegau 31/32 (1986/87), S. 45 - 53.
Blaufuß, Dietrich (Hg.): Pietismus-Forschungen. Zu Philipp Jacob Spener und zum spiritualistisch-radikalpietistischen Umfeld. Frankfurt am Main 1986.
Blaufuß, Dietrich, Friedrich Niewöhner (Hg.): Gottfried Arnold (1666-1714). Mit einer Bibliographie der Arnold-Literatur ab 1714. Wiesbaden 1995.
Blittersdorff, Philipp: Aus dem Geraschen Gedächtnisbuche. In: Adler 10 (1926-1930), S. 712-715.
Bloom, Lorna Susan: German Secular Autobiography. A Study of Vernacular Texts from ca. 1450 to 1650. Diss. Univ of Toronto 1983.
Bloom, Lynn Z.: Heritages. Dimensions of Mother-Daughter Relationships in Women's Autobiographies. In: The Lost Tradition: Mothers and Daughters in Literature. Hg. v. Cathy N. Davidson und E. M. Broner. New York 1980.
Blumenberg, Hans: Die Lesbarkeit der Welt. Frankfurt a. M. 1981.
Bollacher, Martin und Bettina Gruber (Hg.): Das erinnerte Ich. Kindheit und Jugend in der deutschsprachigen Autobiographie der Gegenwart. Paderborn 2000.
Bomke, Heidrun: Vergangenheit im Spiegel autobiographischen Schreibens. Untersuchungen zu autobiographischen Texten von Naturwissenschaftlern und Technikern der DDR in den 70er und 80er Jahren. Weinheim 1993.
Borgstedt, Thomas: Naturrecht der Geselligkeit und protestantische Emanzipation der Ehe in Hoffmannswaldaus „Heldenbriefen". In: Geselligkeit und Gesellschaft im Barockzeitalter. Hg. von Wolfgang Adam. 2. Bd., Wiesbaden 1997, S. 765-780.
Bottrall, Margaret: Every Man a Phoenix. Studies in seventeenth Century Autobiography. London 1958.
Bourdieu, Pierre: Was heißt sprechen? Die Ökonomie des sprachlichen Tausches. Wien 1990.
Bräker, Ulrich: Lebensgeschichte und Natürliche Ebentheuer des Armen Mannes im Tockenburg. Hg. von H. H. Füßli. In: Ulrich Bräker. Sämtliche Schriften. Hg. v. Andreas Bürgi u. a. Bd. 4, bearb. v. Claudia Holliger-Wiesmann u. a. München/Bern 2000, S. 357-557.
Brandes, Ute: Studierstube, Dichterclub, Hofgesellschaft. Kreativität und kultureller Rahmen weiblicher Erzählkunst im Barock. In: Deutsche Literatur von Frauen. Hg. v. Gisela Brinker-Gabler. 1. Bd., München 1988, S. 222-247.
Brandt, Gisela: Eine junge Frau rechtfertigt öffentlich Klosterflucht und Religionswechsel. In: Kommunikationspraxis und ihre Reflexion in frühneuhochdeutscher und neuhochdeutscher Zeit. Festschrift für Monika Rössing-Hager zum 65. Geb. Hg. von Britt-Marie Schuster und Ute Schwarz. Hildesheim 1998, S. 75-91.
Brackert, Helmut und Jörn Stückrath: Literaturwissenschaft. Ein Grundkurs. Erweiterte Ausg. Reinbek 1995.
Braun, Christina von: Gender, Geschlecht und Geschichte. In: Gender-Studien. Hg. v. Christina von Braun und Inge Stephan. Stuttgart 2000, S. 16-57.

Braun, Christina von: Warum ‚Gender Studies'? In: ZfG NF 9 (1999), S. 9-22.
Braun, Christina von und Inge Stephan (Hg.): Gender-Studien. Eine Einführung. Stuttgart 2000.
Brauner, Sigrid: Fearless Wives and Frightened Shrews. The Construction of the Witch in Early Modern Germany. Amherst 1995.
Braxton, Joanne M.: Black Women Writing Autobiography. A Tradition within a Tradition. Philadelphia 1989.
Brecht, Bertolt: Der gute Mensch von Sezuan. In: Ders.: Werke. Bd. 6. Große kommentierte Berliner und Frankfurter Ausgabe, hg. v. Werner Hecht, Jan Knopf, Werner Mittenzwei und Klaus-Detlef Müller. Berlin u. a. 1989, S. 175-279.
Brecht, Martin: Ausgewählte Aufsätze. Bd. 2: Pietismus. Stuttgart 1997.
Brée, Germaine: Autogynography. In: Studies in Autobiography. Hg. v. James Olney. New York/Oxford 1988, S. 171-179.
Breger, Claudia, Dorothea Dornhof und Dagmar von Hoff: Gender Studies/Gender Trouble. Tendenzen und Perspektiven der deutschsprachigen Forschung. ZfG NF 9 (1999), S. 72-113.
Breuer, Dieter (Hg.): Religion und Religiosität im Zeitalter des Barock. Unter Mitwirkung von Barbara Becker-Cantarino, Heinz Schilling und Walter Sparn. 2 Bde. Wiesbaden 1995 (= Wolfenbütteler Arbeiten zur Barockforschung, Bd. 25).
Breymayer, Reinhard: Städtisches und literarisches Leben in Stuttgart im 17. Jahrhundert. Ein bibliographischer Versuch mit besonderer Berücksichtigung der Prinzessin Antonia von Württemberg und ihrer Bibliothek. In: Stadt und Literatur im deutschen Sprachraum der Frühen Neuzeit. Hg. von Klaus Garber unter Mitwirkung von Stefan Anders und Thomas Elsmann. Tübingen 1998, S. 308-383.
Briesemeister, Dietrich: Die Autobiographie in Spanien im 15. Jahrhundert. In: Biographie und Autobiographie in der Renaissance. Hg. v. August Buck. Wiesbaden 1983, S. 45-56.
Brinker-Gabler, Gisela: Metamorphosen des Subjekts. Autobiographie, Textualität und Erinnerung. In: Autobiographien von Frauen. Hg. v. Magdalene Heuser. Tübingen 1996, S. 393-404.
Brinker-Gabler, Gisela (Hg.): Deutsche Literatur von Frauen. Bd.1: Vom Mittelalter bis zum Ende des 18. Jahrhunderts. München 1988.
Brodzki, Bella und Celeste Schenck: Introduction. In: Life/Lines. Hg. v. Bella Brodzki und Celeste Schenck. Ithaca/London 1988, S. 1-15.
Brodzki, Bella und Celeste Schenck (Hg.): Life/Lines. Theorizing Women's Autobiography. Ithaca/London 1988.
Broughton, Trev Lynn: Women's Autobiography. The Self at Stake? In: Autobiography and Questions of Gender. Hg. v. Shirley Neuman. London/Portland 1991, S. 76-94.
Broughton, Trev Lynn und Linda Anderson (Hg.): Women's Lives/Women's Times. New Essays on Auto/Biography. Albany 1997.
Brückner, Hieronymus: Gründliche Widerlegung der angegebenen Ursachen Welche Jungfer Marthen Elisabeth Zitterin / jetzo Nonne des Ursuliner Klosters zu Kitzingen in Francken am Mayn / unter dem Namen von JESU / bewogen haben sollen / Die Evangelische Religion / und den Fürstl. Sächs. Hof zum Friedenstein / zu welchen Sie vorher / auf ihre darzu genommene Zuflucht / aufgenommen worden / wieder zu verlassen. [...] Gotha 1679.
Brückner, Hieronymus: Wiederhohlte Gründliche Vorstellung, Dass die wider Lutheri Lehre [...] ausgegangene Ephemerides [...] eine verbotene Schmäh-Schrifft und Das [...] Schrei-

ben Chur-Fürst Johann Friedrichs zu Sachsen an Zwey Hertzoge in Beyern [...] erdichtet sey [...]. Meiningen 1681.
Bruner, Jerome: Acts of Meaning. Cambridge/London 1990.
Bruner, Jerome: The Autobiographical Process. In: The Culture of Autobiography. Hg. v. Robert Folkenflik. Stanford 1993, S. 38-56.
Brunner, P. L. (Hg.): Schicksale des Klosters Elchingen und seiner Umgebung in der Zeit des dreissigjährigen [!] Krieges (1629-1645). Aus dem Tagebuche des P. Johannes Bozenhart. In: Zeitschrift des historischen Vereins für Schwaben und Neuburg, 3 (1876), S. 157-282.
Bruss, Elizabeth W.: Die Autobiographie als literarischer Akt (1974). In: Die Autobiographie. Hg. v. Günter Niggl. Darmstadt 1998, S. 258-279.
Buck, August, Georg Kauffmann, Blake Lee Spahr und Conrad Wiedemann (Hg.): Europäische Hofkultur im 16. und 17. Jahrhundert. Vorträge und Referate. 3 Bde, Hamburg 1981.
Bürger, Peter: Das Verschwinden des Subjekts. Eine Geschichte der Subjektivität von Montaigne bis Barthes. Frankfurt a. M. 1998.
Bürster, Sebastian: Sebastian Bürster's Beschreibung des Schwedischen Krieges 1630-1647. Nach der Original-Handschrift im General-Landesarchiv zu Karlsruhe. Hg. von Friedrich von Weech. Leipzig 1875.
Burghartz, Susanna: Hexenverfolgung als Frauenverfolgung? Zur Gleichsetzung von Hexen und Frauen am Beispiel Luzerner und Lausanner Hexenprozesse des 15. und 16. Jahrhunderts. In: Dritte Schweizer Historikerinnentagung. Beiträge. Hg. v. Lisa Berrisch u. a. Zürich 1986, S. 86-105.
Burghartz, Susanna: Zeiten der Reinheit – Orte der Unzucht. Ehe und Sexualität in Basel während der Frühen Neuzeit. Paderborn u. a. 1999.
Burkhardt, Johannes: Der Dreißigjährige Krieg. Frankfurt a. M. 1992.
Buss, Helen M.: Mapping Our Selves. Canadian Women's Autobiography in English. Montreal u. a. 1993.
Bußmann, Hadumod und Renate Hof (Hg.): Genus. Zur Geschlechterdifferenz in den Kulturwissenschaften. Stuttgart 1995.
Butler, Judith: Das Unbehagen der Geschlechter. Frankfurt a. M. 1991.
Butler, Judith: Haß spricht. Zur Politik des Performativen. Berlin 1998.
Butler, Judith: Körper von Gewicht. Die diskursiven Grenzen des Geschlechts. Frankfurt a. M. 1997.
Carrdus, Anna: Margaretha Susanna von Kuntsch (1651-1717) und 16 Altenburger Dichterinnen. In: Deutsche Frauen der Frühen Neuzeit. Hg. v. Kerstin Merkel und Heide Wunder. Darmstadt 2000, S. 123-138.
Cersowsky, Peter: Magie und Dichtung. Zur deutschen und englischen Literatur des 17. Jahrhunderts. München 1990.
Chisholm, Dianne: H.D.'s Autoheterography. In: Tulsa Studies in Women's Literature, 9 (1990), S. 79-106.
Chodorow, Nancy J.: Das Erbe der Mütter. Psychoanalyse und Soziologie der Geschlechter. München 1985.
Cixous, Hélène: Die unendliche Zirkulation des Begehrens. Weiblichkeit in der Schrift. Aus dem Französischen von Eva Meyer und Jutta Kranz. Berlin 1977.
Cixous, Hélène: Weiblichkeit in der Schrift. Aus dem Französischen von Eva Duffner. Berlin 1980.

Classen, Albrecht: Elisabeth Charlotte von der Pfalz, Herzogin von Orléans. Epistolarische Selbstbekenntnisse und literarisches Riesenunternehmen. In: Archiv für Kulturgeschichte 77 (1995), S. 33-54.
Cohen, Elizabeth S.: Court Testimony form the Past. Self and Culture in the Making of Text. In: Essays on Life Writing. Hg. v. Marlene Kadar. Toronto 1992, S. 83-93.
Cohen, Thomas V.: Agostino Bonamore and the Secret Pigeon. In: Essays on Life Writing. Hg. v. Marlene Kadar. Toronto 1992, S. 94-112.
Coleman, Linda S.: Public Self, Private Self. Women's Life-Writing in England 1570-1720. Ph. D. Diss. University of Wisconsin, Milwaukee, 1986.
Colvin, Sarah: Eine Warnung vor dem Weiblichen? Die Venus-Allegorese in den Frauendramen D. C. von Lohensteins. In: Die Allegorese des antiken Mythos. Hg. von Hans-Jürgen Horn und Hermann Walter. Wiesbaden 1997, S. 267-285 (=Wolfenbütteler Forschungen 75).
Colvin, Sarah: Ideas of the Feminine and of the Oriental. Rhetoric and Alterity on the German Stage. 1647-1742. Oxford 1995.
Conrad, Anne: „Jungfraw Schule" und Christenlehre. Lutherische und katholische Elementarbildung für Mädchen. In: Geschichte der Mädchen- und Frauenbildung. Hg. v. Elke Kleinau und Claudia Opitz. Bd. 1: Vom Mittelalter bis zur Aufklärung. Frankfurt am Main/NewYork 1996, S. 175-188.
Conrad, Anne: „Katechismusjungfrauen" und „Scholastikerinnen". Katholische Mädchenbildung in der Frühen Neuzeit. In: Wandel der Geschlechterbeziehungen zu Beginn der Neuzeit. Hg. v. Heide Wunder und Christina Vanja. Frankfurt a. M. 1991, S. 154-179.
Conrad, Anne: Weibliche Lehrorden und katholische höhere Mädchenschulen im 17. Jahrhundert. In: Geschichte der Mädchen- und Frauenbildung. Hg. v. Elke Kleinau und Claudia Opitz. Bd. 1: Vom Mittelalter bis zur Aufklärung. Frankfurt am Main/NewYork 1996, S. 252-262.
Conrad, Anne (Hg): „In Christo ist weder man noch weyb". Frauen in der Zeit der Reformation und der katholischen Reform. Münster 1999.
Costello, Jeanne: Taking the ‚Woman' out of Women's Autobiography. The Perils and Potentials of Theorizing Female Subjectivities. In: diacritics 21, 2-3 (1991).
Coupe, William A.: The German Illustrated Broadsheet in the Seventeenth Century. Historical and Iconographical Studies. 2 Bde, Baden-Baden 1966f. (= Bibliotheca bibliographica Aureliana, Bd. 17 und 20)
Couser, G. Thomas: Altered Egos. Authority in American Autobiography. New York/Oxford 1989.
Couser, G. Thomas und Joseph Fichtelberg (Hg.): True Relations. Essays on Autobiography and the Postmodern. London 1998.
Craemer-Schroeder, Susanne: Deklination des Autobiographischen. Goethe, Stendhal, Kierkegaard. Berlin 1993.
Critchfield, Richard: Prophetin, Führerin, Organisatorin. Zur Rolle der Frau im Pietismus. In: Die Frau von der Reformation zur Romantik. Hg. v. Barbara Becker-Cantarino. Bonn 1980, S. 112-137.
Cruysse, Dirk Van der: „Madame sein ist ein ellendes Handwerck" Liselotte von der Pfalz – eine deutsche Prinzessin am Hof des Sonnenkönigs. 6. Aufl. München/Zürich 2000.
Culley, Margaret: What a Piece of Work is ‚Women'! An Introduction. In: American Women's Autobiography. Hg. v. Margaret Culley. Madison 1992, S. 3-31.
Culley, Margaret (Hg.): American Women's Autobiography. Fea(s)ts of Memory. Madison 1992.

Czarnecka, Miroslawa: Dekorative Anwendung der Emblematik am Beispiel von Sophienthalschen Sinnbildern der Herzogin Anna Sophia von Liegnitz (1628-1666). In: Daphnis 23 (1994), S. 1-35.
Czarnecka, Miroslawa: Die „verse=schwangere" Elysie. Zum Anteil der Frauen an der literarischen Kultur Schlesiens im 17. Jahrhundert. Wroclaw 1997.
Czarnecka, Miroslawa: Marianne von Bressler (1690-1728) – eine unbekannte Dichterin aus Breslau. In: Stadt und Literatur im deutschen Sprachraum der Frühen Neuzeit. Bd. 1, 2. Hg. von Klaus Garber unter Mitw. von Stefan Anders und Thomas Elsmann. Tübingen 1998, S. 961-972.
Czarnecka, Miroslawa (Hg.): Dichtungen schlesischer Autorinnen des 17. Jahrhunderts. Eine Anthologie. Wroclaw 1997.
Daly, Peter Maurice: Dichtung und Emblematik bei Catharina Regina von Greiffenberg. Bonn 1976.
Daly, Peter Maurice: Catharina Regina von Greiffenberg. In: Deutsche Dichter des 17. Jahrhunderts. Ihr Leben und Werk. Unter Mitarbeit zahlreicher Fachgelehrter hg. v. Harald Steinhagen und Benno von Wiese. Berlin 1984, S. 615-639.
Davies, Mererid Puw, Beth Linklater und Gisela Shaw (Hg.): Autobiography by Women in German. Oxford u. a. 2000.
Davis, Natalie Zemon: Bindung und Freiheit. Die Grenzen des Selbst im Frankreich des sechzehnten Jahrhunderts. In: Dies.: Frauen und Gesellschaft am Beginn der Neuzeit. Berlin 1986, S. 7-18.
Davis, Natalie Zemon: Drei Frauenleben, Berlin 1995.
Davis, Natalie Zemon: Fiction in the Archives. Pardon Tales and their Tellers in Sixteenth Century France, Stanford 1987.
Davis, Natalie Zemon: Frauen und Gesellschaft am Beginn der Neuzeit. Studien über Familie, Religion und die Wandlungsfähigkeit des sozialen Körpers. Berlin 1986.
de Bruyn, Günter: Das erzählte Ich. Über Wahrheit und Dichtung in der Autobiographie. Frankfurt a. M. 1995.
Dekker, Rudolf: Ego-Dokumente in den Niederlanden vom 16. bis zum 17. Jahrhundert. In: Ego-Dokumente. Hg. v. Winfried Schulze. Berlin 1996, S. 33-57.
Dekker, Rudolf: Introduction. In: Egodocuments and History. Autobiographical Writing in Its Social Context since the Middle Ages. Hg. v. R.. D. Hilversum 2002, S. 7-20.
Dekker, Rudolf: Uit de schaduw in't grote licht. Kinderen in egodocumenten van de gouden eeuw tot de romantiek. Amsterdam 1995.
Delany, Paul: British Autobiography in the Seventeenth Century. London 1969.
de Lauretis, Teresa: Der Feminismus und seine Differenzen. In: Feministische Studien 11 (1993), Heft 2, S. 96-102.
de Lauretis, Teresa: Technologies of Gender. London 1987.
de Man, Paul: Autobiographie als Maskenspiel. In: Ders.: Die Ideologie des Ästhetischen. Hg. von Christoph Menke. Frankfurt a. M. 1993. Urspr. Paul de Man: Autobiography as De-Facement. In: Modern Language Notes 94 (1979), S. 919-930.
Dengler-Schreiber, Karin: „Ist alles oed und wüst...". Zerstörung und Wiederaufbau in der Stadt Bamberg im Zeitalter des Dreißigjährigen Kriegs. In: Jahrbuch für fränkische Landesforschung 57 (1997), S. 145-161.
Derrida, Jacques: The Ear of the Other. Otobiography, Transference, Translation. Lincoln/London 1988.

Dienst, Heide: Magische Vorstellungen und Hexenverfolgungen in den österreichischen Ländern. In: Wellen der Verfolgung in der österreichischen Geschichte. Hg. v. Erich Zöllner. Wien 1986, S. 70-94.
Dilthey, Wilhelm: Das Erleben und die Selbstbiographie (1906-1911/1927). In: Die Autobiographie. Hg. v. Günter Niggl. Darmstadt 1998, S. 21-32.
Dinges, Martin (Hg.): Hausväter, Priester, Kastraten. Zur Konstruktion von Männlichkeit in Spätmittelalter und Früher Neuzeit. Göttingen 1998.
Dinzelbacher, Peter: Die Gottesgeburt in der Seele und im Körper. Von der somatischen Konsequenz einer theologischen Metapher. In: Variationen der Liebe. Historische Psychologie der Geschlechterbeziehung. Hg. v. Thomas Kornbichler und Wolfgang Maaz. Tübingen 1995, S. 94-128.
Dinzelbacher, Peter: Heilige oder Hexen? Schicksale auffälliger Frauen in Mittelalter und Frühneuzeit. München u. a. 1995.
Dinzelbacher, Peter: Mittelalterliche Frauenmystik. Paderborn u.a. 1993.
Dippold, Günter: Aspekte der ‚Hexen'-Verfolgung im Hochstift Bamberg. In: Bericht des Historischen Vereins Bamberg 135 (1999), S. 291-305.
Dohm, Burkhard: Poetische Alchimie. Öffnung zur Sinnlichkeit in der Hohelied- und Bibeldichtung von der protestantischen Barockmystik bis zum Pietismus. Tübingen 2000.
Dohm, Burkhard: Pyra und Lange. Zum Verhältnis von Empfindsamkeit und Pietismus in ihren *Freundschaftlichen Liedern*. In: Dichtungstheorien der deutschen Frühaufklärung. Hg. von Theodor Verweyen in Zusammenarbeit mit Hans-Joachim Kertscher. Tübingen 1995, S. 86-100.
Dohm, Burkhard: Radikalpietistin und ‚schöne Seele'. Susanna Katharina von Klettenberg. In: Goethe und der Pietismus. Hg. v. Hans-Georg Kemper und Hans Schneider. Tübingen 2001, S. 111-134.
Donahue, Darcy: Writing Lives. Nuns and Confessors as Auto/biographers in Early Modern Spain. In: Journal of Hispanic Philology 13 (1989), S. 230-239.
Duby, Georges und Michelle Perrot (Hg.): Geschichte der Frauen. 5 Bde. Frankfurt am Main/Paris 1993ff. Frühe Neuzeit, Bd. 3 (1994), hg. v. Arlette Farge und Natalie Zemon Davis, ed. Betreuung der dt. Ausgabe Heide Wunder und Rebekka Habermas.
Duden, Barbara: Die Frau ohne Unterleib. Zu Judith Butlers Entkörperung. Ein Zeitdokument. In: Feministische Studien, 11 (1993), Heft 2, S. 24-33.
Dülmen, Richard van: Die Entdeckung des Individuums (1500-1800). Frankfurt a. M. 1997.
Dülmen, Richard van: Kultur und Alltag in der frühen Neuzeit, Bd. 1-3, München 1990, 1992, 1994.
Ders. (Hg.): Entdeckung des Ich. Die Geschichte der Individualisierung vom Mittelalter bis zur Gegenwart. Köln u. a. 2001.
Dülmen, Richard van (Hg.): Die Erfindung des Menschen. Schöpfungsträume und Körperbilder. 1500-2000. Wien u. a. 1998.
Dülmen, Richard van (Hg.): Hexenwelten. Magie und Imagination vom 16.-20. Jahrhundert. Frankfurt 1987.
Dürr, Renate: Die Ehre der Mägde zwischen Selbstdefinition und Fremdbestimmung. In: Ehrkonzepte in der Frühen Neuzeit. Hg. von Sibylle Backmann u. a. Berlin 1998, S. 170-184.
Dürr, Renate: Von der Ausbildung zur Bildung. Erziehung zur Ehefrau und Hausmutter in der Frühen Neuzeit. In: Geschichte der Mädchen- und Frauenbildung. Hg. v. Elke Kleinau und Claudia Opitz. Bd. 1: Vom Mittelalter bis zur Aufklärung. Frankfurt am Main/NewYork 1996, S. 189-206.

Durkheim, Émile: Der Selbstmord. Übersetzt von Sebastian und Hanne Herkommer. Frankfurt a. M. 1983.

Eakin, Paul John: Fiction in Autobiography. Studies in the Art of Self-Invention. Princeton 1985.

Eakin, Paul John: Narrative and Chronology as Structures of Reference and the New Model Autobiographer. In: Studies in Autobiography. Hg. v. James Olney. New York/Oxford 1988, S. 32-41.

Eakin, Paul John: Relational Selves, Relational Lives. The Story of the Story. In: True Relations. Hg. v. G. Thomas Couser und Joseph Fichtelberg. London 1998, S. 63-81.

Eakin, Paul John: Touching the World. Reference in Autobiography. Princeton 1992.

Eberhard, Wilhelmine: Fünf und vierzig Jahre aus meinem Leben. Eine biographische Skizze für Mütter und Töchter. Leipzig 1802.

Ebner, Dean: Autobiography in Seventeenth-Century England. Theology and the Self. The Hague, Paris 1971.

Ebner-Eschenbach, Marie von: Meine Kinderjahre. In: Dies.: Kritische Texte und Deutungen. Hg. v. Karl Konrad Polheim. Autobiographische Schriften 1. Kritsch hg. und gedeutet von Christa-Maria Schmidt. Tübingen 1989.

Eco, Umberto: Die Insel des vorigen Tages. München/Wien 1995.

Edkins, Carol: Quest for Community. Spiritual Autobiographies of Eighteenth-Century Quaker and Puritan Women in America. In: Women's Autobiography. Essays in Criticism. Hg. v. Estelle C. Jelinek, Bloomington 1980, S. 39-52.

Elbaz, Robert: Autobiography, Ideology and Genre Theory. In: Orbis litterarum 38 (1983), S. 187-204.

Erhart, Walter und Britta Herrmann: Feministische Zugänge – Gender Studies. In: Grundzüge der Literaturwissenschaft. Hg. v. Heinz Ludwig Arnold und Heinrich Detering. München 1996, S. 498-515.

Erk, Ludwig und Franz Magnus Böhme (Hg.): Deutscher Liederhort. Auswahl der vorzüglicheren Deutschen Volkslieder, gesammelt und erläutert von Ludwig Erk, neubearb. und fortgesetzt von Franz M. Böhme, 3 Bde. Leipzig 1893f.

Ernst, Juliana: Denkbüechlin. Publiziert von Glatz, Karl J[ordan]: Ein gleichzeitiger Bericht über das Wirtembergische [!] Kriegsvolk vor der östreichischen Stadt Villingen vom Jahre 1631-1633. In: Vierteljahrshefte für württembergische Geschichte (1878), 129-137.

Esselborn, Hans: Erschriebene Individualität und Karriere in der Autobiographie des 18. Jahrhunderts. In: Wirkendes Wort 2/96, S. 193-210.

Von Faber du Faur, Curt: German Baroque Literature. A Catalogue of the Collection in the Yale University Library, 2 Bde., New Haven 1958 und 1969.

Falkner, Silke R.: Rhetorical Tropes and Realities – a Double Strategy Confronts a Double Standard. Catharina Regina von Greiffenberg Negotiates a Solution in the Seventeenth Century. In: Women in German Yearbook 17 (2001), S. 31-56.

Feldges, Mathias: Grimmelshausens *Landstörtzerin Courage*. Eine Interpretation nach der Methode des vierfachen Schriftsinnes. Bern 1969 (= Basler Studien zur deutschen Sprache und Literatur, Heft 38).

Feldman, Linda Ellen: The Rape of Frau Welt. Transgression, Allegory and the Grotesque Body in Grimmelshausen's Courasche. In: Daphnis 20 (1991), S. 61-80.

Feustking, Johann Heinrich: Gynaeceum Haeretico Fanaticum, Oder Historie und Beschreibung Der falschen Prophetinnen / Qväkerinnen / Schwärmerinnen / und andern sectirischen und begeisterten Weibes=Personen. Frankfurt und Leipzig 1704.

Fietze, Katharina: Frauenbildung in der ‚Querelle des femmes'. In: Geschichte der Mädchen- und Frauenbildung. Hg. v. Elke Kleinau und Claudia Opitz. Bd. 1: Vom Mittelalter bis zur Aufklärung. Frankfurt am Main/NewYork 1996, S. 237-251.

Fina, Ortrun (Bearb.): Das Mariasteiner Anniversar. Totenbuch - Lebensbuch; Verz. d. Gedächtnistage im ehem. Augustinerinnenkloster Mariastein bei Eichstätt. Regensburg 1987.

Finck, Almut: Autobiographisches Schreiben nach dem Ende der Autobiographie. Berlin 1999.

Finnan, Carmel: Gendered Memory? Cordelia Edvardson's *Gebranntes Kind sucht das Feuer* and Ruth Klüger's *weiter leben*. In: Autobiography by Women in German. Hg. v. Mererid Puw Davies et al. Oxford u. a. 2000, S. 273-290.

Fischer, Karin, Eveline Kilian und Jutta Schönberg (Hg.): Bildersturm im Elfenbeinturm. Ansätze feministischer Literaturwissenschaft. Tübingen 1992

Fleig, Anne: Körper-Inszenierungen. Begriff, Geschichte, kulturelle Praxis. In: Erika Fischer-Lichte/Anne Fleig (Hg.): Körper-Inszenierungen. Tübingen 2000, S. 7-17.

Fleishman, Avrom: Figures of Autobiography. The Language of Self-Writing in Victorian and Modern England. Berkeley 1983.

Foley-Beining, Kathleen: The Body and Eucharistic Devotion in Catharina Regina von Greiffenberg's *Meditations*. Columbia 1997.

Folkenflik, Robert (Hg.): The Culture of Autobiography. Stanford 1993.

Fontane, Theodor: Meine Kinderjahre. Autobiographischer Roman. Stuttgart 1986.

Foucault, Michel: Der Wille zum Wissen. Frankfurt 1977 (= Sexualität und Wahrheit 1).

Foucault, Michel: Dispositive der Macht. Über Sexualität, Wissen und Wahrheit. Berlin 1978.

Foucault, Michel: Überwachen und Strafen. Die Geburt des Gefängnisses. Frankfurt 1976.

Foucault, Michel: Vom klassischen Selbst zum modernen Subjekt. In: Hubert L. Dreyfus, Paul Rabinow: Michel Foucault. Jenseits von Strukturalismus und Hermeneutik. Mit einem Nachwort von und einem Interview mit Michel Foucault. 2. Aufl. Weinheim 1994, S. 281-292.

Fowler, Lois J. und David H. Fowler (Hg.): Revelations of Self. American Women in Autobiography. Albany 1990.

Fraisse, Geneviève: Über Geschichte, Geschlecht und einige damit zusammenhängende Denkverbot. Ein Gespräch mit Geneviève Fraisse, geführt von Eva Horn. In: Neue Rundschau 104 (1993), H. 4, S. 46-56.

Frank, Manfred: Die Unhintergehbarkeit von Individualität. Reflexionen über Subjekt, Person und Individuum aus Anlaß ihrer ‚postmodernen' Toterklärung. Frankfurt a. M. 1986.

Frank, Manfred: Subjekt, Person, Individuum. In: Individualität. Hg. v. Manfred Frank und Anselm Haverkamp. München 1988 (= Poetik und Hermeneutik XIII), S. 3-20.

Frey, Winfried: Vom Antijudaismus zum Antisemitismus. Ein antijüdisches Pasquill von 1606 und seine Quellen. In: Daphnis 18 (1989), S. 251-279.

Freytag, Gustav (Hg.): Bilder aus der deutschen Vergangenheit. Bd. 4: Aus neuer Zeit (1700 - 1848). Leipzig 1911.

Frieden, Sandra: Autobiography. Self Into Form. German-Language Autobiographical Writings of the 1970's. Frankfurt a. M. u. a. 1983.

Friedman, Susan Stanford: Women's Autobiographical Selves. Theory and Practice. In: The Private Self. Hg. v. Shari Benstock. Chapel Hill 1988, S. 34-62.

Friedrichs, Elisabeth: Die deutschsprachigen Schriftstellerinnen des 18. und 19. Jahrhunderts. Ein Lexikon. Stuttgart 1981.

Funk, Julika und Cornelia Brück: Fremd-Körper. Körper-Konzepte. Tübingen 1999 (= Literatur und Anthropologie, Bd. 5).
Gaebel, Ulrike und Erika Kartschoke (Hg.): Böse Frauen – gute Frauen. Darstellungskonventionen in Texten und Bildern des Mittelalters und der Frühen Neuzeit. Trier 2001.
Gallas, Helga und Anita Runge: Romane und Erzählungen deutscher Schriftstellerinnen um 1800. Eine Bibliographie mit Standortnachweisen. Stuttgart 1993.
Ganzfried, Daniel: Die geliehene Holocaust-Biographie. Kommt einer und behauptet, er sei im Innern der Hölle gewesen, fühlen wir gedankenlos mit. Er nimmt uns die Aufgabe ab, Auschwitz zu verstehen. In: Weltwoche Nr. 35/98, 27.8.1998.
Garber, Klaus et al. (Hg.): Erfahrung und Deutung von Krieg und Frieden. Religion – Geschlechter – Natur und Kultur. (= Der Frieden – Rekonstruktion einer europäischen Vision. Hg. v. Klaus Garber und Jutta Held, Bd. 1). München 2001.
Gasché, Rudolphe: [Herausgebervorbemerkung]. In: MLN 93/4 (1978), S. 573f.
Gehm, Britta: Die Hexenverfolgung im Hochstift Bamberg und das Eingreifen des Reichshofrates zu ihrer Beendigung. Hildesheim u. a. 2000.
Geier, Andrea und Ursula Kocher (Hg.): Wi(e)der die Frau. Zu Geschichte und Funktion misogyner Rede. i. E.
Gerhardt, Marlis: Stimmen und Rhythmen. Weibliche Ästhetik und Avantgarde. Darmstadt 1986.
Giesler, Birte: Literatursprünge. Das erzählerische Werk von Friederike Helene Unger. Göttingen 2003.
Gilbert, Sandra Caruso Mortola und Susan Dreyfuss David Gubar: Ceremonies of the Alphabet. Female Grandmatologies and the Female Authorgraph. In: The Female Autograph. Hg. v. Domna C. Stanton. Chicago/London 1987, S. 21-48.
Gilbert, Sandra und Susan Gubar: The Madwoman in the Attic. The Woman Writer and the Nineteenth-Century Literary Imagination. New Haven/London 1984.
Gildemeister, Regine und Angelika Wetterer: Wie Geschlechter gemacht werden. In: Traditionen Brüche. Entwicklungen feministischer Theorie. Hg. v. Gudrun-Axeli Knapp und Angelika Wetterer. Freiburg 1992, S. 201-254.
Gilmore, Leigh: Autobiographics. A Feminist Theory of Women's Self-Representation. Ithaca und London 1994.
Glagau, Hans: Das romanhafte Element der modernen Selbstbiographie im Urteil des Historikers (1903). In: Die Autobiographie. Hg. v. Günter Niggl. Darmstadt 1998, S. 55-71.
Glaser, Brigitte: The Creation of the Self in Autobiographical Forms of Writing in Seventeenth-Century England. Subjectivity and Self-Fashioning in Memoirs, Diaries, and Letters. Heidelberg 2001.
Glatz, Karl Jordan (Hg.): Chronik des Bickenklosters zu Villingen 1238 bis 1614. Tübingen 1881 (=Bibl. des literarischen [!] Vereins in Stuttgart 151).
Gleixner, Ulrike: ‚Das Mensch' und ‚der Kerl' : die Konstruktion von Geschlecht in Unzuchtsverfahren der frühen Neuzeit (1700-1760). Frankfurt a. M./New York 1994.
Gleixner, Ulrike: Pietismus, Geschlecht und Selbstentwurf. Das *Wochenbuch* der Beate Hahn, verh. Paulus (1778-1842). In: Historische Anthropologie 10 (2002), S. 76-100.
Glikl: Die Memoiren der Glückel von Hameln. Aus dem Jüdisch-Deutschen von Bertha Pappenheim. Mit einem Vorwort von Viola Roggenkamp. Weinheim 1994.
Gnädinger, Louise: Catharina Regina von Greiffenberg. In: Deutsche Literatur von Frauen. Hg. v. Gisela Brinker-Gabler. Bd. 1. München 1988, S. 248-264.

Gössmann, Elisabeth: Für und wider die Frauengelehrsamkeit. Eine europäische Diskussion im 17. Jahrhundert. In: Deutsche Literatur von Frauen. Hg. von Gisela Brinker-Gabler. Bd. 1. München 1988, S. 185-197.
Gössmann, Elisabeth: Religiös-theologische Schriftstellerinnen. In: Geschichte der Frauen. Hg. v. Georges Duby und Michelle Perrot, 2. Bd. Frankfurt a. M. 1993, S. 495-510.
Gössmann, Elisabeth: Rezeptionszusammenhänge und Rezeptionsweisen deutscher Schriften zur Frauengelehrsamkeit. In: Res Publica Litteraria. Hg. v. Sebastian Neumeister und Conrad Wiedemann. Wiesbaden 1987, Bd. 2, S. 589-601.
Goethe, Johann Wolfgang von: Werke. Hamburger Ausgabe. Bd. 1: Gedichte und Epen 1. Textkritisch durchgesehen und kommentiert von Erich Trunz. 14. Aufl. München 1989.
Goethe, Johann Wolfgang von: Aus meinem Leben. Dichtung und Wahrheit. In: Ders.: Werke. Hamburger Ausgabe. Bd. 9: Autobiographische Schriften I. Textkritisch durchgesehen von Lieselotte Blumenthal, kommentiert von Erich Trunz. 12. Aufl. München 1994. Bd. 10: Autobiographische Schriften II. Textkritisch durchgesehen von Lieselotte Blumenthal und Waltraud Loos, kommentiert von Waltraud Loos und Erich Trunz. 10. Aufl. 1994.
Götz, Bärbel, Ortrud Gutjahr, Irmgard Roebling (Hg.): Verschwiegenes Ich. Vom Un-Ausdrücklichen in autobiographischen Texten. Pfaffenweiler 1993.
Goger, Irmgard: Das Hausbuch der Maria Elisabeth Stampfer (1679/94). Ein Beitrag zum Selbstverständnis und zur Situation der Frau in der frühen Neuzeit. Univ. Wien, Dipl.-Arb. 1989.
Goldmann, Stefan: Topos und Erinnerung. Rahmenbedingungen der Autobiographie. In: Der ganze Mensch. Anthropologie und Literatur im 18. Jhd. Hg. von Hans-Jürgen Schings. Germanistische Symposien der DFG XV 1992. Stuttgart/Weimar 1994.
Goodman, Kay: Die große Kunst, nach innen zu weinen. Autobiographien deutscher Frauen im späten 19. und frühen 20. Jahrhundert. In: Die Frau als Heldin und Autorin. Neue kritische Ansätze zur deutschen Literatur. Hg. v. Wolfgang Paulsen. Bern/München 1979, S. 125-135.
Goodman, Kay: Dis/Closures. Women's Autobiography in Germany between 1790 and 1914. New York 1986.
Goodman, Kay: Weibliche Autobiographien. In: Frauen Literatur Geschichte. Schreibende Frauen vom Mittelalter bis zur Gegenwart. Hg. von Hiltrud Gnüg und Renate Möhrmann. 2., vollst. neu bearb. und erw. Aufl. Stuttgart/Weimar 1999, S. 166-176.
Graevenitz, Gerhart von: Innerlichkeit und Öffentlichkeit. Aspekte deutscher ‚bürgerlicher' Literatur im 18. Jahrhundert. In: Deutsche Vierteljahrsschrift für Literaturwissenschaft und Geistesgeschichte 49 (1975), Sonderheft 18. Jhd., S. 1*-82*.
Graham, Elspeth, Hilary Hinds, Elaine Hobby, Helen Wilcox: Introduction. In: Her own live: Autobiographikcal writings by seventeenth-century Englishwomen. Hg. v. Elspeth Graham u. a. London/New York 1989, S. 1-27.
Graham, Elspeth, Hilary Hinds, Elaine Hobby, Helen Wilcox: „Pondering All These Things in Her Heart". Aspects of Secrecy in the Autobiographical Writings of Seventeenth-Century Englishwomen. In: Women's Lives/Women's Times. Hg. v. Trev Lynn Broughton und Linda Anderson. Albany 1997, S. 51-71.
Greyerz, Kaspar von u. a.: Deutschschweizerische Selbstzeugnisse (1500-1800) als Quellen der Mentalitätsgeschichte, Datenbank: www.histsem.unibas.ch/vongreyerz/projekte.html.
Greyerz, Kaspar von: Erfahrung und Konstruktion. Selbstrepräsentation in autobiographischen Texten des 16. und 17. Jahrhunderts. In: Berichten, Erzählen, Beherrschen. Wahr-

nehmung und Repräsentation in der frühen Kolonialgeschichte Europas. Hg. v. Susanna Burghartz, Maike Christadler und Dorothea Nolde. Frankfurt a. M. 2003, S. 220-239.

Greyerz, Kaspar von: Religion und Kultur. Europa 1500-1800. Darmstadt 2000.

Greyerz, Kaspar von: Vorsehungsglaube und Kosmologie. Studien zu englischen Selbstzeugnissen des 17. Jahrhunderts. Göttingen 1990.

Greyerz, Kaspar von, Hans Medick und Patrice Veit (Hg.): Von der dargestellten Person zum erinnerten Ich. Europäische Selbstzeugnisse als historische Quellen (1500-1850), unter Mitarbeit von Sebastian Leutert und Gudrun Piller. Köln u. a. 2001.

Grimm, Jacob und Wilhelm: Deutsches Wörterbuch. Bearb. v. Moriz Heyne. 4. Bd., 2. Abt. Leipzig 1877. Reprint Bd. 10, München 1984.

Grimmelshausen, Hans Jacob Christoffel von: Satyrischer Pilgram. Hg. v. Wolfgang Bender. Tübingen 1970.

Grimmelshausen, Hans Jacob Christoffel von: Der abentheurliche Simplicissimus Teutsch. In: Werke I, 1. Hg. v. Dieter Breuer. Frankfurt a. M. 1989 (= Bibliothek der Frühen Neuzeit 4,1)

Grimmelshausen, Hans Jacob Christoffel von: Trutz Simplex. Oder Ausführliche und wunderseltzame Lebensbeschreibung Der Ertzbetrügerin und Landstörtzerin Courasche [...] In: Werke I, 2. Hg. v. Dieter Breuer. Frankfurt a. M. 1992 (Bibliothek der Frühen Neuzeit 4,2).

Groppe, Sabine: Das Ich am Ende des Schreibens. Würzburg 1990.

Grubitzsch, Helga: Die Autobiographie der Théroigne de Méricourt. Überlegungen zum feministischen Umgang mit autobiographischen Texten. In: Bildersturm im Elfenbeinturm. Hg. v. Karin Fischer u. a. Tübingen 1992, S. 96-115.

Günther, Hans R. G.: Psychologie des deutschen Pietismus. In: Deutsche Vierteljahrsschrift für Literaturwissenschaft und Geistesgeschichte 4 (1926), S. 144-176.

Guentherodt, Ingrid: Autobiographische Auslassungen. Sprachliche Umwege und nichtsprachliche Verschlüsselungen zu autobiographischen Texten von Maria Cunitz, Maria Sibylla Merian und Dorothea Christiane Erxleben, geb. Leporin. In: Autobiographien von Frauen. Hg. v. Magdalene Heuser. Tübingen 1996, S. 135-151.

Guentherodt, Ingrid: „Dreyfache Verenderung" und „Wunderbare Verwandelung." Zu Forschung und Sprache der Naturwissenschaftlerinnen Maria Cunitz (1610-1664) und Maria Sibylla Merian (1647-1717). In: Deutsche Literatur von Frauen. Hg. von Gisela Brinker-Gabler. Bd. 1. München 1988, S. 197-221.

Guentherodt, Ingrid: Kirchlich umstrittene Gelehrte im Wissenschaftsdiskurs der Astronomin Maria Cunitia (1604-1664). Copernicus, Galilei, Kepler. In: Religion und Religiosität im Zeitalter des Barock. Hg. von Dieter Breuer. Wiesbaden 1995, Bd. 2, S. 857-872.

Guentherodt, Ingrid: Maria Cunitia. Urania Propitia. Intendiertes, erwartetes und tatsächliches Lesepublikum einer Astronomin des 17. Jahrhunderts. In: Daphnis 20 (1990), S. 311-353.

Guentherodt, Ingrid: Urania Propitia (1650) – in zweyerley Sprachen. Ein lateinisch- und deutschsprachiges Compendium der Mathematikerin und Astronomin Maria Cunitz. In: Res Publica Litteraria. Hg. v. Sebastian Neumeister und Conrad Wiedemann. Wiesbaden 1987, Bd. 2, S. 619-640.

Guglielmetti, Prisca: Nachwort. In: Petersen, Johanna Eleonora, geb. von und zu Merlau: Leben, von ihr selbst mit eigener Hand aufgesetzet. Hg. v. Prisca Guglielmetti (=Kleine Texte des Pietismus 8). Leipzig 2003, S. 89-109.

Gunn, Janet Varner: Autobiography. Toward a Poetics of Experience. Philadelphia 1982.

Gusdorf, Georges: Conditions et limites de l'autobiographie. In: Formen der Selbstdarstellung. Analekten zu einer Geschichte des literarischen Selbstportraits. Festgabe für Fritz Neubert. Berlin 1956, S. 105-123.

Gusdorf, Georges: Voraussetzungen und Grenzen der Autobiographie (1956). Aus dem Französischen von Ursula Christmann. In: Die Autobiographie. Hg. v. Günter Niggl. Darmstadt 1998, S. 121-147.

Hämmerle, Christa: Nebenpfade? Populare Selbstzeugnisse des 19. und 20. Jahrhunderts in geschlechtervergleichender Perspektive. In: Vom Lebenslauf zur Biographie. Geschichte, Quellen und Probleme der historischen Biographik und Autobiographik. Hg. v. Thomas Winkelbauer. Waidhofen 2000, S. 135-167.

Händel, Fred und Axel Herrmann (Hg.): Das Hausbuch des Apothekers Michael Walburger (1652 – 1667). Quellenedition zur Kulturgeschichte eines bürgerlichen Hauswesens im 17. Jahrhundert in fünf Bänden. Hof 1988-1992.

Hahn, Alois: Identität und Selbstthematisierung. In: Selbstthematisierung und Selbstzeugnis. Hg. v. Alois Hahn und Volker Kapp. Frankfurt a. M. 1987, S. 9-24.

Hahn, Alois und Volker Kapp (Hg.): Selbstthematisierung und Selbstzeugnis. Bekenntnis und Geständnis. Frankfurt a. M. 1987.

Hahn, Barbara: Feministische Literaturwissenschaft. Vom Mittelweg der Frauen in der Theorie. In: Neue Literaturtheorien. Eine Einführung. Hg. v. Klaus-Michael Bogdal. Opladen 1990, S. 218-234.

Hahn, Barbara: Unter falschem Namen. Von der schwierigen Autorschaft der Frauen. Frankfurt a. M. 1991.

Haidenbucher, Maria Magdalena: Geschicht Büch de Anno 1609 biß 1650. Publiziert in: Das Tagebuch der Maria Magdalena Haidenbucher (1576-1650), Äbtissin von Frauenwörth. Nach dem Autograph herausgegeben und mit Anmerkungen, Nachwort und Registern versehen von Gerhard Stalla. Amsterdam/Maarsen 1988.

Hannover, Sophie von: Memoiren der Herzogin Sophie, nachmals Kurfürstin von Hannover. Hg. v. A. Köcher, Ndr. Osnabrück 1969.

Hanovre, Sophie de: Mémoires et Lettres de voyage. Hg. und kommentiert von Dirk Van der Cruysse. Paris 1990.

Haraway, Donna: Lieber Kyborg als Göttin! Für eine sozialistisch-feministische Unterwanderung der Gentechnologie. In: „1984". Hg. von Bernd-Peter Lange und Anna Maria Stuby. Argument-Sonderband AS 105 Berlin 1984 (= gulliver. Deutsch-Englische Jahrbücher. German-English Yearbook, Bd. 14), S. 66-84.

Hardin, James: Johann Beers *Der Politische Feuermäurer-Kehr*er and the Anonymous Novel *Der Ausgekehrte Politische Feuer-Mäuer Kehrer*. Contrasting Views of Women in the German Novel of the Late Seventeenth Century. In: MLN 96 (1981), S. 488-502.

Harms, Wolfgang (Hg.): Deutsche Illustrierte Flugblätter des 16. und 17. Jahrhunderts. Bd. II: Die Sammlung der Herzog August Bibliothek in Wolfenbüttel, Bd. 2, München 1980.

Harms, Wolfgang (Hg.), Beate Rattay (Bearb.): Illustrierte Flugblätter aus den Jahrhunderten der Reformation und der Glaubenskämpfe. Ausstellungskatalog, Coburg 1983 (= Veröffentlichungen der Kunstsammlungen der Veste Coburg Nr. 40).

Harms, Wolfgang, John Roger Paas, Michael Schilling, Andreas Wang (Hg.): Illustrierte Flugblätter des Barock. Eine Auswahl. Tübingen 1983.

Hausen, Karin: Die Polarisierung der ‚Geschlechtscharaktere' – eine Spiegelung der Dissoziation von Erwerbs- und Familienleben. In: Sozialgeschichte der Familie in der Neuzeit Europas. Hg. v. Werner Conze. Stuttgart 1976, S. 363-393.

Hausen, Karin, Heide Wunder (Hg.): Frauengeschichte - Geschlechtergeschichte. Frankfurt am Main/New York 1992.
Hedstrom, Elke O.: Margarethe Susanne von Kuntsch (1651-1717). Eine unbekannte deutsche Dichterin aus der Barockzeit. In: Daphnis 19 (1990), S. 223-246.
Heilbrun, Carolyn G.: Writing a Woman's Life. London 1989.
Heimbucher, Max: Die Orden und Kongregationen der katholischen Kirche, 3. Aufl., Paderborn 1933, Bd. 1.
Heißler, Sabine: Christine Charlotte von Ostfriesland (1645-1699) und ihre Bücher oder lesen Frauen anderes? In: Daphnis 27 (1998), S. 335-411.
Heitmann, Annegret: Selbst Schreiben. Eine Untersuchung der dänischen Frauenautobiographik. Frankfurt a. M. 1994.
Hempfer, Klaus W.: Gattung. In: RLL, Bd. 1, S. 651-655.
Hempfer, Klaus W.: Gattungstheorie. Information und Synthese. München 1973.
Henggeler, Rudolf: Professbuch der fürstl. Benediktinerabtei der Heiligen Gallus und Otmar zu St. Gallen. Zug 1929.
Henkel, Arthur und Albrecht Schöne (Hg.): Emblemata. Handbuch zur Sinnbildkunst des XVI. und XVII. Jahrhunderts. Ergänzte Neuausgabe, Stuttgart 1976.
Hermlin, Stephan: Abendlicht. 8. Aufl. Leipzig 1990.
Heuser, Magdalene: Einleitung. In: Autobiographien von Frauen. Hg. v. Magdalene Heuser. Tübingen 1996, S. 1-12.
Heuser, Magdalene (Hg.): Autobiographien von Frauen. Beiträge zu ihrer Geschichte. Tübingen 1996.
Heuvel, Christine van den: Sophie von der Pfalz (1630-1714) und ihre Tochter Sophie Charlotte (1668-1705). In: Deutsche Frauen der Frühen Neuzeit. Hg. v. Kerstin Merkel und Heide Wunder. Darmstadt 2000, S. 77-92.
Heydebrand, Renate von und Simone Winko: Einführung in die Wertung von Literatur. Systematik – Geschichte – Legitimation. Paderborn u. a. 1996.
Hillenbrand, Rainer: Courasche als emanzipierte Frau. Einige erstaunliche Modernitäten bei Grimmelshausen. Daphnis 27 (1998), Heft 1, S. 185-199.
Hilmes, Carola: Das inventarische und das inventorische Ich. Grenzfälle des Autobiographischen. Heidelberg 2000.
Hilmes, Carola: Die Autobiographie ohne Ich. Alain Robbe-Grillets *Romanesques*. In: Das Paradoxe. Literatur zwischen Logik und Rhetorik. Hg. v. Carolina Romahn und Gerold Schipper-Hönicke. Würzburg 1999, S. 306-318.
Hilzensauer, Erik: Die Vorfahren und Verwandten der steirischen Gewerkensgattin Maria Elisabeth Stampfer (gest. 1700). Ein Beitrag zur steirischen Wirtschafts- und Sozialgeschichte in der frühen Neuzeit. Graz 1999.
Hinz, Evelyn J.: Mimesis. The Dramatic Lineage of Auto/Biography. In: Essays on Life Writing. Hg. v. Marlene Kadar. Toronto 1992, S. 195-212.
Hirsch, Emanuel: Geschichte der neuern evangelischen Theologie im Zusammenhang mit den allgemeinen Bewegungen des europäischen Denkens. Bd. 2. Gütersloh 1951.
Hirschmann, Wolfgang: Italienische Opernpflege am Bayreuther Hof, der Sänger Giacomo Zaghini und die Oper *Argenore* der Markgräfin Wilhelmine. In: Italicnische Musiker und Musikpflege an deutschen Höfen der Barockzeit. Hg. von Friedhelm Brusniak. Köln 1995, S. 117-153.
Höfel, Anna: Annae Höefelin eigenhendige beschreibung ihres Lebens-Lauff. Historischer bericht von mein Anna Höefelin geburth, Eltern, leben, Heyrath, kindern, glückh, vnd

vnglückhsfellen. Gott die Ehr. Publiziert in: Gerd Wunder: Anna Rüffer aus Schweinfurt (1603-1655). In: Blätter für fränkische Familienkunde 7 (1959), S. 225 - 231.

Höfel, Johann: IHD 1646. Hausbuch des Dr. Johann Höfel, Familienarchiv von Segnitz.

Hof, Renate: Die Entwicklung der *Gender Studies*. In: Genus. Hg. v. Hadumod Bußmann und Renate Hof. Stuttgart 1995, S. 2-33.

Hoffmann, Barbara: Radikalpietismus um 1700. Der Streit um das Recht auf eine neue Gesellschaft. Frankfurt am Main/New York 1996.

Hoffmann, Volker: Elisa und Robert oder das Weib und der Mann, wie sie sein sollten. Anmerkungen zur Geschlechtercharakteristik der Goethezeit. In: Klassik und Moderne. Festschrift für Walter Müller-Seidel. Hg. v. Karl Richter und Jörg Schönert. München 1983, S. 80-97.

Hoffmeister, Gerhart: On Misogyny in 17th-Century German Prose and its Roots in Reality. In: Studies in German and Scandinavian Literature after 1500. A Festschrift for George C. Schoolfield. Hg. v. James A. Parente and Richard Erich Schade. Columbia 1993, S. 67-80.

Holdenried, Michaela: Autobiographie. Stuttgart 2000.

Holdenried, Michaela: Autobiographik von Frauen – eine eigene Geschichte? Anmerkungen zum Forschungsstand. In: Autobiography by Women in German. Hg. v. Mererid Puw Davies et al. Oxford u. a. 2000, S. 17-33.

Holdenried, Michaela: Einleitung. In: Geschriebenes Leben. Hg. v. Michaela Holdenried. Berlin 1995, S. 9-20.

Holdenried, Michaela: „Ich, die schlechteste von allen." Zum Zusammenhang von Rechtfertigung, Schuldbekenntnis und Subversion in autobiographischen Werken von Frauen. In: Geschriebenes Leben. Hg. v. Michaela Holdenried. Berlin 1995, S. 402-420.

Holdenried, Michaela: Im Spiegel ein anderer. Erfahrungskrise und Subjektdiskurs im modernen autobiographischen Roman. Heidelberg 1991.

Holdenried, Michaela (Hg.): Geschriebenes Leben. Autobiographik von Frauen. Berlin 1995.

Holl, Elias: Hauschronik. Unkorrigierte, unveröff. Transkription für: Elias Holl. Schriften und Briefe. Hg. v. Bernd Roeck, unter Mitarbeit von Benedikt Mauer und Charlotte Gailhofer.

Honegger, Claudia: Die Ordnung der Geschlechter. Die Wissenschaften vom Menschen und das Weib 1750-1850. Frankfurt a. M./New York 1991.

Honegger, Claudia: Hexenprozesse und ‚Heimlichkeiten' der Frauenzimmer. Geschlechtsspezifische Aspekte von Fremd- und Selbstthematisierung. In: Selbstthematisierung und Selbstzeugnis. Hg. v. Alois Hahn und Volker Kapp. Frankfurt a. M. 1987, S. 95-109.

Honegger, Claudia und Bettina Heintz (Hg.): Listen der Ohnmacht. Zur Sozialgeschichte weiblicher Widerstandsformen. Frankfurt a. M. 1981.

Hooton, Joy: Autobiography and Gender. In: Writing Lives. Feminist Biography and Autobiography. Hg. v. Susan Magarey. Adelaide 1992, S. 25-40.

Hornung, Alfred und Ernstpeter Ruhe (Hg.): Autobiographie und Avantgarde. Tübingen 1992.

Hoyers, Anna Ovena: Geistliche und Weltliche Poemata. Hg. v. Barbara Becker-Cantarino. Tübingen 1986.

Hubrath, Margarete: Monastische Memoria als Denkform in der Viten- und Offenbarungsliteratur aus süddeutschen Frauenklöstern des Spätmittelalters. In: Lili 27 (1997), S. 22-38.

Hufton, Olwen: Frauenleben. Eine europäische Geschichte 1500-1800. Aus dem Englischen von Holger Fliessbach und Rena Passenthien. Frankfurt a. M. 1998.

Ingen, Ferdinand van: Form- und Stilfragen der Gebetsliteratur in der Frühen Neuzeit. Am Beispiel von Philipp von Zesens *Frauenzimmers Gebeht-Buch* (1657). In: Gebetsliteratur der Frühen Neuzeit als Hausfrömmigkeit. Hg. v. Ferdinand van Ingen und Cornelia Niekus Moore. Wiesbaden 2001, S. 131-146.
Ingen, Ferdinand van: Poetik und „Deoglori". Auf die unverhinderliche Art der Edlen Dicht-Kunst von Catharina Regina von Greiffenberg. In: Gedichte und Interpretationen. Bd 1: Renaissance und Barock. Hg von Volker Meid. Stuttgart 1982, S. 319-330.
Ingen, Ferdinand van und Cornelia Niekus Moore (Hg.): Gebetsliteratur der Frühen Neuzeit als Hausfrömmigkeit. Funktionen und Formen in Deutschland und den Niederlanden. Wiesbaden 2001.
Irigaray, Luce: Das Geschlecht, das nicht eins ist. Berlin 1979.
Irwin, Joyce: Anna Maria van Schurmann – eine Gelehrte zwischen Humanismus und Pietismus. In: Geschichte der Mädchen- und Frauenbildung. Hg. v. Elke Kleinau und Claudia Opitz. Bd. 1: Vom Mittelalter bis zur Aufklärung. Frankfurt am Main/NewYork 1996, S. 309-324.
Jaeger, Michael: Autobiographie und Geschichte. Neuausgabe. Stuttgart 1997.
Jaitner, Klaus: Die Juden in der frühen Neuzeit. In: Morgen-Glantz 7 (1997), S. 241-263.
Jancke, Gabriele: Autobiographie als soziale Praxis. Beziehungskonzepte in Selbstzeugnissen des 15. und 16.Jahrhunderts. Köln 2002 (= Selbstzeugnisse der Neuzeit, Bd. 10).
Jancke, Gabriele: Autobiographische Texte – Handlungen in einem Beziehungsnetz. Überlegungen zu Gattungsfragen und Machtaspekten im deutschen Sprachraum von 1400 bis 1620. In: Ego-Dokumente. Hg. v. Winfried Schulze. Berlin 1996, S. 73-106.
Jancke, Gabriele: Clara Staiger, la priora. In: Barocco al femminile. Hg. v. Giulia Calvi. Rom/Bari 1992, S. 97-126.
Jancke, Gabriele: Die [...] (Sichronot, Memoiren) der jüdischen Kauffrau Glückel von Hameln zwischen Autobiographie, Geschichtsschreibung und religiösem Lehrtext. Geschlecht, Religion und Ich in der Frühen Neuzeit. In: Autobiographien von Frauen. Hg. v. Magdalene Heuser. Tübingen 1996, S. 93-134.
Jancke, Gabriele: Glikls Autobiographie im Kontext frühneuzeitlicher autobiographischer Schriften. In: Die Hamburger Kauffrau Glikl. Hg. v. Monika Richarz. Hamburg 2001, S. 91-122.
Jauß, Hans Robert: Gottesprädikate als Identitätsvorgaben in der Augustinischen Tradition der Autobiographie. In: Identität. Hg. v. Odo Marquard und Karlheinz Stierle. 2. Aufl. München 1996, S. 708-717 (= Poetik und Hermeneutik VIII).
Jay, Paul L.: Being in the Text. Autobiography and the Problems of the Subject. In: MLN 97 (1982), S. 1045-1063.
Jay, Paul L: Being in the Text. Self-Representation from Wordsworth to Roland Barthes. Ithaca und London 1984.
Jay, Paul L: What's The Use? Critical Theory and the Study of Autobiography. In: biography 10.1 (1987).
Jelinek, Estelle C.: The Tradition of Women's Autobiography. From Antiquity to the Present. Boston 1986.
Jelinek, Estelle C. (Hg.): Women's Autobiography. Bloomington 1980.
Jellinek, Felicitas: Die weibliche Selbstbiographie des 18. Jhds. Diss. (masch.) Wien 1926.
Jenner, Mark S. R.: Body, Image, Text in Early Modern Europe. In: Social History of Medicine 12 (1999), S. 143-154.
Jessen, Jens: Bibliographie der Autobiographie. München u. a. 1987, 1989.

Jung, Martin H.: Frauen des Pietismus. Zehn Porträts. Gütersloh 1998.
Jung, Martin H. (Bearb.): „Mein Herz brannte richtig in der Liebe Jesu". Autobiographien frommer Frauen aus Pietismus und Erweckungsbewegung. Aachen 1999.
Jungbluth, Konstanze: Die Tradition der Familienbücher. Das Katalanische während der Decadència. Beihefte zur Zeitschrift für romanische Philologie, Bd. 272, Tübingen 1996.
Junius, Maria Anna: Verzeignuß. Publiziert in: Bamberg im Schweden-Kriege. Bearb. von Friedrich Karl Hümmer. In: Bericht des Historischen Vereins für die Pflege der Geschichte des ehemaligen Fürstbistums Bamberg 52 (1890), S. 1-168, 53 (1891), S. 169-230.
Kadar, Marlene: Coming to Terms: Life Writing – from Genre to Critical Practice. In: Essays on Life Writing. Hg. v. Marlene Kadar. Toronto 1992, S. 3-16.
Kadar, Marlene (Hg.): Essays on Life Writing. From Genre to Critical Practice. Toronto 1992.
Kahlert, Heike: Weibliche Subjektivität. Geschlechterdifferenz und Demokratie in der Diskussion. Frankfurt a. M./New York 1996.
Kaiser, Helmut: Maria Sibylla Merian. Eine Biographie. Düsseldorf/Zürich 1997.
Kantzenbach, Friedrich Wilhelm: Der Pietismus in Ansbach und im fränkischen Umland. In: Der Pietismus in Gestalten und Wirkungen. Martin Schmidt zum 65. Geburtstag. Hg. v. Heinrich Bornkamm et al. Bielefeld 1975, S. 286 – 299.
Kantzenbach, Friedrich Wilhelm: Die Ansbacher Visionärin und Prophetin Anna Vetter. Zu den sozialen Gehalten ihrer Botschaft. In: ZbKG 45 (1976), S. 26-32.
Kemper, Hans-Georg: Deutsche Lyrik der frühen Neuzeit. Bd.1: Epochen- und Gattungsprobleme, Reformationszeit, Tübingen 1987; Bd.2: Konfessionalismus, Tübingen 1987; Bd.3: Barock-Mystik, Tübingen 1988; Band 5/1: Aufklärung und Pietismus, Tübingen 1991.
Kemper, Hans-Georg und Hans Schneider (Hg.): Goethe und der Pietismus. Tübingen 2001.
Kemper, Tobias A.: „Luftfahrt" und „Hexentantz". Zauberei und Hexenprozeß in Grimmelshausens *Simplicissimus*. In: Simpliciana 19 (1997), S. 107-123.
Kennedy, J. Gerald: Roland Barthes, Autobiography, and the End of Writing. In: Georgia Review XXXV.2 (1981).
Kingston; Maxine: The Woman Warrior Memoirs of a Girlhood Among Ghosts. New York 1976.
Klaiber, Theodor: Die Deutsche Selbstbiographie. Stuttgart 1921.
Klein, Michael: Die Handschriften im Generallandesarchiv Karlsruhe. Wiesbaden 1987.
Kleinau, Elke und Claudia Opitz (Hg.): Geschichte der Mädchen- und Frauenbildung. Bd. 1: Vom Mittelalter bis zur Aufklärung. Frankfurt am Main/NewYork 1996.
Kleinschmidt, Erich: Gelehrte Frauenbildung und frühneuzeitliche Mentalität. In: Res Publica Litteraria. Hg. v. Sebastian Neumeister und Conrad Wiedemann. Wiesbaden 1987, Bd. 2, S. 549-557.
Kley, Antje: Fanny Lewalds *Meine Lebensgeschichte*. Eine Autobiographie zwischen bürgerlicher Anpassung und emanzipatorischem Aufbruch. In: Geschlecht – Literatur – Geschichte I. Hg. v. Gudrun Loster-Schneider. St. Ingbert 1999, S. 129-150.
Klüger, Ruth: Zum Wahrheitsbegriff in der Autobiographie. In: Autobiographien von Frauen. Hg. v. Magdalene Heuser. Tübingen 1996, S. 405-410.
Knopf, Jan: Alltages-Ordnung. Ein Querschnitt durch den alten Volkskalender. Tübingen 1982.
Knopf, Jan: Frühzeit des Bürgers. Erfahrene und verleugnete Realität in den Romanen Wickrams, Grimmelshausens, Schnabels. Stuttgart 1978.

Knopf, Jan: Kalendergeschichte. In: RLL, Bd. 2, 2000, S. 217-220.

Knopf, Jan: Vorschein der Toleranz. Ansätze des Toleranzgedankens im Geschichtsdenken des 17. Jahrhunderts. In: Lessing und die Toleranz. Beiträge der vierten internationalen Konferenz der Lessing Society in Hamburg vom 27. bis 29. Juni 1985. Sonderband zum Lessing Yearbook. Hg. v. Peter Freimark, Franklin Kopitzsch und Helga Slessarev. Detroit/München 1986.

Kolkenbrock-Netz, Jutta und Marianne Schuller: Frau im Spiegel. Zum Verhältnis von autobiographischer Schreibweise und feministischer Praxis. In: Entwürfe von Frauen in der Literatur des 20. Jahrhunderts. Hg. von Irmela von der Lühe. Berlin 1982, S. 154-174.

Koloch, Sabine: Zeremoniellbücher als Forschungsaufgabe kulturhistorischer Frauenforschung. In: Kritische Berichte 4 (1996), S. 43-60.

Kolodny, Annette: Some Notes on Defining a ‚Feminist literary Criticism'. In: Critical Inquiry 2 (1975), S. 75-92.

Koorn, Florence: A Life of Pain and Struggle. The Autobiography of Elisabeth Strouven (1600-1661). In: Autobiographien von Frauen. Hg. v. Magdalene Heuser. Tübingen 1996, S. 13- 23.

Kormann, Eva: Eberhard, Ulrike Wilhelmine Ferdinandine, geb Köhler (1756-1817). Fünf und vierzig Jahre aus meinem Leben. Eine biographische Skizze für Mütter und Töchter (1802). In: Lexikon deutschsprachiger Prosaautorinnen und Dramatikerinnen 1730-1900, hg. von Gudrun Loster-Schneider und Gaby Pailer, Tübingen und Basel, i. E.

Kormann, Eva: „Es möchte jemand fragen, wie ich so hoch von Gott geliebt bin und was mein junger Lebens=lauff gewesen". Anna Vetter oder Religion als worden, Argumentations- und Legitimationsmuster. In: Autobiographien von Frauen. Hg. v. Magdalene Heuser. Tübingen 1996, S. 71-92.

Kormann, Eva: Gattung, Geschlecht und gesellschaftliche Konstruktion. Das Beispiel der Autobiographik des 17. Jahrhunderts. In: Zeitenwende – Die Germanistik auf dem Weg vom 20. ins 21. Jahrhundert. Akten des X. Internationalen Germanistenkongresses. Hg. v. Peter Wiesinger. Wien 2000. Bd. 10, Bern u. a. 2003, S. 87-93.

Kormann, Eva: Haus, Kirche, Stadt und Himmel. Geschlechter-Räume und ihre strategischen Deutungen. In: Geschlechter-Räume. Konstruktionen von ‚gender' in Geschichte, Literatur und Alltag. Hg. v. Margarete Hubrath, Köln u. a. 2001 (= Literatur – Kultur – Geschlecht. Große Reihe, Bd. 15), S. 69-85.

Kormann, Eva: Heterologe Subjektivität. Zur historischen Varianz von Autobiographie und Subjektivität. In: Autobiography by Women in German. Hg. v. Mererid Puw Davies et al. Oxford u. a. 2000, S. 87-104.

Kormann, Eva: Kein eng umgrenztes Gärtchen ‚Frauenliteratur'. Zur Zentralität der Kategorie Geschlecht in den Literatur- und Kulturwissenschaften. In: Theorie und Praxis der Kulturstudien. Hg. v. Christa Grimm, Ilse Nagelschmidt und Ludwig Stockinger. Leipzig 2003, S. 51-63.

Kormann, Eva: Speichergeschichten. Selbstvergewisserung zwischen großväterlichen Briefen und mütterlichen Gedächtnislücken. Zu Monika Marons *Pawels Briefe*. In: Zwischen Trivialität und Postmoderne. Literatur von Frauen in den 90er Jahren. Hg. v. Ilse Nagelschmidt et al. Frankfurt a. M. u. a. 2002, S. 113-127.

Kormann, Eva: "Und solliche Grimbnuß hab ich alleweil." Autobiographik bürgerlicher Frauen des 17. Jahrhunderts am Beispiel des *Pichls* der Maria Elisabeth Stampfer. In: Geschriebenes Leben. Hg. v. Michaela Holdenried. Berlin 1995, S. 80-94.

Kosta, Barbara: Recasting Autobiography. Women's Counterfictions in Contemporary German Literature and Film. Ithaca 1994.
Kraft, Stephan: Galante Passagen im höfischen Barockroman. Aurora von Königsmarck als Beiträgerin zur *Römischen Octavia* Herzog Anton Ulrichs. In: Daphnis 28 (1999), S. 323-345.
Kremer, Manfred: Bauern-, Bürger- und Frauensatire in den Zittauer Komödien Christian Weises. In: Daphnis 17 (1988), S. 99-118.
Kristeva, Julia: Das Subjekt im Prozeß. Die poetische Sprache. In: Identität. Ein interdisziplinäres Seminar unter Leitung von Claude Levi-Strauss. Hg. v. Jean-Marie Benoist. Stuttgart 1980, S 187-221.
Kroener, Bernhard R.: „...und ist der jammer nit zu beschreiben". Geschlechterbeziehungen und Überlebensstrategien in der Lagergesellschaft des Dreißigjährigen Krieges. In: Landsknechte, Soldatenfrauen und Nationalkrieger. Militär, Krieg und Geschlechterordnung im historischen Wandel. Hg. v. Karen Hagemann und Ralf Pröve. Frankfurt a. M./New York 1998 (= Reihe Geschichte und Geschlechter, Bd. 26).
Kronsbein, Joachim: Autobiographisches Erzählen. Die narrativen Strukturen der Autobiographie. München 1984.
Krusenstjern, Benigna von: Buchhalter ihres Lebens. Über Selbstzeugnisse aus dem 17. Jahrhundert. In: Das dargestellte Ich. Hg. v. Klaus Arnold et al. Bochum 1999, S. 139-146.
Krusenstjern, Benigna von: Die Tränen des Jungen über ein vertrunkenes Pferd. Ausdrucksformen von Emotionalität in Selbstzeugnissen des späten 16. und 17. Jahrhunderts. In: Von der dargestellten Person zum erinnerten Ich. Hg. v. Kaspar von Greyerz et al. Köln 2001, S. 157-168.
Krusenstjern, Benigna von: Prodigienglaube und Dreißigjähriger Krieg. In: Im Zeichen der Krise. Religiosität im Europa des 17. Jahrhunderts. Hg. v. Hartmut Lehmann und Anne-Charlott Trepp. Göttingen 1999.
Krusenstjern, Benigna von: Schreibende Frauen in der Stadt der Frühen Neuzeit. In: Selbstzeugnisse frühneuzeitlicher Städterinnen. Hg. von Daniela Hacke. i. E.
Krusenstjern, Benigna von: Selbstzeugnisse der Zeit des Dreißigjährigen Krieges. Berlin 1997.
Krusenstjern, Benigna von: Selig Sterben und böser Tod. Tod und Sterben in der Zeit des Dreißigjährigen Krieges. In: Zwischen Alltag und Katastrophe. Hg. v. Benigna von Krusenstjern und Hans Medick. Göttingen 1999, S. 469-496.
Krusenstjern, Benigna von: Was sind Selbstzeugnisse? Begriffskritische und quellenkundliche Überlegungen anhand von Beispielen aus dem 17. Jahrhundert. in: Historische Anthropologie 2 (1994), S. 462-471.
Krusenstjern, Benigna von und Hans Medick (Hg.): Zwischen Alltag und Katastrophe. Der Dreißigjährige Krieg aus der Nähe. Göttingen 1999.
Kuczynski, Jürgen: Probleme der Autobiographie. Berlin und Weimar 1983.
Kühlmann, Wilhelm: Die Symptomatik des Privaten. Zu den autobiographischen Schriften Johann Valentin Andreaes (1586-1654). In: Biographie zwischen Renaissance und Barock. Zwölf Studien. Hg. v. Walter Berschin. Heidelberg 1993, S. 191-219.
Küppers-Braun, Ute: Die Frauen des hohen Adels im kaiserlich-freiweltlichen Damenstift Essen (1605-1803). Eine verfassungs- und sozialgeschichtliche Studie. Zugleich ein Beitrag zur Geschichte der Stifte Thorn, Elten, Vreden und St. Ursula in Köln. Münster 1997.
Küppers-Braun, Ute: Katholische Hochadelsstifte als Orte weiblicher Sozialisation im 17. und 18. Jahrhundert. In: Geschichte der Mädchen- und Frauenbildung. Hg. v. Elke Klei-

nau und Claudia Opitz. Bd. 1: Vom Mittelalter bis zur Aufklärung. Frankfurt am Main/NewYork 1996, S. 207-217.

Labouvie, Eva: Frauenberuf ohne Vorbildung? Hebammen in den Städten und auf dem Land. In: Geschichte der Mädchen- und Frauenbildung. Hg. v. Elke Kleinau und Claudia Opitz. Bd. 1: Vom Mittelalter bis zur Aufklärung. Frankfurt am Main/NewYork 1996, S. 218-233.

Labouvie, Eva: Zauberei und Hexenwerk. Ländlicher Aberglaube in der frühen Neuzeit. Frankfurt a. M. 1991.

Labov, William: Language in the Inner City. Studies in the Black English Vernacular. Philadelphia 1972.

Lacan, Jaques-Marie: Das Spiegelstadium als Bildner der Ichfunktion, wie sie uns in der psychoanalytischen Erfahrung erscheint (Bericht für den 16. Internationalen Kongreß für Psychoanalyse in Zürich am 17. Juli 1949). In: Ders.: Das Werk, hg. v. Jacques-Alain Miller. In dt. Sprache hg. v. Norbert Haas und Hans-Joachim Metzger. Weinheim/Berlin, Schriften 1, ausgew. und hg. v. Norbert Haas, übers. v. Rodolphe Gasché u. a., 3. korr. Aufl. 1991, S. 61-70.

Lächele, Rainer (Hg.): Das Echo Halles. Kulturelle Wirkungen des Pietismus. Tübingen 2001.

Lamping, Dieter: Gattungstheorie. In: RLL, Bd. 1, S. 658-661.

Landweer, Hilge und Mechthild Rumpf: Kritik der Kategorie ‚Geschlecht'. Streit um Begriffe, Streit um Orientierungen, Streit der Generationen. Einleitung. In: Feministische Studien 11 (1993), Heft 2, S. 3-9.

Landwehr, Jürgen: Fiktion. In: Literaturwissenschaft. Hg. v. Helmut Brackert und Jörn Stuckrath. Reinbek 1995, S. 491-504.

Landwehr, Jürgen: Text und Fiktion. München 1975.

Lang, Candace: Autobiography in the Aftermath of Romanticism. In: Diacritics, vol. 12 (Winter 1982), S. 2-16.

Lange, Barbara: Artemisia als Leitbild. Zum herrschaftlichen Witwensitz beim Übergang zum Absolutismus. In: Kritische Berichte 4 (1996), S. 61-72.

Laqueur, Thomas: Auf den Leib geschrieben. Die Inszenierung der Geschlechter von der Antike bis Freud. Frankfurt a. M./New York 1992.

Laufhütte, Hartmut: Der Editor als philologischer Detektiv. Die Geschichte eines kürzlich abgeschlossenen Projekts und was daraus zu lernen ist. In: Editionsdesiderate zur Frühen Neuzeit. Hg. v. Hans-Gert Roloff unter red. Mitarbeit von Renate Meincke. Amsterdam/Atlanta 1997, Bd 2, S. 934-958.

Laufhütte, Hartmut: Die religiöse Dimension der Freundschaft zwischen Sigmund von Birken und Catharina Regina von Greiffenberg. In: Religion und Religiosität im Zeitalter des Barock. Hg. von Dieter Breuer. Wiesbaden 1995, Bd. 2, S. 455-466.

Laufhütte, Hartmut: „Trost im eüssersten Unglükk!" Einige bislang unentdeckte handschriftlich überlieferte Gedichte der Catharina Regina von Greiffenberg. In: Brückenschläge. Eine barocke Festgabe für Ferdinand van Ingen. Hg. von Martin Bircher und Guillaume van Gemert. Amsterdam/Atlanta 1995 (= Chloe. Beihefte zum Daphnis 23).

Laufhütte, Hartmut (Hg.): Künste und Natur in Diskursen der Frühen Neuzeit. Unter Mitwirkung von Barbara Becker-Cantarino, Martin Bircher, Ferdinand van Ingen, Sabine Solf und Carsten-Peter Warncke. 2 Bde. Wiesbaden 2000.

Lauter, Barbara Cordula von: Lebenslauf in Leichenpredigt. Bearbeitet publiziert als Sechszehende Historie / Von Barbara Cordula von Lauter / Einer gebohrnen Adelichen Predigers=Frau. In: Johann Henrich Reitz: Historie der Wiedergebohrnen [...]. Hg. v. Hans-Jürgen Schrader. Tübingen 1982, Bd. 2, T. IV, S. 230-241.

Lauter, Barbara Cordula von: Lebenslauf in Leichenpredigt: Publiziert in: Baumgarten, Jacob: Der offene Himmel / oder Das aufgeschloßene Paradies / Wurde / Als die weiland Wohlgebohrne und Hochbelobte Frau / Fr. Barbara Cordula / gebohrne von Lautter / (S.T.) Herrn Petri Kalckberners / Königl. Preußisch. Kirch= und Schulen Inspectoris im Magdeburgischen Holtz=Creise Anderer Inspection, und Pastoris zu Meseberg / Hochwehrteste Eheliebste / Am 3. Junii dieses 1711tenJahrs / nach überstandenem dreyviertel=jährigen KranckenLager / so von einer heftigen Blutstürtzung entstanden / selig aus dieser Weltgefordert / und Ihr erblichener Cörper in der Kirchen zu Meseberg am 5. Junii des Abends in der Stille beygesetzet worden / auch am12. Junii darauf der gewöhnliche Leichen=Conduct gehalten wurde / in einer Leichen= und Gedächtniß=Predigt vorgestellet von Jacob Baumgarten / Compastore in Wohlmirstedt. Halle 1711, S. 46-55.

Le Brun, Jacques: Das Geständnis in den Nonnenbiographien des 17. Jahrhunderts. In: Selbstthematisierung und Selbstzeugnis. Hg. v. Alois Hahn und Volker Kapp. Frankfurt a. M. 1987, S. 248-264.

Lee, Arthur Robert (Hg.): First Person Singular. Studies in American Autobiography. London/New York 1988.

Lefevre, Michel: Die Sprache der Liselotte von der Pfalz. Eine sprachliche Untersuchung der deutschen Briefe (1676-1714) der Herzogin von Orleans an ihre Tante, die Kurfürstin Sophie von Hannover. Stuttgart 1996.

Lehmann, Hartmut: Frömmigkeitsgeschichtliche Auswirkungen der ‚Kleinen Eiszeit'. In: Ders.: Religion und Religiosität in der Neuzeit. Historische Beiträge. Hg. v. Manfred Jakubowski-Tiessen und Otto Ulbricht. Göttingen 1996, S. 62-82.

Lehmann, Hartmut: Hexenglaube und Hexenprozesse in Europa um 1600. In: Hexenprozesse. Deutsche und skandinavische Beiträge. Hg. v. Christian Degn u. a. Neumünster 1983, S. 14-27.

Lehmann, Hartmut: Vorüberlegungen zu einer Sozialgeschichte des Pietismus im 17./18. Jahrhundert. In: Pietismus und Neuzeit 21 (1995), S. 69-83.

Lehmann, Hartmut und Otto Ulbricht (Hg.): Vom Unfug des Hexen-Processes. Gegner der Hexenverfolgung von Johann Weyer bis Friedrich Spee. Wiesbaden 1992.

Lehmann, Jürgen: Bekennen – Erzählen – Berichten. Tübingen 1988.

Leiris, Michel: Die Spielregel. 4 Bd. München 1982ff.

Leitschuh, Friedrich: Beiträge zur Geschichte des Hexenwahns in Franken. Bamberg 1883.

Lejeune, Philippe: Der autobiographische Pakt. Aus dem Franz. v. Wolfram Bayer und Dieter Hornig. Frankfurt a. M. 1994.

Lejeune, Philippe: Je est un autre. L'Autobiographie de la Littérature aux Médias. Paris 1980.

Lejeune, Philippe: Le Pacte Autobiographique (bis). In: L'Autobiographie en Espagne. Actes du IIe Colloque international de La Baume-Les-Aix, 23-25 Mai 1981, Aix-En-Provence 1982, S. 7-25.

Lejeune, Philippe: Verzeichnisse autobiographischer Texte. In: BIOS 11 (1998), S. 103-130.

Lenk, Elisabeth: Die sich selbst verdoppelnde Frau. In: Ästhetik und Kommunikation 7 (1976), Heft 25, S. 84-87.

Lenz, Rudolf: Zur Funktion des Lebenslaufes in Leichenpredigten. In: Wer schreibt meine Lebensgeschichte? Biographie, Autobiographie, Hagiographie und ihre Entstehungszusammenhänge. Hg. von Walter Sparn. Gütersloh 1990, S. 94-104.

Lerner, Gerda: Die Entstehung des feministischen Bewußtseins. Vom Mittelalter bis zur Ersten Frauenbewegung. Frankfurt a. M./New York 1993.

Leutert, Sebastian und Gudrun Piller: Deutschschweizerische Selbstzeugnisse (1500-1800) als Quellen der Mentalitätsgeschichte. Ein Forschungsbericht. In: Schweizerische Zeitschrift für Geschichte 49 (1999), S. 197-221.

Levack, Brian P.: Hexenjagd. Die Geschichte der Hexenverfolgungen in Europa. München 1995.

Lichtenstein, Ulrich von: Frauendienst. Hg. v. Franz Viktor Spechtler.Göppingen 1987. (= Göppinger Arbeiten zur Germanistik Nr. 485).

Liebrand, Claudia: Als Frau lesen? In: Literaturwissenschaft. Einführung in ein Sprachspiel. Hg. v. Heinrich Bosse und Ursula Renner. Freiburg 1999, S. 385-400.

Lindhoff, Lena: Einführung in die feministische Literaturtheorie. Stuttgart 1995.

Link-Heer, Ursula: Prousts *À la recherche du temps perdu* und die Form der Autobiographie. Zum Verhältnis fiktionaler u. pragmatischer Erzähltexte. Amsterdam 1988.

Lionnet, Françoise: Autobiographical Voices. Race, Gender, Self-Portraiture. Ithaca/London 1989.

List, Elisabeth: Vom Enigma des Leibes zum Simulakrum der Maschine. Das Verschwinden des Lebendigen aus der telematischen Kultur. In: Leib Maschine Bild. Körperdiskurse der Moderne und Postmoderne. Wien 1997, S. 121-137.

Loch, Werner: Die Darstellung des Kindes in pietistischen Autobiographien. In: Das Kind in Pietismus und Aufklärung. Hg. v. Josef N. Neumann und Udo Sträter. Tübingen 2000, S. 143-182.

Lorde, Audrey: Sister Outsider. Essays and Speeches. New York 1984.

Lorenz, Dagmar: Vom Kloster zur Küche. Die Frau vor und nach der Reformation Dr. Martin Luthers. In: Die Frau von der Reformation zur Romantik. Hg. v. Barbara Becker-Cantarino. Bonn 1980, S. 7-35.

Lorenz, Sönke und Dieter R. Bauer: Das Ende der Hexenverfolgung. Stuttgart 1995.

Lorey, Isabel: Der Körper als Text und das aktuelle Selbst. Butler und Foucault. In: Feministische Studien 11 (1993), Heft 2, S. 10-23.

Loster-Schneider, Gudrun: „[...] einen sehr genauen Grundriß von meinem Kopf und meinen Neigungen geben." Autobiographische Selbstdarstellung und poetologische Selbstreflexion in Sophie von La Roches *Mein Schreibetisch*. In: Autobiographien von Frauen. Hg. v. Magdalene Heuser. Tübingen 1996, S. 214- 232.

Luft, Stefan: Leben und Schreiben für den Pietismus. Der Kampf des pietistischen Ehepaares Johanna Eleonora und Johann Wilhelm Petersen gegen die lutherische Orthodoxie. Herzberg 1994.

Lugowski, Clemens: Die Form der Individualität im Roman. Frankfurt a. M. 1976.

Maché, Ulrich und Volker Meid (Hg.): Gedichte des Barock. Stuttgart 1980.

Mack, Rüdiger: Pädagogik bei Philipp Jakob Spener. In: Pietismus-Forschungen. Hg. v. Dietrich Blaufuß. Frankfurt a. M. u. a. 1986, S. 53-115.

Mächler, Stefan: Der Fall Wilkomirski. Über die Wahrheit einer Biographie. Zürich/München 2000.

Magarey, Susan (Hg.) Writing Lives. Feminist Biography and Autobiography. Adelaide 1992.

Mahrholz, Werner: Deutsche Selbstbekenntnisse. Ein Beitrag zur Geschichte der Selbstbiographie von der Mystik bis zum Pietismus. Berlin 1919.

Maihofer, Andrea: Geschlecht als Existenzweise. Frankfurt a. M. 1995.

Maier-Petersen, Magdalene: Der „Fingerzeig Gottes" und die „Zeichen der Zeit". Stuttgart 1984 (= Stuttgarten Arbeiten zur Germanistik Nr. 141).

Mandel, Barrett J.: Full of Life Now. In: Autobiography. Hg. v. James Olney. Princeton 1980, S. 49-72.
Manns, Peter (Hg.): Die Heiligen. Alle Biographien zum Regionalkalender für das deutsche Sprachgebiet. Mainz 1975.
Marcus, Laura: Auto/biographical Discourses. Theory, Criticism, Practice. Manchester 1994.
Maron, Monika: Pawels Briefe. Eine Familiengeschichte. Frankfurt a. M. 1999.
Martin, Irmfried: War Gottfried Arnold ein „redlicher Historicus?" Das historisch-theologische Problem seiner UKKH im Lichte des einst um sie geführten Kampfes. In: Jb. der hessischen kirchengeschichtlichen Vereinigung 29 (1978), S. 37-53.
Mascuch, Michael: The Mirror of the Other. Self-Reflexivity and Self-Identity in Early Modern Religious Biography. In: Von der dargestellten Person zum erinnerten Ich. Hg. v. Kaspar von Greyerz et al. Köln 2001, S. 55-75.
Mascuch, Michael: The Origins of the Individual Self. Autobiography and Self-Identity in England 1591-1791. Cambridge 1997.
Mason, Mary G.: The Other Voice. Autobiographies of Women Writers. In: Autobiography. Hg. v. James Olney. Princeton 1980, S. 207-235.
Mason, Mary G. und Carol H. Green (Hg.): Journeys. Autobiographical Writings by Women. Boston 1979.
Mattenklott, Gundel: Die höflichsten aller Menschen? Frauen schreiben ihre Autobiographie. In: Das Ich als Schrift. Über privates und öffentliches Schreiben heute. Winfried Pielow zum 60. Geburtstag. Hg. v. Jürgen Hein u. a. Baltmannsweiler 1984, S. 50-62.
Matthias, Markus: Asseburg, Rosamunde Juliane . In: Religion in Geschichte und Gegenwart. Hg. v. Hans Dieter Betz et al., Bd. 1. 4. Aufl. Tübingen 1998, S. 845.
Matthias, Markus: ‚Enthusiastische' Hermeneutik des Pietismus, dargestellt an Johanna Eleonora Petersens *Gespräche des Hertzens mit GOTT* (1689). In: Pietismus und Neuzeit 17 (1991), S. 36-61.
Matthias, Markus: Johann Wilhelm und Johanna Eleonora Petersen. Göttingen 1993.
Matthias, Markus: Mutua Consolatio Sororum. Die Briefe Johanna Eleonora von Merlaus an die Herzogin Sophie Elisabeth von Sachsen-Zeitz. In: Pietismus und Neuzeit 22 (1996), S. 69-102.
Matthias, Markus: Wann starb Johann Wilhelm Petersen? In: Pietismus und Neuzeit 22 (1996), S. 230-233.
Mayer, Susanna: Aufzeichnungen in Kalendertagebuch. Auszugsweise publiziert in: von Weizsäcker: zwei Quellenschriften aus der Zeit der zweiten Zerstörung von Calw im September 1692. Erlebnisse einer Calwer Familie auf der Flucht. In: Württembergische Vierteljahreshefte für Landesgeschichte N.F. (1907), Bd. 16, S. 59-65.
Medick, Hans: Historisches Ereignis und zeitgenössische Erfahrung. Die Eroberung und Zerstörung Magdeburgs 1631. In: Zwischen Alltag und Katastrophe. Hg. v. Benigna von Krusenstjern und Hans Medick. Göttingen 1999, S. 377-407.
Medick, Hans: Wunderbare Aufsicht. Maria Sibylla Merian. Raupenforschung als Gottesdienst. In: Das 17. Jahrhundert. Krieg und Frieden. Hg. v. Michael Jeismann. München 2000, S. 26-31.
Meise, Helga: Das archivierte Ich. Schreibkalender und höfische Repräsentation in Hessen-Darmstadt 1624-1790. Darmstadt 2002 (=Arbeiten der Hessischen Historischen Kommission Neue Folge Band 21).
Meise, Helga: Die Tagebücher der Landgräfinnen Sophia Eleonora und Elisabeth Dorothea von Hessen-Darmstadt. Höfische Ego-Dokumente des 17. Jahrhunderts zwischen Selbst-

vergewisserung und Selbstreflexion. In: Autobiographien von Frauen. Hg. v. Magdalene Heuser. Tübingen 1996, S. 49-70.

Meise, Helga: Schreibkalender und Autobiographik in der Frühen Neuzeit. In: Künste und Natur in Diskursen der Frühen Neuzeit. Hg. von Hartmut Laufhütte. Wiesbaden 2000, Bd. 1, S. 707-717.

Meise, Helga: „Wahr ich den gantzen Nachmittag betrübt". Trauer und Melancholie in der Diaristik von Frauen in der Frühen Neuzeit. In: Autobiography by Women in German. Hg. v. Mererid Puw Davies et al. Oxford u. a. 2000, S. 69-85.

Melchior, Anke: Mädchen- und Frauentagebücher seit dem Mittelalter. Eine Bibliographie von veröffentlichten Tagebüchern in deutscher Sprache. In: BIOS 5 (1992), S. 271-314.

Mell, Anton: Das Hausbuch einer steirischen Bürgersfrau. In: Zeitschrift für dt. Kulturgeschichte, 3. Serie, Bd. 2 (1892), S. 226-235.

Merkel, Kerstin und Wunder, Heide (Hg.): Deutsche Frauen der Frühen Neuzeit. Darmstadt 2000.

Merzbacher, Friedrich: Die Hexenprozesse im Hochstift Bamberg. In: Ders.: Recht – Staat – Kirche. Ausgewählte Aufsätze. Hg. v. Gerhard Köbler u. a. Wien u. a. 1989.

Merzhäuser, Andreas: Über die Schwelle geführt. Anmerkungen zur Gewaltdarstellung in Grimmelshausens *Simplicissimus*. In: Ein Schauplatz herber Angst. Wahrnehmung und Darstellung von Gewalt im 17. Jahrhundert. Hg. v. Markus Meumann und Dirk Niefanger. Göttingen 1997, S. 65-82.

Metzger, Erika A. und Michael M. Metzger: Mündigkeit, Innovation, subversiver Realismus. Frauen veröffentlichen in der Neukirch-Anthologie. In: „Der Buchstab tödt – der Geist macht lebendig". Hg. von James Hardin und Jörg Jungmayr. Bd. 2. Bern u. a. 1992.

Meyer, Eva: Die Autobiographie der Schrift. Selbstthematisierung und Anti-Repräsentation. In: Bildersturm im Elfenbeinturm. Hg. v. Karin Fischer et al. Tübingen 1992, S. 161-173.

Misch, Georg: Geschichte der Autobiographie. 5 Bde. Frankfurt a. M. u.a 1907ff.

Modrow, Irina: Religiöse Erweckung und Selbstreflexion. Überlegungen zu den Lebensläufen Herrnhuter Schwestern als einem Beispiel pietistischer Selbstdarstellungen. In: Ego-Dokumente. Hg. v. Winfried Schulze. Berlin 1996, S. 122-129.

Molloy, Sylvia: At Face Value. Autobiographical Writing in Spanish America. Cambridge/New York 1991.

Moore, Cornelia Niekus: Anna Ovena Hoyers (1584-1655). In: Deutsche Frauen der Frühen Neuzeit. Hg. v. Kerstin Merkel und Heide Wunder. Darmstadt 2000, S. 65-76.

Moore, Cornelia Niekus: Erbauungsliteratur als Gebrauchsliteratur für Frauen im 17. Jahrhundert. Leichenpredigten als Quelle weiblicher Lesegewohnheiten. In: Le livre religieux et ses pratiques. Der Umgang mit dem religiösen Buch. Hg. v. Hans Erich Bödeker u. a. Göttingen 1991, S. 291-315.

Moore, Cornelia Niekus: „Gottseliges Bezeugen und frommer Lebenswandel". Das Exempelbuch als pietistische Kinderlektüre. In: Das Kind in Pietismus und Aufklärung. Hg. v. Josef N. Neumann und Udo Sträter. Tübingen 2000.

Moore, Cornelia Niekus: The Maiden's Mirror. Reading Material for German Girls in the Sixteenth ans Seventeenth Centuries. Wiesbaden 1987 (= Wolfenbütteler Forschungen, Bd. 36).

Moore, Cornelia Niekus: The Poetess Aramena and Her Novel Margaretha von Oesterreich. Women Writing Novels. In: Daphnis 17 (1988), S. 481-491.

Moore, Cornelia Niekus: The Quest for Consolation and Amusement. Reading Habits of German Women in the Seventeenth Century. In: The Graph of Sex and the German Text. Hg. v. Lynne Tatlock und Christiane Bohnert. Amsterdam 1994, S 247-268.

Mortimer, Geoffrey: Models of Writing in Eyewitness Personal Accounts of the Thirty Years War. In: Daphnis 29 (2000), S. 609-647.
Mortimer, Geoffrey: Style and Fictionalisation in Eyewitness Personal Accounts of the Thirty Years War. In: GLL 54 (2001), S. 97-113.
Müller, Heidy Margrit (Hg.): Das erdichtete Ich - eine echte Erfindung. Studien zu autobiographischer Literatur von Schriftstellerinnen. Aarau u. a. 1998.
Müller, Klaus-Detlef: Autobiographie und Roman. Studien zur literarischen Autobiographie der Goethezeit. Tübingen 1976.
Müller, Maria E.: Naturwesen Mann. Zur Dialektik von Herrschaft und Knechtschaft in Ehelehren der Frühen Neuzeit. In: Wandel der Geschlechterbeziehungen. Hg. v. Heide Wunder und Christina Vanja. Frankfurt a. M. 1991, S. 43-68.
Müller, Ulrich: Dorothea von Montau und Sor Juana Ines de la Cruz. Zwei religiöse Frauen aus dem späten Mittelalter und aus der Barock-Zeit. In: Europäische Mystik vom Hochmittelalter zum Barock. Eine Schlüsselepoche in der europäischen Mentalitäts-, Spiritualitäts- und Individuationsentwicklung. Beiträge der Tagung 1996 und 1997 der Evangelischen Akademie Nordelbien in Bad Segeberg. Hg. von Wolfgang Beutin und Thomas Bütow. Frankfurt a. M. 1998, S. 237-249
Müller, Ulrich: Thesen zu einer Geschichte der Autobiographie im deutschen Mittelalter (1977/1979). In: Die Autobiographie. Hg. v. Günter Niggl. Darmstadt 1998, S. 297-320.
Muschiol, Gisela: Die Reformation, das Konzil von Trient und die Folgen. Weibliche Orden zwischen Auflösung und Einschließung. In: Conrad, Anne (Hg): „In Christo ist weder man noch weyb". Frauen in der Zeit der Reformation und der katholischen Reform. Münster 1999, S. 172-197.Neugebauer, Birgit: Agnes Heinold (1642-1711) – Ein Beitrag zur Literatur von Frauen im 17. Jahrhundert. In: Daphnis 20 (1991), S 601-702.
Neuman, Shirley: Autobiography and Questions of Gender. An Introduction. In: Autobiography and Questions of Gender. Hg. v. Shirley Neuman. London/Portland 1991, S. 1-11.
Neuman, Shirley (Hg.): Autobiography and Questions of Gender. London/Portland 1991.
Neumann, Bernd: Identität und Rollenzwang. Zur Theorie der Autobiographie. Frankfurt a. M. 1970.
Neumann, Josef N. und Udo Sträter (Hg.): Das Kind in Pietismus und Aufklärung. Beiträge des Internationalen Symposions vom 12.-15. November 1997 in den Franckeschen Stiftungen zu Halle. Tübingen 2000 (= Hallesche Forschungen, Bd. 5).
Neumeister, Sebastian und Conrad Wiedemann (Hg.): Res publica litteraria. Die Institutionen der Gelehrsamkeit in der frühen Neuzeit. 2 Bde. Wiesbaden 1987 (= Wolfenbütteler Arbeiten zur Barockforschung, Bd. 14).
Newey, Vincent und Philip Shaw: Mortal Pages, Literary Lives. Studies in Nineteenth-Century Autobiography. Aldershot 1996.
Newman, Jane O.: „FrauenZimmersGeberden" und „Mannesthaten". Authentizität, Intertextualität und „la querelle des femmes" in Sigmund von Birkens *Ehren-Preis des Lieblöblichen Weiblichen Geschlechts* (1669/73). In: Der Franken Rom. Nürnbergs Blütezeit in der zweiten Hälfte des 17. Jahrhunderts. Hg. von John Roger Paas. Wiesbaden 1995, S. 314-330.
Newman, Jane O.: Sons and Mothers. Agrippina, Semiramis, and the Philological Construction of Gender Roles in Early Modern Germany. (Lohenstein's *Agrippina*, 1665.) In: Renaissance Quarterly 49 (1996), S. 77-113.

Niefanger, Dirk: „Fretowische Fröhligkeit" – Die *laus ruris*-Dichtung von Sibylle Schwarz. In: Geselligkeit und Gesellschaft im Barockzeitalter. Hg. von Wolfgang Adam. 1. Bd., Wiesbaden 1997, S. 411-425.

Niethammer, Ortrun: Autobiographien von Frauen im 18. Jahrhundert. Tübingen/Basel 2000.

Niggl, Günter: Geschichte der deutschen Autobiographie im 18. Jahrhundert. Theoretische Grundlegung und literarische Entfaltung. Stuttgart 1977.

Niggl, Günter: Zur Säkularisation der pietistischen Autobiographie im 18. Jahrhundert (1974). In: Die Autobiographie. Hg. v. Günter Niggl. Darmstadt 1998, S. 367-391.

Niggl, Günter (Hg.): Die Autobiographie. Zu Form und Geschichte einer literarischen Gattung. Darmstadt 2. Aufl. 1998.

Nishitani, Yoriko: Entwicklung der autobiographischen Literatur von Frauen in Japan. In: Geschriebenes Leben. Hg. v. Michaela Holdenried. Berlin 1995, S. 379-389.

Nünning, Ansgar: Erzähltheorie. In: RLL, Bd. 1, S. 513-517.

Nünning, Ansgar: Erzähltheorien. In: Metzler Lexikon Literatur- und Kulturtheorie. Ansätze – Personen – Grundbegriffe. Hg. v. Ansgar Nünning. Stuttgart/Weimar 1998, S. 131-133.

Nussbaum, Felicity A.: The Autobiographical Subject. Gender and Ideology in Eighteenth-Century England. Baltimore and London 1989.

Nussbaum, Felicity A.: Eighteenth-Century Women's Autobiographical Commonplaces. In: The Private Self. Hg. v. Shari Benstock. Hill/London 1988, S. 147-171.

Ochsenbein, Peter, Karl Schmuki, Cornel Dora: Vom Schreiben im Galluskloster. Handschriften aus dem Kloster St. Gallen vom 8. bis 18. Jahrhundert. St. Gallen 1994.

Öhlschläger, Claudia und Birgit Wiens (Hg.): Körper – Gedächtnis – Schrift. Der Körper als Medium kultureller Erinnerung. Berlin 1997.

Ogden-Wolgemuth, Linda: Visions of Women in the Life and Works of Sigmund von Birken. Ann Arbor 1998.

Olejniczak, Verena: Heterologie. Konturen frühneuzeitlichen Selbstseins jenseits von Autonomie und Heteronomie. In: LiLi 26 (1996), S. 6-36.

Olney, James: Memory & Narrative. The Weave of Life-Writing. Chicago 1998.

Olney, James: Metaphors of Self – the Meaning of Autobiography. Princeton 1972.

Olney, James (Hg.): Autobiography. Essays Theoretical and Critical. Princeton 1980.

Olney, James (Hg.): Studies in Autobiography. New York/Oxford 1988.

Olsen, Solveig: Aurora von Königsmarck's Singspiel *Die drey Töchter Cecrops*. In: Daphnis (1988), S. 467-480.

Opitz, Claudia (Hg.): Der Hexenstreit. Frauen in der frühneuzeitlichen Hexenverfolgung. Freiburg u. a. 1995, S. 246-270.

Orbe, Juan (Hg.): Autobiografia y escritura. Buenos Aires 1994.

Osborn, James M.: The Beginnings of Autobiography in England. Los Angeles 1959.

Osinski, Jutta: Einführung in die feministische Literaturwissenschaft. Berlin 1998.

Otto, Karl F.: Die Frauen der Sprachgesellschaften. In: Europäische Hofkultur im 16. und 17. Jahrhundert. Vorträge und Referate. Hg. von August Buck u. a., Hamburg 1981, Bd. 3, S. 497-503 (= Wolfenbütteler Arbeiten zur Barockforschung, Bd. 10).

Pailer, Gaby: Gattungskanon, Gegenkanon und ‚weiblicher' Subkanon. Zum bürgerlichen Trauerspiel des 18. Jahrhunderts. In: KANON MACHT KULTUR. DFG-Symposion 1996. Hg. von Renate von Heydebrand. Stuttgart 1998, S. 365-382.

Pantz, Anton von: Die Gewerken im Bannkreise des steirischen Erzberges. Wien 1918 (=Jahrbuch der Kais. Kön. Heraldischen Gesellschaft Adler NF 27. und 28. Bd.).

Panzer, Marita A.: Maria Magdalena Haidenbucher. In: Dies. und Elisabeth Plößl: Bavarias Töchter. Regensburg 1997, S. 13-16.

Pascal, Roy: Die Autobiographie. Gehalt und Gestalt. Stuttgart 1965.

Pascal, Roy: Die Autobiographie als Kunstform (1959). In: Die Autobiographie. Hg. v. Günter Niggl. Darmstadt 1998, S. 148-157.

Paul, Heike und Kati Röttger (Hg.): Differenzen in der Geschlechterdifferenz. Differences within Gender studies. Aktuelle Perspektiven der Geschlechterforschung. Berlin 1999.

Paulsen, Wolfgang: Das Ich im Spiegel der Sprache. Autobiographisches Schreiben in der deutschen Literatur des 20. Jahrhunderts. Tübingen 1991.

Peisser, Eva Maria und Hans Peisser: Familienchronik. In: Linzer Regesten, hg. von den Städtischen Sammlungen Linz, Bd. E 2: Linzer Familienchroniken, bearb. v. Franz Wilflingseder, Linz 1953, S. 61-109.

Peitsch, Helmut: „Deutschlands Gedächtnis an seine dunkelste Zeit". Zur Funktion der Autobiographik in den Westzonen Deutschland und den Westsektoren von Berlin 1945 bis 1949. Berlin 1990.

Peters, Jan: Mit Pflug und Gänsekiel. Selbstzeugnisse schreibender Bauern. Eine Anthologie. Köln u. a. 2003 (=Selbstzeugnisse der Neuzeit Bd. 12).

Petersen, Johanna Eleonora: Eine kurtze Erzehlung/Wie mich die leitende Hand Gottes bißher geführet / und was sie bei meiner Seelen gethan hat. Als Anhang zu Dies.: Gespräche des Hertzens mit GOTT / Ander Theil. Ploen 1689.

Petersen, Johanna Eleonora: Gespräche des Hertzens mit GOTT / Ander Theil. Ploen 1689.

Petersen, Johanna Eleonora: Leben Frauen Johannä Eleonorä Petersen, Gebohrner von und zu Merlau, Herrn D. Joh. Wilh. Petersens Ehe=Liebsten, von Ihr selbst mit eigner Hand aufgesetzt und vieler erbaulichen Merckwürdigkeiten wegen zum Druck übergeben, daher es als ein Zweyter Theil zu Ihres Ehe=Herrn Lebens=Beschreibung beygefüget werden kan. Zweite Auflage o.O. 1719.

Petersen, Johann Wilhelm: Lebens=Beschreibung Johannis Wilhelmi Petersen; Der Heiligen Schrifft Doctoris, vormahls Professoris zu Rostock, nachgehends Predigers in Hanover an St. Egidii Kirche, darnach des Bischoffs in Lübeck Superintendentis und Hoff=Predigers endlich Superintendentis in Lüneburg. Zweite Auflage o. O. 1719.

Petersen, Johann Wilhelm: Meiner theuren und gottseligen Ehe=Liebsten Fr. Johannä Eleonorä Petersen, gebohrnen von und zu Merlau, Heimgang zu Christo JEsu, ihrem Könige und ihrem Bräutigam, in der Wahrheit beschrieben von Ihren hinterlassenen betrübten Mann JOH: WILHELM PETERSEN; D. Leipzig 1724.

Peterson, Linda H.: Gender and Autobiographical Form. The Case of the Spiritual Autobiography. In: Studies in Autobiography. Hg. v. James Olney. New York/Oxford 1988, S. 211-222.

Peterson, Linda H.: Institutionalizing Women's Autobiography. Nineteenth-Century Editors and the Shaping of an Autobiographical Tradition. In: The Culture of Autobiography. Hg. v. Robert Folkenflik. Stanford 1993, S. 80-255.

Peterson, Linda H.: Victorian Autobiography. The Tradition of Self-Interpretation. New Haven/London 1986.

Petzoldt, Leander: Das Leben – ein Fest. Essen und Trinken in der Frühen Neuzeit. In: Erfindung des Menschen. Hg. v. Richard van Dülmen. Wien/Köln/Weimar 1998.

Pfotenhauer, Helmut: Literarische Anthropologie. Selbstbiographien und ihre Geschichte – am Leitfaden des Leibes. Stuttgart 1987.

Piller, Gudrun: Der jugendliche Männerkörper. Das Jugendtagebuch Johann Rudolf Hubers 1783/84 als Medium der Selbstkontrolle. In: Von der dargestellten Person zum erinnerten Ich. Hg. v. Kaspar von Greyerz et al. Köln 2001, S. 213-230.

Pilling, John: Autobiography and Imagination. Studies in Self Scrutiny. London 1981.

Plume, Cornelia: Heroinen in der Geschlechterordnung. Weiblichkeitsprojektionen bei Daniel Casper von Lohenstein und die Querelles des Femmes. Stuttgart, Weimar 1996.

Pomata, Gianna: Partikulargeschichte und Universalgeschichte – Bemerkungen zu einigen Handbüchern der Frauengeschichte. In: L'Homme 2 (1991), Heft 1, S. 5-44.

Pomerleau, Cynthia S.: The Emergence of Women's Autobiography in England. In: Women's Autobiography. Essays in Criticism. Hg. v. Estelle C. Jelinek, Bloomington 1980, S. 21-38.

Poutrin, Isabelle: Le Voile et la Plume. Autobiographie et sainteté féminine dans l'espagne moderne. Madrid 1995.

Pranck, Maria Cordula von: Gedächtnisbuch. Publiziert in: Gedenkbuch der Frau Maria Cordula Freiin von Pranck, verwitwete Hacke, geb. Radhaupt, 1595 - 1700 (1707). In: Steiermärkische Geschichtsblätter 2, 1881, S. 9–29.

Proksch, Constance: Klosterreform und Geschichtsschreibung im Spätmittelalter. Köln u. a. 1994.

Proust, Marcel: Auf der Suche nach der verlorenen Zeit. 10 Bd. Frankfurt a. M. 1981ff.

Pullin, Faith: Enclosure/Disclosure: A Tradition of American Autobiography by Women. In: First Person Singular. Studies in American Autobiography. Hg. v. A. Robert Lee. London/New York 1988, S. 125-150.

Pumplun, Cristina M.: Andachtsbuch und Roman. Zur Struktur der *Geburtsbetrachtungen* Catharina Regina von Greiffenbergs (1633-1694). In: Fördern und Bewahren. Studien zur europäischen Kulturgeschichte der frühen Neuzeit. Festschrift anläßlich des zehnjährigen Bestehens der Dr. Günther Findel-Stiftung zur Förderung der Wissenschaften. Hg. von Helwig Schmidt-Glintzer. Wiesbaden 1996, S. 215-229.

Pumplun, Cristina M.: „Begriff des Unbegreiflichen". Funktion und Bedeutung der Metaphorik in den *Geburtsbetrachtungen* der Catharina Regina von Greiffenberg (1633-1694). Amsterdam/Atlanta 1995.

Pumplun, Cristina M.: „Die freyheit des Geistes / gehet in die Unendlichkeit". Catharina Regina von Greiffenbergs Kompositmetaphern und die ars combinatoria. In: Künste und Natur in Diskursen der Frühen Neuzeit. Hg. v. Hartmut Laufhütte. Wiesbaden 2000, Bd. 2, S. 1063-1071.

Pumplun, Cristina M.: Die gottliebende Seele und ihr Wegbereiter. Catharina Regina von Greiffenbergs *Geburtsbetrachtungen* (1678) und der Einfluß der Embleme der *Pia Desideria* Herman Hugos S. J. (1624). In: Brückenschläge. Eine barocke Festgabe für Ferdinand van Ingen. Amsterdam/Atlanta 1995, S. 211-231.

Pumplun, Cristina M.: Die Sieges-Seule der Catharina Regina von Greiffenberg. Ein poetisch-politisches Denkmal für Gott und Vaterland. In: Literatur und politische Aktualität. Hg. v. Elrud Ibsch und Ferdinand van Ingen. Amsterdam u. a. 1993, S. 347-360 (= Amsterdamer Beiträge zur neueren Germanistik, Bd. 36).

Pumplun, Cristina M.: „Eine offentlicher Bekenntnis vor aller Welt". Form und Funktion der Andächtigen Betrachtungen der Catharina Regina von Greiffenberg (1633-1694). In: Gebetsliteratur der Frühen Neuzeit als Hausfrömmigkeit. Hg. v. Ferdinand van Ingen und Cornelia Niekus Moore. Wiesbaden 2001, S. 63-75.

Ramm, Elke: Autobiographische Schriften deutschsprachiger Autorinnen um 1800. Hildesheim u. a. 1998.

Redlich, Fritz: Die deutsche Inflation des frühen siebzehnten Jahrhunderts in der zeitgenössischen Literatur. Die Kipper und Wipper. Köln/Wien 1972.

Reiter, Verena: Denckh-Buechlin. Ausschnittweise und fehlerhaft publiziert in: Reich, Luzian: Eine Farbenskizze aus den Zeiten des dreißigjährigen Krieges. In: Badenis 1 (1859), S. 500-527.

Reitz, Johann Henrich: Historie der Wiedergebohrnen. Vollst. Ausg. d. Erstdr. aller 7 Teile d. pietist. Sammelbiographie [...]. Hg. v. Hans-Jürgen Schrader. 4. Bd. Tübingen 1982.

Renczes, Andrea: Wie löscht man eine Familie aus? Eine Analyse Bamberger Hexenprozesse. Pfaffenweiler 1990.

Renza, Louis A.: The Veto of the Imagination. A Theory of Autobiography. In: Autobiography. Hg. v. James Olney. Princeton 1980, S. 268-295.

Richarz, Monika (Hg.): Die Hamburger Kauffrau Glikl. Jüdische Existenz in der Frühen Neuzeit. Hamburg 2001 (= Hamburger Beiträge zur Geschichte der deutschen Juden, Bd. 24).

Richarz, Monika: Perlen, Messen und Kredite – Die europäische Unternehmerin Glückel Hameln. In: Macht und Ohnmacht von Geschäftsfrauen. Hg. v. Marlene Kück. Berlin 1998, S. 23-36.

Riley, Helene M. Kastinger: Liebe in der Sicht der Frau des 17. Jahrhunderts. In: Daphnis 17 (1988), S. 441-456.

Rippl, Gabriele: Feministische Literaturwissenschaft. In: Einführung in die Literaturwissenschaft. Hg. v. Miltos Pechlivanos u. a. Stuttgart 1995.

Ritschl, Albrecht: Geschichte des Pietismus, Bde. 1-3. Bonn 1880-1886.

Rowbotham, Sheila: Woman's Consciousness, Man's World. London 1973.

Roeck, Bernd: Diskurse über den Dreißigjährigen Krieg. Zum Stand der Forschung und zu einigen offenen Problemen. In: Krieg und Frieden im Übergang vom Mittelalter zur Neuzeit. Theorie – Praxis – Bilder. Guerre et Paix du Moyen Âge aux Temps Modernes. Théorie – Pratiques – Représentations. Hg. v. Heinz Duchhardt und Patrice Veit. Mainz 2000, S. 181-193.

Roeck, Bernd: Eine Stadt in Krieg und Frieden. Studien zur Geschichte der Reichsstadt Augsburg zwischen Kalenderstreit und Parität. 2 Bde. Göttingen 1989 (= Schriftenreihe der Historischen Kommission bei der Bayerischen Akademie der Wissenschaften, Bd. 37).

Roeck, Bernd: Elias Holl. Architekt einer europäischen Stadt. Regensburg 1985.

Rötzer, Florian: Posthumanistische Begehrlichkeiten. Selbstbestimmung oder Selbstzerstörung. In: Die Erfindung des Menschen. Hg. v. Richard van Dülmen. Wien u. a. 1998, S. 609-632.

Roper, Lyndal: Das fromme Haus. Frauen und Moral in der Reformation. Frankfurt a. M./New York 1995.

Roper, Lyndal: Hexenzauber und Hexenfantasien im Deutschland der frühen Neuzeit. In: Problems in the Historical Anthropology of Early Modern Europe. Hg. von R. Po-Chia Hsia und R. W. Scribner. Wiesbaden 1997, S. 139-174.

Roper, Lyndal: Oedipus and the Devil. London 1994.

Roper, Lyndal: Witchcraft and Phantasy in Early Modern Germany. In: History Workshop 32 (1991), S. 19-43.

Rosch, Eleanor: Principles of Categorization. In: Cognition and Categorization. Hg. v. Eleanor Rosch und Barbara B. Loyd. Hillsdale 1978, S. 28-48.

Rose, Mary Beth: Gender, Genre, and History. Seventeenth-Century English Women and the Art of Autobiography. In: Dies: Women in the Middle Ages and the Renaissance. Syracuse 1986, S. 245-278.

Rousseau, Jean-Jacques: Les Confessions. In: Ders.: Œuvres complètes, Bd. I. Hg. v. Bernard Gagnebin und Marcel Raymond unter Mitarbeit v. Robert Osmont. Paris 1959, S. 1-656.

Rublack, Ulinka: Geordnete Verhältnisse? Ehealltag und Ehepolitik im frühneuzeitlichen Konstanz. Konstanz 1997.

Rublack, Ulinka: Magd, Metz' oder Mörderin. Frauen vor frühneuzeitlichen Gerichten. Frankfurt a. M. 1998.

Rublack, Ulinka: Metze und Magd. Krieg und die Bildfunktion des Weiblichen in deutschen Städten der Frühen Neuzeit. In: Ehrkonzepte in der Frühen Neuzeit. Hg. von Sibylle Backmann u. a. Berlin 1998, S. 199-222.

Runge, Anita: Literarische Praxis von Frauen um 1800. Briefroman, Autobiographie, Märchen. Hildesheim 1997.

Sagarra, Eda: Quellenbibliographie autobiographischer Schriften von Frauen im dt. Kulturraum 1730-1918. In: Internationales Archiv für Sozialgeschichte der dt. Lit. 11 (1986), S. 175-231.

Salzmann, Madeleine: Die Kommunikationsstruktur der Autobiographie. Bern 1988.

Sartre, Jean-Paul: Die Wörter. Übers. u. mit e. Nachbem. von Hans Mayer. Reinbek 1991.

Sayre, Robert E.: The Proper Study. Autobiographies in American Studies. In: The American Autobiography. A Collection of Critical Essays. Hg. v. Albert E. Stone. Englewood Cliffs, N.J. 1981, S.11-30.

Schabert, Ina: *Gender* als Kategorie einer neuen Literaturgeschichtsschreibung. In: Genus. Hg. v. Hadumod Bußmann und Renate Hof. Stuttgart 1995, S. 162-204.

Schade, Sigrid, Monika Wagner und Sigrid Weigel (Hg.): Allegorien und Geschlechterdifferenz. Köln 1994 (= Literatur – Kultur – Geschlecht. Große Reihe, Bd. 3).

Scharffenorth, Gerta: „Im Geiste Freunde werden". Mann und Frau im Glauben Martin Luthers. In: Wandel der Geschlechterbeziehungen. Hg. v. Heide Wunder und Christina Vanja. Frankfurt a. M. 1991, S. 97-108.

Scheitler, Irmgard: Das Geistliche Lied im deutschen Barock. Berlin 1982.

Scheitler, Irmgard: Gattung und Geschlecht. Reisebeschreibungen deutscher Frauen 1780-1850. Tübingen 1999.

Schenck, Celeste: All of a Piece. Women's Poetry and Autobiography. In: Life/Lines. Hg. v. Bella Brodzki und Celeste Schenck. Ithaca/London 1988, S. 281-305.

Schering, Ernst A.: Johann Wilhelm und Johanna Eleonore [!] Petersen. In: Orthodoxie und Pietismus. Hg. von Martin Greschat. Stuttgart 1982 (= Gestalten der Kirchengeschichte, hg. von Martin Greschat, Bd. 7), S. 225-239.

Schiebinger, Londa: Schöne Geister. Frauen in den Anfängen der modernen Wissenschaft. Stuttgart 1993.

Schiebinger, Londa: Verlorenes Wissen. Systeme der Ignoranz und die Beschränktheit der Taxonomie dargestellt am Beispiel der ‚Flos pavonis', einem Abortivum. In: Frauen Kunst Wissenschaft, Heft 23, 1997, S. 7 -28.

Schindler, Norbert: Krieg und Frieden und die ‚Ordnung der Geschlechter'. Das Tagebuch der Maria Magdalena Haidenbucherin (1609-1650). In: Erfahrung und Deutung von Krieg und Frieden. Religion – Geschlechter – Natur und Kultur. Hg. v. Klaus Garber et al. München 2001, S. 393-452.

Schleusener-Eichholz, Gudrun: Poetik und Naturwissenschaft. Augenanatomie in Dichtungen des 17. Jahrhunderts und moderner Dichtung. In: Daphnis 26 (1997), S. 437-515.

Schlientz, Gisela: Bevormundet, enteignet, verfälscht, vernichtet. Selbstzeugnisse württembergischer Pietistinnen. In: Geschriebenes Leben. Hg. v. Michaela Holdenried. Berlin 1995, S. 61-79.

Schmid, Ulrich: Ichentwürfe. Die russische Autobiographie zwischen Avvakum und Gercen. Zürich/Freiburg 2000.

Schmidt, Martin: Biblisch-apokalyptische Frömmigkeit im pietistischen Adel. Johanna Eleonora Petersens Auslegung der Johannesapokalypse. In: Text – Wort – Glaube. Studien zur Überlieferung, Interpretation und Autorisierung biblischer Texte. Kurt Aland gewidmet, hg. von Martin Brecht. Berlin/New York 1980, S. 344-358.

Schmidt, Martin: Pietismus. 3., unveränd. Aufl. Stuttgart 1983.

Schmidt, Martin und Wilhelm Jannasch (Hg.): Das Zeitalter des Pietismus. Wuppertal 1988.

Schmidt-Linsenhoff, Viktoria: Dibutadis. Die weibliche Kindheit der Zeichenkunst. In: Kritische Berichte 4 (1996), S. 7-20.

Schmidt-Linsenhoff, Viktoria: Metamorphosen des Blicks. ‚Merian' als Diskursfigur des Feminismus. In: Maria Sibylla Merian. Hg. v. Kurt Wettengl. Frankfurt a. M. 1998, S. 202-219.

Schmolinsky, Sabine: Selbstzeugnisse im Mittelalter. In: Das dargestellte Ich. Hg. v. Klaus Arnold et al. Bochum 1999, S. 19-28.

Schnapp, Karl: Stadtgemeinde und Kirchengemeinde in Bamberg. Vom Spätmittelalter bis zum kirchlichen Absolutismus. Bamberg 1999.

Schneider, Hans: Der radikale Pietismus im 17. Jahrhundert. In: Der Pietismus vom siebzehnten bis zum frühen achtzehnten Jahrhundert. In Zusammenarbeit mit Johannes van den Berg, Klaus Deppermann, Johannes Friedrich Gerhard Goeters und Hans Schneider hg. von Martin Brecht, Göttingen 1993 (= Geschichte des Pietismus im Auftrag der Historischen Kommission zur Erforschung des Pietismus hg. von Martin Brecht, Klaus Deppermann, Ulrich Gäbler und Hartmut Lehmann, Bd. 1), S. 391-437.

Schneider, Hans: „Mit Kirchengeschichte, was hab' ich zu schaffen?" Goethes Begegnung mit Gottfried Arnolds *Kirchen- und Ketzerhistorie*. In: Goethe und der Pietismus. Hg. v. Hans-Georg Kemper und Hans Schneider. Tübingen 2001, S. 79-110.

Schneider, Manfred: Die erkaltete Herzensschrift. Der autobiographische Text im zwanzigsten Jahrhundert. München/Wien 1986.

Schnell, Rüdiger: Geschlechterbeziehungen und Textfunktionen. Probleme und Perspektiven eines Forschungsansatzes. In: Geschlechterbeziehungen und Textfunktionen. Studien zu Eheschriften der Frühen Neuzeit. Hg. v. Rüdiger Schnell. Tübingen 1998, S. 1-58.

Schöllkopf, Wolfgang: Im Schatten des Gatten? Christina Barbara Hedinger (1674-1743), die Ehefrau des württembergischen Pietisten Johann Reinhard Hedinger (1664-1704). In: Pietismus und Neuzeit 24 (1998), S. 186-196.

Scholz Williams, Gerhild: Defining Dominion. The Discourses of Magic and Witchcraft in Early Modern France and Germany. Ann Arbor 1995.

Schorn-Schütte, Luise: „Gefährtin" und „Mitregentin". Zur Sozialgeschichte der evangelischen Pfarrfrau in der Frühen Neuzeit. In: Wandel der Geschlechterbeziehungen zu Beginn der Neuzeit. Hg. v. Heide Wunder und Christina Vanja. Frankfurt a. M. 1991, S. 109-153.

Schrader, Hans-Jürgen: Literaturproduktion und Büchermarkt des radikalen Pietismus. Johann Henrich Reitz' *Historie der Wiedergebohrnen* und ihr geschichtlicher Kontext. Göttingen 1989.

Schrader, Hans-Jürgen: Nachwort des Herausgebers. In: Johann Henrich Reitz: Historie der Wiedergebohrnen. Vollst. Ausg. d. Erstdr. aller 7 Teile d. pietist. Sammelbiographie [...]. Hg. v. Hans-Jürgen Schrader. 4. Bd. Tübingen 1982, S. 125*-203*.

Schrader, Hans-Jürgen: Petersen, Johann Wilhelm. In: Schleswig-Holsteinisches Biographisches Lexikon. Hg. im Auftrage der Gesellschaft für Schleswig-Holsteinische Geschichte von Olaf Klose, Eva Rudolph und Ute Hayessen. Neumünster 1979, S. 202-206.

Schreiner, Klaus: Erneuerung durch Erinnerung. Reformstreben, Geschichtsbewußtsein und Geschichtsschreibung im benediktinischen Mönchtum Südwestdeutschlands an der Wende vom 15. zum 16. Jahrhundert. In: Oberrheinische Studien 7 (1988), S. 35-87.

Schülting, Sabine: Wilde Frauen, fremde Welten. Kolonisierungsgeschichten aus Amerika. Reinbek 1997.

Schulte, Regina: Das Unerhörte einordnen. Textschichten in Zeugnissen des Dreißigjährigen Krieges. In: Dies.: Die verkehrte Welt des Krieges. Studien zu Geschlecht, Religion und Tod. Frankfurt a. M./New York 1998, S. 59-93.

Schulze, Winfried: Ego-Dokumente. Annäherung an den Menschen in der Geschichte? Vorüberlegungen für die Tagung „Ego-Dokumente". In: Ego-Dokumente. Hg. v. Winfried Schulze. Berlin 1996, S. 11-30.

Schulze, Winfried (Hg.): Ego-Dokumente. Annäherung an den Menschen in der Geschichte. Berlin 1996.

Schurman, Anna Maria van: Eukleria seu melioris partis electio. Tractatus brevem religionis ac Vitae eius delineationem exhibens. Altona 1673.

Schwaiger, Georg (Hg.): Teufelsglaube und Hexenprozesse. 4. Aufl. München 1999.

Seelbach, Ulrich: Maria Aurora von Königsmarck's [!] Stanzen über ihren Bruder Philipp Christoph. In: Daphnis 20 (1991), S. 403-422.

Sennett, Richard: Der flexible Mensch. Die Kultur des neuen Kapitalismus. Berlin 1998.

Shea, Daniel B.: Spiritual Autobiography in Early America. Princeton 1963.

Sheringham, Michael: French Autobiography. Devices and Desires. Rousseau to Perec. Oxford 1993.

Showalter, Elaine: A Literature of Their Own. British Women Novelists from Brontë to Lessing. Princeton 1977.

Shumaker, Wayne: Die englische Autobiographie. Gestalt und Aufbau (1954). In: Die Autobiographie. Hg. v. Günter Niggl. Darmstadt 1998, S. 75-120.

Shumaker, Wayne: English Autobiography. Its Emergence, Materials and Form. Berkeley 1954.

Siegel, Kristi-Ellen: Mother/Body/Text and Women's Autobiography. Diss. Univ. of Wisconsin 1991.

Siegele-Wenschkewitz, Gury Schneider-Ludorff, Beate Hämel und Barbara Schoppelreich (Hg.): Frauen Gestalten Geschichte. Im Spannungsfeld von Religion und Geschlecht. Hannover 1998.

Sill, Oliver: Zerbrochene Spiegel. Studien zur Theorie und Praxis modernen autobiographischen Erzählens. Berlin 1991.

Sisson, Larry: The Art and Illusion of Spiritual Autobiography. In: True Relations. Hg. v. G. Thomas Couser und Joseph Fichtelberg. London 1998, S. 97-108.

Sloterdijk, Peter: Literatur und Organisation von Lebenserfahrung. Autobiographien der zwanziger Jahre. München/Wien 1978.
Smith, Robert: Derrida and Autobiography. Cambridge 1995.
Smith, Sidonie: A Poetics of Women's Autobiography. Marginality and the Fictions of Self-Representation. Bloomington und Indianapolis 1987.
Smith, Sidonie und Julia Watson (Hg.): De/Colonizing the Subject. The Politics of Gender in Women's Autobiography. Minneapolis 1992.
Smith, Valerie: Self-Discovery and Authority in African American Narratives. Cambridge 1987.
Soboth, Christian: „HErr / mein Gedächtniß ist vom Wachs zu deinen lenken" − Formen und Funktionen der memoria in den *Geistlichen Sonetten, Liedern und Gedichten* von Catharina Regina von Greiffenberg. In: Meditation und Erinnerung in der Frühen Neuzeit. Hg. v. Gerhard Kurz. Göttingen 2000, S. 273-290.
Solbach, Andreas: Gesellschaftsethik und Romantheorie. Studien zu Grimmelshausen, Weise und Beer. New York u. a. 1994.
Sonntag, Michael: „Das Verborgene des Herzens". Zur Geschichte der Individualität. Reinbek bei Hamburg 1999.
Sophie Charlotte und ihr Schloß. Ein Musenhof des Barock in Brandenburg-Preußen. Katalogbuch zur Ausstellung im Schloß Charlottenburg, Berlin, 6. Nov. 1999-30. Jan. 2000. Hg. von der Generaldirektion der Stiftung Preußische Schlösser und Gärten Berlin-Brandenburg. München 1999.
Spacks, Patricia Meyer: Imagining A Self. Autobiography and Novel in Eighteenth-Century England. Cambridge/London 1976.
Spahr, Blake Lee: Anton Ulrich and Aramena. The Genesis and Development of a Baroque Novel. Berkeley/Los Angeles 1966.
Spahr, Blake Lee: Sybilla Ursula and her Books. In: Ders.: Problems and Perspectives. A Collection of Essays on German Baroque Literature. Frankfurt a. M./Bern 1981, S. 85-94.
Spengemann, William C.: The Forms of Autobiography. Episodes in the History of a Literary Genre. New Haven/London 1980.
Sprinker, Michael: Fictions of the Self. The End of Autobiography. In: Autobiography. Hg. v. James Olney. Princeton 1980, S. 321-342.
Staiger, Clara: Verzaichnus. Publiziert in: Klara Staigers Tagebuch. Aufzeichnungen während des Dreißigjährigen Krieges im Kloster Mariastein bei Eichstätt. Hg. v. Ortrun Fina. Regensburg 1981.
Stampfer, Maria Elisabeth: Pichl meinen Khindtern zu einer Gedechtnus. Publiziert in: Der Frau Maria Elisabeth Stampfer aus Vordernberg Hausbuch. Auf Veranlassung des Grafen Franz von Meran hg. von J[oseph] v. Zahn. Wien 1887.
Stanley, Liz: The Auto/biographical I. The Theory and Practice of Feminist Auto/biography. Manchester/New York 1992.
Stanton, Domna C.: Autogynography. Is the Subject Different? In: The Female Autograph. Hg. v. Domna C. Stanton. Chicago/London 1987, S. 3-20.
Stanton, Domna C. (Hg.): The Female Autograph. Chicago/London 1987.
Starobinski, Jean: Der Stil der Autobiographie (1970). In: Die Autobiographie. Hg. v. Günter Niggl. Darmstadt 1998, S. 200-213.
Starr, George A.: Defoe and Spiritual Autobiography. Princeton 1965.
Steinbrügge, Lieselotte: Das moralische Geschlecht. Theorien und literarische Entwürfe über die Natur der Frau in der französischen Aufklärung. 2. Aufl. Stuttgart 1992.

Stephan, Inge: ‚Gender'. Eine nützliche Kategorie für die Literaturwissenschaft. In: ZfG NF 9 (1999), S. 23-35.

Stern, Martin: Die Visionen der Anna Vetter. Ein Frauenschicksal des siebzehnten Jahrhunderts. In: Pietismus und Neuzeit 18 (1992), S. 80-94.

Steussy, Fredric S.: Eighteenth Century German Autobiography. The Emergence of Individuality. Frankfurt a. M. 1996.

Stickler, Andrea: Eine Stadt im Hexenfieber. Aus dem Tagebuch des Zeiler Bürgermeisters Johann Langhans (1611-1628). Pfaffenweiler 1994.

Stolberg, Michael: Inferiorität und Komplementarität im medizinischen Geschlechterdiskurs der frühen Neuzeit. Eine Kritik an Thomas Laqueur. Unveröffentlichter Vortrag, gehalten im Rahmen der Fachtagung „Körper – Schrift – Ressourcen. Geschlechtergeschichte der Frühen Neuzeit", Stuttgart-Hohenheim, 16.-18. November 2000.

Stoll, Brigitta: Frauenspezifische Verwendung von mystischem Traditionsgut im *Geistlichen Frauenzimmer-Spiegel* des Hieronymus Oertl. In: Religion und Religiosität im Zeitalter des Barock. Hg. von Dieter Breuer. 2. Bd. Wiesbaden 1995, S. 477-485.

Stolzenwald, Susanna: Artemisia Gentileschi. Bindung und Befreiung in Leben und Werk einer Malerin. Stuttgart/Zürich 1991.

Strobel, Katja: Die Courage der Courasche. Weiblichkeit als Maskerade und groteske Körperlichkeit in Grimmelshausens Pikara-Roman. In: Maskeraden. Geschlechterdifferenz in der literarischen Inszenierung. Hg. von Elfi Bettinger und Julika Funk. Berlin 1995, S. 82-97.

Sturrock, John: The Language of Autobiography. Studies in the First Person Singular. Cambridge 1993.

Sturrock, John: The New Model Autobiographer. New Literary History 9 (1977), S. 51-63.

Swaim, Kathleen M.: „Come and Hear". Women's Puritan Evidences. In: American Women's Autobiography. Hg. v. Margaret Culley. Madison 1992, S. 32-56.

Swindells, Julia (Hg.): The Uses of Autobiography. London/Bristol 1995.

Szarota, Elida Maria: Stärke, dein Name sei Weib! Bühnenfiguren des 17. Jahrhunderts. Berlin/New York 1987.

Szász, Ildikó: Chemie für die Dame. Fachbücher für das ‚Schöne Geschlecht' vom 16. bis zum 19. Jahrhundert. Königstein 1997.

Taege-Bizer, Jutta: Weibsbilder im Pietismus. Das Beispiel von Frankfurt am Main 1670-1700. In: Frauen Gestalten Geschichte. Hg. v. Leonore Siegele-Wenschkewitz et al. Hannover 1998, S. 109-136.

Tarot, Rolf: Die Autobiographie. In: Prosakunst ohne Erzählen. Die Gattungen der nichtfiktionalen Kunstprosa. Hg. v. Klaus Weissenberger. Tübingen 1985, S. 27-43.

Tatlock, Lynne: Catharina Regina von Greiffenberg (1633-1694). In: Deutsche Frauen der Frühen Neuzeit. Hg. v. Kerstin Merkel und Heide Wunder. Darmstadt 2000, S. 93-106.

Tatlock, Lynne: Scientia divinorum. Anatomy, Transmutation, and Incorporation in Catharina Regina von Greiffenberg's Meditations on Incarnation and the Gestation of Christ. In: German History 17 (1999), S. 9-24.

Tatlock, Lynne und Bohnert, Christiane (Hg.): The Graph of Sex and the German Text. Gendered Culture in Early Modern Germany 1500-1700. Amsterdam 1994 (= Chloe 19).

Tatlock, Lynne, Mary Lindemann, Robert Scribner: Sinnliche Erfahrung und spirituelle Autorität. Aspekte von Geschlecht in Catharina Regina von Greiffenbergs Meditationen über die Empfängnis Christi und Marias Schwangerschaft. In: Geschlechterperspektiven. Forschungen zur Frühen Neuzeit. Königstein/Taunus 1998, S. 177-190.

Taylor, Charles: Quellen des Selbst. Die Entstehung der neuzeitlichen Identität. Frankfurt a. M. 1994.
Tebben, Karin: Literarische Intimität. Subjektkonstitution und Erzählstruktur in autobiographischen Texten von Frauen. Tübingen 1997.
Temme, Willi: Krise der Leiblichkeit. Die Sozietät der Mutter Eva (Buttlarsche Rotte) und der radikale Pietismus um 1700. Göttingen 1998.
Tersch, Harald: Österreichische Selbstzeugnisse des Spätmittelalters und der Frühen Neuzeit (1400 – 1650). Eine Darstellung in Einzelbeiträgen. Wien u. a. 1998.
Theatrum Europaeum II, 3. Aufl. Frankfurt a. M. 1679.
Theibault, John: "da er denn mit traurmutigem hertzen gesehen wie jämmerlich daß Dorf über die helfft in die Asche gelegt". Die Erfassung und Einordnung lokaler Kriegserfahrungen auf Amtsebene im Dreißigjährigen Krieg. In: Zwischen Alltag und Katastrophe. Hg. v. Benigna von Krusenstjern und Hans Medick. Göttingen 1999, S. 323-342.
Theibault, John: The Rhetoric of Death and Destruction in the Thirty Years War. In: Journal of Social History 27 (1993), S. 271-290.
Thums, Barbara: Zur Topographie der memoria in frühneuzeitlicher Mystik. Catharina Regina von Greiffenbergs „Geistliche Gedächtnisorte". In: Meditation und Erinnerung in der Frühen Neuzeit. Hg. v. Gerhard Kurz. Göttingen 2000, S. 251-272.
Tlusty, B. Ann: Crossing Gender Boundaries. Women as Drunkards in Early Modern Augsburg. In: Ehrkonzepte in der Frühen Neuzeit. Hg. von Sibylle Backmann u. a. Berlin 1998, S. 185-198.
Treskow, Isabella von: Der deutsche Briefstil Elisabeths Charlottes von der Pfalz und die „art épistolaire" Madame de Sévignés. In: ZfG NF 6 (1996), S. 584-595.
Tschopp, Silvia Serena: Publizistik des Dreißigjährigen Krieges. Heilsgeschichtliche Deutungsmuster in der Publizistik des Dreißigjährigen Krieges. Frankfurt a. M. u. a. 1991 (= Mikrokosmos, Bd. 29).
Ulbrich, Claudia: Frauen in der Reformation. In: Frauen Gestalten Geschichte. Hg. v. Leonore Siegele-Wenschkewitz et al. Hannover 1998, S. 71-86.
Ulbrich, Claudia: Zeuginnen und Bittstellerinnen. Überlegungen zur Bedeutung von Ego-Dokumenten für die Erforschung weiblicher Selbstwahrnehmung in der ländlichen Gesellschaft des 18. Jahrhunderts. In: Ego-Dokumente. Hg. v. Winfried Schulze. Berlin 1996, S. 149-174.
Ulbricht, Otto: Ich-Erfahrung. Individualität in Autobiographien. In: Entdeckung des Ich. Die Geschichte der Individualisierung vom Mittelalter bis zur Gegenwart. Hg. v. Richard van Dülmen. Köln u. a. 2001, S. 109-144.
Utermöhlen, Gerda: Die gelehrte Frau im Spiegel der Leibniz-Korrespondenz. In: Res Publica Litteraria. Hg. v. Sebastian Neumeister und Conrad Wiedemann. Wiesbaden 1987, Bd. 2, S. 603-618.
Velten, Hans Rudolf: Das selbst geschriebene Leben. Eine Studie zur deutschen Autobiographie im 16. Jahrhundert. Heidelberg 1995.
Vetter, Anna: Von denen Gesichten Annae Vetterin. In: Arnold, Gottfried: Unparteyische Kirchen- und Ketzer-Historie. Frankfurt 1729, T. 3, 267-294.
Völker-Rasor, Anette: „Arbeitsam, obgleich etwas verschlafen..." – Die Autobiographie des 16. Jahrhunderts als Ego-Dokument. In: Ego-Dokumente. Hg. v. Winfried Schulze. Berlin 1996, S. 107-120.
Völker-Rasor, Anette: Bilderpaare – Paarbilder. Die Ehe in Autobiographien des 16. Jahrhunderts. Freiburg 1993.

Vogt, Marianne: Autobiographik bürgerlicher Frauen. Zur Geschichte weiblicher Selbstbewußtwerdung. Würzburg 1981.
Voland, Eckart: Grundriss der Soziobiologie. 2., vollst. überarb. u. erw. Aufl. Heidelberg 2000.
Vollers-Sauer, Elisabeth: Prosa des Lebensweges. Literarische Konfigurationen selbstbiographischen Erzählens am Ende des 18. und 19. Jahrhunderts. Stuttgart 1993.
Voßkamp, Wilhelm: Gattungen. In: Literaturwissenschaft. Hg. v. Helmut Brackert und Jörn Stuckrath. Reinbek 1995, S. 253-269.
Voßkamp, Wilhelm: Gattungen als literarisch-soziale Institutionen. In: Textsortenlehre – Gattungsgeschichte. Hg. v. Walter Hinck. Heidelberg 1977, S. 27-44.
Wade, Mara R.: Emblems and German protestant court culture. Duchess Marie Elisabeth's Ballet in Gottorf (1650). In: Emblematica 9 (1995), S. 45-109.
Wade, Mara R.: Invisible Bibliographies. Three Seventeenth-Century German Women Writers. In: Women in German. Yearbook 14 (1999), S. 41-69.
Wagner-Egelhaaf, Martina: Autobiographie. Stuttgart/Weimar 2000.
Wahl, Johannes: Geschlechterspezifische Lebensplanung und innereheliche Dynamik in württtembergischen Pfarrfamilienzyklen des 17. Jahrhunderts. In: Blätter für württembergische Kirchengeschichte 97 (1997), S. 59-82.
Wallmann, Johannes: Der Pietismus. Göttingen 1990 (= Teillieferung zu: Die Kirche in ihrer Geschichte. Ein Handbuch, begr. von Kurt Dietrich Schmidt, hg. von Bernd Moeller. Göttingen).
Wallmann, Johannes: Kirchengeschichte Deutschlands seit der Reformation. 4. Aufl. Tübingen 1993.
Wallmann, Johannes: Philipp Jakob Spener und die Anfänge des Pietismus. 2. Aufl. Tübingen 1986.
Wallmann, Johannes: Petersen, Johanna Eleonora, geb. von und zu Merlau. In: Killy Literaturlexikon, Bd. 9, S. 128f.
Waniek, Eva und Silvia Stoller (Hg.): Verhandlungen des Geschlechts. Zur Konstruktivismusdebatte in der Gender-Theorie. Wien 2001
Watanabe-O'Kelly, Helen: „Sei mir dreimal mehr mit Licht bekleidet." German Poems by Women to their Mentors in the Seventeenth Century. In: Colloquia Germanica 28 (1995/96), S. 255-264.
Watanabe-O'Kelly, Helen: Women's Writing in the Early Modern Period. In: A History of Women's Writing in Germany, Austria and Switzerland. Hg. v. Jo Catling. Cambridge 2000, S. 27-44.
Watkins, Owen C.: The Puritan Experience. Studies in Spiritual Autobiography. London 1972
Watson, Julie: Shadowed Presence. Modern Women Writers' Autobiographies and the Other. In: Studies in Autobiography. Hg. v. James Olney. New York/Oxford 1988, S. 180-189.
Watson, Julie: Toward an Anti-Metaphysics of Autobiography. In: The Culture of Autobiography. Hg. v. Robert Folkenflik. Stanford 1993, S. 57-79.
Webb, Beatrice: Our Partnership. London 1948.
Weber, Thomas: Zurück in die Steinzeit. Ein Skandalbuch: Ist Vergewaltigung ein Erbe der Naturgeschichte? In: FAZ Nr. 162 v. 15.07.2000, S. 47.
Wedel, Gudrun: Lehren zwischen Arbeit und Beruf, Wien 2000.
Weiand, Christof: „Libri di famiglia" und Autobiographie in Italien zwischen Tre- und Cinquecento. Tübingen 1993.
Weigel, Sigrid: Geschlechterdifferenz und Literaturwissenschaft. In: Literaturwissenschaft. Hg. v. Helmut Brackert und Jörn Stückrath. Reinbek 1995, S. 686-698.

Weigel, Sigrid: Topographien der Geschlechter. Kulturgeschichtliche Studien zur Literatur. Reinbek 1990.
Weigelt, Horst: Geschichte des Pietismus in Bayern. Anfänge – Entwicklung – Bedeutung. Göttingen 2001.
Weintraub, Karl Joachim: The Value of the Individual. Self and Circumstance in Autobiography. Chicago/London 1978.
Weintraub, Karl Joachim: Autobiography and Historical Consciousness. In: Critical Inquiry, 1 (1975), S. 821-848.
Wensky, Margret: Mädchen- und Frauenbildung in der spätmittelalterlich-frühneuzeitlichen Stadt. In: Mitteleuropäisches Städtewesen in Mittelalter und Frühneuzeit. Edith Ennen gewidmet. Hg. von Wilhelm Janssen und Margret Wensky. Köln u. a. 1999, S. 21-40.
Wenzel, Horst: Die Autobiographie des späten Mittelalters und der frühen Neuzeit. 2 Bde. München 1980.
Westphal, Margarete: Die besten deutschen Memoiren. Lebenserinnerungen und Selbstbiographien aus sieben Jahrhunderten. Leipzig 1923.
Wetering, Ernst van de: Die mehrfache Funktion von Rembrandts Selbstporträts. In: Rembrandts Selbstbildnisse. Stuttgart 1999, S. 8-37.
Wettengl, Kurt: Maria Sibylla Merian. Künstlerin und Naturforscherin zwischen Frankfurt und Surinam. In: Maria Sibylla Merian. Hg. v. Kurt Wettengl. Frankfurt a. M. 1998, S. 12-36.
Wettengl, Kurt (Hg.): Maria Sibylla Merian. 1647-1717. Künstlerin und Naturforscherin. Frankfurt a. M. 1998.
Wetzel, Klaus: Theologische Kirchengeschichtsschreibung im deutschen Protestantismus 1660-1760. Gießen/Basel 1983.
Wiedemann, Conrad: Barocksprache, Systemdenken, Staatsmentalität. Perspektiven der Forschung nach Barners *Barockrhetorik*. In: Int. Arbeitskreit für deutsche Barockliteratur. 1. Jahrestreffen Wolfenbüttel 1973. Hamburg 1976, S. 21-51.
Wiesner, Merry E.: Herzogin Elisabeth von Braunschweig-Lüneburg (1510-1558). In: Deutsche Frauen der Frühen Neuzeit. Hg. v. Kerstin Merkel und Heide Wunder. Darmstadt 2000, S. 39-48.
Wiesner, Merry E.: Women and Gender in Early Modern Europe. Cambridge 1993.
Wiesner-Hanks, Merry: Convents Confront the Reformation. Catholic and Protestant nuns in Germany. 2. Aufl. Milwaukee 1998.
Wiesner-Hanks, Merry und Gerhild Scholz Williams: Paracelsus über Geschlecht, Weisheit und die menschliche Natur. In: Geschlechterperspektiven. Hg. v. Heide Wunder und Gisela Engel. Königstein 1998, S. 301-312.
Wiethölter, Waltraud: „Schwartz und Weiß auß einer Feder" oder Allegorische Lektüren im 17. Jahrhundert. Gryphius, Grimmelshausen, Greiffenberg. In: Dt. Vierteljahrsschrift für Literaturwissenschaft und Geistesgeschichte 72 (1998), S. 537-591.
Wilkomirski, Binjamin: Bruchstücke. Aus einer Kindheit. Frankfurt a. M. 1998.
Wilson, Edward O.: Sociobiology. The New Synthesis. Cambridge 1975.
Wiltenburg, Joy: Family Murders. Gender, Reproduction, and the Discourse of Crime in Early Modern Germany. In: Colloquia Germanica 28 (1995), S. 357-374.
Wimmer, Otto: Kennzeichen und Attribute der Heiligen. Innsbruck u. a. 1979.
Wintermeyer, Rolf: Adam Bernd et les débuts de l'autobiographie en Allemagne au XVIIIe siècle. Bern 1993.
Witt, Ulrike: Bekehrung, Bildung und Biographie. Frauen im Umkreis des Halleschen Pietismus. Tübingen 1996 (= Hallesche Forschungen Bd. 2)

Witt, Ulrike: „Wahres Christentum" und weibliche Erfahrung. Bildung und Frömmigkeit im Pietismus des 17. und beginnenden 18. Jahrhunderts. In: Geschichte der Mädchen- und Frauenbildung. Hg. v. Elke Kleinau und Claudia Opitz. Bd. 1: Vom Mittelalter bis zur Aufklärung. Frankfurt am Main/NewYork 1996, S. 263-274.

Witte, Bernd und Peter Schmidt (Hg.): Goethe-Handbuch. Bd. 3: Prosaschriften, Stuttgart/Weimar 1997.

Wolf, Christa: Kindheitsmuster. Darmstadt/Neuwied. 8. Aufl. 1982.

Wolff, Anna: Aufzeichnungen. Auszugsweise publiziert als „Fragment einer Handschrift aus den Zeiten des dreissigjährigen Kriegs von einer Frauensperson aufgesetzt". In: Fränkisches Archiv 3 (1791), S. 98 - 120.

Wolff, Kerstin: Öffentliche Erziehung für adlige Töchter? Stiftsideen in Sachsen-Gotha nach dem Dreißigjährigen Krieg. In: Geschichte des sächsischen Adels. Im Auftrag der Sächsischen Schlösserverwaltung hg. von Katrin Keller und Josef Matzerath in Zusammenarbeit mit Christine Klecker und Klaus-Dieter Wintermann. Köln u. a. 1997, S. 275-289.

Wong, Hertha Dawn: Sending My Heart Back Across the Years. Tradition and Innovation in Native American Autobiography. New York 1992.

Woodford, Charlotte: Nuns as Historians in Early Modern Germany. Oxford 2002.

Woodford, Charlotte: „Wir haben nicht gewist / was wir vor angst und schrecken thun sollen". Autobiographical Writings by Two Nuns from the Thirty Years' War. In: Autobiography by Women in German. Hg. v. Mererid Puw Davies et al. Oxford u. a. 2000, S. 53-67.

Woodford, Charlotte: Women as Historians. The Case of Early Modern German Convents. In: GLL 52 (1999), S. 271-280.

Woods, Jean M.: Aurora von Königsmarck. Epitome of a „Galante Poetin". In: Daphnis 17 (1988), S. 457-465.

Woods, Jean M.: Das „Gelahrte Frauenzimmer" und die deutschen Frauenlexika 1631-1743. In: Res Publica Litteraria. Hg. v. Sebastian Neumeister und Conrad Wiedemann. Wiesbaden 1987, Bd. 2, S. 577-587.

Woods, Jean M.: „Die Pflicht befihlet mir/ zu schreiben und zu tichten". Drei literarisch tätige Frauen aus dem Hause Baden-Durlach. In: Die Frau von der Reformation zur Romantik. Hg. v. Barbara Becker-Cantarino. Bonn 1980, S. 36-57.

Woods, Jean M.: Dorothea von Rosenthal, Maria von Hohendorff and Martin Opitz. In: Daphnis 11 (1982), S. 613-627.

Woods, Jean M.: Nordischer Weyrauch. The Religious Lyrics of Aurora von Königsmarck and Her circle. In: Daphnis 17 (1988), S. 267-326.

Woods, Jean M. und Maria Fürstenwald: Schriftstellerinnen, Künstlerinnen und gelehrte Frauen des deutschen Barock. Ein Lexikon. Stuttgart 1984 (= Repertorien zur deutschen Literaturgeschichte, Bd. 10).

Woods, Richard Donovon: Mexican Autobiography. An Annotated Bibliography. New York 1988.

Woolf, Virginia: A Room of One's Own. London 1929.

Wuketits, Franz M.: Soziobiologie. Die Macht der Gene und die Evolution sozialen Verhaltens. Heidelberg/Berlin/Oxford 1997.

Wunder, Heide: Frauen in den Leichenpredigten des 16. und 17. Jahrhunderts. In: Leichenpredigten als Quelle historischer Wissenschaften. Hg. v. Rudolf Lenz. Bd. 3, Marburg 1984, S. 57-68.

Wunder, Heide: „er ist die Sonn', sie ist der Mond". Frauen in der Frühen Neuzeit. München 1992.

Wunder, Heide: Normen und Institutionen der Geschlechterordnung am Beginn der Frühen Neuzeit. In: Geschlechterperspektiven. Forschungen zur Frühen Neuzeit. Hg. v. Heide Wunder und Gisela Engel. Königstein 1998, S. 57-78.

Wunder, Heide: Von der *frumkeit* zur *Frömmigkeit*. Ein Beitrag zur Genese bürgerlicher Weiblichkeit: In: Weiblichkeit in geschichtlicher Perspektive. Hg. von Ursula A. J. Becher und Jörn Rüsen. Frankfurt a. M. 1988, S. 174-188.

Wunder, Heide: Wie wird man ein Mann? Befunde am Beginn der Neuzeit (15.-17. Jahrhundert). In: Was sind Frauen? Was sind Männer? Geschlechterkonstruktionen im historischen Wandel. Hg. v. Christiane Eifert et al. Frankfurt a. M. 1996, S. 122-155.

Wunder, Heide und Gisela Engel (Hg.): Geschlechterperspektiven. Forschungen zur Frühen Neuzeit. Königstein 1998.

Wunder, Heide und Christina Vanja (Hg.): Wandel der Geschlechterbeziehungen zu Beginn der Neuzeit. Frankfurt a. M. 1991.

Wurst, Karin A.: Die Frau als Mitspielerin und Leserin in Georg Philipp Harsdörffers Frauenzimmer Gesprächsspielen. In: Daphnis 21 (1992), S. 615-639.

Wurst, Karin A.: Gender and the Aesthetics of Display. Baroque Poetics and Sartorial Law. In: Daphnis 29 (2000), H. 1/2, S. 159-175.

Wurster, Herbert W.: Johann Heinrich Ursinus: Mein Lebens-Lauff. Die Autobiographie eines Regensburger Superintendenten aus dem 17. Jahrhundert. In: ZbKG 51 (1982), S. 73ff.

Wuthenow, Ralph-Rainer: Das erinnerte Ich. München 1974.

Zahnd, Urs Martin: Die autobiographischen Aufzeichnungen Ludwig von Diesbachs. Studien zur spätmittelalterlichen Selbstdarstellung im oberdeutschen und schweizerischen Raume. Bern 1986.

Zeidler, Susanna Elisabeth: Jungferlicher Zeitvertreiber. Das ist allerhand Deudsche Gedichte Bey Häußlicher Arbeit und stiller Einsamkeit verfertiget und zusammen getragen Von Susannen Elisabeth Zeidlerin. Hg. v. Cornelia Niekus Moore. Bern 2000.

Zeller, Rosmarie: Die Bewegung der Preziösen und die Frauenbildung im 17. Jahrhundert. In: Europäische Hofkultur im 16. und 17. Jhd. Hg. v. August Buck u. a. Hamburg 1981, Bd. 3, S. 457-465.

Zeller, Rosmarie: Die Rolle der Frau im Gesprächsspiel und in der Konversation. In: Geselligkeit und Gesellschaft im Barockzeitalter. Hg. v. Wolfgang Adam. Wiesbaden 1997, Bd. 1, S. 531-541.

Zeller, Rosmarie: Konversation und Freundschaft. Die *Conversations Gespräche* der Hortensia von Salis. In: Ars et amicitia. Beiträge zum Thema Freundschaft in Geschichte, Kunst und Literatur. Festschrift für Martin Bircher zum 60. Geburtstag am 3. Juni 1998. Hg. von Ferdinand van Ingen und Christian Juranek. Amsterdam, Atlanta 1998, S. 331-342.

Zens, Maria: Feministische Literaturwissenschaft. In: Methoden und Modelle der Literaturwissenschaft. Eine Einführung von Rainer Baasner unter Mitarbeit von Maria Zens. Berlin 1996, S. 151-170.

Zima, Peter V.: Theorie des Subjekts. Subjektivität und Identität zwischen Moderne und Postmoderne. Tübingen/Basel 2000.

Zinsmaier, Paul: Die Geschichtsschreibung des Zisterzienserklosters Salem. Freiburger Diözesan Archiv 62, NF 35 (1934), S. 1-22.

Zitter, Martha Elisabeth: Gründliche Ursachen / welche Jungfer Marthen Elisabeth Zitterinn bewogen / das Frantzösische alias Weiß=Frauen Kloster in Erffurt / Ursuliner Ordens / zuverlassen / und sich zu der waaren Evangelischen Religion zu bekennen. In einen

Schreiben an ihre Mutter Frau Maria Margaretha jetzo Herrn Johann Hübners von Rosenberg / Obr.=Leutenants / und Fürstl. Bamberg. Commendantens in Cronach Eheliebste [...]. 4. Aufl. Jena 1678.

Zitter, Martha Elisabeth: Gründliche Vorstellung Der Heiligen Römisch=Catholischen Lehr von dem Geistlichen Stand / und dessen Gelübden; Verdienst der guten Werck; Anrufung der Heiligen; Ablaß; Beicht; Fegfewer; und Hochheiligstem Sacrament deß Altars: Oder Aufferwachtes Gewissen und Wahrhaffte Ursachen Welche mich Schwester Marthen Elisabeth von JESU bewogen Von dem Lutherthumb und Hof=Leben Zu der H. Catholischen Kirchen under die Clösterliche Zucht widerumb zuruck zu tretten. In einem Schreiben an meine liebe Mutter Frau Mariam Margaretham vormahls Zitterin [...]. Bamberg 1678.

Zitzlsperger, Ulrike: Narren, Schelme und Frauen: Zum Verhältnis von Narrentum und Weiblichkeit in der Literatur des Spätmittelalter und der frühen Neuzeit. In: GLL 50 (1997), S. 403-416.

Zur Geschichte der Familie Rüffer I-VI. In: Archiv für Stadt und Bezirksamt Schweinfurt. Beilage zum Schweinfurter Tagblatt. 6. Jahrgang 1908, Nr. 1 und 2, 7. Jahrgang 1909, Nr. 1, 2 und 4 und 8. Jahrgang 1910, Nr. 9.

Selbstzeugnisse der Neuzeit

Herausgegeben von Alf Lüdtke, Hans Medick, Jan Peters, Claudia Ulbrich und Winfried Schulze

Die Bände 1–6 sind im Akademie Verlag Berlin erschienen.

Band 7:
Isa Schikorsky (Hg.)
»Wenn doch dies Elend ein Ende hätte«
Ein Briefwechsel aus dem Deutsch-Französischen Krieg 1870/71
1999. 187 S. 21 s/w-Abb. im Text. Gb. € 34,50/SFr 62,–
ISBN 3-412-05899-8

Band 8:
Augustin Güntzer
Kleines Biechlin von meinem gantzen Leben
Die Autobiografie eines Elsässer Kannengießers aus dem 17. Jahrhundert
Ediert und komm. von Fabian Brändle und Dominik Sieber.
2002. IX, 317 S. Gb.
€ 34,90/SFr 57,70
ISBN 3-412-08200-7

Band 9:
Kaspar von Greyerz, Hans Medick und Patrice Veit (Hg.)
Von der dargestellten Person zum erinnerten Ich
Europäische Selbstzeugnisse als historische Quelle (1500–1800)
2001. X, 461 S. Gb.
€ 45,–/SFr 80,–
ISBN 3-412-15100-9

Band 10: Gabriele Jancke
Autobiographie als soziale Praxis
Beziehungskonzepte in deutschsprachigen Selbstzeugnissen des 15. und 16. Jahrhunderts
2002. VIII, 264 S. Gb.
€ 29,90/SFr 50,20
ISBN 3-412-13201-2

Band 11: Oliver Doetzer
»Aus Menschen werden Briefe«
Die Korrespondenz einer jüdischen Familie zwischen Verfolgung und Emigration 1933–1947
2002. VI, 277 S. Gb.
€ 34,90/SFr 57,70
ISBN 3-412-15601-9

Band 12: Jan Peters
Mit Pflug und Gänsekiel
Selbstzeugnisse schreibender Bauern. Eine Anthologie.
2003. 357 S. 32 Taf. mit 57 s/w-Abb. Gb. € 29,90/SFr 50,20
ISBN 3-412-15102-5

Band 13: Eva Kormann
Ich, Welt und Gott
Autobiographik im 17. Jahrhundert
2004. X, 357 S. Gb.
Ca. € 39,90/SFr 67,–
ISBN 3-412-16903-X

Bd. 14: Adrienne Thomas
Aufzeichnungen aus dem Ersten Weltkrieg
Ein Tagebuch
Hrsg. v. Günter Scholdt.
2004. Ca. 256 S. Ca. 12 s/w-Abb. auf 8 Taf. Gb.
Ca. € 29,90/SFr 52,20
ISBN 3-412-07704-6